Informatik-Fachberichte 257

Herausgeber: W. Brauer
im Auftrag der Gesellschaft für Informatik (GI)

A.-Reuter (Hrsg.)

GI – 20. Jahrestagung I

Informatik auf dem Weg zum Anwender

Stuttgart, 8.-12. Oktober 1990
Proceedings

Springer-Verlag

Berlin Heidelberg New York London
Paris Tokyo Hong Kong Barcelona

Herausgeber

A. Reuter
Institut für Parallele und Verteilte Höchstleistungsrechner
Universität Stuttgart
Herdweg 51, D-7000 Stuttgart 1

CR Subject Classification (1987): A.0

ISBN-13: 978-3-540-53212-5   e-ISBN-13: 978-3-642-76118-8
DOI: 10.1007/978-3-642-76118-8

Dieses Werk ist urheberrechtlich geschützt. Die dadurch begründeten Rechte, insbesondere die der Übersetzung, des Nachdrucks, des Vortrags, der Entnahme von Abbildungen und Tabellen, der Funksendung, der Mikroverfilmung oder der Vervielfältigung auf anderen Wegen und der Speicherung in Datenverarbeitungsanlagen, bleiben, bei auch nur auszugsweiser Verwertung, vorbehalten. Eine Vervielfältigung dieses Werkes oder von Teilen dieses Werkes ist auch im Einzelfall nur in den Grenzen der gesetzlichen Bestimmungen des Urheberrechtsgesetzes der Bundesrepublik Deutschland vom 9. September 1965 in der jeweils geltenden Fassung zulässig. Sie ist grundsätzlich vergütungspflichtig. Zuwiderhandlungen unterliegen den Strafbestimmungen des Urheberrechtsgesetzes.

© Springer-Verlag Berlin Heidelberg 1990

2145/3140-543210 – Gedruckt auf säurefreiem Papier

Vorwort

Die Gesellschaft für Informatik veranstaltet im Oktober 1990 ihre 20. Jahrestagung. Diese „runde Zahl" ist Anlaß, der Frage nachzugehen, welche Rolle und Bedeutung die von der Informatik entwickelten Methoden für Anwendungen im weitesten Sinne mittlerweile gewonnen haben. Es ist unstreitig, daß die improvisierenden Anfänge der Datenverarbeitungs-Technik abgelöst worden sind durch methodisch fundierte Entwurfs- und Konstruktionstechniken, und zwar im gleichen Maße, wie sich die Informatik von einer Sammeldisziplin verschiedener Ansätze im Bereich der Informationsverarbeitung zu einer Systemwissenschaft mit streng formalisierten Fundamenten und einer ausgearbeiteten Methodenlehre entwickelt hat. Natürlich prägen solche Methoden die Systeme, die mit ihnen entwickelt werden und ihrerseits weiter auf das Umfeld einwirken, in dem sie eingesetzt werden.

Eine Bestandsaufnahme zu diesem Thema muß demnach die folgenden Aspekte erörtern:

1. In welchen Bereichen werden Informatik-Methoden vornehmlich eingesetzt, und mit welchem Erfolg?

2. Wo bestehen Defizite in der Methodenentwicklung, d.h. dominiert nach wie vor pragmatisches Dafürhalten über systematische Entscheidungsfindung?

3. Wie prägen sich Informatik-Methoden auf die entworfenen Systeme ab; wie beeinflussen sie das Denken der Entwerfer, und sind diese Einflüsse samt und sonders wünschenswert?

Das Programm der Tagung versucht, diese Bestandaufnahme exemplarisch an sechs verschiedenen Anwendungsbereichen vorzunehmen, und zwar den folgenden:

- Simulation technischer Systeme
- Visualisierung
- Parallele Rechner
- Planung und Management
- Software-Entsorgung
- Gesellschaftliche Auswirkungen

In jedem Bereich sind ein oder mehrere Hauptvorträge vorgesehen, sowie jeweils mindestens eine Sitzung im Hauptprogramm mit eingeladenen Vorträgen. Auch die Fachgespräche orientieren sich weitgehend an der thematischen Gliederung der Gesamtveranstaltung.

Da die Tagung in Stuttgart stattfindet, liegt es natürlich nahe, die in nächster Umgebung zahlreich vertretenen Anwender und Hersteller in die Gestaltung des Programms mit einzubeziehen, zumal wenn das Motto „Informatik auf dem Weg zum Anwender" heißt. Es wurde daher erstmals neben dem Programmkomitee für das wissenschaftliche Hauptprogramm ein eigenes Anwendungs-Programmkomitee eingesetzt, das die Thematik der Tagung aus der Sicht von Entwicklern und Anwendern präsentiert. Demgemäß finden sich in diesen Sitzungen auch weniger Vorträge herkömmlicher Art, sondern Fallstudien, Erfahrungsberichte und Podiumsdiskussionen. Leider liegt das gesamte Anwendungsprogramm nicht in schriftlicher Form vor, so daß diese z.T. äußerst instruktiven Beiträge allein den Tagungsteilnehmern vorbehalten sind.

Bei der Vorbereitung des Programmes im Frühsommer 1989 wurde auch beschlossen, zwei Sitzungen zu veranstalten, in denen über die Situation der Informatik in der DDR und der Sowjet-Union berichtet wird. Diese Sitzungen finden auch statt; ansonsten ist das Programmkomitee hier (glücklicherweise) von der politischen Entwicklung in Europa weit überholt worden. Viele Fachkollegen hatten unterdessen mehrfach Gelegenheit, sich vor allem in der DDR über Probleme in Lehre und Forschung zu informieren, aber ich hoffe, daß bei vielen Tagungsteilnehmern aus dem nichtuniversitären Bereich diese Sitzungen angesichts der neuen Lage auf ein anderes und viel größeres Interesse stoßen werden.

In den beiden anderen Sparten des Querschnittsprogramms wird zum einen das immer aktuelle Thema der Informatik-Ausbildung behandelt, zum anderen wollen erstmals Studenten der Informatik in einer von ihnen selbst gestalteten Sitzung über ihre Situation und ihre Anliegen berichten und diskutieren.

Wie schon in den Vorjahren finden in der Woche der GI-Jahrestagung auch acht eintägige Tutorien der Deutschen Informatik Akademie statt.

Da schon im Rahmen der Vorüberlegungen zur Gestaltung der diesjährigen GI-Jahrestagung beschlossen worden war, das wissenschaftliche Hauptprogramm ausschließlich mit eingeladenen Vorträgen zu bestreiten, lag auf dem Programmkomitee ein hohes Maß an Verantwortung – und an Arbeit. Für die sehr effiziente und kooperative Erledigung dieser gemeinsamen Aufgabe möchte ich den Mitgliedern des Programmkomitees herzlich danken.

Mein Dank gilt auch dem Programmkomitee „Anwendungen" und vor allem seinem Vorsitzenden, Prof. U. Baitinger, der die Aufgabe übernommen hat, ein solches Komitee zusammenzustellen und mit ihm ein Konzept für ein anspruchsvolles Anwendungsprogramm zu entwickeln und umzusetzen.

Die meiste Arbeit und die größten Mühen hatte aber, wie bei solchen Gelegenheiten üblich, das Organisationskomitee. Seinen Mitgliedern danke ich herzlich für ihr Engagement, ihren Ideenreichtum und ihre Geduld mit allfälligen Programmänderungen. Vor allem aber ist dem Vorsitzenden, Herrn Th. Knopik, Anerkennung und Dank auszusprechen: Es ist ihm hervorragend gelungen, widersprüchliche Wünsche von verschiedenen Seiten im Rahmen des Möglichen zu erfüllen, kritische Termine zu halten und überhaupt die Übersicht zu bewahren.

Allen Teilnehmern der Tagung wünsche ich eine gute Zeit in Stuttgart, anregende Vorträge und Fachgespräche, und ich hoffe, daß Sie am Ende der Tagung nicht nur mit neuen Ideen wieder nach Hause gehen, sondern auch mit dem Gefühl, die Informatik sei auf ihrem Weg zum Anwender ein gutes Stück weitergekommen.

Stuttgart, August 1990   A. Reuter

Programmkomitee „Hauptprogramm":

Prof. Dr. Broy, Universität Passau
Prof. Dr. W. Burkhardt, Universität Stuttgart
Prof. Dr. Coy, Universität Bremen
Prof. Dr. A. Endres, IBM Deutschland GmbH
Prof. Dr. R. Gunzenhäuser, Universität Stuttgart
Prof. Dr. H. Krallmann, Technische Universität Berlin
Prof. Dr. Kupper, Universität Magdeburg
Prof. Dr. K. Kurbel, Universität Münster
Prof. Dr. R. Lauber, Universität Stuttgart
Prof. Dr. J. Ludewig, Universität Stuttgart
Prof. Dr. A. Reuter, Universität Stuttgart
Prof. Dr. R. Rühle, Universität Stuttgart
Prof. Dr. Schmitt, Universität Karlsruhe
Prof. Dr. Spinner, Universität Karlsruhe
Prof. Dr. Svjatnyi, Politechnische Hochschule Donetzk
Prof. Dr. Traunmüller, Universität Linz
Prof. Dr. Trottenberg, Suprenum GmbH
Prof. Dr. P. Widmayer, Universität Freiburg

Programmkomitee „Anwendungen":

Dr. G. Ammon, Robert-Bosch GmbH, Stuttgart
Dr. W. Anheier, Philips RHW, Hamburg
Prof. Dr. U. Baitinger, IPVR, Universität Stuttgart
Dr. G. Bartholomäi, Paracom, Aachen
Prof. Dr. H. Ebert, AEG-Telefunken, Ulm
W. Gamm, Hewlett-Packard GmbH, Böblingen
Dr. W. Glatthaar, IBM Deutschland GmbH, Stuttgart
Dr. O. Grüter, Siemens AG, München
W. Hanika, Inst. für unternehmensorientierte Informationstechnik, Ulm
Prof. Dr. L. Hieber, Datenzentrale Baden-Württemberg
G. Huff, Tandem Computers, Friedrichsdorf
G. Hummel, Bierbrauer & Nagel, Stuttgat
Dr. J. Jucker, Daimler-Benz AG, Sindelfingen
Dr. W. Muckli, Dornier GmbH, Friedrichshafen
Dr. Sorgenfrei, Telefunken Electronic, Heilbronn
Dr. I. Varsek, Digital Equipment GmbH, Karlsruhe
Dr. H. Volkmann, Siemens AG, München

Organisationskomitee:

I. Knödel, Stuttgart
Dipl.-Inform. Th. Knopik, Universität Stuttgart
H. Kreppein, Universität Stuttgart
S. Kübler, Universität Stuttgart
U. Merkel, Universität Stuttgart
D. Merling, Universität Stuttgart
H. Schlebbe, Universität Stuttgart

Inhaltsverzeichnis

Eingeladene Vorträge

David L. Parnas (Queen's University, Kingston, Ontario)
Functional Specifications for Old (and New) Software — 3

Ulrich Trottenberg, gem. mit M. Lemke, K. Solchenbach (SUPRENUM GmbH),
A. Schüller (GMD St. Augustin)
Parallel Processing on Distributed Memory Multiprocessors — 15

Kurt Mehlhorn, gem. mit S. Näher (Universität des Saarlandes)
LEDA – A Library of Efficient Data Types and Algorithms — 35

Jürgen F.H. Winkler (Siemens AG, Zentrale Forschung)
Visualisierung in der Software-Entwicklung — 40

Peter Mertens (Universität Erlangen–Nürnberg)
Zugangssysteme als Weg zur Beherrschung komplexer DV–Anwendungen — 73

Hauptprogramm

Planung und Management — 91

D. Müller–Böling (Universität Dortmund)
Aufgabenbedingte und persönlichkeitsbedingte Anforderungen an Informations- und Kommunikationstechniken für Führungskräfte — 92

L. Nastansky (Hochschule St. Gallen)
Computergestützte Planung am Arbeitsplatz in verteilten Systemen — 112

M. Jarke, S. Eherer, M. Jeusfeld, Th. Rose (Universität Passau)
Konzeptuelle Modellierung als Grundlage der Managementunterstützung in verteilten Anwendungen — 127

H. Piel (WGZ–Bank, Düsseldorf)
Moderne Informationstechnologie als Basis für Controlling und Managemententscheidungen — 136

Gesellschaftliche Auswirkungen I — 147

B. Booß-Bavnbek (Universität Roskilde)
Rationalität und Scheinrationalität durch computergestützte mathematische Modellierung — 148

W. Volpert (TU Berlin)
Verantwortbare Aufgabengestaltung für informatik-geprägte Arbeitsplätze 168

J. Friedrich (Universität Bremen)
Adaptivität und Adaptierbarkeit informationstechnischer Systeme
in der Arbeitswelt — zur Sozialverträglichkeit zweier Paradigmen 178

Software-Entsorgung 192

J. Ludewig (Universität Stuttgart)
„Software-Entsorgung": Vorträge und Podiumsdiskussion 193

R. Thurner (Delta Software Technologie AG, Zürich/CH)
Innovation oder Investitions-Sicherung in der Informatik? 195

H. Münzenberger (Deutsche Lufthansa AG, Kelsterbach bei Frankfurt)
Remodeling — Chancen und Risiken 205

W. Kalmbach (IBM Deutschland GmbH, Stuttgart)
Technische und soziale Aspekte der Softwareentsorgung 207

U. M. Osann (Schweizerische Bankgesellschaft, Zürich)
Konvertierung alter Software auf neue System-Plattform 214

U. Kleinau (BMW AG, München)
Beherrschung von Software-Altlasten 217

J. Willems (SIEMENS AG, München)
Nach- und Neuspezifikation von Betriebssystemen mit SARAH-2 224

Informatik als Werkzeug 233

H. Fiedler (GMD und Universität Bonn)
Der Computer auf dem Weg zum Juristen 234

D. Siefkes (TU Berlin)
Wende zur Phantasie — zur Theoriebildung in der Informatik 242

Gesellschaftliche Auswirkungen II 256

H. F. Spinner (Universität Karlsruhe)
Der Wandel der Wissensordnung durch die Informationstechnik 257

Visualisierung 283

G. Rohr (IBM Entwicklungslabor Böblingen)
Ikon-Techniken für Benutzerschnittstellen komplexer Anwendungssoftware 284

H. Müller (Universität Freiburg)
Fortgeschrittene Visualisierungsverfahren für Wissenschaft und Technik 297

H. Hattermann (Krupp Atlas Elektronik, Bremen)
Sichtsimulation, eine Echtzeit-Visualisierung natürlicher Szenen
in Simulatoranwendungen   317

Simulation technischer Systeme   338

B. Schneider (Mercedes-Benz AG, Stuttgart)
MKS-Simulation in der Nutzfahrzeugentwicklung   339

F. Schmidt (Universität Stuttgart)
Computational Engineering: Simulation mit Großrechnern
in der Energietechnik   354

H. Ruder, T. Ertl, F. Geyer, H. Herold, U. Kraus,
H.-P. Nollert, A. Rebetzky, W. Schweizer, C. Zahn (Universität Tübingen)
Simulation mit Supercomputern — Ein neues Werkzeug der Physik   369

Parallele Rechner   384

G. Schiele (Universität Stuttgart)
Massiv parallele Datenbankanwendungen in Multiprozessorsystemen   385

W. E. Nagel (Forschungszentrum Jülich GmbH)
Prinzipien der Parallelverarbeitung
auf Rechnern mit gemeinsamem Speicher   403

Querschnittsprogramm

Informatik in der DDR   421

P. Lorenz (Technische Universität Magdeburg)
Simulationstechnik heute und morgen — Wege in den Planungsalltag   422

H. Kupper, V. Dobrowolny (Technische Universität Magdeburg)
Die Beschreibung von Produktdatenmodellen für den rechnerintegrierten
Betrieb mit prädikatierten Unit-Relationship-Modellen   431

S. Burkhardt, M. Fritzsche, O. Nowak (Technische Universität Karl-Marx-Stadt)
COMPARE — Ein Beitrag zu höher parallelen Rechensystemen   439

J. Reiß (Technische Universität Karl-Marx-Stadt)
Architekturbeschreibung für den Firmwareentwurf   447

Ausbildung in Informatik   455

W. Brauer (Universität München und IFIP-TC 3)
Trends der Informatik-Ausbildung   456

Informatik in der UdSSR — 465

A. F. Verlanj (Akademie der Wissenschaften der Ukraine, Kiew)
Integralgleichungen in angewandter Modellierung — 466

V. A. Svjatnyi (Polytechnische Hochschule Donezk)
Simulationsverfahren für aerogasdynamische Netzobjekte — 476

J. A. Skobtsov und D. V. Speranskiy (Akademie der Wissenschaften der Ukraine, Donezk)
Simulation of the Digital Devices for Problems of the Technical Diagnostics — 484

L. P. Feldmann (Polytechnische Hochschule Donezk)
Untersuchungen der Gasmischungsbewegung und Diffusion im
Alten Mann der Grube nach numerischen Verfahren — 492

Fachgespräche

Software–Ergonomie in den 90er Jahren — 503

H. Peschke (Fa. Berthold, Berlin)
Style Guides und Schnittstellenwerkzeuge — Fortschritt oder Bremse? — 504

Th. Herrmann (Universität Dortmund)
Vernetzte Systeme und multimediale Anwendungen aus
software–ergonomischer Sicht — 517

A. Grünupp, K.-P. Muthig (Universität Tübingen)
Software–Ergonomie als prospektive Gestaltung der Funktionalität
von Werkzeugen — 532

Numerische Software — 543

R. Janßen (IBM Wissenschaftliches Zentrum, Heidelberg)
Numerische Software — Software Engineering für Numeriker — 544

G. Wirtz (Universität Bonn), H. P. Zima (Universität Wien)
Spezifikation numerischer Software für parallele Superrechner — 554

R. Hempel (GMD St. Augustin)
Portabilität numerischer Software für Parallelrechner
unterschiedlicher Architektur — 569

R. Helfrich (INTES GmbH, Stuttgart)
Die Portierung des FEM–Softwaresystems PERMAS auf
verschiedenartige Rechenanlagen — 585

Autorenverzeichnis — 601

Inhaltsverzeichnis von Band II

Fachgespräche

Computergestützte Informations-, Planungs- und Steuerungssysteme im Unternehmen   II, 3

K. Kurbel (Universität Münster)
Einführung in das Fachgespräch   II, 4

O. Rosenberg, U. Förster (Universität–Gesamthochschule Paderborn)
Belastungsorientierte Produktionslogistiksteuerung   II, 6

K. Kurbel, M. Moazzami (Universität Münster)
Kopplung von „Elektronischen Leitständen" und PPS–Systemen
in unterschiedlichen Umgebungen   II, 16

M. Zell, A.-W. Scheer (Universität des Saarlandes)
Datenstruktur einer graphikunterstützten Simulationsumgebung
für die dezentrale Fertigungssteuerung   II, 26

R. Hildebrand, T. Wedel, P. Mertens (Universität Erlangen–Nürnberg)
Zusammmenarbeit mehrerer Expertensysteme mit einem großen
PPS–Modularprogramm   II, 36

H. Heilmann (Universität Stuttgart)
Ein Kennzahlensystem für die Organisation   II, 47

H. Krallmann, B. Scholz-Reiter (Technische Universität Berlin)
CIM–KSA — Eine rechnergestützte Methode für die Planung
von CIM–Informations- und Kommunikationssystemen   II, 57

K. Kurbel, P. Dornhoff (Universität Münster)
Ein Projektmanagementsystem für evolutionäre Softwareentwicklungen
auf der Basis eines Drei–Ebenen–Modells   II, 67

E. Zwicker, A. Pleger (Technische Universität Berlin)
Strukturanalyse von Planungsmodellen   II, 77

W. Kraemer, A.-W. Scheer (Universität des Saarlandes)
Wissensbasierte Kosteninformationssysteme —
Ansätze zum Aufbau eines intelligenten Kostenkontrollsystems   II, 87

W. Stucky, T. Németh (Universität Karlsruhe), F. Schönthaler (PROMATIS)
Modellierung und Simulation verteilter Systeme mit INCOME   II, 97

D. B. Preßmar, S. Eggers (Universität Hamburg)
Konzept für eine syntaxorientierte Software–Entwicklungsdatenbank   II, 107

Verwaltungsinformatik II, 118

H. Bonin (FH Nordostniedersachsen, Lüneburg)
**Verwaltungsinformatik: Ein Anwendungsriese ohne Fundament?
Eine Einführung in das Fachgespräch** II, 119

F. Kroppenstedt (Bundesministerium des Innern)
**Erfahrungen mit und Anforderungen an die Verwaltungsinformatik
aus der Sicht der Bundesverwaltung** II, 125

H. Kaack (EWH Koblenz)
Verwaltungsinformatik als anwendungsspezifische Informatik II, 133

K. Lenk (Universität Oldenburg)
Verwaltungsinformatik und Verwaltungswissenschaft II, 146

K. Grimmer (Gesamthochschule–Universität Kassel)
Verwaltungsinformatik — Verwaltungspolitische Maßstäbe? II, 155

Einsatz wissensbasierter Systeme im Dienstleistungsbereich II, 165

K. Hinkelmann, D. Karagiannis (FAW, Ulm)
Vorgangsaspekte im Dienstleistungsbereich II, 166

H. Eckert (Universität Karlsruhe, Rechenzentrum)
**Einsatz und Wartung eines wissensbasierten Systems
zur Benutzerberatung in Rechenzentren** II, 181

M. Müller-Wünsch (Technische Universität Berlin)
**Projekterfahrung aus der Entwicklung eines wissensbasierten
Strategie–Diagnosesystems** II, 191

K. Kalefeld (WGZ–Bank, Münster)
**GENO–STAR der WGZ–Bank —
das Expertensystem im flächendeckenden Einsatz** II, 201

Informationssysteme in medizinischen Anwendungen – Wechselwirkung zwischen Anforderung und Systemleistung II, 211

J. Biskup (Universität Hildesheim)
Medical Database Security II, 212

C. Gayda, M. Käding (Deutsches Herzzentrum Berlin und TU Berlin)
**Integration von Sicherheitsmechanismen zum Schutz von
Patientendaten in medizinischen Anwendungssystemen** II, 222

A. Winter, H. Janßen, E. Glück, R. Haux, J. Wiederspohn
(Universität Heidelberg, Medizinische Informatik)
**Zur verteilten Datenverarbeitung bei heterogenen Subsystemen
am Beispiel des Heidelberger Klinikuminformationssystems**   II, 232

L. Gierl, D. Füermann, H. Müller, S. Villain
(Rechenzentrum der Universität München für die Medizinische Fakultät)
Modellierung medizinischer Welten in Objektstrukturen   II, 242

P. Jensch (Universität Oldenburg)
Multimediale Systeme in der Medizin   II, 252

P.C. Müller, O.J. Grolle, D.-P. Pretschner
(Universität Hildesheim, Medizinische Informatik)
Präoperative Therapiesimulation am Beispiel der Hüftgelenkchirurgie   II, 259

K. Kotzke, D.-P. Pretschner (Universität Hildesheim, Medizinische Informatik)
**Zur Evaluation von wissensbasierten Bildanalysesystemen mit Phantomen
am Beispiel der Motilitätsinterpretation des linken Ventrikels**   II, 266

U. Jobst (Ostertal Klinik, St. Wendel)
**Eine Biofeedback-Einrichtung zur Trainingstherapie von
Gleichgewichtsstörungen**   II, 276

Was erwarten Anwenderinnen von der Informatik?   II, 285

I. Wagner (TU Wien)
**Entwicklung der Frauenerwerbsarbeit unter dem Einfluß der
Computertechnologie: Forderungen an die Informatik aus Frauensicht**   II, 286

H. Faulstich-Wieland (FH Hannover)
Informationstechnische Bildung: Was erwarten Mädchen und Frauen?   II, 297

Ch. Roloff (Universität Dortmund)
**Informatik und Karriere.
Zur Situation von Informatikerinnen in Studium und Beruf**   II, 307

H. Schelhowe (Universität Bremen)
**Informatikerinnen suchen nach eigenen Wegen. Positionen und Perspektiven
aus der Arbeit der Fachgruppe „Frauenarbeit und Informatik"**   II, 318

Intelligente Lernsysteme   II, 329

L. M. Hilty (Universität Hamburg, Informatik)
Ein kognitives Modell des Algorithmenentwurfs   II, 330

H.-D. Böcker, H. Hohl, Th. Schwab (Universität Stuttgart, Informatik)
**Individualisierte, auf ein Benutzermodell gestützte Präsentation
von Lerninhalten**   II, 340

F. Bodendorf (Universität Erlangen–Nürnberg, Wirtschaftsinformatik)
Benutzermodellierung mit Hilfe neuronaler Netze   II, 349

G. Holland (Universität Gießen, Mathematikdidaktik)
**Schülermodellierung bei Dreieckskonstruktionsaufgaben
mit dem tutoriellen System TRICON**   II, 359

K. Reusser, A. Kämpfer, R. Stüssi
(Universität Bern, Pädagogische Psychologie)
**HERON: Ein adaptives tutorielles System zum Lösen
mathematischer Textaufgaben**   II, 368

M. Stumpf (Universität Freiburg, Psychologie)
**Adaptivität durch Flexibilität in Repräsentationsform und
Konstrollstruktur im System DiBi–MR**   II, 377

U. Oestermeier, J. Bollwahn, A. Horn, H. Mandl und S.-O. Tergan
(Universität Tübingen, DIFF)
Ein regelbasiertes Diagnose–System zur Identifizierung von Fehlkonzepten   II, 386

A. Kohl (GMD St. Augustin, Expertensysteme)
Modellgestütztes Tutoring   II, 395

U. Dumslaff und D. Meyerhoff
(Universität Koblenz, Informatik / GMD, St. Augustin)
Eine inhaltsorientierte Architektur für tutorielle CUU–Systeme   II, 404

M. Mühlhäuser (Universität Kaiserslautern, Informatik)
'Intelligenz' versus Hypermedia in Lehrer-/Lernerumgebungen   II, 409

U. Sens (Universität Stuttgart, Regelungstechnik und Prozeßautomatisierung)
**Hypertutorial — Wissensbasiertes Blättern als Grundlage eines
intelligenten Lernsystems**   II, 414

H. Kindler (Universität Ulm, Arbeits- und Sozialmedizin)
**Wissensmodellierung als Grundlage eines intelligenten Tutors
in der Elektromyographie**   II, 419

Software–Projekt–Management   II, 424

N. Heydenreich (ADAC München)
Projektmanagement–Erfahrungen aus einem Großprojekt   II, 425

M. Hoffmann, G. Schwarz, P.M. Weber (Sietec Berlin)
**Projektmodell für die Abwicklung von Großprojekten
auf der Basis eines evolutionären Phasenmodells**   II, 435

G. Gryczan, D. Wegge (TU Berlin)
Subjektorientierte Arbeitsformen — Objektorientierte Softwareentwicklung   II, 444

D. Steinbauer (DATEV Nürnberg)
Management von Software-Projekten — II, 454

R. Maderholz (Hewlett-Packard, Böblingen)
Computer Assisted Project Management — Integrated Software
Development Environment Delivers Project Estimation Data — II, 465

M. Oriolo (Software AG, Alsbach/Hähnlein)
Schätzverfahren in 4GL- und CASE-Umgebungen — II, 475

Ohne Theorie keine Anwendungen — II, 486

B. Becker, H.-W. Six (FU Hagen), P. Widmayer (Universität Freiburg)
Maßstabsunabhängige Verwaltung von Landschaftsdaten — II, 487

R. Müller (Universität-GH-Paderborn)
Ein robuster Rahmen für hierarchisches Floorplanning
mit integrierter globaler Verdrahtung — II, 497

T. Hagerup (Universität des Saarlandes)
Neue Algorithmen für das Maximum-Flow-Problem — II, 507

G. Reinelt (Universität Augsburg)
Polyedrische Methoden zur Lösung großer kombinatorischer
Optimierungsprobleme — II, 517

C. Lengauer (University of Edinburgh)
Wie kann man imperative Programme auf eine Systolisierung
vorbereiten? — II, 527

B. Möller (Technische Universität München)
Systematic Derivation of Pointer Algorithms — II, 537

Mensch/Maschine-Schnittstelle in der Computer Animation — deskriptive und generative Systeme — II, 548

M. Koch, F. Loseries, Th. Tran
(Fraunhofer Arbeitsgruppe Graphische Datenverarbeitung, Darmstadt)
Integration von Animations- und Simulationswerkzeugen
in den Design-Prozeß — II, 549

A. Schmitt, W. Leister (Universität Karlsruhe)
Simulation dynamischer Massenpunktsysteme und ihre
Anwendung in der Computeranimation — II, 559

H. Müller (Universität Freiburg)
Erfassung, Speicherung und Manipulation komplexer Formen
und Bewegungen — II, 569

P. Gançarski (Université Claude Bernard, Lyon)
**A Generative System for Interactive Animation
Based on Reactive System Semantics and on Actor Semantics** II, 579

M. Nadin (State University of New York)
Intelligence for Animation II, 589

Autorenverzeichnis   II, 601

Eingeladene Vorträge

Eingeladene Vorträge

Functional Specifications for Old (and New) Software

David Lorge Parnas
Telecommunications Research Institute of Ontario
Queen's University at Kingston Ontario, Canada

I. Introduction

Engineering is the use of science and technology to build useful artifacts. Those who design computer systems are clearly acting as engineers. However, there are deep differences between the way that computer systems are designed and the way that engineers in other areas work. Mechanical, electrical, and civil engineers make extensive use of mathematics to provide precise descriptions of their products. In contrast, computer systems are usually described, quite inaccurately, using anthropomorphic analogies and intuitive language. If an engineer produces a system from smaller components, he realises the necessity of precise specification of each of the components. Computer systems engineers, particularly programmers rarely write such specifications. They usually rely on a "cut and try" approach in which substantial redesign must be done after "integration" is begun.

This paper describes our approach to bringing computer systems design closer to classical engineering. We show how essential properties of computer systems, and their components, can be described by a set of of mathematical functions. This approach allows computer systems designers to document their ideas in a systematic way that permits thorough review and validation.

This paper deals exclusively with functional documentation. It does not discuss other types of models used by engineers during a design. For example, we do not write about queueing theory models which might be used for the prediction of performance. Those other models are important and useful but outside the scope of the present paper.

II. What should be the Role of Documentation in Design?

The production of design documents plays a key role in engineering practice. It is rare to find an engineer proceeding by building first and documenting later. Most thoughtful engineers recognise that design is a creative activity and that one cannot tell people how to design. However, it is possible to establish criteria that can be used to judge a design. The validation of designs is a major part of engineering. The inspiration that results in a brilliant design may occur in a flash, but the analysis required to confirm the workability and safety of the approach may take years. It is that analysis that shows the difference between professional engineering and amateurish invention.

Design validation is a technical task that can only be carried out if the design documentation is precise enough to permit sound analysis. A noteworthy characteristic of conventional engineering documents is that they are sufficiently precise that one can calculate pressures, derive differential equations, compute load factors, and find resonant frequencies from the information that they contain.

When we examine the way computer systems, particularly computer software, are designed, we see a very different approach. The documents that are produced in advance of implementation are not technical documents, they are narratives explaining the importance of the system, scenarios describing how it might be used, or "motherhood" statements about the good qualities it will have. Little technical evaluation can be done on the basis of such documents. Design validation must wait until the design is nearly complete.

In many computer system design groups, documentation is not viewed as part of the design activity but as an additional, somewhat distasteful, task that must be done because of bureaucratic regulations. Often the programs are written first, the documentation is written afterwards. Sometimes the documentation is written by a separate group, one that does not include people responsible for the design. Much of the documentation written before implementation is ignored by the implementors.

As a result of this approach, computer system design documents are almost always out of date and are rarely accurate when first delivered. They are seldom maintained after delivery. The exceptions are, almost always, hardware documents. The engineers who build hardware understand the importance of technical documentation.

In this paper we show how the usual engineering approach can be applied to all phases of computer system design. The documentation serves as the design medium and is the input to all analysis and testing activities. In fact, it is important to view the documentation as being (at least) as important as the product itself. With the documents, the product could be reconstructed relatively quickly, but without the documents, the product is of questionable value.

III. What do we mean by "functional"?

In this paper we propose an approach that we call "functional" although "relational" might be more accurate. It is important to note that we are not using "functional" in its vernacular sense, but with its mathematical meaning. In the vernacular "function" often means purpose, role, or activity, as in, "The function of this system is to control the number of beans in the bin". Although one of our goals, is to provide precise descriptions of the role of a computer system, we shall use the word "function" exclusively in its mathematical sense. A function is a mapping from a set of elements known as its domain to another set of elements known as its range, such that every element of the domain is mapped onto exactly one element of the range.

As is well known, functions are special cases of relations. For relations, the requirement that no more than one element of the range be associated with each element of the domain is removed. Further, in certain applications, it is useful to extend a relation with an additional set to form what we call an LD-relation[ITTI]. We intend the term "functional" method to include the use of any of these concepts.

It is important to note that the elements in the range and domain of a function are not restricted to scalars. The universes from which these sets are drawn may include vectors, functions, and vectors of functions. It is by using time-functions in the range and domain of our functions that we will be able to specify critical charcteristics of real-time systems.

Our goal in this paper is to describe the contents of certain computer systems documents, not their form. To do this we shall describe documents in terms of functions that they must describe but we shall not say much about the way those functions should be represented. Some companion reports will discuss techniques used to provide readable representations of the functions.

An illustration of our approach can be found in the familiar area of program semantics. As Mills[NewMath] has pointed out, the semantics of a deterministic sequential program can be described by a single function. In that paper, Mills says little about the representation of those functions, but elsewhere he has described them using multiple-assignment statements. However, there are alternate representations of the same function, such as Dijkstra's pair of predicate transformers[DISC], the precondition-postcondition pairs used by other authors, and the notation introduced by Hehner[CACM]. Each of these notations has advantages and disadvantages; there is no single representation that is ideal for the broad class functions involved. The first step towards precise practical documentation is a precise identification of the functions that we wish to describe; that is the goal of this paper. Notation can be expected to evolve as the industry matures.

IV. What documentation is needed?

This section provides an overview of the documentation that should accompany each computer system. The majority of these documents will be described in later sections.

The *systems requirements document* treats the complete computer system as a black-box. It begins with a description of the environment, a description that identifies a set of environmental state variables of concern to the system's user. It defines the physical interpretation of mathematical variables representing the environmental state, and specifies any relationships between them that result from physical (or other) constraints. Finally, the systems requirements document specifies the additional relationships between environmental variables that the system of interest is expected to establish.

The *system design document* identifies the computers within the computer system and defines their communication with the environment. For each computer it identifies a set of input and output variables and defines the relationship between the values of those variables and the values of the environmental state variables.

The *systems requirements document* and the *system design document* together determine the software requirements. The two documents together may be used as a *software requirements document*; alternatively one may chose to write an additional document, one that makes additional decisions, in order to specify the exact behaviour of the software.

The *software module guide* is an informal document that describes the responsibilities of each software module. It is described at length in [MG] and will not be further discussed in this paper.

For each module identified in the software module guide, there should be a *module interface specification*. This should treat the module as a black-box identifying all module programs that can be invoked by a user and describing their user-visible effects.

For each implementation of a module there should be complete documentation of the design of that implementation. This is an internal document, and should be sufficiently precise that one could verify the workability of the design. It should describe the module's data structure, the intended interpretation of that data structure, and the effect of each program.

Longer programs should be presented as a self-documenting set of understandable short programs. Each such program must be presented in a *display* that includes (a) the specification of the program, (b) a short program text which includes some unrefined program segments, (c) specifications of those unrefined segments. It should be possible to check each display for correctness using only the information in that display supplemented by a system dictionary. No reference to other displays should be needed.

All of the above information is required in the practical development of information systems. Currently, a wide variety of formal, semi-formal, and informal notations are in use by computer systems developers. Unification of the notations and concepts used for such documentation, would be of obvious benefit. In the following sections, we shall discuss each of these documentation problems in more detail.

V. How do we document the system requirements?

The critical step in documenting the requirements of a computer system is the identification of the environmental variables of interest and the representation of those physical variables by mathematical variables. The environmental variables include: physical quantities such as temperatures and pressures, the readings on meters that are visible to the user, administrative information such as the number of people assigned to a given task, or the number of items of a certain type that are "on-hand" for inventory purposes. Each of these can be associated with mathematical variables, as is usual in engineering and science. That association must be carefully defined, e.g. by diagrams, so that coordinate systems, and signs are unambiguously stated.

It is useful to characterise each environmental variable as either *monitored, controlled* or both. Monitored variables are those variables that the user wants the system to measure. Controlled variables are those whose values the system is intended to restrict. It is often the case that a system is intended to both observe and control certain variables. We shall refer to the monitored variables as $m_1, m_2, ... m_n$, and the controlled variables as $c_1, c_2, ... c_p$. However, we do not assume that these sets are disjoint. Time, which may be a monitored variable, will be denoted by "t".

Each of these variables will have a value that can be recorded as a function of time. If we denote a given environmental variable by "v", we shall denote the function describing its value as a function of time by "v(t)".

Nature, or previously installed systems, may place certain restrictions on the values of environmental variables. These restrictions may be documented by means of a mathematical relation, which we denote by NAT. The domain of this relation is a set of vectors of time-functions, the ith element of a vector is denoted $m_i(t)$. The range of NAT is also a set of vectors of time-functions. If c_i is a controlled variable, $c_i(t)$ is the ith element of the vectors that constitute the range of NAT.

An ordered pair (($m_1(t), m_2(t), ... m_n(t)$), ($c_1(t), c_2(t), ... c_p(t)$)), abbreviated (M,C), is in NAT if and only if physical constraints do not prevent the environmental variables from taking on the values described in (M,C). If there are no constraints on the values of M and C, all possible combinations of pairs will be included in NAT. If certain values of M are not included in the domain of NAT, the system designer may assume that they will not occur.

The computer system is intended to impose further constraints on the environmental variables. These constraints may be documented by means of a mathematical relation, which we denote by REQ. The domain of this relation is a set of vectors of time-functions, the ith element of a vector is $m_i(t)$. The range of REQ is also a set of vectors of time-functions. If c_i is a controlled variable, $c_i(t)$ is the ith element of the vectors that constitute the range of REQ.

An ordered pair $(\,(m_1(t), m_2(t), \ldots m_n(t)), (c_1(t), c_2(t), \ldots c_p(t))\,)$, abbreviated (M,C), is in REQ if and only if the computer system may allow the controlled variables to take on the values described in C, if the observed variables take on the values described in M. Generally,

$$\text{domain(REQ)} \supseteq \text{domain(NAT)}.$$

The relation REQ can be considered *feasible* if

$$\text{domain(REQ} \cap \text{NAT)} = (\text{domain(REQ)} \cap \text{domain(NAT)}) = \text{domain(NAT)}$$

Feasibility means that REQ does not demand behaviour that NAT will not allow, but does not mean that the functions involved are computable or that an implementation is practical.

VI. How do we document the system design?

In the system design two additional sets of variables are identified. I is a set of *inputs*, variables that can be read by the computers in the system. O is a set of *outputs*, variables whose values can be controlled by the computers in question.

The meaning of the inputs can be described by a relation IN(M,I), where the domain of IN is a set of vectors of time-functions as above, and the range is a set of vectors of time-functions representing the values of the input variables. A pair (M,I) is in IN if I describes possible values of the input variables when M describes the values of the monitored variables.

The effects of the outputs can be described by a relation CON(O,C), where the domain of CON is a set of vectors of time-functions representing the values of the OUTPUT variables over time, and the range of CON is a set of vectors of time-functions representing the values of the controlled variables over time. A pair (O,C) is in CON if C describes a possible behaviour of the controlled variables when O describes the value of the output variables.

The relation IN describes the behaviour of the input devices. It is a relation rather than a function because of imperfections in the devices. The relation CON describes the behaviour of the output devices. It, too, is a relation rather than a function because of imprecision in the control of outputs.

VII. How do we document the software requirements?

The software requirements are determined by the system design document and the systems requirements document. As mentioned earlier, the *software requirements document* can be seen as a combination of those two documents. The combined document would contain the relations:

(1) REQ(M,C),
(2) IN(M,I),
(3) CON(O,C), and

if it is non-trivial,

(4) NAT(M,C)

In the sequel we assume that REQ is feasible with respect to NAT.

The implementors will produce a system with input-output characteristics that can be described by a relation:

(5) REM(I,O)

To be acceptable REM must satisfy:

(6) $\forall M \, \forall I \, \forall O \, \forall C \, [IN(M,I) \land REM(I,O) \land CON(O,C) \land NAT(M,C) \rightarrow REQ(M,C)]$

If we assume that relations (1), (2), and (3) are functions, we can use functional notation to rewrite (6) as follows:

(6a) $\forall M \, [M \in \text{domain}(NAT) \rightarrow REQ(M) = CON(REM(IN(M)))]$.

The writers of the requirements document must describe (1) - (4). The implementors must determine (5) and verify (6). A document of this type will require natural language in the description of the environmental variables, but can otherwise be precise and mathematical. The use of natural language in the definition of the physical interpretation of mathematical variables is unavoidable and quite usual in engineering.

VIII. How do we document "black-box" module interfaces?

Most modern computer systems require software of such size and complexity that it cannot be completed by a single person in a few weeks. For many reasons it is desirable to decompose the software construction task into a set of smaller programming assignments, which we shall call *modules*. It is important to specify the behaviour of these modules precisely so that the work can proceed independently with a reasonable likelihood that the independently written programs will work well together.

The problem of specifying software module interfaces is not unlike the software requirements problem but some simplifications are possible. Many software modules are entirely internal, there are no environmental variables to monitor or control; all communication can be by means of invocation of the module's programs. Moreover, the state set for a software module is finite, and state transitions are discrete events. This allows us, in many cases, to replace the general concept of time-function with a sequence describing the history in terms of externally visible discrete events. These sequences are known as *traces*. All statements are made in terms of these sequences.

The finiteness of the objects being described allow us to identify a finite subset of the set of possible traces, which we call *canonical traces*. Every trace is equivalent to a single canonical trace; i.e. no two canonical traces are equivalent. Specifications are written by defining three groups of functions:

(1) Functions whose domain contains single event extensions of cannonical traces, and maps each onto an equivalent canonical trace.

(2) Relations whose domain contains canonical traces and maps each on to a set of possible values for output variables.

(3) Functions whose domain is the set of values of the output variables and whose values define the information returned by the module to the user of the module.

A recent report [PARNAS/WANG] describes this method in more detail. It shows how the set of functions can be used as a precise but readable specification of the externally visible behaviour of the module.

IX. How do we document internal module design?

Each module will be implemented by a private data structure and a set of programs. The design of this module often exists only in the the heads of the designers, but it is possible to document the design sufficiently precisely that its correctness can be verified. The internal documentation of the module contains three types of information:

(1) A description of the data structure, which may comprise objects implemented by other modules.

(2) A function, known as the abstraction function, that maps from a domain consisting of data states to a range consisting of canonical traces.

(3) An LD-relation [ITTI] specifying the behaviour of each of the module's programs in terms of mappings from data states before the program's execution to data states that must hold after the program's execution.

As has been shown by Hoare [HOARE] and others, [Mills et al], [Mills/Gannon], this information allows the design to be verified and may then be used to check on the implementation of the module.

X. Do we have evidence that the basic theory is sound?

The ideas above are much like the wheel. They have often been reinvented. The system requirements model is common in control theory. The trace model is equivalent to some of the algebraic theories, but we have found it to be simpler, more intuitive, and to raise fewer technical issues. Because we deal with strings rather than functions, we need not get bogged down in concern about whether or not the system is first-order. The internal documentation model is more than 20 years old

XI. Do we have evidence that the theory scales up?

The requirements model given here is a refinement of one developed at the Naval Research Laboratory in 1978. It has been used to produce quite practical requirements documents for a broad variety of systems. The internal Documentation model has recently been used in by Ontario Hydro and the Atomic Energy Control Board to review safety critical software for a nuclear plant.

XII. What can we gain?

We have found that this approach to documentation can provide a very useful set of reference documents if the functions are represented in tabular form. It is a great advantage that we can use the a common set notations and concepts throughout the development and maintenance process.

XIII. References

[ITTI]
PARNAS, D.L., "A Generalized Control Structure and its Formal Definition", *Communications of the ACM,* 26, 8, August 1983, pp. 572-581.

[NEW MATH]
MILLS, H.D., "The New Math of Computer Programming", *Communications of the ACM,* vol. 18, no. 1, January 1975, pp. 43-48.

[MG]
BRITTON, K., PARNAS, D.L., "A-7E Software Module Guide", *NRL Memorandum Report 4702,* December 1981.

[MILLS, et al]
MILLS, H.D., BASILI, V.R., GANNON, J.D., HAMLET, R.G., *Principles of Computer Programming: A Mathematical Approach* publisher - Allyn and Bacon, 1987.

[MILLS/GANNON] GANNON, J.D., HAMLET, R.G., MILLS, H.D., "Theory of Modules", *IEEE Transactions on Software Engineering*, July 1987.

[Protocol]
PARNAS, D.L., "Documentation of Communications Services and Protocols", Technical Report 90-272, Queen's University, TRIO (Telecommunications Research Institute of Ontario), February 1990, 4 pgs.

[PARNAS/WANG]
PARNAS, D.L., WANG, Y., "The Trace Assertion Method of Module - Interface Specification", Technical Report 89-261, Queen's University, TRIO (Telecommunications Research Institute of Ontario), October 1989, 39 pgs.

Parallel Processing on Distributed Memory Multiprocessors

Max Lemke*
Anton Schüller†
Karl Solchenbach*
Ulrich Trottenberg *†

*SUPRENUM GmbH, Hohe Str. 73
D-5300 Bonn

†Gesellschaft für Mathematik und Datenverarbeitung
D-5205 St. Augustin

1 Introduction

In the past few years distributed memory multiprocessors have been among the most exciting computer developments. These machines offer very high peak performance compared to low prices. Meanwhile several systems are commercially available. Although there are many arguments in favor of these architectures (good price/performance ratio, scalability, low entry level) many users still hesitate to use distributed memory multiprocessors, mainly because of a lack of programming comfort.

In the beginning this paper gives a short classification of supercomputer architectures and a brief description of the SUPRENUM and the iPSC architecture as examples of distributed memory multiprocessors. Then we present the general programming

---

*funded by means of the Federal Ministry of Research and Technology (BMFT) (grant number ITR8601 9), the Ministry of Economy and Technology of Nordrhein-Westfalen (MWMT) (project number 323-8605200) and the EEC Esprit 2 program (P2702 - GENESIS).

†funded by means of the Federal Ministry of Research and Technology (BMFT) (grant No. ITR 8502 A2) and the EEC Esprit 2 program (P2702 - GENESIS).

concept for such machines and its application to grid based numerical methods. Finally, some results recently obtained on the iPSC/2 and on SUPRENUM are given.

2 Supercomputer architectures

Today many different approaches to a classification of computer architectures, especially with respect to parallel processing, are discussed. A classification may be based on quantitative aspects (the degree of parallelism or the granularity), the structure of the control-flow (SIMD, MIMD, data-driven, demand-driven), the (hardware) technology (VLSI, VHSIC, air cooled, liquid cooled, see [2]), or the topology of the processing elements and the memory units.

We first give a more pragmatical than systematical classification distinguishing between the SIMD vs. the MIMD operation mode and shared vs. distributed memory. This is followed by a brief description of two examples of multiprocessor architectures (iPSC/2, SUPRENUM 1).

2.1 Classification

We distinguish four classes of architectures which we believe to play an important role in the supercomputer world (see Figure 1). The basic classification categories are:

1. **SIMD vs. MIMD** (vertical line)

    SIMD operation mode means that parallel functional units execute the same instruction sequence on different data. The two best-known realizations of the SIMD principle are pipelined floating point units and array processors.

    The MIMD principle is the favorite operation mode for multiprocessors based on entirely independent processors. Each processor may execute a different instruction stream within the same application.

2. **Shared vs. distributed memory** (horizontal line)

    One of the central problems to be solved in the design of multiprocessor systems is the memory access. Basically, there are two possibilities of organization:

    - Shared memory, which guarantees fair access to a total memory for each processor.
    - Distributed memory, which means that each processor has *direct* access to its own private memory only.

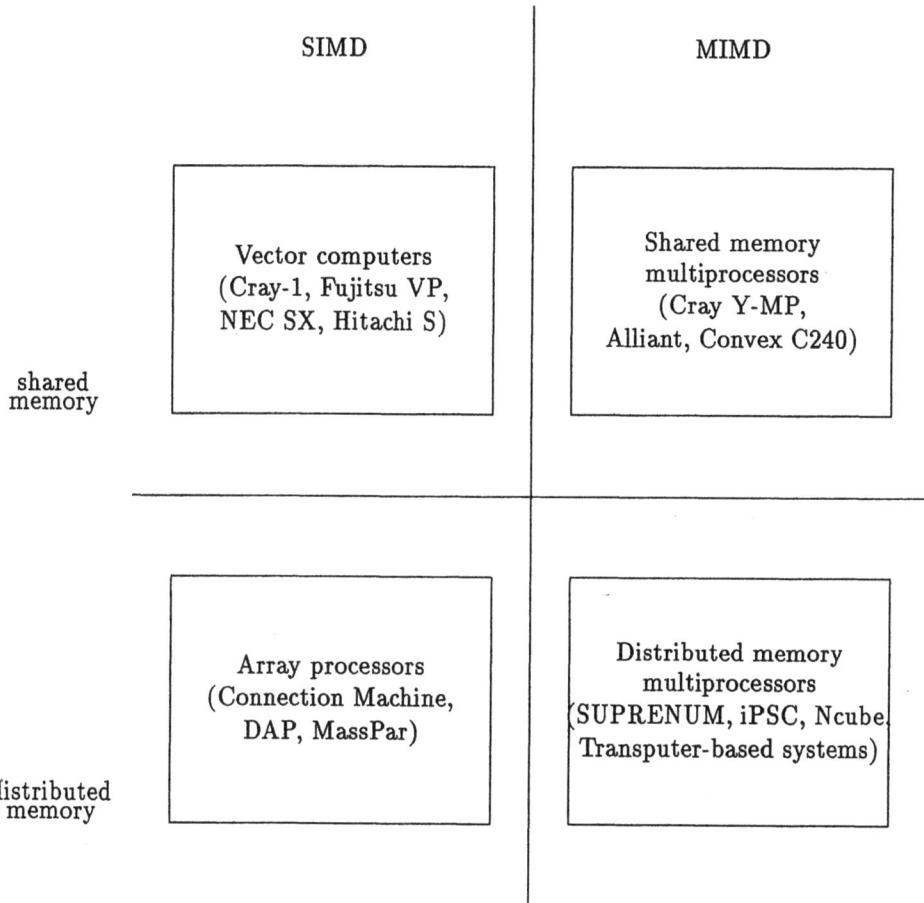

Figure 1: Classification of parallel (supercomputer) architectures

Often both memory organization types are combined in hierarchical memory systems. The ETA-10, for instance, had rather fast and small distributed memories and a comparatively slow but large shared background memory. Other combinations of both ideas are e.g. distributed cache architectures. The global memory, which has a global address space, consists of the caches of all distinct processors.

Our classification rather reflects the user's view of the memory organization than its hardware realization. The Myrias SPS-2, for instance, is a multiprocessor system with distributed memory units which are interconnected by a network. It offers a shared memory model to the user and is therefore regarded as a shared memory system, although its hardware looks more similar to distributed memory machines.

In the following we briefly describe the four classes of supercomputer architectures with their typical representatives.

- **Uniprocessor vector computers (SIMD)**

    Historically, the first machines to be called supercomputers were vector computers. Their hardware architecture is based on very fast arithmetic pipelines which support the rapid execution of vector instructions operating on all components of the vector operands simultaneously. Vectors in that sense consist of components which can be processed independently. Hence, vector processing is a trivial form of parallel processing based on fine grain parallelism. Application codes have to be vectorized (i.e. operations are defined on vectors and certain data dependencies between operations are excluded) in order to exploit the potential speed of the hardware. The need for vectorization resulted in new vector algorithms and in special compiler tools (vectorizers) for the automatic vectorization of existing codes.

    Examples of vector machines are the CRAY-1, the CYBER 205, the Fujitsu VP series and uniprocessor configurations of the NEC-SX 3, the Hitachi S-810/820, and the IBM 3090-VF.

    Due to technological progress in VLSI chip development vector computer architectures today can be realized in standard (microcomputer) technology. These systems are smaller, somewhat slower, and considerably cheaper than the classical vector computers and therefore called minisupercomputers. The vector-minisupercomputers take advantage of the existing software and tools for vector machines, some systems are even CRAY-compatible. Examples are the Convex and – recently disappeared – SCS and Supertek.

- **Shared memory multiprocessors (MIMD)**

    Another way to increase the computing performance is the combination of several single processors to a multiprocessor system and the replacement of sequential processing by parallel processing. The optimal degree of parallelism (fine or coarse granularity) depends on the number and the power of the single processors as well as on the memory organization. The shared memory concept restricts the number of high speed uniprocessors (as mentioned above) to $\leq$ 8-16 today. The parallelism these systems offer is often used to increase the throughput of the system (running different jobs on different CPUs), but not the execution speed of an individual job. MIMD parallel as well as SIMD-like processing is possible (e.g. by the use of macrotasking or microtasking constructs on the CRAY-X/MP). Other representatives of this class are the CRAY-Y/MP, CRAY-2, Convex C2, and Alliant.

If the memory is accessed via a hierarchical network, a larger number of CPUs can be connected at the cost of longer access times. Examples are the IBM RP-3 and the CEDAR project (=clusters of Alliant systems). Further examples in this class are the Sequent, Encore, and Concurrent Computers machines.

- **Array processors (distributed memory SIMD)**

The era of parallel computers started with array processors which perform one instruction simultaneously on an array of operands (in SIMD mode). Today, these systems have been upgraded to massively parallel multiprocessors (with many thousands of processors). Each processor is relatively small and weak, but the enormous degree of parallelism results in supercomputer performance. Typically, these systems are used for a restricted class of special applications. The Connection machine (up to 65536 bit processors), for example, has been primarily designed for artificial intelligence work (CM-1). The CM-2 [10] adds one vector floating point processor for each 32 nodes and offers a very large memory to provide a powerful computer also for many problems in numerical programming. The bit processors are used for integer arithmetic and as memory to feed the vector processors. The SIMD programming model can be viewed as multidimensional vector processing on a more or less freely configurable processor array.

In addition the historical Illiac IV, the AMT DAP, and the MassPar system should be mentioned here.

- **Distributed memory multiprocessors**

Today, multiprocessor systems with a large (and principally unlimited) number of processors require that the memory units are physically associated with the processors (distributed memory). The basic unit of such a system consisting of the CPU, the arithmetic coprocessor, the memory, and the communication unit will be called *node* in the following. The first prototypes of this class were based on hypercube topologies and were built up at the Californian Institute of Technology. Intel's iPSC was the first commercial product, followed by Ametek and Ncube. Meanwhile Intel and Ncube came out with their second generations. The German SUPRENUM development has also entered the market with a system based on vector node processors and bus coupling (see next Section).

Currently, one can distinguish between distributed architectures containing vector nodes (iPSC/2-VX, SUPRENUM) to speed up the individual node in the case of vector processing and those having scalar nodes only (Ncube, Transputer based systems: Meiko, Supernode, Parsytec). Due to the recent development of very fast scalar chips (Intel i860, MC 88000), and their use in distributed systems (e.g. iPSC/860) that start to become available now, it is an open question, whether future nodes will still have a scalar processor and a vector floating point unit or just one or more very fast scalar processors.

Another way to distinguish between distributed memory systems is the interconnection network, e.g. hypercubes (iPSC, Ncube), (hierarchical) bus coupled architectures (SUPRENUM), or partly free configurable Transputer-based architectures (restricted to four links per node).

The classification of parallel computers in Figure 1 is by no means unique and complete. An important classification category which is not taken into account in Figure 1 is the hardware technology. Systems based on VHSIC hardware (like the CRAY, Fujitsu, NEC and ETA systems) are much more powerful (and expensive) than systems based on microcomputer technology (like the Alliant or Convex) although they belong to the same class.

2.2 Examples of distributed memory architectures

Two examples of distributed memory multiprocessor systems will be outlined briefly: iPSC/2, SUPRENUM 1. They belong to the same class of distributed architectures and mainly differ from each other by their interconnection network, the imbedding of the vector floating point processor, and their memory access structure. In Chapter 5 some performance results for both systems are presented.

2.2.1 The Intel iPSC/2

The Intel iPSC/1 was the first commercial hypercube MIMD computer, and has been the most widely available highly parallel computer in recent years. Consisting of 128 Intel 80286 processors, peak computer power was under 10 Mflop/s, yet the iPSC/1 was the basis for a large number of useful experiments in parallel computing. The iPSC/2(-VX) is a second generation machine that provides increased processing power and communication throughput. Each node contains a 80386 microprocessor with up to 8 Mbytes of memory (extendable to 16 Mbytes with 64 processors). In addition to a scalar numeric co-processor, a VX vector board (6 Mflop/s double precision, maximum 64 nodes) is available as an off-the-shelf board. The vector unit sees only the data RAM on the vector board, whereas the node CPU can access data in both its own memory and the vector board data RAM. So in principal it is possible to use the CPU for moving data to and from the vector board memory and to use the vector memory as a kind of data cache. In practice, however, this is much too slow, which limits the usable data memory to 1 Mbytes per node, if vector arithmetic is to be performed. The top-rated system has 64 nodes capable of 424 Mflop/s double precision.

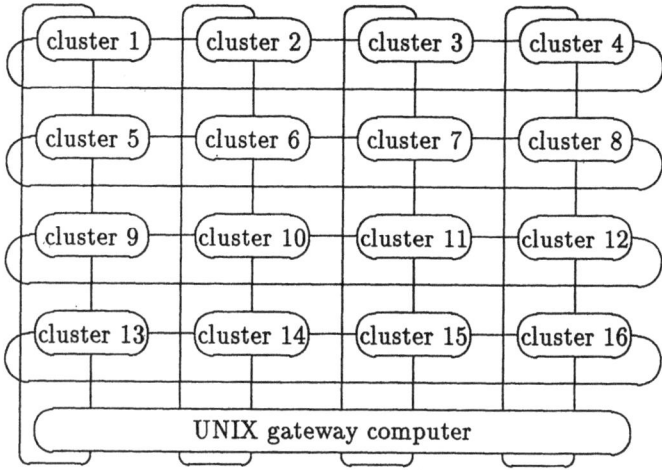

Figure 2: SUPRENUM clusters

The node computers are connected by the direct connect modules in a hypercube topology. This interconnection network uses wormhole routing for fast multi-hop communications. The bandwidth of a single link is about 2.5 MByte/s.

2.2.2 The SUPRENUM 1 architecture

Figures 2 and 3 show the overall structure of the SUPRENUM system, which is scalable to up to 256 nodes, which are connected via a two-level interconnection network of busses.

Each node consists of the MC68020 CPU, 8 Mbyte of private memory, a fast Weitek floating-point vector unit (10 Mflop/s peak performance for a single floating point operation in double precision, 20 Mflop/s for operations that allow chaining of two floating point operations), and dedicated communication hardware. For more details on the SUPRENUM node and its performance the reader is referred to [9]. To summarize, the achievable performance on a single SUPRENUM node is very satisfactory. In many applications peak performances of more than 70 % of the asymptotic peak performance have been achieved. To this respect SUPRENUM can very well compete with other vector node architectures. Furthermore, the effort necessary to achieve high performance is reasonable: efficient Fortran 90 programming can squeeze high performances out of the hardware.

16 computing nodes are combined to a cluster. The nodes in a cluster are connected by the clusterbus (320 Mbyte/s). In addition to the computing nodes each cluster contains four special nodes: a disk controller node with up to four disks (4.8 GByte),

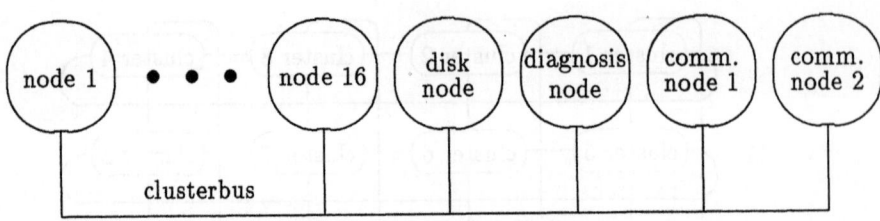

Figure 3: Cluster structure

a diagnosis node, which supports performance measurements, and two communication nodes, which connect the clusterbus to the serial SUPRENUM-bus (see Figure 3).

Any number up to 16 clusters are connected by a matrix of SUPRENUM-busses (200 Mbit/s) and form the high performance kernel (see Figure 2). The asymptotic peak performance of the top-rated system is 2.5 Gflop/s for single operations and 5 Gflop/s for chained operations. The SUPRENUM system is completed by a UNIX gateway computer, which is linked to standard networks and which is used for operating and maintaining the high performance kernel.

For a more detailed description of the SUPRENUM architecture see [2, 13].

3 Programming distributed memory systems

Today's standard programming concept for distributed memory multiprocessors is based on a *process* system and on *message-passing communication* handling (Section 3.1). Currently much research effort is invested in the development of automatic parallelization tools for distributed architectures. Major concepts are virtual shared memory and automatic partitioning (Section 3.2).

3.1 Standard programming concept based on message passing

As an example of today's standard programming concept we give a brief description of the SUPRENUM process concept which is characterized by the following elements:

- Processes are autonomous program units which run in parallel.

- Processes can terminate themselves and can create but not terminate other processes.

- Processes communicate only by exchange of messages, and no shared memory is available.

- Applications are started by one initial (or host) process typically running on the front end machine.

- In arithmetic expressions and communication instructions array constructs are especially supported (Fortran 90, [12]).

- The user-defined process system is homogeneous and independent from the actual hardware configuration. The two-level architecture (cluster structure) is completely transparent to the user. The processes are mapped to the clusters and nodes at run-time.

The communication between processes is done via message-passing. Most systems offer an asynchronous message-passing model (send/receive constructs), i.e. the sending process does not have to wait until the message has arrived at the receiver and can continue immediately. The message arrives in the mailbox of the receiving process and can be selected by the application program. The use of the SUPRENUM message passing constructs is demonstrated in [12].

Most of today's distributed memory architectures support similar process models. In addition to asynchronous communication some systems also provide synchronous communication: Sender and receiver are blocked during the entire communication. On SUPRENUM, for example, synchronous communication is somewhat faster than asynchronous communication, because buffering is not necessary and the communication start-up time is lower.

In order to facilitate programming of communication and therefore allow easy development of parallel codes, communications libraries for different application classes have been developed. Examples are the Linear Algebra Communications Library of Liverpool University, which first has been developed for the Transputer-based Supernode architecture, and the SUPRENUM Communications Library for grid oriented problems [4]. Both libraries also allow portability of codes to other parallel architectures. The latter library is for example purely based on the Argonne/GMD communication macros [1], which are implemented on a large variety of parallel architectures.

3.2 Automatic parallelization

For parallel shared memory architectures automatic vectorization and parallelization tools are available. With these tools it is possible to vectorize and parallelize either automatically or by support of compiler directives. By intensive use of the shared memory and the high bandwidth between processors and global memory these tools can use very local information. For distributed architectures, however, the recognition of locality for efficient data distribution and for automatic generation of communication is not standard in today's compiler technology.

Today there are basically two approaches for the solution of the above problems:

- **Virtual shared memory**

    Virtual shared memory implements a global address space on a distributed memory system. Communication between processes does not take place by exchanging messages anymore, but by addressing the same memory cells. The operating system automatically executes communication in connection with the paged memory management unit. Thus the programming model corresponds to the shared memory architectures' model.

- **Automatic partitioning of sequential codes**

    This is a standard parallelization concept for numerical simulation applications by a semi-automatic tool. The data structures are partitioned, and the parts are distributed over the processors explicitly. Each processor only uses its own data. The data that is necessary from other processors is received by message passing communication generated by the parallelization system. This concept resembles the standard programming concept described in the previous Section, though the user is supported by a semi-automatic tool.

Both approaches have advantages and disadvantages. In the case of virtual shared memory explicit generation of communication is not necessary. The partitioning of memory into pages as a central unit requires the communication of pages. While on the one hand for one access additional data required later on anyway is transferred and therefore subsequent communication overhead is saved, on the other hand redundant data can be transferred due to unsuitable data partitioning.

Automatic partitioning, however, allows to transfer only the data that is really needed. If the tool on the other hand is not able to fully recognize the situation, many small messages could be send or at execution time much effort could be spent on the identification of data objects that are necessary for computation.

Both tools require the automatic recognition of locality for code generation (data and algorithmic parallelism). The major problem in this context is to recognize the problem structure (e.g. grids, particles with varying neighborhood structure) automatically from the program.

For both approaches prototype implementations exist. Virtual shared memory e.g. is the standard programming concept on the Myrias machine. Whereas a very high functionality is achieved, large performance is highly dependent on the formulation and organization of the problem. Leading in automatic partitioning of Fortran programs is the program system SUPERB, which has been developed within the SUPRENUM project [18]. Before these tools can be used as a standard for parallel programming distributed architectures, however, much more research has to be invested.

4 Parallel grid methods

The mathematical models of many different supercomputer applications in the area of scientific computing are formulated as (systems of) partial differential equations (PDEs). Typical application areas are computational fluid dynamics, meteorology, oil reservoir simulations, and many others.

The discretization of the PDEs most naturally leads to a grid-based formulation of the problem, i.e. grid data structures and grid-based algorithms. Typical examples are Finite Difference, Finite Element or Finite Volume formulations: The PDEs are discretized using one or several grids. At each grid point several unknowns represent the solution at this point. This generally leads to a large set of (non) linear equations, each of which couples values at neighboring grid points with each other. For time-dependent problems, for instance, this set of equations has to be determined and solved at each time step. The implementation of the discrete mathematical models described above on distributed memory parallel computers requires

- the parallelization of the existing algorithms or their substitution by new parallel algorithms (Section 4.2 and 4.3);
- the distribution of the data structure to the local memory units. The data distribution should try to preserve *locality* (i.e. minimize communication) and to achieve good *load balancing*.

In Section 4.1 several typical classes of grid structures are depicted. This is followed by a short motivation of simple parallel grid algorithms and a short outline of multigrid methods, which is a very efficient standard iterative grid algorithm to solve systems of the above type of problems. The method of grid partitioning, which is the usual way to implement parallel grid algorithms on distributed memory systems, is described in Section 4.3. This Chapter is concluded by a short description of the SUPRENUM communications subroutine library for grid oriented problems, which facilitates and hides explicit programming of the communication from the user.

4.1 Grid data structures

Distribution strategies and tools have been developed for two classes of grid structures so far.

Regular grids are characterized by direct addressing of the grid points and a rectangular or cuboid address space. Geometrical neighbors are also logical neighbors.

Block-structured grids are composed of several regular grids. Each single block internally shows a regular grid structure; the block structure itself, however, is irregular (with certain restrictions).

Recently, also parallel algorithms based on *irregular* grids (as used by Finite Element methods) and *locally refined* grids have been developed for distributed memory parallel computers. Though concepts for these structures exist and experimental implementations (for the latter case) have already been done [11], generally no efficient and comfortable tools have been developed yet.

4.2 Parallel grid algorithms

For the solution of the discrete equation systems described above exist a variety of direct (e.g. Gaussian elimination type methods) and iterative (conjugate gradient, relaxation, multigrid methods) solvers. In the following we concentrate on relaxation and multigrid methods, the combination of which we believe belong to the best suited grid algorithms for the target class of applications on distributed architectures. This is due to the possibility of preserving locality and achieving efficient load balancing.

A typical operation in an iterative grid algorithm is the computation of the value of a grid function at one point as a function of values defined at neighboring points. Such iterative relaxation methods can be characterized as *Jacobi*-type (the new iterate at a grid point is calculated using only old neighboring values) or *Gauss-Seidel*-type (using already calculated new neighboring values). Obviously, Jacobi-type methods are completely parallel since the calculation in each grid point can be performed independently (cf. Figure 4 (a)). If the number of grid points is N, the parallelism is also N.

The parallelism of Gauss-Seidel methods depends on the order in which the grid points are processed. Lexicographic ordering implies that only points on "wave fronts" can be calculated in parallel (cf. Figure 4 (b)).

For Gauss-Seidel methods, a far better degree of parallelism, namely $N/2$, is obtained by "coloring" the grid points appropriately and processing all points of the same color simultaneously, e.g. the so-called red-black (RB-) relaxation (cf. Figure 4 (c)).

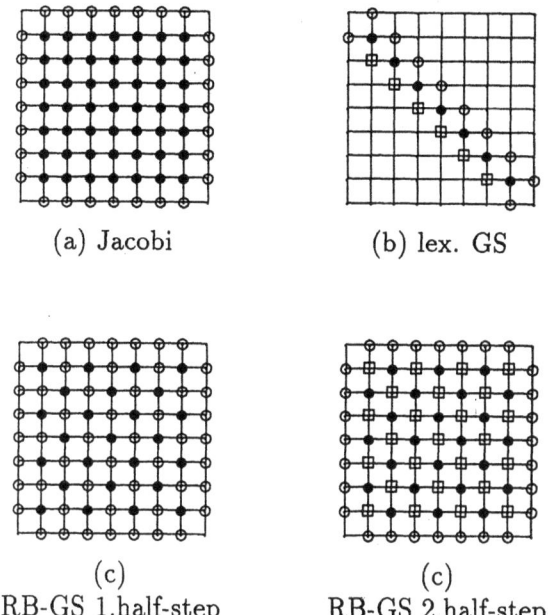

(a) Jacobi (b) lex. GS

(c) RB-GS 1.half-step (c) RB-GS 2.half-step

Figure 4:
Jacobi- and Gauss-Seidel relaxation schemes. • denotes grid points which can be calculated independently in parallel, ○ denotes grid points with old values, and □ denotes grid points with already calculated new values.

4.3 Multigrid methods

Standard iterative multigrid algorithms process a cycle from the fine to the coarse grids and back to the fine grids sequentially, whereas on each grid level the actual problem is treated in parallel similarly to the parallel single grid algorithms (relaxations) described in the previous section.

The algorithmical and technical details of parallel multigrid algorithms are described in [16, 14].

4.4 Grid partitioning

The usual way to implement parallel grid algorithms on a distributed memory system is based on the method of *grid partitioning*. The computational domain (=grid) is divided into several subgrids which are assigned to parallel *processes*.

Each relaxation step can be performed on a subset of interior points of the subgrid (• in Figure 5) independently. Calculation of values at interior boundary points (○ in Figure 5), however, needs the values from neighboring subgrids (=processes). Since the processes have no common data space these values somehow have to be made available. Instead of transferring the values individually at the time they are needed, it is more efficient to have copies of neighboring grid points in the local memory of each process (□). Hence, each process contains a so-called *overlap area* (surrounded by the dashed line in Figure 5) which, of course, has to be updated after each iteration step.

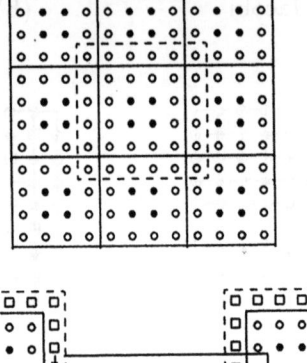

Figure 5: Overlap areas and their exchange.

The grid partitioning approach can be extended to block-structured and unstructured grids in a straightforward manner.

4.5 Communications library

For grid applications, the explicit programming of the communication can be hidden from the user. In the SUPRENUM project, for example, a library of communication routines has been developed [5]. It contains subroutines for the creation of a process system with a grid topology, for sending the initial information, for the boundary exchange in overlap areas, and for the final collection step. It is advantageous to use the library, because it ensures

- clean and error-free programming,
- easy development of parallel codes,
- portability within the class of distributed memory computers. Programs can be ported to any of these machines as soon as the communications library has been implemented.

The library supports regular and block-structured grids and is used by most of the applications implemented on the SUPRENUM parallel computer so far. So far, the

SUPRENUM communications library has been implemented on distributed memory multiprocessor architectures (e.g. SUPRENUM, iPSC/2, Ncube) and also on some shared memory architectures (Encore, Alliant). There exists a version based on the Argonne/GMD communication macros [1].

5 Some Results

After introducing some performance measures in this Chapter some results with a parallel relaxation and multigrid code on SUPRENUM S1C1 are presented. The Chapter is rounded off by some performance results for a parallel matrix multiplication and a SU(3) quantum chromodynamics simulation code. All results were obtained with Fortran 90 codes. Here the reader should bear in mind, that the numbers on SUPRENUM are preliminary numbers. Currently extensive effort is invested in optimizing the system software with respect to performance. In particular the communication performance will decrease. Furtheron an increase of the single node vector performance of about 10 % has to be expected.

5.1 Performance measures

The quantities of interest in evaluating the performance of parallel algorithms are:

- Time $T(N,P)$: time to solve a problem of size N on a multiprocessor system using P nodes,

- performance $R(N,P) := Op(N)/T(N,P)$ with $Op(N)$ being the total number of floating point operations (in Mega-operations) and T(N,P) being defined as above (in seconds),

- speed-up $S(N,P) := T(N,1)/T(N,P)$,

- efficiency $E(N,P) := S(N,P)/P$.

Note that on the MIMD/SIMD architectures the utilization of the hardware capabilites is the product of the "multiprocessor" efficiency as defined above and the efficiency related to the vector processing unit. The total problem solving time – which is one of the most interesting numbers from the user's point of view – depends, of course, additionally on the *numerical efficiency* of an algorithm.

In practice E will be smaller than its ideal value 1, mainly because of communication (including synchronization), unbalanced load, and sequential parts in the algorithm.

5.2 Performance for grid applications

After some efficiency considerations for parallel multigrid methods in comparison with single grid methods, the 2D multigrid Poisson solver, which serves as a model problem, is discussed. Finally some results on an on a 16 node SUPRENUM cluster are presented. Some reference results on the iPSC/2-VX are cited.

5.2.1 Efficiency considerations for parallel multigrid

The (multiprocessor) efficiency of parallel multigrid (MG) methods ([3], [7], [13], [14], [16]) is, in general, essentially smaller than the efficiency of the underlying single grid algorithm operating on the finest grid. (Note that the *numerical efficiency* of MG compared to single grid is enormously better and that usually a multiprocessor-inefficient MG method is still much faster than a very multiprocessor-efficient single grid method.)

Reasons for the efficiency degradation are the coarse grids, which cause the following problems:

- The volume/surface ratio of the subgrids is getting smaller as the grids get coarser. The communication time may dominate the calculation time.

- Since the messages become shorter on coarser grids the start-up time which is necessary to initialize exchange of grid surfaces becomes more important. As the number of messages to be exchanged usually does not differ between multigrid levels the start-up time remains constant on all levels.

- On very coarse grids we have $P > N$ (more processes than grid points) at least in one direction. In this case either a multi-step agglomeration strategy, which yields that some subgrids are empty, has to be applied or many relaxation steps have to be executed. The latter method generally is less efficient, because in most cases many iterations are necessary in order to achieve a coarse grid correction that is accurate enough to guarantee the single node multigrid convergence rate.

5.2.2 Model problem: 2D multigrid Poisson solver

One of the hardest problems among partial differential equations to obtain efficient parallel multigrid solvers for is the 2D-Poisson equation. This is due to the fact that the ratio of arithmetic and communication work crucially influences the efficiency of the parallel algorithm. As the communication work hardly depends on the special type of the partial differential equations, the efficiency is the better the more arithmetic work is necessary for the solution of the problem. As in the case of Poisson's equation only few arithmetic has to be done, this application can be classified as highly communication intensive and therefore has to be regarded as a **worst case study** for more complex partial differential equations solved by multigrid (e.g. [3]). In the latter case the time needed for the communication part stays more or less constant whereas the time needed for the arithmetic part significantly increases compared to Poisson's equation.

The parallel multigrid code MGDEMO (for details see [4]), which solves the 2D-Poisson equation, was implemented on the Intel iPSC/2-VX and on SUPRENUM. The following parameters were used in the algorithm: V-cycle, half injection as restriction, red-black relaxation as smoother, linear interpolation of corrections as prolongation, two relaxation steps before and one after the coarse grid correction. On the iPSC/2-VX on very coarse grids (grids with only two points in each direction per process) the number of active processes was reduced to one by an efficient agglomeration of the whole distributed application. On SUPRENUM this strategy is not yet available, so that an appropriate number of relaxations was executed on the coarsest grid. MGDEMO is portable between different types of parallel machines because all communication between processes is performed by routines of the SUPRENUM communications library.

5.2.3 Performance results

Processors P	points N	Relaxation R(N,P) (Mflop/s)	Relaxation E(N,P)	Multigrid R(N,P) (Mflop/s)	Multigrid E(N,P)
1	513 × 257	5.5	–	4.0	–
2	513 × 513	10.1	0.91	6.4	0.80
4	1025 × 513	18.3	0.83	11.7	0.73
8	1025 × 1025	37.4	0.85	23.7	0.74
16	2049 × 1025	70.0	0.80	47.5	0.75
16	2049 × 2049	78.0	0.89	–	–

Table 1: MGDEMO benchmarks on SUPRENUM S1C1

The preliminary performance results obtained on a single SUPRENUM node from Fortran are 5.5 Mflop/s for the single grid relaxation and 4.0 for the multigrid application, respectively. (The theoretical asymptotic peak rate for the relaxation for instance is 8.3 Mflop/s).

Comparing the R and E values of relaxation and multigrid, we can see the influence of the coarse grids as described above. Although the communication start-up time is not yet finally optimized on SUPRENUM, the Mflop/s rates $R(N,P)$ and efficiencies $E(N,P)$ are quite satisfactory for this worst case problem. The problem sizes considered are the maximum problem sizes fitting in memory in all cases.

Corresponding results for the iPSC/2 have been published in [5] and [19]. We here only cite two typical performance results from [5], [19].

Processors P	points N	R(N,P) (Mflop/s)	E(N,P)
1	193 × 193	0.82	–
16	769 × 769	10.25	0.78

Table 2: MGDEMO benchmarks on the Intel iPSC/2-VX

The problem sizes in the above table have been chosen as the maximum sizes such that all data fit into the vector memory. Performance would decrease, if larger problems that fit into the node memory but not into the vector memory were solved. This fact is due to expensive vector memory to main memory data transfer.

5.3 Matrix multiplication on SUPRENUM

A parallel matrix-multiplication of square matrices ($C = A \times B$) has been implemented and benchmarked on a SUPRENUM cluster with 16 nodes (Fortran 90).

All matrices are distributed block-columnwise. The columns of matrix C are computed by *axpy*-operations (exploiting chaining). The column-blocks of matrix A are circulated through all processes, the matrices B and C are not communicated. Communication is implemented synchronously in a ring. The theoretical asymptotic peak performance on one cluster is 320 Mflop/s. As the sustainable peak performance for a single node square matrix multiplication is about 15 Mflop/s, the cluster peak performance is limited by about 240 Mflop/s.

Processors P	Matrix dimension N	R(N,P) (Mflop/s)
16	592	160
16	800	182
16	1008	204

Table 3: Parallel matrix multiplication on SUPRENUM S1C1

5.4 QCD on SUPRENUM

An SU(3) quantum chromodynamics simulation code (QCD) has been implemented on SUPRENUM [6] in Fortran 90. The underlying 4D-grid is distributed on a 3D-process grid. The Monte Carlo updates are performed in a red-black scheme. Vectorization is done over all dimensions, i.e. the vector length is half of the total grid size. Communication is done asynchronously.

Processors P	Grid size $N^3 \times 2$	vector length	$R(N,P)$ (Mflop/s)	E(N,P)
1	$8^3 \times 2$	512	4.4	–
2	$8^3 \times 2$	256	7.1	0.90
4	$8^3 \times 2$	128	10.4	0.76
8	$8^3 \times 2$	64	12.3	0.62
8	$16^3 \times 2$	512	30.2	0.86

Table 4: Parallel QCD on SUPRENUM S1C1

References

[1] **Bomans, L.; Hempel, R.**: The Argonne/GMD Macros in Fortran for Portable Parallel Programming and their implementation on the Intel iPSC/2; accepted for publication in Parallel Computing, North Holland, Amsterdam.

[2] **Giloi, W.K.**: SUPRENUM – a trendsetter in modern supercomputer development. In [17].

[3] **Hempel, R.; Lemke, M.**: Parallel black box multigrid; Proceedings of the Fourth Copper Mountain Conference on Multigrid Methods, April 1989, SIAM, Philadelphia.

[4] **Hempel, R.; Lemke, M.; Schüller, A.**: First performance results for grid-oriented applications on SUPRENUM; Arbeitspapiere der GMD, to appear.

[5] **Hempel, R.; Schüller A.**: Experiments with parallel multigrid algorithms using the SUPRENUM communications subroutine library; GMD Studien, Nr. 141, St. Augustin, April 1988.

[6] **Kehl, E.**: private communication.

[7] **Kolp, O.; Mierendorff, H.**: Performance estimations for SUPRENUM systems; Parallel Computing 7, pp 357 - 366, 1988.

[8] **Lemke, M.**: Erfahrungen mit Mehrgitterverfahren für Helmholtz-ähnliche Probleme auf Vektorrechnern und Mehrprozessorvektorrechnern; Arbeitspapiere der GMD, Nr. 278, St. Augustin, Dezember 1987.

[9] **Lemke, M.**: How to squeeze the most out of a single SUPRENUM node; SUPRENUM Report Nr. 21, SUPRENUM GmbH, to appear in June 1990.

[10] **McBryan, O.; Trottenberg, U.**: Multigrid Methods on Parallel Computers; Arbeitspapiere der GMD, Nr. 370, St. Augustin, April 1989.

[11] **McCormick, S.F.; Quinlan, D.:** Asynchronous multilevel adaptive methods for solving partial differential equations on multiprocessors: performance results; Parallel Computing, 1989.

[12] **Solchenbach, K.:** SUPRENUM-Fortran – An MIMD/SIMD language. Supercomputer 30, Vol. VI,2, pp. 44-50, Amsterdam, 1989.

[13] **Solchenbach, K.; Trottenberg, U.:** SUPRENUM: System essentials and grid applications. In [17].

[14] **Solchenbach, K.; Thole, C.A.; Trottenberg, U.:** Parallel multigrid methods: Implementation on SUPRENUM-like architectures and applications. In: Supercomputing. Proceedings of the 1st International Conference on Supercompting, June 8-12, 1987 in Athens. Lecture Notes in Computer Science 297, Springer Verlag, New York.

[15] **Thole, C.A.:** Experiments with Multigrid Methods on the CalTech-Hypercube; GMD-Studien, Nr. 103, St. Augustin 1985.

[16] **Thole, C.A.; Trottenberg, U.:** A short note on standard parallel multigrid algorithms for 3D-problems. In: Supercomputing, A. Lichnewsky, C. Saguez (eds.), North Holland, Amsterdam, 1987.

[17] **Trottenberg, U. (ed.):** Proceedings of the 2nd International SUPRENUM Colloqium "Supercomputing based on parallel computer architectures"; Parallel Computing 7, North Holland, 1988.

[18] **Zima, H.P.; Bast, H.J.; Gerndt, H.M.:** SUPERB: A tool for semi-automatic MIMD/SIMD parallelization; Parallel Computing 6, pp 1-18, North Holland, Amsterdam, 1988.

[19] **GENESIS** Esprit Project P2447 Preliminary Phase State of the Art and Evaluation Report, July 1989.

LEDA

A Library of Efficient Data Types and Algorithms *

Stefan Näher and Kurt Mehlhorn

Fachbereich Informatik, Universität des Saarlandes
D-6600 Saarbrücken, Federal Republic of Germany

Abstract

LEDA is a library of efficient data types and algorithms. At present, its strength is graph algorithms and related data structures. The computational geometry part is evolving. The main features of the library are
- a clear separation of specification and implementation
- parameterized data types
- its extendibility
- its ease of use.

At present, the data types stack, queue, list, set, dictionary, ordered sequence, priority queue, directed and undirected graph and partition are available. Based on these data types a variety of network algorithms (shortest paths, matchings, network flow, planarity testing and embedding, ...) and geometric algorithms (plane sweep, Voronoi digrams, ...) are included.

Introduction

There is no standard library of the data structures and algorithms of combinatorial computing. This is in sharp contrast to many other areas of computing. There are e.g. packages in statistics (SPSS), numerical analysis (LINPACK, EISPACK), symbolic computation (MACSYMA, SAC-2) and linear programming (MPSX).

In fact the situation is worse, since even within small groups, say the algorithms group at our home institution, software frequently is not shared. Rather, each researcher starts from scratch and e.g. develops his own version of a balanced tree. Of course, this continuous "reimplementation of the wheel" slows down progress, within research and even more so outside. This is due to the fact that outside research the investment for implementing an

---

* This research was supported by the ESPRIT II Basic Research Action Program, ESPRIT P. 3075 – ALCOM, and by the DFG, grant SPP Me 620/6-1.

efficient solution frequently is not made, because it is doubtful whether the implementation can be reused, and therefore methods which are known to be less efficient are used instead. Thus scientific discoveries migrate only slowly into practice.

One of the major differences between combinatorial computing and other areas of computing such as statistics, numerical analysis and linear programming is the use of complex data types. Whilst the built-in types, such as integers, reals, vectors, and matrices, usually suffice in the other areas, combinatorial computing relies heavily on types like stacks, queues, dictionaries, sequences, sorted sequences, priority queues, graphs, points, planes, ...

In the fall of 1988, we started a project (called LEDA for Library of Efficient Data types and Algorithms) to build a small, but growing library of data types and algorithms in a form which allows them to be used by non-experts. We hope that the system will narrow the gap between algorithms research, teaching, and implementation. The main features of the library are:

1) A clear separation between (abstract) data types and the data structures used to implement them. This distinction is frequently not made in the combinatorial algorithms literature, but is crucial for a library. Note that we stated above that each researcher implemented his own version of a balanced tree, i.e., a data structure, and not his own version of a dictionary, i.e., a data type. In LEDA, specifications are given using standard mathematical terminology, e.g., a dictionary is defined as a function of finite support from some set K to some set I. We did not expect any difficulties, when we started to write LEDA specifications for dictionaries, priority queues, ... However, already priority queues turned out to be non-trivial. For the efficiency of several recent implementations of priority queues it is crucial, that operations take pointers into the data structure as arguments, a fact, which at first sight seems to exclude a specification independently of the implementation. To overcome this difficulty we introduced the abstract concept of a pointer, which we call item in LEDA. In the case of priority queues, we have pq_items. An insertion $Q.\text{insert}(k, i)$ of a pair of key k and information i into a priority queue Q returns a pq_item it. The user of the queue can store this item and later use it to access the pair, e.g., in a decrease_inf operation: $Q.\text{decrease\_inf}(it, j)$ will reduce the information of the pair stored in item it to j. In this way we have access by position independently of the implementation.

2) Generic data types: Most of the data types in LEDA have type parameters. For example, a dictionary has a key type K and an information type I and a specific dictionary type is obtained by setting, say, K to int and I to real.

3) LEDA is extendible: Users can include own data types either by implementing data structures from scratch in C++ or by combining already existing LEDA data types as described in [1].

4) Ease of use: All data types and algorithms are precompiled C++ modules which can be linked with application programs.

```
(1)  #include <LEDA/graph.h>
(2)  #include <LEDA/prio.h>
(3)  declare2(priority_queue,node,int)
(4)  declare(node_array,pq_item)
(5)  void DIJKSTRA(graph& G, node s, edge_array(int)& cost,
(6)                 node_array(int)& dist, node_array(edge)& pred )
(7)  { priority_queue(node,int) PQ;
(8)     node_array(pq_item) I(G, nil);
(9)     pq_item it;
(10)    int c;
(11)    node u, v;
(12)    edge e;
(13)    forall_nodes(v, G)
(14)    { pred[v] = 0;
(15)      dist[v] = infinity;
(16)      I[v] = PQ.insert(v, dist[v]);
(17)    }
(18)    dist[s] = 0;
(19)    PQ.decrease_inf(I[s], 0);
(20)    while (!PQ.empty())
(21)    { it = PQ.delete_min()
(22)      u = PQ.key(it);
(23)      forall_adj_edges(e, u)
(24)      { v = G.target(e);
(25)        c = dist[u] + cost[e];
(26)        if ( c < dist[v])
(27)        { dist[v] = c;
(28)          pred[v] = e;
(29)          PQ.decrease_inf(I[v], c);
(30)        }
(31)      }
(32)    } // while
(33)}
```

Figure 1: Dijkstra's algorithm

Figure 1 shows an example (Dijkstra's algorithm for the single source shortest paths problem in digraphs with non-negative edge costs, cf. [AHU83], [M84, section IV.7.2], [T83]). The algorithm uses the data types graph and priority queue (lines (1) and (2)). In line (3), the parameterized data type priority queue is specialized to the type priority_queue(node,int), and in line (4), the parameterized data type node_array is specialized to node_array(pq_item); unfortunately C++ forces us to use different identifiers for the declare macro with different number of arguments.

The input to the algorithm is a graph G, a node s of G, and a non-negative cost for each edge. It returns for each node v the length of a shortest path from s to v (array dist) and the last edge on such a shortest path (array pred). In LEDA we use edge- and node-arrays for the latter three parameters. A node_array(edge) is a mapping from nodes to edges. The algorithm maintains for each node v a temporary distance label $dist[v]$. Initially, $dist[s] = 0$ and $dist[v] = \infty$ for $v \neq s$, cf. lines (13)–(19). In LEDA the loop $forall\_nodes(v, G)\{...\}$ can be used to iterate over all nodes v of a graph G. Dijkstra's algorithm uses a priority queue PQ. The priority queue contains pairs $(v, dist[v])$ and hence has type priority_queue(node,int); cf. lines (3) and (7). Each node v of the graph needs to know the position of the item $< v, dist[v] >$ in the priority queue. We therefore declare the data type node_array(pq_item) in line (4) and declare node_array(pq_item) $I(G, nil)$ in line (8). In this declaration the parameter G tells LEDA that we want an array which is indexed by the nodes of G and the second parameter tells it that we want all entries initialized to the **pq_item nil**.

Initially, the items $< s, 0 >$ and $< v, infinity >$ for $v \neq s$ are put into PQ, cf. line (16). Then in each iteration we select and delete an item it with minimal inf from PQ, cf. line (21). Let $it = < u, dist[u] >$, cf. line (22). We now iterate through all edges e starting in edge u; cf. line (23). Let $e = (u, v)$ and let $c = dist[u] + cost[e]$ be the cost of reaching v through edge e, cf. lines (24) and (25). If c is smaller than the temporary distance label $dist[v]$ of v then we change $dist[v]$ to c and record e as the new predecessor of v and decrease the information associated with v in the priority queue., cf. lines (26) to (29).

The running time of this algorithm for a graph G with n nodes and m edges is $O(n + m + T_{declare} + n(T_{insert} + T_{Deletemin} + T_{get\_inf}) + m \cdot T_{Decrease\_key})$ where $T_{declare}$ is the cost of declaring a priority queue and T_{XYZ} is the cost of operation XYZ. Figure 1 is very similar to the way Dijkstra's algorithm is presented in textbooks ([AHU83], [M84], [T83]). The main difference is that Figure 1 shows executable code whilst the textbooks still require the reader to fill in (non-trivial) details.

LEDA offers the data types stack, queue, list, set, dictionary, ordered sequence, priority queue, partition, several graph types (undirected, directed. planar) and data types related to graphs. Also, a variety of graph and network algorithms, e.g. for connectivity, shortest paths, matchings, network flow, planarity testing and planar embedding, are included in the library.

The two authors started the LEDA project in the fall of 1988. Most of the implementation was done by the first author; he is sole project leader since the summer of 1989. More detailed informations about LEDA can be found in [1] or [3]. The user manual ([2]) lists the specifications of all data types currently contained in LEDA and gives many example programs. LEDA is available from the first author for a handling charge of DM 100.

References

[1] K. Mehlhorn and S. Näher: "LEDA, a Library of Efficient Data Types and Algorithms", MFCS 89, LNCS Vol. 379, 88 - 106, 1989

[2] S. Näher: "LEDA1.0 User Manual", Technical Report A 05/89, Fachbereich Informatik, Universität des Saarlandes, Saarbrücken, 1989

[3] S. Näher and K. Mehlhorn: "LEDA, a Library of Efficient Data Types and Algorithms", Technical Report A 04/89, Fachbereich Informatik, Universität des Saarlandes, Saarbrücken, 1989

Visualisierung in der Software-Entwicklung

Jürgen F.H. Winkler

Zentrale Forschung und Entwicklung, Siemens AG, München

"One picture is worth more than ten thousand words." (Chin. Sprichwort [Bar 80: 132:24])

"In signs one sees an advantage for discovery
that is greatest when they express the exact nature of a thing briefly
and, as it were, picture it;
then, indeed the labor of thought is wonderfully diminished." (Leibniz [Kre 68: 96])

"Software is invisible and unvisualizable." [Bro 87: 12]

Zusammenfassung. Grafiken und Bilder werden bei der Entwicklung von Programmen seit jeher verwendet, und zwar allgemein zur Veranschaulichung, und insbesondere zur Kommunikation zwischen den Auftraggebern und den Programmentwicklern und zu Lehrzwecken. Durch die weite Verbreitung grafikfähiger Rechner wird die Erstellung und Fortschreibung von Grafiken wesentlich erleichtert, und entsprechend steigt ihre Bedeutung für die SW-Entwicklung.

Der vorliegende Aufsatz gibt einen Überblick über die in den verschiedenen Phasen der SW-Entwicklung eingesetzten grafischen Hilfsmittel bis hin zur Programmanimation und dem Grafischen Programmieren.

Schlüsselwörter: Visualisierung von Requirements, Entwurfsvisualisierung, Programmvisualisierung, Visualisierung von Daten, Programmanimation, Grafisches Programmieren, Visualisierung, Piktogramm

Summary. Diagrams and pictures have been used for SW development from the very beginning. They are especially useful for the communication between the customer and the SW developer and for teaching purposes. Due to the widespread availability of computers with graphical interfaces the preparation and maintenance of graphic representations is now much more easier, and this increases their importance for SW development.

The present paper surveys the graphics and pictures which are used in the different phases of the SW lifecycle including program animation and graphical programming.

Key words: visualization of requirements, visualization of design, program visualization, visualization of data, program animation, graphical programming, visualization, icon

Computing Reviews Classification: D.2

Gliederung

1 Einleitung
2 Grundlegende Konzepte
2.1 Kognitive Grundlagen
2.2 Technische Grundlagen
2.3 Präsentationsmethoden und -techniken
2.4 Praktischer Einsatz
3 Requirementsphase
4 Entwurfs- / Designphase
4.1 Hilfsmittel für das Design im Großen
4.2 Hilfsmittel zur Darstellung des Systemverhaltens
4.3 Hilfsmittel für das Design im Kleinen
4.4 Hilfsmittel zur Darstellung von Datenstrukturen
4.5 Spezialhilfsmittel
5 Implementierungsphase
5.1 Programmvisualisierung im Großen
5.2 Programmvisualisierung im Kleinen
5.3 Visualisierung von Datenstrukturen
5.4 Programmanimation
5.5 Grafisches Programmieren
6 Weitere Phasen und Lebenszyklus
7 Zusammenfassung
Literatur

1 EINLEITUNG

Grafiken und Bilder werden bei der SW-Entwicklung in vielfältiger Art und Weise eingesetzt, insbesondere auch zur Kommunikation zwischen den Auftraggebern und den Programmentwicklern. SW besteht aus verschiedenen Teilprodukten, von welchen das schließlich ablaufende Programm nur eines ist. Der Einsatz von Grafiken erfolgt in Abhängigkeit vom jeweiligen Teilprodukt unterschiedlich intensiv. In der Entwurfsphase z.B. werden viele Grafiken verwendet, während bei der Implementierung die textuelle Darstellung dominiert.

Grafiken dienen bei der SW-Entwicklung der Definition und Veranschaulichung abstrakter Zusammenhänge. Ein Entity-Relationship-Diagramm (s. Bild 2-3) oder ein Syntaxdiagramm [JW 76: 116] dienen der Definition, während Diagramme zur Darstellung der Architektur von Programmsystemen (s. Bild 4.2 .. 4.5) oder des Prinzips von balancierten Bäumen [BS 85: 30] der Veranschaulichung dienen. Dabei gibt es natürlich fließende Übergänge.

Bis vor kurzem mußten solche Grafiken manuell erstellt werden, was einen erheblichen Arbeitsaufwand bedeutete. Außerdem führte dies dazu, daß die Grafiken in der Wartungsphase oft nicht fortgeschrieben wurden und daher nach einiger Zeit nicht mehr mit dem eigentlichen Programm korrespondierten [Knu 63: 555]. Dadurch ging ein wesentlicher Vorteil der bildhaften Darstellung - einen schnellen Überblick über Systemstrukturen zu geben - oft wieder verloren ("Revisability is an obvious need." [FG 79: 258].

In den letzten 10 Jahren hat sich durch die Geräteentwicklung die Situation wesentlich verbessert, dadurch daß der grafikfähige Bildschirm zusammen mit geeigneten Zeigeinstrumenten zur Standardschnittstelle von Rechnern, inbesondere von PC's und Arbeitsplatzrechnern, wurde. Grafiken müssen nun nicht mehr von Hand auf Papier gezeichnet werden, sondern können direkt am Bildschirm erstellt werden. Dies stellt aber nicht nur einen einfachen Ersatz von Papier und Bleistift durch Bildschirm, Tastatur und Maus dar, sondern eröffnet völlig neue Möglichkeiten zur Erstellung und Manipulation von Dokumenten, da Bildschirm, Tastatur und Maus zusammen mit einem Rechner ein wesentlich flexibleres und dynamischeres Medium darstellen als Papier und Bleistift. Für die SW-Erstellung sind die leichte Änderbarkeit, die Strukturierungsmöglichkeiten (Hypertext, Zooming, Navigieren in komplexen Strukturen), die Be- und Verarbeitbarkeit im Rechner und die logische Kopplung verschiedener Dokumente zur Konsistenzwahrung von besonderer Bedeutung.

Derzeit werden Grafiken hauptsächlich in den Phasen Anforderungsanalyse und Entwurf zur Visualisierung der Anforderungen und der Systemstruktur eingesetzt, wobei unterschiedliche Diagrammformen zum Einsatz kommen. Für eine Reihe von Diagrammen gibt es auch bereits Werkzeuge, die vor allem im Bereich der kaufmännischen DV eingesetzt werden. Grafik ist auch ein wesentlicher Aspekt der CASE (Computer Aided SW Engineering) - Werkzeuge.

Die Implementierungsphase wird bisher durch textuelle Darstellungen dominiert, aber auch hier gibt es viele Versuche, durch Einsatz der Grafik die Erstellung von Programmen zu erleichtern. Neben der Visualisierung des Programmes selbst, geht es hierbei auch um die ergonomische Gestaltung der Schnittstellen von Werkzeugen zur Softwareentwicklung wie z.B. Compilern und Debuggern.

Der vorliegende Beitrag beschäftigt sich nur mit der Visualisierung der verschiedenen Teilprodukte von SW und auch ihren Beziehungen untereinander, d.h. der Struktur der gesamten Dokumentmenge (s. z.B. [Wes 89]). Bei der Erstellung von SW fallen aber noch mehr

Daten an, die ebenfalls visualisiert werden (können). Zu denken ist dabei z.B. an die Kennzahlen für Projektaufwände und zur Charakterisierung des Projektstandes oder Projektergebnisses ("Visualisierung des SW-Entwicklungsprozesses", s. z.B. [Gra 90; Kon 84; Elz 89; Roy 90]). Solche Darstellungen werden auch in anderen Ingenieurdisziplinen verwendet oder auch im kaufmänischen Bereich in Form der sogenannten Bussiness-Grafik. Diagramme werden z.B. auch zu Darstellung der Organisationsstruktur von SW-Projekten verwendet. Diese Darstellungsformen können aus Platzgründen nicht innerhalb dieses Beitrages behandelt werden.

Ebenfalls nicht behandelt wird die Gestaltung von Benutzungsschnittstellen von Programmen, die SW-Ergonomie. Dies ist ebenfalls ein eigenständiges Gebiet für sich, welches bereits einen großen Umfang hat und sogar in eigenen Tagungen [CHI'JJ, INTERACT 'JJ, Sof 'JJ] behandelt wird. Dieses Gebiet würde einen Aufsatz für sich allein beanspruchen.

Was bleibt, ist also die "Software an sich", die nach dem Ausspruch von Brooks [Bro 87: 12] zu schließen überhaupt nicht visualisierbar ist. Dennoch werden Bilder und Grafiken von Anfang an [GN 48] bei der SW-Entwicklung verwendet, ganz analog wie auch in anderen Bereichen mit abstrakten Gegenständen bildhafte Veranschaulichungen im Sinne von Leibniz verwendet werden. Generell sind ja Bilder die älteste Form des schriftlichen Ausdrucks. Die Bedeutung der Bilder im Bereich der menschlichen Kommunikation und Wissensdarstellung hängt damit zusammen, daß die rechte Gehirnhälfte des Menschen überwiegend anschaulich und visuell / taktil arbeitet [Gaz 67] (s.a. Abschn. 2.1).

Die Programme, die das eigentliche Ziel der SW-Erstellung sind, sind heute praktisch alle textuell abgefaßt. Es gibt aber eine ganze Reihe von Arbeiten, die sich damit beschäftigen, auch Programme selbst in grafischer Form zu formulieren [AH 88; CDI 88; GK 88; GT 84; HI 87; Mye 89; RS 89; Sch 90; Shu 88a]. Die grafische Formulierung erweist sich als sehr nützlich für das Programmieren im Großen [BHK 89; GS 88; New 89; PS 89; Ste 89]. Beim Programmieren im Kleinen erscheint die textuelle Form nach wie vor gut geeignet und die grafische Darstellung nicht unbedingt überlegen [Sca 89, 90; Ste 89; Wes 90; Yeu 88].

Der Einsatz von Grafik bei der SW-Entwicklung erfolgt nach zwei verschiedenen Methoden:

(1) *Grafik als primäre Darstellung*. Dabei wird direkt eine grafische Darstellung erstellt als eineVisualisierung von gedanklichen Vorstellungen. Diese Art des Einsatzes kommt vor allem in der Requirements- und in der Entwurfsphase vor und außerdem beim Grafischen Programmieren.
(2) *Grafik als abgeleitete Darstellung*. Dabei wird die grafische Darstellung aus einer textuellen Darstellung abgeleitet, um diese zu visualisieren. Werden auf diese Art dynamische Aspekte visualisiert, dann spricht man auch von Animation. Oft wird nur dieser Einsatz als Visualisierung (im engeren Sinne) bezeichnet.

Ein wesentlicher Unterschied zwischen grafischen und textuellen Repräsentationen besteht darin, daß die grafischen Formen häufig weniger formal sind als die textuellen Formen. Programmtexte sind vollständig formal, da sie ja automatisch durch den Rechner (inkl. Betriebssystem und Sprachprozessor) ausgeführt werden. Die grafischen Formen werden oft zur Kommunikation zwischen Menschen verwendet und zwar besonders in den frühen Phasen der SW-Entwicklung, in welchen das zu entwickelnde Programm noch nicht in allen seinen Eigenschaften präzise festgelegt ist. Die SW-Entwicklung kann ja auch als ein Prozeß der zunehmenden Präzisierung gesehen werden. Es gibt aber auch Ansätze, Diagramme mit einer formalen Semantik zu versehen [FGM 88; Har 88].

Der Rest des Aufsatzes ist wie folgt gegliedert. In Kapitel 2 werden grundlegende Techniken für die Visualisierung behandelt, die den vielen verschiedenen Methoden und Verfahren, die zur Visualisierung verwendet oder vorgeschlagen werden, gemeinsam sind. In den Kapiteln 3 bis 6 wird die Visualisierung in den wesentlichen Phasen des SW-Entwicklungsprozesses behandelt, und Kapitel 7 enthält eine Zusammenfassung und einen Ausblick.

2 GRUNDLEGENDE KONZEPTE
2.1 Kognitive Grundlagen

Wie bereits in der Einleitung erwähnt, ist die Fähigkeit des Gehirns zur effizienten (und parallelen) Verarbeitung von Grafiken und Bildern die Grundlage dafür, daß die Repräsentation von SW-Komponenten in grafischer Form die Entwicklung von SW erleichtern kann [GHK 89; Mye 89: 5; Roh 86; Shu 88a: 1..9]. Brooks ist sich der Stärke der visuellen Fähigkeiten ebenfalls bewußt, beklagt aber, daß man sie auf SW nicht anwenden könne ("... they remain inherently unvisualizable, and thus do not permit the mind to use some of its most powerful conceptual tools." [Bro 87: 12]). Trotz dieser unbestrittenen Fähigkeiten unserer rechten Hirnhälfte findet die meiste Kommunikation zwischen Menschen in sprachlicher Form statt. In [EH 74: 1] wird das darauf zurückgeführt, daß der Mensch zwar direkt Sprache erzeugen kann aber keine Bilder. Aufnehmen kann er beides direkt.

Wie unsere rechte Hirnhälfte genau arbeitet, ist nicht bekannt [Ben 85: 120]. Dies wirkt sich z.B. dahingehend aus, daß die Darstellung eines Problems einen großen Einfluß darauf hat, wie leicht eine Person es lösen kann [BFN 86; Sim 81]. Daher ist es erforderlich, die Visualisierungstechniken in einem Prozeß von Versuch und Irrtum an die visuellen Fähigkeiten des Menschen anzupassen [DIN 66 234, Tl. 8; FG 79: 259; KW 86; Sta 87]. Dieser Prozeß wird noch dadurch verkompliziert, daß die visuellen Fähigkeiten nicht konstant sind, sondern durch Übung verbessert werden können, so daß für die optimale Anpassung infolgedessen zwei Wege beschritten werden können [KW 86]. Und außerdem ist der Grad, zu dem Personen visuell denken und arbeiten, unterschiedlich [Ega 88; Roh 87: 95]. Rohr spricht von "visualizers", "formalizers" und "verbalizers" [Roh 87: 97]. Weber und Kosslyn [KW 86] sehen Computergrafiksysteme als eine Art Prothese zur Verbesserung des bildlichen Vorstellungsvermögens, so wie eine Brille die Sehschärfe verbessert. Bei der Komplexität großer SW-Systeme ist eine solche Prothese auch für den Prozeß der Entwicklung solcher Systeme hilfreich.

Die visuellen Fähigkeiten des Menschen werden allgemein dadurch charakterisiert, daß der Mensch Muster und Beziehungen leichter einem Bild entnimmt als einem linearen Text ("The essential point is that human beings can perceive patterns and relationships much better from pictures than from linear text." [BKW 85: 174]. S.a. [Ben 85: 118; EH 74: 6; Mye 89: 5]). In [CT 87] wird über ein Experiment berichtet, in welchem es um das Verstehen von Programmsegmenten (Pascal) ging, die sowohl in textueller als auch in grafischer Form den Probanden dargeboten wurden. Fast alle Probanden beantworteten die Fragen zu den grafischen Repräsentationen schneller als zu den textuellen Repräsentationen. Die verwendeten Programme waren allerdings nicht typisch für Programme in großen SW-Systemen. Daher kann die Kritik von [Wes 90] (unrealistische Beispiele) an [Sca 89] auch an dieses Experiment gerichtet werden. In [HMM 77] wird berichtet, daß beim Programmieren im Kleinen die Verwendung von Flußdiagrammen keinen signifikanten Unterschied bei der Erstellung und Modifikation von Programmen ergab (s.a. [Shn 82, 83]). Raeder betont noch die Tatsache, daß Bilder wahlfreien Zugriff ermöglichen, während Text sequentiell verarbeitet werden muß ([Rae 85: 12], s.a. [EH 74: 6; FG 79: 258]). Dieser wahlfreie Zugriff ist besonders vorteilhaft bei der Visualisierung nebenläufiger Systeme ("Graphics is a natural way to represent concurrent systems and is widely used in the literature." [BPW 87: 97]). Fig. 2-1 zeigt ein Beispiel für den Unterschied zwischen Bild und Text.

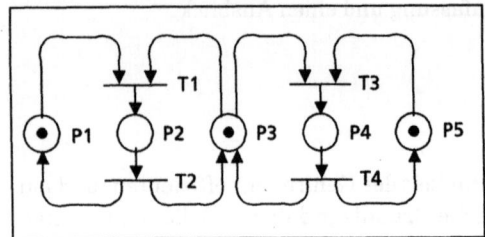

Bild 2-1. Nach [Ber 87: Fig. 1]

Das Bild zeigt links die grafische Darstellung eines Petrinetzes und rechts eine textuelle Spezifikation sowohl des Graphen als auch des Layouts. (S.a. [EH 74: 10] "Most people find such verbal decriptions without a diagram almost unintelligible.")

Bezüglich der Menge an Information, die vom Menschen simultan verarbeitet werden kann ("the magic number seven" [Mil 56]) weisen Glinert und Tanimoto darauf hin, daß *ein* Bild auch nur als *ein* Stück Information zählt [GT 84: 10]. Da *ein* Bild viel Information enthält, können Bilder eine hohe Bandbreite der MM-Kommunikation bieten. (S.a. [EH 74: 7; Rae 85: 12]).

2.2 Technische Grundlagen

Der Einsatz grafischer Mittel zur Visualisierung und damit die Ausnutzung der visuellen Fähigkeiten des Menschen im Rahmen der SW-Entwicklung wurde in großem Stil erst mit der Einführung der grafikfähigen Bildschirme und den damit verbundenen Interaktionsgeräten und -techniken möglich [AB 89; Sch 90: 128]. (Der Bildschirm als Braun'sche Röhre war natürlich von Anfang an grafikfähig, nur wurde er eine zeitlang in einem eingeschränkten Betriebsmodus zur Emulation eines Fernschreibers betrieben.) Hinter diesen von außen sichtbaren Merkmalen muß dann ein Rechner stehen mit genügend hoher Rechenleistung und mit genügend hoher Bandbreite zwischen Speicher und Bildschirm, um die Benutzung der grafischen Schnittstelle praktikabel zu machen [HIK 83]. Diese Möglichkeiten werden seit etwa 10 Jahren vor allem im Bereich der Arbeitsplatzrechner und PC's zur Verfügung gestellt.

Das Motiv zur Entwicklung dieser Rechnerschnittstelle war zwar am Anfang die Simulation von Papier und Bleistift [BLM 82: 556], jedoch eröffnet das Medium "grafikfähiger Rechner" Möglichkeiten, die über die klassische Benutzung von Papier und Bleistift hinausgehen [BKW 85; CDI 88a; CGM 88; Sut 63]. Ein Unterschied besteht in der leichten Änderbarkeit von im Rechner gespeicherten Dokumenten. Diese ist sowohl in der Entwicklungs- wie auch in der Wartungsphase von SW von hoher Bedeutung, da in beiden Phasen regelmäßig viele Änderungen anfallen. Ein weiterer Unterschied besteht in der Be- und Verarbeitbarkeit der Dokumente im Rechner durch Programme. Dadurch lassen sich z.B. Werkzeuge zur leichteren Erstellung grafischer Dokumente (grafische Editoren [Inm 87]) bauen, die das Erstellen von Grafiken wesentlich erleichtern können, indem sie (auch komplexe) Grundbausteine und Grundoperationen bereitstellen. Weiterhin können Dokumente im Rechner leicht mechanisch umgeformt werden; z.B. können grafische Formen in Programmtext umgesetzt werden oder auch direkt ausgeführt (interpretiert, simuliert) werden. Auf die Möglichkeit solcher

Kopplungen hat bereits Sutherland in seiner bahnbrechenden Arbeit hingewiesen [Sut 63: 344].

Eine weitere wichtige Eigenschaft des Rechners ist die Möglichkeit zur Speicherung von Dokumenten mit komplexer (nichtplanarer) Struktur (z.B. Hypertext-Dokumente [Nie 90; SW 88]). Durch die Dynamik des Rechners ist es dann möglich, unterschiedliche Sichten (Projektionen) zu zeigen, die gewisse Aspekte zeigen und nur so komplex sind, daß sie gut zu verstehen sind ("Text comments may be associated with the icons in such a manner that they are normally hidden, but subject to recall." [BKW 85: 176]. "The second "complexity" problem (Zu komplexe und dadurch unübersichtliche grafische Darstellung einer Systemstruktur; JW) can be solved by computer graphics mechanisms in ways that are not possible on paper." [BPW 87: 106]). Beispiele für solche Sichten sind das automatische Zeigen von Name und Typ eines Anschlußpunktes einer Komponente eines grafischen Programms, wenn der Cursor über den Anschlußpunkt bewegt wird (Im Fabrik-System [CDI 88a: 186]) oder das Zeigen von Parametern beim Anklicken einer Nachricht im GSDL-Editor [CGM 88: 187]. Diese Art von Dynamik sind von modernen Benutzungsschnittstellen her generell bekannt. Weitere Beispiele solcher Sichten sind im Abschnitt 2.3 angegeben. Ein Dokument im Rechner kann verschiedene Inhalte unterschiedlicher Art enthalten: Schrift, Grafik, aber auch bewegte Bilder oder Sprache (Multimedia-Dokument: " While conventional publications are limited to text and graphics, hypertext nodes offer sound, video sequences, animation, even computer programs that begin running when the nodes in which they are stored are selected" [SW 88: 818], s.a. [GHK 89]). In [DG 90] wird z.B. über den Einsatz von Videoaufzeichnungen für die Programmdokumentation berichtet. Ein solches Multimedia-Dokument kann man auch als "(inter-)aktives Dokument" bezeichnen, im Gegensatz zur Passivität der herkömmlichen Dokumente in Papierform. Damit unterscheiden sich elektronische Dokumente prinzipiell von den herkömmlichen passiven Dokumenten; sie sind ein neues Medium. Diesem neuen Medium kann natürlich das vorliegende (statische) Dokument nicht gerecht werden. Dies geht erst dann, wenn Publikationen als solche elektronische Dokumente erstellt und verteilt werden.

Ein Bereich, in welchem die Technik hinter den Bedürfnissen hinterherhinkt, ist der Bereich der Drucker. Insbesondere Farbdrucker sind noch relativ teuer und daher wenig verbreitet; das gilt insbesondere für Laserdrucker.

Der breite Einsatz von neueren Dokumentformen wird dadurch behindert, daß es (verständlicherweise) noch keine Darstellungsnormen gibt, die von den unterschiedlichen Systemherstellern beachtet werden können.

2.3 Präsentationsmethoden und -techniken

ALLGEMEINE BENUTZUNGSEIGENSCHAFTEN

Hierzu gehören das Betonen einzelner Teile eines Dokumentes durch Invertieren, Umrahmen, Unterlegen mit Rastermustern, farbiges Markieren oder Blinken. Farbe war z.B. sehr wichtig für die Benutzer von Pict/D [GT 84: 22]. In [Ste 89] wird Farbe zur Kennzeichnung von Prozeßzuständen verwendet: inaktive Prozesse sind blau und aktive rot. Die Interaktion mit dem elektronischen Dokument wird durch direkte Manipulation ([Shn 83], "pointing ... rather than by naming" [CKM 86: 635]) realisiert, da dies ein wesentlich natürlicheres Arbeiten erlaubt. Außerdem ist die Dynamik der Interaktionen von großer Bedeutung. Ein Hilfsmittel wird nur dann von den Benutzern akzeptiert und verwendet, wenn es schnell genug arbeitet

[Rei 89a]. Hinweise und Anregungen zur Gestaltung grafischer Dokumente sind z.B. in [Mar 84, 86] enthalten und zum Verstehen von Diagrammen in [Mon 86].

Inhaltlich gesehen werden Kombinationen von Grafik und Text verwendet, worauf bereits im Abschnitt 2.2 hingewiesen wurde. Dabei sind in manchen Bereichen Grafik und Text durchaus gegenseitig austauschbar, und es ist nicht in jedem Falle klar, welche Darstellungsform besser geeignet ist : "- little is gained, and much is lost, trying to contrive a pictorial representation of these (the individual statements, JW)." [Ste 89]. Manchmal benötigt die Grafik mehr Platz als ein entsprechender Text, ohne daß die Verständlichkeit wesentlich verbessert wird, wie z.B. bei der Baumdarstellung arithmetischer Ausdrücke. Das kann zur Kritik an der grafischen Darstellung führen ("inefficient graphic notation." [Yeu 88: 137]).

Neben rein statischen Grafiken werden auch bewegte Grafiken eingesetzt, insbesondere bei der Animation von Algorithmen und Programmen ("However, a quantum leap in understanding occurred when they were able to watch a visual simulation of the design." [Gra 87: 289]). In [Raj 87] wird ein Debugger für Prolog beschrieben, in welchem das Programm sowohl vorwärts als auch rückwärts ablaufen kann.

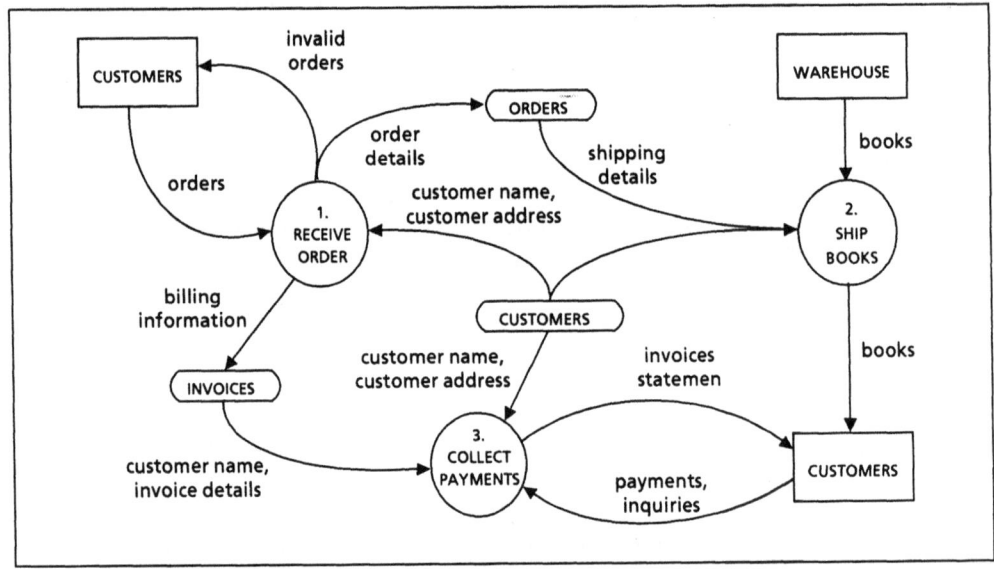

Bild 2-2. Datenflußdiagramm (nach [You 89: Fig. 9.1])

Der Einsatz von Grafiken wird oft als besonders geeignet für Neulinge und "Nichtprogrammierer" bezeichnet und daher gibt es insbesondere bei der Grafischen Programmierung (s. Abschn. 5.5) viele Arbeiten aus dem Bereich der Lehre [BE 89; BFN 86; CMS 88; DF 80; GT 84]. Nur selten wird betont, daß grafische Darstellungen auch für den Fachmann geeignet seien [Rei 85, 86].

GRAFIKARTEN

Im Bereich der SW-Entwicklung werden vor allem zwei Arten von Grafiken eingesetzt:
  (1) **Diagramme**
      Diagramme werden in vielfältigen Formen bei der SW-Entwicklung eingesetzt: als Datenflußdiagramme (DFD, oft auch als "bubble chart" bezeichnet; s. Bild 2-2) und

Blockschaltbilder zur Veranschaulichung der Grobstruktur von Systemen (s. Bild 4-2, 4-3), als Entity-Relationship-Diagramme (ERD; s. Bild 2-3) zur Charakterisierung von Datenstrukturen bis hin zu den klassischen Flußdiagrammen für das Programmieren im Kleinen. Überblicke über diese Diagrammformen werden gegeben in [BHL 90, Kap.3; Dav 88; ELR 90: 243 f.; Mac 90; MM 85; Rae 85; Shu 88; Tri 88, 89]. Harel betont, daß Graphen und Hypergraphen als allgemeines Modell für die verschiedenen Diagrammformen dienen können [Har 88]. Er schlägt die "Statecharts" (s. Bild 2-4) vor, in welchen sowohl Schachtelungsstruktur als auch beliebigstellige Relationen anschaulich dargestellt werden können. Im Gegensatz zu vielen anderen Diagrammformen, die oft relativ informal verwendet werden, gibt Harel eine formale Semantik für die Statecharts an [HPS 87]. Eine präzise Semantik für DFD wird auch in [FGM 88] angegeben.

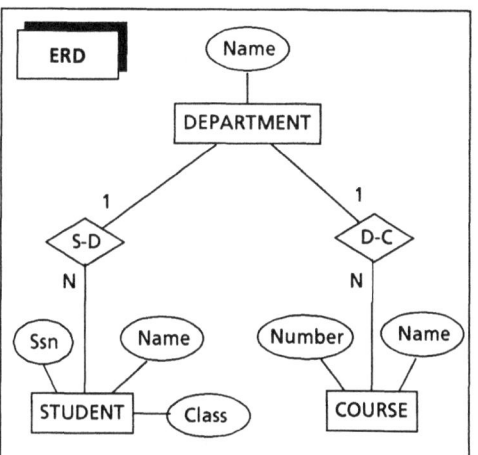
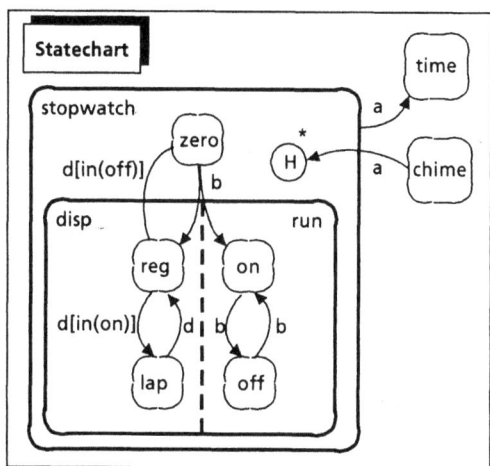

Bild 2-3. Nach [Lar 86: Figure 1]   Bild 2-4. Nach [Har 88: Fig.20]

(2) Piktogramme

Piktogramme [Sta 87] (oft auch als Icons bezeichnet; [HM 89] verwenden den Ausdruck "Objektpiktogramm") sind kleine Bilder, die insbesondere im Bereich der Grafischen Programmierung verwendet werden, um Objekte oder Verarbeitungsfunktionen bildhaft zu charakterisieren [CDI 88, 88a; DLM 89; Dud 87; FM 86; GT 84; HI 87] (s.a. Bild 2-6). Ursprünglich entstanden Piktogramme zur knappen und symbolhaft-typischen Darstellung von realen Gegenständen. Das Hauptproblem, das sich hierbei stellt, ist das der Verständlichkeit ("größte Typikalität" in [Sta 87: 62]). Dies ist natürlich besonders ausgeprägt bei der an sich "unsichtbaren" SW ([EH 74: 12]: "But there is another concern: How to depict concepts visually in the absence of strong isomorphism.") Der Einsatz von Piktogrammen ist nicht so zu verstehen, daß auf textuelle Information völlig verzichtet werden soll. Ein solch extremer Ansatz führt auch zu Problemen. In [EH 74] wird die Erfahrung mit einem solchen Ansatz in dem Satz "one word is worth a thousand pictures" zusammengefaßt. Daß beides gebraucht wird und sich gegenseitig ergänzt, kann man in den Bildern 2-3 und 2-4 sehen; es wäre nicht leicht, die Beschriftung durch grafische Symbole zu ersetzen. In HI-VISUAL [HI 87; HII 87; HIM 86; HIM 86a], einem System zum Grafischen Programmieren, enthalten z.B. alle Piktogramme auch den Namen des repräsentierten Gegenstandes oder Prozesses. Ebenso in Oscar

[CGM 88], wo diese Methode unter Bezug auf [BMP 86; Lod 82] als "lexi-visual approach" bezeichnet wird (s.a. [Bau 88; FGK 88: 41]).

Während solche Piktogramme im Bereich der Benutzungsschnittstellen seit Jahren standardmäßig verwendet werden (inbesondere bei Systemen zur Realisierung von Büroabläufen [HIK 83; Sta 87]; s. Bild 2-5) hat der Einsatz bei der grafischen Programmierung bisher meist experimentellen Charakter (s. Bild 2-6).

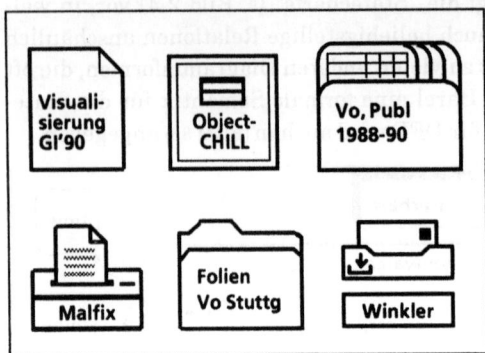
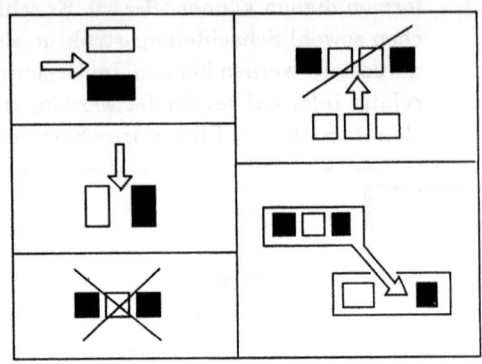

Bild 2-5. Nach [Sie 89: 3-33 f.]

Diese Piktogramme sollen entweder reale Gegenstände oder programmtechnische Realisierungen realer Gegenstände symbolisieren: v.l.n.r. 1. Zeile: Dokument, Aktenschrank, Kartei; 2. Zeile: Drucker, Mappe, Posteingangskorb.

Bild 2-6. Nach [Roh 86: Fig. 9]

Diese Piktogramme sollen Operationen auf Zeichenketten symbolisieren: v.o.n.u. 1.Spalte: Eingabe (von Zeichen), Einfügen, Löschen; r. Spalte: Ersetzen, Übertragen.

Der Einsatz von Piktogrammen ist zum Teil etwas umstritten. Oft liegt das daran, daß verschiedene Personen bei demselben Bild etwas Unterschiedliches assoziieren können. Ziel ist natürlich die Idee, die in dem eingangs erwähnten Zitat von Leibniz ausgedrückt wird: "... make the form of a symbol reflect its content." [Kre 68: 96]. Aber es wird sicher einige Zeit dauern bis sich im Bereich der SW-Entwicklung allgemein verstandene Bilder für die verschiedenen Objekte und Prozesse herausgebildet haben. Insbesondere bei der Entwicklung großer Systeme scheint dies nicht so leicht zu sein: "Use of icons is one of the more controversial aspects of visual programming for large systems. ... Metaphors on which pictorial icons are based do not seem to extend well; ..." [Bro 86: 406].

Über Untersuchungen zur Aussagekraft von Piktogrammen wird in [Roh 86, 87] berichtet und dabei festgestellt, daß die Art einer Funktion Einfluß darauf hat, ob grafische "Kommandos" (in Form von Piktogrammen; s. Bild 2-6) oder textuelle besser sind.

HIERARCHISCHE STRUKTURIERUNG

Unabhängig von der genauen Diagrammart stellt sich in der Regel ein Problem im Rahmen der SW-Entwicklung immer wieder: wie *große* Systeme beherrschen? Industrielle SW-Systeme sind oft sehr umfangreich [Win 87] und lassen sich daher nur sehr schwer übersehen. (In [BCH 85: 33] wird die Präsentation großer Strukturen als "challenge" bezeichnet; s.a. [Mye 89: 21]). Diesem Problem wird in der Regel mit hierarchischer Strukturierung (HS) des gesamten Systems begegnet. Diese Technik hat sich beim Programmtext bewährt (Schachtelung) und wird auch bei Diagrammen verwendet. Dies erfolgt in der Regel in der Art, daß einem terminalen Element in einem Diagramm A ein weiteres Diagramm B entspricht (z.B. [BCH 85]; "nesting of images" [BPW 87: 106]; PegaSys [HM 85, 85a], [HM 88; Jac 85]; hierarchische DFD [Kob 87]; [NS 88; Rei 89a; Sch 90a:15; SV 89]). In SADT [Ros 85] ist die Hierarchiebildung Teil der Methode, da in einem SADT-Diagramm höchstens sechs Kästchen enthalten sein dürfen (s.a. [Knu 63: 557]: "...the effectiveness of charts tends to be inversely proportional to their complexity."). Das Gesamtsystem kann bei Anwendung der HS nur in sehr vergröberter Form zur Gänze gesehen werden. Will man mehr Details sehen, dann kann man dies jeweils nur für Teile des Systems machen, indem man in der Hierarchie der Diagramme absteigt. Dies wird manchmal auch als "zooming" bezeichnet [Bas 85: 34; BE 89: 42; GK 88: 237], ("zoom in", "zoom out" in [FGM 88: 142]).

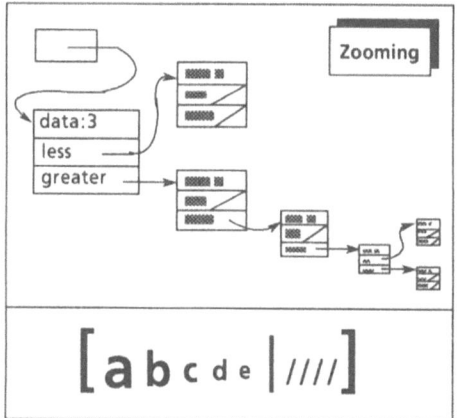

Bild 2-7. Nach [Mye83: Fig. 13; CD 86: Fig.6]

Zwei Beispiele von Zoom-Techniken. Oben eine rekursive Datenstruktur, bei welcher die Grobstruktur aber nicht alle Details erkennbar sind. Unten eine Liste in Prolog, deren Rest eine uninstantiierte Variable ist.

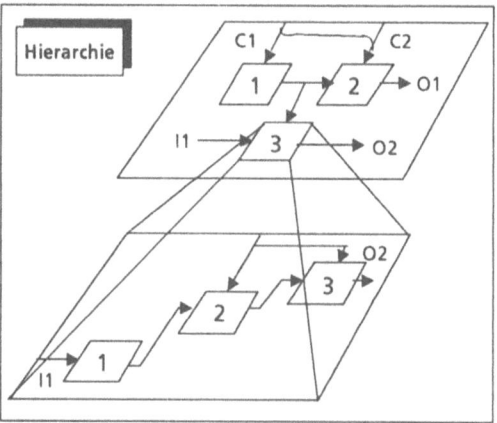

Bild 2-8. Nach [Ros 85: Fig.3]

Dies ist eine Metadarstellung, die zeigen soll, daß die Diagramme bei SADT durch eine stufenweise Verfeinerung in Beziehung stehen. In Wirklichkeit sind die Diagramme in verschiedenen Dokumenten enthalten, und der Zusammenhang wird durch geeignete Beschriftungen (Querverweise etc.) zum Ausdruck gebracht.

ZOOMING

Manchmal wird die Zoom-Technik auch im Sinne einer stufenweisen oder kontinuierlichen Vergrößerung bzw. Verkleinerung verwendet (z.B. "world view" und "detailed view" in [Her 80: 494]; [GS 88; Inm 87: 121]). Der VIPS debugger für Ada enthält zahlreiche Zooming-Techniken [IOS 87]. Um größere Strukturen auf einer begrenzten Fläche darzustellen, kann Zooming auch auf einzelne Teile der Darstellung angewendet werden. In Incense [Mye 83: 121] werden bei der Darstellung von Bäumen die Knoten tieferer Schichten stufenweise kleiner dargestellt (s. Bild 2-7). Ähnlich auch in [Fur 86] wo ein gewissermaßen logischer "fisheye view" verwendet wird, bei dem wichtige Komponenten groß und weniger wichtige kleiner dargestellt werden. Dies wird auch in [For 88: 13; Rei 89a: 63] verwendet.

VERGRÖBERN

Wenn das System selbst nicht so hierarchisch gegliedert ist, dann kann man versuchen die Struktur entsprechend zu vergröbern und auf diese Art eine übersichtliche HS zu erhalten, typischerweise durch Clusteringtechniken [New 89] (s.a. Abschn. 5.1).

BLÄTTERN, SCROLLING

Nicht immer kann man ein System hierarchisch so gliedern, daß eine Ebene in die zur Verfügung stehende Darstellungsfläche paßt. Man kann dann den am Bildschirm (z.B. in einem Fenster) dargestellten Teil als einen Ausschnitt aus einer größeren Zeichenfläche betrachten und diesen Ausschnitt über die logische Zeichenfläche verschieben, um verschiedene Teile der Darstellung zu inspizieren (Blättern, scrolling [Bas 85: 29; Inm 87:121]). Dieses Blättern kann auf zwei Arten erfolgen:

(1) *physisch* durch entsprechende geometrische Bewegungskommandos. Dies ist die Standardtechnik in Fenstersystemen allgemein (s. z.B. [App 85: I-267..I-308; Che 85: 65..135; Sun 89, 90]) und ist auch in Programmierwerkzeugen verwendet worden [BE 89:41]. [Rei 89a] stellt sich eine dreidimensionale Darstellung von Datenbankinhalten vor, durch welche der Benutzer "fliegt", wobei dieser "Flug" durch geeignete 3D-Zeigeinstrumente gesteuert wird [BBH 87].

(2) *logisch* durch Identifizierung des interessierenden Teils im Bewegungskommando (s. z.B. [BCH 85: 29] oder [DFV 88: 246] wo logisches Blättern in einer Struktur mit ca. 3500 Knoten verwendet wurde.)

AUSLASSUNG, ELLIPSE

Eine weitere Technik zur Darstellung umfangreicher Strukturen auf einer begrenzten Fläche ist die Auslassung (Ellipse), bei welcher die Struktur nur bis zu einer gewissen Detailtiefe dargestellt wird, und weitere Details ausgelassen werden, wobei sie in der Regel durch geeignete Hinweise gekennzeichnet werden [Bas 85: 27; BE 89:41; CPR 88: 217]. Im ProTest-Debugger für Prolog kann der Benutzer angeben, bis zu welcher Tiefe Prologterme gezeigt werden [RSW 90: 4] (s. Bild 2-9) (Diese Ellipsentechnik wurde nicht von den Autoren von [RSW 90] entwickelt, sondern war schon in der Vorversion vorhanden). Für Lisp leistet die Ausgabefunktion für Listen (z.B. "write") mit den Parametern für Tiefe und Länge dasselbe [Ste 84]. Der Inmos TDS-Editor für occam bietet ebenfalls einen Mechanismus, um gewisse Programmteile auszublenden [Ste 89: 54].

AUSWAHL, PROJEKTION

Die Komplexität von Diagrammen kann auch dadurch reduziert werden, daß nur gewisse Aspekte des dargestellten Gegenstandes gezeigt werden ("Views are used to manage complexity." [HM 85: 78]). Im PECAN-System werden z.B. die Sichten "Formatierter Programmtext", "Nassi-Shneiderman-Diagramm", "Symboltabelleninhalt", "Datentypinformation", "Ausdrucksbaum" und "Kontrollfluß" unterstützt [Rei 85]. Ähnliche Sichten werden auch im VIPS-Debugger unterstützt [IOS 87]. ALEX bietet eine Filterfunktion zum Unterdrücken nicht gewünschter Information [CFK 87: 319]. In PasDok stellen der Schachtelungsgraph und der Aufrufgraph solche Projektionen dar [LSW 87, 90].

AUTOMATISCHES vs. MANUELLES VISUALISIEREN

In Abschnitt 2.2 war unter anderem darauf hingewiesen worden, daß Dokumente im Rechner leicht bearbeitet und umgeformt werden können. Die grafischen Darstellungen von Objekten der SW-Entwicklung am Bildschirm sind praktisch immer Umformungen von rechnerinternen Datenstrukturen. Es wäre nun sehr bequem, wenn diese Umformung in die grafische Form automatisch durchgeführt werden könnte. Solche generativen Verfahren werden ja in der Informatik oft eingesetzt. Eine vollständige automatische Visualisierung ist

Tiefe	angezeigter Term
≥ 7	a(b(c(d)), e(f(g,h)), [10, 20, [30, 40]])
6	a(b(c(d)), e(f(g,h)), [10, 20, [30, ...]])
5	a(b(c(d)), e(f(g,h)), [10, 20, [...]])
4	a(b(c(d)), e(f(g,h)), [10, 20, ...])
3	a(b(c / 1), e(f / 2), [10, ...])
2	a(b / 1, e / 2, [...])
1	a / 3

Bild 2-9. Ellipse in Prolog

Im ProTest-Debugger [RSW 90] kann eine Tiefe eingestellt werden, bis zu welcher Terme angezeigt werden. In Listen wird für eine Auslassung „ ... " verwendet, während bei Funktoren, deren Argumente nicht mehr angezeigt werden, die Stelligkeit gezeigt wird.

```
BEGIN { Function gcd }
   IF b = 0 THEN
      gcd := a
   ELSE
      gcd := gcd({a:=} ⊠ ,{b:=} a MOD b);
   STATEMENT
END
ROUTINE
BEGIN { Program example}
   STATEMENT
END.
```

```
example : [program]
SCOPE  *INITIAL[1]   [block]
   x    :  [variable]   TYPE(integer)
   y    :  [variable]   TYPE(integer)
   gcd  :  [function]   TYPE(PROC)
      SCOPE gcd    [subprogram]
```

Bild 2-10. Nach [Rei 84: Fig.3]

Zwei Sichten eines Programmes: oben Text und unten die Symboltabelle.

derzeit nicht durchführbar. Die Probleme beginnen schon beim Layout, wo automatisch erzeugte Anordnungen oft für die Benutzung nicht optimal sind [KMN 89: 62; Mye 83; Rei 87: 190]. Wie in anderen Bereichen auch, liegt die praktische Lösung auch hier in einer Zusammenarbeit von Rechner und Benutzer: der Rechner erstellt ein Standardlayout und der Benutzer modifiziert dieses dann entsprechend seinen Wünschen [BCH 85: 31; BFN 86: 46; CMS 88; Mye 83], oder der Benutzer gibt von Anfang an zusätzliche Randbedingungen für das Layout vor [BN 90]. Das Layout zur Darstellung einer Struktur kann vom Verwendungszweck der Darstellung abhängen [Mye 83: 117], so daß es in einem solchen Falle nicht möglich ist, ein zufriedenstellendes Layout automatisch zu erzeugen (s. z.B. unterschiedliche Layouts für Petrinetze in [Ber 87].

Bei der Wahl der grafischen Darstellung ist das automatische Erzeugen noch schwieriger, insbesondere wenn eine eher problem- als programmbezogene Visualisierung gewünscht wird ("Algorithm animation displays cannot be created automatically ..." [Bro 88: 18]; "The complexity of user applications is essentially unbounded, which makes some sort of programming language virtually mandatory." [FKP 83]). Aber auch für die programmbezogene Visualisierung von Daten wird oft vorgeschlagen, die Darstellung auch explizit durch den Benutzer bestimmen zu lassen [CMS 88; DL 85; Mye 83: 117; Rom 88: 297]. Im VIPS-Debugger ist dafür sogar eine eigene Sprache FDL (Format Description Language) vorgesehen [IOS 87].

2.4 Praktischer Einsatz

Wie bereits erwähnt werden grafische Darstellungen vor allem in den frühen Phasen der SW-Entwicklung verwendet. In der Regel werden diese grafischen Darstellungen manuell in programmiersprachliche Darstellungen umgesetzt. Dies führt zu dem Problem, daß es dann nicht leicht ist, nachzuweisen, daß die programmiersprachliche Formulierung mit der grafischen harmoniert. ("A pitfall of using flowcharts (including structured flowcharts !) is that they are not the actual programs that get executed. ... The important feature of PIGS is that its interpreter can execute an NSD (Nassi-Shneiderman-Diagramm, JW) program in chart form directly." [NP 83: 847, 848]). Außer der direkten Interpretation von grafischen Darstellungen (s.a [CTY 89]) wird auch versucht die Umsetzung der grafischen Formulierung in eine programmiersprachliche Formulierung zu mechanisieren (z.B. Erzeugung von Ada-Skeletten aus Diagrammen [BHK 89: 245]).

Das Problem der Konsistenz stellt sich in zweierlei Hinsicht:
(1) Verschiedene nacheinander entstehende Formulierungen der Problemlösung sollen untereinander konsistent sein. Dies wird oft als Durchgängigkeit oder Vermeidung von Brüchen bezeichnet. Eine noch etwas weitergehende Forderung ist die, daß die verschiedenen Einzelanforderungen (Requirements) in den Darstellungen der Produkte der späteren Phasen identifizierbar sind (traceability). In [KR 89] wird dies am Beispiel des Zusammenhangs zwischen Requirements und Designspezifikation grafisch durch explizite Pfeile realisiert (" 'Traceability' can be addressed only by establishing a complicated network of inter-model pointers.") Beziehungen zwischen Dokumenten in verschieden Phasen werden auch in [Wes 89] in Form eines Graphen dargestellt, und zwar im Zusammenhang mit der Versionskontrolle.
(2) Verschiedene Sichten (views) eines Objekts sollen miteinander konsistent sein. Dies wird am besten dadurch erreicht, daß die externen Sichten alle von *einer* Interndarstellung des Objekts abgeleitet werden ("multiple views of shared data structures" [GRR 86; Rei 85], s.a. [CMS 88]). In [MNS 89] werden die Sichten ERD, DFD und Petrinetz und ihre wechselseitige Konsistenz betrachtet.

Der breite praktische Einsatz von grafischen Darstellungen im Rahmen der SW-Entwicklung kann gefördert werden durch die Entwicklung von Standards für grafische Dokumente allgemein und für Symbole und Piktogramme für die bei der SW-Entwicklung vorkommenden Objekte und Funktionen/Prozesse.

3 REQUIREMENTSPHASE

Die Requirementsphase (RP) und die Entwurfs-/Designphase (EDP) werden in Literatur und Praxis nicht immer klar voneinander getrennt [KR 89], und eine solche Trennung ist wahrscheinlich auch nicht leicht zu definieren und durchzuhalten. In der RP liegt in der Regel die Betonung auf dem Verhalten des zu entwickelnden Systems, während in der EDP daneben auch die technische (Grob-)Struktur zu entwickeln und darzustellen ist. Die folgende Darstellung folgt im Zweifelsfalle der jeweiligen Einordnung der zitierten Autoren.

Neben verbalen Formulierungen, die in der RP häufig benutzt werden, wird (insbesondere im kaufmännischen Bereich) die Methode "Structured Analysis" (SA) verwendet [Bai 89; DeM 79; Req 90], die sich auf hierarchische DFD ([HM 88; KMS 89; Kob 87; KR 89; NS 88], s. a. Bild 2-2) abstützt, die durch ein Data-Dictionary (globale Symboltabelle) und Prozeßspezifikationen in Pseudocode ergänzt werden. In ihrer modernen Form [You 89] benutzt sie zusätzlich noch ERD [BTK 89; Che 76; Lar 86; SV 89] (s. Bild 2-3) und Zustandsübergangsdiagramme. In HRT/DM (Hard Real Time Development Method) einer anderen Erweiterung von SA [Pet 89] werden außerdem noch Structure Charts [You 86: 136] (s. Bild 3-1) und Petrinetze (s. Bild 2-1) verwendet. Es gibt eine ganze Reihe von Werkzeugen, welche diese Methode unterstützen (s. die Übersichten in [Gan 90: 169..218; Lud 89: 256; You 89: 468, 469]).

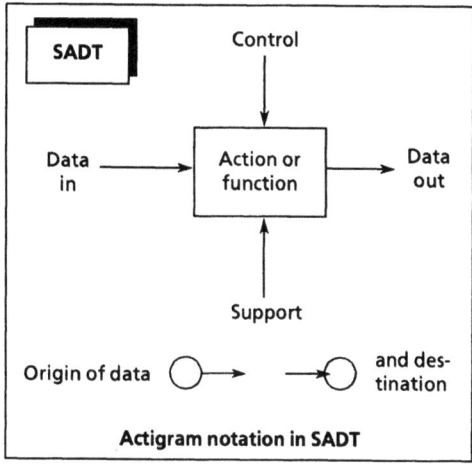 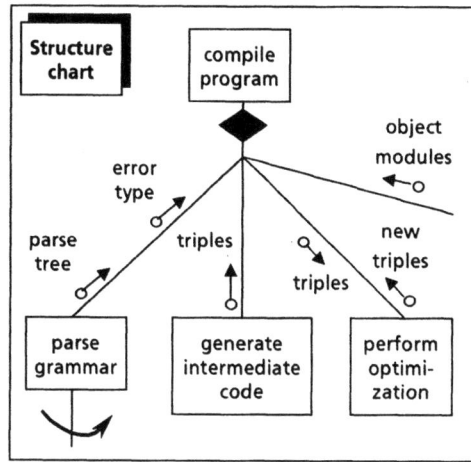

Bild 3-1. Nach [Mac 90: Fig. 5.8]   Bild 3-2. Nach [PW 87: Fig.9]

In SADT [Ros 85] werden ebenfalls hierarchische Datenflußdiagramme einer etwas spezielleren Form verwendet (s. Bild 2-8, 3-1). Daten werden in SADT durch ähnliche Diagramme dargestellt. Diese beiden Diagrammformen werden auch als "Aktigramm" bzw. "Datagramm" bezeichnet [MR 88]. In SADT/AKL [Rhe 87] werden die Aktigramme als Kommunikationsdiagramme bezeichnet und zusätzlich noch Baumdiagramme verwendet.

Zur Beschreibung des gewünschten Verhaltens eines Systems (s. a. Abschnitt 4.2) werden auch Petrinetze in verschiedenen konkreten Ausprägungen verwendet (z.B. colored Petri net [Sch 90a]; Kanal-Instanzen-Netz [MR 88]; timed Petri net [GMM 89]; hierarchische Petrinetze [EMO 90]). Auch die bereits in Abschnitt 2.3 erwähnten "Statecharts" können in der RP verwendet werden. Entscheidungstabellen, die man vielleicht als semigrafische Beschreibungsmittel bezeichnen kann, da sie nicht rein linear sondern zweidimensional sind, finden ebenfalls Verwendung zur Beschreibung von Anforderungen [Dav 88; Str 77]. Eine mehr grafische Form stellen die Entscheidungsbäume [Dav 88: 1103] dar. [Dav 88] enthält einen guten Überblick über häufig in der RP verwendete Diagrammformen.

"Entwurf ist weder Künstler- noch Mathematikerarbeit,
sondern Ingenieurarbeit." [Zem 78: 11]

4 ENTWURFS-/DESIGN-PHASE

Das Schwergewicht des Grafikeinsatzes in der SW-Entwicklung liegt in dieser Phase. Dafür gibt es mehrere Gründe: (1) diese Phase ist vom Arbeitsaufwand her umfangreicher als die RP; (2) in dieser Phase ist es notwendig, die Struktur des zu erstellenden SW-System darzustellen, und zwar in unterschiedlichem Detail (Grobentwurf, Feinentwurf); (3) die in dieser Phase verwendeten Darstellungen sind oft noch nicht soweit präzisiert, daß sie in einer formalen (automatisch ausführbaren) Notation fomuliert werden können.

Die EDP ist nicht völlig klar und eindeutig von der ihr vorangehenden RP und der ihr folgenden Implementierungsphase (IP) abzugrenzen [Mac 90: 150]. Die Übergänge sind etwas fließend. Gewisse Methoden und Diagramme werden sowohl in der RP als auch in der EDP eingesetzt, z.B. SADT [Mac 90: 233].

Die Abgrenzung zur Implementierungsphase (IP) ist in den verschiedenen Teildisziplinen der SW-Erstellung durchaus verschieden. Im Bereich der kaufmännischen DV ist es üblich die Programme bis ins Detail in Form von (Fluß-) Diagrammen zu entwerfen, die dann in der Programmiersprache codiert werden, während im Bereich der Systemprogrammierung das Design eher bei der Definition von Unterprogrammen endet, deren Semantik entweder umgangsprachlich oder etwas formaler mittels Vor- und Nachbedingungen spezifiziert wird. Daß die Grenze zwischen EDP und IP etwas verwischt ist, wird noch dadurch verstärkt, daß im Bereich der Programmiersprachen (z.B. Ada [Ref 83] und CHILL [ITU 88]) Sprachelemente für das Programmieren im Großen [DK 76; NP 86] eingeführt worden sind, die es erlauben Aspekte von SW-Systemen programmiersprachlich zu beschreiben, die vorher nur mit Hilfsmitteln außerhalb der Programmiersprachen beschrieben werden konnten (z.B Ada PDL (Program Design Language) [Ker 90; Roy 90]).

Im Rest dieses Kapitels werden die grafischen Hilfsmittel der EDP in fünf Gruppen eingeteilt:
(1) Hilfsmittel für das Design im Großen (Darstellung von Systemstrukturen, architectural design, Beziehungen zwischen Übersetzungseinheiten)
(2) Hilfsmittel zur Darstellung des Systemverhaltens
(3) Hilfsmittel für das Design im Kleinen (Programmdetails, Struktur innerhalb von Übersetzungseinheiten)
(4) Hilfsmittel zur Darstellung von Datenstrukturen
(5) Spezialhilfsmittel

4.1 Hilfsmittel für das Design im Großen

Mit den hier verwendeten Diagrammen werden üblicherweise auch gesamte HW/SW-Systeme beschrieben. Dies ist aber für die vorliegenden Betrachtungen nicht von Bedeutung. Hier steht der SW-Aspekt im Vordergrund.

Beim Design im Großen dominieren Diagramme bestehend aus Knoten (oft als Rechtecke oder Ellipsen mit Inschriften), die durch gerichtete oder ungerichtete Kanten miteinander verbunden sind, und die ebenfalls beschriftet sein können. Die Diagramme können als "Übersichtsdiagramm", "Blockschaltbild" ("SDL-Block-Interaktions-Diagramm" in [Koß 89]; "Kommunikationsdiagramm" [AV 88]; "...crude drawings oft important aspects of the system,

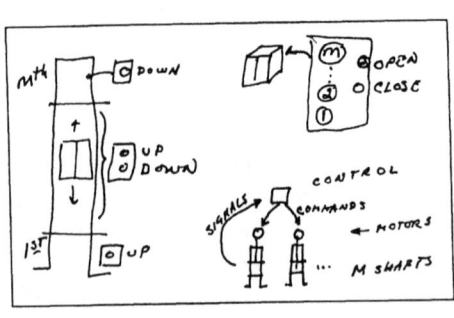

Visualization of an Elevator System

Bild 4-1. [Gra 87: 288]

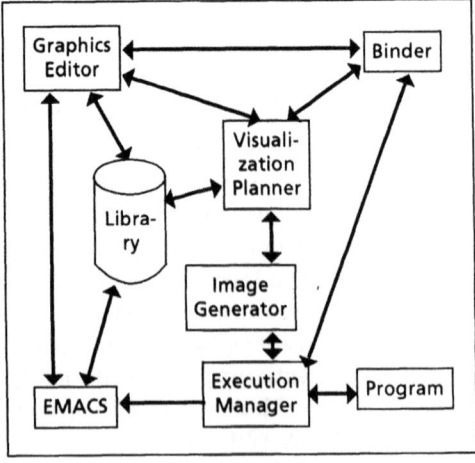

Bild 4-2. Nach [BCH 85: Figure 4]

..." [Gra 87: 287]) (s. Bild 4-1)), "Architekturbild" [HKK 87: 339], Datenflußdiagramm (DIN 66 001) oder einfach "system diagram" [CTY 89: 507] bezeichnet werden. Es gibt hier sehr viel unterschiedliche Formen, und neben weiter verbreiteten Formen, wie z.B. SADT [Ros 85; SV 89] oder SA [KR 89], werden hier oft auch ad hoc individuelle Diagrammformen benutzt. Bild 4-2 zeigt ein typisches Überblicksdiagramm. Daß der Stil solcher Überblicksdiagramme stark

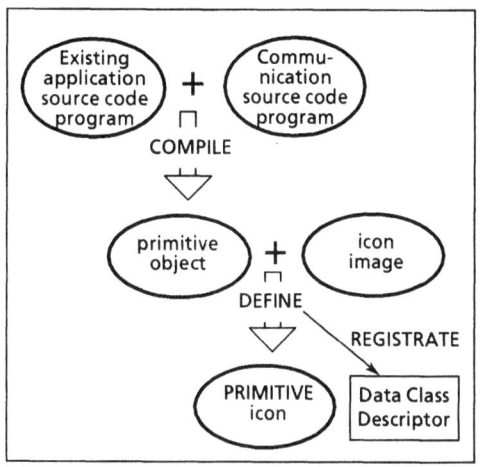

Bild 4-3. Nach [HII 87: Figure 9]

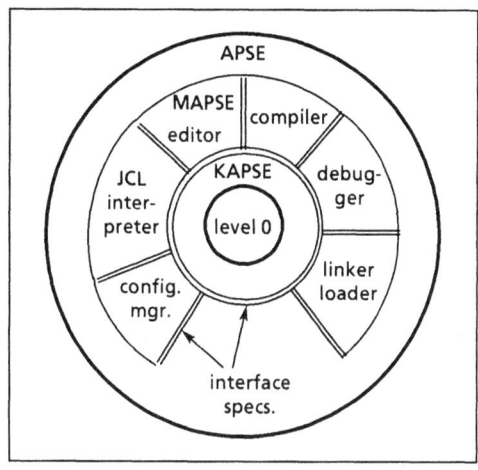

Bild 4-4. APSE. Nach [Dep 80: 2]

variiert, kann man am Beispiel in Bild 4-3 sehen. Verbreitet sind auch die sogenannten Schichtenbilder, die entweder in horizontaler Anordnung (s. z.B. [LM 88: 231]) oder in kreisförmiger Darstellung verwendet werden (s. Bild 4-4; APSE = Ada Programming Support Environment). Eine weitere Diagrammart, die ursprünglich zur Darstellung der Grobstruktur von Ada-Programmen entstanden ist, inzwischen aber auch auf andere Bereiche angewendet worden ist, ist der CAEDE Icon Set [BHK 89: 247; BKW 85; BPW 87; Buh 84: 39 f.; Kar 88] (s. Bild 4-5). Eine ähnliche Notation wird auch in [MPW 90] verwendet, wobei aber keine direkte Abhängigkeit zu Ada besteht.

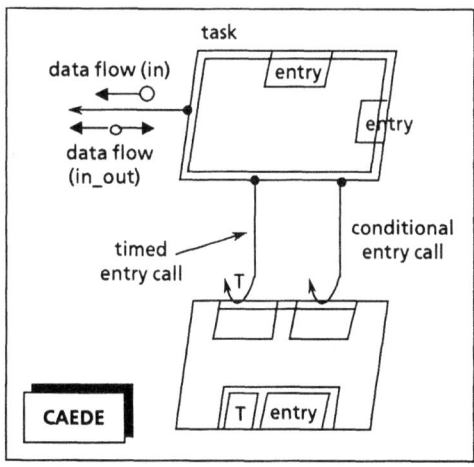

Bild 4-5. Nach [BHK 89: Fig.8]

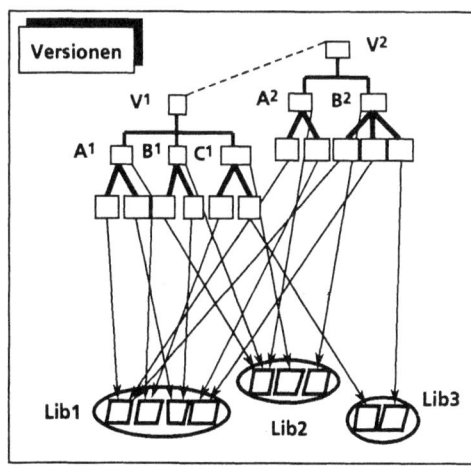

Bild 4-6. Nach [Win 85a]

Die Integration von SA und Objektorientierung (OO) wird in [War 89] gezeigt. Spezielle Formen von SA für die Anwendung auf Echtzeitsysteme werden in [BH 88; Deu 88; Gom 84, 86; Kel 87; MW 86] behandelt. In [HM 85, 85a] werden DFD zum Design von verteilten Systemen verwendet. In [KS 89] werden DFD verwendet, in denen die Daten durch Piktogramme einer Büroumgebung dargestellt werden.

Zu den Diagrammen zur Darstellung der Systemstruktur gehören auch die zur Darstellung von Versionen, Varianten und Konfigurationen von SW-Systemen [CLS 88: 25; Est 88: 47; Fal 88; FS 88: 71; JR 90: 322; KMS 89a; SW 88: 190; Tic 88; Wes 89; Win 85, 85a] und die zur Darstellung von Klassenhierarchien [BCM 89; HL 89: 89; McD 89].

4.2 Hilfsmittel zur Darstellung des Systemverhaltens

Die Hilfsmittel für die Darstellung des Systemverhaltens können meist sowohl auf der Ebene des Designs im Großen als auch im Kleinen verwendet werden, z.B. Zustandsübergangsdiagramme. Es wird daher im folgenden nicht zwischen beiden Bereichen unterschieden.
Das Verhalten wird grafisch mit Zustandsübergangsdiagrammen [BPW 87; HM 87], Petrinetzen (s. Bild 2-1; [BV 87; DS 89; SV 89]; für Echtzeitsysteme: [FLM 89]), Statecharts [Dav 88; Har 88] oder anderen verwandten Notationen, wie z.B. Sequence Charts [GR 89], beschrieben. Zustandsübergangsdiagramme werden neben der generell bekannten Form bestehend aus Knoten (Punkte, Kreise) und Pfeilen [Jac 85] oft auch in der "Fence"-Darstellung [MM 85: 227] verwendet, die ähnlich zu den Sequence Charts aussieht. In [TW 87] wird eine erweiterte Form der Statecharts zur Spezifikation von Zugriffsrechten verwendet. Die Hierarchical Multi-State Machines in [FG 90] basieren auf Petrinetzen, erlauben aber auch die Formulierung von zeitlichen Bedingungen. In [CCC 89] werden Petrinetze mit Warteschlangen kombiniert.

Auch die DFD von SA stellen Aspekte des Systemverhaltens mit dar; das DFD ist eine Randbedingung für die noch möglichen Systemverhalten.

4.3 Hilfsmittel für das Design im Kleinen

Die Diagramme zum Design von detaillierten Abläufen sind meist ähnlich zu den Flußdiagrammen ("flow chart"; in [Gri 83: 275] etwas abwertend als "flaw chart" bezeichnet). Diese wurden bereits am Anfang der Datenverarbeitung verwendet [GN 48] und erfuhren insbesondere nach dem Artikel von Nassi und Shneiderman [NS 73] eine Renaissance [Wit 77]. Für eine Übersicht über unterschiedliche Formen von Flußdiagrammen s. [Tri 88, 89]. Flußdiagramme sind auch verschiedentlich genormt worden (DIN 66 001: Programmablaufplan; DIN 66 261: NSD; BSI 6224 (brit. Norm), [Cha 79]). Die SDL-Prozeßdiagramme [Koß 89] und die Prozeßdiagramme von Grapes-86 [AV 88] stellen ebenfalls eine Art von Flußdiagramm dar, und zwar für nebenläufige Prozesse.

Die Diskussion um die Strukturierte Programmierung [Dij 68] führte bei den Flußdiagrammen zu speziellen Formen: z.B. Nassi-Shneiderman-Diagramme (NSD) [NS 73] oder Jackson-Diagramme (JD) [Cam 84]. Bei NSD wird ein wohlstrukturiertes Programm durch eine Schachtelungstruktur dargestellt und bei JD durch einen Baum. Die JD werden auch als Basis in [Zav 85] verwendet. In [AMM 89] wird über den Einsatz von baumartigen Diagrammen in japanischen Firmen berichtet. Die Hierarchiediagramme der HIPO-Methode (Hierarchy plus Input-Process-Output) [BHL 90: 381] sind ebenfalls baumförmig und gliedern ein Programm im Sinne der schrittweisen Verfeinerung [Wir 71]. Die Input-Process-Output-Diagramme von HIPO [BHL 90: 382] sind eine spezielle Form von DFD.

Der Einsatz von Flußdiagrammen für das Programmieren im Kleinen ist nicht so unumstritten wie der Einsatz von Grafik beim Programmieren im Großen [Sca 89, 90; Shn 82, 83: 64; Ste 89; Wes 90]. Beim Programmieren im Kleinen reicht oft schon das Programmformatieren aus (s. Abschn. 5.2). Allerdings berichten [CT 87] über ein Experiment, in welchem Programmsegmente in grafischer Darstellung schneller und besser verstanden wurden als in textueller. Außerdem fehlen in der Regel in den Flußdiagrammen die Definitionen der verwendeten Daten.

4.4 Hilfsmittel zur Darstellung von Datenstrukturen

Weitverbreitet sind hier die bereits erwähnten ERD (s. Bild 2-3) [Che 76; Lar 86; Lee 87], bei welchen die logische Struktur von Daten durch eine Menge von Relationen dargestellt wird. Die ERD sind im Bereich der Datenbanken entstanden und werden daher auch vor allem in deren Umfeld eingesetzt. In [CEE 90] wird eine erweiterte Form der ERD vorgestellt: ECER (extended conceptual entity-relationship model) und eine Übersicht über andere Erweiterungen von ERD gegeben. Ein andere ERD-Variante wird in [Dow 90] benutzt. In [HR 89] wird über ein Werkzeug berichtet, welches Inhalte von Datenbanken als farbige Graphen am Bildschirm anzeigt. Datenelemente (z.B. Dokumente in einer Projektdatenbank) werden als Knoten und Beziehungen dazwischen als Kanten gezeigt. Verschiedene Knotenarten werden durch verschiedene Piktogramme dargestellt.

Beim Detaildesign werden skalare Daten häufig durch Kästchen und strukturierte Daten durch entsprechend gegliederte Kästen dargestellt. Mittels Verweisen vernetzte Datenstrukturen werden meist durch entsprechende Graphen dargestellt, wobei als Knoten die Piktogramme für die skalaren und zusammengesetzten Daten verwendet werden. Zu diesen Darstellungen s. Bilder 2.8, 4.7 und [ACH 88; BFN 86]. In [TW 87] werden skalare Daten, Verbunde und Reihungen durch die "blobs" von Harel's Statecharts (s. Bild 2.4) dargestellt und Bezüge (hier Zugriffsrechte) durch entsprechende Pfeile. In GRAPES-86 [AV 88] werden Daten durch sogen. Datendiagramme dargestellt. Diese sind definiert für die Datenarten von Pascal, für Mengen von Verbunden und für Relationen (als ERD).

Im Bereich der Expertensystem wird das Wissen in der Regel in Datenstrukturen gespeichert. In [Lee 89] wird hierachisches Wissen durch entsprechende Bäume ("graphical truth trees") dargestellt die direkt in grafischer Form erstellt und manipuliert werden.

4.5 Spezialhilfsmittel

Neben den oben aufgeführten Darstellungshilfsmitteln gibt es noch eine große Zahl von Hilfsmitteln, die jeweils nur in engeren Fachgebieten der Praktischen Informatik angewendet werden. Als Beispiel seien hier einige Hilfsmittel aus dem Compilerbau erwähnt: Syntaxdiagramme [JW 76; Lar 86], Ableitungsbäume [GW 84: 18], T-Diagramme (s. Bild 4-8) oder Programmabhängigkeitsgraphen [HPR 88].

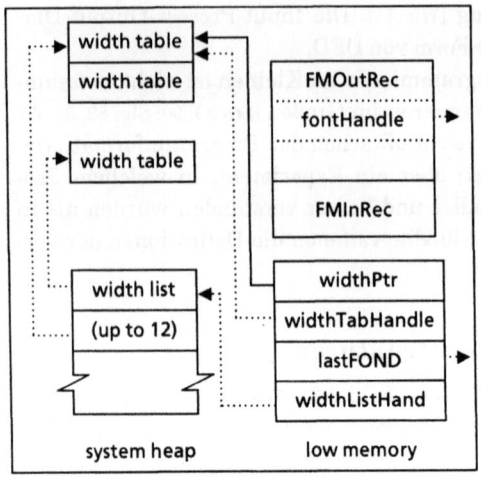
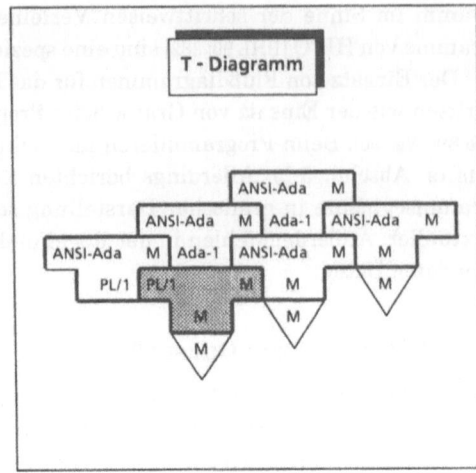

Bild 4-7. Nach [App 86: IV-35]   Bild 4-8. Nach [DHW 86: Abb.6]

5 IMPLEMENTIERUNGSPHASE

In der Implementierungsphase kann Visualisierung unter zwei Aspekten eingesetzt werden:
a) Grafische Veranschaulichung eines bereits bestehenden (textuellen) Programmes. Zweck dieser Veranschaulichung ist es, das Verstehen eines Programmes zu erleichtern [Bae 88]. Dabei wird zwischen der Veranschaulichung des (statischen) Programmes selbst und der des (dynamischen) Ablaufes unterschieden. Das erstere wird in der Regel als *Programmvisualisierung* bezeichnet und das letztere als *Programmanimation* [Mye 89].
b) *Grafisches Programmieren.* Darunter versteht man dagegen die Erstellung eines Programmes direkt als Diagramm oder Bild und nicht in textueller Form [Bae 86, 88; Shu 88a: 9].

Die Methoden werden in beiden Bereichen in der Regel mittels Werkzeugen durchgeführt, da es für den Menschen zu aufwendig ist, die entsprechenden Grafiken manuell zu erstellen.

Der vorliegende Abschnitt ist nach diesen beiden Gesichtspunkten eingeteilt, wobei noch weitere Untergliederungen vorgenommen werden.

Grundsätzlich könnten alle im Abschnitt über Design aufgeführten Diagrammformen auch zur Programmvisualisierung verwendet werden. Es eignen sich aber nicht alle gleich gut für diesen Zweck, denn die automatische Ableitung aus dem Programmtext ist ein anderer Vorgang als die direkte Erstellung durch den Menschen, wie es beim Design der Fall ist. Für die Programmvisualisierung im Großen werden z.B. im Wesentlichen einfache Graphen benutzt. Bei den Diagrammformen, die auch inhaltliche Aspekte mit darstellen (z.B. SADT oder [KS 89]), stellt sich das Problem, daß die entsprechende Information nicht ohne weiteres automatisch aus dem Programmtext abgeleitet werden kann.

5.1 Programmvisualisierung im Großen

Beim Programmieren im Großen ist der Einsatz von Grafik fast unverzichtbar, denn der Text eines großen Programmes von beispielsweise 10^5 loc kann ja nicht "auf einen Blick" wahrgenommen werden. Dennoch hat das Visualisieren im Großen in der Vergangenheit weniger Aufmerksamkeit erregt als das Visualisieren im Kleinen.

Das nächstliegende Verfahren besteht darin, das Programm als einen gerichteten Graphen darzustellen, in welchem die einzelnen Übersetzungseinheiten den Knoten entsprechen und die Bezüge zwischen den Übersetzungseinheiten als entsprechende Kanten [BFN 86: 47; GS 88; New 89]. In hierarchisch gegliederten Dateisystemen kann die Hierarchie durch einen ent-

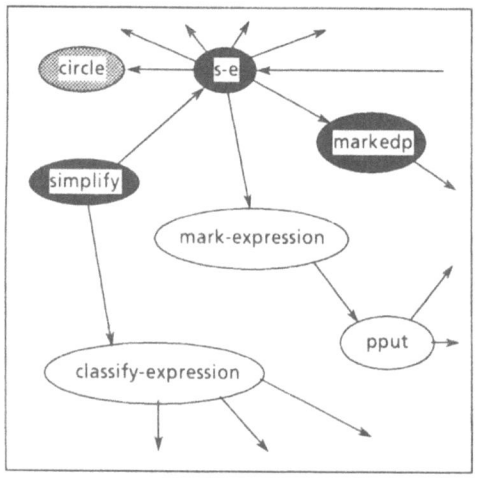

Bild 5-1. Nach [BFN 86: Fig. 4-2]

Animation eines Lisp-Programmes. Aktive Funktionen sind schwarz unterlegt. Grau unterlegte Funktionen sind von der Animation temporär ausgeschlossen.

```
Express a phone number given as a character string
as an integer vector.
Returns a Boolean indicating succes

static bool
getpn(str)
    char                                    *str;
    int                                     i = 0;
    while (*str != '\0')
        if (i >= PNMAX)
            return FALSE;
Set pn to the digits ignoring spaces and dashes
        if (*str != ' ' && *str != '-')
            if ('0' <= *str && *str <= '9')
                pn[i++] = *str - '0';
            else
                return FALSE;
        ++str;
    return (digits = i) != 0;
```

Bild 5-2. Nach [Bae 88: Fig. 2b]

sprechenden Baum grafisch dargestellt werden [Nie 88]. In [Rat 86: 16] werden die Vererbungsbeziehungen zwischen Klassen im "Class Browser" des ObjTalk-Systems als gerichteter Graph dargestellt (s.a. [Her 88; Nie 88]). Die Knoten in solchen Graphen können außerdem inhaltlich durch Piktogramme charakterisiert werden [RS 89], und entsprechend können auch unterschiedliche Kantenformen verwendet werden [Win 82: 179].

Eine solche Darstellung stellt eine Vergröberung des so dargestellten Programmes dar. Bei größeren Programmen genügt dies aber nicht, denn bei einer etwas größeren Anzahl von Übersetzungseinheiten können sich sehr "dichte" Graphen mit vielen Kantenkreuzungen ergeben [GS 88] ("dense, complex graphs are unreadable" [New 89]). Newbery vergröbert diese Graphen, durch Zusammenfassen von Kanten, wobei gegebenfalls neue Hilfsknoten eingeführt werden. In [PS 89] werden benachbarte Knoten zusamengefaßt, und so der Graph vergröbert.

5.2 Programmvisualisierung im Kleinen

Das einfachste Verfahren, zur Visualisierung von Programmtext ist das Programmformatieren (Pretty Printing) [BCH 85: 31; BM 86: 51; BS 89; Cam 88; CO 90; Gus 79; HL 77; KW 87; MSW 79; Opp 80; Pur 78; RW 81; Sco 77]. Eine typografisch anspruchsvolle Art von Formatierung wurde von Baecker durchgeführt [Bae 88] (s.Bild 5-2). Daß die Verstehbarkeit von Programmen tatsächlich verbessert wird, wurde von Baecker experimentell untersucht; er hat eine 25%-ige Verbesserung ermittelt [Bae 88: 364]. Beim Formatieren muß man sich nicht rein auf die Anordnung des Programmtextes beschränken, sondern kann auch grafische Hilfsmittel mit dem

Text kombinieren. Oft werden z.B. Formatierer eingesetzt, welche korrespondierende Schlüsselworte wie z.B IF und END IF oder FI durch senkrechte Striche verbinden, um in komplexeren Schachtelungen diese für das Verständnis wichtige Zuordnung zu betonen [Cli 78; Rob 86]. In der Programmiersprache occam ist die Programmstruktur (z.B. Ende einer zusammengesetzten Anweisung) mit durch die Formatierung (Einrückung) definiert [INM 89: 13].

Auch beim Programmieren im Kleinen können Vergröberungen zu besserem Verstehen führen. Das typische Beispiel für solche Vergröberungen ist die Visualisierung der statischen Schachtelung von Unterprogrammen dadurch, daß nur die Unterprogrammköpfe (entsprechend eingerückt d.h. formatiert) angezeigt werden [KPU 86: 103; LSW 90].

Während das Formatieren auch als semigrafisch bezeichnet werden kann, sind Flußdiagramme grafische Darstellungshilfsmittel und können ebenfalls automatisch aus dem Programm abgeleitet werden [Knu 63]. Als die Strukturierte Programmierung in die Programmierung eingeführt wurde, sind auch oft Umsetzer von Programmtext in Flußdiagramme erstellt worden [BCH 85: 31; Gim 80; Roy 76]. Der Einsatz von NSD ist oft weniger wegen der damit verbundenen Visualisierung erfolgt, sondern um die Erstellung wohlstrukturierter Programme (i. S. der sogenannten Strukturierten Programmierung) zu fördern [BHL 90: 384]. In [Ste 89] wird die statische Struktur von occam-Programmen durch Schachtelungsstrukturen dargestellt. Parallele Programmteile sind in der Horizontale nebeneinander angeordnet, Kommunikationsbeziehungen sind durch entsprechende Pfeile dargestellt. Anderer Detailcode ist in textueller Form enthalten.

5.3 Visualisierung von Datenstrukturen

Im Vergleich zur automatischen Erzeugung von Flußdiagrammen oder NSD ist die automatische Erzeugung von grafischen Darstellungen der statischen Datentypen aus dem Programmtext heraus wesentlich seltener durchgeführt worden. Meist wird die Visualisierung von Datenstrukturen zur Laufzeit durchgeführt [CMS 88]. Da die Visualisierung zur Laufzeit hier generell als Animation bezeichnet wird, werden diese Visualisierungen von Datenstrukturen in Abschn. 5.4 behandelt. Ein Beispiel für statische Datenstrukturvisualisierung wird im PECAN-System gegeben [Rei 85: 282]. Ein Beispiel aus dem Bereich der Expertensysteme ist [KRW 89], wo Regeln und Wissenszusammenhänge durch Bäume visualisiert werden.

5.4 Programmanimation

Bei der Programmanimation sollen hier zwei Arten unterschieden werden:
a) *Programmorientierte Animation* bei welcher der Ablauf des Programms in Bezug auf den Programmtext visualisiert wird.
b) *Problemorientierte Animation*, bei welcher der dem Programm zugrundeliegende Algorithmus durch problemorientierte Darstellungen visualisiert wird.

Im Bereich der Programmanimation und auch der Graphischen Programmierung hat es insbesondere in den 80-er Jahren wesentlich mehr Aktivitäten gegeben als auf dem Gebiet der Visualisierung. Überblicke über diese Arbeiten werden gegeben in [BMW 89; IEEE Computer Aug. 1985; Mye 89]. Oft wird die Animation als besonders hilfreich für Neulinge und den Einsatz in der Lehre bezeichnet [CMS 88; DF 80; Raj 87].

PROGRAMMORIENTIERTE ANIMATION

Die Programmorientierte Animation wird meist in Werkzeugen zur Programmablaufverfolgung (Debugger, Tracer) realisiert. Bezüglich des Programmcodes besteht hier die einfachste Technik im Markieren des gerade ausgeführten Codeteils (z.B. "code highlighter") [BCH 85: 30; BFN 86: 48; BS 85: 36; IOS 87; LT 89; Rai 87; RSW 90].

Die nächste Stufe ist die Transformation des gerade ausgeführten Codes in eine grafische Repräsentation. In [CR 83] werden z.B. Pascal-Programme durch NSD dargestellt und die Ausführungstelle markiert. Statt NSD werden in PASCAL/HSD [DF 80] baumstrukturierte Diagramme verwendet, die in ihrer Struktur ebenfalls an der Sprachgrammatik orientiert und in ihrer Symbolik flußdiagrammähnlich sind. In PECAN [Rei 85] werden übliche Flußdiagramme verwendet. Im VIPS-Debugger [IOS 87] wird die dynamische Prozedurschachtelung durch ein entsprechendes Diagramm visualisiert. In [BE 89; CD 86] wird in Prolog-Debuggern der der Programmausführung zugrunde liegende Und-Oder-Suchbaum als Baum dargestellt.

Bei der Animation nebenläufiger Programme interessiert u.a. die Aktivität der verschiedenen Prozesse. Dies wird in [Ste 89 (für occam)] durch die Farbgebung realisiert: die aktiven Prozesse werden rot dargestellt und die inaktiven blau. In dem in [CCF 89] beschriebenen Debugger werden die Zustände der verschiedenen Prozesse über der Zeit durch Farben dargestellt, was insbesondere ein leichtes Erkennen des Nebenläufigkeitsgrades erlaubt.

Datenstrukturen werden zur Laufzeit ähnlich dargestellt wie oben in Abschn 4.4 für das Detaildesign beschrieben. Beispiele hierfür sind Incense [Mye 83] (s. Bild 2-7), DBX [Bas 85], VIPS [IOS 87], KAESTLE [BFN 86], Amethyst [CMS 88] und Balsa [BS 85]. Grafische Darstellungen für Datenstrukturen sind meist schwieriger zu erstellen als solche für den Programmcode: "Static displays of program data are more difficult to create automatically than static display of code." [Bro 88: 13], und "Creating dynamic displays of program data has all of the problems that creating static displays has and more." [Bro 88: 14].

PROBLEMORIENTIERTE ANIMATION

Bei der problemorientierten Animation geht es im wesentlichen um die Visualisierung von Datenstrukturen: "how to conceptualize a graphical representation of the program that would convey the essence of the *algorithm* and its data structures;" [BS 85:29], denn die Wirkung und Arbeitsweise eines Algorithmus schlägt sich meist im Zustand von Datenstrukturen nieder. Im Balsa-System [Bro 88a; BS 84], welches in den 80-er Jahren auf dem Gebiet der problemorientierten Animation eine Pionierrolle gespielt hat, wird die Animation manuell durch entsprechenden Zusatzcode ("Annotations") realisiert. und ebenso in [DL 85]. In [Dui 87] wird ein Ansatz präsentiert, bei welchem die Animation durch direktes, beispielhaftes Zeigen realisiert wird ("animation by demonstration", "The user is thus spared the writing of any textual graphics code"). Der visuelle Debugger VIPS [IOS 87] enthält eine spezielle Sprache zur Beschreibung von Grafiken (FDL = Figure Description Language).

Welche Diagramme und Bilder für ein bestimmtes Problem zu wählen sind, hängt vom jeweiligen Problem ab, und daher gibt es hier keine allgemeinen Regeln. Für skalare Größen werden vielfach Skalendarstellungen verwendet (kreisförmig oder linear (ähnlich wie ein Thermometer)) [ATT 88: 42; Mye 89a: 21]. Roman und Cox schlagen vor, Visualisierungen aus Korrektheitsbeweisen abzuleiten: Invarianten sollten durch stabile Muster und Fortschritt durch sich entsprechend ändernde Muster dargestellt werden [CR 89a]. Als Beispiel dafür geben sie die Animation eines Algorithmus zum Aufsummieren der Elemente einer Reihung an.

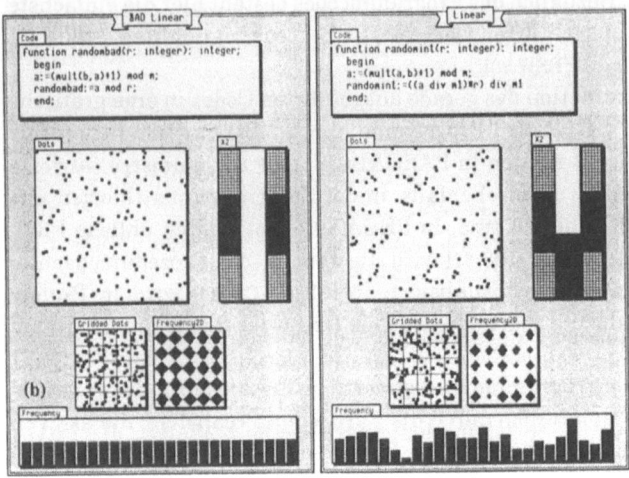

Das Bild zeigt die Ergebnisse der Animation zweier Algorithmen zur Erzeugung von Zufallszahlen, die als Punkte in einem Quadrat dargestellt werden. Außer der direkten Anzeige in diesem Quadrat werden gezeigt: die Verteilung der Punkte in kleinen Teilquadraten, die Häufigkeiten in diesen Teilquadraten (in zwei Formen als Rauten und als Säulen) und das Ergebnis des χ^2-Tests.

Die verschiedenen Abbildungen zeigen, daß der linke Algorithmus Zahlen erzeugt, die "zu gleichmäßig" verteilt sind.

Bild 5-3. Programmanimation [BS 85: Fig. 6]

5.5 Grafisches Programmieren

Von den in diesem Aufsatz behandelten Teilgebieten ist das Gebiet des Grafischen Programmierens (GP) das, auf welchem die meiste Aktivität herrschte und herrscht. Die Motivation für diese Arbeiten liegt meist in dem Ziel, den als kompliziert empfundenen Vorgang des Programmierens (hier im engeren Sinne verstanden als die Formulierung von Programmen in einer Programmiersprache) zu erleichtern. Man spricht dann auch vom Programmieren durch "nonprogrammers" [CHH 86: 92; DLM 89; FG 84: 206; FKP 83; FM 86; HKM 88: 655; Ich 87; Mye 90], "non-DP professionals" [Shu 85a], "casual programmers" [Rae 85], "naive users" [Car 83: 150] und "user-friendly programming" [HI 87; Shu 85]. Neben den Nichtprogrammierern sind die Neulinge und Anfänger [DF 80; FGK 88; Jon 89; Lar 86; Mye 89: 5, 20] bis hin zu Kindern [GK 86] eine wesentliche Zielgruppe dieser Arbeiten. Überblicke über diese Arbeiten werden gegeben in [Cha 87a; Mye 89; Rae 85; Sch 90; Shu 88a].

Wie bereits in Kap. 1 und Abschn. 2.3 erwähnt ist beim Programmieren im Kleinen nicht klar, welche Form (Text oder Grafik) die bessere ist. Dies erklärt auch die Tatsache, daß die Ansätze zur grafischen Programmierung bisher meist experimentellen Charakter haben. Brooks ist noch pessimistischer, was die Erfolgsaussichten betrifft: "A favorite subject for PhD dissertations in software engineering is graphical, or visual, programming - the application of computer graphics to software design."... "Nothing even convincing, much less exciting, has yet emerged from such efforts. I am persuaded that nothing will." [Bro 87: 15]. Diese Kritik veranlaßte Myers zu der Äußerung, daß diese Techniken eigentlich nicht für professionelle Programmierer gedacht seien [Mye 89: 20], während Reiss sie für professionelle Programmierer für geeignet hält und eine Erhöhung der Produktivität erwartet, da der Programmierer direkt mit seinen Konzepten arbeiten kann und sie nicht erst in programmiersprachliche Konstrukte umsetzen muß [Rei 85, 86].

Dieser "Wettstreit" zwischen Grafik und Text ist nicht neu: am Anfang der formalen Logik im letzten Jahrhundert verwendete Frege in seiner Begriffsschrift eine zweidimensionale, grafische Notation [Fre 73], die ähnlich ist zu vielen Diagrammformen, die für die Visualisierung im Kleinen (s. Abschn. 4.3, 5.2) vorgeschlagen wurden. Auch beim eigentlichen Programmieren wurden zu Anfang auch grafische Formen vorgeschlagen z.B. in Form des Plankalküls (PK) von Zuse: "Der PK ist zunächst in einer Art zwei-dimensionaler Notierung aufgesetzt worden." [Zus 72: Tl.3, S.7], "Die im PK verwendete Form hat allerdings noch etwas Ähnlichkeit mit einer Bilderschrift, ..." [Zus 72: Tl.3, S.22].

Wie bei der Programmanimation kann man auch beim GP eine programmorientierte von einer problemorientierten Form unterscheiden. Außerdem kann wie bisher in diesem Aufsatz zwischen Programmieren im Großen und im Kleinen unterschieden werden. Da die meisten Ansätze des GP sich mit dem Programmieren im Kleinen beschäftigen, wird der Rest dieses Abschnittes wie Abschnitt 5.4 gegliedert.

PROGRAMMORIENTIERTES GRAFISCHES PROGRAMMIEREN

Ein relativ früher Vorschlag für eine grafische Programmiersprache ist PLAN2D, in welcher Deklarationen und Anweisungen durch Einzeldiagramme dargestellt werden, die zu größeren zusammengesetzt werden [DFS 75]. Mehrfach sind Systeme gebaut worden, in welchen ein Programm als NSD formuliert wird [Alb 84; NP 83]. Stotts verwendet eine flußdiagrammartige Darstellung zur Formulierung von Programmen mit Nebenläufigkeit [Sto 88]. In [Rei 87] wird gezeigt, wie das GARDEN-System benutzt werden kann, um grafische Sprachen für endliche Automaten, Ablaufdiagramme und Datenflußdiagramme zu erzeugen. Jacob stellt in [Jac 85] ein System vor, in welchem die Ablaufstruktur eines Programmes (Beispiel einfacher Taschenrechner) als Zustandsübergangsdiagramm erstellt wird, während Detailoperationen textuell erstellt werden. Petrinetzartige Ablaufdiagramme werden in GSDL [CGM 88] zur Formulierung von Prozeßrechenprogrammen verwendet und die Ward/Mellor-Diagramme [MW 86] in [CC 90]. In [BCM 88; KMN 89] wird die Kommunikationsstruktur von Programmen als Graph bestehend aus Piktogrammen für Taskbausteine und verbindenden Kanälen formuliert. Netzartige Darstellungen ähnlich zu Plänen logischer Schaltungen wurden in [Sut 66] verwendet.

In PASCAL/HSD [DF 80] wird das Programm als ein Baum (isomorph zum Ableitungsbaum) erstellt. Die verschiedenen Anweisungsarten werden durch spezielle Teildiagramme dargestellt (ähnlich auch [CPR 88]). Ein ähnlicher Ansatz wird in [FHI 86; FKN 86] für CHILL [ITU 88; Win 86] beschrieben. Hier wird nur die Grobstruktur grafisch dargestellt, Ausdrücke und einfache Anweisungen werden textuell dargestellt. In IGIP [DFV 88] wird das (Pascal-)Programm als Syntaxbaum erstellt, wobei die verschiedenen Anweisungsarten lediglich durch die jeweiligen Knotenpiktogramme unterschieden werden. Die Lesbarkeit erscheint weniger gut als bei [CPR 88; CT 87; DF 80]. Bei Officeaid VPE [DLM 89] werden Text und Grafik integriert, indem die Kontrollstrukturen als Flußdiagramme, einfache Anweisungen textuell und Datenobjekte (wie z.B. Mappen) als Piktogramme innerhalb des Textes dargestellt werden (s. Bild 5-4). Ähnlich dazu ist der Ansatz in [Yeu 88], wo Diagramme für Matrizen im ansonsten textuellen Programm verwendet werden.

Einen anderen Weg verfolgen Glinert und seine Mitarbeiter. Im Pict/D-System [GT 84] wird das Programm in Form eines DFD erstellt, in welchem die Einzeloperationen durch Piktogramme dargestellt werden. Für Daten werden hier noch keine Hilfsmittel angeboten. Das HI-VISUAL-System von Hirakawa u.a. [HI 87; HII 87; HIM 86, 86a] basiert auf dem gleichen

Ansatz, verwendet allerdings auch Piktogramme zur Darstellung von Datenobjekten. In den späteren Systemen PC-Tiles, OCCADE und C² [GGS 87; GK 88] werden die Anweisungen durch Piktogramme in der Form von Puzzle-Teilen dargestellt, die am Rande so ausgebildet sind, daß nur syntaktisch korrekte Programme möglich sind. DFD mit Piktogrammen sind auch die Grundlage von STL (Show and Tell Language) [GK 86; Shu 88a: 222..237]. Für funktionale Sprachen schlägt Cardelli [Car 83] eine zweidimensionale Syntax vor, in welcher auch (kleine) Zahlen und Wahrheitswerte durch Piktogramme dargestellt werden. Im Lisp-Tutor [FGK 88] werden ausgehend von einem Paar konkreter Eingangs- und Ausgangsdaten funktionale Ausdrücke schrittweise als Datenflußdiagramme entwickelt.

Rogers stellt in [Rog 88] eine grafische Sprache vor, welche den OO-Programmierstil unterstützt, und in welcher die Operationen (z.B. Stack- und Listenoperationen) durch Datendiagramme (s. Abschn. 4.4 und Bild 2.8) dargestellt werden.

In [Lar 86] werden Anfragen an Datenbanken als ERD mit Zusatzinformationen formuliert. Für Neulinge wird eine Schnittstelle angeboten, an welcher die Datenbankabfragen durch Verfolgen der entsprechenden Syntaxdiagramme, die grafisch angezeigt werden, erstellt werden können.

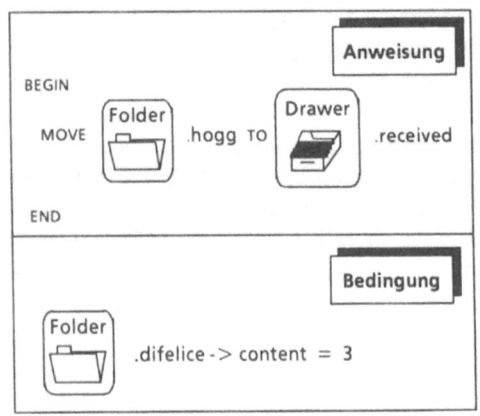
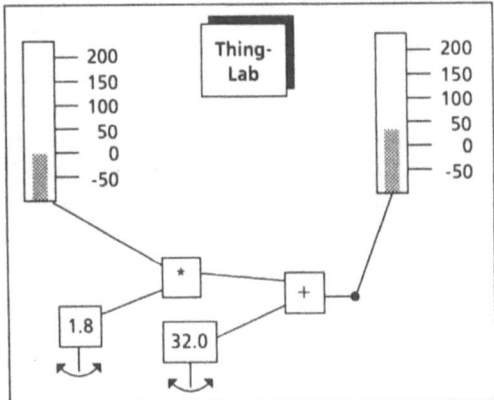

Bild 5-4. Nach [DLM 89]   Bild 5-5. Nach [Bor 81: Fig. 13]

PROBLEMORIENTIERTES GRAFISCHES PROGRAMMIEREN

Hier ist die Vielfalt der Ansätze größer als beim programmorientierten GP, da es hier das Ziel ist, die Objekte und Prozesse des jeweiligen Anwendungsgebietes grafisch darzustellen.

Im Bereich der kaufmännischen Anwendungen sind eine Reihe von formularorientierten Systemen entwickelt worden. Einfache Formen sind die Tabellenkalkulationsprogramme (Spreadsheets) [CCH 84], welche man als eine Realisierung von Zuses Idee von den "(Rechen-) Formularen" [Zus 84: 165] ansehen kann. Andere solche Systeme, bei welchen in der Regel die Formulare direkt grafisch dargestellt werden und mit Operationsvorschriften attributiert werden, sind EASI (Easy Application System Implementation) [Bec 82], QBE (Query By Example) [Shu 88a: 240 f.; Zlo 81], OBE (Office By Example) [Zlo 81], Query-By-Forms/Report-By-Forms/Application-By-Forms [Row 84], FORMAL [Shu 85; Shu 88a: 265..283], welches als eine Fortentwicklung von QBE angesehen werden kann, und der Vorschlag von Dudley [Dud 87].

Beispiele aus anderen Bereichen sind:

a) Grafische Erstellung eines Umrechnungsprogrammes zwischen Fahrenheit und Celsius als DFD mit Piktogrammen für die beiden Temperaturwerte in ThingLab (s. Bild 5-5, [Bor 81]).
b) Grafische Darstellung und Simulation eines Stromkreises in ThingLab [Bor 81].
c) Grafische Erstellung des Steuerungsprogramms eines Warmwassersystems in [CGM 88].
d) Grafische Erstellung von DFD zum Zeichnen und Manipulieren von Rollbalken im Fabrik-System [CDI 88, 88a].
e) Realitätsnahes DFD zur Berechnung der Dichte eines Gegenstandes in PiP (Programming in Pictures) [Rae 85].
f) Die grafische Erstellung von Anzeigedisplays für rechnergesteuerte technische Prozesse in PVS (Process Visualization System) [FM 86].
g) Grafische Erstellung von Fenstern und Menüs in Peridot [Mye 90].
h) Grafische Erstellung von Testprogrammen für elektronische Baugruppen [CKM 86]. Testsituationen werden grafisch als entsprechende Schaltungen dargestellt, Testabläufe als Flußdiagramme und Black-Box-Tests als Formulare. Aus den Grafiken wird automatisch ATLAS-Code erzeugt. Die Autoren bemerken, daß zeitliche Beziehungen und Entscheidungen grafisch weniger gut darstellbar sind.
i) Grafische Montage von Gerätebedienschnittstellen (panel) (z.B. für FAX-Gerät oder Mobiltelefon) und grafische Erstellung eines zugehörigen Zustandsübergangsdiagramms zur Definition der Semantik in INTERA/P [HM 87].

Vielen dieser Ansätze ist gemeinsam, daß eine Art von DFD erstellt wird, wobei als Knoten grafische Darstellungen von Objekten des Problembereiches auftreten.

BEISPIELORIENTIERTES GRAFISCHES PROGRAMMIEREN

Eine Spezialform des Problemorientierten GP ist das Beispielorientierte GP, bei welchem typische Beispiele des gewünschten Aussehens bzw. Verhaltens formuliert werden (QBE u.a.) [Dud 87; Dui 87; Mye 90; Rae 85; Row 84; Shu 85; Zlo 81]. Motivation ist auch hier die Erleichterung des Programmierens, da es leichter ist, typische Beispiele zu formulieren, als Struktur oder Vorgang durch ein Programm zu beschreiben.

6 WEITERE PHASEN UND LEBENSZYKLUS

Für die restlichen beiden Phasen des SW-Lebenszyklus', die Test- und die Wartungs- oder Einsatzphase, werden keine speziellen Grafiken eingesetzt. Testfallmatrizen [BMS 83: 112] und Programmprofile [BMS 83: 137; Knu 71; Nor 85; NSS 88] können als semigrafische Methoden für die Testphase angesehen werden. In der Wartungs-/Einsatzphase wiederholen sich die anderen Phasen wieder ("spiral model" [Boe 88]), so daß die dort erwähnten Hilfsmittel zum Einsatz kommen.

Allerdings wird der gesamte Vorgang der SW-Erstellung auch häufig durch Diagramme dargestellt, wie sie für das SW-Design verwendet werden: "waterfall model", "spiral model" [Boe 88; KW 89: 485; Roy 87]; SADT-ähnlich [Ara 89; Chr 89; DGM 90; FKN 86; Sch 90:102; SV 89]; "Structured project lifecycle" als DFD [You 89: 89]); "real-time program development flowchart" [Hos 87: Fig.2]. Beim Ansatz des "process programming" [Ost 87] wird der Vorgang der SW-Entwicklung als Programm formuliert, welches entsprechend visualisiert, animiert oder grafisch erstellt werden kann.

7 ZUSAMMENFASSUNG

Für die SW-Erstellung werden weiterhin Text (Formel) *und* Grafik große Bedeutung haben und sich gegenseitig ergänzen ("Yet both images and verbal propositions are essential to thinking." [Ben 85: 122]). Die Situation kann eher durch ein *Sowohl-Als-Auch* als durch ein *Entweder-Oder* charakterisiert werden, d.h. der Einsatz beider Gehirnhälften ist sinnvoll. Der Einsatz von Grafik insbesondere bei der Unterstützung durch den grafikfähigen Rechner, wird zur Verbesserung des SW-Erstellungsprozesses beitragen, ist aber keine "Silberkugel" [Bro 87] gegen die zweifelsohne weiter existierenden Probleme bei der SW-Entwicklung. Auf beiden Seiten werden in Zukunft weitere Verbesserungen erfunden und entwickelt werden, so daß der Trend einmal mehr in Richtung Grafik und ein anderes Mal mehr in Richtung Text gehen kann. Wie der vorliegende Aufsatz zeigt, gab es in den 80-er Jahren im Bereich der SW-Entwicklung einen Trend in Richtung Grafik, der weniger durch die Grafik selbst als durch die technische Unterstützung durch grafikfähige Rechner begründet war. Für die HW-Entwicklung, in welcher traditionell die Grafik dominiert hat, wird eher ein Trend zur textuellen Formeldarstellung berichtet [Cri 89: 23]. Das zunehmend drückende Problem der SW-Qualität wird vielleicht wieder zu einem Trend in Richtung von (textueller) Formeldarstellung führen.

Welche Probleme sind nun zu lösen, um Grafik verstärkt und nutzbringend in der SW-Entwicklung einzusetzen?

1) **Durchgängigkeit.** Dieses Problem wurde bereits in Abschn. 2.4 angesprochen. Zur Zeit ist es unbefriedigend, daß die Konsistenz zwischen grafischen Darstellungen und daraus abgeleiteten (textuellen) Programmen in der Regel nicht gewährleistet ist. Dies gilt vor allem für die klassischen grafischen Verfahren wie SA und SADT. Bei neueren Verfahren wie z.B. CAEDE wird die Grafik auch automatisch in entsprechende Codeskelette umgesetzt [BHK 89]. Anders ist die Situation bei der GP, bei welcher das (grafische) Programm direkt ausgeführt wird, ohne daß eine weitere Umsetzung durch den Programmierer erforderlich ist.

2) **Grafikstandards.** Fehlende Standards für Diagramme und Piktogramme behindern den effektiven Einsatz. Dies ist ein Prozeß, der sicher Zeit brauchen wird, weil treffende grafische Darstellungen nicht "auf Bestellung" entwickelt werden können, sie werden eher "erfunden".

3) **Interndarstellungsstandards.** Diese werden benötigt, um einen Austausch zwischen verschiedenen Rechnern zu ermöglichen. Derzeit sind ja nur Texte, und zwar in einer primitiven Form als ASCII-Texte, weitgehend freizügig austauschbar.

Danksagung
Für wertvolle Hinweise zu einer früheren Fassung bin ich J.Grollmann und M. Schneider-Hufschmidt zu Dank verpflichtet.

LITERATUR

Das Literaturverzeichnis enthält meist neuere Arbeiten, die selbst wieder auf die ältere Literatur verweisen. Übersichten sind in [Sch 90; Shu 88a] enthalten. Laufend erscheinen weitere Beiträge zur Visualisierung in der Serie der IEEE Workshops on Visual Languages und in [CHI'JJ; INTERACT 'JJ; Sof' JJ].

AB 89	Ambler, Allen L.; Burnett, Margaret M.: Influence of Visual Technology on the Evolution of Language Environments. Computer 22,10 (1989) 9..22.
ACH 88	Appleby, Karen; Carlsson, Mats; Haridi, Seif; Sahlin, Dan: Garbage Collection for Prolog Based on WAM. CACM 31,6 (1988) 719..741.
AH 88	Hsia, Yen-Teh; Ambler, Allen L.: Programming through Pictorial Transformations. Proc. 1988 Int. Conf. on Computer Languages, IEEE 1988, 10..16.
Alb 84	Albizuri-Romero, Miren Begona: GRASE - A Graphical Syntax-directed Editor for Structured Programming. SIGPLAN Notices 19,2 (1984) 28..37.
AMM 89	Aoyama, Mikio; Miyamoto, Kazuyasu; Murakami, Noritoshi; Nagano, Hironobu; Oki, Yoshihiro: Design Specification in Japan: Tree-Structured Charts. IEEE Software 6,2 (1989) 31..37.
App 85	Apple Computer Inc.: Inside Macintosh. Addison Wesley, Reading etc., 1985.
App 86	Apple Computer Inc.: Inside Macintosh, Volume IV. Addison Wesley, Reading etc., 1986.
Ara 89	Arango, Guillermo: DOMAIN ANALYSIS - From Art Form to Engineering Discipline -. In: [GP 89: 152..159].
ATT 88	AT & T: OPEN LOOK™ Graphical User Interface: A Product Overview. AT & T, New York, 1988.
AV 88	Vester, Ch.; Asam, R.: Die Modellierungssprache GRAPES-86. Softwaretechnik-Trends 8,1 (1988) 13..32.
Bae 86	Baecker, Ronald: An Application Overview of Program Visualization. Computer Graphics 20,4 (1986) 325.
Bae 88	Baecker, Ronald: Enhancing Program Readability and Comprehensibility with Tools for Program Visualization. 10th International Conference on Software Engineering, 1988, 356..366.
Bai 89	Bailin, Sidney C.: An Object-Oriented Requirements Specification Method. CACM 32,5 (1989) 608..623.
Bar 80	Bartlett, John: Familiar Quotations. Little, Brown and Company, Boston etc., 1980.
Bas 85	Baskerville, David B.: Graphic Representation of Data Structures in the DBX Debugger. Computer Science Division (EECS), University of California, Berkeley, UCB/CSD 86/260, October 1985.
Bau 88	Bauer, Joachim: Einsatz eines Textformatierers als Grundlage eines passiven Hilfesystems. In: [BG 88: 75..88]
BBH 87	Zimmerman, Thomas G.; Lanier, Jaron; Blanchard, Chuck; Bryson, Steve; Harvill, Young: A Hand Gesture Interface. Proc. Conf. on Human Factors in Computing Systems and Graphics Interface, 1987, 189..192.
BCH 85	Brown, Gretchen P.; Carling, Richard T.; Herot, Christopher F.; Kramlich, David A.; Souza, Paul: Program Visualization: Graphical Support for Software Development. IEEE Computer 18,8(1985) 27..35.
BCM 88	Bhattacharyya, Mitali; Cohrs, David; Miller, Barton: A Visual Process Connector for Unix. IEEE Software 5,4 (1988) 43..50.
BCM 89	Page, Thomas W. Jr.; Berson, Steven E.; Cheng, William C.; Muntz, Richard R.: An Object-Oriented Modeling Environment. OOPSLA'89, SIGPLANNot. 24,10(1989)287..296.
BE 89	Eisenstadt, Marc; Brayshaw, Mike: AORTA Diagrams As An Aid To Visualising The Execution Of Prolog Programs. In: [EK 89: 27..45].
Bec 82	Beck, H.: Visuell Definieren statt Programmieren. Notizen zum Interaktiven Programmieren 8 (1982) 3..14.
Ben 85	Benzon, Bill: The Visual Mind and the Macintosh. Byte 10,1 (1985) 113..130.
Ber 87	Berztiss, Alfs T.: Specification of Visual Representations of Petri Nets. IEEE Workshop on Visual Languages 1987, 225..233.
BF 85	Barnes, John G.P.; Fisher, Gerald A. Jr. (eds.): Ada in Use. Cambridge University Press, Cambridge etc. 1985.
BFN 86	Böcker, Heinz-Dieter; Fischer, Gerhard; Nieper, Helga: The Enhancement of Understanding through Visual Representations. Proc. CHI'86, 44..50.
BG 88	Gunzenhäuser, Rul; Böcker, Heinz-Dieter (Hrsg.): Prototypen benutzergerechter Computersysteme. Walter de Gruyter, Berlin usw., 1988.
BH 88	Blumofe, Robert; Hecht, Alan: Executing Real-Time Structured Specifications. SEN 13,3 (1988) 32..40.
BHK 89	Buhr, Raymond J.A.; Hayes, Carol J.; Karam, Gerald M.: Software CAD: A Revolutionary Approach. IEEE Trans. on Software Eng. 15,3 (1989) 235..249.
BHL 90	Becker, Mario; Haberfellner, Reinhard; Liebetrau, Georg: EDV-Wissen für Anwender. Verlag Industrielle Organisation, Zürich, AIT Verlagsgesellschaft Hallbergmoos, 9. Aufl. 1990. Kapitel 3: Darstellungstechniken.
BKW 85	Buhr, R.J.A.; Karam, G.M.; Woodside, C.M.: An Overview and Example of Application of CAEDE: A New, Experimental Design Environment for Ada. In: [BF 85: 173..184].
BLM 82	Thacker, C.P.; McCreight, E.M.; Lampson, B.W.; Sproull, R.F.; Boggs, D.R.: Alto: A Personal Computer. In: Siewiorek, Daniel P.; Bell, C.Gordon; Newell, Allen: Computer Structures: Principles and Examples. McGraw-Hill, New York etc., 1982.
BM 86	Baecker, Ronald; Marcus, Aaron: Design Principles for the Enhanced Presentation of Computer Program Source Text. Proc. CHI'86, 51..58.
BMP 86	Beretta, M. P.; Mussio, P.; Protti, M.: Icons: Interpretation and use. IEEE Workshop on Visual Languages 1986, 149..158.
BMS 83	Schmitz, Paul; Bons, Heinz; Megen, Rudolf van: Software - Qualitätssicherung - Testen im Software - Lebenszyklus. 2. Aufl., Friedr. Vieweg & Sohn, Braunschweig usw., 1983.
BMW 89	McGlinn, Robert J; Britt, Michael; Woolard, Linda: APEX1, A Library of Dynamic Programming Examples. SIGCSE Bulletin 21, 1 (1989) 98..102.
BN 90	Böhringer, Karl-Friedrich; Newbery-Paulisch, Frances: Using Constraints to Achieve Stability in Automatic Graph Layout Algorithms. Proceedings CHI'90, 43..51.
Boe 88	Boehm, Barry W.: A Spiral Model of Software Development and Enhancement. Computer 21,5 (1988) 61..72.
Bor 81	Borning, Alan: The Programming Language Aspects of ThingLab, a Constraint-Oriented Simulation Laboratory. TOPLAS 3,4 (1981) 353..387.
BPW 87	Woodside, C. M.; Pearce, T. W.; Buhr, R. J. A.: The CAEDE/ESTELLE Graphical Tool for Formal Definition of Protocols. In: Sarikaya, B.; Bochmann, G. V. (eds.): Protocol Specification, Testing, and Verification, VI. Elsevier Science Publ., Amsterdam etc. 1987, 97..107.
Bro 86	Brown, Gretchen P.: Visual Programming-in-the-Large: A Practical Concept. IEEE COMSAC'86, 406.
Bro 87	Brooks, Frederick P. Jr.: No Silver Bullet. IEEE Computer 20,4 (1987) 10..19.
Bro 88	Brown, Marc H.: Algorithm Animation. The MIT Press, Cambridge etc., 1988.
Bro 88a	Brown, Marc H.: Exploring Algorithms Using Balsa-II. Computer 21,5 (1988) 14..36.
BS 84	Brown, Marc H.; Sedgewick, Robert: A System for Algorithm Animation. Computer Graphics 18,3 (1984) 177..186.
BS 85	Brown, Marc H.; Sedgewick, Robert: Techniques for Algorithm Animation. IEEE Software 2,1 (1985) 28..39.
BS 87	Bullinger, H.-J.; Shackel, B. (Eds.): Human-Computer Interaction - INTERACT '87, Elsevier Science Publ., Amsterdam etc., 1987.
BS 89	Blaschek, G.; Sametinger, J.: User-adaptable Prettyprinting. Software - Pract. & Exp. 19,7 (1989) 687..702.
BTK 89	Teorey, Toby J.; Wei, Guangping; Bolton, Deborah L.; Koenig, John A.: ER Model Clustering as an Aid for User Communication and Documentation in Database Design. CACM 32,8 (1989) 975..987.
Buh 84	Buhr, R.J.A.: System Design with Ada. Prentice-Hall, Inc., Englewood Cliffs, 1984.
BV 87	Varadharajan, V.; Baker, K.D.: Directed graph based representation for software system design. Software Engineering Journal 2,1 (1987) 21..28.
Cam 84	Cameron, John R.: JSP & JSD: The Jackson Approach to Software Development. IEEE Computer Society Press, Silver Spring, 1984.
Cam 88	Cameron, Robert D.: An Abstract Pretty Printer. IEEE Software 5,6 (1988) 61..67.

Car 83   Cardelli, Luca: Two-Dimensional Syntax for Functional Languages. In: [DS 83: 139..151].
CC 90   Coomber, C.J.; Childs, R.E.: A Graphical Tool for the Prototyping of Real-Time Systems. SEN 15,2 (1990) 70..82.
CCC 89   Chang, Carl K.; Chang, Young-Fu; Yang, Lin; Chou, Ching-Roung; Chen, Jong-Jeng: Modeling a Real-Time Multitasking System in a Timed PQ Net. IEEE Software 6,2 (1989) 46..51.
CCF 89   Lehr, Ted; Segall, Zary; Vrsalovic, Dalibor F.; Caplan, Eddie; Chung, Alan L; Fineman, Charles E.: Visualizing Performance Debugging. Computer 22,10 (1989) 38..51.
CCH 84   Henderson, Thomas B.; Cobb, Douglas Ford; Cobb, Gena Berg: Von VisiCalc bis LOTUS 1-2-3. Markt & Technik, Haar, 1984.
CD 86   Dewar, Alan D.; Cleary, John G.: Graphical display of complex information within a Prolog debugger. Int. J. Man-Machine Studies 25 (1986) 503..521.
CDI 88   Ludolph, Frank; Chow, Yu-Ying; Ingalls, Dan; Wallace, Scott; Doyle, Ken: The Fabrik Programming Environment. IEEE Workshop on Visual Languages 1988, 222..230.
CDI 88a   Ingalls, Dan; Wallace, Scott; Chow, Yu-Ying; Ludolph, Frank; Doyle, Ken: Fabrik - A Visual Programming Environment. OOPLSA'88, SIGPLAN Not.23,11(1988) 176..190.
CEE 90   Czejdo, Bogdan; Elmasri, Ramez; Rusinkiewicz, Marek; Embley, David W.: A Graphical Data Manipulation Language for an Extended Entity-Relationship Model. Computer 23,3 (1990) 26..36.
CFK 87   Kozen, Dexter; Teitelbaum, Tim; Chen, Wilfred; Field, John; Pugh, William; Vander Zanden, Brad: ALEX - an Alexical Programming Language. IEEE Workshop on Visual Languages 1987, 315..329.
CGM 88   Coote, Susan; Gallagher, John; Mariani, John; Rodden, Thomas; Scott, Andrew; Shepherd, Doug: Graphical and Iconic Programming Languages for Distributed Process Control: An Object Oriented approach. IEEE Workshop on Visual Languages 1988, 183..190.
Cha 79   Chapin, Ned: Full Report of the Flowchart Committee on ANS Standard X3.5-1970. SIGPLAN Not. 14,3(1979) 16..27.
Cha 87a   Chang, Shi-Kuo: Visual Languages: A Tutorial and Survey. In: [GT 87: 1..23].
Che 76   Chen, Peter P.: The entity relationship model - Towards a unified view of data. ACM TODS 1,1 (1976) 9..36.
Che 85   Chernicoff, Stephen: Macintosh™ Revealed. Vol. 2, Hayden Book Comp., Hasbrouck Heights etc., 1985.
CHH 86   Cheng, K.Y.; Hsu, C. C.; Lin, I. P.; Hwu, M. S.: VIPS: A Visual Programming Synthesizer. IEEE Workshop on Visual Languages 1986, 92..98.
CHI'JJ   ACM Conf. on Human Factors in Computing Systems. (Jährl).
Chr 89   Chroust, Gerhard: Application Development with ADPS (Application Development Project Support). Softwaretechnik - Trends 9, 3 (1989) 13..30.
CIL 86   Chang, Shi-Kuo; Ichikawa, Tadao; Ligomenides, Panos A.(Eds.): Visual Languages, Plenum Press, New York etc., 1986.
CKM 86   Cox, Fred; Konneker Lloyd; Moreland, Douglas: Visual Programming for Analog/Hybrid ATE. International Test Conference 1986, 631..636.
CLS 88   Leblang, David B.; Chase, Robert P, Jr..; Spilke, Howard: Increasing Productivity with a Parallel Configuration Manager. In: [Win 88: 21..37].
Cli 78   Clifton, Mitchell H.: A Technique for Making Structured Programs more Readable.SIGPLAN Not.13,4(1978) 58..63.
CMS 88   Myers, Brad A.; Chandhok, Ravinder; Sareen, Atul: Automatic Data Visualization for Novice Pascal Programmers. IEEE Workshop on Visual Languages 1988, 192..198.
CPR 88   Roberts, Jim; Pane, John; Stehlik, Mark; Carrasquel, Jacobo: The Design View: A Design Oriented, High-Level Visual Programming Environment. IEEE Workshop on Visual Languages 1988, 213..220.
CO 90   Oman, Paul W.; Cook, Curtis R.: Typographic Style is More than Cosmetic. CACM 33, 5 (1990) 506..520.
CR 83   Clark, B.E.J.; Robinson, S.K.: A Graphically Interacting Program Monitor. Computer J. 26,3 (1983) 235..238.
CR 89a   Roman, Gruia-Catalin; Cox, Kenneth C.: A Declarative Approach to Visualizing Concurrent Computations. Computer 22, 10 (1989) 25..36.
Cri 89   Critical Research Directions in Programming Languages. SIGPLAN Notices 24,11 (1989) 10..25.
CT 87   Cunniff, Nancy; Taylor, Robert P.: Graphics and Learning: A Study of Learner Characteristics and Comprehension of Programming Languages. In: [BS 87: 317..322].
CTY 89   Chang, Shi-Kuo; Tauber, Michael J.; Yu, Bing; Yu, Jing-Shen: A Visual Language Compiler. IEEE Trans. on Software Eng. 15,5 (1989) 506..525.
Dav 88   Davis, Alan M.: A Comparison of Techniques for the Specification of External System Behavior. CACM 31,9 (1988) 1098..1115.
DeM 79   DeMarco, Tom: Structured Analysis and Systems Specification. Prentice Hall, Englewood Cliffs, 1979.
Dep 80   Department of Defense (Hrsg.): Requirements for Ada Programming Support Environments - "Stoneman". Washington, Feb. 1980.
Deu 88   Deutsch, Michael S.: Focusing Real-Time Systems Analysis on User Operations. IEEE Software 5,5 (1988) 39..50.
DF 80   Diaz-Herrera, J.L.; Flude, R.C.: PASCAL/HSD: A Graphical Programming System. IEEE COMPSAC 1980, 723..728.
DFS 75   Denert, E.; Franck, R.; Streng, W.: PLAN2D - Towards a Two-Dimensional Programming Language. In: LNCS Vol. 26, Springer, Berlin usw., 1975, 202..213.
DFV 88   Van Reeth, F.; Flerackers, E.; D'Hondt, T.: IGIP: A Framework Towards Open-Ended Visual Programming. IEEE Workshop on Visual Languages 1988, 239..247.
DG 90   DeMarco, Tom; Geertgens, Curt: Use of Video for Program Documentation. [FGV 90: 126..128].
DGM 90   Madhavji, Nazim H.; Gruhn, Volker; Deiters, Wolfgang; Schäfer, Wilhelm: Prism = Methodology + Process - oriented Environment. [FGV 90: 277..288].
DHW 86   Wehrum, R.P.; Dießl, G.; Hoyer, W.; Winkler, J.: Ein Ada-Compiler. In: Schwärtzel, H. (Hrsg.): Informatik in der Praxis. Springer Berlin usw., 1986, 238..251.
Dij 68   Dijkstra, Edsger W.: Go To Statement Considered Harmful. CACM 11,3 (1968) 147..148.
DK 76   DeRemer, F. L.; Kron, H. H.: Programming-in-the-large versus Programming-in-the-small. In: Schneider, H.-J.; Nagl, M. (Hrsg.): Programmiersprachen - 4. Fachtagung der GI. Springer, Berlin usw., 1976.
DL 85   London, Ralph L.; Duisberg,Robert A.: Animating Programs Using Smalltalk. IEEE Computer 18,8 (1985) 61..71.
DLM 89   Mosser, Thierry; Di Felice, Paolino; Lochovsky, Fred: Specifying Office Tasks by Example. In: Pernici, B.; Verrijn-Stuart, A. A. (eds.): Office Information Systems: The Design Process. Elsevier, Amsterdam, 1989, 293..309.
Dow 90   Dowson, Mark: Experience Using the Graphite Meta-Tool. In: [FGV 90: 192..195].
DS 83   Degano, P; Sandewall, E. (Hrsg.): Interactive Computing Systems. North Holland, Amsterdam. etc., 1983.
DS 89   Dhama, H.S.; Shtern, V.: A Net Method for Specification of Reusable Software. In: [GP 89: 137..139].
Dud 87   Dudley, Tim: Report Generation Using a Visual Programming Interface. In: [BS 87: 521..528].
Dui 87   Duisberg, Robert Adamy: Visual Programming of Program Visualizations. IEEE Workshop on Visual Languages 1987, 55..66.
Ega 88   Egan, Dennis E.: Dealing wih Diversity: Approaches to Individual Differences in Human-Computer Interaction. Proc. CHI'88, 79..81.
EH 74   Huggins, W.H.; Entwisle, Doris R.: Iconic Communication - An Annotated Bibliography. The Johns Hopkins Press, Baltimore etc., 1974.
EK 89   Kilgour, Alistair; Earnshaw, Rae (eds): Graphic Tools for Software Engineers. Cambridge University Press, Cambridge etc., 1989.
ELR 90   Encarnação, J. L.; Lockemann, P. C.; Rembold, U. (Hrsg.): AUDIUS - Außendienstunterstützungssystem. Springer, Berlin usw., 1990.
Elz 89   Elzer, P. F.: Management von Softwareprojekten. Informatik Spektrum 12,4 (1989) 181..197.

EMO 90   Oswald, H.; Esser, R.; Mattmann, R.: An Environment for Specifying and Executing Hierarchical Petri Nets. In: [FGV 90: 164..172].

Est 88   Estublier, Jacky: Configuration Management - The Notion and the Tools. In: [Win 88: 38..61].

EZ 89   Zalewski, Janusz; Ehrenberger, Wolfgang (Eds.): Hardware and Software for Real Time Process Control. North Holland, Amsterdam usw., 1989.

Fal 88   Faltenbacher, Wolfgang: Aspects of Computer-Aided Configuration Management with KMS. In: [Win 88: 369..380].

FG 79   Fitter, M.; Green, T.R.G.: When do diagrams make good computer languages? Int. J. Man-Machine Studies 11 (1979) 235..261.

FG 84   Finzer, William; Gould, Laura: Programming by Rehearsal. Byte 9,6 (1984) 187..210.

FG 90   Gabrielian, Armen; Franklin, Matthew K.: Multi-Level Specification and Verification of Real-Time Software. In: [FGV 90: 52..62].

FGK 88   Reiser, Brian J.; Friedman, Patricia; Gevins, Jody; Kimberg, Daniel Y.; Ranney, Michael; Romero, Antonio: A Graphical Programming Language Interface for an Intelligent Lisp Tutor. Proc. CHI'88, 39..44.

FGM 88   Fuggetta, Alfonso, Ghezzi, Carlo; Mandrioli, Dino; Morzenti, Angelo: VLP: a Visual Language for Prototyping. IEEE Worksh. on Lang. for Automation, 1988, 134..148.

FGV 90   Valette, François-Régis; Freeman, Peter A.; Gaudel, Marie-Claude (eds.): 12th International Conference on Software Engineering. IEEE Computer Society Press, Los Alamitos etc., 1990.

FHI 86   Nakamura, Kiyoh; Fujimoto, Hiroshi; Inoue, Susumu; Ikeda, Isao; Hagawa, Junko: CHILL Graphic Representation and Programming Support Environment. 4th CHILL Conf., Munich, 1986, 37..44.

FKN 86   Nakamura, Kiyoh; Fujimoto, Hiroshi; Suzuki, Tadamichi; Tarui, Yasunori; Kiyokane, Yukio: Visual Programming Environment in Communications Software. GLOBECOM '86, Vol.1, 453-439.

FKP 83   Purvy, R.; Farrell, J.; Klose, P.: The Design of Star's Records Processing: Data Processing for the Noncomputer Professional. TOOIS 1,1 (1983) 3..24.

FLM 89   Fanard, A.G.; Lobelle, M. C.; Mulemangabo, E. B.: G++, A Graphical Language Intended to Help, the Development of Industrial Process Control Applications. In: Second Int. Conf. on Software Engineering for Real Time Systems. IEE, London, 1989, 85..89.

FM 86   Foley, James D.; McMath, Charles F.: Dynamic Process Visualization. IEEE CG & A 6,3 (1986) 16..25.

For 88   Ford, Ray: Concurrent Algorithms for Real-Time Memory Management. IEEE Software 5,5 (1988) 10..23.

Fre 73   Frege, Gottlob: Begriffsschrift und andere Aufsätze. Hrsg. von Ingacio Angelelli. Wiss. Buchges. Darmstadt, 1973.

FS 88   Feiler, Peter H.; Smeaton, Roger: Managing Development of Very Large Systems: Implications on Integrated Environments. In: [Win 88: 62..82].

Fur 86   Furnas, G. W.: Generalized Fisheye Views. Proc. CHI'86, 16..23.

Gan 90   Gane, Chris: Computer-Aided Software Engineering. Prentice Hall, Inc.,Englewood Cliffs, NJ, 1990.

Gaz 67   Gazzaniga, Michael S.: The Split Brain in Man. Scientific American Aug 1967, 24..29.

GGS 87   Glinert, Ephraim P.; Gonczarowski, Jakob; Smith, Craig D.: An Integrated Approach to Solving Visual Programming's Problems. In: Salvendy, G. (ed.): Cognitive Engineering in the Design of Human-Computer Interaction and Expert Systems. Elsevier Science Publ. B.V., Amsterdam, 1987, 341..348.

GHK 89   Grollmann, J.; Höge, H.; Kapsner, F.; Niemöller, M.; Rumpf, Ch.; Sammer, W.: Multi-Media-Dialog. In: Paul, M. (Hrsg.): GI - 19. Jahrestagung I, Springer, Berlin usw., 1989, 30..48.

Gim 80   Gimpel, J. F.: CONTOUR - a method of preparing structured flowcharts. SIGPLAN Notices 15,10 (1980) 35..41.

GK 86   Gillett, Will D.; Kimura, T.D.: Parsing Two-Dimensional Languages. IEEE COMPSAC'86, 472..477.

GK 88   Kopache, Mark E.; Glinert, Ephraim P.: C²: A Mixed Textual/Graphical Environment for C. IEEE Workshop on Visual Languages 1988, 231..238.

GMM 89   Ghezzi, Carlo; Mandrioli, Dino; Morasca, Sandro; Pezzè, Mauro: A General Way to Put Time in Petri Nets. In: [GP 89: 60..67].

GN 48   Goldstine, H. H.; Neumann, John von: Planning and Coding of Problems for an Electronic Computing Instrument. Wiederabgedruckt in: Taub, A. H. (ed.): Collected Works of John von Neumann, Pergamon Press, Oxford etc., 1963, Vol. 5, 80..235.

Gom 84   Gomaa, H.: A software design method for real time systems. CACM 27,9 (1984) 938..949.

GP 89   Greenspan, Sol; Potts, Colin (Eds.): Proceedings of the 5th Int. Workshop on Software Specification and Design, Software Engineering Notes 14, 3 (1989).

GR 89   Grabowski, Jens; Rudolph, Ekkart: Putting Extended Sequence Charts to Practice. In: Færgemand, O.; Marques, M.M. (Eds.): SDL'89: The Language at Work. Elsevier (North Holland), Amsterdam etc. 1989, 3..10.

Gra 87   Graf, Mike: Building a Visual Designer's Environment. 1987 Fall Joint Computer Conf., 287..291.

Gra 90   Grady, Robert B.: Work-Product Analysis: The Philosopher's Stone of Software? IEEE Software 7,2 (1990) 26..34.

Gri 83   Gries, David: The Science of Programming. Springer New York etc, 2nd. printing, 1983.

GRR 86   Reiss, Steven P.; Golin, Eric J.; Rubin, Robert V.: Prototyping Visual Languages with the Garden System. IEEE Workshop on Visual Languages 1986, 81..90.

GS 88   Garg, Pankaj K.; Scacchi, Walt: A Software Hypertext Environment for Configured Software Descriptions. In: [Win 88: 326..343].

GT 84   Glinert, Ephraim P.; Tanimoto, Steven L.: Pict: An Interactive Graphical Programming Environment. IEEE Computer 17,11 (1984) 7..25.

GT 87   Gorny, P.; Tauber, M.J. (Eds.): Visualization in Programming. Springer LNCS 282, Berlin usw.., 1987.

Gus 79   Gustafson, G.G.: Some Practical Experiences Formatting Pascal Programs. SIGPLAN Notices 14, 9 (1979) 42..49.

GW 84   Waite, William M.; Goos, Gerhard: Compiler Construction. Springer, New York etc., 1984.

Har 88   Harel, David: On Visual Formalisms. CACM 31, 5 (1988) 514..530.

Her 80   Herot, Christopher F.: Spatial Management of Data. ACM TODS 5,4 (1980) 493..514.

Her 88   Herberg, Harald von der: Ein Navigationswerkzeug zur Untersuchung von Objektstrukturen. In: [BG 88: 169..186]

HI 87   Ichikawa, Tadao; Hirakawa, Masahito: Visual Programming - Toward Realization of User-Friendly Programming Environments. 1987 Fall Joint Computer Conf., 129..137.

HII 87   Hirakawa, M.; Iwata, S.; Yoshimoto, I.; Tanaka, M.; Ichikawa, T.: HI-VISUAL Iconic Programming. IEEE Workshop on Visual Languages 1987, 305..314.

HIK 83   Smith, David Canfiled; Irby, Charles; Kimball, Ralph; Verplank, Bill; Harslem, Eric: Designing the Star User Interface. In: [DS 83: 297..313].

HIM 86   Yoshimoto, I.; Monden, N.; Hirakawa, M.; Tanaka, M.; Ichikawa, T.: Interactive Iconic Programming Facility in HI-VISUAL. IEEE Workshop on Visual Languages 1986, 34..41.

HIM 86a   Hirakawa, Masahito; Monden, Noriaki; Yoshimoto, Iwao; Tanaka, Minoru; Ichikawa, Tadao: HI-VISUAL: A Language Supporting Visual Interaction in Programming. In: [CIL 86: 233 f.].

HKK 87   Hoffmann, H.-J.; Keyer, D.; Kostka, B.; Milbredt, T.: Entwurf und Güteeinschätzung von Menü-Netzen: Ablauf einer Entwurfssitzung mit DIADES. Informatik Fachberichte Bd. 156, Springer, Berlin usw. 1987, 337..352.

HKM 88   Hirakawa, Naoyuki; Miyao, Jun'ichi; Kikuno, Tohru; Yoshida, Noriyoshi: An Approach to Form Creation Based

HL 77 Hueras, Jon; Ledgard, Henry: An automatic formatting program for Pascal. SIGPLAN Notices 12,7 (1977) 82..84.

HL 89 Lung-Chun, Liu; Horowitz, Ellis: Object Database Support for a Software Project Management Environment. SIGPLAN Notices 24,2 (1989) 85..96.

HM 85 Moriconi, Mark; Hare, Dwight F.: Visualizing Program Designs Through Pegasys. IEEE Computer 18,8 (1985) 72..85.

HM 85a Moriconi, Mark; Hare, Dwight F.: PegaSys: A System for Graphical Explanation of Program Designs. SIGPLAN Notices 20, 7 (1985) 148..160.

HM 87 Hashimoto, Osamu; Miyai, Hitoshi: INTERA/P: A User Interface Prototyping Tool. In: Hashimoto, O.; Miyai, H.; Diaper, D.; Winder, R. (eds.): Proceedings of the Third Conference of the British Computer Society Human-Computer Interaction Specialist Group, 1987, 229..244.

HM 88 Haarslev, Volker; Möller, Ralf: Visualization of Experimental Systems. IEEE Workshop on Visual Languages 1988, 175..182.

HM 89 Haarslev, Volker; Möller, Ralf: VIPEX: Ein Dialograhmen zum visuellen Programmentwurf. Notizen zu Interaktiven Systemen 17 (1989) 93..100.

HMM 77 Shneiderman, B.; Mayer, R.; McKay, D.; Heller, P.: Experimental Investigation of the Utility of Detailed Flowcharts in Programming. CACM 20,6 (1977) 373..381.

Hos 87 Hosier, W. A.: Pitfalls and Safeguards in Real-Time Digital Systems with Emphasis on Programming. 9th Int. Conf. on SW Engineering, 1987, 311..327. (Originalveröff. 1961).

HPR 88 Reps, Thomas; Horwitz, Susan; Prins, Jan: Support for Integrating Program Variants in an Environment for Programming in the Large. In: [Win 88: 197..216].

HPS 87 Harel, D.; Pnueli, A.; Schmidt, J.P.; Sherman, R.: On the Formal Semantics of Statecharts. 2nd IEEE Symposium on Logic in Computer Science, 1987, 54..64.

HR 89 Ramanathan, Ray; Hartung, Ronald L.:A Generic Iconic Tool for Viewing Databases. IEEE Software 6,5 (1989) 50..57.

Ich 87 Ichikawa, Tadao: User-Friendliness in a Professional Programming Environment. 1987 Fall Joint Computer Conference, 308.

Inm 87 Inman, Eric: A Syntax-Directed Graphics Editor. In: [BS 87: 119..124].

INM 89 INMOS Ltd.: occam® 2 - Das Referenz-Handbuch. Carl Hanser / Prentice Hall Int., München usw., 1989.

INTERACT 'JJ IFIP-Conf. on Human-Computer Interaction. (3-jährl.)

IOS 87 Isoda, Sadahiro; Shimomura, Takao; Ono, Yuji: VIPS: A Visual Debugger. IEEE Software 4,3(1987) 8..19.

ITU 88 International Telecommunication Union (Hrsg.): CCITT High Level Language (CHILL). Rec. Z.200, Geneva, 1988.

Jac 85 Jacob, Robert J. K.: A State Transition Diagram Language for Visual Programming. IEEE Computer 18,8 (1985) 51..59.

Jon 89 Jones, Steve T.: FLOGO: A Novice-Friendly Programming Environment. SCCS Proceedings. 22nd Annual Small College Computing Symposium, 1989, 187..196.

JR 90 Rose, Thomas; Jarke, Matthias: A Decision-Based Configuration Process Model. In: [FGV 90: 316..325].

JW 76 Jensen, Kathleen; Wirth, Niklaus: PASCAL - User Manual and Report. Springer, Berlin usw., Corrected Reprint of the Second Edition, 1976.

Kar 88 Karam, Gerald M.: An Icon-Based Method for Prolog. IEEE Software 5,4 (1988) 51..65.

Kel 87 Kelly, John C.: A Comparison of four Design Methods for Real-Time Systems. 9th Int. Conf. on SW Engineering, 1987, 238..252.

Ker 90 Kerner, Judy: Ada Design Language Developers Matrix. Ada Letters X,5 (1990) 48..61.

KMN 89 Kramer, Jeff; Magee, Jeff; Ng, Keng: Graphical Configuration Programming. Computer 22,10 (1989) 53..65.

KMS 89 Kramer, J.; Magee, J.; Sloman, M.: Configuration Support for System Description, Construction and Evolution. In: [GP 89: 28..33].

on And/Or Tree. 21st Annual Hawaii Intern. Conference on System Sciences, 1988. Vol. II, 655..661.

KMS 89a Miller, David B; Stockton, Robert G.; Krueger, Charles W.: An Inverted Approach to Configuration Management. In: [TW 89: 1..4]

Knu 63 Knuth, Donald E.: Computer-Drawn Flowcharts. CACM 6,9 (1963) 555..563.

Knu 71 Knuth, Donald E.: An Empirical Study of FORTRAN Programs. Software - Pract. & Exp. 1 (1971) 105..133.

Kob 87 Kobayashi, Kiyoshi: Direct Manipulation and a Multi-Dimensional Approach to Visual Software Design. IEEE Compsac '87, 188..194.

Kon 84 Konakovsky, R.: Visualisierung des Software-Entwicklungsprozesses. Regelungstechnische Praxis 26,7 (1984) 312..317.

Koß 89 Koßmann, Heinz: Entwicklung von Systemen mit einem SDL-Toolset. Softwaretechnik-Trends 9,1 (1989) 23..38.

KPU 86 Persch, G.; Kirchgässner, W.; Uhl, J.: Strukturanalyse-Werkzeuge für eine Ada-Umgebung. In: Wippermann, H.-W. (Hrsg.): Software-Architektur und modulare Programmierung. B.G. Teubner, Stuttgart, 1986, 95..106.

KR 89 Kalinsky, D.; Ready, J.: Distinctions Between Requirements Specification and Design of Real-Time Systems. In: Second Int. Conf. on Software Engineering for Real Time Systems. IEE, London, 1989, S. 26..30.

KRW 89 Koussev, T.; Weiss, M. P.; Reiß, K.: A Graphic Explanation Environment for Expert Systems. In: Second Int. Conf. on Software Engineering for Real Time Systems. IEE, London, 1989, 11..15.

Kre 68 Kreiling, Frederick C.: Leibniz. Scientific American 218,5 (1968) 95..100.

KS 89 Knöll, H.-D.; Suk, W.: Grafische Sprache. Computer Magazin 9/89, 49..52.

KW 86 Weber, Robert J.; Kosslyn, Stephen M.: Computer Graphics and Mental Imagery. In: [CIL 86: 305..324].

KW 87 Köhne, Axel; Weber, Gerhard: STRUEDI: A LISP-Structure Editor for Novice-Programmers. In: [BS 87: 125..129].

KW 89 Weitzel, John R.; Kerschberg, Larry: Developing Knowledge-Based Systems: Reorganizing the System Development Life Cycle. CACM 32,4 (1989) 482..488.

Lar 86 Larson, James A.: Visual Languages for Database Users. In: [CIL 86: 127..147].

Lee 87 Lee, Edward T.: Visual Languages Using Entity-Relationship Diagrams and Grammars. Miami Technicon '87, 400..404.

Lee 89 Lee, Newton S.: Graphical knowledge programming with KNAPS. Int. J. Man-Machine Studies 31 (1989) 611..641.

LM 88 Mahler, Axel; Lampen, Andreas: shape - A Software Configuration Management Tool. In: [Win 88: 228..243].

Lod 82 Lodding, K. N.: Iconics - A Visual Man-Machine Interface. Proc. Nat. Computer Graphics Assoc., 1982, Vol. 1, 221..223.

LSW 87 Lucas, J.; Schmitt, A.; Winkler, J.F.H.: Ein Werkzeug für die Wartung und automatische Dokumentation modularer Pascal-Programme. 2. Kolloquium Software-Entwicklungs-Systeme und -Werkzeuge, Esslingen, 8.-10. September 1987, S. 7.2-1..7.2-6.

LSW 90 Lucas, J.; Schmitt, A.; Winkler, J.F.H.: Automatic Documentation of Modular Programs Using PasDok. Universität Karlsruhe, Fakultät für Informatik, Bericht (in Vorbereitung).

LT 89 Touretzky, David S.; Lee, Peter: Visualizing Evaluation in Applicative Languages. Report CMU-CS-89-198, Carnegie Mellon Univ., Pittsburgh, Nov. 1989.

Lud 89 Ludewig, Jochen: Languages, Methods, and Tools for Software Specification. In: [EZ 88: 225..256].

Mac 90 Macro, Allen: Software Engineering. Prentice Hall, New York etc., 1990.

Mar 84 Marcus, Aaron: Bibliography of Graphic Design for Computer Graphics. Proc. of Computer Graphics '84, Vol.1, 254..260.

Mar 86 Marcus, Aaron: Information Design: Documentation and Communication. Computer Graphiscs '86, 411..424.

McD 89 McDonald, John Alan: Object-oriented programming for linear algebra. OOPSLA'89, SIGPLAN Notices 24,10 (1989) 175..184.

Mil 56   Miller, G. A.: The Magic Number Seven Plus or Minus Two: Some Limits on Our Capacity for Information Processing. Psychological Review 63, 2 (1956) 81..96.

MM 85   Martin, James; McClure, Carma: Diagramming Techniques for Analysts and Programmers. Prentice Hall, Inc., Englewood Cliffs, 1985.

MNS 89   Niskier, Celso; Maibaum, Tom; Schwabe, Daniel: A Look Trough PRISMA: Towards Pluralistic Knowledge-based Environments for Software Specification Acquisition. In: [GP 89: 128..136].

Mon 86   Montalvo, Fanya S.: Diagram Understanding: Associating Symbolic Descriptions with Images. IEEE Workshop on Visual Languages 1986, 4..11.

MPW 90   Wasserman, Anthony I.; Pircher, Peter A.; Muller, Robert J.: The Object-Oriented Structured Design Notation for Software Design Representation. IEEE Computer 23,3 (1990) 50..63.

MR 88   Mittrach, Sabine; Rheindt, Monika: Vergleich von Methoden des Requirements Engineering und Design. Studie, Siemens AG, München, 1988.

MSW 79   Winkler, J.F.H.; Stoffel, C.; McCuller, J.: Ein anpaßbarer und übertragbarer Programmformatierer. Univ. Karlsruhe, Fak. für Informatik, Bericht 26/79.

MW 86   Ward, Paul T.; Mellor, Stephen J.: Structured Development for Real-Time Systems. Volumes 1-3, Yourdon Press, New York, 1986.

Mye 83   Myers, Brad A.: INCENSE: A System for Displaying Data Structures. ACM Computer Graphics 17,3 (1983) 115..125.

Mye 89   Myers, Brad A.: The State of the Art in Visual Programming and Program Visualization. In: [EK 89: 3..26].

Mye 89a   Myers, Brad A.: User-Interface Tools: Introduction and Survey. IEEE Software 6,1 (1989) 15..23.

Mye 90   Myers, Brad A.: Creating User Interfaces Using Programming by Example, Visual Programming, and Constraints. TOPLAS 12,2 (1990) 143..177.

New 89   Newbery, Frances J.: Edge Concentration: A Method for Clustering Directed Graphs. In: [TW 89: 76..85].

Nie 88   Nieper-Lemke: Ein generischer Editor für gerichtete Graphen. In: [BG 88: 243..257].

Nie 90   Nielsen, Jakob: The Art of Navigating through Hypertext. CACM 33,3 (1990) 296..310.

Nor 85   Normann, G.: Testen großer Software-Systeme: Testwerkzeuge. In: Kölsch, R.; Schmid, W.; Schweiggert, F. (Hrsg.): Witschaftsgut Software. B.G. Teubner, Stuttgart, 1985, 165..171.

NP 86   Prieto-Diaz, Ruben; Neighbors, James M.: Module Interconnection Languages. Journal of Systems and Software 6,4 (1986) 307..334.

NP 83   Pong, M.C.; Ng, N.: PIGS - A System for Programming with Interactive Graphical Support. Software Practice and Experience 13,9 (1983) 847..855.

NS 73   Nassi, I.; Shneiderman, B.: Flowchart Techniques for Structured Programming. SIGPLAN Not. 8,8(1973)12 .. 26.

NS 88   Norifusa, Masaya; Shigo, Osamu: Software Design Visualization with Design Diagrams and a Graphics Tool. NEC Res. & Develop. 88 (1988) 119..125.

NSS 88   Normann, G.; Schless, P.; Schwarz, B.; Witschel, P.: Systematic Testing of Large Software Systems. In: First European Seminar on Software Quality, Brüssel, 1988, 314..328.

Opp 80   Oppen, D.D.: Prettyprinting. TOPLAS 2, 4 (1980) 465..483.

Ost 87   Osterweil, Leon: Software Processes are Software too. 9th Int. Conf. on SW Engineering, 1987, 2..13.

Pet 89   Peters, Lawrence A.: Timing Extensions to Structured Analysis for Real Time Systems. In: [GP 89: 83..90].

PS 89   Schwanke, Robert W.; Platoff, Michael A.: Cross References are Features. In: [TW 89: 86..95].

Pur 78   Purdom, P. W.: Automatic Program Indentation. BIT 18,2 (1978) 211..218.

Rae 85   Raeder, Georg: A Survey of Current Graphical Programming Techniques. IEEE Computer 18,8 (1985) 11..25.

Raj 87   Rajan, Tim: APT: A Principled Design of an Animated View of Program Execution for Novice Programmers. In: [BS 87: 291..296].

Rat 86   Rathke, Christian: ObjTalk - Repräsentation von Wissen in einer objektorientierten Sprache. Dissertation, Univ. Stuttgart, 1986.

Ref 83   Reference Manual for the Ada Programming Language. ANSI / MIL-STD 1815A. Washington, 1983.

Rei 84   Reiss, S.P.: Graphical Program Development with PECAN Program Development Systems. SIGPLAN Notices 19,5 (1984) 30..41.

Rei 85   Reiss, Steven P.: PECAN: Program Development Systems that Support Multiple Views. IEEE TSE 11,3 (1985) 276..285.

Rei 86   Reiss, Steven P.: Visual Programming for Real: Conceptual Programming (Pos. Statement). IEEE COMSAC'86, 407.

Rei 87   Reiss, Steven P.: Visual Languages and the GARDEN System. In: [GT 87: 178..198].

Rei 89a   Reid, Peter: Dynamic Interactive Display of Complex Data Structures. In: [EK 89: 60..70].

Req 90   Ankündigung: Requirements Engineering'91 - 'Structured Analysis' und verwandte Ansätze -. Softwaretechnik - Trends 10, 1 (1990) 71.

Rhe 87   Rheindt, Monika: Requirements Engineering mit AKL. In: Schmitz, Paul; Timm, Michael; Windfuhr, Manfred (Hrsg.): Requirements Engineering '87. GMD-Studien Nr. 121, GMD, Sankt Augustin, Mai 1987, 177..189.

Rob 86   Robillard, Pierre N.: Schematic Pseudocode for Program Constructs and its Computer Automation by Schemacode. CACM 29,11 (1986) 1072..1089.

Rog 88   Rogers, Greg: Visual Programming with Objects and Relations. IEEE Workshop on Visual Languages 1988, 29..36.

Roh 86   Röhr, Gabriele: Using Visual Concepts. In: [CIL 86: 325..348].

Roh 87   Rohr, Gabriele: How People Comprehend Unknown System Structures: Conceptual Primitives in Systems' Surface Representations. In: [GT 87: 89..105].

Rom 88   Roman, Gruia-Catalin: Language and Visualization Support for Large-Scale Concurrency. 10th International Conference on Software Engineering, 1988, 296..308.

Ros 85   Ross, Douglas T.: Applications and Extensions of SADT. Computer 18,4 (1985) 25..34.

Row 84   Rowe, Lawrence A.: Databasa Management Made Easy: The Visual Programming Tools of Ingres. Wescon '84, 12/2-1..12/2-5.

Roy 76   Roy, P.: Linear flow-chart generator for a structured language. SIGPLAN Notices 11,11 (1976) 58..64.

Roy 87   Royce, Winston W.: Managing the Development of Large Software Systems. 9th Int. Conf. on SW Engineering, 1987, 328..338. (Originalveröff. 1970).

Roy 90   Royce, Walker: TRW's Ada Process Model for Incremental Development of Large Software Systems. [FGV 90: 2..11].

RS 89   Roberts, M.; Samwell, P. M.: A Visual Programming System for the Development of Parallel Software. In: Second Int. Conf. on Software Engineering for Real Time Systems. IEE, London, 1989, S. 75..79.

RSW 90   Winkler, Jürgen F. H.; v. Reeken, Axel; Schleiermacher, Adolf: A Prolog Debugger Based on a Refined Box Model. Workshop on Progr. Env. for Logic Programming, Eilat, Juni 1990.

RW 81   Rose, G.A.; Welsh, J.: Formatted Programming Languages. Software - Pract. & Exp. 11 (1981) 651..669.

Sca 89   Scanlan, David A.: Structured Flowcharts Outperform Pseudocode: An Experimental Comparison. IEEE Software 6,5(1989)28..36.

Sca 90   Scanlan, David A.: Answer to a Letter to the Editor. IEEE Software 7,1(1990) 6.

Sch 90   Schindler, Max: Computer-Aided Software Design. John Wiley & Sons, New York etc., 1990.

Sch 90a   Scheschonk, Gert: Design/CPN - ein Werkzeug zur Simulation von hierarchischen CP-Netzen. Softwaretechnik - Trends 10,1 (1990) 10..29.

Sco 77   Scowen, R. S.: Some Aids for Program Documentation. Software - Practice and Experience 7 (1977) 779..792.

Shn 82   Shneiderman, Ben: Control Flow and Data Structure Documentation: Two Experiments. CACM 25,1 (1982) 55..63.

Shn 83   Shneiderman, Ben: Direct Manipulation: A Step Beyond

	Programming Languages. IEEE Computer 16,8 (1983) 57..69.	TW 89	Tichy, Walter F.; Winkler, Jürgen F. H. (eds.): Proceedings of the 2nd Int. Workshop on Software Configuration Management. Software Engineering Notes 17,1(1989).
Shu 85	Shu, Nan C.: FORMAL: A Forms-Oriented, Visual-Directed Application Development System. IEEE Computer 18,8 (1985) 38..49.	War 89	Ward, Paul T.: How to Integrate Object Orientation with Structured Analysis and Design. IEEE Software 6,2 (1989) 74..82.
Shu 85a	Shu, Nan C.: Visual Programming Languages: A Dimensional Analysis. Int. Symposium on New Directions in Computing, Trondheim, 1985, 326..334.	Wes 89	Westfechtel, Bernhard: Revision Control in an Integrated Software Development Environment. In: [TW 89: 96..105].
Shu 88	Shu, Nan C.: A Visual Programming Language Designed for Automatic Programming. 21st Annual Hawaii Intern. Conference on System Sciences, 1988. Vol. II, 662..671.	Wes 90	West, Richard M.: Letter to the Editor. IEEE Software 7,1 (1990) 6.
Shu 88a	Shu, Nan C.: Visual Programming. Van Nostrand Reinhold, New York, 1988.	Win 82	Winkler, J. F. H.: Ada: die neuen Konzepte. Elektron. Rechenanlagen 24,4 (1982) 175..186.
Sie 89	Siemens AG: Bürosystem 5800, Benutzerhandbuch, München, 1989.	Win 85	Winkler, J. F. H.: Language Constructs and Library Support for Families of Large Ada Programs. In: Proc. Workshop on Software Engineering Environments for Programming-in-the-Large, Harwichport, 1985, 17..28.
Sim 81	Simon, H. A.:The Sciences of the Artificial. MIT Press, Cambridge, MA, 1981.		
Sof 'JJ	Software-Ergonomie. Tagung d. Germ. Ch. ACM. (2-jährl)	Win 85a	Winkler, J.: Ein Vorschlag für eine integrierte Programmierumgebung für CHILL. In: Scheibl, H.-J. (Hrsg.): Kolloquium Software-Entwicklungs-Systeme und -Werkzeuge, Esslingen, 1985, 14.1-1..14.1-7.
Sta 87	Staufer, Michael: Piktogramme für Computer. Walter de Gruyter, Berlin usw., 1987.		
Ste 84	Common Lisp - The Language. Digital Press, 1984.		
Ste 89	Stepney, Susan: Pictorial Representation of Parallel Programs. In: [EK 89: 46..59].	Win 86	Winkler, J.F.H.: Die Programmiersprache CHILL. Automatisierungstechn. Praxis 28,5 (1986) 252..258 und 28,6 (1986) 290..294
Sto 88	Stotts, David P.: The PFG Language: Visual Programming for Concurrent Computation. Proc. 1988 Int. Conf. on Parallel Processing, Vol. 2, 72..79.	Win 87	Winkler, Jürgen F. H.: Version Control in Families of Large Programs. Proc. 9th Int. Conf. on Software Engineering, 1987, 150..161.
Str 77	Strunz, Horst: Entscheidungstabellentechnik. Carl Hanser, München usw., 1977.		
Sun 89	Sun Microsystems, Inc.: OPEN LOOK™ - Graphical User Interface Functional Specification. Addison-Wesley, Reading etc., 1989.	Win 88	Winkler, Jürgen F. H. (ed): Proceedings of the International Workshop on Software Version and Configuration Control. B.G. Teubner, Stuttgart, 1988.
		Wir 71	Wirth, Niklaus: Program Development by stepwise Refinement. CACM 14,4 (1971) 221..227.
Sun 90	Sun Microsystems, Inc.: OPEN LOOK™ - Graphical User Interface Application Style Guidelines. Addison-Wesley, Reading etc., 1990.	Wit 77	Witty, Robert W.: Dimensional Flowcharting. Software - Practice & Experience 7 (1977) 553..584.
Sut 63	Sutherland, Ivan E.: Sketchpad - A Man-Machine Graphical Communication System. SJCC 1963, 329..346.	Yeu 88	Yeung, Ricky: MPL-A Graphical Programming Environment for Matrix Processing Based on Logic and Constraints. IEEE Workshop on Visual Languages 1988, 137..143.
Sut 66	Sutherland, William R.: On-line Graphical Specification of Computer Procedures. PhD thesis, MIT, 1966.		
SV 89	Scheschonk, Gert; Vogt, Andreas: Design/OA - Eine Software-Entwicklungsumgebung für visuelle Entwurfssysteme. In: 3. Kolloquium über Software - Entwicklungssysteme und -Werkzeuge, Esslingen, 1989, S.13.1 f.	You 86	Yourdon, Edward: Managing the Structured Techniques. Yourdon Press, New York etc., 1986.
		You 89	Yourdon, Edward: Modern Structured Analysis. Prentice Hall International, Englewood Cliffs, 1989.
SW 88	Smith, John B.; Weiss, Stephen F.: Hypertext. CACM 31,7 (1988) 816..819.	Zav 85	Zave, Pamela: A Distributed Alternative to Finite-State-Machine Specifications. TOPLAS 7,1 (1985) 10..36.
Tic 88	Tichy, Walter F.: Tools for Software Configuration Management. In: [Win 88: 1..20].	Zem 78	Zemanek, M. (eigentlich H., JW): Abstrakte Computer - Architektur - Gedanken zu einer theoretischen Entwurfslehre. In: Nagel, Kurt (Hrsg.): DV Aktuell 1978. Oldenbourg Verlag, München usw., 1978, 11..20.
Tri 88	Tripp, Leonard L.: A Survey of Graphical Notations for Program Design - An Update. Software Engineering Notes 13,4(1988) 39..44.		
Tri 89	Tripp, Leonard L.: A Bibliography on Graphical Program Notations. SEN 14, 6(1989) 56..57.	Zlo 81	Zloof, Moshe M.: QBE/OBE: A Language for Office and Bussiness Automation. Computer 14,5 (1981) 13..22.
TW 87	Tygar, J.D.; Wing, J.M.: Visual Specification of Security Constraints. Carnegie Mellon Univ., Computer Science Dept., CMU-CS-87-122, May 1987.	Zus 72	Zuse, Konrad: Der Plankalkül. Berichte der Ges. für Mathematik und Datenverarbeitung, Nr. 63, Bonn, 1972.
		Zus 84	Zuse, Konrad: Der Computer - Mein Lebenswerk. Springer, Berlin. usw., 1984.

Zugangssysteme als Weg zur Beherrschung komplexer DV-Anwendungen

P. Mertens
Abteilung Wirtschaftsinformatik
Universität Erlangen-Nürnberg

1 Einleitung

DV-Anwendungssysteme werden aus mehreren Gründen immer komplexer:

a) Nachdem die einfacheren Tätigkeiten, die sich als erstes für eine Automation anboten, bereits weitgehend auf Maschinen übertragen worden sind, stehen nunmehr die schwierigeren zur rechnergestützen Informationsverarbeitung an.

b) Aufgabenfelder, die in der Vergangenheit noch überschaubar waren, wie z.B. die Logistik, werden aufgrund neuerer Entwicklungen in den Umfeldern zunehmend unübersichtlicher.

c) Die Fortschritte der Informationstechnik ermöglichen neuartige Lösungen, die ihrerseits weitere Komplexität schaffen. Ein Beispiel dafür ist die verteilte Verarbeitung.

d) Computerhersteller und Softwarehäuser müssen Modularpakete anbieten, die in ganz unterschiedlichen Kundenbetrieben einsetzbar sind und dennoch den Besonderheiten dieser Betriebe gerecht werden. Dies kann man nur durch stark parametrierte Software erreichen.

e) Viele Unternehmen bauen ihre Informationsverarbeitungssysteme aus Fremdsoftware unterschiedlicher Provenienz zusammen.

Der allgemeine Trend zur Akademisierung vieler Berufe geht nicht zuletzt auch auf die zunehmende Verbreitung solch schwer zu beherrschender DV-Anwendungssysteme zurück. Derartige Entwicklungen sind jedoch aus einer Reihe von Gründen nicht erwünscht, so daß es angezeigt ist, ihnen gegenzusteuern:

a) Die Entwertung der beruflichen Fähigkeiten von Praktikern, die zu einer Freisetzung und eventuell zu Arbeitslosigkeit führt, ist aus wirtschafts- und gesellschaftspolitischen Gründen nachteilig.

b) Wächst der Bedarf nach Akademikern weiter an, so führt dies aufgrund der verlängerten mittleren Ausbildungsdauer zu hohen volkswirtschaftlichen Kosten. Was für die Erstausbildung gilt, trifft mutatis mutandis auch auf die Weiterbildung zu.

c) Wenn in den neunziger Jahren die Arbeitskräfte knapp werden, wird es zunehmend notwendig, auch auf die Reserve der weniger qualifizierten sowie der älteren Arbeitnehmer zurückzugreifen.

Somit sehen sich die Informatik und die Wirtschaftsinformatik der Aufgabe gegenüber, nach Wegen zu suchen, um die komplexen Anwendungssysteme auch für ungeübtere Benutzer beherrschbar zu machen.

In diesem Beitrag werden nach einer begrifflichen Klärung ausgewählte Beispiele eigener Entwicklungen skizziert, die in ihrer Gesamtheit einen Eindruck von den Möglichkeiten und von der Vielschichtigkeit auf dem Gebiet der Zugangssysteme vermitteln sollen.

2 Begriffsvereinbarungen

Von einem Zugangssystem (im weiteren Sinne) soll im folgenden gesprochen werden, wenn ein vorhandenes Anwendungssystem um eine oder mehrere Komponenten angereichert wird, die einem nicht spezialisierten Menschen helfen, mit diesem Anwendungssystem fehlerfrei umzugehen und dessen Möglichkeiten voll auszuschöpfen. Ein idealisiertes Zugangssystem läßt sich aus den folgenden Bausteinen konstruieren:

a) einem **Benutzermodell**, das dem System erlaubt, sich gut auf die Anforderungen und Bedürfnisse des jeweiligen Benutzers einzustellen;

b) einem **Zugangssystem im engeren Sinne**, das der Benutzung vorgeschaltet ist und beispielsweise die Parametereinstellung, den systemtechnischen Start oder die Beratung des Benutzers bezüglich der Frage übernimmt, ob er in bestimmten Situationen das System überhaupt benutzen sollte;

c) einem **Trainingssystem** mit Selbsttest-Modul, das unabhängig vom Anwendungssystem betrieben werden kann;

d) einer **passiven Hilfe**, auf die der Benutzer während der Arbeit mit dem System zurückgreifen kann;

e) einer **aktiven Hilfe**, die sich selbst zuschaltet, wenn erkennbar ist, daß der Benutzer in Schwierigkeiten gerät und Gefahr läuft, fehlerhaft oder zumindest suboptimal zu arbeiten;

f) einem **Abgangssystem**, das dem Benutzer die vom System erarbeiteten Ergebnisse interpretiert und verständlich macht; darunter fallen beispielsweise auch Erklärungskomponenten von Expertensystemen.

Ein Teil der Informatik-Forschung verfolgt seit einiger Zeit das ehrgeizige Ziel, dem Benutzer die Möglichkeit zur natürlichsprachlichen Kommunikation mit dem Rechner bereitzustellen; derartige Bestrebungen lassen sich gemäß der oben dargestellten Einteilung unter Zugangssystemen i.e.S. einordnen.

3 Beispiele für Elemente von Zugangssystemen i.w.S.

3.1 Konzepte von Benutzeroberflächen und Menüführungstechniken

Unter den Begriff "Zugangssysteme" kann man auch die seit längerem bekannten Verfahren zur softwareergonomischen Gestaltung von Bedienungsoberflächen subsumieren. Die wichtigsten seien an dieser Stelle der Vollständigkeit wegen aufgeführt:

a) Die Zuordnung von Befehlen zu **Funktionstasten und Tastenkombinationen** stellte die erste Entwicklungsstufe im Bemühen um Benutzerfreundlichkeit dar.

b) Im Rahmen von **Menüführungstechniken** wird dem Benutzer am Bildschirm eine Auswahlliste mit den zur Verfügung stehenden Programmfunktionen angezeigt.

c) **Makros** ersetzen häufig benutzte lange Befehlsketten durch einen kompakten Befehl.

d) **Hilfefunktionen** gestatten es dem Benutzer, zu konkreten Problemfeldern Informationen abzurufen.

e) **Dialogboxen** zeigen alternative Fortsetzungsmöglichkeiten mit Auswahlfeldern, sogenannten Buttons, an.

3.2 Benutzermodelle

3.2.1 Theoretische Konzepte

Ein Benutzermodell hat im allgemeinen die Aufgabe, Informationen über den Anwender zu sammeln und daraus Rückschlüsse auf eine individuell angepaßte Dialogführung zu ziehen. Einen umfassenden Überblick über das Gebiet der Benutzermodelle enthalten u.a. KOBSA 85 und WAHLSTER/KOBSA 88. Die gegenwärtige Situation ist dadurch gekennzeichnet, daß einerseits sehr anspruchsvolle wissenschaftliche Arbeiten vorliegen, andererseits Benutzermodelle kaum in die wissensbasierten Systeme der Praxis Eingang fanden. Es ist daher als nächstes die Entwicklung einfacher robust-pragmatischer Benutzermodelle anzustreben. Im nächsten Abschnitt werden zwei einfachere Beispiele kurz behandelt.

3.2.2 Benutzermodell in einem XPS zur Unternehmensanalyse

GUVEX ist ein Expertensystem zur Analyse der Gewinn- und Verlustrechnung (vgl. DRÄGER/KRUG/RAUH/WITTMANN 86 und BÜTTNER/U.A. 88). Der Prototyp ist eine der Wurzeln des Expertensystems "Unternehmensreport", das die DATEV eG Steuerberatern anbietet. Letztere analysieren damit die Situation ihrer Mandantenbetriebe, zumeist mittelgroße Unternehmen. GUVEX untersucht umfangreiches Datenmaterial aus der Gewinn- und Verlustrechnung und Konten der Buchhaltung und produziert tabellarische und verbale Zusammenstellungen, sogenannte Expertisen. Zu Versuchszwecken wurde GUVEX um Regeln ergänzt, die Werte an ein Benutzermodell weitergeben oder hinterlegte Werte aus dem Benutzermodell zur individuellen Anwendungsgestaltung abrufen (vgl. WITTMANN 89). Der Dialog wird über die entsprechende Schnittstelle des verwendeten Expertensystemtools HEXE abgewickelt. Besondere Dialogausschnitte, die ausschließlich das Benutzermodell betreffen, übernimmt das Unterprogramm, mit dem das Benutzermodell realisiert ist, jedoch direkt. Dazu gehören ein Vorabdialog, Klärungsdialoge und Statusmeldungen.

Bei der Ausgestaltung des Benutzermodells wurde zwischen deskriptiven und funktionalen Elementen unterschieden.

a) Deskriptive Elemente
Es lassen sich mehrere Merkmalskategorien in der Benutzercharakteristik feststellen. Dabei handelt es sich um Ziele, Kenntnisse und Präferenzen. Als Primärziel ist die Analyse der Gewinn- und Verlustrechnung eines Unternehmens zu bezeichnen. Die Sekundärziele umfassen u.a. die Analyse von Teilbereichen der Gewinn- und Verlustrechnung. Auch der ins Auge gefaßte Empfängerkreis der Expertise und die damit in Zusammenhang zu bringende Schärfe der Formulierung im Urteil sind wichtige Größen. Unterschiedliche Adressaten, wie Unternehmensleitung, Kreditgeber oder Anteilseigner, sind jeweils mit unterschiedlich gestalteten Informationen zu versorgen. Einige Elemente des Benutzermodells geben persönliche Präferenzen des Benutzers wieder. Dazu gehören solche, die sich auf die Form des Dialogs oder die formale Gestaltung der Expertisen beziehen, also etwa tabellarische oder verbale Darstellungen.

b) Funktionale Elemente
Bevor das Benutzermodell Steuerungsaufgaben übernehmen kann, müssen verschiedene Benutzermodellelemente zu sogenannten "Steuereinheiten" zusammengefaßt werden. Die Steuereinheiten können den Dialog auf verschiede Weise beeinflussen.

Eine Möglichkeit besteht darin, bestimmte vorhandene Dialogpassagen auszulassen. Gründe hierfür können sein, daß sie der Benutzer nicht wünscht, sie vom System nicht als relevant erachtet werden oder das System annimmt, die Dialogpassage überfordere den Kenntnisstand des Benutzers. Eine weitere Alternative ist, den Dialog an bestimmten Stellen mit vorbesetzten Antworten zu steuern, weil der Anwender erwartungsgemäß die Frage nicht kompetent beantworten kann. Beispielsweise wird in GUVEX gefragt, ob der Benutzer eigene Schwellenwerte zur Beurteilung relevanter Veränderungen eingeben möchte.

Neben Anpassungsmöglichkeiten für den Dialog kann auf die Gestalt der Expertise Einfluß genommen werden. Unterschiede gibt es dabei im Hinblick auf Analysebreite, -tiefe und -form. Bei der Analysebreite wird bestimmt, welche Teilbereiche der Gewinn- und Verlustrechnung überhaupt Gegenstand einer näheren Betrachtung sein sollen. Die Analysetiefe gibt an, wie ausführlich in der Expertise bestimmte Positionen der Gewinn- und Verlustrechnung zu behandeln sind.

3.2.3 Benutzermodell in einem Diagnose-XPS

Das Diagnoseexpertensystem GEMDEX (**Ge**schirrspül**m**aschinen-**D**iagnose-**Ex**pertensystem) wurde erstellt, um die Anwendbarkeit von wissensbasierten Systemen zur Unterstützung des technischen Außendienstes in einem Großunternehmen der Haushaltsgeräteindustrie zu untersuchen (vgl. LÖDEL 89). GEMDEX soll formalisiertes Wissen, das von den Experten der Entwicklungsabteilung gesammelt wurde, dem technischen Kundendienst vor Ort zur Reparaturunterstützung oder der Kundendienstannahme am Telefon zur Auftragsvorbereitung zur Verfügung stellen.

Zur Steigerung der Benutzerakzeptanz ist es wünschenswert, das im System gespeicherte Wissen über die möglichen Fehler bei Geschirrspülmaschinen den verschiedenen potentiellen Anwendern entsprechend ihren individuellen Erfordernissen zu präsentieren. Zu diesem Zweck wurde das System um ein Benutzermodell erweitert, das aus zwei Komponenten aufgebaut ist (vgl. SEITZ 89):

a) dem eigentlichen Modell des Systems vom Benutzer, das hier durch ein "Metaexpertensystem" realisiert wird, und

b) einem Satz von prozeduralen Funktionen zum Zugriff und zur Fortschreibung und Pflege der Benutzermerkmale.

Als Grundlage für die Festlegung des Dialogverhaltens werden direkt meßbare Daten, wie die Antwortzeiten und die Anzahl der absolvierten Sitzungen, sowie vom Benutzer eingegebene (Stamm-)Daten, wie die Zugehörigkeit zu einer Abteilung oder die eigene Einschätzung der DV-Erfahrung, eingesetzt.

In Abbildung 3.2.3/1 wird die Unterteilung der abgeleiteten Merkmale in solche, die direkte Auswirkungen auf den Dialog haben, und solche, die nur mittelbar nach außen in Erscheinung treten, dargestellt. Für die Steuerung der Ausführlichkeit sind jeweils die vier Ausprägungen 'kurz', 'mittel', 'lang' und 'Stichwort' vorgesehen. Bei den Optionen in Auswahlmenüs ist jeder Ausprägung ein Text zugeordnet, während bei den Erklärungen die Ausführlichkeit durch zusammengefügte Textbausteine erhöht wird.

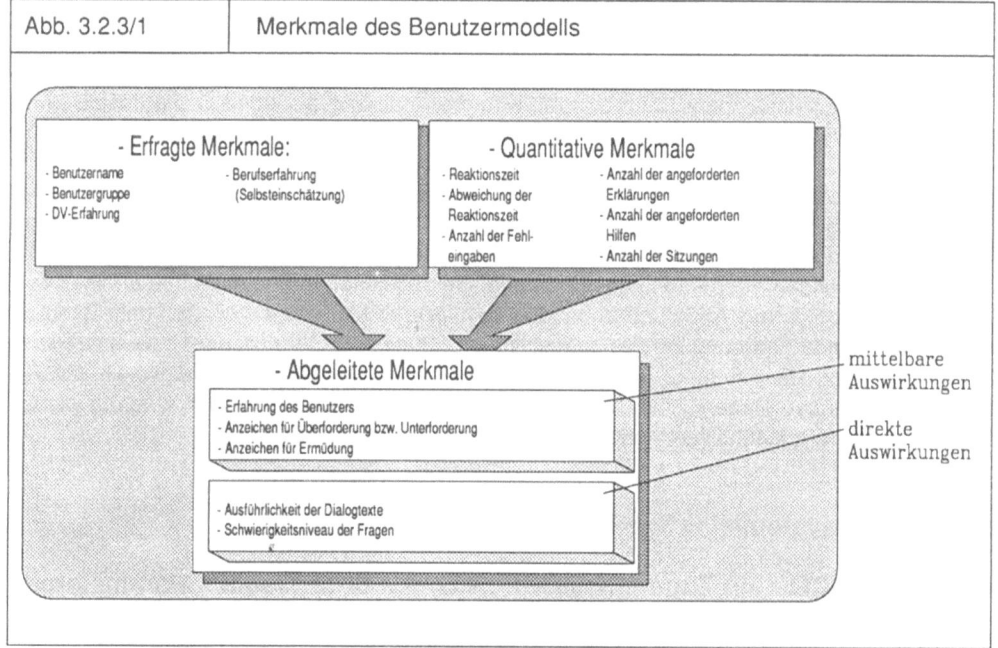

Abb. 3.2.3/1 Merkmale des Benutzermodells

Mit Hilfe eines Regelwerks werden daraus die Ausprägungen der Merkmale für einen allgemeinen Erfahrungswert, die Ausführlichkeit von Fragen, Optionen und Erklärungen sowie die Schwierigkeit der zulässigen Fragen ermittelt.

Aus der Sicht des Benutzers läßt sich das System als Zyklus aus Aktionen des Benutzers und entsprechenden Reaktionen des Systems verstehen. Auf die Initialisierung folgt eine Phase, in der sich Dialogschritte und Nachführungen des Benutzermodells abwechseln; diese Phase endet mit dem Abschluß der Sitzung.

Die Pflege des Benutzerdatensatzes gliedert sich in die Initialisierung der Daten, die zu Beginn der Sitzung erfolgt, und in die Fortschreibung der Daten während der laufenden Sitzung. Bei der Initialisierung wird zwischen Anwendern, die dem System bereits bekannt sind, und solchen, die das erste Mal mit GEMDEX arbeiten, unterschieden. Bei letzteren wird ein Stereotypenansatz verwendet: Ausgehend von Merkmalen, die in einem Vorabdialog erfragt werden, wird einer von insgesamt neun Stereotypen ausgewählt. Diese enthalten passende Ausprägungen für alle abgeleiteten Merkmale und Vorgaben für die quantitativen Werte, um eine Fehleinschätzung des Benutzers möglichst rasch durch Abweichungen der beobachteten Fakten zu entdecken. Ist der Benutzer bereits bekannt, werden die am Ende der letzten Sitzung gespeicherten Daten zur Initialisierung verwendet.

Für die Fortschreibung der Daten ist ein zweiphasiges Vorgehen implementiert, das einen prozeduralen und einen regelbasierten Ansatz verbindet.

Im Rahmen des prozeduralen Teils wird die gemessene Antwortzeit zum Ausschluß von kurzfristigen Schwankungen einer exponentiellen Glättung unterzogen. Dann wird die 'Reaktionszeitdifferenz', d.h. die Abweichung des aktuellen Wertes vom vorhergehenden, ermittelt. Wenn die Reaktionszeit oder die absolute Differenz zwischen den letzten Werten vorgegebene Schranken unter- bzw. überschreitet, wird die Änderung als signifikant erachtet. Ähnliches gilt für die verschiedenen Zähler, bei denen ebenfalls Schranken fest vorgegeben sind.

Signifikante Abweichungen zwischen den aktuellen und den bisher beobachteten Meßwerten bedingen, daß im Rahmen eines regelgesteuerten Ansatzes nach der zielgetriebenen Strategie ein Regelbaum durchlaufen wird, mit dem, ausgehend von den erfragten und gemessenen Daten und der bisherigen Ausprägung der Erfahrung, die abgeleiteten Merkmale neu ermittelt werden. Ergeben sich daraus Änderungen bei den abgeleiteten Merkmalen, so wird dem Benutzer eine entsprechende Änderung der Dialoggestaltung (z.B. schwierigere Fragen) bzw. eine Pause (bei Verdacht von Übermüdung) vorgeschlagen. Dem Benutzer ist jedoch freigestellt, die Änderung nicht zu übernehmen. Allerdings wird beim nächsten Dialogschritt der Vorgang wiederholt, wenn sich die quantitativen Merkmale nicht entsprechend verändern.

3.3 Zugangssysteme i.w.S. für komplexe Modular-Software

3.3.1 PAREX-CO - ein Zugangssystem i.e.S. zur dynamischen Parametereinstellung bei einem PPS-Paket

Auf dem Markt gibt es heute eine Reihe sehr funktionsreicher PPS-Modularprogramme, insbesondere für Großrechner. Diese Pakete besitzen in der Regel umfangreiche Parametersätze, die der Anpassung des Verhaltens dieser Standardsoftware an unternehmensspezifische Zielsetzungen dienen sollen, vom Menschen jedoch in ihren Wirkungen kaum zu übersehen sind (vgl. PABST 85). Es liegt nahe, den Menschen bei der Einstellung der Parameter durch ein Wissensbasiertes System zu unterstützen. Dabei ist zum einen eine möglichst gute Initialeinstellung der Parameter bei der Inbetriebnahme des PPS-Systems zu finden. Zum anderen muß die Parametereinstellung dynamisch hinsichtlich neuer Fertigungssituationen und veränderter Unternehmensziele überwacht und angepaßt werden. PAREX-CO beschäftigt sich beim IBM-Standardpaket COPICS mit Problemen der letztgenannten Art (vgl. HARTINGER/WEDEL 90).

Unter einem Parameter soll in diesem Zusammenhang eine Stellgröße verstanden werden, durch deren Veränderung der Mensch das Verhalten des PPS-Systems beeinflussen kann. Bei einer detaillierten Untersuchung fanden sich in COPICS etwa 150 Parameter. Die Einstellung der Parameter wird nicht unwesentlich durch das umfangreiche Mengengerüst erschwert, wie das folgende Beispiel veranschaulicht: In COPICS gibt es etwa 40 teilespezifische Parameter; für ein Unternehmen, dessen Produktion 10.000 verschiedene Teile umfaßt, ergeben sich somit 400.000 konkrete Parameterausprägungen, die alle zielgerichtet konfiguriert werden sollen.

Die Einstellung von Parametern wird daneben vor allem durch komplexe Neben- und Wechselwirkungen erschwert. Im allgemeinen beeinflußt ein einzelner Parameter mehrere Fertigungsprobleme; wählt man beispielsweise kleine Losgrößen, so sinken tendenziell die Bestände, während wegen der häufigeren Umrüstvorgänge die Gefahr einer Kapazitätsverknappung steigt. Umgekehrt bedarf es zur Lösung eines Fertigungsproblems häufig mehrerer Parameter; um etwa auf die Losgrößenbildung Einfluß zu nehmen, muß man drei Parameter geeignet einstellen: Mindestauftragsmenge, maximale Auftragsmenge und Bestellpolitikschlüssel.

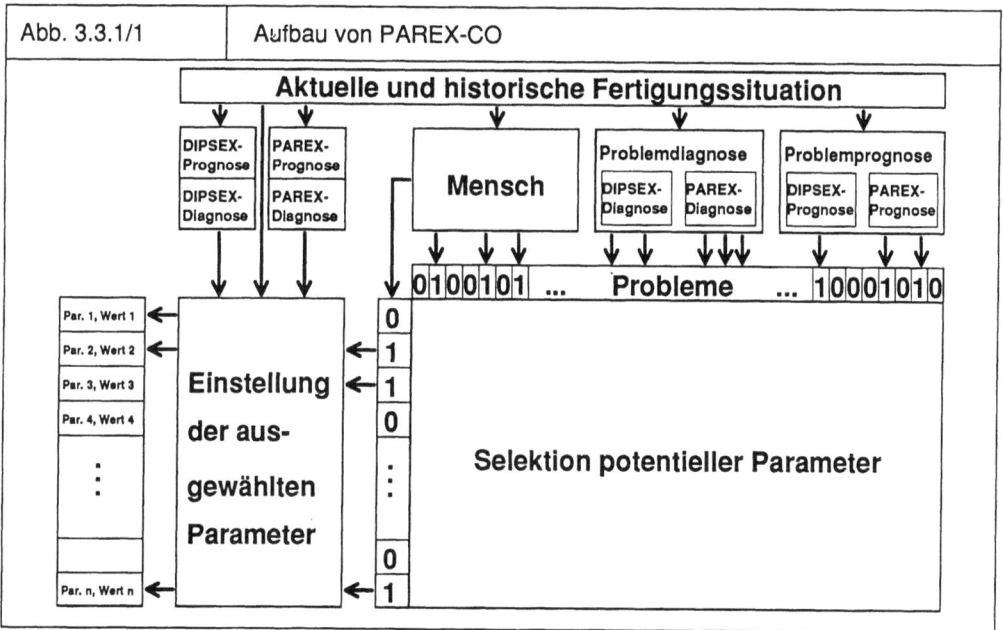

Abb. 3.3.1/1 Aufbau von PAREX-CO

Die Kunst einer guten Parameterkonfiguration besteht darin, durch die geschickte Auswahl und Einstellung von Parametern die Fertigungssituation gezielt zu beeinflussen und dabei die schädlichen Wirkungen möglichst gering zu halten. Diesem Ziel versucht PAREX-CO durch eine Dekomposition der Konfigurationsaufgabe in die drei Teilprobleme Problemerkennung, Parameterselektion und Parametereinstellung zu erreichen. Die Dreiteilung trägt erheblich zu einer

Komplexitätsreduktion bei, ferner vereinfacht sie die Wartbarkeit und Erweiterbarkeit des Systems. Abbildung 3.3.1/1 zeigt den Aufbau von PAREX-CO.

Ausgehend von der aktuellen Fertigungssituation und historischen Daten werden vorliegende Fertigungsprobleme maschinell diagnostiziert bzw. demnächst eintretende Schwierigkeiten vorhergesagt. Dabei erhält PAREX-CO die Diagnosen und Prognosen zum Teil von seinem Partnersystem DIPSEX zur Fertigungsablaufdiagnose (vgl. MERTENS/HELMER/ROSE/WEDEL 89); daneben kann auch der menschliche Disponent dem System seine Einschätzung zu möglichen Problemsituationen mitteilen. Gewissermaßen das Herz von PAREX-CO stellt das Parameterselektionsmodul dar, das potentiell zur Abstellung der Probleme geeignete Parameter unter Beachtung möglicher Nebenwirkungen und Interdependenzen ermittelt. Ziel ist hierbei, möglichst wenig Parameter auszuwählen, die jedoch eine ausreichend große Wirkung und geringe schädliche Nebenwirkungen erwarten lassen. Den Abschluß bildet das Parametereinstellungsmodul, in dem Wissen über die Regulierung der ausgewählten Parameter abgelegt ist; hier werden die selektierten Parameter situationsspezifisch umkonfiguriert.

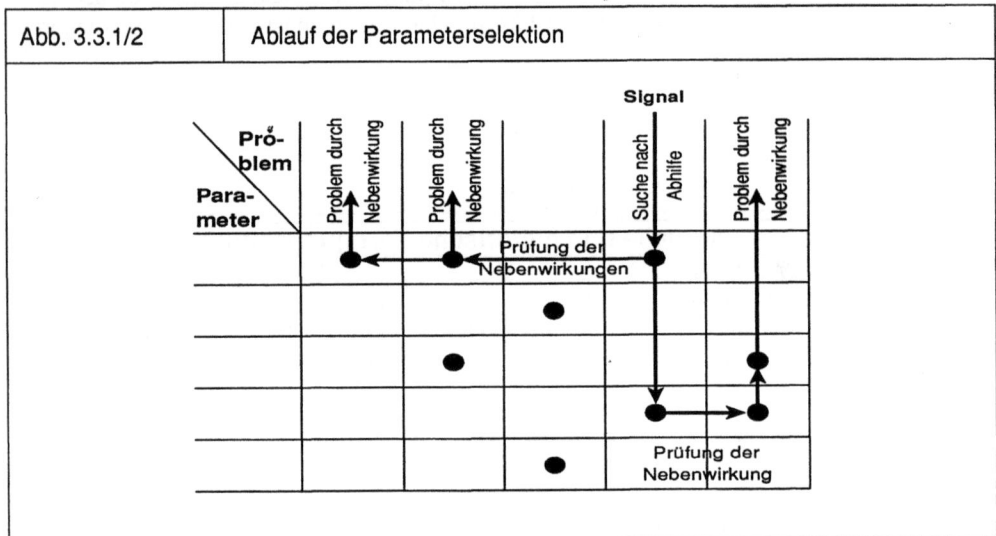

Abb. 3.3.1/2   Ablauf der Parameterselektion

In Abb. 3.3.1/2 ist dieses Prinzip veranschaulicht: Ein Signal, z.B. eine gravierende Soll-Ist-Abweichung, zeigt ein Problem an. Das System sucht in der zugehörigen Spalte der Problem-Parameter-Matrix geeignete Parameter, d.h. "Knöpfe, an denen gedreht werden kann". Eine Auswahlhilfe wählt unter mehreren alternativen Parametern einen aus. Durch Absuchen der Zeile, in der der Parameter steht, findet man weitere Probleme, die durch Umstellung des Parameters verschärft oder auch gemildert werden ("Nebenwirkungen").

Beim Entwurf solcher Zugangssysteme sieht man sich folgenden Schwierigkeiten gegenüber:

a) Die Beschreibungen der Objektsysteme enthalten oft keine vollständigen und verläßlichen Hinweise auf die Parameter und deren Wirkungen.

b) Neben expliziten Parametern, die vom Architekten des Objektsystems als solche vorgesehen wurden, gibt es Datenfelder, die implizit als Parameter ge- bzw. mißbraucht werden können.

c) Der Verlauf der Wirkung über der Parametereinstellung ist oft nicht linear, Sprungstellen und Wirkungsumkehrungen sind keine Seltenheit.

d) Die Interaktionen zwischen den Parametern sind oft sehr kompliziert.

3.3.2 CONTREX - ein wissensbasiertes Zu- und Abgangsystem für Rechnungswesen-Software

Die Aufbereitung der betrieblichen Massendaten zu relevanten Informationen kann angesichts der in den letzten Jahren beobachtbaren "Explosion" der Controllingaufgaben nur durch DV-gestützte Berichtssysteme gewährleistet werden. Dabei ist der ungeübte Benutzer, häufig kein betriebswirtschaftlicher Spezialist, oftmals überfordert, die seinen Informationsbedürfnissen entsprechenden Berichte zielgenau anzufordern und in vertretbarer Zeit durchzuarbeiten. Außerdem besteht die Gefahr, daß im umfangreichen Datenbestand wichtige Zusammenhänge übersehen werden ("Zahlenfriedhof"). Die Komplexität der Auswertungen rührt vor allem von der großen Anzahl der Sätze, die es erschwert, relevante Entwicklungen zu erkennen; betrachtet man die vielfältigen Hierarchien der Betriebsergebnis-Rechnung, so ist leicht ersichtlich, daß aufgrund der großen Anzahl von Kombinationsmöglichkeiten bei der Ursachenanalyse der Mensch in zweifacher Hinsicht überfordert ist: Zum einen bedarf es zur Auswahl des richtigen Analysepfades fundierter betriebswirtschaftlicher Kenntnisse, zum anderen nimmt die Analyse sehr viel Zeit in Anspruch.

Hier zeigt sich folgende Erscheinung, die allgemeiner Natur ist: Der in letzter Zeit in der Informatik zu beobachtende Trend zu vermehrter Dialogverarbeitung stößt dann an seine Grenzen, wenn die untersuchten Datenbestände sehr umfangreich sind, so daß der Dialog unzumutbar lange dauern würde; den Bedingungen der Praxis, die im allgemeinen durch starken Zeitdruck gekennzeichnet ist, ist daher eine Vorgehensweise angemessener, bei der mit Hilfe geeigneter Werkzeuge Batch-Analysen gezielt veranlaßt werden können.

Vor dem beschriebenen Hintergrund entstand in Zusammenarbeit mit der SAP AG als Prototyp das Wissensbasierte System CONTREX (**Contr**olling-**Ex**pertensystem) (vgl. MERTENS/FIEDLER/SINZIG 89 und FIEDLER 90). CONTREX arbeitet auf der Basis der vollständigen Dialogisierung des Rechnungswesenmoduls RK-E (Betriebsergebnisrechnung) der SAP-Standardsoftware R/2 und fungiert quasi als "intelligenter Assistent" für den Anwender der SAP-Software. Es dient einerseits als Abgangssystem, da es dem Benutzer bei der Interpretation der umfangreichen Datenbestände hilft, andererseits aber auch als Zugangssystem i.e.S., da es ihn bei der gezielten Anforderung von SAP-Berichten unterstützt. CONTREX benutzt ausschließlich Daten, die im Rahmen der Kostenstellen- und Betriebsergebnisrechnung bereitgestellt werden, und deckt damit einen wesentlichen Teilbereich des Controlling ab. Als methodische Grundlage dienen Deckungsbeitragsfluß- und -kontrollrechnungen, wobei man sich eng an das Konzept von Powelz anlehnt (vgl. POWELZ 83 und POWELZ 84). Daneben werden die mehrdimensionalen Betriebsergebnis-Hierarchien des SAP-Modularprogramms für die Betriebsergebnisrechnung benutzt. Die Aufgabe besteht zunächst darin, durch den Datenpool der SAP-Software zu navigieren und relevante Berichtsdaten zu selektieren. Bei der sich anschließenden Interpretation werden die identifizierten Abweichungen beurteilt und soweit möglich auf ihre Ursachen zurückgeführt. Dabei warnt CONTREX auch vor Scheingenauigkeiten. Schließlich präsentiert das System die Analyseergebnisse in Form von erklärenden Texten ("Expertisen") und SAP-Standardberichten, welche die Grundlage für weitere Untersuchungen des Benutzers bilden können.

3.4 Zugangssysteme i.w.S. für Simulatoren

3.4.1 Überblick über das Projekt SIMULEX

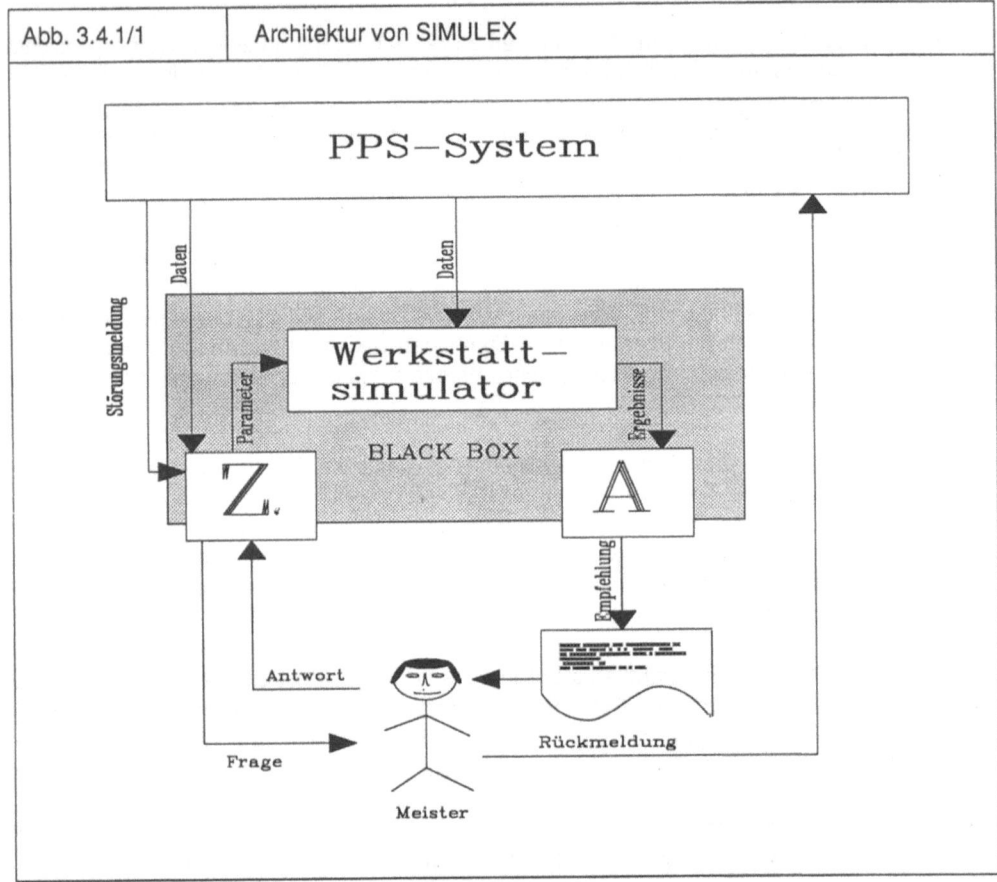

Abb. 3.4.1/1 Architektur von SIMULEX

Das Projekt SIMULEX (**Simul**ations-**Ex**pertensystem) steht stellvertretend für Zugangssysteme zu komplexen Entscheidungsunterstützungsmodellen, die Operations-Research-Verfahren - hier die Simulation - zum Kerninhalt haben (vgl. MERTENS/RINGLSTETTER 89). Ziel ist es, den Benutzer bei der Umdisposition nach Störungen, die die Realisierung eines geplanten Produktionsprogrammes verhindern, zu unterstützen. Durch Simulationen sollen die geeignetsten Maßnahmen ermittelt werden. Aus Abb. 3.4.1/1, die die Architektur von SIMULEX zeigt, geht hervor, daß dem Werkstattsimulator ein Zugangssystem Z vor- und ein Abgangssystem A nachgeschaltet ist.

3.4.2 Zugangssystem i.e.S. zur Konfigurierung der Simulationsexperimente

In nahezu allen Phasen eines Simulationslebenszyklus tauchen unter anderem folgende statistischen Probleme auf:

a) Auswahl der Anfangszustände,

b) Auswahl von Alternativen, die untersucht werden sollen, und

c) Festlegung der Lauflänge und -anzahl.

Da bei jedem dieser drei Probleme zahlreiche Möglichkeiten zur Auswahl stehen, ergibt sich eine ungeheure Komplexität, zu deren Bewältigung sich Expertensystem-Techniken anbieten.

Bei der Festlegung der Lauflänge und -anzahl gilt es, einen Kompromiß zwischen den konkurrierenden Zielen "geringe Rechenzeit" und "hohe Zuverlässigkeit der Ergebnisse" zu finden. Zur Minimierung der Anzahl der Simulationsläufe stehen vor allem die "Variance-Reducing-Techniken" zur Verfügung. Deren Grundgedanke besteht darin, die Zahl der möglichen Varianten von Zufallsgrößen so zu beschränken, daß nur diejenigen, die voraussichtlich einen Beitrag zur Lösung eines Problems liefern, tatsächlich auftreten. In der Literatur werden hierzu verschiedene Verfahren vorgeschlagen, beispielsweise Importance Sampling, Correlation und Regression, Stratified Sampling, Use of Expected Values, Quota Sampling, Systematic Sampling, Correlated Sampling.

Schließlich sind die zu simulierenden Maßnahmen auszuwählen. Übersteigt die Bedeutung der Störung einen bestimmten Wert, so werden zusätzliche Untersuchungen im nächsthöheren Bereich angestoßen. Ist etwa im Kapazitätsbereich eine schwerwiegende Störung aufgetreten, so wird es notwendig, in die Betrachtungen auch die davon betroffenen Werkstattaufträge einzubeziehen. SIMULEX lehnt sich hier eng an das sogenannte Bereichskonzept an, das Rose für sein Umdispositionssystem entwickelt hat (vgl. MERTENS/HELMER/ROSE/WEDEL 89). Aus den Ergebnissen dieser Untersuchungen stellt das Zugangssystem zunächst regelgestützt fest, ob bestimmte Umdispositionsmaßnahmen überhaupt zur Verfügung stehen. Bei den Maßnahmen im Kapazitätsbereich ist beispielsweise zu überprüfen, ob an einer gestörten Maschine in Kürze eine Wartungsarbeit ansteht, die unter Umständen verschoben werden kann.

3.4.3 Abgangssystem zur Interpretation der Simulationsergebnisse

Beim Abgangssystem ergibt sich eine klare Aufgabenteilung:

a) Zunächst untersucht es die Simulationsergebnisse hinsichtlich globaler statistischer Kenngrößen wie Mittelwert und Standardabweichung, Modus, Schiefheit, Median, Quantil, um deren sinnvolle Verwendbarkeit zu verifizieren.

b) Anschließend wertet das Abgangssystem die Daten betriebswirtschaftlich aus und empfiehlt Entscheidungen im Sinne eines Expertisesystems.

Für die unter a) genannten Aspekte müssen geeignete Methoden in Abhängigkeit von einer Korrelationsuntersuchung gewählt, weitere Simulationsläufe angestoßen sowie frühere Ergebnisse mit einbezogen werden.

3.5 CUU-System zur Erleichterung von Datenbank-Recherchen

Trotz aller Bemühungen um benutzerfreundliche Recherchen sieht sich der einzelne Informationssuchende erheblichen Problemen gegenüber, wenn er sich erstmals oder nach einer Pause wieder mit einem großen Information-Retrieval-System befaßt. Die Probleme wachsen dadurch, daß immer häufiger Anwender in mehr als einem System suchen wollen und durch die Unterschiede leicht verwirrt werden; überdies verbieten die oft teuren Anschaltzeiten die Einübung nach dem Versuch-und-Irrtum-Prinzip.

Abb. 3.5/1 zeigt schematisch den Aufbau eines Zugangssystems zur Steuerrechtsdatenbank LEXinform, die die DATEV eG Steuerberatern zur Verfügung stellt (vgl. LEHRER 86).

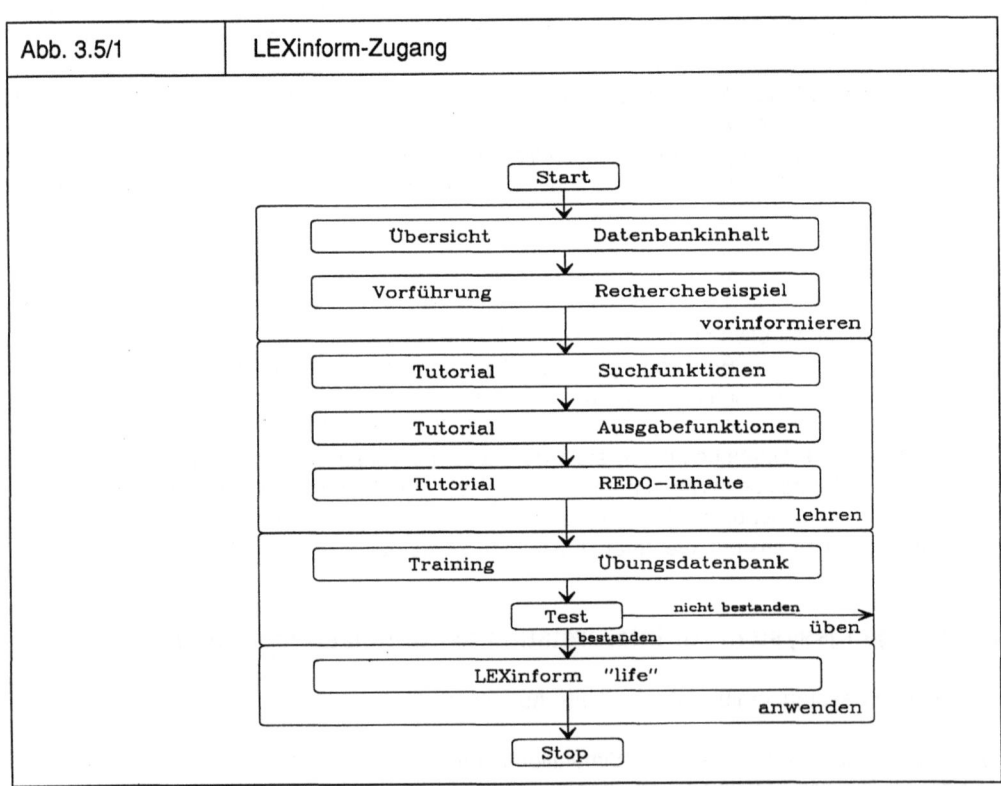

Das System dient Studenten der Betriebswirtschaftslehre mit den Schwerpunkten Wirtschaftsinformatik und Steuerlehre/Steuerrecht in unserer Fakultät als Hilfe. Um zu verhindern, daß ungeübte Studenten knappe finanzielle Ressourcen für die Anschaltzeit vergeuden, ist es als eine Art "Pflicht-Zugangssystem" gestaltet, d.h., der Zugang zu LEXinform führt für diese Benutzergruppe einzig über das Zugangssystem. Erst wenn die Tutorial- und Trainingsphasen auf dem PC im Offline-Betrieb durchlaufen und ein Abschlußtest bestanden sind, erlaubt das System, vom PC aus die Verbindung mit dem Host der DATEV aufzunehmen.

4 Ausblick

In diesem Beitrag wurde eine Reihe pragmatischer Ansätze zum Entwurf von Elementen eines Zugangssystems im weiteren Sinne skizziert. Wir verfolgen also gegenwärtig noch einen exemplarischen, von der Einzelidee lebenden Ansatz. Versucht man, die Entwicklungen zu verallgemeinern, so stößt man auf interessante Trends und Gemeinsamkeiten.

4.1 Zugangssysteme i.e.S.

In der Frühzeit vieler Disziplinen wurden noch recht individuelle Problemlösungen gesucht, wobei die Bausteine eher atomarer Natur waren. Informatiker diskutierten Dijkstras Wort "Programming is an art". Im Maschinenbau dominierte die aus einzelnen Linien am Reißbrett entstehende Konstruktion, erst allmählich wurden Normteile stärker berücksichtigt. Elektrotechniker entwarfen für jedes Problem eine eigens darauf zugeschnittene Schaltung. In der Wirtschaftsinformatik gab es keine Standard- oder Modularprogramme. Der Chemiker "kochte Substanzen nach seinem Geschmack". Heute sprechen Maschinenbauer davon, daß an die Stelle der Konstruktion immer mehr die Konfigurierung trete. In der Informatik befaßt man sich mit dem Entwurf von Programmen aus vorgefertigten, ja sogar "gebrauchten" Bausteinen. Den Elektrotechnikern gelingt es beim VLSI-Design durch die Verwendung standardisierter Schaltelemente, sehr rasch leistungsfähige Schaltungen zu verwirklichen. Die Chemiker arbeiten mit wissensbasierter Syntheseplanung, wobei nicht mehr vom Atom, sondern vom Molekül oder Makromolekül ausgegangen wird. In der Medizin tauchen Redewendungen auf wie "Der Patient (oder die Therapie, die Medikation) muß eingestellt werden". Gemeint sind damit z.B. das Setzen der physikalischen Parameter einer komplexen Bestrahlungsmaßnahme (z. B. Zeit, Intensität, Richtung und Rhythmus) oder die Einstellung der chemisch-pharmazeutischen Parameter einer Medikamentierungsstrategie, etwa zur Behandlung eines Zuckerkranken, der darüber hinaus weitere Leiden hat (Multimorbidität). Verfahrenstechniker setzen Expertensysteme zur Zusammenstellung von Farbsubstanzen und Färberei-Arbeitsschritten in der Textilproduktion ein. In der Wirtschaftsinformatik konzipiert man Anwendungsarchitekturen, in die oft über mehrere Hierarchiestufen Methodenbausteine eingehen, die an den verschiedensten Stellen der Welt entstanden sind und dort auch gepflegt werden. Sogar aus dem Bereich der Kunst hören wir, daß man neue Musikstücke oder Romane durch Konfiguration aus vorhandenen Noten- oder Textpassagen gewinnt. Die Methodik ist wohl implizit immer die gleiche, wie die Tabelle in Abb. 4.1/1 zeigt.

Da die Mehrzahl der Methoden und Hilfsmittel aus der Informationsverarbeitung stammt, könnte es Aufgabe einer Angewandten Informatik sein, eine fachübergreifende Konfigurations- und Parametrierungstheorie zu schaffen. Nach dem heutigen Stand der Erkenntnisse dürfte dabei XPS-Unterstützung hilfreich sein.

Abb. 4.1/1	Überblick über Konfigurationsprobleme	
Schritt	Wissensvoraussetzung	Methodische Hilfen
Selektion von Modulen	Kenntnis des Angebots	IR mit Deskriptoren
Zusammenstellung	Verträglichkeit, Schnittstellen	Normung
Parametrieren	Parameterwirkung nach Richtung und Stärke, Interaktionen	Experimental Design mit mathematisch-statistischen Methoden, Simulation

4.2 Abgangssysteme

Die entstehenden, zum Teil hochkomplexen und hochintegrierten Gebilde sind für den Menschen oft nicht einfach zu durchschauen. Dadurch entsteht die Gefahr, daß sie außer Kontrolle geraten. In den vergangenen Jahren hat man beträchtliche Fortschritte mit wissensbasierten Diagnosen physikalisch-technischer Prozesse erzielt. Diese gilt es noch mehr als bisher auf die Diagnose der Resultate von Informationsverarbeitungs- und Entscheidungsprozessen zu übertragen. So kann der Mensch sicher sein, daß die komplexen Anwendungssysteme, die er sich schafft, ihm dienen und nicht jener Effekt eintritt, den Goethe im Zauberlehrling so plastisch beschrieben hat: "Die ich rief, die Geister, werd' ich nun nicht los."

5 Literatur

BÜTTNER/U.A. 88
Büttner, O, Dräger,U., Geiß, M., Krug, P, Mertens, P., Purnhagen, J., Rauh, N. und Wittmann, S., Expertensysteme zur Jahresabschlußanalyse für mittlere und kleine Unternehmen, Zeitschrift für Betriebswirtschaft 58 (1988), S. 229 ff.

DRÄGER/KRUG/RAUH/WITTMANN 86
Dräger, U., Krug, P., Rauh, N. und Wittmann, S., Expertensysteme und Jahresabschlußanalyse, Datenverarbeitung - Steuer - Wirtschaft - Recht 15 (1986), S. 239 ff.

FIEDLER 90
Fiedler, R., CONTREX - Ein Beitrag zum wissensbasierten Controlling unter Verwendung der Modularsoftware SAP-RK, Dissertation, Nürnberg 1990.

HARTINGER/WEDEL 90
Hartinger, M. und Wedel, Th., Stand des Expertensystems PAREX-CO zur Wissensbasierten dynamischen Konfiguration von Parametern des PPS-Modularprogramms COPICS, Arbeitsberichte der Abteilung Wirtschaftsinformatik der Universität Erlangen-Nürnberg, Nürnberg 1990.

KOBSA 85
Kobsa, A., Benutzermodellierung in Dialogsystemen, Berlin u.a. 1985.

LEHRER 86
Lehrer, S., Entwicklung von Lehrsoftware zur Steuerrechtsdatenbank LEXinform, Diplomarbeit, Nürnberg 1986.

LÖDEL 89
Lödel, D., Entwicklung eines prototypischen Expertensystems zur Unterstützung des technischen Kundendienstes bei der Diagnose schlechter Reinigungsergebnisse von Geschirrspülmaschinen, Diplomarbeit, Nürnberg 1989.

MERTENS/FIEDLER/SINZIG 89
Mertens, P., Fiedler, R. und Sinzig, W., Wissensbasiertes Controlling des Betriebsergebnisses, in: Scheer, A.-W. (Hrsg.), Rechnungswesen und EDV, 10. Saarbrücker Arbeitstagung 1989, Heidelberg 1989.

MERTENS/HELMER/ROSE/WEDEL 89
Mertens, P., Helmer, J., Rose, H. und Wedel, Th., Ein Ansatz zu kooperierenden Expertensystemen bei der Produktionsplanung und -steuerung, in: Kurbel, K., Mertens, P. und Scheer, A.-W. (Hrsg.), Interaktive betriebswirtschaftliche Informations- und Steuerungssysteme, Berlin u.a. 1989, S. 13 ff.

MERTENS/RINGLSTETTER 89
Mertens, P. und Ringlstetter, Th., Verbindung von wissensbasierten Systemen mit Simulation im Fertigungsbereich, OR Spektrum o.Jg. (1989) 11, S. 205 ff.

PABST 85
Pabst, H.-J., Analyse der betriebswirtschaftlichen Effizienz einer computergestützten Fertigungssteuerung mit CAPOSS-E in einem Maschinenbauunternehmen mit Einzel- und Kleinserienfertigung, Frankfurt a.M. u.a. 1985.

POWELZ 83
Powelz, H., Ein Konzept zur Erlösspaltung als Beitrag zur effizienten Unternehmenssteuerung, Dissertation, Frankfurt 1983.

POWELZ 84
Powelz, H., Gewinnung und Nutzung von Erlösinformationen, Zeitschrift für Betriebswirtschaftslehre 54 (1984) 11, S. 1090 ff.

SEITZ 89
Seitz, W.L., Erweiterungen eines Diagnose-Expertensystems für Geschirrspülmaschinen um eine für Schulungszwecke geeignete Benutzeroberfläche, Studienarbeit, Nürnberg 1989.

WAHLSTER/KOBSA 88
Wahlster, W. und Kobsa, A., User Models in Dialog Systems, Saarbrücken 1988.

WITTMANN 89
Wittmann, S., Ausgewählte Weiterentwicklungen von Wissensbasierten Systemen zur Unternehmensanalyse für den Steuerberater, Dissertation, Nürnberg 1989.

Hauptprogramm

Planung und Management

Die Autoren der eingeladenen Vorträge behandeln die Nutzung des Computers als Werkzeug für Planungs- und Managementaufgaben in Unternehmen.

D. Müller-Böling spricht über aufgabenbedingte und persönlichkeitsbedingte Anforderungen an Informations- und Kommunikationstechniken für Führungskräfte. Auf der Grundlage von Persönlichkeitsmerkmalen, die den Umgang mit Informations- und Kommunikationstechniken bestimmen, und von charakteristischen Aufgaben von Führungskräften leitet er Anforderungen an die Gestaltung von Informations- und Kommunikationssystemen ab.

L. Nastansky diskutiert Grundsatzfragen des Designs computergestützter Planungs- und Steuerungssysteme (CPSS) in verteilten Systemen. Insbesondere fordert er, weit mehr als bisher intelligente Informationsverarbeitung durch leistungsfähige Werkzeugumgebungen am Arbeitsplatz als systemtragende und integrierte Komponenten in CPSS vorzusehen. Konzepte eines derartigen Werkzeug-Paradigmas werden an Beispielen aus der Forschungsarbeit des Referenten erörtert.

M. Jarke geht auf die konzeptuelle Modellierung als Grundlage der Managementunterstützung in verteilten Anwendungen ein. Eines der Hauptprobleme bei der Vielfalt des Informationsangebots ist es, die Übersicht zu behalten und Systeme anwendungsadäquat zu nutzen. Dazu wird ein mehrdimensionales Grundmodell für die Verwaltung, Steuerung und Überwachung verteilter Anwendungssysteme im Managementbereich präsentiert.

H. Piel berichtet über die Nutzung der Informationstechnologie als Basis für Controlling und Managemententscheidungen. Er geht auf die unterschiedliche Ausrichtung operationaler und strategischer Informationssysteme ein und erläutert am Fall des Controllingsystems der WGZ-Bank, Düsseldorf, den Einsatz von computergestützten Systemen zur erfolgsorientierten Steuerung im Bankenbereich.

AUFGABENBEDINGTE UND PERSÖNLICHKEITSBEDINGTE ANFORDERUNGEN AN INFORMATIONS- UND KOMMUNIKATIONSTECHNIKEN FÜR FÜHRUNGSKRÄFTE

Detlef Müller-Böling
Universität Dortmund

1. Informations- und Kommunikationsverhalten als Funktion von Persönlichkeit und Umwelt

Unternehmungen können in unseren komplexen und dynamischen Umweltverhältnissen nur dann langfristig erfolgreich sein, wenn sie die technische Beherrschung des Faktors Information als einen **strategischen Wettbewerbsfaktor** ansehen.[1] Nach Galbraith hängt die Güte der Entscheidung im Geschäftsleben heute in einem hohen Maße von der Effizienz des organisierten Wissens ab.[2] Diese **Organisation des Wissens** erstreckte sich in der Vergangenheit fast ausschließlich auf Assistenzkräfte und Sachbearbeiter.[3] **Führungskräfte** verursachen immerhin 26 Prozent aller Personalkosten,[4] stellen aber nur 8 Prozent aller Beschäftigten im Büro.[5] Auseinandersetzungen mit der informations- und kommunikationstechnischen Unterstützung für Führungskräfte gibt es erst vereinzelt, im letzten Jahr allerdings stark zunehmend.[6]

Eine stärkere technische Unterstützung der Führungstätigkeiten wurde zwar bereits vor 40 Jahren für notwendig gehalten,[7] dennoch werden Informations- und Kommunikationssysteme auch heute noch von Führungskräften kaum genutzt. Einer repräsentativen Studie nach nutzen lediglich knapp 30 Prozent der deutschen Top-Manager Computer persönlich.[8]

Der Sozialwissenschaftler Kurt Lewin hat in seiner Feldtheorie das menschliche Verhalten beschrieben als

$V = f(P, U)$,

d.h. als eine Funktion der Persönlichkeit sowie umweltbedingter Einflüsse.[9] Das Informations- und Kommunikationsverhalten von Führungskräften muß daher ebenfalls von persönlichkeitsbedingten Faktoren und Umwelteinflüssen, die sich insbesondere in den Aufgaben ausdrücken, abhängen. Insofern ist es notwendig, - will man Führungskräfte informations- und kommunikationstechnisch

---

1) Vgl. Meier /Büroarbeit/ 14, Schönecker /Organisatoren/ 6.
2) Vgl. Galbraith /Industriegesellschaft/.
3) Vgl. Ambros /Büro/ 834, Loewenheim /Office/ 184, Balzert /Systeme/ 808, Deutschmann /Management/ 91.
4) Vgl. Uhlig u.a. /Office/ 352.
5) Vgl. Müller-Böling, Müller /Akzeptanzfaktoren/ 16. Meier /Büroarbeit/ 16 spricht von 50% Personalkostenanteil der Führungs- und Fachkräfte bei nur einem Drittel zahlenmäßigen Anteil. Vgl. auch Dorney /Time/ 38, Hirsch /Produktivität/ 2, Kuba /Manager/ 457.
6) Vgl. Balzert /Systeme/ 809, Sorg, Zangl /Vorteile/ 474, Deutschmann /Management/ 91.
7) Vgl. W.H. /Arbeitseinteilung/ 614; zu neueren Forderungen vgl. Loewenheim /Office/ 184, Heilmann /Management/ 3.
8) Vgl. Müller-Böling /Technik-Euphorie/ 22ff., Müller-Böling, Ramme /Top-Manager/ 158ff.
9) Vgl. Lewin /Feldtheorie/ 271ff.

unterstützen - auf Persönlichkeitsfaktoren einerseits und Aufgabenerfordernisse andererseits Bezug zu nehmen. Hierbei unterstelle ich, daß gerade bei Führungskräften, anders als bei Sachbearbeitern und Assistenzkräften, die Bedeutung persönlichkeitsbedingter Faktoren größer ist. Bisherige Ansätze konzentrieren sich lediglich auf die Aufgabenerfordernisse bei der Gestaltung von Informations- und Kommunikationssystemen für Führungskräfte. Sie konstatieren etwa einen hohen Kommunikationsanteil von Führungskräften und schlußfolgern daraus einen großen Bedarf für Videokonferenzen oder Electronic Mail, ohne zu berücksichtigen, daß Führungskräfte persönlichkeitsbedingt ihren Kommunikationsbedarf sehr unterschiedlich etwa im Hinblick auf mündliche oder schriftliche Kommunikationsformen befriedigen.

Dieser Beitrag wird neben den aufgabenbedingten Anforderungen an neue Informations- und Kommunikationstechniken versuchen, auf der Basis empirischer Untersuchungen persönlichkeitsbedingte Anforderungen an Informations- und Kommunikationstechniken zu formulieren. Dies kann noch nicht auf der Grundlage eines umfassenden und abgesicherten Bezugsrahmens erfolgen. Die Befunde zeigen jedoch, daß der beschrittene Weg sowohl für Systemgestalter als auch für Hersteller gangbar und fruchtbar ist und damit nicht zuletzt nutzbringend für die Führungskräfte sein dürfte.

2. Einige Persönlichkeitsmerkmale, die den Umgang mit I+K-Techniken bestimmen

2.1. Kommunikations-Typen

Bei einer repräsentativen Gruppe deutscher Top-Manager[10] habe ich ermittelt, daß die Bandbreite der eingesetzten Kommunikationsmedien (Persönlicher Kontakt, Telefon, Brief, Kurzbrief / Aktennotiz, Haftnotiz und Telex/Teletex/Telefax) sehr groß ist.[11] Dennoch lassen sich Typen von Top-Managern finden, die gleiche oder zumindest sehr **ähnliche Kommunikationspräferenzen** haben. Mit Hilfe einer Clusteranalyse ermittelte ich Gruppen von Top-Managern, die sich hinsichtlich ihrer Medienpräferenz innerhalb einer Gruppe sehr ähnlich sind, zwischen den Gruppen aber stark voneinander unterscheiden.[12]

Kurz-Kommunikator
Eine Gruppe von Top-Managern (Cluster 1) verwendet besonders gern Kurzbriefe bzw. Aktennotizen und Haftnotizen. Top-Manager dieses Typs sind also gekennzeichnet durch eine besonders kurze und knappe Kommunikation, die der Informationsweitergabe oder Anweisungen dient. Ich habe diesen Typ daher Kurz-Kommunikator genannt. Kurz-Kommunikatoren sind mit insgesamt 64 Pro-

---

10) Als Top-Manager bezeichne ich alle Führungskräfte, die auf der obersten Hierarchieebene Führungsverantwortung tragen. Dies sind Vorstandsmitglieder oder Geschäftsführer, wobei 73 Prozent Unternehmen mit bis zu 500 Mitarbeitern leiten; vgl. Müller-Böling, Ramme /Top-Manager/ 47.

11) Vgl. Müller-Böling, Ramme /Top-Manager/ 116ff.

12) Ein kurzgefaßter Überblick über die Clusteranalyse mit Hinweisen auf weiterführende Literatur findet sich in Müller-Böling, Ramme /Top-Manager/ 263 ff.

zent am stärksten vertreten (Darstellung 1).

Schnell-Kommunikator
Eine zweite Gruppe von Top-Managern (Cluster 2) verwendet am liebsten schnelle Medien wie Telefon oder Telex / Teletex / Telefax. Gleichzeitig lehnen diese Top-Manager Haftnotizen und Kurzbriefe stark ab und sind auch sehr zurückhaltend im persönlichen Kontakt. Manager dieses Typs zielen auf eine besonders dringliche Kommunikation bei organisationsinternen wie -externen Partnern. Ich habe sie daher Schnell-Kommunikatoren genannt. Zu dieser Gruppe gehört ein Viertel der Top-Manager.

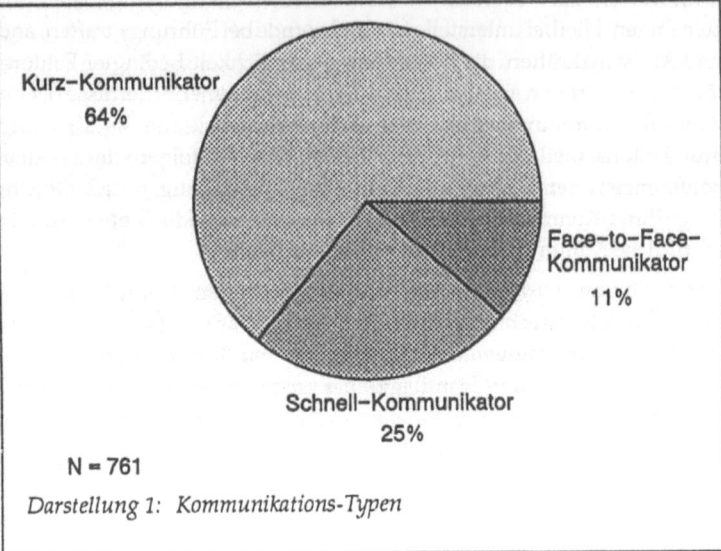

Darstellung 1: Kommunikations-Typen

Face-to-Face-Kommunikator
Die dritte Gruppe (Cluster 3) ist gekennzeichnet durch eine extreme Bevorzugung des persönlichen Kontakts unter weitgehender Ablehnung aller anderen Medien. Obwohl persönlicher Kontakt für alle Top-Manager besonders wichtig ist, gibt es mit insgesamt 11 Prozent nur verhältnismäßig wenig Top-Manager, die Kommunikation so ausschließlich von Angesicht zu Angesicht betreiben. Ich nenne diesen Typ von Top-Managern daher Face-to-Face-Kommunikator.

Daß die Zuordnung zu einem Kommunikations-Typ etwas mit der ausbildungsbedingten Sozialisation zu tun hat, belegt die Darstellung 2. So gibt es bei den Kurz-Kommunikatoren mehr Hochschulabsolventen. Dagegen sind die berufspraktisch ausgebildeten Top-Manager häufiger Schnell- oder Face-to-Face-Kommunikatoren. Akademiker bevorzugen eher einen auf kurze schriftliche Mitteilungen und Anfragen ausgerichteten Stil, dagegen sind Berufspraktiker tendenziell ent-

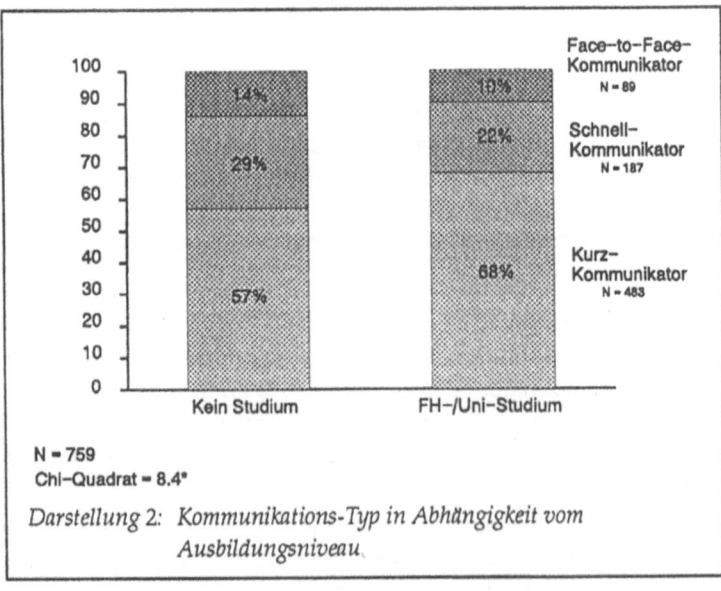

Darstellung 2: Kommunikations-Typ in Abhängigkeit vom Ausbildungsniveau

weder eher auf schnelle Kommunikation mittels Telefon oder Telex / Teletex / Telefax aus, oder sie bevorzugen mehr das persönliche Gespräch.

Lewin hat bereits betont, daß Person und Umwelt in einem starken wechselseitigen Verhältnis stehen.[13] Dies findet sich auch im vorstehenden Datenmaterial. Die aufgezeigten persönlichkeitsbedingten Trends treffen sich mit unternehmensbezogenen Zwängen oder Kulturen: Top-Manager in kleinen Unternehmen, die häufiger Berufspraktiker sind, kommunizieren lieber im persönlichen Face-to-Face-Kontakt, während Top-Manager aus großen Unternehmen eher auf Medien zugreifen, die eine kurze und dann schriftliche Kommunikation ermöglichen (Darstellung 3). Dies steht auch in Einklang mit Befunden von Mintzberg, nach denen in kleinen Organisationen die Kommunikation weniger formal ist, was sich in einer größeren Zahl von Telefonaten und Ad-Hoc-Besprechungen ausdrückt.[14] Dagegen nimmt der Zeitanteil für formale Sitzungen mit steigender Unternehmensgröße zu, und Telefonate nehmen ab.[15]

Letztlich spielt die Branche, in die das Unternehmen eingebettet ist, eine Rolle für den Kommunikationsstil (Darstellung 4). Top-Manager des Dienstleistungsbereichs

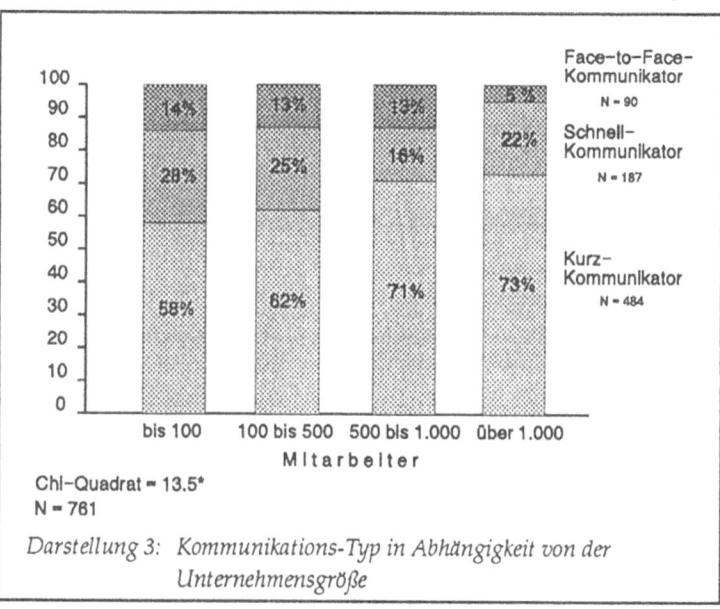

Darstellung 3: Kommunikations-Typ in Abhängigkeit von der Unternehmensgröße

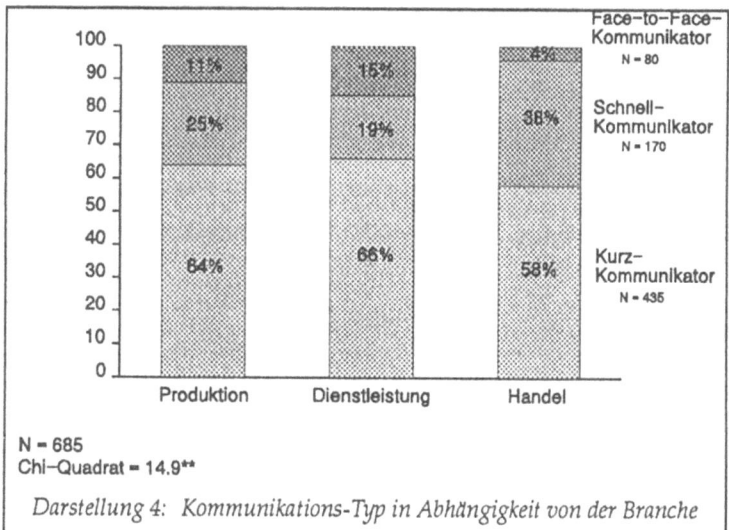

Darstellung 4: Kommunikations-Typ in Abhängigkeit von der Branche

---

13) Vgl. Lewin /Feldtheorie/ 271f.

14) Vgl. Mintzberg /Nature/ 107, sowie Stewart /Managers/ und Choran /Managers/, beide zitiert in Mintzberg /Nature/ 107.

15) Vgl. Ramme /Arbeit/ 234.

sind häufiger Face-to-Face- oder Kurz-Kommunikatoren, seltener jedoch Schnell-Kommunikatoren. Sie bevorzugen also entweder kurze schriftliche Kommunikation oder den persönlichen Kontakt. Top-Manager aus dem Handel bevorzugen dagegen die schnelle Kommunikation über die Postdienste und sind kaum Face-to-Face-Kommunikatoren. Top-Managern von Dienstleistungsunternehmen kommt es mehr auf den persönlichen Kontakt an, während ihre Kollegen aus dem Handel mündliche Kommunikation - wenn überhaupt - eher schnell über das Telefon abwickeln.

2.2. Psycho-Typen

Auf der Basis derselben empirischen Untersuchung lassen sich die deutschen Top-Manager entsprechend ihren psychographischen Eigenschaften in die folgenden Gruppen einordnen:

Der Kompromißlose
Eine Gruppe von Top-Managern (Cluster 1) schätzt sich im wesentlichen wie der Durchschnitt ein: weder konservativ noch progressiv, eher risikofreudig, mehr rational und qualitativ denkend. Diese Manager zeichnen sich in besonderer Weise dadurch aus, daß sie sich **eher für bestimmend als kompromißbereit** halten. Ich möchte diesen Typ daher den Kompromißlosen nennen. Er kommt mit 42 Prozent am häufigsten vor (Darstellung 5). Ältere Top-Manager gehören diesem Typ häufiger an als jüngere.

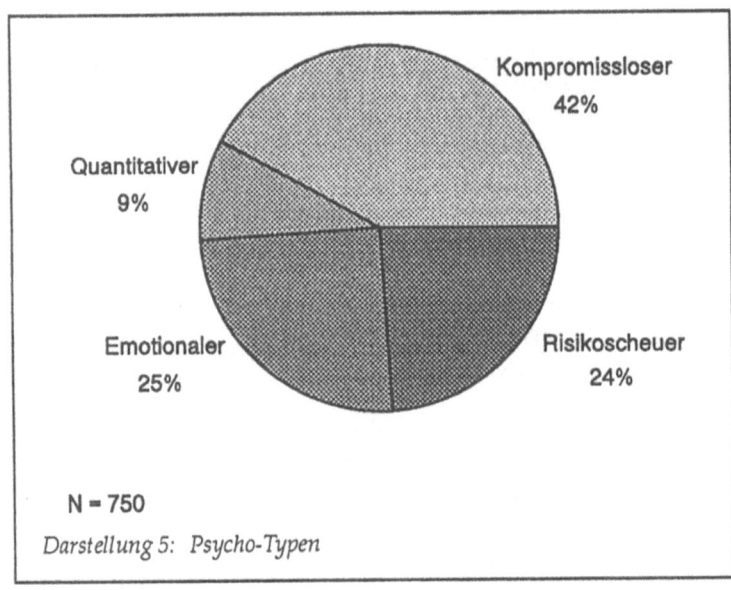

Darstellung 5: Psycho-Typen

Der Quantitative
Eine zweite Gruppe (Cluster 2) ist charakterisiert durch ein **ausgeprägtes quantitatives Denken**. Er entspricht in den sonstigen Eigenschaften bis auf die größere Kompromißbereitschaft dem Kompromißlosen. Wegen der extremen Ausrichtung auf zahlenbezogenes Denken nenne ich diesen Typ den Quantitativen. Zu dieser Gruppe gehören allerdings nur 9 Prozent der Top-Manager, wobei die jüngeren überwiegen. Nur in ganz wenigen Fällen hat er kein Studium absolviert. Er ist in erster Linie an der Führung von Unternehmen mit mehr als 500 Mitarbeitern beteiligt.

Der Emotionale
Die dritte Gruppe (Cluster 3) zeichnet sich gegenüber den anderen Typen durch eine **stark emotionale**, verbunden mit einer **progressiven Haltung** aus. Auch die Risikofreudigkeit ist noch etwas stärker ausgeprägt als bei den anderen Typen. Wegen der besonderen Dominanz des gefühlsmäßi-

gen Elements bezeichne ich diesen Typen als den Emotionalen. Ein Viertel der Top-Manager gehört dieser Gruppe an, wobei die meisten aus dem Kreis der 40 bis 50-Jährigen stammen. Besonders häufig ist er allein durch eine berufspraktische Ausbildung etwa in Form einer Lehre qualifiziert und arbeitet in mittelständischen Unternehmen bis 500 Mitarbeitern.

Der Risikoscheue
Die letzte Gruppe (Cluster 4) - ebenfalls mit einem Anteil von knapp 25 Prozent - ist durch eine von allen anderen Typen abweichende **Risikoabneigung** geprägt. Geringe Risikobereitschaft ist bei diesen Top-Managern gepaart mit einer tendenziell **konservativen Grundhaltung**. Entsprechend bietet sich für diesen Typ die Bezeichnung der Risikoscheue an. Die 50 bis 60-Jährigen sind in dieser Gruppe besonders stark vertreten. Häufiger haben sie lediglich ein Studium ohne berufspraktische Ausbildung absolviert und führen Kleinunternehmen mit bis zu 100 Mitarbeitern, seltener aus dem Bereich des produzierenden Gewerbes.

Es zeigt sich, daß diese Psycho-Typen beispielsweise unterschiedlich im Hinblick auf den Verhaltensdruck zur Nutzung neuer Techniken, der von Mitarbeitern oder Kollegen ausgeht, reagieren. Am wenigsten Restriktionen im Verhaltensbereich durch Kollegen oder Mitarbeiter sieht der Kompromißlose (Darstellung 6). Er beugt sich am wenigsten sozialem Druck, sondern setzt bestimmend seine eigene Auffassung durch. Ebenfalls recht wenig Verhaltens-

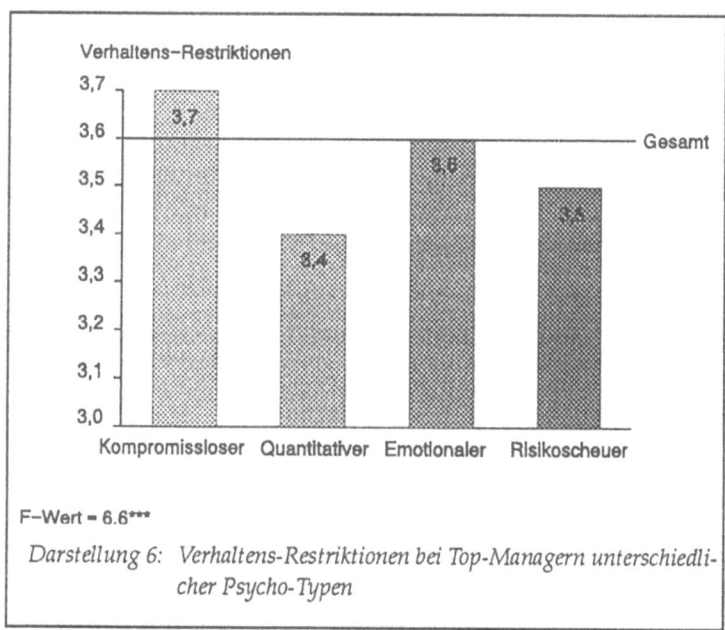

Darstellung 6: *Verhaltens-Restriktionen bei Top-Managern unterschiedlicher Psycho-Typen*

Restriktionen verspürt der Emotionale, der neben seiner eher gefühlsmäßigen Ausrichtung eine progressive Haltung verbunden mit einer größeren Risikofreude aufweist. Bereits relativ viele Verhaltens-Restriktionen empfindet der Risikoscheue, der zusätzlich eine eher konservative Grundhaltung aufweist. Am stärksten verhaltensmäßige Restriktionen sieht der Quantitative, der qualitative Elemente verdrängt zugunsten exakter Zahlen und eher zur Kompromißbereitschaft tendiert. Dies ist offensichtlich verbunden mit einem Nachgeben in Hinsicht auf den von außen herangetragenen sozialen Druck zur Nutzung neuer Techniken.

2.3. Tastaturphobie

Ein weiterer Punkt, der das Informations- und Kommunikationsverhalten von Führungskräften nachhaltig beeinflußt, ist ihre ausgeprägte Tastaturphobie. Immerhin sind 34 Prozent der Auffassung, daß es nicht ihre Aufgabe ist, an Tastaturen zu arbeiten. Zu einem sehr viel höheren Prozentsatz (72 Prozent) attestieren sie sich mangelnde manuelle Fertigkeiten, um Informations- und Kommunikationstechniken mit Hilfe einer Tastatur überhaupt bedienen zu können.[16] (Darstellung 7)[17]

Item	Zustimmung	Ablehnung	Indifferenz
Es ist nicht die Aufgabe von Führungskräften, an Tastaturen zu arbeiten.	34%	53%	13%
Es gibt kaum Führungskräfte, die eine Schreibmaschinentastatur flüssig bedienen können.	72%	12%	16%

Darstellung 7: Aussagen zu Führungskräften und Tastatur

Solange das überwiegende Interaktionsmedium mit Computern die Schreibmaschinentastatur ist, werden Top-Manager daher grundlegende persönlichkeitsbedingte Schwierigkeiten mit der Nutzung neuer I+K-Techniken haben. Auch für Komforttelefone wird ja unterstellt, daß sie die Lernfähigkeit oder -willigkeit von Top-Managern bereits überschreiten.[18] In Verbindung mit der Assoziation von minderwertigen Schreibkrafttätigkeiten ist die Tastatur ein **Kernproblem** für Top-Manager bei der Nutzung von Informations- und Kommunikationstechniken.

Als erstes **Zwischenfazit** kann festgehalten werden: Bei deutschen Top-Managern bestehen deutliche Unterschiede in den Kommunikationspräferenzen, die zumindest durch ausbildungs- und branchenbedingte Sozialisation sowie durch die Größe des Unternehmens, in der der Manager arbeitet, beeinflußt sind. Weiterhin haben unterschiedliche Psychogramme von Führungskräften einen Einfluß auf das Nutzungsverhalten neuer Techniken, wobei generell eine große Abneigung in der Benutzung einer Tastatur besteht.

3. Aufgabencharakteristika von Führungskräften

Die Arbeit von Führungskräften kann hinsichtlich

- des Fach- bzw. Führungsaufgabenanteils,
- der Führungsfunktionen (Planung, Organisation, ...) sowie
- der Aktivitäten (Lesen, Sitzungen leiten, ...)

charakterisiert werden.

---

16) Vgl. auch Streicher /EDV/ 42, Streicher /Ängste/ 100.

17) Zahlen entnommen Müller-Böling, Ramme /Top-Manager/ 167, 170.

18) Vgl. Weltz /Leitungsfunktion/ 470.

3.1. Führungsfunktionen

Auf der Basis der repräsentativen Studie deutscher Top-Manager lassen sich mit Hilfe von Clusteranalysen Gruppen von Top-Managern bilden, die sich hinsichtlich ihrer Art der Aufgabenerfüllung sehr ähnlich sind.[19] Legt man die Führungsfunktionen in Verbindung mit den Fachaufgabenanteilen zugrunde, dann ergeben sich die folgenden Typen:

Mannschaftskapitän

Eine Gruppe von Top-Managern (Cluster 3) ist dadurch geprägt, daß sie hohe Zeitanteile in den Führungsfunktionen **Menschenführung, Steuerung / Kontrolle** sowie **Repräsentation** aufweist. Der **Fachaufgabenanteil** ist bei diesen Top-Managern besonders gering. Häufig bezieht er sich auf die Fachaufgaben **Verwaltung, Personal, Finanzen**, also auf übergreifende Aufgaben. Sie sind daher am ehesten **Generalisten**. Wegen des hohen Anteils der Verantwortung für die Mitarbeiter sowie der Gesamtverantwortung für das Unternehmen nenne ich diese Top-Manager Mannschaftskapitän. Unter deutschen Top-Managern ist der Mannschaftskapitän mit 63 Prozent am häufigsten vertreten (Darstellung 8). Der Mannschaftskapitän ist in **Kleinbetrieben** mit bis zu 100 Mitarbeitern etwas seltener als in größeren Betrieben, obwohl er auch hier der dominierende Funktions-Typ ist. Der Anteil an **Akademikern** ist etwas höher als der Anteil berufspraktisch ausgebildeter Top-Manager.

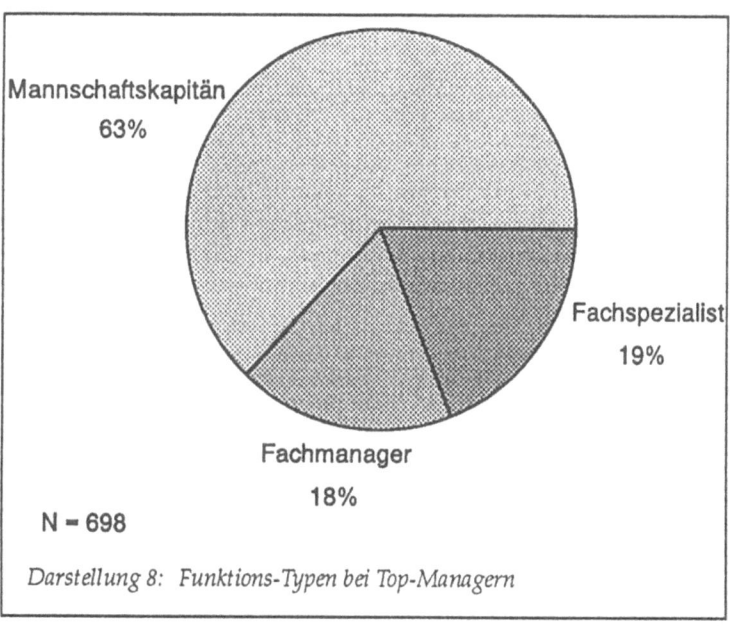

Darstellung 8: Funktions-Typen bei Top-Managern

Fachmanager

Eine zweite Gruppe von Top-Managern (Cluster 1) widmet den Führungsfunktionen **Organisation** und **Planung** besonders viel Zeit. Dagegen ist die Repräsentationsfunktion unterausgeprägt. Der **Fachaufgabenanteil** ist deutlich höher als bei dem Mannschaftskapitän, wobei keine Schwerpunkte hinsichtlich einzelner Fachaufgaben erkennbar sind. Da diese Top-Manager auf der einen Seite einen hohen Anteil an Fachaufgaben aufweisen, andererseits aber mit der Organisation und Planung sowie der Menschenführung wesentliche Managementfunktionen übernehmen, nenne ich sie Fachmanager. Mit 18 Prozent ist er unter deutschen Top-Managern bedeutend seltener als der Mann-

---

[19] Zum Vorgehen detaillerter Ramme /Arbeit/ 198ff. und /Typisierung/ 2ff.

schaftskapitän vertreten. Der Fachmanager findet sich in allen Größenklassen von Unternehmen gleichmäßig wieder, lediglich in **Großbetrieben** mit mehr als 1.000 Mitarbeitern ist er etwas seltener. **Akademiker** und **Nichtakademiker** halten sich die Waage.

Fachspezialist

Eine dritte Gruppe von Top-Managern (Cluster 2) weist besonders hohe Fachaufgabenanteile auf. Diese beziehen sich in erster Linie auf die Fachaufgaben **Beschaffung, Produktion, F&E** sowie Kombinationen davon. Allgemeine Verwaltungs-, Personal- oder Finanzierungsaufgaben sind deutlich seltener. Der Anteil an allen Führungsfunktionen, insbesondere aber an der Menschenführung, ist im Verhältnis zu den anderen beiden Gruppen besonders niedrig ausgeprägt. Wir haben es hier mit einem Top-Manager zu tun, der viel mit Fachaufgaben beschäftigt ist und weniger Führungsaufgaben wahrnimmt. Daher nenne ich die Top-Manager dieser Gruppe Fachspezialisten. Die Gruppe ist mit einem Anteil von 19 Prozent praktisch genauso groß wie die der Fachmanager. Fachspezialisten arbeiten überdurchschnittlich häufig in **Kleinbetrieben** mit bis zu 100 Mitarbeitern, bei denen die Fachaufgabe im Verhältnis zur Administration noch deutlich im Vordergrund steht. Der **Nichtakademiker-Anteil** überwiegt.

3.2. Aktivitäten

Untersucht man die Aktivitäten der Top-Manager, dann ergibt sich eine sehr deutliche Unterteilung nach den drei Aktivitätsklassen Kommunikation, Schreibtischarbeiten und außerbetriebliche Aktivitäten.[20]

Kommunikator

In der ersten Gruppe von Top-Managern (Cluster 1) ist der Zeitanteil, der für **Kommunikationsaktivitäten** aufgewandt wird, herausragend hoch, während Schreibtischaktivitäten und außerbetriebliche Aktivitäten unterdurchschnittlich ausfallen. Diese Top-Manager verbringen die meiste Zeit mit Besprechungen oder mit Telefonaten und in Sitzungen. Es liegt nahe, die Top-Manager dieser Gruppe mit der Bezeichnung

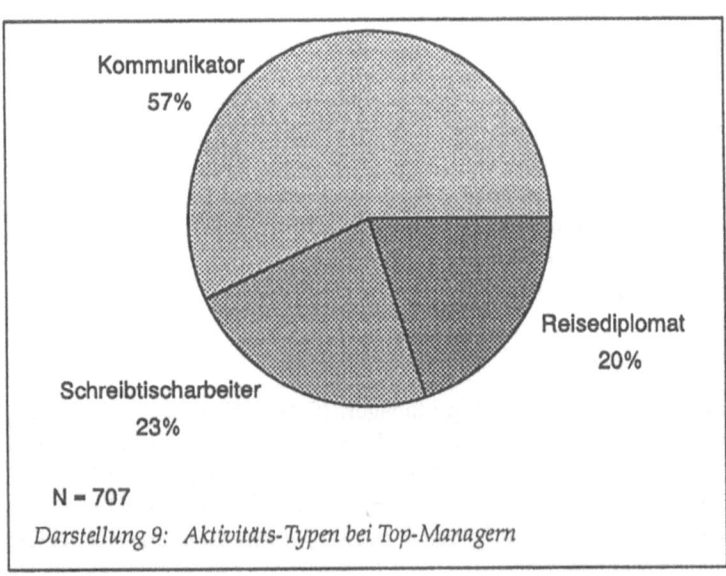

Darstellung 9: Aktivitäts-Typen bei Top-Managern

---

20) Vgl. Stewart /Managers/ 102ff., die ebenfalls auf der Basis von Clusteranalysen sehr ähnliche Jobtypen ermittelt.

Kommunikator zu belegen. Der Kommunikator ist mit 57 Prozent der unter den Top-Managern am häufigsten vertretene Typ (Darstellung 9).

Schreibtischarbeiter
Eine zweite Gruppe von Top-Managern (Cluster 3) sitzt die meiste Zeit am **Schreibtisch** und verbringt deutlich weniger Zeit mit Kommunikation oder außerbetrieblichen Aktivitäten. Der Schwerpunkt der Arbeiten liegt im Verfassen und Lesen von Schriftstücken einschließlich der eingehenden und ausgehenden Post. Die Top-Manager dieser Gruppe nenne ich daher Schreibtischarbeiter. Sie arbeiten mit 58 Stunden in der Woche etwas weniger als der Durchschnitt[21] und stellen mit 23 Prozent knapp ein Viertel aller Top-Manager.

Reisediplomat
Der dritten Gruppe (Cluster 2) gehören all jene Top-Manager an, die besonders viel außerhalb des Unternehmens engagiert sind durch Arbeitsessen und Empfänge, Tagungen und Kongresse, Gremienarbeit oder Vorträge. Dabei fallen die Schreibtischarbeit sowie die Kommunikation auf Sitzungen, Besprechungen oder bei Telefonaten im Verhältnis zu den übrigen Top-Managern geringer aus. Dies schlägt sich auch in einer mit 60 Stunden etwas höheren Wochenarbeitszeit nieder. In die Gruppe der Reisediplomaten fallen 20 Prozent aller Top-Manager.

Betrachtet man den Zusammenhang zwischen Funktionen und Aktivitäten, also die Frage, ob Fachspezialisten beispielsweise mehr kommunizieren oder am Schreibtisch sitzen, so fällt auf, daß es **keinen** statistisch signifikanten Zusammenhang gibt (Darstellung 10). Unter den Mannschaftskapitänen gibt es praktisch gleichviel Kommunikatoren,

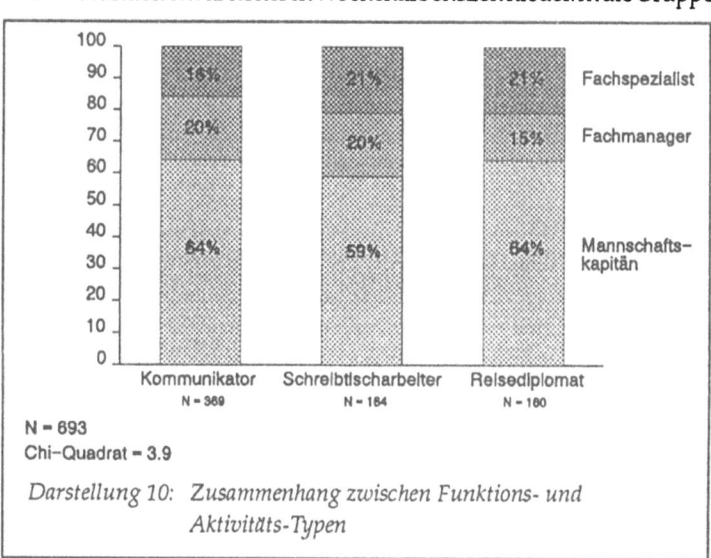

Darstellung 10: *Zusammenhang zwischen Funktions- und Aktivitäts-Typen*

Schreibtischarbeiter oder Reisediplomaten. Genauso verhält es sich beim Fachmanager und beim Fachspezialisten. Einzelne funktionale Aufgabenschwerpunkte werden also nicht über bestimmte Aktivitäten realisiert. Dieser Befund **stützt** generell **das Konzept**, Arbeit von Führungskräften über Funktionen, Fachaufgaben und Aktivitäten zu analysieren.

Das zweite **Zwischenresümee** lautet daher, daß Führungskräftearbeit sehr differenziert ausfällt und von den Funktionen und den Aktivitäten her auch sehr unterschiedlich wahrgenommen wird. Auch dies kann nicht ohne Auswirkungen auf die einzusetzende Informations- und Kommunikationstechnik sein.

---

21) Vgl. Ramme /Arbeit/ 222. Die Differenz ist statistisch signifkant.

4. Gestaltung von Informations- und Kommunikationstechniken nach organisatorischen Anforderungen und persönlichen Bedürfnissen

Bereits diese wenigen Ausführungen haben deutlich gemacht, daß die Unterstützung der Arbeit von Führungskräften sehr differenziert angegangen werden muß. Darüber hinaus gilt, daß, auch wenn eine technische Unterstützung unter organisatorischen Gesichtspunkten möglich oder sinnvoll wäre, damit der einzelne Manager noch lange nicht erfolgreicher sein muß. Vielmehr ist die technische Unterstützung des Arbeitsplatzes eines Top-Managers nach generellen organisatorischen Anforderungen, die sich aus den Aufgaben ergeben, zum anderen nach seinen persönlichen Bedürfnissen, die sich aus seiner Ausbildung, seiner Risikoneigung seinen Kommunikationspräferenzen usw. ergeben, auszurichten.[22]

Diese generelle These möchte ich anhand der vorhergehenden Differenzierungen im Hinblick auf Persönlichkeit und Aufgaben einerseits und mögliche Informations- und Kommunikationstechniken andererseits zumindest an einigen Beispielen näher demonstrieren. Mögliche Informations- und Kommunikationstechniken manifestieren sich in den Medien der Zukunft, wobei diese Zukunft zu einem großen Teil bereits begonnen hat.

4.1. Beispiele für aufgabenbedingte Anforderungen

Die organisatorischen Anforderungen bilden den personenunabhängigen Teil des Kriterienkatalogs, den wir an Informations- und Kommunikationstechniken zu stellen haben. Am bedeutendsten ist dabei die Aufgabe.[23] Nicht unberechtigt machen Top-Manager die Nutzung von Informations- und Kommunikationstechniken davon abhängig, ob ihre Aufgaben besser erfüllt werden.[24] Häufiger wird dies recht skeptisch beurteilt.[25] Vielfach ist dies aber lediglich Ausdruck der Vielfalt der Aufgaben. Die vielbeschworene Komplexität der Arbeit von Top-Managern bedeutet nichts anderes, als daß es viele verschiedene Teilaufgaben gibt, die jeweils anders organisiert oder technisch unterstützt werden müssen.

(1) Führungsfunktionen
So liegen beim **Mannschaftskapitän** die Schwerpunkte in den Führungsfunktionen Mitarbeiterfüh-

---

22) Ähnlich Reichwald, Stauffert /Bürokommunikationstechnik/ 6, die jedoch nur auf das Kommunikationsverhalten abstellen. Vgl. auch die Ergebnisse einer Unternehmensumfrage in o.V. /Führung/ 14.

23) Die Ausrichtung auf die Führungsaufgaben wird vielfach gefordert; vgl. Reichwald, Stauffert /Bürokommunikationstechnik/ 6, Tiemeyer, Herzog /PC-Nutzung/ 28, o.V. /Manager-Arbeitsplatz/ 46.

24) Vgl. Müller-Böling, Ramme /Top-Manager/ 178.

25) Vgl. Reichwald, Stauffert /Bürokommunikationstechnik/, Rauch /Computerunterstützung/.

rung, Controlling und Repräsentation, während spezielle Fachaufgaben in den Hintergrund treten. Dementsprechend ist der Mannschaftskapitän ganz anders informations- und kommunikationstechnisch zu unterstützen als etwa der Fachspezialist.

Für die Repräsentationsfunktion besteht keine Möglichkeit der Technikunterstützung.[26] Repräsentation bedeutet das Unternehmen durch die Gegenwart von Personen darzustellen. Diese Anwesenheit, die gesamtheitlich zu erfolgen hat, kann nicht über Medien der technischen Kommunikation ersetzt werden, auch wenn in einigen wenigen Einzelfällen eine Vertretung über Videokonferenzen oder Bildtelefon möglich sein mag. Anders dagegen die Controllingfunktion. Hierfür ist Technikunterstützung in Form von Berichts-, Signal- oder Abfragesystemen möglich.[27] Berichtssysteme liefern zu bestimmten Zeiten festgelegte Inhalte. Das Dilemma besteht darin, kurze übersichtliche Informationen zu verbinden mit Grundlagen über die Herkunft und die Verdichtungsalgorithmen der Daten, die erst das Vertrauen in die Zuverlässigkeit der Informationen vermitteln. Signalsysteme liefern Informationen bei Über- oder Unterschreiten vorher definierter Grenzwerte. Sie berichten beispielsweise über besondere Umsatzeinbußen im Handel oder über einen starken Anstieg im Wertpapiergeschäft einer Bank. Bei Abfragesystemen fragt der Manager gezielt in einem Datenbestand, etwa abends nach dem Tagesumsatz oder der Monats-Gewinn-und-Verlustrechnung.

Mitarbeiterführung bedeutet in erster Linie Kommunikation. Auf sie gilt es im Zusammenhang mit den Aktivitäten noch einmal zurückzukommen. Insgesamt sind die Unterstützungsmöglichkeiten des Mannschaftskapitäns wegen des generellen Charakters seiner Führungsfunktionen recht eingeschränkt.

Anders dagegen beim **Fachspezialisten**. Er zeichnet sich dadurch aus, daß bei ihm die Führungsfunktionen zurücktreten zugunsten eines großen Anteils an Fachaufgaben. Top-Manager in Dienstleistungsunternehmen beschäftigen sich dabei schwerpunktmäßig eher mit den nach innen gerichteten Fachaufgaben Verwaltung, Personal, Finanzen, während Top-Manager des Handels mehr die nach außen orientierten Aufgaben Beschaffung und Absatz vertreten. Im produzierenden Gewerbe finden wir die meisten Top-Manager mit Kombinationen aller Aufgabenklassen. Insbesondere für das Finanzmanagement bestehen eine Vielzahl von technischen Unterstützungsmöglichkeiten. Sie reichen von der Datenbankabfrage des aktuellen Dollarkurses bis hin zu Investitionsrechnungen oder Bilanzanalysen. Für den Top-Manager sind gerade auch im Zuge eines wirkungsvollen Cash-Managements akutelle Daten über den Geld-, Kapital-, Devisen und Aktienmärkte relevant.[28] Sowohl für den Beschaffungs- wie für den Absatzbereich sind Datenbankinformationen ebenfalls eine wesentliche Entscheidungsgrundlage. Hierbei kann es sich um Informationen über Produkte oder Preise und Konditionen, über Kunden oder Lieferanten handeln. Diese Informationen können in internen oder externen Datenbanken verfügbar sein. Darüber hinaus sind Nutzungen von Systemen zur Ermittlung der optimalen Bestellmenge oder der Make-or-Buy-Entscheidung, von Verkaufsinformationssystemen, die Verkaufsvorgänge erfassen und auswerten, oder von Verkäuferinformationssystemen zur Steuerung des Außendienstes möglich.[29]

---

26) Vgl. Maciejewski /Boß/ 32.

27) Vgl. auch zum folgenden Heilmann /Management/ 7f. Nach Krober /Planung/ 13 gehören 80 Prozent der Systeme, die von bzw. für Manager genutzt werden, zu diesen Typen.

28) Vgl. Tiemeyer, Herzog /PC-Nutzung/ 34f.

29) Vgl. Tiemeyer, Herzog /PC-Nutzung/ 36.

Die Palette im Hinblick auf die Unterstützung von Fachaufgaben ist riesengroß und läßt sich hier nur andeuten. Noch umfangreicher wird das Problem, wenn wir uns vergegenwärtigen, daß Top-Manager in der Regel für mehrere Fachaufgaben verantwortlich sind, so daß ein Dilemma besteht zwischen der Komplexität des technischen Systems und der Forderung nach einfacher Handhabbarkeit, da die Manager sich in mehrere Systeme einarbeiten müßten.[30] Gerade hierbei stellen sich erhebliche Anforderungen an eine einheitliche Bedieneroberfläche, die bisher bei weitem nicht realisiert ist. Dies wirkt sich insbesondere bei Top-Managern sehr negativ aus, da sie nicht zu den Vielnutzern gehören.[31]

Fachspezialisten unter den Top-Managern arbeiten häufiger in Kleinbetrieben, bei ihnen ist der Anteil an Nicht-Akademikern höher. Häufig müssen sie alle Fachaufgaben von der Beschaffung über die Produktion und den Absatz selbst erfüllen und können nur sehr begrenzt an Mitarbeiter delegieren. Da sie von der Ausstattung nicht in der Lage sind, eigene Systeme zu entwickeln bzw. von den Kosten her, maßgeschneiderte Systeme entwickeln zu lassen, benötigen diese Top-Manager Standard-Anwendungspakete, die leicht verständlich und bedienbar sind. Hier bietet sich ein besonders großes Entwicklungsfeld für Systemhäuser und Software-Hersteller. Bei einem Anteil von 19 Prozent gibt es immerhin knapp 60.000 Top-Manager in Deutschland, die Fachspezialisten sind.

(2) Aktivitäten

Das Scheitern der Management-Informations-Systeme[32] in den siebziger Jahren ist zu einem wesentlichen Teil darauf zurückzuführen, daß man sich zuviel an den Fachaufgaben orientiert hat und nicht an den Aktivitäten.[33] Zu wenig wurde berücksichtigt, welche Informationen eine Führungskraft braucht und wie sie sie beschafft. Es geht also um die Frage, ob Manager sich informieren, indem sie an vielen Konferenzen teilnehmen, indem sie viele Berichte oder Fachzeitschriften lesen, indem sie bei Arbeitsessen oder Besprechungen informelle Kontakte suchen oder ob sie viel Zeit damit verbringen, in die Produktionshalle zu gehen, um vor Ort Informationen über ein zu lösendes Problem zu suchen. Dies stellt auf die Aktivitäten von Führungskräften ab.

So hat der **Kommunikator** einen besonders hohen Anteil an Sitzungen, Besprechungen und Telefonaten. Dabei ist das Telefon **das** Kommunikationsmedium des Top-Managers. Es wird bei jedem Kommunikationspartner, Kommunikationszweck und Kommunikationsinhalt eingesetzt.[34] und stellt derzeit die einzige technische Unterstützung dar, die von allen Managern akzeptiert wird. In Form der Komforttelefone werden die seit knapp 100 Jahren zumindest von der Funktion her unveränderten Telefone derzeit erstmalig verbessert. Eine der wichtigsten neuen Funktionen dürfte das Abstellen sein. Erstmals kann man sich dann der Kommunikationsaufnahme auch beim Telefon **ingenieurtechnisch** entziehen. Eine wichtige Funktion des Sekretariats, die Abschottungsfunktion für die Führungskraft, die organisatorisch eingeführt werden mußte, wird nunmehr technisch lösbar. Durch die Anklopffunktion, bei der der Teilnehmer auf einem Display sichtbar ist, wird es dann auch möglich sein, ohne ein zwischengeschaltetes Sekretariat die Entscheidung über Annahme oder Nicht-Annahme des Gesprächs zu treffen. Insofern sind Komforttelefone insbesondere für die Führungskräfte eine zusätzliche Unterstützung die nicht über ausreichende Sekretariatsservice verfügen. Dies ist insbesondere bei den Top-Managern von Kleinunternehmen mit bis zu 100 Beschäftig-

---

30) Vgl. Lippold /Management/ 25.
31) Vgl. Rauch /Computerunterstützung/ 108, Reichwald, Stauffert /Bürokommunikationstechnik/ 12, o.V. /Manager-Arbeitsplatz/ 46.
32) Vgl. dazu Karcher /Einsatzchancen/ 386.
33) So auch Mintzberg /Myths/ 96.
34) Vgl. Müller-Böling, Ramme /Top-Manager/ 133.

ten - immerhin 31 Prozent der deutschen Top-Manager - der Fall. Funktionen, die bei fehlendem oder nur zeitweise verfügbarem Sekretariat helfen können, sind:
Anklopfen, Wahlwiederholung, Kurzwahl, automatischer Rückruf, Anrufumleitung, Abstellen.

Für alle Führungskräfte, unabhängig davon, ob sie sekretariatsmäßig ausreichend unterstützt werden oder nicht, sind die folgenden Funktionen hilfreich
Freisprechen und Lauthören, Notizbuchfunktionen, Konferenzgesprächsführung, Sprachspeicher.

Mit dem Sprachspeicher wird das Telefon auch zu einem asynchronen Kommunikationsmedium. Eines der größten Probleme von Top-Managern ist die Kommunikationsaufnahme zu einem Partner. Da beim Telefon synchrone Kommunikation vorliegt, müssen beide Kommunikationspartner zur selben Zeit verfügbar sein. Dies ist sehr selten der Fall.[35] Durch das Hinterlegen von Informationen oder Anfragen wird asynchrone Kommunikation ermöglicht.

Die mündliche Kommunikation per Telefon kann wesentlich erweitert werden durch die zusätzliche Übertragung eines Bewegtbildes des Gesprächspartners. Zwar besteht gegen das Bildtelefon derzeit eine breit gestreute emotionale Ablehnungsfront, die stets mit dem Schutz der Intimsphäre begründet wird, der beim herkömmlichen Telefon noch als gesichert gilt.[36] Dennoch wird sich das Bildtelefon durchsetzen, weil es einen menschlicheren Umgang in der Kommunikation ermöglicht. Auch nonverbales Verhalten ist Kommunikation.[37] Zumindest ein Teil dieses Verhaltens kann über den Bildschirm vermittelt werden. So sind beispielsweise Gesprächspausen im herkömmlichen Telefon unerträglich, weil man nicht weiß, ob der Teilnehmer aufgelegt hat, die Verbindung unterbrochen wurde oder "nur" nachdenkt. Insofern gibt es einen deutlichen Hang zum unterbrechungslosen Sprechen am Telefon. Beim Bildtelefon werden Pausen tolerierbar, weil man sieht, daß der Gesprächspartner nachdenkt. Es entstehen also andere Gesprächsformen, die sich auch auf den Inhalt ausdehnen werden. Allerdings wird die Durchdringung des Bildtelefons in erheblichem Maße von der Bildqualität abhängen. Ein halber Fernsehstandard mit verlangsamtem Bewegungsablauf - wie er derzeit von der Deutschen Bundespost angestrebt wird[38] - wird für eine breite Akzeptanz nicht ausreichend sein.

Während also für den Kommunikator eine Vielzahl von Informations- und Kommunikationstechniken grundsätzlich zur Verfügung stehen, sieht die Situation etwa beim **Reisediplomaten** völlig anders aus. Weite Bereiche seiner Tätigkeiten sind durch Informations- und Kommunikationstechniken nicht unterstützbar. Dies gilt für die externe Aus- und Weiterbildung, für die Gremienarbeit oder für Abendessen und Empfänge. Diese Tätigkeiten nehmen über alle Top-Manager hinweg immerhin 20 Prozent der Arbeitszeit ein. Gerade die außerbetrieblichen Veranstaltungen sind außerordentlich entscheidend für den Erhalt sowie die Einordnung und Bewertung von Informationen. Ebenso ist das Knüpfen von Verbindungen auf diesen Veranstaltungen ein für die Führungsarbeit gar nicht hoch genug einzuschätzender Effekt. Verträge - und darum geht es bei wirtschaftlichem Handeln, ob es Kaufverträge, Kooperationsverträge, Einstellungsverträge usw. sind - Verträge gründen sich letztlich auf Vertrauen, Vertrauen darauf, daß der Geschäftspartner den Vertrag auch erfüllt. Dieses grundlegende Vertrauen ist am ehesten über den persönlichen Kontakt - vielleicht gerade auch in der gelockerteren Atmosphäre eines Arbeitsessen oder eines Empfangs herzustellen.

---

35) Vgl. Müller-Böling, Ramme /Top-Manager/ 100.

36) "Da muß ich ja immer lächeln." "Ich bin froh, wenn mich morgens keiner sieht."

37) Vgl. Frey /Kommunikation/.

38) Vgl. Bundesministerium /Bildtelefon/.

So sind häufig weniger die Mitgliederversammlungen bei einem Verband oder die Vorträge auf einer Tagung, sondern das anschließende Abendessen bzw. der gemeinsame Empfang die wichtigeren Teile der Veranstaltung für die Führungskraft. Videokonferenzen können daher nur eine begrenzte Alternative für den Reisediplomaten sein. Zwar sind Energie- und Reisekosten einzusparen und die kostbare Arbeitszeit des Top-Managers geht nicht durch Reisezeiten verloren.[39] Dies erweist sich inbesondere als vorteilhaft für das Krisenmanagement, wenn schnell Informationen ausgetauscht, Probleme gelöst oder Arbeitsanleitungen gegeben werden müssen.[40] Videokonferenzen setzen allerdings den vorherigen persönlichen Kontakt zum Aufbau von Vertrauen zwischen den Kommunikationspartnern voraus.[41] Dieser Vertrauensaufbau vollzieht sich nicht nur in der engeren Sitzungszeit, sondern gerade bei vorgelagerten oder nachgelagerten sogenannten "gesellschaftlichen Ereignissen", die sich um die reine geschäftliche Kommunikation herumranken. Dies können gemeinsame Abendessen, Spaziergänge, Theaterbesuche oder Feste sein.[42] Damit verbunden ist nicht zuletzt auch gesellschaftliche Anerkennung, Prestige und Abwechslung.[43]

Ein Kernproblem des Reisediplomaten besteht in der mit den Reisen verbundenen Abwesenheit von seiner Mutterorganisation. Das bedeutet Abwesenheit von seinen Assistenzkräften, Abgeschnittensein vom Informationsfluß, Abgekoppeltsein von unternehmensinternen Entscheidungsprozessen. Die Erreichbarkeit kann erhöht werden durch den Cityruf-Dienst der Deutschen Bundespost, bei dem Kurztexte auf eine scheckkartengroße Empfangseinheit übertragen werden. Wesentlich komfortabler gestaltet sich das Mobiltelefon, bei dem sprachliche Kommunikation ortsunabhängig ermöglicht wird. Mittlerweile ist das Mobiltelefon im Auto weit verbreitet und zählt bereits mit zum Statussymbol eines Top-Managers. Zu bedenken ist dabei allerdings auch, daß Reisezeiten häufig ungestörte Lesezeiten gewesen sind. Die Störungen durch das Telefon, die Top-Manager als sehr unangenehm empfinden,[44] erstrecken sich nunmehr auch auf diesen bisherigen Freiraum.

Für die schriftliche Kommunikation stehen dem Reisediplomaten leistungsfähige tragbare Personal Computer (Laptops) zur Verfügung. Sie können zur Schriftguterstellung, als komfortables Notizbuch, als Kalender oder vernetzt zur Datenbankabfrage und für Electronic Mail eingesetzt werden. Allerdings haben sie immer noch ein erhebliches Gewicht und sind in der Form eines Aktenkoffers recht sperrig. In Verbindung mit dem übrigen Gepäck ist der Transport also aufwendig. Ideal wäre ein Computer in Taschenkalendergröße.[45]

Diese wenigen Beispiele sollten lediglich die grundsätzliche Notwendigkeit einer nach Aufgaben bzw. Aufgabenschwerpunkten differenzierten Auswahl von Informations- und Kommunikationstechniken für Führungskräfte demonstrieren. Sie ließen sich im Hinblick auf Electronic Mail für den Schreibtischarbeiter oder Expertensysteme für den Fachmanager fortsetzen.[46]

---

39) Vgl. Karcher /Einsatzchancen/ 387.

40) Vgl. Maciejewski /Boß/ 32.

41) Vgl. Karcher /Kommunikationsstrukturen/ 386.

42) Nicht von ungefähr ist beispielsweise ein wesentliches Abrüstungsergebnis der letzten Jahre auf einem Waldspaziergang erzielt worden.

43) Vgl. Karcher /Kommunikationsstrukturen/ 388, Maciejewski /Boß/ 34.

44) Vgl. Müller-Böling, Ramme /Top-Manager/ 99 f.

45) Vgl. Dählmann, Henkel /Management/ 19.

46) Vgl. zu einem detaillierteren Versuch Müller-Böling, Ramme /Top-Manager/ 197 ff.

4.2. Beispiele für persönlichkeitsbedingte Anforderungen

Daß der Einsatz von Informations- und Kommunikationstechniken nicht nur nach aufgabenbezogenen Kriterien erfolgen soll, sondern auch nach den persönlichen Bedürfnissen jedes einzelnen Top-Managers ist ein wesentliches Anliegen dieses Beitrages. Individuelles Kommunikationsverhalten und Informationsgewohnheiten sind dabei zu berücksichtigen.[47] Ich habe versucht, diese Aspekte mit Hilfe der Kommunikationspräferenzen, den psychographischen Merkmalen von Top-Managern sowie ihrer Tastaturphobie aufzugreifen. Dies kann nur ein erster Anfang im Hinblick auf eine bedürfnisorientierte Auswahl von Informations- und Kommunikationstechniken sein.

(1) Kommunikationspräferenzen

Face-to-Face-Kommunikatoren konzentrieren sich ausschließlich auf persönliche Kontakte. Sie sind mit lediglich 12 Prozent aller Top-Manager relativ selten. Diese Top-Manager, die in Großunternehmen praktisch nicht vertreten sind, weil dort auf schriftliche Kommunikation nicht verzichtet werden kann, brauchen keine Technikunterstützung. Ideenfindung, Verhandlungen und Entscheidungsfindung sind die Domäne des persönlichen Kontakts und nur begrenzt auf Videokonferenzen realisierbar. Face-to-Face-Kommunikatoren brauchen bestenfalls noch ein Telefon, wobei ein Bildtelefon für sie auch nur unternehmensextern in Frage käme. Unternehmensintern werden sie mit Sicherheit den kurzen Weg zum Büro ihres Kommunikationspartners suchen. Bei älteren Top-Managern ist der Hang zum persönlichen Gespräch noch ausgeprägter, jüngere greifen schon mal häufiger zum Telefon. Durch den starken persönlichen Kontakt entstehen allerdings auch Probleme in der Erreichbarkeit, der Informationsweiterleitung, der Informationsrückkopplung und der Abkopplung von Informationsflüssen durch gesprächsbedingte Abwesenheit.[48] Der Face-to-Face-Kommunikator wird aber diese Probleme gern zugunsten der Vorteile in Kauf nehmen:

- Unmittelbarkeit und Direktheit des Dialogs
- Austauschmöglichkeiten für vertrauliche, persönliche, komplexe Informationen
- persönliche Nähe der Kommunikationspartner.[49]

Der **Kurz-Kommunikator** hat dagegen einen erheblich höheren Anteil an schriftlicher Kommunikation, den er derzeit am liebsten über Kurzbriefe / Aktennotizen sowie Haftnotizen abwickelt. Diese Medien dienen der Informationsweitergabe und der Anweisung bei vertrauten oder bekannten Personen.[50] Die schriftlich dokumentierte Kommunikation dient der Eindeutigkeit, aber auch der späteren Kontrollmöglichkeit etwa von Anweisungen. Die geeignete Unterstützung für diesen Typ ist daher Electronic Mail für die Übermittlung kurzer Texte in Verbindung mit einer automatischen Ablage und der Möglichkeit der Rückverfolgung ganzer Vorgangsketten. Dies gilt in jedem Fall für die unternehmensinterne Kommunikation. Darüber hinaus kommen natürlich für kurze Informationsweiterleitungen, die nicht dokumentiert werden müssen, Komforttelefone mit Sprachspeicher in Frage.

Der **Schnell-Kommunikator** zeichnet sich bereits heute durch eine überdurchschnittliche Nutzung von neuen Medien aus. Er kommuniziert am liebsten über Telefon sowie die Postdienste Telex / Te-

---

47) Vgl. Reichwald, Stauffert /Bürokommunikationstechnik/ 6, Tiemeyer, Herzog /PC-Nutzung/ 32.

48) Vgl. Reichwald, Stauffert /Bürokommunikationstechnik/ 8.

49) Vgl. Reichwald, Stauffert /Bürokommunikationstechnik/ 10f.

50) Vgl. Müller-Böling, Ramme /Top-Manager/ 133.

letex/ Telefax.[51] Zu der dringlichen Informationsweitergabe mit Hilfe der Postdienste kann bei einer entsprechenden Integration etwa mit der Textverarbeitung Electronic Mail treten. Einkommende Nachrichten können dann unmittelbar ohne Medienbruch kommentiert oder unkommentiert weitergeleitet werden. Hinsichtlich des Telefons dürfte dieser Typ aufnahmebereit sein auch für alle Weiterentwicklungen in Hinsicht auf Sprachspeicherung und Bewegtbild.

(2) Psychographische Merkmale

Grundlegende psychische Eigenschaften führen zu unterschiedlichem Denken und damit auch zu unterschiedlichem Informations- und Kommunikationsverhalten. Mintzberg unterscheidet nach den Funktionen der beiden Gehirnhälften ganzheitlich-relational und analytisch-quantitativ denkende Typen.[52] Der zahlenorientierte, analytische Menschen-Typ findet sich nach seiner Meinung eher in Stäben. Die überwiegend heuristisch orientierten Manager benötigen nicht zuletzt deswegen Hilfe durch ihre Stäbe, weil die Informationstechniken bisher von analytisch-quantitativ orientierten Spezialisten entworfen wurden.[53] Insofern haben die meisten Manager bereits von ihren Denkstrukturen her Zugangsprobleme zu den Techniken. Am wenigsten Schwierigkeiten in dieser Hinsicht dürfte der **quantitative Typ** haben, der durch die Technik seinen Bedürfnissen entsprechend mit quantitativen Informationen versorgt werden kann. In Übereinstimmung mit den Thesen von Mintzberg ist der Quantitative unter Top-Managern mit lediglich 9 Prozent allerdings sehr selten.

Darüber hinaus ist allerdings zu fordern, daß die Informationstechnik von quantitativem Denken weggeführt wird. Dies fängt bei Simulationsrechnungen an und hört bei der Funktionstaste mit der Nummernbezeichnung F5 auf. Top-Manager haben es mit vagen Informationen, mit Problemen zu tun, die sie in der Regel noch nicht einmal verbal beschreiben, geschweige denn in Formeln ausdrücken können. Dementsprechend müssen verstärkter wissensorientierte, natürlichsprachliche Elemente in die Informationstechnik eingebaut werden, die auf die Anforderungen und das Denken von Managern eingehen.

Im Gegensatz zum Quantitativen, der die textliche Kommunikation zurückdrängt, schreibt der **Risikoscheue** aus Beweissicherungsgründen gern Briefe.[54] Er müßte also mit dokumentations- und beweissichernden textlichen Kommunikationsmedien ausgestattet werden. Dies ist Electronic Mail in Verbindung mit Textverarbeitung. Ob er allerdings einer elektronischen Ablage vertraut, erscheint zweifelhaft. Zur Absicherung von Entscheidungen benötigt der Risikoscheue darüber hinaus mehr Informationen. Für ihn kämen daher Datenbanken und Expertenwissen aus Expertensystemen in Frage, wenn es sein konservativer Grundzug zuläßt.

Allein bei diesen beiden Typen, dem Quantitativen und dem Risikoscheuen, kann damit bereits ein völlig unterschiedliches Informations- und Kommunikationsverhalten konstatiert werden, so daß die einzusetzende Technik darauf ausgerichtet werden muß.

(3) Überwindung der Tastaturphobie

Angesichts der verbreiteten Tastaturphobie stellt sich die Frage, ob die Führungskräfte selbst Auswertungen am Rechner oder Datenbankabfragen vornehmen, oder ob sie sich dabei von Assistenz-

---

51) Vgl. Müller-Böling, Ramme /Top-Manager/ 138.

52) Vgl. Mintzberg /Planning/.

53) Ähnlich Heilmann /Management/ 12f., die das Problem allerdings nur bezogen auf die Benutzeroberfläche sieht.

54) Vgl. Müller-Böling, Ramme /Top-Manager/ 122.

kräften unterstützen lassen sollen. Sie formulieren dann ihre Bedürfnisse und lassen sie von einem Informationsspezialisten oder einem Tastaturerfahrenen umsetzen. Der Dialog mit dem Rechner wird zu einem Trialog.[55] Reichwald diskutiert dies unter dem Stichwort Autarkie- vs. Kooperationskonzept.[56] Generell lassen sich folgende Aspekte für oder gegen einen selbst durchgeführten Dialog mit dem Rechner anführen:

Argumente für die Dialog-Konzeption

- Unabhängigkeit von Assistenzkräften[57]
- ganzheitliche Aufgabenerfüllung
- Vorbildfunktion im Unternehmen
- realistische Einschätzungen über die tatsächlichen Möglichkeiten der Informations- und Kommunikationstechnik

Argumente für die Trialog-Konzeption

- Hard- und Software erfordern zuviel Zeit für den ungeübten Manager[58]
- umfangreiche Planungsprogramme nichts für den sporadischen Benutzer[59]
- Navigation in Datenbanken aufwendig.[60]

Die Frage des Dialogs oder Trialogs ist einerseits abhängig von der **bisher geübten** organisatorischen Praxis der **Delegation**. Für den Top-Manager, der augenblicklich die Planerstellung an die Mitarbeiter delegiert und den Plan lediglich ratifiziert, ist es mit Sicherheit nicht sinnvoll, nun selbst Simulationsrechnungen durchzuführen oder externe Datenbanken zur Informationssammlung zu kontaktieren. Zum anderen sind neue Interaktionsmedien zu fordern, die den persönlichen Bedürfnissen des Managers bzw. seinem jetzigen Arbeitsstil stärker entgegenkommen. Das kann langfristig nicht eine in Teak gehaltene Abdeckhaube für die Tastatur sein, die nur eine Öffnung aufweist für die einzige Taste, die die Führungskraft zu drücken in der Lage ist. Es geht auch weniger um eine einheitliche Bedieneroberfläche, die immer wieder gefordert, dem Gelegenheitsbenutzer langwierige Lernvorgänge ersparen soll. Vielmehr muß an völlig andere Medien der Interaktion gedacht werden, die dem bisherigen Verhalten der Manager stärker entsprechen. Dazu gehören beispielsweise

- als bereits marktgängiges Verfahren
  eine Maus in Verbindung mit Pictogrammen, die Befehle selbsterklärend symbolisieren,
- als Zukunftsmusik
  Spracheingabe und Sprachausgabe, die den Manager natürlichsprachlich beispielsweise Datenbankrecherchen durchführen lassen,
- als Vision
  ein Bildschirm, der flach in den Schreibtisch eingelassen ist, Befehle durch Berühren von Pictogrammen (Touchscreens) erlaubt sowie handschriftliche Eingaben auf der Arbeitsplatte im Bildschirm über Mustererkennungsmechanismen ermöglicht.

Diese Interaktionsmedien schließen sich natürlich nicht aus, sondern ergänzen sich und sind gewiß durch weitere Forderungen zu ergänzen.

---

55) Vgl. bereits Lippold /Management/ 290f.
56) Vgl. Reichwald, Stauffert /Bürokommunikationstechnik/ 11f.
57) Vgl. Tiemeyer, Herzog /PC-Nutzung/ 29, Reichwald, Stauffert /Bürokommunikationstechnik/ 12.
58) Vgl. Heilmann /Management/ 13.
59) o.V. /Manager-Arbeitsplatz/ 46.
60) o.V. /Manager-Arbeitsplatz/ 47.

5. Zusammenfassung

Die Frage nach dem Einsatz von Informations- und Kommunikationstechniken für Manager ist entsprechend der individuellen Arbeitsschwerpunkte sowie der Persönlichkeit jeweils anders zu beantworten. Dies erfordert für Hersteller und Systemgestalter eine überaus große Flexibilität der von ihnen entwickelten und angebotenen Systeme. Es wäre nichts verfehlter als der Aufbau **eines** Informations- und Kommunikationssystems für Führungskräfte **insgesamt**.

Literaturverzeichnis

Ambros, H.: Plane das Büro von morgen heute, denn morgen ist es zu spät. In: Office Management, Heft 9 1985, S. 830-839.

Balzert, H.: Wissensverarbeitende Systeme im Büro von morgen. In: Office Management, Heft 9 1985, S. 808-811.

Bundesministerium für das Post- und Fermeldewesen: Pressemitteilung: Schwarz-Schilling stellt Einführungsstrategie für das Bildtelefon vor, 12. 11. 1987.

Dählmann, C.; Henkel, N.: Management und Computer: "Keine Hilfe bei Top-Entscheidungen". Interview mit Dr. Gerhard Adler zu computerunterstützten Führungsinformationssystemen. In: Office Management, Heft 4 1989, S. 18-19.

Deutschmann, J.A.: Management und neue Telekommunikationsformen. Neuried 1983.

Dorney, R.C.: Making Time to Manage. In: Harvard Business Review, Heft 1 1988, S. 38-40.

Frey, S.: Die nonverbale Kommunikation, Bd. 1 der SEL-Schriftenreihe. Stuttgart 1984.

Galbraith, J.K.: Die moderne Industriegesellschaft. München Zürich 1968.

Heilmann, H.: Computerunterstützung für das Management - Entwicklung und Überblick. In: Handbuch der modernen Datenverarbeitung, Heft 138 1987, S. 3-18.

Hirsch, E.: Auch bei Fach- und Führungskräften läßt sich die Produktivität steigern. In: Handelsblatt, Heft 73 1983, S. B2.

Karcher, H.B.: Kommunikationsstrukturen an Büroarbeitsplätzen und Einsatzchancen für Bürokommunikationssysteme. In: Zeitschrift Führung und Organisation, Heft 7 1982, S. 385-393.

Kober, H.: Strategische Planung in der Datenverarbeitung - Strukturelle Voraussetzungen und Instrumente. In: H. Strunz (Hrsg.): Planung in der Datenverarbeitung, Berlin et al. 1985, S. 67-81.

Kuba, R.: Herr Manager, wie meistern Sie Ihr Zeitproblem? In: io Management Zeitschrift, Heft 11 1986, S. 457-459.

Lewin, K.: Feldtheorie in den Sozialwissenschaften, Bern - Stuttgart 1963.

Meier, B.: Büroarbeit im Wandel. Köln 1985.

Lippold, H.: Management und interaktive Systeme. Frankfurt/Main 1982.

Loewenheim, A.: Office Automation: Durchbruch erst mit Computern der 5. Generation? In: Office Management, Heft 2 1986, S. 184-187.

Maciejewski, P.G.: Der Boß auf dem Bildschirm. In: Funkschau, Heft 11 1989, S. 32-35.

Mintzberg, H.: The Nature of Managerial Work. New York u.a. 1973.

Mintzberg, H.: The Myths of MIS. In: California Management Review, Heft 1 1972, S. 92-97.

Mintzberg, H.: Planning on the Left Side and Managing on the Right. In: Harvard Business Review, Heft Juli/August 1976, S. 49-58.

Müller-Böling, D.: Zwischen Technikeuphorie und Tastaturphobie. In: Office Management, Heft 4 1989, S. 22-26.

Müller-Böling, D.; Müller, M.: **Akzeptanzfaktoren** der Bürokommunikation. München Wien 1986.

Müller-Böling, D.; Ramme, I.: Informations- und Kommunikationstechniken für Führungskräfte - **Top-Manager** zwischen Technikeuphorie und Tastaturphobie, München, 1990.

o.V.: Informations- und Kommunikationstechnik im Aufgabenbereich der **Führung**. In: Office Management, Heft 4 1989, S. 14-15.

o.V.: Gibt es den "intelligenten" **Manager-Arbeitsplatz**? In: Office Management, Heft 4 1989, S. 46-47.

Ramme, I.: **Typisierung** von Führungskräften nach Funktionen, Aktivitäten, Kommunikationspräferenz, Psychovariablen und IuK-Nutzung. Arbeitsbericht Nr. 23 des Fachgebiets Empirische Wirtschafts- und Sozialforschung, Universität Dortmund, 1989.

Ramme, I.: Die **Arbeit** von Führungskräften - Konzepte und empirische Ergebnisse. Dissertation Fachbereich Wirtschafts- und Sozialwissenschaften der Universität Dortmund, 1989.

Ramme, I.: Top-Manager in der Bundesrepublik Deutschland - Chakterisierung der **Stichprobe** einer Repräsentativbefragung. Arbeitsbericht Nr. 24 des Fachgebiets Empirische Wirtschafts- und Sozialforschung, Universität Dortmund, 1989.

Rauch, F.K.: **Computerunterstützung** für das Management in einem Versicherungsunternehmen. In: Handbuch der modernen Datenverarbeitung, Heft 138 1987, S. 104-109.

Reichwald, R.; Stauffert, T.: **Bürokommunikationstechnik** für Führungskräfte - Gibt es ein Nutzungspotential? In: Office Management, Heft 4 1989, S. 6-12.

Schönecker, H.G.: **Organisatoren** im Spannungsfeld aktueller Büro-Analyse. In: Office Management, Heft 7-8 1987, S. 6-9.

Sorg, S.; Zangl, H.: **Vorteile** integrierter Bürosysteme für Führungskräfte. Erfahrungen aus einem Pilotprojekt. In: Office Management, Heft 5 1985, S. 474-479.

Stewart, R.: **Managers** and their Jobs. London 1967.

Streicher, H.: EDV am Arbeitsplatz des Managers. In: Office Management, Heft 4 1989, S. 38-42.

Tiemeyer, E.; Herzog, F.: **PC-Nutzung** durch Führungskräfte. In: Office Management, Heft 4 1989, S. 28-37.

Uhlig, R.P.; Farber, D.J.; **Bair**, J.H.: The **Office** of the Future. Amsterdam u.a. 1979.

W.H.: Die tägliche **Arbeitseinteilung** der Direktoren. In: Betriebswirtschaftliche Forschung und Praxis, 1949, S. 603-614.

Weltz, F.: Veränderung der **Leitungsfunktion** durch neue Technik. In: Office Management, Heft 5 1985, S. 468-470.

Computergestützte Planung am Arbeitsplatz in verteilten Systemen

Ludwig Nastansky
Institut für Wirtschaftsinformatik, Hochschule St. Gallen
Dufourstr. 50, CH-9000 St. Gallen
Bitnet: NASTANSK at CSGHSG5A

1 Verteilte Systemarchitekturen und Planungssysteme

Verteilte Systeme und Planungsunsicherheit

An der Schwelle der 90er Jahre scheint der die letzte Dekade beherrschende technologische Systemkonflikt in der Spanne zwischen Mainframe-basierten, zentralisierten Großtechnologien im betrieblichen Computerbereich einerseits und PC-basierten, dezentralisierten Technologien auf der anderen Seite gelöst. Wie so oft bei zunächst unvereinbar erscheinenden Gegensätzen liegt die Lösung nicht in einem Verzicht auf eine der zunächst in Konkurrenz stehenden, scheinbaren Alternativen, sondern in einem *sowohl als auch*.

Entsprechend herrscht weitgehend Konsens, daß die derzeitige technologische Basis für computergestützte Informations- und Kommunikationssysteme (CIKS) in Unternehmen und Organisationen bei einer *Architektur verteilter Systeme* zu suchen ist. Wie diese Gestaltung technologischer Optionen bei verteilten Systemen in einem konkreten Entscheidungsfall auszusehen hat, ist dagegen angesichts der nach wie vor ungebrochenen Entwicklungsdynamik bei Hard- und Softwaresystemen eine extrem schwierige Aufgabe. Zieht man zur Lösung des *"Wie?"* betriebswirtschaftlich bewährte Planungsmodelle für eine umfassende Modellierung und Entscheidungsunterstützung, etwa der Investitionsplanung, bei der Abwägung alternativer CIKS-Konzepte heran, so scheitern diese letztlich an den übermächtigen Imponderabilien. Die Imponderabilien liegen sowohl im technischen Bereich wie auch in den betriebswirtschaftlichen Rahmenbedingungen. Ein solides quantitatives wie qualitatives Datengerüst ist kaum zu formulieren. Wenn es dennoch in einem konkreten Fall wirklich einmal gelingen sollte, die notwendigen Daten für ein vergleichsweise widerspruchsfreies und operabel formuliertes Planungsmodell für die technologische Ausgestaltung eines CIKS zu ermitteln, überrennt der Zeitfaktor jeden solchen Versuch, einen aktuellen Datenschnappschuss vorhandener Sachmittelalternativen bei verteilten Hard- und Softwaresystemen für mittel- oder gar langfristige Planung konkreter CIKS zugrundezulegen.

Insofern können derzeit stabile Managemententscheidungen über eine zukunftsgerichtete Ausgestaltung eines Systems verteilter Hard- und Softwareressourcen als *technologische Basis für ein betriebliches CIKS* allenfalls auf einer *globalen und strategischen Ebene* begründet werden. Bei der Ausfüllung der *konkreten Detailpläne* im Rahmen der Alltagsausgestaltung eines CIKS, also z.B. für multifunktionale Arbeitsplatzsysteme, für Workgroup-Infrastrukturen, für dedizierte Abteilungssysteme, für koordinierende Gesamtsysteme und für Technologien, die den externen Informations- und Kommunikationsverbund unterstützen, hat man sich dagegen den Zufälligkeiten eines dynamischen aktuellen Marktgeschehens unterzuordnen.

Rolle des Computers in Planungsystemen

Vor diesem Szenario ist es folgerichtig, daß gerade auch im Hinblick auf die Frage, wie denn nun die vielfältigen und praktisch unüberschaubaren (neuen) technologischen Optionen grundsätzlich beim umfassenden *Informationsmanagements* und bei der *Planung* wirksam werden und bewertet werden können, sehr viele offene Probleme gegeben sind. Schwer zu beantworten sind dabei nicht nur grundsätzliche Fragen, sondern auch - nach wie vor in der Geschichte der Wirtschaftsinformatik - sehr handfeste Fragestellungen, z.B. im Hinblick auf die Bewertung von Rentabilitäts- und Produktivitätseffekten bei Planungsalternativen im Systemdesign eines CIKS.

Derartige Bewertungsunsicherheiten beziehen sich auf alle Stufen einer betriebswirtschaftlichen Hierarchiepyramide und alle Funktionsbereiche. Die Unsicherheiten lassen sich dadurch weder eingrenzen noch ausschalten, daß ein enormer Aufwand getrieben wird, bisherige Systeme technologisch auf die neuen verteilten Hard- und Softwareumgebungen zu portieren und dabei insbesondere auch implizit bisherige Paradigmen für die Architekturen computergestützter Planungs- und Steuerungssysteme (CPSS) zu übertragen.

Es wäre ein fundamentales Mißverständnis, die neuen technologischen Optionen verteilter Systeme nur dahingehend zu verstehen, daß sie bisherige betriebswirtschaftliche Planungssysteme auf immer kleiner und kostengünstiger werdenden Hardwareressourcen, z.B. direkt auf der Workstation am Managerarbeitsplatz, zu implementieren erlauben. Es wäre eine weitere Fehlakzentuierung, die Chancen der steigenden Leistungsfähigkeit von Hard- und Softwaresystemen vor allem dahingehend zu verstehen, daß - endlich - betriebswirtschaftliche Mammutmodelle im Rahmen eines CPSS auf Mainframes oder (Super-) Minicomputern implementiert werden können, an deren Realisation man aus Performancegründen bisher nicht denken konnte.

Neue Arbeitsteilung bei verteilten Planungssystemen

Vielmehr sind die Qualitäten verteilter Systeme und der Leistungssteigerung aller beteiligten Systemkomponenten im betriebswirtschaftlichen Bereich in einer grundsätzlich *neuen Arbeitsteilung beim betrieblichen Informationsmanagement* zu suchen. Bei der Abschätzung der konkret absehbaren Auswirkungen dieser neuen Arbeitsteilung ist nach Meinung des Verfassers derzeit ein enormes Gefälle zwischen verfügbaren neuen applikationstechnischen Konzepten der Informatik und betriebswirtschaftlichen Vorstellungen gegeben, in welche Richtung derzeit die für CPSS nutzbaren Hauptentwicklungsströme neuer Technologien gehen.

Insbesondere werden die grundlegenden Entwicklungen im Bereich der *Arbeitsplatzsysteme* und des *Endbenutzercomputing* im Hinblick auf ihren Stellenwert in zukünftigen CPSS gerade auch für die Rolle des Managerarbeitsplatzes allzu sehr im Fortschreiben von Gewohntem gesehen und bergen damit die Gefahr einer Fehlakzentuierung in sich. Gemeint ist an dieser Stelle insbesondere die Fehleinschätzung, die dem Anteil der persönlichen und hochqualifizierten Informationsverarbeitung von Menschen, insbesondere auch auf der Führungsebene, im Rahmen von zukünftigen CPSS unausgesprochen oder auch ausgesprochen eingeräumt wird. Ein erheblicher Teil der derzeitigen Überlegungen und Diskussionen um Designkonzepte von CPSS richtet sich auf quantitativ-analytische Planungsmodelle, bei denen das computerimplementierte Modell mehr oder weniger automatisch Planungs- und Entscheidungsvorgaben ermittelt. Die Rolle der Mitarbeiter oder des Managements wird dabei eher in einer simplen Dateneingabe oder Ergebnisentgegennahme gesehen als in einer Integration anspruchsvoller, individueller und interaktiver Informationsverarbeitungsprozesse aller Beteiligten in das Gesamtkonzept des CPSS.

Um es anders auszudrücken: Die quantitativ-analytische Schule innerhalb der Betriebswirtschaftslehre hat auf breiter Front einer Denkweise Vorschub geleistet, bei denen dem Manager oder Planer Modelle als schwarze Kästen angeboten werden, die dann automatisch einen Ausgabestrom von hochkomplex errechneten Ergebnisdaten auf der Grundlage primitiver Eingabedaten ermitteln. Diese Konzeption sei im weiteren als *Automaten-Paradigma* apostrophiert. Jetzt, da nun Computer als erschwingliche Hosts und Rechenmaschinen für derartige betriebswirtschaftliche Modell-Automaten vom Komplexitätsgrad k verfügbar sind, kann allerorten mit der Implementierung dieser Modelle des Typs k begonnen werden; morgen, wenn die Rechenleistung den Komplexitätsgrad $k+1$ verkraftet, wird man an die Implementierung von Modellen dieses Typs $k+1$ gehen; usw. ...

In diesem Beitrag wird die These vertreten, daß es *falsch* ist, in diesem Sinne die Rolle der Computer im Rahmen verteilter Systeme bei CPSS-Anwendungen vor allem als Automaten zu verstehen. Die klassische betriebswirtschaftliche Fragestellung, was in der Planung denn nun rechenbar ist und was nicht, ist nach wie vor unentschieden. Auch durch die allseitige Verfügbarkeit von Computern konnte man - natürlich - einer Antwort auf diese grundlegende Frage einer Sozialwissenschaft nach dem Rechenbaren kein Stückchen näherkommen, auch wenn der Schein anders ist!

Diese These soll im weiteren konkretisiert werden. Zunächst wird etwas weiter ausgeführt, was denn nun mit *Automaten-Paradigma* genauer gemeint ist. Im Anschluß soll vor allem gezeigt werden, daß erhebliche Perspektiven neuer CPSS-Anwendungen in verteilten Systemen darin liegen, intelligente Informationsverarbeitung der Anwender einschließlich der Manager mit ihren computergestützten Werkzeugen am Arbeitsplatz als essentielle, systemtragende Komponenten für ein betriebliches Informationsmanagement bei Planungs- und Entscheidungsprozessen zu integrieren. Dieses Potential ist ganz unabhängig von einer parallel dazu verlaufenden Verbesserung der automatischen Verarbeitungsmethoden in den computergestützten Planungssystemen zu sehen.

2 Automaten-Paradigma bei Planungssystemen

Rolle des Menschen in Planungssystemen

Das skizzierte Automaten-Paradigma sei etwas mehr konkretisiert. Trotz aller Verbreitung und Verbesserung der formalen quantitativ-analytischen Planungs- und Entscheidungsverfahren in der Betriebswirtschaftslehre in den letzten Dekaden ist - vernünftigerweise - nach wie vor unumstritten, daß eine unabdingbare und wichtige Komponente für "richtige" Planung in den persönlichen Qualitäten der beteiligten Mitarbeiterinnen und Mitarbeiter und des Managements liegt. Ob diese menschliche Dimension nun pragmatisch mit "Fingerspitzengefühl", "Intuition" oder "Überzeugungskraft" eines Managers apostrophiert wird, im Bereich des sich der Formalisierung weitgehend entziehenden Fachwissens eines Experten liegt, im "Ideenreichtum" und der "Kreativität" eines Stabes begründet ist oder in der "Kontakfreudigkeit" und "Kommunikationsfähigkeit" eines Vertriebsmitarbeiters zu suchen ist, sei für diesen Beitrag dahingestellt. Als wichtig wird an dieser Stelle angesehen, *daß* die Existenz dieser individuellen und persönlichen Informationsverarbeitungsdimension der beteiligten und verantwortlichen Mitarbeiter bei betrieblichen Planungs- und Entscheidungsprozessen als wesentliche Komponente akzeptiert wird.

Zu einem ähnlichen Ergebnis kommt auch *Bartmann* [1] in einem neueren Beitrag, dessen provokativer Titel *"Wird der Vorstand zum Regierungssprecher seines Computers?"* ausgezeichnet zu den weiteren Überlegungen paßt. Die Gründe für die menschliche (Rest-) Komponente in Planungs- und Entscheidungssystemen sieht Bartmann einerseits darin, daß sich gewisse Probleme nun einmal "einer strengen Betrachtung entziehen" und zum anderen CPSS "im Augenblick nicht gut genug sind und auch nicht in ferner Zukunft den Qualitätsstandard erreichen, um ... Kompetenzen vom Menschen auf die Maschine zu verlagern" [2]. An dieser Stelle soll grundsätzlich *weiter* gegangen werden. Es sollen hier Argumente zur These beigetragen werden, daß wie auch immer der jeweilige Fortschitt beim Grad der Rechenbarkeit sein mag, eine Integration intelligenter menschlicher Handlungen gerade auch auf der Managementebene in CPSS essentiell ist und nicht (mehr) durch Zwänge des Maschinensystems ausgeschlossen wird. Bei den flexiblen Optionen der jetzt bereitstehenden verteilten Hardware- und Softwarearchitekturen kann die Fragestellung - glücklicherweise - wieder vollständig offen werden, was denn nun in der Betriebswirtschaftslehre modellmäßig deduzierbar ist und was der intensiven Interaktion handelnder Menschen bedarf. Moderne verteilte Systeme bieten jedenfalls die Optionen, selbständig handelnde und entscheidende Menschen über ihre computergestützten multifunktionalen Arbeitsplätze vollständig im Gesamtverbund mit computergestützten Systemen zu integrieren. Oder, man sollte es besser genau umgekehrt formulieren: Moderne verteilte Systeme lassen Applikationen zu, die sich den Forderungen der beteiligten Mitarbeiter und des Managements im Hinblick auf eine Unterordnung der Automaten-Funktionen unter das Planungs- und Entscheidungsprimat der beteiligten Menschen anpassen.

Um kein Mißverständnis aufkommen zu lassen: Die komplexen Fragen des Stellenwerts quantitativ-analytischer Modellierung gegenüber der menschlichen Komponente bei Planung und Entscheidung im Betrieb können und sollen nicht Gegenstand dieses Beitrags sein. Der Verfasser ist zwar der Meinung, daß immer sowohl eine rechenbare als auch eine durch Menschen wie auch immer ermittelte und verantwortete, wesentliche und intelligente Planungs- und Entscheidungskomponente in der Unternehmensführung bleiben wird. Aber auch diese persönliche Meinung ist nur eine Marginalie in diesem Beitrag. An dieser Stelle sei vielmehr betont, daß die Architekturen verteilter Systeme *neutral* sind im Hinblick auf diese klassische betriebswirtschaftliche Fragestellung, und damit die Methodeneinseitigkeit des Computers aus dem zentralisierten Mainframe-Zeitalter inzwischen aufgehoben ist. CPSS-Anwendungen über verteilten Systemen lassen automatisierte Verarbeitung von Modellen zu wie auch intensive Integration menschlichen Handelns und Entscheidens. Computernutzung in CPSS mit *Berechnung* von Planungsmodellen gleichzusetzen, ist jedenfalls inzwischen allzu einseitig. Entsprechend können die technologischen Merkmale und Architekturen moderner verteilter Computersysteme auch nicht mehr für eine Pseudo-Positionierung im Rahmen des grundlegenden sozialwissenschaftlichen Antagonismus zwischen der Bedeutung quantitativ-analytischer Modelle einerseits und handelnden und entscheidenden Menschen andererseits mißbraucht werden.

Dem steht derzeit nach wie vor gegenüber, daß bei der Diskussion von Konzepten für CPSS im Modelldesign der computergestützten Ebenen die menschliche Interaktion kaum als voll integrierte *intelligente* Komponente gesehen wird. Zwar gibt es im Bereich der Expertensysteme oder gewisser Optimierungstechniken punktuell Ansätze, an bestimmten Stellen intelligente menschliche Interaktion zu integrieren. Derartige Systeme fristen jedoch bisher mehr oder weniger (noch) ein Mauerblümchendasein. Deshalb kann von einem weitverbreiteten Verständnis einer selbstverständlichen Integration anspruchsvoller menschlicher Informationsverarbeitungsprozesse einschließlich der Managementebene in computergestützte betriebswirtschaftliche Planungs- und Entscheidungssysteme für den Alltagsbetrieb derzeit kaum die Rede sein.

Das Automaten-Paradigma ist zweifellos in den quantitativ-analytischen betriebswirtschaftlichen Disziplinen, die eine entscheidende Ausstrahlung für Design- und Implementierung von Planungssystemen liefern, vorherrschend. Aber auch aus der verhaltenswissenschaftlichen Richtung kommen kaum Impulse, ein anderes Grundkonzept zu fordern. In den verhaltenswissenschaftlichen Disziplinen wird die Rolle der Computer bisher in der Unterstützung einfacher Arbeitsprozesse, z.B. als Textautomaten oder zur Datenverwaltung gesehen. Computer werden dabei auch als nützlich für Modellberechnungen akzeptiert. Aber insgesamt steht auch in der verhaltenswissenschaftlichen betriebswirtschaftlichen Schule das Automaten-Paradigma mit all seinen Ausstrahlungen im Hinblick auf die grundsätzliche eher passive und negativ-besetzte Rolle des Menschen in computergestützten Systemen im Vordergrund.

Werkzeug-Paradigma für Informationsmanagement am Arbeitsplatz

Im weiteren soll an Stelle des Automaten-Paradigmas das *Werkzeug-Paradigma* in den Vordergrund gerückt werden. Im klassischen Verständnis des Werkzeugs stellen sich Fragen des Typs *"Wird der Vorstand zum Regierungssprecher seines Computers?"* in ungleich anderer Gewichtung. Natürlich ist der Vorstand *nicht* Regierungssprecher seines Computers. Der Mensch *mit* seinem (Computer-) Werkzeug ist leistungsfähiger als *ohne* sein Werkzeug. Das Werkzeug an sich ist ohne den es nutzenden Menschen funktionslos und setzt (von seinem Grundverständnis her) automatisch keine Prozesse in Gang. Die klassische Frage, ob ein Werkzeug den Menschen dominiert oder der Mensch seine Werkzeuge vollständig beherrscht, ist zwar nach wie vor nicht gelöst, aber zumindest vollständig offen - auch und gerade, was die Rolle des Computers *als Werkzeug* anbetrifft.

Die Rolle des Computers in CPSS allein oder vor allem als Host für die Automatisierung von Planungs- und Entscheidungsrechnungen anzusehen, ist jedenfalls inzwischen absurd. Computer unterstützen in viel breiterer Weise in leistungsfähigen, hochinteraktiven Werkzeugumgebungen betriebliches *Informationsmanagement* nicht nur auf der operativen Ebene sondern einschließlich der Planungsprozesse auf Managementebenen. Rechenautomatisierung ist dabei nur eine Facette. Immer wichtiger wird als starke und gleichberechtigte Komponente eines betriebsweiten Informationsmanagements die aktive, persönliche, werkzeuggestützte und integrierte Informationsverarbeitung und Kommunikation am netzbasierten multifunktionalen Managerarbeitsplatz. (In diesem Beitrag wird der Ausdruck *Management Informations System [MIS]* deshalb nicht benutzt, weil er eher die passive Komponente des "Informations-Abholens" suggeriert und weniger die aktive Integration auch des Managers an seinem Arbeitsplatz als kreativer Informationslieferant, als intelligenter Impulsgeber oder als Initiator neuer Konzepte.)

3   Integrierte Informationsverarbeitung am Managerarbeitsplatz

Bei der Konzeption für eine CPSS-Architektur über verteilten Hard- und Softwaresystemen, die vor allem den Anwenderarbeitsplatz voll einbezieht, sei von folgenden grundsätzlichen Vorstellungen ausgegangen [3].

Der multifunktionale Anwenderarbeitsplatz ("PC", "Workstation") ist die Schnittstelle zu Verarbeitungs-, Speicherungs-, Präsentations- und Kommunikationsdiensten im gesamten innerbetrieblichen wie betriebsexternen Netzverbund. Dabei ist es zweckmäßig, eine Hierarchie logisch-konzeptioneller Umgebungen zu unterscheiden, die im weiteren an dieser Stelle nur kurz skizziert werden.

- *Persönliche Arbeitsumgebung*: Sie dient der persönlichen Informationsverarbeitung und Kommunikation. Die dazu notwendige Infrastruktur an Hard- und Softwareressourcen wird vor allem im eigenen Arbeitsplatz gehalten. Gegebenfalls, u.a. für Kommunikationsdienste, Serverfunktionen (z.B. Drucker, Software, Datensicherung) oder etwa Anwendungseinbindung in CPSS, findet Zugriff auf über das Netz bereitgestellte Dienste statt.

- *Workgroup-Umgebung*: Sie stellt den näheren Office-/Abteilungs-/Fach-Bereich dar, in dem Manager und Planer im Rahmen verschiedener Planungs- und Entscheidungsgremien tätig sind. In diesem Bereich sind Anwendungsumgebungen notwendig, die Teamarbeit unterstützen. Die dazu notwendige Infrastruktur an Hard- und Softwareressourcen wird einmal im verteilten System der einzelnen Arbeitsplätze der Gruppenmitarbeiter liegen, zum anderen werden gemeinsame Serverressourcen und Applikationssysteme dediziert für das spezielle Aufgabenprofil der Gruppe vorhanden sein (Abteilungsrechner, Netz-Server, Spezialrechner; LAN-Bereich; gemeinsame gruppenspezifische Daten, gemeinsame Applikationssysteme; Verantwortlichkeit für unternehmensweit bereitzustellende fachbereichsspezifische Daten).

- *Betriebliche Umgebung*: In diesem Bereich werden die unternehmensweiten Informations- und Kommunikationssysteme unterhalten. Entsprechend finden sich hier Hosts für unternehmensweit zu koordinierende Datenbanken und unternehmensweite Applikationssysteme. In diesen gesamtbetrieblichen Rahmen sind sowohl die persönlichen Arbeitsumgebungen wie auch die Workgroup-Umgebungen integriert. Weiterhin wird in dieser Umgebung die externe Kommunikation koordiniert (Datenbankserver, Mainframes, Kommunikationsrechner; LAN-/WAN-Bereich; unternehmensweit zu koordinierende und konsolidierende Datenbestände; unternehmensweite CPSS).

- *Externe Umgebung*: Hier handelt es sich um die Bereitstellung von Kommunikationsdiensten für operative Prozesse und Planungssysteme, um externe Informations- und Datenbankdienste, etc.

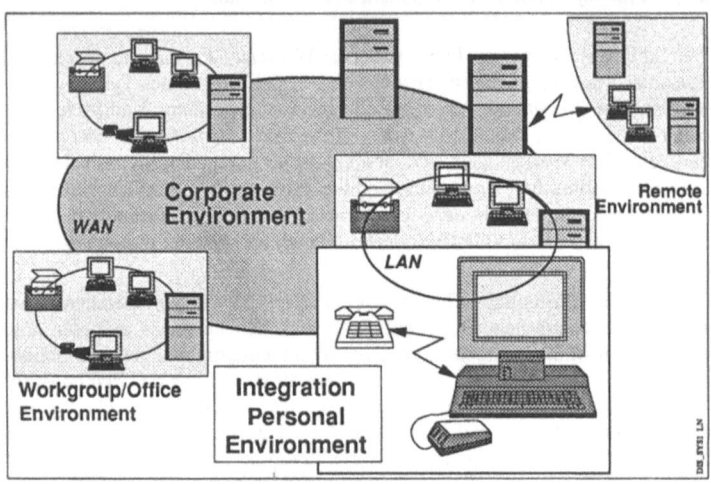

Abb. 1: Integration der Werkzeugumgebung des Anwenderarbeitsplatzes

Diese vereinfachte Skizze von Komponenten und Struktur eines verteilten Systems sollte an dieser Stelle vor allem deutlich machen, daß die hier diskutierten Anwendungssysteme *der persönlichen computergestützten Informationsverarbeitungsumgebung* als voll integriert in diesen Verbund verteilter Hard- und Softwareressourcen sowie Applikationssysteme verstanden werden (siehe Abb. 1). Im konkreten Fall mag diese Einbettung noch einfacher sein als in der Abbildung dargestellt oder, z.B. bei größeren Betrieben, weitaus mehr Stufen von der Workgroup (über die Abteilung, über den Fachbereich) zum Gesamtbetrieb umfassen. Für die Architektur eines verteilten CPSS wird jedenfalls davon ausgegangen, daß die persönliche Umgebung in eine solche *logische* Hierarchie eingebettet ist. Für die *technische* Ausgestaltung gilt die eingangs erwähnte Dynamik des derzeitigen Marktgeschehens mit einer in der Praxis unüberschaubaren Zahl von Optionen. Es mag sich dabei etwa um die eine Hierarchie unterstützenden weitverbreiteten *client-server*-Architekturen handeln oder um die besondere Koordinationsanforderungen stellende aber gleichzeitig auch attraktive Optionen offerierende *peer-to-peer-connectivity* gleichberechtigter Einzelsysteme, bis hinunter auf die Arbeitsplatzebene in der persönlichen Umgebung.

Die arbeitsplatzimplementierten Umgebungen können dabei Systeme darstellen, die einerseits als leistungsfähige individuelle Toolumgebungen zu verstehen sind und andererseits gleichzeitig als *Frontend*-Komponenten im Rahmen umfassender CPSS dienen können. Verteilte Systemarchitekturen, bei denen man sich eine Auslagerung von Frontend-Komponenten zunutze macht, haben im Rahmen der DV-Geschichte insbesondere bei systemnahen Hardware- und Softwarefunktionen eine lange Tradition. Erst allmählich wächst dieses Prinzip auch in die *Anwendungsschichten* von CPSS hinein. Dabei ist zu unterscheiden zwischen Systemen, bei denen *ein* Hersteller im Rahmen *eines* Gesamtsystems verteilte Module mit zentralen Komponenten und zugehörigen Anwender-Frontends entwickelt, und Fremdsystemen, die über definierte Schnittstellen miteinander kommunizieren. Im weiteren werden zu beiden Fällen Beispiele gegeben.

Bei der folgenden Argumentation für CPSS-Architekturen, die dem Werkzeug-Paradigma weit eher genügen als den mit Automaten-Paradigma apostrophierten Vorstellungen, sollen Designmerkmale einiger neuerer Werkzeugumgebungen, die für den Manager- und Planerarbeitsplatz geeignet sind, beispielhaft aufgezeigt werden. Dabei wird bei vier ganz unterschiedlichen Endbenutzer-Werkzeugumgebungen jeweils die Rolle einer Integration hochwertiger persönlicher Informationsverarbeitung und Kommunikation von Managern und Planern im Rahmen eines integrierten CPSS in den Vordergrund gestellt. Alle diese Werkzeugumgebungen haben gemeinsam, daß ihr wesentlicher Kern nichts mit Modell-Automaten und dazu notwendigem *"Number-crunching"* zu tun hat, wohl aber vor allem mit komplexem Informationsmanagement.

Dieses Informationsmanagement umfaßt ein grundsätzlich breiteres und integrierteres Profil als sich durch eine Extrapolation der isoliert gesehenen Leistungsmerkmale z.B. moderner Text- und Dokumentenverarbeitungssysteme, neuer Tabellenkalkulationssysteme oder leistungsfähiger Kommunikationsprogramme mit Skripting-Möglichkeiten deduzieren läßt. Die Synergie der in den Einzelsystemen am Arbeitsplatz verfügbaren Funktionen in ihrer gegenseitigen Integrationsfähigkeit am Arbeitsplatz und der betrieblichen Netzintegration schaffen eine neue Dimension. Eine wichtige Ausstrahlung dieser Integrationsfähigkeit ist vor allem auch, daß der Stellenwert des *Papiers* als externer Informationsträger und als Kommunikationsmedium schwächer wird. Die bisherigen Einzelwerkzeuge standen bisher unter der vorherrschenden Verarbeitungsidee: Informationseingabe, Verarbeitung und dann, quasi als letztes Produktionsziel, Ausgabe auf Papier. Die integrierten Informationsverarbeitungsdienste moderner Werkzeugumgebungen bieten dagegen derart attraktive Weiterverarbeitungsoptionen, daß Zwischenausgaben auf Papier zurückgedrängt werden zugunsten einer direkten elektronischen Weiterverarbeitung durch den Anwender. Insofern darf der Einsatz dieser multifunktionalen Werkzeuge unter GUI-Betriebsumgebungen (graphical user interfaces) nicht dahingehend mißverstanden werden, noch besser und flexibler Datenzusammenstellungen mit dem Laser-Printer in Präsentationsqualität auf Papier produzieren zu können. Vielmehr üben diese Werkzeugumgebungen einen starken Sog aus in Richtung einer integrierten laufenden Weiterverwendung elektronischer Daten mit zwischenzeitlichen gezielten Bildschirm-basierten Schnappschüssen dedizierter (Re-) Präsentationen von Planungs- und Entscheidungsinformationen im Verbund eines CPSS.

Zu den im weiteren beispielhaft diskutierten Werkzeugumgebungen werden im Rahmen der Forschungsaktivitäten im Institutsbereich des Verfassers Prototyp-Anwendungen und Templates analysiert und entwickelt. In diesem Beitrag werden angeführt: ein System für persönliches Informationsmanagement (*Agenda* [4]), eine HyperCard-Umgebung (*SuperCard* [5]), eine SpreadSheet-Plattform (*Lotus 1-2-3* [6]) sowie ein Prozess-Frontendsystem (*InTouch* [7]). Alle diese Systeme stammen aus dem Bereich der weitverbreiteten PC-Massentechnologien.

4   *Beispiele arbeitsplatzgestützter Planungssysteme und PCSS-Frontends*

4.1   *HyperCard-Systeme*

Das HyperCard-System für den Apple Macintosh hat in den letzten Jahren vor allem bei didaktischen Anwendungen und im Schul- wie Hochschulbereich zu einer Explosion neuartiger objektorientierter Anwendungen mit GUI-Benutzerschnittstelle geführt. In betrieblichen CPSS setzen sich die damit begründeten prinzipiell neuen persönlichen Informationsverarbeitungskonzepte nur allmählich durch. Ein Hauptgrund dafür dürfte darin liegen, daß aus vielerlei Gründen der Macintosh bisher eine nur wenig akzeptierte Hardwareplattform im industriellen Bereich darstellt. Es ist abzusehen, daß sich die Situation ändert. Inzwischen gibt es nämlich weitere HyperCard-Clones. Eines dieser Systeme ist sowohl auf dem Macintosh wie auch auf der Industriestandard-PC-Plattform (IBM und Kompatibel) unter *OS/2 Presentation Manager* verfügbar (HyperCard-System *Plus*).

Um die mit HyperCard-Systemen möglichen CPSS-Anwendungsstrukturen im Rahmen der Themenstellung dieses Beitrags zu skizzieren, sei wieder auf die oben zitierte Untersuchung von *Bartmann* zurückgegriffen. Dort wurde als Mangel bisheriger CPSS die fehlende Abbildungsmächtigkeit nicht-formalisierbarer Komponenten herausgestellt. Konkret gehören zum essentiellen Arbeitsprofil einer Führungspersönlichkeit z.B. folgende Merkmale: "Der Topmanager baut sich ein Netzwerk von Beziehungen zu Kunden, Lieferanten, Aufsichtsräten, Kollegen, Mitarbeitern, Banken, Universitäten, etc. auf und verwendet einen erheblichen Teil seiner Aktivitäten mit Pflege, Erweiterung und Bereinigung dieser Kontakte. Der 'networking' Manager wird das Leitbild der Managementunterstützung sein und die MIS-Forschung wird ihre Hauptaufgabe in der Entwicklung von Konzepten und Systemen für das 'Management Information Networking' (MIN) sehen." [8]

Wenn es derzeit überhaupt Werkzeugumgebungen gibt, die diesen Anforderungen sowohl genügen als auch eine Chance haben, im anspruchsvollen Anwenderbereich *Managementebene* eines CPSS breit akzeptiert zu werden, wird man sicherlich gerade die HyperCard-basierten Systeme dazurechnen müssen. Als ein Beispiel einer über HyperCard entwickelten Anwendungsumgebung, die in Richtung einer Unterstützung der eben zitierten Anforderungen geht, sei das Management-Werkzeug *FocalPoint* [9] angeführt. Immer mehr zeigen sich Template-Architekturen als typische konzeptionelle Basis von flexiblen und offenen Anwenderwerkzeugen am Arbeitsplatz. Bei HyperCard-Systemen werden die Templates als sog. *Stacks* strukturiert; ein Stack ist dabei ein Kartenstapel, d.h. die Gesamtheit der in einer Datei gehaltenen und mit Hyper-links untereinander verbundenen Karten mit ihren jeweilig eingebetteten Informationen und Verarbeitungsmethoden. Insofern ist auch FocalPoint als ein System verbundener Stacks für das HyperCard-System entwickelt.

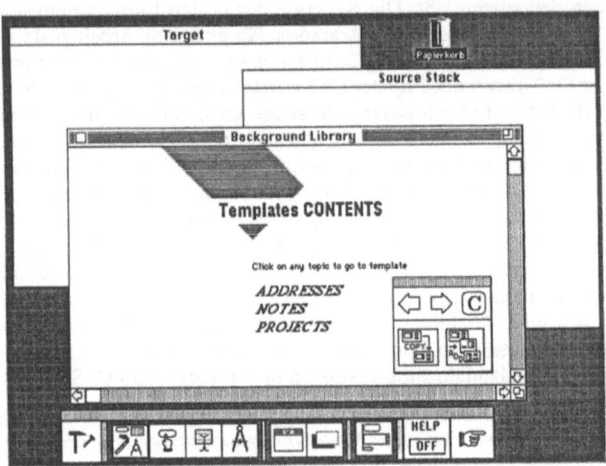

Abb. 2: Werkzeugumgebung für Message-Montage

Im weiteren findet sich eine HyperCard-Anwendung, die für das Profil einer Nutzung durch qualifizierte Planer bzw. Manager im Rahmen der Forschungsaktivitäten am Institut des Verfassers als Prototyp entwickelt wurde [10]. Das zugrundeliegende HyperCard-System ist SuperCard [11]. Das folgende Beispiel gibt eine typische Anwendungsskizze wieder.

Die Abb. 2 zeigt das konzeptionelle Arrangement einer Stack-basierten Arbeitsumgebung. Der *Source-Stack* dient dem persönlichen Informationsmanagement des *Planers* A für alle mit einem bestimmten Projektbereich zusammenhängenden Informationen. Es ist Ziel des *Planers A*, daraus bestimmte Informationen herauszugreifen und - gegenenfalls unter individuellen Ergänzungen oder Modifikationen - einem anderen *Planer B* im *Target-Stack* bereitzustellen. Regelmäßig ist davon auszugehen, daß der *Target-Stack* auf einem *Netzwerk-Device* im Rahmen des verteilten Systems angesiedelt ist, der für die Erledigung der Planungsaufgabe an den eigenen Arbeitsplatz angebunden wurde. Um die Planungsaufgabe zu bewerkstelligen, wurden vom *Planer A* am Arbeitsplatz Hilfsmittel aktiviert: sein individueller *Background Library Stack* mit allen möglichen Hilfsmitteln und Informationen, die immer wieder gebraucht werden, und verschiedene Werkzeuge in einem sog. *Floating-Palette-Window*, hier unten am Bildschirmrand positioniert. Im Stack *Background Library* sind insbesondere auch Methoden eingebunden, um den Stack-basierten Informationstransfer abzuwickeln. Diese Methoden werden in dem derzeit auf diesem Stack liegenden Objekt zur Nutzung angeboten; dies ist gleichfalls ein *Floating-Palette-Window*, das aus dem Stack herausgezogen werden kann.

Der Bildschirm Abb. 3 gibt ein Beispiel für ein konkretes Szenario vor dem angerissenen konzeptionellen Hintergund. Als Source Stack dienen Informationen zum *Projekt Reorganisation Nord*. Als Zielumgebung dient ein *Memo für Verteiler ZA*. Im Source-Stack ist ein Organisationschart mit Begleittext zur Einbindung in den Target-Stack vorbereitet. Der *copy-and-paste* Vorgang selber läßt sich durch Anklicken des entsprechenden Buttons in dem vorher bereitgelegten Werkzeugfenster für diese Übertragung aktivieren.

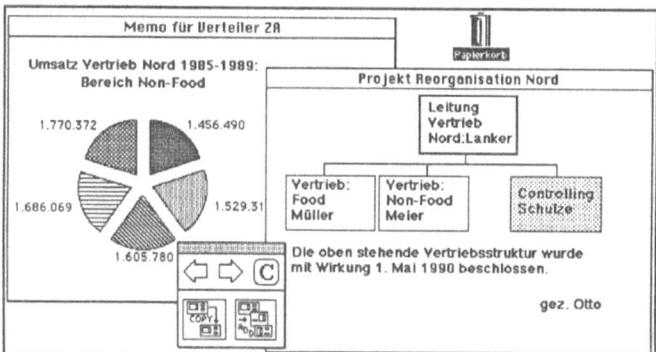

Abb. 3: Selektion Übertragungsobjekt

Die Abb. 4 zeigt den Systemzustand nach der Übertragung. Das auf einem Server oder einem anderen Arbeitsplatz liegende *Memo für Verteiler ZA* hat das Chart aufgenommen. *Planer A* hat sein Kopier-Werkzeug entfernt und eine andere Werkzeugpalette für die Weiterarbeit am Stack *Projekt Reorganisation Nord* bereitgelegt.

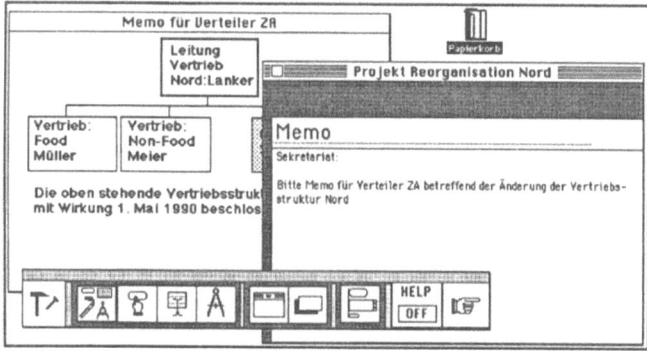

Abb. 4: Stacks nach der Übertragung

Bei diesem Beispiel ist zu bedenken, daß HyperCard-Systeme eine Endbenutzer-zentrierte *objektorientierte* Umgebung darstellen. Das hat unter anderem zur Folge, daß etwa im Rahmen von solchen Übertragungsprozessen nicht nur Datenobjekte wie *Text, Datenfeld, Graphik,* etc. distribuiert werden, sondern gegebenenfalls auch die *in diesen Objekten eingekapselten Methoden* [12]. In diesen Methoden können grundsätzliche Bearbeitungsfunktionen bereitgestellt werden, wie etwa in den angeführten Pallette-Windows. Insbesondere können aber auch spezifische Verarbeitungsmethoden und Funktionen, die mit der konkreten Planungs- und Entscheidungsaufgabe zusammenhängen, in den verteilten Objekten verkapselt sein. Um an die o.a. Idee des *networking manager* anzuknüpfen: In einem solchen zukünftigen Szenario wird also nicht nur auf der Basis nackter Daten kommuniziert. Verallgemeinert gesprochen kann vielmehr eine derartige HyperCard-basierte Komponente in einem CPSS zusätzlich dazu dienen, Planungsintelligenz und Entscheidungsmethoden im Rahmen eines verteilten Systems auf Objektbasis gezielt zu distribuieren, bereitzustellen und einzusetzen.

Die auf derartiger konzeptioneller Basis gegebenen Möglichkeiten sind unerschöpflich. Es mag sich z.B. um verschiedene Präsentationslayers einer Expertise handeln, die jeweils gezielt Ausschnitte und Aggregationen für die Geschäftsführung isolieren, Überblickszusammenstellungen für die Projektleitung abgreifen, selektive Ausschnitte für bestimmte Sachbearbeiterbereiche herausfiltern, o.ä. Die Generierung derartiger Informations-Schnappschüsse findet dabei nicht durch den entsprechenden (intelligenten) Entwurf von dedizierten (Papier-) Reporten statt, sondern in einer konzeptionell vollständig anderen Hypermedia-Umgebung. Dabei werden auf eine Gesamtheit von netzverteilten Planungsdaten differenzierte, objektorientierte Methoden zur Informationsselektion und (Hypermedia-) Präsentation angewandt, wobei Verarbeitungsfunktionen in flexibler Form eingebunden werden können.

4.2 Persönliches Informationsmanagement (Agenda)

HyperCard-Systeme werden oft auch zur Gruppe von Werkzeugen für *Persönliches Informationsmanagement* gezählt. Dieses neuartige Genre von sog. PIM-Werkzeugen [13] umfaßt aber noch weit mehr sehr unterschiedlich konzipierte Endbenutzer-Arbeitsumgebungen.

Im weiteren soll ein Beispiel für eine textual-orientierte PIM-Werkzeugumgebung vorgestellt werden. Dieses Beispiel basiert auf einem der Prototypen verteilter Text-Datenbanken, die am Institut des Verfassers für das Agenda-System [14] entwickelt wurden [15]. Das hier vorgestellte Template *Termin- und Aktivitätenplaner/Groupware* unterstützt die tägliche Aktivitätenplanung eines Managers durch Erfassen, Wiederaufsuchen, Strukturieren, kontextgebundenes Analysieren, Ablegen und Verteilen von Informationen. Die Datenbank dient dabei der Aufnahme von Terminen, Übersicht über die zu erledigenden Dinge, dem Verfolgen von Projekten, dem Nachschlagen persönlicher Informationen, u.v.a.m.

Die Informationen werden als kurze textuale Einträge (*Items*) erfaßt, können mit längeren Notizen (*Notes*) versehen werden und lassen sich in vielfältiger Form strukturieren. Strukturierung und Selektion ist z.B. im Hinblick auf Fälligkeitstermine, Kontaktpartner, Projekte, Orte oder betriebsinterne Organisationsanforderungen möglich. *Hard-Facts* wie Telefonnummern, Adressinformationen, Produktnummern oder Preislisten lassen sich genau so gut verwalten wie *weichere* Informationen, etwa Notizen über Telefonate, schnell entworfene Gedächtnisprotokolle oder eine Abfolge von Planungsfacetten über ein komplexeres Projekt.

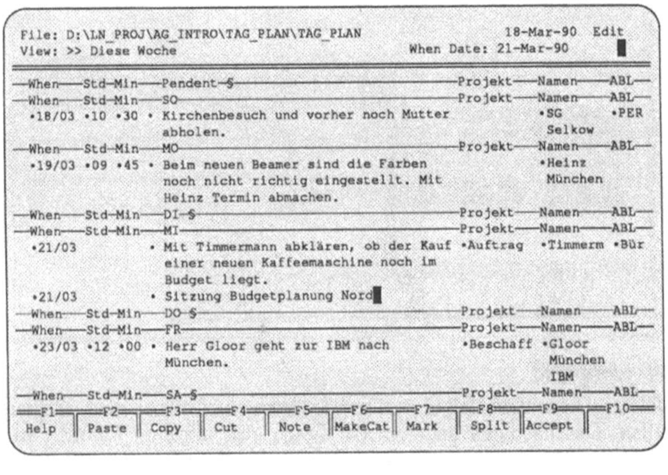

Abb. 5: Werkzeugumgebung für Persönliches-Informationsmanagement

Die Informationen werden in Bildschirm-Ansichten (*Views*) präsentiert. In einzelnen Abschnitten (*Sections*) werden die Informationen dabei voneinander abgegrenzt. Die Indizierung der Informationen findet in einem leistungsfähigen Kategoriesystem (*category families*) statt. In diesem Kategoriesystem lassen sich beliebig komplexe Inferenzmechanismen aufbauen, die Bedingungen (*conditions*) unter den Kategorien festlegen oder Aktionen (*actions*) hervorrufen. Die Zuordnung der Items zu Kategorien kann explizit erfolgen, implizit durch den in einem View definierten Kontext oder durch automatische Textanalyse der Texte in Items und/oder Notes. Dabei finden verschiedene KI-basierte Konzepte Verwendung.

Agenda-Anwendungen lassen sich als *Groupware* gestalten. Jeder in einem Team beteiligte Anwender kann dadurch gezielt und selektiv eigene Informationsausschnitte an andere weitergeben. Dies erfolgt durch leistungsfähige Export- und Importmechanismen in der Agenda-Textdatenbank.

In Abb. 5 wird der View *Diese Woche* aus der Tagesplaner-Datenbank gezeigt. Zeilenweise sind hier die einzelnen Wochentage als Sektionen abgegrenzt. In den Spalten sind bei diesem View die Kategorien: Fälligkeitsdatum (*When*), Stunden/Minuten, der Wochentag, eine Projektzuordnung, Verweis auf Personen-, Städte- und Firmen-Namen und das Ablagesystem für erledigte Items eingeblendet.

Im angegebenen Bildschirm-Beispiel findet gerade eine neue Terminvormerkung für ein Budget-Meeting statt: *Sitzung Budgetplanung Nord* ... Dieses Items wird allein aufgrund dieser drei Worte und seiner Eingabeposition im View bereits vielfach referenziert unter den Kategorien: *erledigen, Mittwoch, Budget, Nord, Planung, Sitzung/Meeting/Termin/Besprechung/Treffen, Heute*, Fälligkeitsdatum *21.03.*, *Zofler* (über *Special Action* als Budgetverantwortlicher) sowie *Kostenrechnung* (über *Special Action*, da Zofler in der Abteilung Kostenrechnung arbeitet). Eine explizite Zuordnung auf das Projekt *Auftr_2* wird anschließend noch durch entsprechende Auswahl in der *Projekt*-Spalte durchgeführt. Gleichzeitig findet über die Familienstruktur des Kategoriesystems eine jeweilige Einbettung in Eltern-/Großeltern-/etc.-Kategorien statt. Ein Retrieval wäre unter jeder dieser Kategorien als Schlüssel möglich. Das Item *Sitzung Budgetplanung Nord* wird automatisch auch immer dann auftauchen, wenn eine der referenzierten Kategorien als Sektions-Überschrift in irgendeinem View angeführt ist.

Wenn dieses Item aus der eigenen Manager-Datenbank an die korrespondierenden Agenda-Datenbanken der Workgroup-Mitglieder exportiert wird, kann neben dem Textteil, falls gewünscht, auch die gesamte Referenzierung mit übernommen werden. Die dabei übertragene Struktur ist ein (ASCII-editierbarer) einfach strukturierter Textfile. Dieser hat für die das Item z.B. die in Abb. 6 angezeigte Struktur. Dieses Format ist hier nur zu Erklärungszwecken aufgeblendet; es bleibt im täglichen Anwendungsbetrieb regelmäßig verborgen. Es ist erkenntlich, daß der Itemtext unter der Marke *{T} Sitzung Budgetplanung Nord* ausgewiesen ist, der zugehörige Note-Text korrespondierend unter *{N} Vorher vertrauliches Gespräch* ... Der Rest enthält die angesprochenen Strukturinformationen.

```
Exported from D:\LN_PROJ\AG_INTRO\TAG_PLAN\TAG_PLAN, created 12-Mar-90
{STF001}03/18/90;10:38:22
{d}6
{I}{T}Sitzung Budgetplanung Nord
{N}
Vorher vertrauliches Gespräch mit Günthard.
Mehr als 5.5 % Steigerung sind nicht möglich.
{S}
{E}18-Mar-90
{W}21-Mar-90
{C}\"DB_Management"\"Aktivitäten;activities"\Aktivitätsklasse"/"erledigen"\
{.}
{C}\"DB_Management"\"Aktivitäten;activities"\Monatsplan/Diese Woche/MI\
{.}
{C}\"Stichworte"\"Allgemeine Stichworte";"A_Stichworte"\Budget;*Budget*\
{.}
{C}\"Namen"\"Person"\Zofler\
{.}
{C}\"Betrieb"\"Intern_Diverse"\Kostenrechnung\
{.}
{C}\"Stichworte"\"Allgemeine Stichworte";"A_Stichworte"\Nord\
{.}
{C}\"Stichworte"\"Allgemeine Stichworte";"A_Stichworte"\Planung;*Planung*\
{.}
{C}\"DB_Management"\"Aktivitäten;activities"\"Sitzung";;*Sitzung*;*Meeting;Termin;Besprech
*;*Treffen\
{.}
{C}\"DB_Management"\"Aktivitäten;activities"\"Zeitplanung: zu erledigen"/HEUTE\
{.}
{C}\"Projekt"\"Auftrag"\Auftr_2\
{.}
{!}
```

Abb. 6: Vielfach referenzierte Message-Struktur für assoziative Informationsvernetzung

Derartige im Rahmen laufender Projekte übermittelte Messages haben einen weitaus höheren Gehalt als übliche Messages bei elektronischer Post. Neben einem Textteil enthalten sie noch Strukturinformationen. Diese Strukturinformationen sind ein Spiegel der aktuellen Vernetzung der abgesandten Information beim Absender. Sie können analog beim Empfänger in das eigene Referenzsystem eingebettet werden. Dieser *Einbettungsmechanismus* leistet weit mehr als eine einfache Mehrfachindizierung. Er unterstützt eine *assoziative Verzahnung* von Informationsinhalten in eine jeweilige persönliche Arbeitsumgebung.

Agenda läßt sich in vielfältiger Form als Groupware-Werkzeugumgebung im Rahmen von CPSS verwenden. An dieser Stelle sollte der Aspekt betont werden, daß hier Konzepte gegeben sind, persönliche und hochindividuelle Strukturierungen von Informationen im alltäglichen Informationsmanagement auf Basis eines verteilten Systems zu bewältigen.

4.3 Spreadsheet-Plattform (Lotus 1-2-3 Rel.3)

Spreadsheet-Systeme haben in der letzten Dekade einen Siegeszug ohnegleichen für computergestützte Analyse-, Planungs- und Entscheidungsaufgaben am (isolierten) Endbenutzerarbeitsplatz angetreten. Die Gründe dafür im einzelnen sind nicht Gegenstand dieses Beitrags. An dieser Stelle soll herausgestellt werden, daß in verteilten Systemen das hochintuitive Spreadsheet-Modell eine weitere weit grundlegendere Bedeutung in CPSS gewinnen wird [16]. Spreadsheets nehmen dabei die Position eines Plattform-Konzeptes zur Manipulation tabellenorientierter Daten in CPSS ein.

Das Plattform-Konzept hat dabei verschiedene Aspekte. Einmal ist gemeint, daß der Spreadsheet-Ansatz als Endbenutzer-zentrierte *Analyse-Metapher* für den Planer und Manager grundlegende Verwendung in solchen Bereichen in Rahmen eines CPSS gewinnen wird, in denen tabellenformatierte Daten darzustellen, zu analysieren und zu manipulieren sind. Dazu gehört u.a., daß Spreadsheets als Eingabe- wie Ausgabefenster auf *beliebige* betriebliche Datenbanksysteme genutzt werden können. Diese Frontend-Technologien wurden in den letzten Jahren entwickelt und drängen jetzt in breiter Front auf den Markt. Zum zweiten ist damit angesprochen, daß die Konzepte verbessert wurden, Spreadsheets in graduellen Abstufungen *von einfachen Endbenutzeranwendungen bis zu komplexen Entwicklungswerkzeugen* zu nutzen (siehe Abb. 7). Drittens gehört schließlich dazu, daß Spreadsheet-Systemfamilien auch auf *verteilten Hard- und Softaresystemen unterschiedlicher Kategorien und Hersteller* verfügbar sind. Auch diese Fragen sind an der Schwelle der 90er Jahre grundlegend gelöst. Das quasi-Industriestandardsystem *1-2-3* von Lotus z.B. ist derzeit u.a. verfügbar auf: IBM-Mainframes, DEC-VAX Minicomputern, in verschiedenen UNIX-Umgebungen, auf Industriestandard-PCs zeichenorientiert unter DOS wie als GUI-Produkt unter OS/2 Presentation Manager sowie auf dem Macintosh (in Ankündigung für Ende 1990) [17].

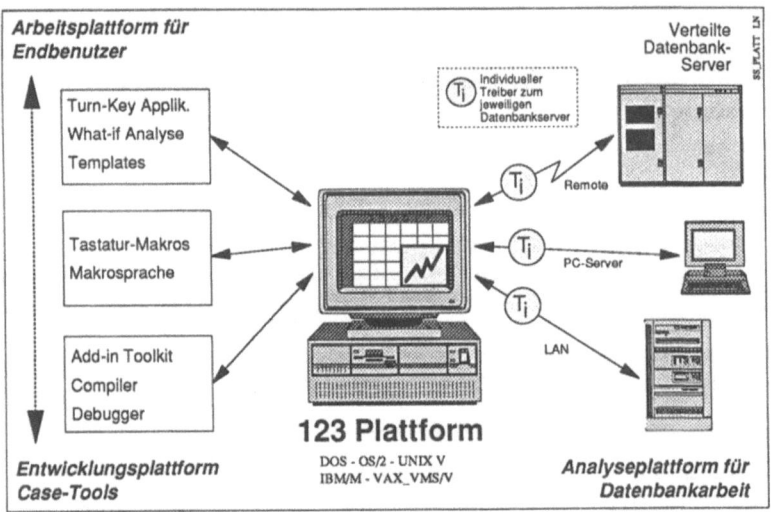

Abb. 7: Spreadsheet-Plattform

An dieser Stelle sei beispielhaft ein Aspekt näher herausgestellt. Die Intuitivität der Spreadsheets wurde vor allem auch durch die Einführung der dritten Dimension entscheidend verbessert. CPSS-Daten werden sehr oft in einem Tabellen-Arrangement analysiert und präsentiert, bei dem Informationen in *Zeilen* und *Spalten* auf mehreren *Seiten* strukturiert werden. Diese Struktur läßt sich nunmehr isomorph auf ein Spreadsheet abbilden. In Abb. 8 sind etwa die drei Dimensionen *Zeit, Produkte und Personen* herausgegriffen. Eine derartige Datenstruktur hat Würfelcharakter. In einer Analyse-Anwendung lassen sich Schnitte durch diesen Würfel legen und in einfacher Weise entsprechende selektive Sichten auf die Daten zur Informationsgewinnung generieren.

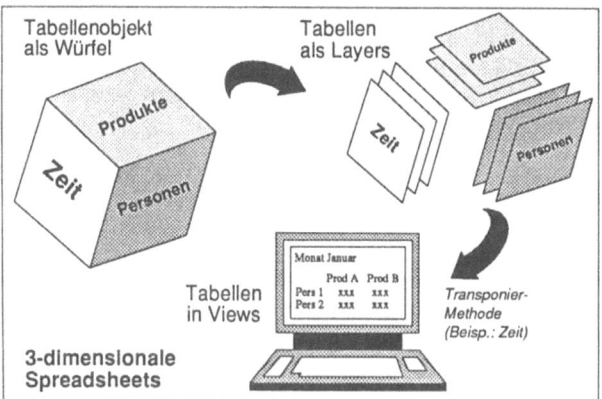

Abb. 8: Tabellenobjekt als "Würfel" / "Quader"

Die Abb. 9 gibt etwa einen Schnitt von der *Produkte*-Fläche her wieder.

Entsprechen lassen sich analog korrespondierende Views generieren, bei denen die *Personen* bzw. die *Zeit*dimension auf eine jeweilige Seite transponiert wurden. Die endbenutzerfreundliche Generierung jeder dieser Bildschirmansichten kann dabei durch Makrocode abgewickelt werden, der neben den eigentlichen Daten gleichfalls in dem Datenwürfel eingebettet ist. Generierung eines bestimmten Views ist in dieser Weise durch einfachen (Makro-) Funktionsaufruf möglich.

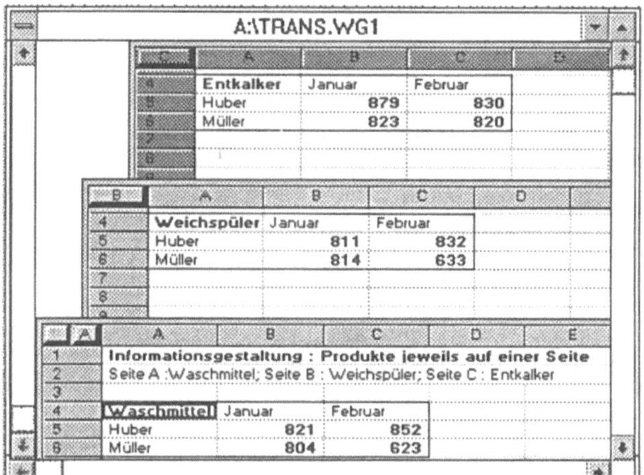

Abb. 9: Abbildung Produkte auf Seiten (System: Lotus 123/G unter OS/2 PM)

Eine Botschaft soll an dieser Stelle sein, daß dem oben skizzierten Bild des *Networking Managers* folgend solche "Informationsquader" in distribuierten CPSS zur Daten- wie Methodenverteilung zirkulieren können. Derartige dreidimensionale Datenbereiche lassen sich in einfacher Weise aus einer Spreadsheet-Applikation mit den üblichen *extract*-Mechanismen herausfiltern und analog in eine bestehende Anwendung mit *import*-Mechanismen integrieren. Neben den Daten können in integrierten Makrobereichen dieser Datenquader-Strukturen gleichzeitig Methoden zur jeweiligen Planungsproblem-bezogenen Manipulation der Daten eingebettet sein. Als triviale Methode im skizzierten Anwendungsbeispiel wurden hier Verfahren zur makrogesteuerten Transposition des Datenwürfels aufgezeigt.

Um die grundsätzliche Bedeutung dieses Konzeptes in seiner vollen Tragweite zu verstehen, ist jedoch natürlich vom ganzen Spektrum der mächtigen und bewährten Verarbeitungsfunktionen heutiger Spreadsheetsysteme auszugehen, die in dieser Form in CPSS flexibel distribuiert und integriert werden können [18]. Es ist deshalb abzusehen, daß die Bedeutung der Spreadsheet-Systeme als wichtiges Frontend-Konzept für integrierte intelligente Informationsverarbeitung am Managerarbeitsplatz im Rahmen verteilter CPSS zunehmen wird.

4.4 Prozesssteuerungs-Frontend (InTouch)

Als letztes Beispiel sei ein allgemeines GUI-basiertes Mensch-Maschine-Benutzerinterface angeführt. Dies bietet sich besonders für Prozeßsteuerung und -kontrolle bei CIM-Anwendungen an, hat aber darüber hinaus von den Technologieprinzipien her weit grundlegendere Bedeutung als Integrationskomponente im Rahmen von verteilten CPSS.

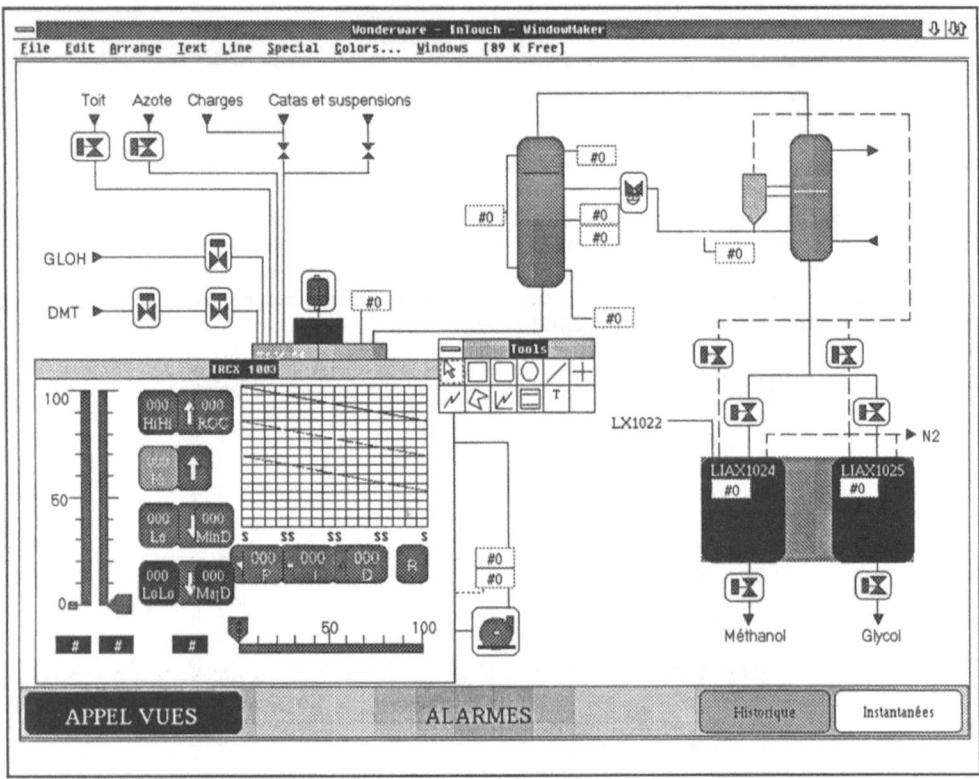

Abb. 10: Prozess-Frontend (InTouch System)

In Abb. 10 ist ein Bildschirmschnappschuss von Fenstern eines Leitstand-Systems zur Steuerung und Überwachung eines chemischen Prozesses wiedergegeben [19]. Aufgeblendet ist hier die Systementwicklungsumgebung; korrespondierend existiert dazu eine Laufzeitumgebung. Das Fenster *TRCX 1003* enthält Schieberegler, Bedienungs-Knöpfe und ein in Realzeit laufend aktualisiertes Diagramm zum Monitoring dreier Prozessgrößen. Bedienung ist über Pointing-Devices wie Maus bzw. vor allem berührungsempfindliche Bildschirme möglich. Die *Tools*-Palette gestattet den GUI-basierten Entwurf der Prozesskomponenten. Beispiele für derartige Prozesskomponenten sind im *Hintergrundfenster* ersichtlich. Alle Prozesskomponenten stellen Objekte dar, in welche die verschiedene Funktionen als objektspezifische Methoden eingekapselt werden können. Zu den Funktionen gehören u.a. Animationsmethoden (z.B. Füllstandsimulation eines Behälters, wechselnde Darstellung der Schaltpositionen eines Drehschalters, Färbungsffekte, Objektbewegungen), externe Datenkommunikation (etwa über Prozessinterfaces oder *Dynamic Data Exchange* in MS Windows) oder die Codierung der Prozesslogik.

Die Leistungsfähigkeit derartiger Konzepte im CIM-Bereich und bei der Prozeßsteuerung ist unmittelbar einleuchtend. Darüberhinaus soll an dieser Stelle insbesondere auch hervorgehoben werden, daß die Allgemeinheit von Werkzeugumgebungen dieses Typs eine Anwendung in vielerlei anderen Bereichen eines CPSS als attraktiv erscheinen läßt. Dazu gehört einmal die Modellierung leistungsfähiger und suggestiver Frontends in Planungs- und Entscheidungssystemen. Dies ist für Optimierungsmethoden aller Art sinnvoll, um die Modellschnittstellen näher an die betriebliche Realität anzupassen und auch für das Management greifbarer zu machen. Hier ist ein erhebliches Potential zu sehen, manche vom Prinzip her und vom potentiellen Einsatzprofil bei der Entscheidungsunterstützung interessante Operations Research Techniken in ihrer praktischen Verfügbarkeit grundsätzlich erheblich näher an den alltäglichen Applikationsbereich eines Unternehmens heranzubringen.

Ein Einsatz eines solchen Systems im Frontendbereich mag z.B. für einen Managerarbeitsplatz dahingehend erfolgen, daß wichtige Planungs- und Entscheidungsgrößen in einem System verzahnter Fenster visualisiert werden und gleichzeitig auch die Möglichkeit einer direkten Eingabe von Planungs- und Vorgabewerten auf Grundlage intuitiver GUI-basierter Bedienungsmetapher ermöglicht wird.

Zum weiteren erlaubt die Funktions- und Methodenvielfalt derartiger arbeitsplatzgestützter GUI-Systeme die Modellierung geschlossener Applikationen für den Einsatz in CPSS. Die Mächtigkeit dieser Systeme bietet hier prinzipiell kaum Einschränkungen und birgt insbesondere in der Realzeitumgebung eines verteilten CPSS ein vielversprechendes Potential.

5 Ausblick

Werkzeugumgebungen, wie sie an ausgewählten Beispielen unter *Abschnitt 4* diskutiert wurden, sind derzeit als kostengünstige Massentechnologien breit verfügbar und von ihrem Leistungsprofil her fraglos attraktiv. Im Sinne der Problemstellung dieses Beitrags wird man sich die Frage stellen, was einer selbstverständlichen und breiten Nutzung derartiger intelligenter werkzeuggestützter Interaktionen durch Managern wie Planern als integrierte Komponenten in CPSS eigentlich im Wege steht?

Wichtige Engpässe eines vermehrten Designs von CPSS in verteilten Systemen auch vor dem Hintergrund der in diesem Beitrag diskutierten grundsätzlichen Fragen sieht der Verfasser in den beiden folgenden Bereichen.

Einmal muß dazu die *Infrastruktur im Office Bereich* weit mehr als bis jetzt auf computergestützte integrierte Informations- und Dokumentenverarbeitung im Alltagsbetrieb abgestellt sein. Diese Systeme müssen auch entsprechend integriert von den Managern wie Fachpersonal genutzt werden (Grundprinzip: mehr direkte elektronische Verarbeitung, weniger Papier). Dazu fehlt es vor allem an Ausbildung und insbesondere auch Erfahrung. Es mag sein, daß hier ein Generationenwechsel von betrieblichen Anwendern notwendig ist.

Zum zweiten ist, so platt es klingen mag, nach wie vor die *Bildschirmtechnologie* eine entscheidende Bremse für einen Durchbruch von Konzepten des hier diskutierten Typus. Auf einen einfachen Punkt gebracht: Wenn *ceteris paribus* die Bildschirmtechnologie in kostengünstiger Massentechnologie einfach handhabbare Flachdisplays bis zu DIN-A3 Größe bereitzustellen erlaubt, die analog den Helligkeitswerten weißen Papiers im Tageslicht nutzbar sind und der Auflösung jetziger Laserdrucker mit 300 dpi entspricht, wird die Akzeptanz der angesprochenen Werkzeugumgebungen grundlegend steigen. Direkte werkzeuggestützte Weiterverarbeitung durch *alle* betrieblichen Mitarbeiterinnen und Mitarbeiter gewinnt dadurch einen fundamental höheren Stellenwert, in dessen Sog die alltägliche intelligente Nutzung von Computerwerkzeugen im CPSS-Verbund zum Durchbruch kommen kann.

Einen interessanten und vielversprechenden Ansatz in Richtung einer integrierten Weiterverarbeitung komplexer Planungs- und Managementinformationen ohne die Zwischenstufe Papier bietet das *Notes* System [20]. Notes stellt eine verteilte Datenbankumgebung für Dokumenten-Datenbanken auf GUI-Basis dar. Dokumente können dabei die Datentypen: Datenfeld (numerisch, alpha-numerisch, Datum, etc.), Tabellenfeld, formatierter Text (*rich text format*) sowie Graphik vor einem Formularhintergrund in *WYSIWYG*-Präsentation aufnehmen. Mit anderen Worten läßt sich hier jegliche Management- und Planungsinformation mit vielfältigen Optionen für visuelle Attribute bearbeiten und präsentieren.

Das System ist dabei als *Groupware* essentiell auf das nahtlose gemeinsame Informationsmanagement in verteilten Arbeitsteams ausgerichtet. Entsprechend sind die üblichen bewährten Kommunikationsfunktionen wie *EMail* oder *Electronic Conferencing* voll integriert. Wichtig ist jedoch, daß diese Kommunikationsfunktionen nicht als isolierte Konzepte mit den jeweiligen typischen Benutzerschnittstellen für Kommunikation bereitgestellt werden (d.h. bei *EMail* oder bei *Electronic Conferencing*: z.B. Terminalemulation als Benutzerinterfaces). Vielmehr sind diese Funktionen in ein Team-orientiertes Informationsmanagement gemeinsamer Dokumentendatenbasen integriert. Die möglichen Kommunikationstypen des Management- und Planungsalltags: eins-zu-eins, eine-zu-viele, viele-zu-eins bzw. viele-zu-viele werden dabei durch verschiedene Konzepte orts- und zeitunabhängig in LAN- wie auch WAN-Umgebung über Zugriffskontrolllisten, Routing-Tabellen, Datenbankreplikationen, Integritätsmechnismen, etc. im Hintergrund für die Benutzer transparent abgewickelt. Derartige Hintergrundprozesse werden über die verteilten Datenbankserver abgewickelt. Der Anwender selber arbeitet mit einer arbeitsplatzbasierten Frontend-Komponente online oder offline; gegebenenfalls notwendige Update-Vorgänge zur Sicherung der Datenintegrität gemeinsamer Datenbestände bei offline-Arbeit werden bei jedem Einloggen eines Arbeitsplatzes in einen Notes-Server automatisch abgewickelt. Dokumentenselektion wird durch die üblichen Datenbanktechnologien mit Sortierung, Filterung, Gruppierung, etc. in GUI-basierten sog. *Views* unterstützt. Hyperlinks sind zwischen den Dokumenten möglich.

Die kurze Aufzählung dieser Merkmale kann den Kern des Notes-Konzeptes nur sehr unvollkommen darstellen. Im wesentlichen wird bei diesem System ein gruppenzentriertes Arbeitskonzept für verteiltes Informationsmanagement geboten, wie es nun gerade für den Planungs- und Managementalltag typisch sind. Dabei wird die lokale Funktionalität moderner PC-gestützter Werkzeugumgebungen voll integriert mit netzbasierten Datenbanktechnologien zum Management verteilter Datenbasen. Die Architektur von Notes erlaubt damit die isomorphe Realisation des oben in Abb. 1 skizzierten Informationsmodells für einen Manager- bzw. Planerarbeitsplatz in verteilten Systemen.

6   Literatur

[1] *Bartmann, Dieter:* Wird der Vorstand zum Regierungssprecher seines Computers? In: Informationstechnologie und strategische Führung, Hrsg. *Klaus Spremann* und *Eberhard Zur*, Wiesbaden (Gabler) 1989, S. 325 - 336.
[2] *Bartmann*, a.a.O., S. 327 - 328.
[3] Siehe auch: *Kurbel, Karl*, und *Claus Rautenstrauch*: Ein verteiltes PPS-System auf Arbeitsplatzbasis. In: Computergestützter Arbeitsplatz. GI - 19. Jahrestagung, Proceeding Bd. II, Hrsg. *M. Paul*, Berlin - Heidelberg - New York - Tokyo - Hongkong (Springer) 1989, S. 476 - 490; *Nastansky, Ludwig*: Softwarewerkzeuge für Endbenutzer. In: Handbuch Wirtschaftsinformatik, Hrsg. *K. Kurbel* und *H. Strunz*, Stuttgart (Poeschel) 1990, S. 363 - 382.
[4] *Agenda*: Dokumentationen: User's Guide, Tutorial, Applications, Definition Files. Software: VS-1.01E. Cambridge MA (Lotus Development Corp.) June 1988.
[5] *SuperCard*: Language Guide, User's Manual. Software. San Diego CA (Silicon Beach Software) 1989.
[6] *1-2-3 Rel.3*. Dokumentation: Referenzhandbuch, Tutorial. Software: VS-3.0D. Windsor, UK (Lotus Development Corp.) 1989.
[7] *InTouch*. Man-Machine Interface Application Generator. User's Guide and Reference Manual. Noisy Le Grand, France (Factory Sytems / Wonderware) 1990 (Software: VS-1.0 für MS Windows, Febr. 1990).
[8] *von Bechtolsheim, Matthias* und *H. Josef Musshoff*: Falsche Vorstellungen revidieren - MIS im zweiten Frühling. In: Computerwoche Extra 3 (1989); zit. nach *Bartmann*, a.a.O., S. 327.
[9] *Goodmann, Danny*: Focal Point. Activision Inc., 1987 (Deutsche VS-2.0D, Benutzerdokumentation. Hamburg - Buochs / CH (Stacks Computer) 1988).
[10] *Seidensticker, Franz-Josef*: Konzepte und Lösungsmöglichkeiten für Integriertes Personal Informaaation Management von Fach- und Führungskräften mit PWS-basierten Hypertext-/Hypermediasystemen. (Bisher unveröff.) Diss., St. Gallen 1990, S. 91 ff.
[11] *SuperCard*, a.a.O.
[12] *Nastansky, Ludwig*: Objektorientierte Systeme im Endbenutzercomputing. In: Wirtschaftsinformatik, Heft 3, 1990.
[13] Siehe z.B.: *Nastansky, Ludwig*: Flexibles Informationsmanagement für Organisatoren mit Werkzeugumgebungen für Persönliches Informationsmanagement (PIM). In: Computergestützter Arbeitsplatz. GI - 19. Jahrestagung, Proceedings Bd. II, Hrsg. *M. Paul*, Berlin - Heidelberg - New York - Tokyo - Hong Kong (Springer) 1989, S. 232 - 244.
[14] *Agenda*, a.a.O.
[15] *Nastansky, Ludwig* und *Edi Lanker*: PIM-Textdatenbanken auf der Basis von Agenda. Anwenderdokumentationen: (1) Termin- und Aktivitätenplaner/Groupware, (2) Dokumentenverwaltung/Ablageorganisation, (3) Know How Manager/Persönlicher Consultant, (4) Kundenservice/Customer Support. Institut für Wirtschaftinformatik/Informatikbereich, Hochschule St. Gallen, März 1990, ca. 95 S.
[16] Siehe auch: *Nastansky, Ludwig*: 1-2-3 Spreadsheet-Plattformkonzept. 'Connectivity' und 'Frontends' in verteilten Systemen der 90er Jahre. In: LAC-Brief (Lotus Autorisierte Consultants), Nr. 2, Vol. 1, März 1990, S. 1, 8 -9.
[17] Siehe dazu: *Beyond DOS* - Special Report on 1-2-3 Platform-Solutions. In: Lotus Magazine, March 1990 (insgesamt sieben Beiträge)
[18] Zum Funktionsprofil siehe z.B.: *Zünkler, Matthias*: Prototypentwicklung mit Templates in multifunktionalen PC-Werkzeugumgebungen (Bisher unveröff.) Diss., St. Gallen 1990.
[19] Intouch über MS-Windows; *InTouch*, a.a.O.
[20] *Notes*: Dokumentationen: Administrator's Guide; Database Design and Notes@Work. User's Guide et al. Cambridge MA (Lotus Development Corp.) 1989.

Konzeptuelle Modellierung als Grundlage der Managementunterstützung in verteilten Anwendungen

Matthias Jarke, Stefan Eherer, Manfred Jeusfeld, Thomas Rose
Fakultät für Mathematik und Informatik
Universität Passau, Postach 2540, D-8390 Passau

Eines der Hauptprobleme in komplexen Informationssystemen ist es, bei der Vielfalt des Informationsangebots die Übersicht zu behalten und Systeme anwendungsadäquat zu nutzen. Zur Lösung dieses Problems werden formale Ansätze der konzeptuellen Modellierung vorgeschlagen. Es wird ein mehrdimensionales Grundmodell entwickelt, welches die Verwaltung, Steuerung und Überwachung verteilter Anwendungssysteme im Managementbereich repräsentiert. Dabei steht die Idee der Entscheidungsorientierung im Vordergrund. Die experimentelle Realisierung und Anwendung eines solchen Modells im Passauer Wissensbanksystem ConceptBase wird skizziert.

1 Einleitung

Die Einführung von "Theorien des Managements" beruht darauf, daß man sich in der modernen Unternehmung nicht mehr nur auf intuitives Handeln verlassen möchte, sondern ein formales Verständnis der Strukturen und Vorgänge anstrebt. Die Entwicklung, überzeugende Darstellung und Umsetzung von Modellkonzepten ist daher seit vielen Jahren ein zentrales Thema der Wirtschaftswissenschaften und zunehmend auch der betrieblichen Praxis. Der Einsatz solcher Modelle hat durch die Einführung rechnergestützter Techniken zu ihrer Erstellung und Auswertung zusätzlichen Auftrieb erhalten.

Die Vielzahl von mathematischen und graphischen Formalismen, Softwarepaketen und Anwendungssichten erschwert dem Manager jedoch vor allem in umfangreichen, verteilten Anwendungen den Zugang zu solchen fortgeschrittenen Informationsverarbeitungstechniken. Es stellt sich die Frage, ob es möglich ist, über eine integrierte konzeptuelle Sicht diese Probleme zu reduzieren und damit verteilte Informationsquellen einem breiteren Benutzerkreis zugänglich zu machen. Darüberhinaus ist nach geeigneter Technologie zu fragen, die eine solche konzeptuelle Integration unterstützen kann.

In der vorliegenden Arbeit wird versucht, diese Fragen in drei Schritten zu beantworten. Zuerst werden die Anforderungen an derartige "Meta-Informationssysteme" klassifiziert, dann werden Aspekte einer formale Modellierung über Wissensrepräsentationstechniken betrachtet, und schließlich wird eine experimentelle Implementierung, das System ConceptBase, vorgestellt. Abschließend werden einige konkrete Anwendungen skizziert.

Die hier beschriebenen Arbeiten werden von der Deutschen Forschungsgemeinschaft im Schwerpunktprogramm "Objektbanken für Experten" (Ja 450/1-1) und von der Europäischen Gemeinschaft im Rahmen der ESPRIT-Projekte 892 (DAIDA) und 2105 (MultiWorks) unterstützt.

2 Informationsanforderungen

Anforderungen an Management-Information über evolvierende Anwendungen sind sehr vielfältig. Für unsere Zwecke erscheint es sinnvoll, diese Anforderungen in die drei Dimensionen Beschreibungsebene, Anwendungsperspektive und Granularität (vgl. Abb. 1) einzuordnen. Für jede dieser Dimensionen werden dann geeignete Modellierungskonzepte und Werkzeuge benötigt.

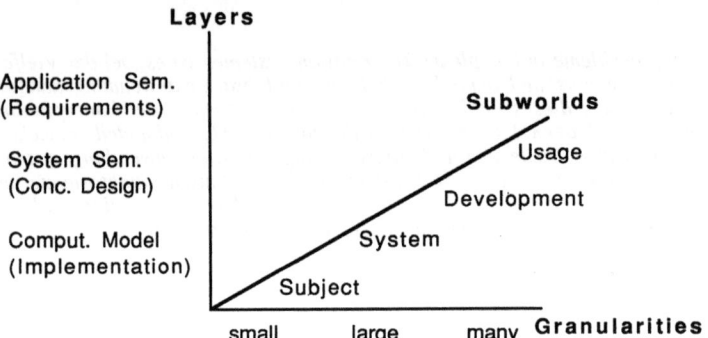

Abb. 1: Anforderungsdimensionen des Informationsmanagements

2.1 Multiple Beschreibungsebenen

Wie im traditionellen Software-Lebenszyklus werden drei Beschreibungsebenen für Informationssysteme unterschieden: Anforderungsanalysen, Entwürfe und Implementierungen. Sind diese Ebenen aus Sicht des Ziels einer integrierten Wissensdarstellung sinnvoll, und welche Rollen übernehmen sie hier?

Die Forschung über semantische Datenmodelle einerseits und über Datenbankimplementierung andererseits betont die Unterscheidung zweier Ebenen [BM86]:

- *semantische Modellierung* von Daten und Funktionen, unter Betonung der Knappheit und Ausdrucksmächtigkeit bei der Strukturierung von Information,
- *Berechnungsmodelle* zur korrekten und effizienten Mehrbenutzer-Implementierung.

Traditionell werden für beide Ebenen unterschiedliche Beschreibungssprachen verwendet, z.B. semantische Datenmodelle für die semantische Ebene und Datenbankprogrammiersprachen (etwa SQL eingebettet in C) für die Realisierung. Neuere Ansätze, beide Ebenen in einem einheitlichen Formalismus abzudecken, wie etwa deduktive Datenbanken und objektorientierte Datenbanken, greifen nach heutigem Stand der Technik zu kurz, da die vorzunehmenden Transformationen noch nicht voll automatisierbar sind, wenn nicht spürbare Qualitätsverluste bei der Software in Kauf genommen werden sollen. Im ESPRIT-Projekt DAIDA wurde daher ein "Mapping-Assistant"-Ansatz verfolgt, der eine rechnergestützte Abbildung zwischen beiden Ebenen mit formalen Mitteln unterstützt [BMSW90].

Auch die semantische Ebene bietet nur eine *Systemperspektive* des Informationssystems. Die dritte Ebene, traditionell Anforderungsebene genannt, ist erforderlich, um die Einordnung des Systems in unterschiedliche Aspekte der Realwelt zu repräsentieren. Diese Aspekte unterscheiden sich so stark von Anwendung zu Anwendung, daß relativ aufwendige Sprachmittel aus dem Bereich der Wissensrepräsentation für ihre Beschreibung einzusetzen sind, die insbesondere dem Erfordernis der Erweiterbarkeit genügen. Die Einbettung des semantischen Systemmodells in diese Weltmodelle erfolgt durch Entwurfsentscheidungen, die ihrerseits auf funktionale oder nichtfunktionale Ziele, also Teile der Weltmodelle selbst, Bezug nehmen.

Zusammenfassend bestätigen die genannten Anforderungen die Notwendigkeit einer mehrschichtigen Beschreibung von Software, unabhängig davon, nach welchem Lebenszyklus diese Software entwickelt wird. Darüberhinaus sind auch die Bezüge zwischen den Ebenen festzuhalten, wie sie durch Entwurfsentscheidungen entstehen.

2.2 Multiple Anwendungsperspektiven

Die traditionelle Datenbanktechnologie unterstellt stillschweigend, daß Informationssysteme einen Ausschnitt der Realwelt repräsentieren sollen. Man konzentriert sich daher auf die Modellierung des Anwendungsbereichs und beantwortet somit die Frage "was bedeutet die Information in meinem System?" Damit werden andere, gleichermaßen bedeutende Fragen beiseite gedrängt. Eine breitere Sichtweise, die auch Ergebnisse aus der Büroautomation und aus anderen Bereichen wie etwa dem Software Engineering einbezieht, führt zu folgenden "Teilwelten" oder Anwendungsperspektiven, die im Informationsmanagement zu berücksichtigen sind:

- Die *Subjektwelt* ist jener Anwendungsbereich, über den das System Informationen enthält, z.B. das Personal in einer Unternehmung oder gewisse chemische Experimente. Bekannte Darstellungstechniken sind etwa Entity-Relationship-Modelle oder Datenflußdiagramme.
- Die *Benutzerwelt* beschreibt die Anwenderumgebung, in die das System eingebettet ist, z.B. die Personalabteilung, in der ein Personalinformationssystem genutzt wird. Beschreibungen aus dieser Perspektive werden im Bereich der Büroautomation untersucht und enthalten mindestens das Ein-Ausgabeverhalten des Systems aus Anwendersicht, oft aber auch die Modellierung der Anwender selbst, ihrer Arbeitsaufgaben usw.
- Die *Systemwelt* spezifiziert, was das System tut. Die Art solcher Spezifikationen kann sehr unterschiedlich sein und sollte i.a. die drei im vorigen Abschnitt genannten Beschreibungsebenen umfassen.
- Die *Entwicklungswelt* befaßt sich mit denjenigen Objekten und Prozessen, die Teile des Entwicklungs- und Wartungsprozesses des Systems sind. Hierzu zählen etwa: die Zusammensetzng der Arbeitsgruppe, Verantwortlichkeiten, Entwurfsentscheidungen, eingesetzte Werkzeuge, Hilfsdokumente usw. Die Entwicklungswelt ist Untersuchungsgegenstand des Software Engineering, insbesondere der Prozeßmodellierung und des Projektmanagements.

Wissensrepräsentationssprachen der Requirementsebene in Abschnitt 2.2 sollten in der Lage sein, alle vier Aspekte einheitlich darzustellen und miteinander in Beziehung zu setzen. Interne Systembeschreibung (semantische Ebene) und Realisierung können dann jeweils sehr unterschiedlich aussehen; damit ist auch eine heterogene Systemwelt abbildbar.

2.3 Multiple Granularitäten

Aus dem Software Engineering stammt die folgende nützliche Unterscheidung, die sich mit dem Detaillierungsgrad der Management-Informationen befaßt:

- *Programming-in-the-Small* betrifft Wissen über *technische Details* der Sprachen, Methoden und Werkzeuge in einer bestimmten Teilwelt. Die meisten formalen Methoden behandeln nur diesen Teil. Ein globales Software-Informationssystem ist meist an dieser Ebene kaum interessiert, muß aber darauf zurückgreifen können, wenn etwa Arbeitsaufgaben von einem Mitarbeiter auf den anderen übertragen werden sollen.
- *Programming-in-the-Large* befaßt sich mit der Verwaltung von Arbeitsprozessen und ihren Ergebnissen. Die wesentlichen zu dokumentierenden Entscheidungen betreffen die Versionierung von Arbeitsergebnissen und Konfigurierung von Teilergebnissen zu Gesamtlösungen. Man spricht daher auch von Objekt- oder Prozeßverwaltungssystemen.
- *Programming-in-the-Many* erfordert ein Diskussions- und Koordinationsforum, auf dem umfangreiche Teams ihre Zusammenarbeit organisieren können. Zu denken ist etwa an die Diskussion von Sicherheitsaspekten eines Systems durch Mitglieder der unterschiedlichen Teilwelten (Entwerfer, Benutzer, Betroffene), wiederum beispielsweise im Personalverwaltungskontext.

Die kurzen Beispiele machen deutlich, daß alle drei Granularitäten in einem Software-Informationssystem abgedeckt sein müssen, und zwar so, daß ein Übergang zwischen den Ebenen möglich ist. Traditionelle Systeme leisten gerade dieses nicht; im folgenden wird gezeigt, daß ein entscheidungsorientierter Ansatz, wie er auch in den Wirtschaftswissenschaften verfolgt wird, zu besseren Ergebnissen führen kann.

3 Aspekte eines formalen Modells

Die unterschiedlichen Teilaspekte der Anwendungsinformation können in einer Wissensrepräsentationssprache erfaßt werden. Wir verwenden die Sprache CML/Telos, die speziell für derartige Zwecke entwickelt wurde [MBJK90]. Telos ist eine temporale und deduktive Sprache für Objektbanken; sie ist im System ConceptBase [EJJ*89] implementiert. Im folgenden heben wir zwei Aspekte heraus, die für das Informationsmanagement von besonderer Bedeutung sind: die Nutzung von Abstraktionen und die formale Strukturierung der oben genannten Entwicklungswelt in einer Weise, die alle drei in 2.3 genannten Aspekte abdeckt. Wie Abb. 2 zeigt, spielen darüberhinaus auch die temporalen und regelbasierten Konstrukte der Sprache selbst eine große Rolle.

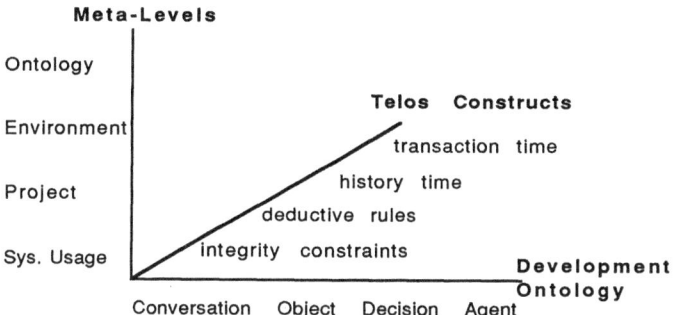

Abb. 2: Lösungsdimensionen des Informationsmanagements

3.1 Nutzung von Abstraktionshierarchien

Telos stellt die Abstraktionsmechanismen Aggregation, Generalisierung und Klassifizierung in allgemeinerer Weise bereit als viele anderen Modellierungs- und Wissensrepräsentationssprachen. Zum Beispiel werden Attribute (d.h. Verbindungen zwischen Objekten) als vollwertige Objekte behandelt, die selbst Attribute haben und in Generalisierungs- oder Klassifizierungshierarchien organisiert sein können. Die Klassifizierungshierarchie hat unendlich viele Ebenen, d.h. Objektklassen sind Instanzen von Metaklassen, Metaklassen sind Instanzen von Metametaklassen usw.

ConceptBase nutzt diese Hierarchie, um die Einbettung der Systembenutzung in die Versionshistorie eines Systems zu repräsentieren, ebenso die Bezüge der Systemversionen zu den Softwareumgebungen, in denen sie erstellt wurden, und zur Definition dieser Umgebungen in einem generischen Modell der "Entwicklungswelt". Damit erhalten wir einheitliche Modellkonstrukte und Werkzeuge für neue Anwendungssysteme ebenso wie für die Evolution der Gesamtumgebung.

3.2 Eine Ontologie der Entwicklungswelt

Derzeitige Prozeßmodelle lassen sich in zwei Klassen einteilen. Systeme wie IStar [DOWS87] betonen den Aspekt der Kooperation und sehen die Systementwicklung und -benutzung im wesentlichen als evolvierendes Netz von *Kontrakten*. Andere Ansätze sind stärker am Inhalt der Arbeiten interessiert. Sie stellen Anwendungsprozesse als Mengen von *Entscheidungen* dar (etwa [PB88]), manchmal auch als Folge der aus solchen Entscheidungen resultierenden Aktionen. Das untenstehende Telos-Metamodell stellt die entscheidungsorientierte Sicht in den Mittelpunkt, berücksichtigt aber auch Kooperationsaspekte.

Entscheidungsorientierte Modelle unterscheiden üblicherweise zwischen Ergebnissen (Objekten) und Entscheidungen (einer speziellen Art von Beziehungen). Unser Modell (vgl. Abb. 3) erweitert diesen Ansatz in mehrfacher Weise:

- Trennung von Verwaltungsinformation (*Decision, Object*) und semantischer Beschreibung durch beliebig detailliertes Modell (*Class, dependsOn*-Kanten)

4.1 Explorationshilfen

Da Telos-Attribute vollwertige Objekte sind, kann man eine Telos-Wissensbasis als strukturierten Hypertext mit typisierten Knoten, typisierten Kanten und deduktiver Datenbankunterstützung auffassen. Die ConceptBase-Umgebung liefert daher textuelle und graphisch orientierte Präsentations- und Editierwerkzeuge als äquivalente Repräsentationen von Modellen. Zoom und Kantenverfolgung ist in beiden Repräsentationen ebenso möglich wie ein Wechsel zwischen den Repräsentationen. Der Benutzer kann dynamisch definieren, was als Knoten des Hypertextnetzes aufgefaßt werden soll und wie unterschiedliche Typen von Knoten und Kanten graphisch zu repräsentieren sind. Im einzelnen werden folgende Werkzeuge angeboten:

- ein *hierarchischer Filter-Browser* zum Überfliegen umfangreicher Modelle oder Modellfolgen, die entsprechend einer benutzerdefinierten Hierarchie organisiert sind (z.B. isA-Hierarchie, Folge von Abhängigkeiten im Entwurfsprozeß, Struktur einer Organisation o.ä.)
- ein *sprachsensitiver Text- bzw. Modelleditor* zum direkten Eintragen und Verändern von Informationen
- ein *graphischer Browser-Editor* zur detaillierten Darstellung und Manipulation komplexer Zusammenhänge in einem relativ kleinen Modellausschnitt.

Die Werkzeuge ähneln denen in manchen Expertensystem-Shells, unterscheiden sich aber z.T. durch ihre klarere formale Einbindung und die Eingriffsmöglichkeiten des Benutzers in die Abbildung zwischen Wissensbankinhalt und externer Darstellung.

4.2 (Gruppen-)Entscheidungsunterstützung

Um die entscheidungsorientierte Sichtweise des Informationsmanagements umzusetzen, werden zusätzlich zu den explorativen Tools spezielle entscheidungsunterstützende Werkzeuge benötigt. Wir betrachten zwei Gruppen solcher Werkzeuge.

Die erste Gruppe unterstützt Gruppenentscheidungen in Entwicklungswelt, Benutzerwelt und möglicherweise Subjektwelt unseres Modells. Eine Kombination erfolgreicher konversationsorientierter Modelle wird in drei nicht notwendig sequentiellen Phasen unterstützt [HJR90]:

- In der *Explansionsphase* werden Ideen eingeführt und frei diskutiert. Analog zu Systemen wie *gIBIS* [CB88] oder *ArgNoter* [SFB*87] wird ein *Argumenteditor* nach dem Modell von [TOUL58] bereitgestellt. Er geht über die genannten Systeme insoweit hinaus, als formale Bezüge zum Diskussionsinhalt (den zu fällenden Entscheidungen) hergestellt werden. Auch das Konversationsprotokoll unterliegt formaler Kontrolle.
- Die eigentliche *Entscheidungsphase* verdichtet die Vielzahl angeführter Argumente zu einer Entscheidung und ihrer "offiziellen" Begründung. Analog zu anderen Gruppenentscheidungssystemen werden hier Mehrkriterienverfahren angeboten.

- Die *Kontraktphase* sorgt für die verteilte Ausführung der Entscheidung entsprechend einem ähnlichen Protokoll der Vertragsverhandlung und -abwicklung, wie es auch im *Coordinator*-System [WF86] realisiert ist. Spezielle graphische und textorientierte Werkzeuge helfen bei der Überwachung solcher Kontrakte.

Der Argumenteditor kann von mehreren Benutzern auf vernetzten Arbeitsplätzen gleichzeitig benutzt werden, um verteilte Realzeitdiskussionen zu dokumentieren. Die anderen Werkzeuge sind Erweiterungen asynchroner Mail- oder Konferenzsysteme, wobei jede Konferenz mit einem speziellen Konversationsobjekt der Wissensbasis formal assoziiert ist.

Die zweite Gruppe von Werkzeugen unterstützt spezielle Klassen von Entscheidungen eines gewissen Anwendungsbereichs. Diese Klassen definieren Fragmente einer speziellen Entwurfsmethodik; im Falle von ConceptBase wurden sie durch die Anforderungen einer wissensbasierten Entwurfsumgebung für Datenbank-Anwendungssoftware beeinflußt, gehen aber in ihrer Anwendbarkeit darüber hinaus. Diese Tools unterstützen folgende Entscheidungsklassen:

- die schrittweise Verfeinerung eines Modells in einer bestimmten Repräsentation
- die Modellabbildung zwischen Anforderungen, Entwürfen und Implementierungen
- die Versionierung von Objekten und Entscheidungen
- die konsistente Konfigurierung von Komponenten zu Gesamtsystemen.

Die letztgenannten Teilsysteme sind dem *programming-in-the-large* zuzuordnen. Sie sind allgemeiner verwendbar als die methodik- und sprachabhängigen erstgenannten Teilsysteme. Versions- und Konfigurationstools sind daher direkt in den ConceptBase-Standardclient integriert [RJ90]. Abb. 4 zeigt, wie dies geschieht.

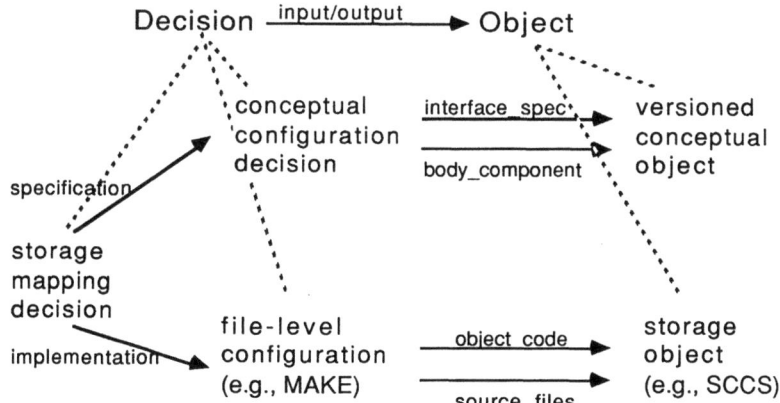

Abb. 4: Instantiierung des Modells aus Abb. 3 für Programming-in-the-Large-Werkzeuge

5 Anwendungen

Mehrere Anwendungen des geschilderten Ansatzes befinden sich in der Entwicklung bzw. Erprobung; die meisten Erfahrungen wurden im Management der Softwareentwicklung gesammelt:

- Im soeben abgeschlossenen ESPRIT-Projekt DAIDA [JD90] dient ConceptBase als Koordinationskomponente einer wissensbasierten Softwareumgebung; spezielle Modellabbildungsassistenten für die Herleitung objektorientierter Entwürfe aus Telos-Anforderungen und für die formale Verfeinerung solcher Entwürfe zu Datenbankprogrammen wurden realisiert und über ConceptBase integriert [CKM*90, JJM*90].
- In der Software-Informationsbasis des kürzlich begonnen ESPRIT-Projekt ITHACA [CJM*89], die ebenfalls mit einer dreischichtigen Telos-basierten Beschreibung realisiert wird, wird die Konfiguration wiederverwendbarer Komponenten betont.
- Eine Reihe von kleineren Versuchen (etwa im Bereich von Umweltinformationssystemen und im Finanzbereich) haben begonnen, um existierende Informationsquellen in der hier beschriebenen Weise konzeptuell zu integrieren, um so den Zugriff und die Informationsintegration in heterogenen Systemen zu realisieren.

Im Bereich des Software-Projektmanagements wurden darüberhinaus empirische Studien und umfangreiche Simulationsexperimente durchgeführt, in welchen das Verhalten eines kommerziell realisierten OR-basierten Ansatzes mit einer Anwendung des hier vorgestellten konzeptuell basierten Wissensrepräsentationsansatzes verglichen wurde (vgl. auch [SJ89]). In diesem Falle wurden verschiedene Klassen von Abhängigkeiten aus qualitativen Projektinformationen generiert. Ein Normalisierungsalgorithmus überführt diese in modulare Projektstrukturen, die von einem traditionellen Projektmanagemenentsystem optimiert werden können. Es zeigt sich, daß dieser Ansatz gegenüber klassischen Scheduling-Techniken zu wesentlich robusteren Lösungen führt. Bei unvorhergesehenen Änderungen in den Anforderungen oder in der Ressourcenverfügbarkeit kann nämlich das qualitative Projektwissen dazu verwendet werden, automatisch zuerst nach lokalen Lösungsvarianten zu suchen und ggf. Koordinationsverhandlungen sinnvoll zu organisieren. Die Experimente waren so überzeugend, daß der Hersteller des verwendeten Projektmanagementsystems zur Zeit eine entsprechende Produkterweiterung aufgrund unseres Ansatzes entwickelt.

Inwieweit sich diese Erfahrungen auf andere Managementbereiche übertragen lassen, ist noch offen. Wir untersuchen zur Zeit Anwendungen in Netzmanagement und Investitionsgütermarketing.

Literatur

[BM86] Brodie, M.L., Mylopoulos, J. (1986). Knowledge bases and databases: semantic vs. computational theories of information. In Ariav, G., Clifford, J. (Hrsg.): *New Directions for Database Systems,* Norwood, NJ: Ablex, 186-218.

[BMSW90] Borgida, A., Mertikas, J., Schmidt, J.W., Wetzel, I. (1990). Specification and refinement of databases and transactions. Report, ESPRIT project 892 (DAIDA), Universität Hamburg.

[CB88]   Conklin, J., Begeman, M.L. (1988). A hypertext tool for exploratory policy discussion. *ACM Trans. Office Information Systems 6*, 4, 303-331.
[CJM*89]   Constantopoulos, P., Jarke, M., Mylopoulos, J., Pernici, B., Petra, E., Theodoriou, M., Vassiliou, Y. (1989). Scripting the ITHACA software information base. Report, ESPRIT project 2121 (ITHACA), FORTH-CRC, Iraklion, Griechenland.
[CKM*90]   Chung, L., Katalagarianos, P., Marakakis, M., Mertikas, M., Mylopoulos, J., Vassiliou, Y. (1990). From information systems requirements to designs: a mapping framework. Report, ESPRIT project 892 (DAIDA), FORTH-CRC, Iraklion, Greece.
[DOWS87]   Dowson, M. (1987). Integrated project support mit IStar. *IEEE Software 4*, 4, 6-15.
[EJJ*89]   Eherer, S., Jarke, M., Jeusfeld, M., Miethsam, A., Rose, T. (1989). ConceptBase V2.1 user manual. Report MIP-8936, Universität Passau, W. Germany.
[HJR90]   Hahn, U., Jarke, M., Rose, T. (1990). Group work in software projects. *Proc. IFIP WG 8.4 Conf. Multi-User Applications and Interfaces,* Heraklion, Griechenland.
[JD90]   Jarke, M., DAIDA Team (1990). DAIDA: conceptual modeling and knowledge-based support of information systems processes. *Technique et Science Informatiques 9*, 2.
[JJM*90]   Jarke, M., Jeusfeld, M., Mertikas, M., Schmidt, J.W., Wetzel, I. (1990). Database application development as an object modeling activity. *Proc. 16th Intl. Conf. Very Large Data Bases,* Brisbane, Australien.
[MBJK90]   Mylopoulos, J., Borgida, A., Jarke, M., Koubarakis, M. (1990). Telos: representing knowledge about information systems. Erscheint, *ACM Trans. Information Systems*.
[PB88]   Potts, C., Bruns, G. (1988). Recording the reasons for design decisions. *Proc. 10th Intl. Conf. Software Eng.,* Singapore, 418-427.
[RJ90]   Rose, T., Jarke, M. (1990). A decision-based configuration process model. *Proc. 12th Intl. Conf. Software Engineering,* Nizza.
[SFB*87]   Stefik, M., Foster, G., Bobrow, D.G., Kahn, K., Lanning, S., Suchman, L. (1987). Beyond the chalkboard -- computer support for collaboration and problem-solving in meetings. *Comm. ACM 30*, 1, 32-47.
[SJ89]   Srikanth, R., Jarke, M. (1989). The design of knowledge-based systems for managing ill-structured software projects. *Decision Support Systems 5*, 4, 425-447.
[TOUL58]   Toulmin, S. (1958). *The Uses of Argument.* Cambridge University Press, UK.
[WF86]   Winograd, T., Flores, F. (1986). *Understanding Computers and Cognition: A New Foundation for Design.* Ablex Publ. Co., Norwood, NJ.

Moderne Informationstechnologie als Basis für Controlling und Managemententscheidungen

Hubert Piel

Westdeutsche Genossenschafts-Zentralbank eG
Ludwig-Erhard-Allee 20
4000 Düsseldorf 1

1. Einsatz von DV im Management - Situationsanalyse -

Banken sind traditionell große Anwender von DV-Technologie. Die meisten Arbeitsvorgänge werden heute durch EDV unterstützt, so daß in vielen Abteilungen, insbesondere den Geschäftsabteilungen, ein 1 : 1-Verhältnis von Bildschirmen zu Mitarbeitern angestrebt wird. Die moderne Informationstechnologie wird heute als Instrument zur Stärkung der Wettbewerbsposition und zur Nutzung neuer Marktchancen verstanden. Wie sieht es aber mit dem Management aus? Wird dort anders als vor zehn Jahren gearbeitet? Führt dieser Trend letztlich zum Computer auf dem Vorstandstisch?

Betrachtet man den Arbeitsplatz des Managers, hat sich auf den ersten Blick in den vergangenen Jahren nicht viel geändert. Eine Sekretärin - ausgestattet mit einem komfortablen Textsystem, vielleicht auch noch mit Hilfsfunktionen, wie z. B. der Kopierer, das Telefaxgerät, Teletext - sitzt im Vorzimmer. Der Manager selbst in einem Einzelzimmer, wo die einzige sichtbare Technik ein Telefon darstellt.

Der Blick in große und mittlere Unternehmen zeigt, daß zumindest heute noch Informationssysteme für das obere Management eine Seltenheit darstellen. Nur in wenigen Unternehmen findet man Terminals, Personalcomputer und vielleicht auch Laptops in den Top-Etagen.

Wieviele Führungskräfte in der Bundesrepublik Deutschland Informations- und Kommunikationstechniken persönlich nutzen, ist nicht bekannt. Empirischen Untersuchungen zufolge sollen in den USA in den 500 größten Unternehmen mehr als 10 % der Führungskräfte am Personalcomputer arbeiten. In der Schweiz geben 48 von 430 befragten Mitgliedern der obersten Führungsebene der 100 größten Unternehmen an, die Unterstützung eines Personalcomputers in Anspruch zu nehmen. Aufgrund von Stichprobenmessungen dürfte es sich um einen oberen Wert handeln.

Es kann davon ausgegangen werden, daß die Nutzung in der Bundesrepublik Deutschland mit Sicherheit nicht über dem in den USA und in der Schweiz angenommenen Niveau von etwa 10 % liegt [1]. Das Management trifft die für den Unternehmenserfolg wesentlichen Entscheidungen und koordiniert die Unternehmensressourcen - es erscheint auf den ersten Blick selbstverständlich, daß die Informationsverarbeitung in nennenswertem Umfang zur Informationsversorgung und Unterstützung des Managements beiträgt.

2. Klassifikationsschema der Informationsverarbeitung

Für die Aufgaben der Informationsverarbeitung im Unternehmen hat sich ein pyramidenförmiges Klassifikationsschema durchgesetzt. Es bildet mehr oder weniger die zeitliche Reihenfolge der Durchdringung eines Unternehmens mit Anwendungssystemen ab.
Auf der Datengrundlage des Unternehmens setzen zunächst die Verfahren der Massendatenverarbeitung (transaction) auf, später gefolgt von den Berichts- und Kontrollsystemen (monitoring & control), die sich Aggregationen der Massenverarbeitungssysteme zunutzen machen.
Massendatenverarbeitung sowie Kontroll- und Berichtssysteme dienen der Abwicklung des Tagesgeschäftes. Man faßt sie auch unter dem Begriff "operationale Systeme" zusammen. Auf den Daten des operationalen Systems bauen die sogenannten Management-Unterstützungssysteme auf, die sich einerseits in Planungs- und Analysesysteme, andererseits in strategische Systeme einteilen lassen [2].

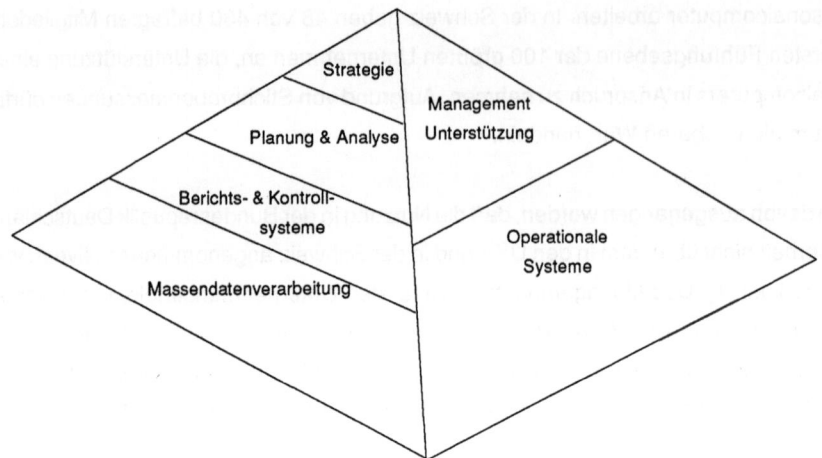

Quelle: Doll, Dixon: Martin, James: o. T. - in: Perspective, Vol. 2, Nr. 2/83

Die Massendatenverarbeitung sowie Berichts- und Kontrollsysteme sind die herkömmlichen, traditionellen Anwendungen (Beispiel aus dem Bankbereich: Zahlungsverkehr, Wertpapier- und Auslandsgeschäft) der Datenverarbeitung. Sie sind durch ein hohes Datenvolumen, lange Lebensdauer, Papierberge (wegen der batch-Verarbeitung) und konventionelle Programmierung gekennzeichnet.

Die anderen beiden Systeme, die Systeme für Planung und Analysen sowie Strategie sind Management-orientiert, online-gestützt, bauen auf den Informationsbedürfnissen der Führungskräfte auf und definieren daraus die Anforderungen an Daten- und Anwendungssysteme [2].

Mitte der 70er bis in die 80er Jahre haben DV-Ingenieure und Informatiker den Banken die operationalen Systeme erstellt und immer weiter verbessert. Inzwischen ist aber auch die Bankenwelt dabei - ausgehend von den operationalen Systemen - Anwendung für die Planung, Analyse und Kontrolle bis hin zu wissensbasierten und Management-unterstützenden Systemen zu entwickeln.

Auch die Westdeutsche Genossenschafts-Zentralbank eG hat sich dieser Entwicklung nicht verschlossen. Eine bedeutende Anwendung ist das Controllingsystem.

3. Anwendung in der Praxis - Das Controlling-Verfahren in der WGZ-BANK

Die WGZ-BANK hat sich als Zentralbank von 585 Genossenschaftsbanken im Rheinland und Westfalen erstmals zu Beginn der 80er Jahre für eine Institutionalisierung des Controlling entschlossen, nachdem zuvor nur vereinzelt Instrumente der Unternehmensplanung und -steuerung von Teilbereichen in der Bankpraxis eingesetzt wurden. Die ersten Ansätze, wie z. B. Kostenstellrechnungen oder Fälligkeitsübersichten waren insbesondere durch die noch fehlende, EDV-technische Unterstützung in ihren Möglichkeiten beschränkt. Die bestehenden Verfahren dienten vorwiegend der volumensorientierten Abwicklung von Geschäftsabschlüssen und waren zu wenig ertragsorientiert. Die reine Spartenorganisation folgte mehr innerbetrieblichen Anforderungen und war zu wenig kundenorientiert.

Die ganzheitliche, entscheidungsorientierte Betrachtungsweise der Controlling-Idee entwickelte sich gewissermaßen "evolutionär" vor dem Hintergrund neuer betriebswirtschaftlicher Forschungsergebnisse, vor den steigenden, technischen Möglichkeiten zur Schaffung integrierter Informationssysteme für die Unterstützung des operativen Geschäftes und einem langsamen Wandel im Bewußtsein von Mitarbeitern und Unternehmensführung.

Mit dem kontinuierlichen Aufbau ihres Controlling-Verfahrens leistet die WGZ-BANK Pionierarbeit bei den Systemen zur erfolgsorientierten Steuerung genossenschaftlicher Zentralbanken. Der Entwicklungsprozeß ist dabei durch die Lösung zahlreicher, betriebswirtschaftlicher Detailfragen geprägt.

Die erste Ausbaustufe des Controlling-Verfahrens, die die Wertbereichsrechnung betrifft, steht vor ihrem Abschluß und wurde in den beiden Teilschritten "Vorkalkulation" und "Nachkalkulation" realisiert.

Besonderes Merkmal des neuen Verfahrens ist die vollständige Integration in das Zentralbanken-Informations-System der WGZ-BANK. Organisatorisch ist die Einbindung in den Prozeß der computergestützten Sachbearbeitung ebenso vollzogen worden wie die technische Implementierung. Der Ablauf vom ersten Kundenkontakt über Konditionsverhandlungen bis zur Abwicklung wird durch den Bildschirm als Arbeitsmittel wirkungsvoll ergänzt.

Der Benutzer sieht sich dabei einer einheitlichen Anwendungsoberfläche aller bei der WGZ-BANK entwickelten Verfahren gegenüber. Die Dialogführung mit Online-Hilfe und einheitlicher Befehlsyntax, der Masken- und Listenaufbau nach den modernsten Industrie-Standards (SAA) und die fachliche Integration der entscheidungsrelevanten Daten in die bestehenden Verfahren sind ein klarer Beweis dafür, daß hier keine neue Insellösung auf Kosten des Anwenders entstanden ist.

Nicht jede von der WGZ-BANK vertriebene Geschäftsart kann zu Beginn einer vollständigen Kalkulation unterworfen werden. Je größer das Geschäftsvolumen (z. B. Programmkredite), je integrierter das Abrechnungsverfahren (z. B. bei Darlehn) und je vollständiger die betriebswirtschaftlichen Fragen gelöst sind (z. B. Festzinskredite), desto höher ist die Wirtschaftlichkeit der Entwicklung zu veranschlagen.

Die komfortablen Online-Auswertungen können sofortigen Informationsbedarf decken. Die turnusmäßigen Bestands-, Vergleichs- und Abweichungsrechnungen sind Grundlage für die Bewertung der aktuellen Ertragssituation durch die verantwortlichen Entscheidungsträger. Statistische Auswertungen jeglicher Art können kurzfristig und flexibel mit Werkzeugen der individuellen Datenverarbeitung erstellt werden.

Grundlage für alle Auswertungen ist eine zentrale, relationale Statistik-Datenbank. Zentrale Aufgabe der Controller ist die zeitnahe, betriebswirtschaftliche Analyse und Darstellung der Kalkulationsergebnisse. Dazu müssen für die gewünschten Betrachtungsobjekte, wie Kunden, Kundengruppen, Produkte, Organisationseinheiten, und diese in jeder Kombination, die gespeicherten Erfolgsinformationen aus der Datenbasis extrahiert, verdichtet und z. B. in Form einer Deckungsbeitragsrechnung für den Bedarf der unterschiedlichen Informationsempfänger aufbereitet werden [3].

Nach diesem kurzen, aber zum weiteren Verständnis sicherlich notwendigen Abstecher in die Betriebswirtschaftslehre nun das Verfahren aus dem technischen Blickwinkel.

Daten werden immer mehr als die wesentlichste Ressource von Informationssystemen erkannt. Einmal festgelegte Datenstrukturen überdauern nicht nur die sich ständig überschlagenden Veränderungen der Hardware, Betriebssysteme oder Programmiertechniken, sondern sind zum Teil auch langlebiger als die Aufbau- und Ablauforganisation von Unternehmungen.

Die Kenntnis über die Bedeutung von Daten nimmt zwar zu, doch der Entwicklung der geeignetesten Datenstrukturen wird noch zu wenig Aufmerksamkeit geschenkt. Auch in der WGZ-BANK verlaufen viele Diskussionen vornehmlich auf der technischen Ebene eines Datenbanksystems. Man muß jedoch beachten, daß ein Datenbanksystem zur reinen Verwaltung dient. Die inhaltliche Strukturierung der Datenbestände wird jedoch häufig vernachlässigt.

Erst eine Konzeption der Datenstrukturen ermöglicht es dem Unternehmen, integrierte Abläufe zu unterstützen. Zur Entwicklung eines solchen Unternehmensdatenmodells stehen Beschreibungssprachen zur Verfügung, die es ermöglichen, die inhaltlichen Anforderungen aus den Fachabteilungen bezüglich Auswertungsflexibilität der Datenstrukturen mit den Anforderungen der Informationstechnologie an eine formale Darstellung zu verbinden.

Im Gegensatz zu den operationalen Systemen der Massendatenverarbeitung, die in ein hierarchisches Datenbanksystem (IMS) eingebunden sind, haben wir bei der Controllinganwendung erstmals relationale Datenbanken (DB2) eingesetzt.

Kurz die wesentlichen Unterschiede zwischen dem hierarchischen und relationalen Datenmodell:

Hierarchische Modelle
- arbeiten auf "strukturierten" Daten, die in hierarchische oder Netzstrukturen (übersichtlich) dargestellt werden
- stellen Bezeichnungen "explizit" durch spezielle interne Datentypen her, so daß Anforderungen der Anwendungen an die Daten bereits von Anfang an bekannt sein müssen
- benötigen genaue Angaben über die Navigation zu den Daten

Relationale Datenmodelle
- arbeiten auf "unstrukturierten" Daten, die in Tabellenform dargestellt werden
- stellen Beziehungen "implizit" durch Feldinhalte her, so daß nicht alle Anforderungen der Anwendungen an die Daten bereits von Anfang an bekannt sein müssen
- benötigen keine Angaben über den Weg zu den Daten ("Procedere"), sondern finden ihn selbständig

Für das Berichtswesen des WGZ-BANK-Controlling wurde ein Informationssystem aufgebaut. Die Datenbasis für dieses Informationssystem wird monatlich mit Erfolgsdaten, die im operationalen System ermittelt werden, aktualisiert. Ein ständiger update der Informationsdatenbanken aus der operationalen Verarbeitung ist nicht vorgesehen.

Die Anwendungen im Bereich des Controlling-Informationssystems zeichnen sich aus durch:

o starke Komplexität von Verknüpfungen
o gezielte Auswahl aus großen Datenmengen
o spontane, ungeplante Fragestellungen
o Erzeugen von Anwenderbeständen und Weiterverarbeiten dieser Daten
o Aufbereiten von Berichten inkl. grafischer Gestaltung
o einmalige Auswertungen
o eingeschränkter Benutzerkreis
o Durchrechnen von Szenarien

Derartige Anwendungen stellen an die Flexibilität des Informationssystems hohe Anforderungen. Die WGZ-BANK hat folgendes Modell realisiert:

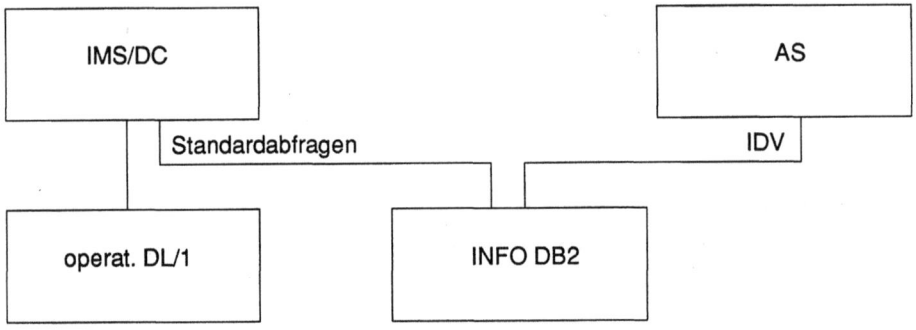

WGZ-BANK: Operationales DL/1+Info-DB2

Die weitgehend redundanzfreie Speicherung der Datenbasis für das Informations-System in DB2-Tabellen ermöglicht den Zugriff sowohl aus dem operativen Betrieb (für Standardauswertungen) als auch den Zugriff aus dem IDV-Betrieb, für den AS als Analyse- und Auswertungstool genutzt werden kann.

Nachfolgend eine Darstellung wie der Zugriff von AS auf DB2-Tabellen erfolgen kann.

	External Data Interface zum Zugriff auf VSAM/ISAM Dateien	
Business Management	General AS	Data Management
Business Planing	AS Data Subsystem	Information Retrieval
Statistical Analysis		Business Reporting
Project Management	Commands	Business Communications
	Relational Interface zum Zugriff auf DB/2 Tabellen	

WGZ-BANK: AS-Relational Interface

Der Zugriff auf DB/2-Tabellen von AS aus wird immer mit Hilfe des Relational Interface unter Nutzung von SQL durchgeführt. Dabei bietet das Relational Interface für den AS-Benutzer zwei Möglichkeiten zum Zugriff auf DB/2-Tabellen:

1. Implizite Nutzung der SQL-Sprache
   AS interpretiert die eingegebenen AS-Befehle und setzt diese intern in SQL-Statements um. Wesentlicher Vorteil dieses Weges ist, daß der geübte AS-Benutzer keine neue Sprache zu lernen braucht.
2. Explizite Nutzung der SQL-Sprache
   Über diesen Weg können AS-User, die mit der SQL-Sprache vertraut sind, direkt mit SQL-Befehlen auf DB/2-Tabellen zugreifen. Dieser Weg bietet folgende Vorteile:
   - Nutzung des Quasi-Industriestandards SQL
   - Zugriff auf große Datenmengen: ein relationales Datenbanksystem erlaubt den Zugriff auf große Datenmengen, die miteinander verknüpft werden können
   - Problemloses Data-Sharing zwischen verschiedenen AS-Usern (TSO), aber auch unter IMS und Batch (Bezug auf DB2)
   - Durch JOIN oder UNION Befehl bzw. geschachtelte Abfragen können dynamische Relationen zwischen verschiedenen Tabellen hergestellt werden.

Wie anfangs schon erwähnt, finden bei der WGZ-BANK hierarchisch strukturierte Datenbanken weiterhin Einsatz und zwar schwerpunktmäßig in der operativen Transaktionsverarbeitung, z. B. in Produktionsumgebungen oder bei Massendaten. Relationale Systeme eigenen sich am besten für das "unternehmensweite Informations-Center". Somit fährt die WGZ-BANK "zweigleisig". Das alte hierarchische System setzt die Bank für klassische Produktionsanwendungen (schnelle Antwortzeiten) ein. Daneben besteht ein System wie DB2, wenn eine gewisse Flexibilität benötigt wird bzw. neue Datenfelder hinzukommen oder neue Datenpfade gewünscht werden.

Zusammenfassung:
Dispositive und strategische Anwendungen sind durch einen individuellen, nicht vorhersehbaren, spontanen Informationsbedarf charakterisiert. Hinzu kommen sehr variable Zugriffskriterien sowie die Bildung von Schnittmengen, die inhaltsorientierte Zusammenhänge zeigen sollen. Weiterhin sind die Benutzer dieser Anwendungen meist keine Computerspezialisten, sondern gelegentliche Benutzer mit geringerem Kenntnisstand (in bezug auf die EDV).

Dem stehen die Eigenschaften relationaler DBMS gegenüber:
Sie zeichnen sich durch gute Verständlichkeit der Tabellenstruktur aus. Die relationale Algebra leistet Verknüpfung über Feldinhalte [4]. Wenn hier von dispositiven und strategischen Anwendungen gesprochen wird, so sollen die Nutzer dieser Anwendungen nicht als ein elitärer Kreis verstanden werden, sondern als Benutzer in Stabsabteilungen, Manager und Mitarbeiter in vertriebsorientierten Unternehmensteilen.

4. Abhängigkeit des Managements von Informationen
Ein Blick in die Zukunft: DSS und EIS

Das Controlling-Verfahren der WGZ-BANK produziert viele Analyse- und Kennzahlen, die verdichtet den Führungskräften der WGZ-BANK angeboten werden. Bis zur zweiten Führungsebene werden die benötigten Informationen am Bildschirm abgerufen, das Top-Management erhält die Auswertungen auf Papier.

Wie sieht es also aus mit dem Bildschirm auf dem Schreibtisch des Managements?
Thema der 70er Jahre waren die Management-Informationssysteme. Der anfänglichen Euphorie folgte schnell Ernüchterung. Konzepte scheiterten, das Kürzel MIS verschwand von der Bildfläche. Doch "im Stillen" versuchten Unternehmen, auch weiterhin Informationssysteme für das Management aufzubauen.

Ein Mittel dazu waren und sind die Decision Support Systems (DSS). In den USA ging man zwischenzeitlich einen Schritt weiter und entwickelte die Executive Information Systems (EIS), die inzwischen auch in Deutschland verfügbar sind. Für Manager mit kommunikationsorientiertem Arbeitsstil und spontanem Informationsbedarf ist das Executive Information Systems (EIS) gut geeignet.

Rieger unterscheidet DSS und EIS wie folgt:
"Während DSS eher spätere Phasen der Entscheidungsfindung, speziell der Alternativengenerierung, -bewertung und -auswahl auf der Basis von Computermodellen über relevante Ausschnitte des Unternehmens und dessen Umwelt unterstützen, sind EIS auf frühere Phasen der Beobachtung, Überwachung, Analyse und Diagnose der Unternehmensentwicklung auf dem Markt und im Vergleich zur Konkurrenz konzentriert, mit dem Ziel, frühzeitig Handlungsbedarf zu erkennen und Entscheidungsprozesse zu initiieren. Sie verfügen hierzu über phasenspezifische Funktionen zur Reduktion der Informationsflut und -komplexität hin zur selektiven Präsentation erfolgskritischer Faktoren" [5].

Erst in den letzten Jahren sind Produkte im Bereich EIS angeboten worden. Der Bedarf an Rechnerunterstützung, die die Aufbereitung und Selektion von Daten und Informationen sowie deren Präsentation übernimmt, wächst ständig. Es ist nicht sinnvoll, mehrere Softwarepakete zur Bewältigung dieser Aufgabe parallel einzusetzen. Effektiver ist es, wenn ein System alle Funktionen übernimmt, allerdings darf dabei die Qualität der Ergebnisse nicht sinken.

Ein wesentlicher Aspekt ist die Aktualität der Daten, d. h., es dürfen keine zu großen Verzögerungen auftreten. Es ist wichtig, daß es Managern möglich ist, die benötigten Informationen leicht und benutzerfreundlich abrufen zu können.

Verschiedene Studien zeigen, daß persönliche Gespräche oder Telefonate sowie informelle Kommunikation auf jeden Fall zu den Informationsquellen eines Managers zählen.

Auch die WGZ-BANK überlegt, die für das Management wichtigen Daten in ein EIS zu portieren und diese den Führungskräften zur Verfügung zu stellen. Das komfortable Controlling-Verfahren bietet dafür beste Voraussetzungen. Wichtig ist nur eines: Die Akzeptanz bei den Top-Managern. Nur wenn diese gewonnen wird, werden zukünftig mehr Bildschirme auf den Schreibtischen der Manager zu sehen sein.

5. Literatur

[1] Müller-Böling, D.; Ramme, Iris: Manager am Bildschirm haben Seltenheitswert, Online 7/1988, S. 18

[2] Martiny, L.; Klotz, M.: Strategisches Informationsmanagement, München 1989, S. 47 ff.

[3] Piel, H.: Controlling in der WGZ-BANK, unveröffentlichtes Vortragsmanuskript, Düsseldorf 1989

[4] Mathy, G.: Informatik-Strategie Datenbanken, Information Management 2/1987, S. 6 ff.

[5] Rieger, B.: Executive Information Systems (EIS): Rechnergestützte Aufbereitung von Führungsinformationen, erschienen in: Krallmann, H. (Hrsg.) - Innovative Anwendungen der Informations- und Kommunikationstechnologie in den 90er Jahren, München, März 1990, S. 103 ff.

Gesellschaftliche Auswirkungen I

Verschiedene Aspekte der gesellschaftlichen Wirkungen der Informatik werden diskutiert. Die Grundlage der Programmierung, die Entwicklung geeigneter formaler Modelle, wird unter dem Eindruck möglicher Gefährdungen von Bernhelm Booß hinterfragt. Walter Volpert und Jürgen Friedrich berichten über unterschiedliche Ansätze zur Modellierung und Unterstützung von Arbeitsprozessen durch Computer. Die Wechselwirkung von Programmierung und Arbeitsorganisation steht im Mittelpunkt der Sitzung.

RATIONALITÄT UND SCHEINRATIONALITÄT DURCH COMPUTERGESTÜTZTE MATHEMATISCHE MODELLIERUNG

B. Booss-Bavnbek
Institut für Mathematik und Physik
Universität Roskilde, Dänemark
RUC, Postboks 260, DK-4000 Roskilde

Übersicht: Vorbemerkung. Einleitung. 1. Das Verhältnis Mathematik/Informatik ist belastet durch eine unbewältigte Vergangenheit und eine widersprüchliche, unübersichtliche Gegenwart. 2. Massive Erfahrungen mit computergestützter Modellierung lassen Wesensmerkmale jeder Modellierung hervortreten. Stützung durch den Computer kann die positiven Seiten der Modellierung potenzieren und ergänzen - oder aber in ihr Gegenteil verkehren. 3. Die Thematisierung von Komplexität ist nicht mit größerer Kreativität, mit Realismus und Authentizität computergestützter Modelle gleichzusetzen; sie bedeutet nicht die Humanisierung von Modellierung; sie als neues Paradigma zu feiern ist verfehlt. 4. Während Informatiker die Mathematik von Turing und von v. Neumann verwerten, in Hard- und Software, in Praxis gießen, steht in der Mathematik etwas ganz anderes hoch in Kurs: die Bearbeitung von Defiziten und Lücken; die Systematisierung mathematischer Erfahrung; der Versuch, die Grenzen der Tragweite mathematischer Begriffe abzutasten und zu erklären. 5. Schlußfolgerungen zu Fragen der Ethik und Ästhetik (beigetragen von G. Pate): Zukunft gibt es nur, wenn wir Gegenwart gestalten, Gewohnheiten ändern und die hemmungslose Innovationsgeilheit bändigen. Weiterführende Literatur.

Vorbemerkung.
Das Verhältnis zwischen Mathematik und Informatik war in den letzten Jahrzehnten nicht immer ganz problemlos: Weltweit wurde schon seit den 60er und verstärkt in den 70er und 80er Jahren von tüchtigen Informatikern, deren ältere Generation - mit wenigen berühmten Ausnahmen, wie dem Kopenhagener Astronom Peter Naur - ja selbst aus Mathematikern und E-Technikern besteht, die Eigenständigkeit der Informatik gegenüber der Mathematik auf unterschiedliche Weise mit der Schaffung eigener Studiengänge, eigener Berufsvereinigungen und eigener Zeitschriften und Schriftenserien betont.

Die inhaltlichen Merkmale dieser Absonderung scheinen allerdings nicht eindeutig bestimmt zu sein: Wo finden wir einen wirklichen Emanzipationsprozeß der Informatik zur eigenen, selbständigen Disziplin, um mehr und anderes zu werden als eine bloße maschinenorientierte, "instrumentelle Mathematik"? Und wo handelt es sich eigentlich nur um die Verselbständigung von wichtigen, aber versäumten Bereichen der diskreten Mathematik, der mathematischen Logik und des mathematischen Studiums anderer - in der traditionellen Mathematik aus Bequemlichkeit, aus Scheu vor Schwierigkeiten oder aus mangelndem Interesse vernachlässigten - Strukturen?

Aus der Sicht eines deutschen Mathematikers, der am Universitetscenter Roskilde arbeitet, in einem Vorort von Kopenhagen nicht weit von Aarhus und Oslo, scheint der Emanzipationsprozeß in Skandinavien auf breiter Basis weiter fortgeschritten zu sein als sonstwo in der Welt. Tatsächlich ist aber auch dort die Mathematik leider die einzige unverzichtbare Grundlagenwissenschaft. Die Emanzipation besteht anscheinend gerade darin zu lernen, wie man sich zusätzlich mindestens auf die erkenntnis- und wissenschaftstheoretischen Aspekte der Philosophie, auf Psychologie und

---

Dieser Bericht beruht auf Erfahrungen und Überlegungen aus dem Kollegenkreis am 'Institut für Mathematik und Physik und deren Funktionen im Unterricht, in der Forschung und in Anwendungen' im Projektstudium der Universität Roskilde und auf einem langjährigen Diskussionszusammenhang mit Martin Bohle-Carbonell (Hamburg), Wolfgang Coy (Bremen) und Glen Pate (Hamburg). Es war vor allem Glen Pate, der mich seit Jahren zur Einmischung in Angelegenheiten der Informatik gedrängt hat. Zum vorliegenden Bericht hat er Abschnitt 5 beigetragen. Anregende Einblicke in den Diskussionsstand der Informatik verdanke ich den Teilnehmern der 1. Arbeitstagung 'Theorie der Informatik' (Bederkesa, 1989), an der ich mich als Mathematiker und 'Fachfremder' beteiligen durfte.

Sprachwissenschaft, Jura und Betriebswirtschaft, Physik, Chemie und Biologie etc. stützen und die Informatik dem Wissensstand und Problembewußtsein in diesen anderen Disziplinen anpassen kann.

Einleitung.
Die Schwierigkeit der Mathematik und ihr Beziehungsreichtum haben Mathematiker und Philosophen immer wieder dazu verleitet, die gesellschaftliche Bedeutung der Mathematik, ihre Anwendbarkeit im Guten wie im Schlechten zu überschätzen. Aus der Sicht meines Arbeitsgebietes - partielle Differentialgleichungen der mathematischen Physik und Beratung zur angewandten Mathematik und mathematischen Modellierung - ist die Brauchbarkeit mathematischer Forschung im großen Stil ein historisch neues Phänomen; die gesellschaftliche Bedeutung mathematischen Denkens für Schaffung, Bewahrung, Veränderung und Zerstörung unserer eigenen Lebensgrundlagen oder der anderer Menschen hat sich - zunächst langsam - erst seit der Mitte unseres Jahrhunderts herausgebildet. Erst der Computer hat die Mathematik zu einer im großen Stil anwendbaren Wissenschaft gemacht.

Dabei ist der Werkzeugcharakter mathematischer Begriffe, ihr operativer Charakter als Denkstütze so alt wie das mathematische Denken. Zurecht durfte deshalb die Philosophin Sybille Krämer ihre Darstellung der "Idee der Formalisierung in geschichtlichem Abriß" *Symbolische Maschinen* nennen, vgl. Krämer (1988). Überhaupt ist die Anwendbarkeit *einzelner* mathematischer Begriffe und formelhafter Ergebnisse auf reale Situationen nicht neu. Es gibt eine weit zurückreichende Tradition erfolgreicher Mathematisierung z.B. in der Baustatik, in der Feinmechanik von Meßinstrumenten wie Uhren, in der Kartographie und im Bank- und Versicherungswesen. Das Erfolgskriterium war das gleiche wie heute: Erweiterung des Erfahrungs- und Handlungsraums mit Hilfe des mathematischen Formalismus. Es ist aber ein wesentlicher Unterschied, ob der Astronom Ole Rømer vor zweihundert Jahren durch mathematische Berechnungen eine zweckmässigere geometrische Form von Zahnrädern für Uhren findet oder heutzutage eine beratende Ingenieurfirma die voraussichtlichen Wirkungen verschiedener Versionen einer möglichen festen Verbindung über den Großen Belt für die Meeresumwelt und den nationalen und internationalen Fernverkehr berechnet.

Die zielgerichtete Entwicklung und Anwendung mathematischer Ideen, Methoden und Verfahren für die Lösung von praktischen, technischen und wissenschaftlichen Problemen geschieht heute erheblich schneller, vielfältiger, folgenreicher und unüberschaubarer. Einzelprobleme werden jetzt so schnell, so punktuell, aber doch so effektiv und so verbreitet gelöst, daß unser Denken über Voraussetzungen, über Folgerungen und über Zusammenhänge des Einzelproblems und seiner realisierbaren Lösung mit anderen Problemen weder innermathematisch, noch naturwissenschaftlich-technisch oder gesellschaftlich mit der Praxis Schritt halten kann. So ist es z.B. für Systemgestalter viel leichter, Systeme zu bauen, die Herrschaft ausüben, d. h. den Menschen zum Bediener degradieren, als solche, die sich den Benutzern als deren handhabbares Werkzeug darstellen. Gute Programme im letzten Sinn sind schwierig zu gestalten und so selten, daß nur einige wenige Programme einen Weltmarkt erobern können und jeweils einen Rattenschwanz von Nachahmungen nach sich ziehen; vgl. Booß-Pate (1985), Ehn (1988) und Pate (1990a).

In der Leichtigkeit von Produktion und der Schwierigkeit von Qualität liegt ein Potential für Chaos wie nie zuvor, ein Grund für die permanente Softwarekrise, für Verzögerungen und Zusammenbrüche in Auftragsabwicklung, Lohnbuchhaltung; vielfache Überschreitung von Kostenrahmen; Peinigung und Vergeudung menschlicher Arbeitskraft im großen Maßstab bei der Systempflege; fehlerhafte Prozeßsteuerung; Fehlalarme von Waffensystemen; 'Computericles' in Partikelphysik und anderen Bereichen der Naturwissenschaften (computererzeugte Fehlauffassungen der experimentellen Wirklichkeit). Deshalb hält man z.B. in manchen global operierenden Geschäftsbanken heute noch an täglichen dreifachen manuellen Nachprüfungen aller Buchungen fest - wenn es ums Geld geht. Siehe Booß-Pate (1989b).

Insgesamt folgen also mit der Mächtigkeit der computergestützten Modelle einerseits ihre gewaltig gesteigerte Relevanz trotz oder durch Abstraktion und Künstlichkeit, andererseits aber auch übertriebene Komplexität, Zweifel an der Zuverlässigkeit, wenn eine Kontrolle weder empirisch über Datenmengen noch theoretisch erfolgen kann, und eine ungenügende technische und soziale Beherrschbarkeit. Dadurch wird die Grundlage für einen neuen Irrationalismus geschaffen, für das verbreitete Gefühl, undurchschaubaren, nicht-vorhersehbaren, übergewaltigen Mächten ausgesetzt zu sein.

Die Situation in der computergestützten Modellierung ist so sichtbar verfahren, daß sich immer mehr Praktiker umfassende Analysen wünschen, die sich zu lehrbaren Qualitätskriterien und Handlungsanweisungen komprimieren lassen. Die Inadäquatheit dieser ernsthaften Versuche der Vereinfachung liegt auch für den Praktiker auf der Hand. Es ist aber besser, sich an mächtige Ideen mit einer großen Macht innerhalb eines begrenzten Gültigkeitsbereichs zu halten, als ohne lehrbare Methodik auskommen zu müssen und auf Genialität angewiesen zu sein. Vor allem müssen durch methodisch bewußte Anwendung von erlernbaren Denkweisen einer gewissen Mächtigkeit Warnungen verbreitet und Schranken für die spontane, theorielose Gestaltung undurchschaubarer Systeme errichtet werden; vgl. Booß-Pate (1985), aber auch Naur, *Programming as Theory Building* (1985).

1. Das Verhältnis Mathematik/Informatik ist belastet durch eine unbewältigte Vergangenheit und eine widersprüchliche, unübersichtliche Gegenwart.

Im Zweiten Weltkrieg bildete sich ein Bündnis von Kriegern und Mathematikern, das dann in den Atombomben, die in gedrosselter, überdimensionierter und stationärer Form in manchen Ländern auch heute noch als Kraftwerk benutzt werden, und in der Raketentechnik seine Triumpfe feierte. Diese giftige Mischung hat auch entscheidend die Entstehung der Computerwissenschaft und ihre Militärorientierung, Kommerzialisierung, Risikobereitschaft und Reklamebewußtsein geprägt, vgl. Metropolis (1980), Booß-Høyrup (1984), Lindner (1984), Booß-Coy (1985), Bickenbach (1985), Domke (1988), Beusmans-Wieckert (1989), Pate (1990a) und Booß-Pate (1990b). Wir wollen hier nur die Aspekte hervorheben, die für eine Beurteilung von Leistungsfähigkeit und Fehlentwicklungen in der computergestützten Modellierung bedeutsam erscheinen.

Da ist einmal die "Erfolgsgeschichte" von Krieg und Mathematik, die der Mathematisierung Autorität und der Computerentwicklung die Gelder brachte:

Aus Zahlentheorie und Logik schuf Alan Turing die Theorie der modernen Kodierung und die erfolgreiche praktische Dekodierung der Chiffriermaschine Enigma der Nazis, nachdem er schon in der Vorkriegszeit als Nebenprodukt seines Beitrags zur Klärung des Entscheidungsproblems (*On Computable Numbers*, 1937) die Turingmaschine konzipiert hatte; die Theorie der stochastischen Prozesse, die ihr Schöpfer Andrej Andrewitsch Markow vor der Jahrhundertwende noch an einer Untersuchung der Zeichenfolge in Puschkingedichten illustriert hatte, wurde jetzt viel umfassender verstanden, so daß sie zu gleicher Zeit die Diffusionsgleichungen und Verzweigungsprozesse der Kernphysik erklären, wie eine Grundlage für Abraham Walds bahnbrechende Arbeiten auf dem Gebiet der statistischen Entscheidungstheorie und Qualitätskontrolle der neuen Massenproduktion von Rüstungsgütern abgeben konnte; länger zurückliegende astrophysikalische Berechnungen von Eberhard Hopf und Norbert Wiener über das Strahlungsgleichgewicht an der Oberfläche von Sternen wurden im Manhattanprojekt im Zuge der "inneren Ballistik" der Atombombe in eine Methodik der Randwertprobleme umgewandelt; (entgegen der verbreiteten Mythologie bestand der Computer beim Bau der US-amerikanischen Atombombe - und sogar noch in den Anfängen der Arbeit an der Wasserstoffbombe - aus programmierten Anordnungen von Frauen (eben Computerinnen) und keinesfalls von elektronischen Bauelementen, die beim britischen Atombombenprojekt allerdings schon zum Einsatz kamen); Arbeitsmethoden der kaufmännischen Buchhaltung ließen sich zur planmäßigen Organisation von Rechenaufgaben bei der Erstellung von Schußtabellen, für die Diskretisierung von partiellen Differentialgleichungen und für die Regelung und Steuerung von Prozessen verallgemeinern.

So kam es im Krieg zu einer laufenden Verbesserung bekannter Verfahren und zu einer Bündelung von Kapazitäten, zu einer Erfolgsgeschichte "Mathematik und Krieg" durch Einfügung der Mathematik in ein militärisches Umfeld von dramatisch erhöhter Komplexität: militärische

Operationen wurden nicht mehr an einer Front, sondern z.B. im pazifischen Krieg global geplant und durchgeführt; die Produktion eines Rüstungsgutes geschah nicht mehr an einem Ort, sondern war z.B. bei der Atombombe auf ein weitverzweigtes Netz von Forschungszentren, Laboratorien und unterschiedlichsten Fabriken verteilt; vor allem aber war im Krieg und durch den Krieg die Komplexität der Instrumente und Maschinen ins Ungeheure gesteigert worden - vom Radargerät, das mit seinen rund 40 Komponenten noch 1939 zu den kompliziertesten Kriegsmitteln gehörte, zu Computer und Bombenflugzeug, die beide nur 10 Jahre später eine Komplexität von mehr als 20 000 Komponenten erreicht hatten.

Die Spätfolgen des Zweiten Weltkriegs, d.h. die vom Bündnis "Krieg und Mathematik" in Bewegung gesetzte giftige Mischung von genialster Mathematik und Naturwissenschaft, ausgeklügelter Technik und primitivster Zerstörungsbereitschaft, deren volle Brisanz zu erleben uns bisher erspart geblieben ist, haben durchaus die Potenz, die unmittelbaren Kriegsfolgen - so verheerend sie auch waren - noch weit zu überbieten. Eine Personifizierung dieser giftigen Mischung hat man in der herausragenden Gestalt von John von Neumann: Seine eigene Arbeit wie seine Verwertung der besten Qualifikationen aller erreichbaren Kollegen zeugt von tiefer Klarsicht und bescherte ihm einen außerordentlichen mathematisch-naturwissenschaftlichen Erfolg; seine Genialität befähigte ihn aber offensichtlich auch dazu, so leichthin von den Millionen von potentiellen Opfern seiner Arbeit abzusehen, die mögliche vollständige Entfesselung dessen, was er mit anderen zusammenbraute, einfach wegzuabstrahieren und auf diese Weise mit begeistertem Engagement unbeschwert seine Ziele zu verfolgen. Einsteins Gedanke, daß hier Kräfte entfesselt werden, für deren Beherrschung wir geistig, moralisch und materiell gar nicht vorbereitet sind und die uns daher schnell über den Kopf wachsen können (vgl. Straus, 1989), scheint von Neumann fremd gewesen zu sein. Seinen Eingang in die Geschichte - über die Geschichte der Mathematik hinaus - dürfte sich von Neumann als Paradebeispiel für jene Kombination von Wirksamkeit und blinder Rücksichtslosigkeit der scientistischen Tradition in den Naturwissenschaften erwoben haben, einer Kombination, die Abscheu hervorruft, aber auch antiwissenschaftliche Züge des modernen Zeitgeistes fördert. Zu von Neumanns eigentümlichen Doppelcharakter vgl. Mahr (1984).

Das Neue, das Ergebnis des Zweiten Weltkrieges, ist die Alltäglichkeit der von Menschen geschaffenen Komplexität, an deren Kreierung und Funktionieren computergestützte mathematische Modellierung einen wichtigen Anteil hat - ohne doch eine sichere Beherrschung, eine systematische Übersicht über alle Funktionsweisen der Systeme und die wesentlichen Wirkungen eigenen Handelns zu erlauben.

Gewiß war die Menschheit schon zuvor in der Natur mit einer Vielzahl komplexer Phänomene konfrontiert gewesen. Aus diesem "unverbrüchlichen Zusammenhang, in dem alle lebenden Wesen auf dieser Erde stehen und der über die Evolution des Kosmos und des Lebens auf dieser Erde hineinreicht in die Gleichzeitigkeit der Wechselwirkungen zwischen allen lebenden Wesen und der Materie im gegenwärtigen Augenblick", folgt in der Interpretation des philosophischen Pragmatismus seines Begründers, des amerikanischen Mathematikers und Logikers Charles Sanders Peirce, durch Helmut Pape aber doch nur Eins, daß "wir für diese Welt Verantwortung (tragen), weil unser Handeln diese Welt in steigendem Maße verändert und sofern wir Menschen die einzigen Wesen sind, die in dieser Gemeinschaft des Lebens bewußt kontrollierten Zwecken folgen können"; vgl. Peirce, *Phänomen und Logik der Zeichen* (1903/1983).

Eben gegen dieses Erfordernis einer "Ökologie menschlichen Erkennens und Handelns" steht die Erfolgsgeschichte "Mathematik, Computer und Krieg" mit ihrer Gewöhnung an Undurchschaubarkeit und Verantwortungslosigkeit, gepaart mit Illusionen von Beherrschbarkeit, wo nur Machbarkeit vorliegt. Sie bescherte uns auch die arrogante Vorstellung vieler mathematisch orientierter Wissenschaftler aus dem Umfeld der Computer von der vollständigen Explizierbarkeit menschlicher kognitiver Kompetenz.

Immerhin geht das KI-Gerede über "maschinelle Intelligenz" auf Turing zurück, als er auf die verzögerte Finanzierung durch die verarmte britische Nachkriegsregierung zur Fertigstellung des ersten modernen eigentlichen Universalrechners wartete und wegen offenbar unzureichender Beschäftigung mit den relevanten Grundlagenwissenschaften (aber auch in sarkastischer Polemik gegen biologistische Auffassungen von der 'überlegenen Intelligenz' von Oberschichten und Herrenmenschen) die kognitive Leistung von Schachspiel und Dechiffrierung als paradigmatisch für menschliche kognitive Fähigkeiten unterstellte. (Man hatte damals für das Dechiffrierungsprogramm außer Mathematikern auch Schachmeister als besonders berufene Experten nach Bletchley Park geholt.) Ohne Turings unbestreitbare mathematische Autorität und seine Rolle in der theoretischen Vorgeschichte und der praktischen Realisierung der ersten Computer hätte sich diese unselige Begriffsbildung (und das Messen von Fortschritten in der 'Maschinisierung der Kopfarbeit' an Verbesserungen bei der Programmierung von Schachcomputern) - wenn sie nur eine freie Erfindung etwa von M. Minsky gewesen wäre - kaum so schnell in gewissen akademischen Kreisen etablieren können. Immerhin war es bis dato nicht üblich gewesen, so hemmungslos zur Einwerbung der finanziellen Mittel noch vor Einleitung der Forschung Ergebnisse schon mitzuteilen. Siehe Hodges (1983), die erste fachlich kompetente Turingbiographie, die sich übrigens auf die Auswertung der eben erst freigegebenen britischen Kriegsarchive stützen konnte.

Dies alles, Rationalität und Scheinrationalität beim Gebrauch formaler Denkwerkzeuge, gab das Bündnis zwischen Kriegern und Mathematikern der neuen gesellschaftsprägenden Wissenschaft Informatik als genetisches Erbe mit.

Eine Besonderheit der Nachkriegsgeschichte des militärischen Umfelds von computergestützter Modellierung ist etwas, was man "fiktive Kriegführung" nennen kann, der hypothetische Charakter der Totalmobilisierung und des Einsatzes von Kernwaffen, die Verhandlungsorientierung, die aus einer Kombination von unzureichender Kriegsakzeptanz bei unterschiedlichen Bevölkerungsgruppen und der drohenden Totalität der Kriegsmittel Menschen und Material als Druckmittel benutzt und ihre physische Anwendung zu vermeiden oder zu minimieren sucht. Das hat die Maschinisierung der Kriegführung und mit ihr der militärischen Modellierung ungeheuer gesteigert; vgl. nicht nur die SDI-Diskussion, sondern auch die Sammlung von militärischen Absurditäten zur Verkünstlichung des taktischen Schlachtfelds etwa in Nikutta (1987).

Verhandlungsorientierung und Maschinisierung treiben sich fortlaufend gegenseitig an, um technologische Überlegenheiten zu berücksichtigen und dadurch eigene Risiken (vermeintlich) herabzusetzen. Auf diese Weise ist die fiktive Kriegführung mit einem ungeheuren Verlust an Realitätssinn verbunden: Am Beginn eines jeden Krieges zeigte es sich schon früher, daß eigentlich nichts so funktionierte, wie man dachte. Diese Unsicherheit ist direkt eine Grundlage der Kriegführung, weil die wenigsten Kriege bei sicher vorhersagbarem Ausgang geführt worden wären. Der Krieg ist die Korrektur von vorgefaßten Vorstellungen in der Praxis (vgl. Clausewitz, 1972). Die Komplexität des modernen Kriegs erfordert aber - aus erkenntnistheoretischer Sicht - in ganz besonderem Maß das Kriterium der Praxis.

Gerade die Spanne zwischen versprochener und wirklicher Leistungsfähigkeit ist destabilisierend und treibt das Wettrüsten; vgl. z.B. Booß (1978), Booß-Pate (1985) und Parnas (1985).

Wie der militärische Einfluß auch in der Gegenwart und auch auf die zivile Software-Produktion einwirkt, hat Paul Abrahams 1988 in einem Präsidentenbrief für die ACM wie folgt charakterisiert, vgl. Abrahams, *Specifications and Illusions. President's Letter* (1988):

Die grundlegende Arbeitsteilung zwischen Militär und Produktion, ihre Verschiedenartigkeit und der hypothetische Charakter der Kriegführung in Friedenszeiten habe dazu geführt, daß die Anforderungen an Rüstungsgüter wie militärische Softwaresysteme vor ihrer Herstellung in unmäßiger Genauigkeit vom Auftraggeber beschrieben werden. "Überspezifizierung rührt von der Annahme, daß alle Eventualitäten im voraus bedacht und berücksichtigt werden können und müssen."

Abrahams nennt auch die Folgen:

- Überbeanspruchung der Produkte durch Detailregelungen und Überladung mit Leistungsmerkmalen. Verletzung des Prinzips der Einfachheit und Sicherheit.
- Ein "Wasserfall"-Modell der gesamten Softwareentwicklung, bei der in strenger Hierarchie

nachgeordnete Arbeitsschritte nur die Aufgabe und Kompetenz haben, übergeordnete Anforderungen zu befriedigen. Verletzung des Prinzips der Transparenz, der Kooperation und der iterativen Spezifizierung - Grunderfordernis der "evolutiven" Produktentwicklung des "rapid prototyping".
- Die Unterdrückung kritischer Erörterung von Qualität: "Bei dem besonderen Verhältnis der Hersteller militärischer Software zu ihren Kunden haben die meisten Hersteller wenig Grund, den Wert der ihnen abverlangten Berge von Papier und des eigentlichen Produktes in Zweifel zu ziehen, und tatsächlich gute Gründe, diese Dinge nicht in Frage zu stellen."
- Die Verseuchung der Lehrbuchliteratur und des ganzen Denkens und Vorgehens vieler Informatiker durch "die Denkweisen, die im Verteidigungsministerium heimisch und die eigentliche Ursache der Schwierigkeit sind. Ein bedenklicher Zug in einem Großteil der Software-Engineering-Literatur ist ihre unausgesprochene Annahme, daß die Software entsprechend militärischen Anforderungen zu bauen ist, und die implizite Annahme der Vernünftigkeit solcher Spezifizierungen."

Für eine Schilderung von Alternativen zu dieser von Abrahams kritisierten Praxis siehe Floyd, *Outline of a Paradigm Change in Software Engineering* (1987).

Die extremen und letztlich absurden Anforderungen der Vernichtungswissenschaft und des Wettrüstens haben Denken und Arbeitsstil von mehr als einer Generation von Mathematikern, Naturwissenschaftlern und Ingenieuren umgestülpt, auf die Erforschung und Gestaltung komplexer unverstandener Systeme orientiert und an die Verantwortungslosigkeit freien, ungebundenen Schöpfertums, an das Lavieren in Bereichen, wo weder Daten noch Theorie, sondern nur die graphischen Oberflächen in Ordnung sind, und an den Mut zu brauchbaren, wenn auch theoretisch unverstandenen Lösungen gewöhnt. Für den Bereich der modernen rechnergestützten Strömungsmechanik ist deshalb in Abbott-Basco (1989) in Anspielung auf die Alchimie des Mittelalters der Begriff *magischer Realismus* geprägt worden - für den täuschenden Realismus von numerischen Simulationen auf der Grundlage nichtverstandener (oder verkehrter) physikalischer Gleichungen und nichtverstandener (oder instabiler) Algorithmen.

So ist es vielleicht nicht verwunderlich, daß Wissenschaftsbetrieb, Technik und Medizin die militärische Lehre verinnerlicht haben und aus dem *Handeln im Bereich des Nichtwissens* eine Tugend machen. Hier kann der Mathematiker oder Ingenieur in einem Institut für Regelungstechnik schon von der unverantwortlichen Kreativität in komplexen Bereichen ergriffen sein, auch wenn er subjektiv ehrlicher Kriegsgegner, Pazifist, Grüner oder Sozialist ist.

Auf die militärischen Quellen für die moderne *intellektuelle Risikobereitschaft und Fehlerakzeptanz* hat auch Eric Burhop, langjähriger Mitarbeiter am britischen Atombombenprojekt und später Präsident der Weltföderation der Wissenschaftler, aufmerksam gemacht. Er sieht eine wesentliche Quelle für die Risiken der zivilen Kernenergetik in ihrer militärischen Herkunft, wo wegen der Verwendung der Reaktoren für die Herstellung von Spaltmaterial für Bomben "die ersten Entwicklungen unter strengster Geheimhaltung vorgenommen wurden, wodurch die verantwortlichen Ingenieure und Physiker vor dem kritischen Urteil der großen Mehrheit ihrer Kollegen über die von ihnen entwickelten Technologien abgeschirmt waren." Vgl. Burhop (1980).

Der Schutz überspannter Ideen und leichtsinniger Entwicklungen vor sachkundiger Kritik ist allerdings nicht auf den staatlich-militärischen Sektor beschränkt. So schreibt Harriet Kagiwada (1988), eine Spezialistin in moderner militärischer Unternehmensforschung aus der Schule des großen Mathematikers Richard Bellman: "Forschung und Entwicklung auf dem Gebiet des militärischen Modellierens und Rechnens sind auf den zivilen Bereich übergegangen. Wie groß der Einsatz auch sein mag, wirkt er doch ziemlich zerstückelt und kurzsichtig. Es gibt auch in manchen Firmen eine Neigung, die Veröffentlichung von Artikeln in der offenen Literatur zu meiden. Die Arbeit wird z.B. 'Firmeneigentum' oder 'wettbewerbssensitiv' genannt. Liegt dahinter nicht eigentlich eine Scheu vor der vollen Offenlegung gegenüber der Kritik und dem Urteil der kompetenten Fachkollegen?"

2. **Massive Erfahrungen mit computergestützter Modellierung lassen Wesensmerkmale jeder Modellierung hervortreten. Stützung durch den Computer kann die positiven Seiten der Modellierung potenzieren und ergänzen - oder aber in ihr Gegenteil verkehren.**

Massive Erfahrungen in der jüngeren Vergangenheit mit computergestützter Modellierung lassen die eigentlichen, schon zuvor gegebenen und von der Rechentechnik unabhängigen Stärken und Begrenzungen der mathematischen Modellierung als Orientierungshilfen oder Illusionsnummern deutlich hervortreten. Mathematische Modelle erhalten ihre Brisanz weder aus der Sicherheit noch aus der Unzuverlässigkeit der Berechnung, sondern daraus, daß in jedem neuen Einzelfall die Glaubwürdigkeit konkret beurteilt werden muß, statt sich nur auf nachweisliche Erfahrungen mit der Korrektheit oder Schwindelhaftigkeit mathematischer Modelle und Berechnungen in anderen Zusammenhängen zu berufen. Das Urteil wird dadurch erschwert, daß viele mathematische Formeln äußerlich ähnlich aussehen, auch wenn ihr wissenschaftstheoretischer Status, ihre Aussagekraft, die Art ihrer Nachprüfung und die Grenzen ihrer Anwendung recht unterschiedlich sein können:

Der binomische Lehrsatz $(a+b)(a-b) = a^2 - b^2$ drückt eine Eigenschaft von distributiven, kommutativen und assoziativen Zahlsystemen aus, die allerdings in der endlichen Computerarithmetik nichteinmal - in einem präzisierbaren Sinn - näherungsweise erfüllt ist (und durch die ganz andersartigen Beziehungen der Intervallarithmetik ersetzt werden muß). Der pythagoräische Lehrsatz $a^2 + b^2 = c^2$ für die Seitenverhältnisse im rechtwinkligen Dreieck folgt aus dem Axiomensystem der euklidischen Geometrie, wo er eine präzise Approximation im Cosinussatz $a^2 + b^2 - 2ab\cos\angle(a,b) = c^2$ besitzt, während seine Übertragung auf gekrümmte Räume ganz andere Werkzeuge erfordert. Die Formel $F = m*a$ ist schlicht eine Definition, die Erklärung des Begriffs der Kraft. Die Gravitationsformel $F = G*m_1*m_2/r^2$ drückt dagegen ein universelles Naturgesetz aus; der Exponent 2 im Ausdruck r^2 ist exakt - das folgt zwingend daraus, daß der Raum drei Dimensionen hat, genau drei, nicht näherungsweise (wenn wir hier die abweichenden Dimensionsideen der neueren Stringtheorie beiseite lassen). Schon der Verdacht auf eine kleinste Abweichung von der Formel ist *aufregend*, siehe Nature, *Polar Ice Test of the Scale Dependance of G* (1987). Das gleiche gilt für das Coulombsche Gesetz $F = kq_1q_2/r^2$ zumindest in den Grenzen der klassischen Elektrodynamik, während das Ohmsche Gesetz $U = RI$ nur die Linearisierung viel komplizierterer und theoretisch überhaupt noch nicht verstandener Beziehungen ist, obwohl es sehr zuverlässig in den Temperatur-, Spannungs- und Stromstärkebereichen des Alltags ist. Die Risikoformel $R = P*F$, wo P die Wahrscheinlichkeit für das Eintreten eines Ereignisses mit der Folge F ist, unterstellt Zahlwerte. Ganz im Gegensatz zu ihrer weiten und oft sehr nachdrücklichen Anwendung in der Auseinandersetzung um Annahme oder Ablehnung von Kernkraftwerken und anderen riskanten Anlagen gibt die Formel nur eine Definition von zweifelhafter Bedeutung und besagt höchstens, daß ein Ereignis umso mehr gefürchtet werden muß, wie seine Wahrscheinlichkeit und das Ausmaß der Folgen wachsen.

Folgen wir der in der Angewandten Mathematik üblichen Unterscheidung von Modellierung, rechnerischem Ansatz und Algorithmus (siehe Anderssen-Hoog, *The Nature of Numerical Processes* (1983)), so können wir für jede Ebene Unterscheidungsmerkmale und Qualitätskriterien angeben. Da gibt es ad-hoc-Modelle, die solange glaubwürdig sind, wie sie empirisch nachprüfbare Sachverhalte darstellen. Dann können sie sogar hervorragend und unersetzbar sein wie ein gültiger Fahrplan oder ein anderes gutes Tabellenwerk. Ihre Anwendung außerhalb des empirisch zuvor nachgeprüften Gültigkeitsbereichs kann wie ein veralteter Fahrplan oder das Kursbuch des Nachbarlandes Anhaltspunkte geben, wird aber in der Regel wertlos und bei Übertragung der vordem erworbenen Autorität auf die neue Situation irreführend und gefährlich sein. Theoretisch begründete Modelle wie das der Newtonschen Himmelsmechanik sind nicht notwendig genauer als die ad-hoc-Modelle; die Kodierung von Erfahrung in der Form von Theorie erlaubt aber einen flexibleren Gebrauch des Modells und die Abschätzung seiner Genauigkeit und möglicher Abweichungen auf theoretischem Wege, mit den Mitteln des Modells selbst; vgl. Jensen (1980), Bohle-Booß-Jensen (1984), Jensen (1988), Booß-Pate (1989b) und Booß (1990a).

Beim rechnerischen Ansatz unterscheiden wir zwischen einerseits der infinitesimalen Approximation, die ein großes, aber doch endliches System von Atomen, Molekülen, Tröpfchen, Bauelementen endlicher Größe als unendliches System unendlich kleiner "Punkte" auffaßt mit allen rechnerischen Vorteilen und Grenzen der klassischen Analyse, die sich daraus ergeben, und andererseits den finiten Methoden der Approximation von Systemen mit z.B. 10^{18} wechselwirkenden Einheiten durch ein System mit vielleicht nur 10^3 wechselwirkenden größeren Einheiten oder Klumpen. Hierzu gehören auch Fragen der Abhängigkeit eines Urteils, einer Prognose, eines Qualitätsvergleichs von der Klasseneinteilung, die u.a. für statistische Tests wesentlich ist.

Eine Sonderstellung nimmt die Diskretisierung infinitesimaler Modelle ein, die aus historischen Gründen noch immer im Mittelpunkt des Interesses der Angewandten Mathematik steht. Es ist hier wirklich eine Wissenschaft für sich zu ermitteln, wann die Ergebnisse zu gebrauchen sind - und wann die Ergebnisse nur Eigenschaften der gewählten Verfahren widerspiegeln, ohne viel mit dem realen Ausgangspunkt zu tun zu haben, wie z.B. in Rappaz (1977) und Jamart-Ozer (1986) besonders dramatisch beobachtet.

Wir müssen auch untersuchen, ob ihrem Wesen nach nicht-lineare Beziehungen durch lineare approximiert werden und welchen Einfluß das auf die Ergebnisse haben wird: Beim Pendel ist z.B. der Unterschied zwischen der harmonischen und der gedämpften Schwingung nicht wesentlich, wenn man etwa die Geschwindigkeiten eines einzelnen Pendelschwungs oder die Kräfte in den Gleichgewichtslagen untersuchen will. Anders ist es, wenn man sich für den eigentlichen Abschwingvorgang interessiert, wo gewisse Flatterschwingungen auftreten, oder bei der Synchronisierung zweier Pendel, wo die Linearisierung qualitativ irreführend ist, vgl. auch Bak (1986).

Entsprechend kann man in der Strömungslehre unversehens die wesentlichen Wirbel 'weglinearisieren'. Das weiß man seit langem und ist so Allgemeingut dieser wissenschaftlich-technischen Branche geworden: Sorgfältige Untersuchungen darüber, wie weit die Wirbelbildung vernachlässigt werden kann, gehören zum Geschäft und lassen sich auf einem Stück Papier, im Windkanal oder mit Hilfe von anderen Experimenten durchführen. Ein neues Problem ist aber die Unsicherheit, wenn eine auf eine Linearisierung aufbauende Computersimulation einer Strömung aufgrund "numerischer Reibungsverluste" (durch Diskretisierung) zu Wirbeln führt, die dem Modell auch für nicht-laminare Strömungen den Anschein von Zuverlässigkeit geben. Hier liegt das Problem nicht im Abweichen des Modells von der Realität, sondern in einer Übereinstimmung, deren Grenzen sich nach Abbott-Basco (1989) einstweilen weder theoretisch noch experimentell abschätzen lassen.

Bei der Realisierung im Rechner kommt es zu Hardwarefehlern und Programmierfehlern; das können Tippfehler sein oder logische Fehler, defekte Compiler oder Programme, die die Abweichungen der Computerarithmetik von der gewöhnlichen Arithmetik nicht angemessen berücksichtigen, sondern bis ins Groteske steigern; vgl. Coy (1986); siehe auch den Klassiker Hamming, *Numerical Methods for Scientists and Engineers* (1962) und seine pädagogische Übersetzung *Introduction to Applied Numerical Analysis* (1971/1989).

Die Geschichte der Technik und der mathematischen Physik gibt nur wenige Belege für das idyllische Bild vom Fortschreiten der Erkenntnis und des Handelns der Menschheit in inniger Wechselwirkung. Typischer ist die Kluft zwischen Theorie und Praxis. Sie hat zwei Seiten:

Häufig kommt es zu einem Vorlauf der Theorie, der grundwissenschaftlichen Ergebnisse vor ihrer Überführung in die Praxis. Wir kennen das zähe Weiterleben des überholten ptolemäischen Weltbildes in den astronomischen Tabellen der Schiffahrt oder die vielen Tausend Mannjahre, Schaffung riesiger Forschungs- und Entwicklungszentren, spezieller neuartiger Fabriken, ja ganzer Industriezweige, die zwischen dem grundlegenden Hahn-Straßmann-Experiment zur Kernspaltungskettenreaktion und dem Abschluß des Manhattanprojekts, der Atombombenproduktion, lagen. Hier handelte es sich um die Schwierigkeit, theoretische Erkenntnisse in die Praxis umzusetzen. Wissenschaftstheoretisch ein normaler Vorgang, durch den unmittelbar keine falschen theoretischen

Vorstellungen, keine Illusionen erzeugt werden.

Die Kehrseite der Medaille ist die relative Selbständigkeit der Praxis, die sich oft im theoretisch nicht geklärten Raum bewegen muß. Sie ist geneigt, ihre situationsgebundenen Annahmen und Vorstellungen als Theorie auszugeben und damit Illusionen zu erzeugen. So wird Tag für Tag in der Strömungsmechanik mit numerischen Annäherungen an die Lösung von Navier-Stokes-Gleichungen gerechnet und zwar auch dort, wo die Existenz und eine vernünftige Regularität der eigentlichen Lösungen bisher nicht nachweisbar sind; vgl. Ladyzhenskaya (1975), Solonnikov-Kazhikhov (1981) und Turkel (1983), aber auch die Berichte aus *Aviation Week and Space Technology* über die Wiedereröffnung des erweiterten Windkanals der NASA in Ames - "um zu sichern, daß die rechnergestützte Strömungsdynamik wirklich funktioniert" (so O'Lone, 1987). Technische Machbarkeit und mathematische Berechenbarkeit des Einzelfalls werden zu leicht mit Kontrolle und Beherrschbarkeit verwechselt. Diese liegt aber nicht vor, solange die wissenschaftliche Grundlage, das Verstehen des "Umfeldes", des Verhaltens unter veränderten Bedingungen, die empirische Verbreiterung oder die theoretische Einbettung des ad-hoc-Einzelwissens fehlt. Es ist nicht immer fehlendes Wissen allein, sondern oft gerade der stürmische Fortschritt bei der Anhäufung von ad-hoc-Einzelwissen, der unsere Sicherheit, unser Leben, unsere Gesundheit gefährdet. Das ist das erkenntnistheoretische und politische Problem vieler neuer Technologien, der Reaktortechnik, der Gentechnik und der Informatik.

Die politische Bedeutung erfordert eine erkenntnistheoretische Diskussion, erschwert sie aber auch durch Voreingenommenheit und Glaubensbekenntnisse. In Booß-Bohle-Pate, *Über die Risiken technologischer Lösungen im Grenzbereich unseres Wissens* (1988) wurden u.a. an der Herausbildung unseres Wissens über Diffusionsprozesse und an anderen Beispielen aus der mathematischen Physik die folgenden Erfahrungen vermittelt:

1. Der wissenschaftlich-technische Fortschritt hat immer mehr Situationen hervorgebracht, wo ohne ausreichende theoretische Grundlagen nur mit Hilfe von isolierten Einzelerkenntnissen hantiert wird im Vertrauen darauf, daß die Praxis das nicht denunziert und die Theorie es nachträglich legitimiert. In begrenzten Situationen mag das angehen, in nicht-eingrenzbaren wachsen die Risiken ins Unerträgliche.

2. Guter Wille nützt nichts, wenn er auf technologische Lösungen im Grenzbereich unseres Wissens und jenseits davon abzielt und die mathematisch-naturwissenschaftliche Komplexität und die Risiken weiter erhöht.

3. Komplexität und Unsicherheit wachsen rasant bei der Vernetzung von Prozessen, wenn einzelne, allein schon nicht völlig beherrschbare Knotenpunkte verknüpft werden.

4. Nicht weniger riskant ist die unkontrollierte Vernetzung einer großen Anzahl individuell sogar ganz gut beherrschbarer Knotenpunkte; sie ist besonders riskant, wenn die Sicherheit im Umgang mit dem Teilprozeß auf das Ganze projiziert wird, da die Vernetzung eine Fortpflanzung von Abweichungen und Unglücksfällen weiter über den unmittelbaren Anlaß hinaus erlaubt und so die Größenordnung möglicher Schäden drastisch verändert.

5. Die Auflösung komplexer Probleme in ein Netz von Prozessen mit möglichst schmaler Schnittstelle kann dagegen durchaus ein Gewinn sein, wenn die Einzelknoten voll durchschaubar sind - oder als heuristisches Mittel, um unsere Vorstellungen über mögliche Abläufe zu erweitern.

Wir begannen mit einer Beurteilung der unterschiedlichen Qualität mathematischer Berechnungen, wobei wir die Ebenen der Modellierung, der Approximation und Analyse und der Realisierung im Rechner unterschieden. Das vorgelegte Bündel von Erfahrungen mit theorieloser Praxis, mit der Machbarkeit nicht-beherrschbarer Technik *heftet sich allein an die Unsicherheiten der Modellierung*, ohne die anderen (gesellschaftlichen) Unsicherheitsebenen bagatellisieren zu wollen.

3. Die Thematisierung von Komplexität ist nicht mit größerer Kreativität, mit Realismus und Authentizität computergestützter Modelle gleichzusetzen; sie bedeutet nicht die Humanisierung von Modellierung; sie als neues Paradigma zu feiern ist verfehlt.

Die klassischen Triumpfe der mathematischen Modellierung, der Anwendung eines mathematischen Formalismus, sind an die Fähigkeit geknüpft, einen mehr oder weniger komplizierten Sachverhalt, Pendel- oder Planetenbewegung, Handels- und Finanzbedingungen auf einfache Begriffe und Beziehungen zu bringen: Masse und Beschleunigung, Zins und Wechselkurs. "Mathematisierung" und mathematische Modelle wurden (und werden) so vielfach mit exakter Behandlung, Beschreibung und Analyse ideal einfacher oder zweckmäßig oder - aus der Sicht der Kritiker - unzweckmäßig idealisierter Verhältnisse gleichgesetzt.

Dagegen wird neuerdings zunehmend die Handhabung der Komplexität, ihre Erweiterung und Reduktion, und die Komplexität selbst thematisiert. Für Ethik, Politik und Pädagogik ist dabei die entscheidende Frage, ob der mathematische Fortschritt der *Wahrnehmung*, der *Erzeugung* oder der *Vertuschung* von Komplexität dient.

Wir wenden uns hier gegen das verantwortungslose Kokettieren mit "Komplexität" im idyllischen Mathematik-, Naturwissenschafts- und Technikverständnis: In der Öffentlichkeit, in Schule und Medien, in Populärwissenschaft und Wissenschaftstheorie geht von Komplexitätsuntersuchungen z. B. der "fraktalen Geometrie" und der "Chaostheorie dynamischer Systeme" eine erhebliche Faszination und Suggestion aus.

Wie steht es mit der "Kreativität"? Finden wir das "schöpferische Element der Erkenntnis" in der modernen Hinwendung zur Komplexität (im Gegensatz zum herkömmlichen "analytischen Rationalismus")? Nüchtern beschreibt Stephen Wolfram, einer der Kronzeugen der neuen holistischen Mathematikenthusiasten, seine Arbeit mit "zellularen Automaten" zur Simulation von Strömungsturbulenzen auf dem Rechner: "Es ist eines der bemerkenswertesten Ergebnisse jüngster Untersuchungen über zellulare Automaten, daß man selbst mit sehr einfachen Regeln ein Verhalten von beachtlicher Komplexität erhalten kann. ... Die Regeln bestehen nur aus ganz wenigen einfachen logischen Operationen. Wenn sie aber wieder und wieder angewendet werden, kann ihre kollektive Wirkung sehr komplexe Verhaltensmuster hervorbringen. ... Man erwartet daher, daß sehr einfache Modelle auf dem Rechner ausreichen sollten, um viele unterschiedliche Naturerscheinungen nachzubilden." (Wolfram, 1987).

Der von gewissen Zweigen der modernen angewandten Mathematik erwartete "spirituelle Fix" reduziert sich also sehr schnell auf die Wiederentdeckung des Reichtums einfacher gedanklicher Vorstellungen, der z. B. schon die Zahlentheoretiker vergangener Jahrhunderte in seinen Bann geschlagen hatte, und auf das Eingeständnis, daß die beschreibenden und darstellenden Möglichkeiten der Informationstechnologie noch lange nicht ausgelotet sind, was die derzeitige Konzentration der angewandten Mathematik auf die deskriptive Phänomenseite und die Vernachlässigung der erklärenden Theorieseite verständlich macht. Mehr nicht, ohne die Bedeutung dieser Richtung für die numerische Mathematik und die Computergraphik zu negieren.

Erhalten wir mehr "Realismus und Authentizität" durch erhöhte Komplexität? Jeder Mathematikstudent kennt aus der Numerikvorlesung eine Reihe von Beispielen, wo z. B. die Verkleinerung der Schrittlänge nicht notwendig zu größerer Genauigkeit, sondern unter gewisssen Umständen zu numerischer Instabilität und völlig irreführenden Ergebnissen führt. Auch die mathematische Statistik und Wahrscheinlichkeitstheorie bietet eine Vielzahl von Situationen, wo eine zu große Zahl von Parametern mehr oder weniger jede Schätzung gleich gut macht. Der Kinderglaube, daß komplexere Modelle realistischer sind, daß das Ausgangsobjekt desto genauer erfaßt werden kann, je größer die Anzahl der Freiheitsgrade ist, muß also abgelegt werden.

Richtig ist aber, daß die moderne Numerik heute Verfahren entwerfen kann, die - wie oben zitiert - erstaunlich gut das Verhalten wirklicher Phänomene nachbilden, auch wenn dann oft letzte Fragen der Übereinstimmung zwischen Modell und Wirklichkeit, der Gründe und der Grenzen der Übereinstimmung, noch lange theoretisch ungeklärt bleiben und nur in der Praxis erprobt werden können. Ein Beispiel dafür ist die Modellierung von Dämmen und Reservoirs, wie am Piconeproblem der Baustatik in Booß (1989a) erläutert.

Richtig ist auch, daß die moderne Kontrolltheorie und Regelungstechnik Methoden entwickelt hat, die mit Hilfe ausgefeilter Modellierung und Rückkopplung erlauben, komplizierte Systeme wie z. B. ein auf dem Kopf stehendes Doppelpendel über einen längeren Zeitraum zu stabilisieren. Während die Komplexitäts*theoretiker* und Wissenschaftsjournalisten noch dabei sind, voll Staunen die reichhaltige und "chaotische" Struktur einfacher mathematischer und mechanischer Systeme (wieder)zuentdecken, setzen die Komplexitäts*praktiker*, Ingenieure und industrielle Auftraggeber schon auf technische Vorrichtungen und Lösungen, mit deren Hilfe neuartige, hochkomplexe und äußerst unstabile Systeme als herkömmlich, einfach und stabil erscheinen und entsprechend behandelt werden sollen. Ein Beispiel dafür findet sich auch in Booß (1989a), die Lenkung richtungsinstabiler Schiffe.

Statt mehr "Realismus" und "Authentizität" finden wir also nur eine größere Bereitschaft zu unsicheren, wenn auch in der Regel durchaus zutreffenden, funktionierenden und wirksamen Berechnungen und Konstruktionen, die sich einer sicheren technisch-naturwissenschaftlich-mathematischen Beherrschung entziehen, ganz zu schweigen von bewußter, vernünftiger und gesellschaftlicher, demokratischer Kontrolle; vgl. auch die konkreten Unglücksanalysen wie Feynman (1988), Horgan (1988) und Lenorowitz (1988).

Nähern wir uns aber nicht wenigstens einer "Humanisierung" der Mathematik durch Mut zur Komplexität und Überwindung der herkömmlichen "Beschränkung auf entscheidbare, mit Sicherheit beantwortbare Fragen"? Umgekehrt wird ein Schuh daraus: Menschenfeindliche Vernetzung, hochgradige Zergliederung der geistigen Arbeit, wie sie in der weltumspannenden Organisation der Wachstumswirtschaft, in der Technologieentwicklung der multinationalen Konzerne und ganz besonders in der Hochrüstung ihre reinste Verkörperung gefunden haben, schaffen die immer komplexeren Situationen und die Notwendigkeit ihrer Analyse.

4. Während Informatiker die Mathematik von Turing und von v. Neumann verwerten, in Hard- und Software, in Praxis gießen, steht in der Mathematik etwas ganz anderes hoch in Kurs: die Bearbeitung von Defiziten und Lücken; die Systematisierung mathematischer Erfahrung; der Versuch, die Grenzen der Tragweite mathematischer Begriffe abzutasten und zu erklären.

Um sich eine Vorstellung von dem großen Atem zu machen, der zur Zeit durch die mathematische Forschung weht, um zu sehen, wie absurd die Anklagen gegen eine Mathematik sind, die sich angeblich "zu weit von der Wirklichkeit entfernt hat", braucht man sich nur die drei exemplarischen Hochleistungen der Mathematik der 80er Jahre vor Augen zu führen, die mit den letzten Fieldsmedaillen 1986 - die neuen Preisträger 1990 sind zur Zeit der Ablieferung dieses Berichts (Mai '90) noch nicht bekannt - geehrt wurden, Freedmans und Donaldsons Arbeiten über 4-dimensionale Mannigfaltigkeiten und Faltings' Beweis der Mordellschen Vermutung (ausführlicher in Booß, 1989a):

M. Freedman (1982) war es gelungen, die vierdimensionalen topologischen Mannigfaltigkeiten nach ihren 'Schnittformen' zu klassifizieren, die man, grob gesagt, durch Abzählen der Schnittpunkte beliebiger Paare zweidimensionaler Untermannigfaltigkeiten findet. Der Beweis besteht im Kern aus einer Anleitung, sagen wir im systemtheoretischen Ingenieurjargon, wie man aus einer gegebenen Schnittform, d.h. einer hinreichend vollständigen Kenntnis der Wechselwirkung von Teilsystemen (hier den zweidimensionalen Untermannigfaltigkeiten) ein Gesamtsystem - eine vierdimensionale Mannigfaltigkeit - konstruieren kann, das die spezifizierten Eigenschaften hat und dessen Struktur in diesem besonderen Fall dadurch sogar identifiziert ist.

Man muß schon ziemlich blind sein, wenn man einer solchen hochabstrakten Arbeit jede Anwendungsrelevanz abspricht und z.B. noch immer glaubt, daß die bislang ungelösten Probleme der Bilderkennung und -erzeugung frontal durch stärkere Rechenkraft gelöst werden können unter Verzicht auf radikal neue Betrachtungsweisen, wie sie u.a. von diesem Zweig der reinen Mathematik zur Verfügung gestellt werden.

S. *Donaldson* (1983) erhielt ein in gewisser Hinsicht zu Freedman komplementäres Ergebnis, daß nämlich die Schnittform einer vierdimensionalen *differenzierbaren* Mannigfaltigkeit immer trivial ist. Das bedeutet, daß mit der unscheinbaren Annahme von Differenzierbarkeit der Formenreichtum, also was sozusagen in einem vierdimensionalen Phasenraum alles geschehen kann, in kombinatorisch unvorstellbarer Weise eingeschränkt wird: Nach Freedman kann man z.B. bei den 4-dimensionalen topologischen Mannigfaltigkeiten mit 40 Blasen etwa 10^{51} verschiedene Formen unterscheiden, aber nach Donaldson kann nur eine davon in eine glatte Form gebracht werden.

Donaldsons Resultat widerspricht völlig unserer an Flächen im Raum gebildeten Vorstellung, wo jede zweidimensionale topologische Mannigfaltigkeit tatsächlich in eine glatte Form gebracht werden kann. Vor allem aber macht das Resultat äußerst mißtrauisch bei allen groß angelegten, rechnergestützten und in einzelnen Schritten mathematisch undurchsichtigen Diskretisierungen und Interpolationen. Es öffnet die Augen für die möglicherweise völlig irreführenden Ergebnisse von impliziten Annahmen z.B. bei Approximationen, für Wahnvorstellungen wie numerische Stabilität, d.h. die Selbstbestätigung fehlerhafter Modellierung und irreführender Approximation durch gesteigerte Rechnerkraft, und für die Verantwortungslosigkeit der billigen Pragmatik "Ein Resultat ist doch besser als kein Resultat".

Es ist hierbei interessant, daß Donaldsons Beweis tatsächlich aus dem Bereich der partiellen Differentialgleichungen kommt, nämlich aus einer tiefen Analyse der Yang-Mills-Gleichung

$$(1 - *)D^{\omega}\tau = 0$$

der Quantenfeldtheorie, die eine Verallgemeinerung der Maxwellschen Gleichungen darstellt, vgl. Booß-Bleecker (1985/1989).

G. *Faltings* (1984) bewies mit harten Methoden der algebraischen Geometrie die Vermutung von L.J. Mordell aus dem Jahr 1922, daß ein rationales Polynom in zwei Variablen

$$f(x,y) = \sum_{i,j \geq 0} a_{ij} x^i y^j \qquad \text{mit } a_{ij} \in \mathbf{Q}$$

(vom Geschlecht größer als Eins) höchstens endlich viele rationale Nullstellen hat. Daraus folgt, daß ein Polynom der Form

$$F(x,y,z) = x^n + y^n - z^n$$

für ganze $n > 2$ auch nur höchstens endlich viele ganzzahligen Nullstellen besitzt - nach dem unbewiesenen Fermatschen 'Satz' soll es gar keine haben.

Faltings' Beweis ist eine geniale Kombination mehrerer tiefliegender und oftmals nicht nur als esoterisch, sondern direkt als tendenziell steril oder absurd betrachteter moderner Verallgemeinerungen klassischer Theorien wie die von A. Grothendieck vorgenommene Umformulierung der algebraischen Geometrie zur Theorie der Schemata. Bemerkenswert ist dabei auch, daß Faltings' Beweisideen an einer Reihe elementarer Beispiele illustriert werden können, obwohl die Meisterung der abstrakten Maschinerie in ihrer volle Allgemeinheit vom "normalen" Mathematiker nur mit viel Arbeit nachvollzogen werden kann.

Fassen wir die ins Auge fallenden Züge dieser Glanzleistungen der jüngeren Mathematik zusammen, so finden wir bei aller notwendigen Kritik (vgl. Grothendieck (1988), der die im mathematischen Forschungsmilieu verbreitete Arroganz und Engstirnigkeit aufs Korn genommen hat)

- die Dominanz klassischer Fragestellungen,
- intuitive Kraft und methodische Virtuosität,
- eine Rückwendung zur Geometrie und
- vielfache Inspiration durch die Physik.

Tatsächlich ist die Donaldsonstory nur ein Glied in dem goldenen Band, das durch die Namenfolge Maxwell-Hodge-Atiyah-Witten-Jones beschrieben werden kann, vgl. Atiyah (1989). Dieser Prozeß der Geometrisierung der Physik ist übrigens in mancher Hinsicht, vor allem in den Fragen *Rationalität oder Scheinrationalität, Transparenz oder Mystifikation, Einfachheit oder frei erzeugbare Komplexität* eben so widersprüchlich wie das Fortschreiten der computergestützten Modellierung:

Die Physik der Elementarteilchen gehört nämlich zu den Gebieten, wo viel und oft auch erfolgreich gerechnet wird, ohne daß z. B. die theoretischen Grundlagen der Quantenmechanik, die mathematischen Eigenschaften der Schrödingergleichung und der anderen Grundgleichungen und der Zusammenhang zwischen physikalischer und mathematischer Begriffsbildung geklärt sind. Mit den Worten von Ju. I. Manin trifft der Mathematiker in der modernen theoretischen Physik auf "eine luxuriöse, total Rabelaissche, gewaltige Welt von Ideen" und kann mit solchen physikalischen Abstraktionen neue gedankliche Vorstellungen verbinden, die "für den geübten Verstand fast körperlich berührbar, aber doch weit entfernt sind von denen, die vom Leben oder von physikalischer Erfahrung unmittelbar gegeben sind." (Manin, 1979/1981) Einen etwas anderen Akzent setzen die Protagonisten der Superstringtheorie, M.B. Green, J.H. Schwarz und E. Witten (1987), wenn sie betonen, daß gerade die Erweiterung unseres physikalischen Weltbildes um weitere sechs Dimensionen und eine geeignete Entwicklung der Differentialtopologie eine *unmittelbare Korrespondenz* zwischen den physikalischen Beziehungen und Eigenschaften der (räumlich ausgedehnten) Elementarteilchen und wohldefinierten mathematischen Größen, nämlich ihren "elastischen" Biegbarkeiten (den Eigenwerten des Diracoperators) liefern.

5. Schlußfolgerungen zu Fragen der Ethik und Ästhetik: Zukunft gibt es nur, wenn wir Gegenwart gestalten, Gewohnheiten ändern und die hemmungslose Innovationsgeilheit bändigen. [1]

Unsere Analyse der unbewältigten, militärisch geprägten Vergangenheit der computergestützten Modellierung und ihrer gegenwärtigen Katastrophenpotentiale mündet in die ethische Forderung an Mathematiker und Informatiker, von jeder vermeidbaren Produktion von Komplexität abzusehen. Stattdessen muß bewußt das ästhetische Prinzip der Einfachheit und Durchschaubarkeit als Qualitätsmerkmal der Modellierung unterstützt und illusionäre Vorstellungen über die Beherrschbarkeit komplexer Systeme bekämpft werden.

Was bedeutet unnötige Komplexität erkenntnistheoretisch und politisch? Nach Klaus Oehlers Interpretation von Peirce, *Über die Klarheit unserer Gedanken* (1878) besteht philosophiegeschichtlich der Fortschritt darin, daß man sich kein anderes Wahrheitskriterium als das kollektive Urteil der Interpretengemeinschaft leistet, daß

> alle Wahrheitsansprüche einen öffentlichen Charakter haben müssen, das heißt einen Charakter, der sie prinzipiell auch allen anderen Menschen zugänglich und überprüfbar macht.

Darin liegt eine zutiefst philosophische Begründung der Demokratie, die aber gegenstandslos wird, wenn durch extreme Steigerung der Komplexität die Gemeinschaft fachlich kompetenter Interpreten zu sehr verkleinert wird. Hier gibt es nur eine Lösung: eine bewußte Entscheidung für eine sehr konservative Haltung, wenn neue technologische Lösungen durch computergestützte Modellierung angestrebt werden - konservativ nicht als ein Weitermachen im Stil der letzten Jahrzehnte, sondern eine Rückbesinnung auf die Zeitmaße von tausenden Jahren, die die Menschheit bisher zur Umstellung und Anpassung an veränderte Lebensbedingungen benötigte - und auf den in unserem Teil der Erde erreichten Reichtum, der jede Notwendigkeit für Hast in der Anhäufung von Kapital und bei der Verausgabung von Arbeit beseitigt hat.

Ein Gegenbild zu dem von mathematischer Modellierung zu unterstützenden erkenntnistheoretisch und politisch soliden Fortschritt ist der noch immer propagierte und durch gedankenlose

---

[1] Dieser Abschnitt wurde von G. Pate beigetragen.

Modellierung geförderte "schnelle Wandel", der mit seiner Innovationsgeilheit oftmals mehr Ähnlichkeit mit dem gehetzten Hüpfen von Scholle zu Scholle auf einem tobenden sibirischen Fluß im Frühjahrstauwetter hat, als dem Schreiten auf festem Boden einem vernünftigen Ziel entgegen, also Fortschritt.

Wie groß die Gefahren "in Flußnähe" sind, kann man an der von dem Mathematiker Hans Hahn für den Wiener Kreis propagierten
> wissenschaftliche(n) Weltanschauung mit ihrer liebevollen, sorgfältigen, ins Einzelne gehenden Beobachtung des Gegebenen, mit ihren vorsichtigen Konstruktionen Schritt für Schritt, mit ihrer schlichten Sprache, die keine andere Aufgabe kennt, als: das klar zu sagen, was gesagt werden soll,

verfolgen, die trotz ihrer sympathischen und idyllischen Erscheinung später als Kampfprogramm des Positivismus jede komplexe - notwendigerweise unbestimmte Elemente enthaltende - Reflexion gesellschaftlicher Folgen mathematisch-naturwissenschaftlicher Forschung verteufelte und damit letztlich die theoretische Basis für die ihr zuwider laufende gehetzte Hast in der technologischen Innovation lieferte (so, wie sie zu einer von Sir Karl Popper mit klassenkämpferischer Begeisterung gehandhabten Waffe im kalten Krieg entartete).

Sind die ethischen Forderungen nach Entschleunigung und beharrlichem Streben nach Einfachheit realisierbar? Ein Mathematiker wie G.H. Hardy, nach dem "eine Wissenschaft nützlich heißt, wenn ihre Entwicklung zur Verschärfung bestehender Ungleichheiten in der Verteilung von Wohlstand beiträgt oder direkter die Zerstörung menschlichen Lebens fördert", konnte 1915 noch glauben, wie wir heute wissen zu Unrecht, daß seine Arbeit in der "reinen" Zahlentheorie nichts mit der Wirklichkeit zu tun habe. Ein Informatiker heute, wie abstrakt sein Arbeitsgebiet auch sein mag, wird sich dagegen kaum davon überzeugen können, daß sein Tun keine praktischen Folgen hat - und schon der Versuch eines solchen Selbstbetrugs wird als verwerflich gelten müssen.

Die konkrete Wahrnehmung der Verantwortung auf dem Gebiet der computergestützten Modellierung kann gelegentlich an die entsprechenden Entscheidungen der Atomphysiker in den vergangenen vier Jahrzehnten zwischen planmäßiger Massenvernichtung durch die Bombe, großtechnischem Risiko im Kraftwerk und der Hoffnung auf den technischen Fix in der Nuklearmedizin erinnern. Oftmals dürfte die Situation aber doch wohl viel komplizierter sein, weil die Praxisfelder, die möglichen Anwendungen, schwieriger zu überblicken, zu verfolgen sind - und viel mehr Kenntnisse und ein philosophisches Verhältnis zum Praxisbegriff erfordern. Es mag sehr schnell auf eine Frage der Selbstachtung hinauslaufen, wieweit man überhaupt die Ambition hat, das Praxiskriterium, die Beziehungen zur Bewertung der eigenen Arbeit, auf ein weites Blickfeld, auf eine weite Interpretengemeinschaft, auf eine weit in die Zukunft reichende Menschengemeinschaft zu beziehen.

Welche Elemente gehören zu einem hippokratischen Eid der computergestützten Modellierung? Jede Mitwirkung an der Erhöhung von Komplexität industrieller Produktion, von Produkten, Geräten, Arbeitsprozessen und unserer Umwelt durch computergestützte Modellierung muß von dem Nachweis abhängig gemacht werden, daß (1) die damit angestrebten Ziele unterstützenswert sind - und zwar im breitesten Sinn - und daß (2) keine Alternative geringerer Komplexität zur vorgeschlagenen Lösung auffindbar war - trotz beharrlicher Suche. Das erfordert da, wo das Potential für die Suche nach einfacheren alternativen Lösungen nicht ausgeschöpft ist, (3) jedem Druck zur Eile zu widerstehen, da Zeitdruck regelmäßig zur Rechtfertigung von schlechten, verantwortungslosen Basteleien dient, die unnötig die Durchsichtigkeit herabsetzen und die Komplexität erhöhen; vgl. Coy et al., *Informatik und Verantwortung* (1989), Ch. Davis, *A 'Hippocratic Oath' for Mathematicians?* (1989) und Booß, *Modellierung ohne Verantwortung* (1990a).

Ist Einfachheit lehrbar? Man kann nicht anordnen, daß jemand ein Wohnhaus in offenem funktionalem Bauhausstil schöner findet als eine gotische Kathedrale, einen barocken Palast oder eine Jugendstilvilla. Aber man weiß aus der Geschichte der mathematischen Physik, wie fruchtbar das übergeordnete Streben nach Einfachheit der Beziehungen war. Fruchtbar und schwierig.

Die größere Einfachheit des Keplerschen Systems gegenüber dem Ptolemäischen verschaffte dem Kopernikanischen Weltbild erst den Durchbruch; ähnliches gilt auch für Newtons Himmelsmechanik, Maxwells Elektrodynamik, Einsteins Relativitätstheorie, Bohrs Quantentheorie. Streben nach Einfachheit ist lehrbar. Erreichen von Einfachheit ist schwer.

Woher erhält man ein geeignetes Begriffssystem zur Zieldiskussion und zur Qualitätssicherung? Es ist auch eine ethische Frage, wo man sein Begriffssystem her holt. Innerhalb der Mathematik und in verschiedensten Bereichen der mathematischen Physik ist in einem langen historischen Prozeß ein leistungsfähiges Begriffs- und Wertesystem entstanden, das - wie oben dargelegt - oft im Konflikt zu schneller unzuverlässiger, aber Zuverlässigkeit und Realismus vortäuschender computergestützter Modellierung und numerischer Simulation steht, aber gerade deswegen nicht der Hantierung und Anbetung von Komplexität geopfert werden darf. Je umfassender der Computer mathematische Modellierung wirksam macht, nicht selten mit großen Auswirkungen auf derzeit lebende Menschen und zukünftige Generationen, desto unzureichender wird aber die Beschränkung auf dieses mathematisch-naturwissenschaftliche Begriffssystem - und die Situation wird in der Regel nicht besser, wenn man es durch modische ad-hoc Begriffserzeugung aus dem Schoß der Informatik ersetzt oder ergänzt.

Wenn man es mit den Menschen gut meint, wird man sich das Begriffssystem zur Grundlegung der computergestützter Modellierung bei den Humanwissenschaften holen. Und wie bei jeder vernünftigen Modellierung wird man es auch hier, bei der begrifflichen Modellierung der Denk- und Modellierungsfähigkeiten von Menschen, vermeiden, sich vorschnell auf *ein* Begriffssystem festzulegen.

Hier ist vor allem auf die umfassend angelegte Betrachtung des breiten philosophischen Bandes von Logikern und Erkenntnistheoretikern *Descartes, Kant, W.v. Humboldt, Hegel, Marx, Peirce, Dewey, Mead, Wygotski, Wittgenstein, Wiener Kreis, Piaget, Chomsky* in Pate, *Begriffe und Vorarbeiten zur Grundlegung einer humanistischen Informatik* (1990b) zu verweisen, wo für die Informatik versucht wird, das zu umreißen, was Habermas in Jahrzehnte währender Arbeit für die Erkenntnistheorie der Gesellschaftswissenschaften geleistet hat, zusammenfassend in seiner Theorie des kommunikativen Handelns, und zwar auch in Auseinandersetzung mit den oben genannten Denkern und Forschern. Bis diese Bemühungen aus der fachspezifischen Perspektive der Informatik nachvollzogen sind, bleibt Habermas' Werk vielleicht die wichtigste, wenn auch kritisierbare Einzelquelle zur Orientierung einer humanistischen Informatik.

Pate (1990b) billigt
> der Informatik allenfalls dann das Etikett 'humanistisch' im Sinne des Protagoreischen 'Der Mensch ist das Maß aller Dinge' zu, wenn Begriffe, die im Informatikerjargon zu sprechen 'an der Schnittstelle zwischen Mensch und Computer liegen' (z.B. Objekt, Zeichen, Logik, Regel, Tätigkeit, Werkzeug, Sprache), auch innerhalb der Informatik nur in Festlegungen verwendet werden, die ihrer Fundierung innerhalb der Humanwissenschaften in vollem Umfang Rechnung tragen.

Die Arbeit ist auch ein Beitrag zur Aufarbeitung der "unbewältigten Vergangenheit" und der "widersprüchlichen, unklaren Gegenwart" des Verhältnisses von Mathematik und Informatik. Die außerwissenschaftlichen Katastrophen der Geschichte des 20. Jahrhunderts, Krieg, Faschismus und Stalinismus, vereitelten eine produktive Wechselwirkung zwischen drei wissenschaftlichen Schulen, deren zeitige Integration eine ganz andere Grundlegung der Informatik hätte liefern können als die kriegsbedingten ad-hoc-Begründungen durch Turing, von Neumann und Shannon: Erschwert war schon die Verständigung zwischen Cambridge (Wittgenstein) und Wien. Die Verknüpfung des philosophischen Pragmatismus als reflektierte Philosophie der Naturwissenschaften mit der spontanen naturwissenschaftlichen Philosophie des Wiener Kreises mit ihrem charakteristischen Beitrag zur Erhellung der linguistischen Grundlagen der wissenschaftlichen Tätigkeit wurde behindert. Die Synthese des semiotischen Pragmatismus von Peirce mit Wittgensteins reifer linguistischen Philosophie der Sprachspiele und mit der Tätigkeitspsychologie Wygotskis (mit ihrer von Hegel und Marx geerbten Berücksichtigung der kulturhistorischen Perspektive und der erkenntnistheoretischen Bedeutung des gesellschaftlichen Arbeitsprozesses) war schon in den dreißiger Jahren fällig und hätte in der - allerdings damals in der Sowjetunion nicht mehr wohlgelittenen - Schule von Wygotski unschwer erfolgen können.

Zur widersprüchlichen unklaren Gegenwart gehört auch, daß der Zusammenhang dieser semiotischen Traditionen, die so grundlegend für den Modellbegriff sind, weitgehend nicht gesehen wird und - auch unter dem Einfluß des Kalten Krieges - Gegensätze konstruiert werden, die bei näherem Hinschauen unter dem Peirceschen Konzept der wissenschaftlichen Interpretengemeinschaft, seinem 'logischem Sozialismus' (so Gerd Wartenberg), ihren Sinn verlieren und unproduktiv wirken. Dagegen soll die auch in der Informatik zu leistende Erkenntnisintegration viel weiter reichen und danach trachten, die Kluft zwischen dem ungezügelten Subjektivismus der Alltagserkenntnismöglichkeiten der Menschen und einer von der menschlichen Existenz abgehobenen Wissenschaftstheorie zu schließen; vgl. auch Raeithel, *Ein kulturhistorischer Blick auf die Informatik* (1990).

Literatur

Abbott, M.B. und D.R. Basco: 1989, *Computational Fluid Dynamics. An Introduction for Engineers*, Longman/Wiley, London, New York.

Abrahams, P.: 1988, 'Specifications and illusions. President's letter', *Comm. ACM* 31/5, 480-481.

Anderssen, R.S. und F.R. de Hoog: 1983, 'The nature of numerical processes', *Math. Scientist* 1983, 115-141.

M.F. Atiyah: 1987, 'Mathematics and the computer revolution'. In: A.G. Howson, J.P. Kahane (Hrsg.), *The Influences of Computers and Informatics on Mathematics and its Teaching*, Cambridge University Press, Cambridge 1987, pp. 43-52.

- : 1989, 'The frontier between geometry and physics', *Jber. d. Dt. Math.-Verein* 91, 149-158.

Aviation Week and Space Technology: 1987, 'Expanded NASA-Ames wind tunnel complex', *AW&ST* Dec. 7, 1987.

Bak, P.: 1986, 'The devil's staircase', *Physics Today*, December 1986, 39-45.

Bar-Hillel, Y.: 1964, *Language and Information - Selected Essays on their Theory and Application*, Addison-Wesley, Reading.

Beusmans, J. und K. Wieckert: 1989, 'Computing, research, and war: if knowledge is power, where is responsibility?', *Comm. ACM* 32/8, 939-951.

Bickenbach, J. et al.: 1985, *Militarisierte Informatik*, Schriftenreihe "Wissenschaft und Frieden", Bd.4, Marburg.

Bjerknes, G., P. Ehn und M. Kyng (Hrsg.): 1987, *Computers and Democracy - A Scandinavian Challenge*, Avebury, Aldershot.

Bohle-Carbonell, M., B. Booß und J.H. Jensen: 1984, 'Innermathematical vs. extramathematical obstructions to model credibility'. In: X. Avula (ed.), *Mathematical Modelling in Science and Technology, 4th Internat. Conf. (Zürich, 1983)*, Pergamon Press, New York, pp. 62-65.

Booß, B.: 1977, *Topologie und Analysis - Einführung in die Atiyah-Singer-Indexformel*, Springer-Verlag, Heidelberg. Erw. englische Ausgabe (mit D.D. Bleecker) 1985/1989.

- : 1978, 'Cruise Missiles: Billige Wunderwaffe oder teurer Wahnsinn?', *Blätter f. deutsche u. internat. Politik* 1978/1, 18-30.

- : 1982, 'Innermathematische Systematik und Struktur der Wirklichkeit - Erfahrungen mit dem Projektstudium in Roskilde'. In: R. Schaper (Hrsg.), *Hochschuldidaktik der Mathematik. Tagung an der Gesamthochschule Kassel (9.-11.10.1980)*, Hochschuldidaktische Materialien 84, Arbeitsgemeinschaft für Hochschuldidaktik (AHG), Hamburg, pp. 80-140.

- : 1989a, 'Ethische und politische Probleme der zunehmenden Anwendbarkeit der Mathematik'. In: H. Steiner (Hrsg.), *Contemporary Discussions on Bernal's 'Social Function of Science'*, Akademie-Verlag, Berlin, pp. 185-204.

- : 1989b, 'Neue Theorie - Alte Praxis. Informationstechnologische Auswirkungen auf die Mathematik. II', in J. Maaß, W. Schlöglmann (Hrsg.), *Mathematik als Technologie? Wechselwirkungen zwischen Mathematik, Neuen Technologien, Aus- und Weiterbildung*, Deutscher Studien Verlag, Weinheim, pp. 197-210.

- : 1990a, 'Modellierung ohne Verantwortung', Positionspapier zur 1. Arbeitstagung "Theorie der Informatik" (Bederkesa, 31.10.- 3.11.1989). In: Randow (1990), pp. 138-157.

- : 1990b, 'Makroøkonomiske modeller - fup eller fakta?', *Samfundsøkonomen* 1990:2, 17-22.

- : 1990c, *Zeitsymbolik und Katastrophengesellschaft*, Thesen aus mathematisch-naturwissenschaftlicher Sicht zum Kongreß *Zeit und Nähe in der Industriegesellschaft* der GRÜNEN (Bonn, 28./29. Apr. 1990).

- et al.: 1989, *Vurdering af matematisk teknologi - Technology Assessment - Technikfolgenabschätzung*, IMFUFA-tekst 164*, Roskilde Universitetscenter, Roskilde.
- und D.D. Bleecker: 1985, *Topology and Analysis. The Atiyah-Singer Index Formula and Gauge-Theoretic Physics*, Springer-Verlag, New York, nachgedruckt 1989.
- , M. Bohle-Carbonell und G. Pate: 1988, 'Über die Risiken technologischer Lösungen im Grenzbereich unseres Wissens', *Wissenschaftliche Welt* 32/2, 2-9.
- und W. Coy: 1985, 'Computer für den Krieg'. In: G.v. Randow, *Das andere Computerbuch*, Weltkreis-Verlag, Dortmund, pp. 173-198.
- , R. Czeskleba-Dupont und P. Viščor: 1989, *Basic Uncertainties and Shortcomings in Partial Modeling of Complex Environmental Problems - The Need for Practical and Theoretical Alternatives: PCDD/PCDF Emissions from Municipal Waste Incinerators as a Critical Case*, Working Paper, Roskilde.
- , B. Franke und M. Otte: 1972, 'Gesetzmäßigkeit in der Entwicklung mathematischer Tätigkeit'. In: W. R. Beyer (Hrsg.), *Hegel-Jahrbuch 1972*, Meisenheim, pp. 50-67.
- und J. Høyrup: 1984, *Von Mathematik und Krieg*, Schriftenreihe "Wissenschaft und Frieden", Bd. 1, Marburg.
- und K. Krickeberg (Hrsg.): 1976, *Mathematisierung der Einzelwissenschaften*, Birkhäuser Verlag, Basel.
- , A. Madsen und M. Niss: 1990, *Industrimatematik. Nogle erfaringer med samarbejdet mellem universiteterne og industrien i Østrig og Vesttyskland. Rapport fra en studierejse*, vervielfältigt, Roskilde.
- und M. Niss (Hrsg.): 1979, *Mathematics and the Real World. Proc. of an Internat. Workshop (Roskilde, 1978)*, Birkhäuser Verlag, Basel-Boston.
- - : 1980, 'Real, complex extra-mathematical problems in the education of mathematicians'. In: X. Avula (Hrsg.), *Proceedings of the Second Internat. Conf. on Math. Modelling (St.Louis, 1979)*, Rolla (Missouri), pp. 691-698.
- und G. Pate: 1985, 'Notizen zur Analyse von IT-Wirkungen', *Debatte* 8-9/1985, 58-70.
- - : 1989a, 'Expanding risk in technological society through progress in mathematical modelling'. In: Keitel (1989), pp. 75-78.
- - : 1989b, 'Information technology and mathematical modelling, the software crisis, risk end educational consequences', *Computers and Society (ACM SIGCAS)*, 19/3, 4-22.
- - : 1990a, 'Science, technology and society'. In: H. Boutaleb (Hrsg.), *Strategic Importance of Science Policy in Tomorrow's World*, Proc. WFSW-SNESUP Symposium (Fes, Marokko, 19.-21. März 1990).
- - : 1990b, '50 Jahre militärische Verschmutzung der Mathematik. Undurchdringliche Komplexität, rücksichtslose Kreativität und täuschende Vertrautheit'. In: J.M. Becker (Hrsg.), *Wissenschaft im Krieg - 50 Jahre danach*, Tagungsband eines Wissenschaftlichen Symposiums an der Universität Marburg (17.-18.11.1989), Schriftenreihe für Friedens- und Abrüstungsforschung, Bd. 15.
- und K.P. Wojciechowski: 1989, 'Pseudo-differential projections and the topology of certain spaces of elliptic boundary value problems', *Comm. Math. Phys.* 121, 1-9.

Burhop, E.: 1980, 'Die Kernenergie und ihre Perspektive', *Wissenschaftliche Welt* 24/1, 2-3.

Chomsky, N.: 1966, *Cartesian Linguistics. A Chapter in the History of Rationalist Thought*, Harper & Row, New York. Deutsch: 1971, *Cartesianische Linguistik*, Tübingen.
- : 1968, *Language and Mind*, erweiterte Ausgabe 1972, Harcourt Brace, New York. Deutsch (ohne Erweiterungen): 1973, *Sprache und Geist*, Suhrkamp Taschenbuch Wissenschaft 19, Frankfurt/M.
- : 1980, *Rules and Representations*, Basil Blackwell, Oxford. Deutsch: 1981, *Regeln und Repräsentationen*, Suhrkamp Taschenbuch Wissenschaft 351, Frankfurt/M.
- : 1988, *Language and Problems of Knowledge. The Managua Lectures*, MIT Press, Cambridge (USA), London.

Clausewitz, C.v.: 1972, *Vom Kriege. Hinterlassenes Werk des Generals Carl von Clausewitz*, 18. Aufl., Ferd. Dümmler, Bonn.

Coy, W.: 1985, *Industrieroboter. Zur Archäologie der zweiten Schöpfung*, Rotbuch Verlag, Berlin.
- : 1986, 'Die Außenwelt der Innenwelt - Über einige Schwierigkeiten mit der maschinellen Intelligenz', *Umbruch* 5,1 (März/April 1986), 32-40.
- : 1989a, 'Vive le Calendrier Republicain! Die präzise Berechnung der neuen Zeit', *Sprache im Technischen Zeitalter*, 27/110 (Juni 1989), 193-205.
- : 1989b, 'Für eine Theorie der Informatik', *Informatik Spektrum*, 12/5, 256-266.
- et al.: 1989, 'Informatik und Verantwortung', *Informatik Spektrum*, 12/5, 281-289.

Davis, Ch.: 1989, 'A "Hippocratic Oath" for mathematicians?'. In: Keitel (1989), pp. 44-47.

Davis, Ph.J. and R. Hersh: 1988, *Descartes Dream. The World According to Mathematics*, Penguin Books, London. Deutsch: 1988, *Descartes' Traum*, S. Fischer Verlag, Frankfurt/M.

Domke, M.: 1988, 'Einflußnahme von Politik, Militär und Industrie auf die Informatik am Beispiel Supercomputer'. In: R. Kitzing, U. Linder-Kostka, F. Obermaier (eds.), *Schöne neue Computerwelt. Zur gesellschaftlichen Verantwortung der Informatiker*. Verlag für Ausbildung und Studium (VAS), Berlin (West), 136-163.

Donaldson, S.K.: 1983, 'An application of gauge theory to four dimensional topology', *J. Diff. Geom.* 18 (1983), 279-315.

Ehn, P.: 1988, *Work-Oriented Design of Computer Artifacts*, Arbetslivscentrum, Stockholm.

Fenhann, J. et al.: 1990, *Environmental Models: Emissions and Consequences. Risø International Conference (Roskilde, 1989)*, Developments in Environmental Modelling 15, Elsevier, Amsterdam.

Ehrenreich, H.: 1987, 'Electronic theory for material science' *Science* 235, 1029-1035.

Einstein, A.: *Mein Weltbild*. Artikelsammlung, hrsg. von C. Seelig. Europa Verlag, Zürich/Bertelsmann, Gütersloh o.J.

Faltings, G.: 1984, 'Die Vermutungen von Tate und Mordell', *Jber. d. Dt. Math.-Verein* 86, 1-13.

Fetzer, J.: 1988, 'Program verification: the very idea', *Comm. ACM* 31/9,

- : 1989, 'Language and mentality: computational, representational, and dispositional conceptions', *Behaviorism* 17/1, 21-39.

Feynman, R.P.: 1988, 'An outsider's inside view of the Challenger inquiry', *Physics Today* 2/88, 26-37.

Floyd, Ch.: 1987, 'Outline of a paradigm change in software engineering'. In: Bjerknes (1987), pp. 191-210.

Freedman, M.H.: 1982, 'The topology of four-dimensional manifolds', *J. Diff. Geom.* 17, 357-453.

Green, M.B., J.H. Schwarz und E. Witten: 1987, *Superstring Theory*, Vol. 1-2, Cambridge University Press, Cambridge, Mass.

Greenspan, D. : 1988, 'Supercomputer simulation of sessile and pendant drops', *Mathl. Comput. Modelling* 10/12, 871-882.

Grothendieck, A.: 1988, Les dérives de la "Science officielle". Offener Brief an die königl. schwedische Akademie der Wissenschaften zur Ablehnung des Crafoordpreises. Nachgedruckt in *Le Monde*, 4.5.1988.

Habermas, J.: 1981, *Theorie des kommunikativen Handelns. Band 1: Handlungsrationalität und gesellschaftliche Rationalisierung. Band 2: Zur Kritik der funktionalistischen Vernunft*, Suhrkamp, Frankfurt/M.

- : 1985, *Die Neue Unübersichtlichkeit*, Edition Suhrkamp, Frankfurt/M.

Hahn, H.: 1931, 'Die Bedeutung der wissenschaftlichen Weltanschauung, insbesondere für Mathematik und Physik', *Erkenntnis* 1, 96-105. Nachdruck in H. Hahn: 1988, *Empirismus, Logik, Mathematik*. Mit einer Einleitung von Karl Menger, suhrkamp taschenbuch wissenschaft 645, Frankfurt/M., pp. 38-47.

Hamming, R.W.: 1962, *Numerical Methods for Scientists and Engineers*, McGraw-Hill, New York.

- : 1971, *Introduction to Applied Numerical Analysis*, McGraw-Hill, New York. Nachdruck: 1989, Hemisphere Publishing Corp. / Taylor and Francis, New York-London.

Hardy, G.H. : 1940, *A Mathematician's Apology*, Cambridge University Press, Cambridge. Reprinted: 1967, with Foreword by C.P. Snow.

Harwell, M.A.: 1984, *Nuclear Winter*, Springer-Verlag, New York.

Hoare, C.A.R.: 1981, 'The emperor's old clothes. Turing Prize address', *Comm. ACM* 24, 75-83. Deutsch: 1984, 'Der neue Turmbau zu Babel', *Kursbuch* 75, 57-73.

Hodges, A.: 1983, *Alan Turing: The Enigma of Intelligence*, Burnett Books, London. Deutsch: 1989, *Alan Turing, Enigma*, Kammerer & Unverzagt, Berlin.

Hoffmann-Jørgensen, J. und M. Væth: 1980, 'Et subjektivt skøn: Rasmussen-rapporten og begrebet sandsynlighed'. In: O. Nathan (Hrsg.), *Tænk og vælg*, Gyldendal, København 1980, pp. 143-150.

Horgan, J.: 1988, ' "Star wars of the seas". Do the lessons of the Iranian Airbus tragedy apply to SDI?', *Scientific American* Sept. 1988, 12-13.

Hut, P. and G.J. Susssman: 1987, 'Advanced computing for science', *Scientific American* 257/4 (Oct. 1987), 137-144. Deutsch in *Spektrum der Wissenschaft* 12/1987, nachgedruckt in: 1989, *Computer-Anwendungen*, Spektrum der Wissenschaft, Sonderheft.

Jackson, M.: 1975, *Principles of Program Design*, Academic Press, New York. Deutsch: 1986, *Grundlagen des Programmentwurfs*, 6. Aufl., Toeche-Mittler, Darmstadt.

Jackson, M.: 1983, *System Development*, Prentice-Hall, Englewood Cliffs (N.J.).

Jamart, B. J. und J. Ozer: 1986, 'Numerical boundary layers and spurious residual flows', *Journal of Geophysical Research* 91, 10621-10631.

Jensen, J.H.: 1980, 'Matematiske modeller - vejledning eller vildledning. I', *Naturkampen* 18, 14-22.

- : 1988, 'Matematiske modeller - vejledning eller vildledning. II', *Gamma - Tidsskrift for fysik* 72, 17-31.

- , B.C. Jørgensen und M. Niss (Hrsg.): 1984, *Matematik- og fysikundervisningen i det automatiserede samfund*, IMFUFA tekst nr. 82, Roskilde.

Kagiwada, H.H.: 1988, 'Military modelling and computing: Where do we go from here?', *Mathematical. Comput. Modelling* 11, 693-698.

Källström, C.G., and P. Ottosson: 1983, 'The generation and control of role motion of ships in close turns', in E. Volta (ed.), *Ship Operation Automation. IV. Proceedings of the 4th IFIP/IFAC Symposium (Genua 1982)*, North-Holland Publ. Comp., Amsterdam, 25-36.

Keitel, Ch. (Hrsg.): 1989, *Mathematics, Education, and Society*, Science and Technology Education, Document Series No. 35, UNESCO, Paris.

Khanna, T. : 1990, *Foundations of Neural Networks*, Addison- Wesley, Reading, Mass.

Krämer, S.: 1988, *Symbolische Maschinen - Die Idee der Formalisierung in geschichtlichem Abriß*, Wissenschaftliche Buchgesellschaft, Darmstadt.

Ladyzhenskaya, O.A.: 1975, 'Mathematical analysis of Navier-Stokes equations for incompressible liquids', *Ann. Review of Fluid Mechanics* 7, 249-272.

Lenorowitz, J.M.: 1988, 'A320 crash investigation centers on crew's judgment during flyby', *AW&ST* July 4, 28-29; 'A320 crash inquiry finds no aircraft technical faults', *AW&ST* Aug. 8, 28-31.

Lindner, R., B. Wohak und H. Zeltwanger: 1984, *Planen, Entscheiden, Herrschen. Vom Rechnen zur elektronischen Datenverarbeitung*, Deutsches Museum / Rowohlt rororo, Reinbek bei Hamburg.

Luft, A. L.: 1988, *Informatik als Technik-Wissenschaft*, BI-Wissenschaftsverlag, Mannheim.

Mahr, B.: 1984, 'John von Neumann, Theorie der Automaten - Kommentar', *Freibeuter* 21, 99-106.

Manin, Ju.I.: 1979, *Matematika i fisika*, Znaniye 12, Moskau. Engl.: 1981, *Mathematics and Physics*, Birkhäuser, Boston.

Marx, K.: 1858/1939, *Grundrisse der Kritik der politischen Ökonomie*, Verlag für fremdsprachige Literatur, Moskau; photomechanischer Nachdruck 1953/1974, Dietz Verlag, Berlin.

Nature: 1987, 'Polar ice test of the scale dependance of G', *Nature* 326 (19. 3. 1987), 250f.

Naur, P.: 1975, 'Programming languages, natural languages and mathematics', *Comm. ACM* 18/12, 676-683.

- : 1982, 'Formalization in program development', *BIT* 22, 437-453.

- : 1985, 'Programming as theory building', *Microprocessing and Microprogramming* 15, 253-261.

- : 1989, 'The place of strictly defined notation in human insight', Workshop on Programming Logic, Baastad (Sweden), May 21-26.

- und B. Randell (Hrsg.): 1969, *Software Engineering. Report on a Conference Sponsored by the NATO Science Committee (Garmisch, 7-11 Oct. 1968)*, NATO, Brussels.

Nikutta, R.: 1987, 'Artificial intelligence and the automated tactical battlefield'. In: A.M. Din (Hrsg.): 1987, *Arms and Artificial Intelligence. Weapon and Arms Control Applications of Advanced Computing*, Stockholm International Peace Research Institute, Oxford University Press, Oxford, pp. 100-134.

O'Lone, R.G. : 1987, 'Ames wind tunnel to reopen after seven-year shutdown', *AW&ST* June 29, 26-27.

Pape, H.: 1989, *Erfahrung und Wirklichkeit als Zeichenprozeß - Charles S. Peirces Entwurf einer spekulativen Grammatik des Seins*, Suhrkamp, Frankfurt/M.

Parnas, D.L.: 1985, 'Software aspects of strategic defense systems', *Amer. Scientist* 73, 432-440.

Pate, G.: 1990a, 'Arbeitsorientierte Informatik contra Computer Science', Positionspapier zur 1. Arbeitstagung "Theorie der Informatik" (Bederkesa, 31.10.-3.11.1989). In: Randow (1990), pp. 217-268.

- : 1990b, *Begriffe und Vorarbeiten zur Grundlegung einer humanistischen Informatik*, Positionspapier zur 2. Arbeitstagung "Theorie der Informatik" (Bederkesa, 2.-5. Okt. 1990).

Peirce, C. S.: 1903, *Syllabus of Certain Topics of Logic*. Deutsch: 1983, *Phänomen und Logik der Zeichen*, herausgegeben und übersetzt von Helmut Pape, Suhrkamp, Frankfurt.

Peirce, C. S.: 1878, *How to Make Our Ideas Clear*. Zweisprachig: 1968, 1985[III], *Über die Klarheit unserer Gedanken. Einleitung, Übersetzung, Kommentar von Klaus Oehler*, Klostermann, Frankfurt/M.

Penrose, R.: 1989, *The Emperor's New Mind. Concerning Computers, Minds, and The Laws of Physics*, Oxford University Press, Oxford.

Raeithel, A.: 1990, *Ein kulturhistorischer Blick auf die Informatik*, Positionspapier zur 2. Arbeitstagung "Theorie der Informatik" (Bederkesa, 2.-5. Okt. 1990).

Randow, G.v. (Hrsg.): 1990, *Das kritische Computerbuch*, Grafit Verlag, Dortmund.

Rappaz, J.: 1977, 'Approximation of the spectrum of a non-compact operator given by the magnetohydrodynamic stability of a plasma', *Numer. Math.* 28, 15-24.

Rilling, R.: 1989, ' "Die Wissenschaft als Dienerin des Krieges"'. In: H. Steiner (Hrsg.), *J. D. Bernal's The Social Function of Science, 1939-1989*, Akademie-Verlag, Berlin, pp. 536-563.

Solonnikov, V. A. und A. V. Kazhikov: 1981, 'Existence theorems for the equations of motion of a compressible viscous fluid', *Ann. Review of Fluid Mechanics* 13, 79-95.

Straus, E.G.: 1989, 'Er hat sich keine Vorwürfe darüber gemacht, daß er $E = mc^2$ gefunden hat. Bernhelm Booß im Gespräch mit Ernst Straus'. In: Th. Neumann (Hrsg.): 1989, *Albert Einstein. Zeitmontage*, Elefanten Press, Berlin, pp. 122-129.

Turkel, E.: 1983, 'Progress in computational physics', *Computers and Fluids* 11, 121-144.

Valk, R.: 1987, 'Der Computer als Herausforderung an die menschliche Rationalität', *Informatik Spektrum* 10, 57-66.

Waismann, F.: 1939/1979, *Logik, Sprache, Philosophie*, Reclam, Stuttgart

Wartenberg, G.: 1971, *Logischer Sozialismus. Die Transformation der Kantschen Transzendentalphilosophie durch Ch.S. Peirce*, Suhrkamp, Frankfurt/M.

Wolfram, S.: 1987, *Cellular Automaton Supercomputing*, Preprint, Center for Complex Systems Research, University of Illinois at Urbana-Champaign.

BBB: Roskilde Universitetscenter, IMFUFA, Postboks 260, DK-4000 Roskilde
GP: Heidberg 42, D-Hamburg 60

VERANTWORTBARE AUFGABENGESTALTUNG FÜR INFORMATIK-GEPRÄGTE
ARBEITSPLÄTZE

W. Volpert
Institut für Humanwissenschaft in Arbeit und Ausbildung
Technische Universität Berlin

Ernst-Reuter-Platz 7, 1000 Berlin 10

1. Einleitung

Die Erwartungen, mit denen man auf einem solchen Forum einem Arbeitspsychologen begegnet, dürften zwischen zwei Extremen schwanken: entweder richtet man sich auf düstere Prognosen über psychologische Folgen
der Informationstechnik ein oder man erwartet jene Handreichungen für
die Bewältigung konkreter Gestaltungsprobleme, für welche sich der Name
"Softwareergonomie" eingebürgert hat. Beide Erwartungen muß ich heute
enttäuschen. Die Gefahren der Informationstechnik für unser Denken, Fühlen und Handeln habe ich an anderer Stelle erörtert [18], und ich behar-
re darauf, daß die Grundstimmung des Düsteren dort richtig gemalt ist.
An der selben Stelle habe ich auch darauf hingewiesen, daß die Software-
ergonomie hier keinerlei Lösung bietet, sondern lediglich die Fortsetzung der ungehemmten Rationalisierung und Technisierung mit gar nicht
so anderen Mitteln ist. Dies gilt zumindest, solange sie gegen einen
wichtigen Grundsatz verstößt: *Arbeitsgestaltung vor Arbeitsmittelgestaltung!* Dieser Grundsatz - der auch im GI-Papier über "Informatik und Verantwortung" [15] zum Ausdruck kommt - soll Ausgangspunkt meiner Wort-
meldung zu einigen aktuellen Diskussionspunkten sein.

2. Universeller Gestaltungsansatz und Wissenschaft von den Spielräumen

Der Grundsatz ist zunächst aus einer sich verbreitenden Einsicht in bestimmte Folgen der Technikgestaltung gewonnen. Wenn man technische Artefakte nach rein technik-immanenten Kriterien entwickelt, achtet man meist
nicht darauf, welche Arbeitsplätze dabei entstehen. Dies führt häufig zu
kaum ausführbaren, unzumutbar belastenden sowie persönlichkeitsschädigen-
den Arbeitsaufgaben. Der Versuch, den Menschen aus automatisierten Pro-
duktionsprozessen möglichst auszuschalten, die menschliche Expertise
durch Entscheidungsautomaten abzulösen und eine Integration jener Pro-

zesse lediglich durch Rechnerprogramme zu erreichen, erzeugt ineffiziente
und gefährliche großtechnische Lösungen, deren Havarien mit einiger Sicherheit vorauszusehen sind (wenn auch nicht der Zeitpunkt dieser Havarien). *Arbeitsgestaltung vor Arbeitsmittelgestaltung* heißt dagegen: zunächst die Tätigkeit des verantwortlichen und kompetenten Menschen als
Arbeitsaufgabe zu bedenken und zu gestalten, und dann die hierfür erforderliche technische Ausstattung zu entwerfen. Im ingenieurwissenschaftlichen Bereich spricht man hier (in einigen Varianten der Bezeichnung) von der "mensch-zentrierten Technikgestaltung" (s. z. B. [2],
[13]).

Die Möglichkeiten, arbeitspsychologische Überlegungen in den Prozeß
technischer Veränderungen einzubringen, sind dadurch deutlich verbessert. Die Vertreter solcher mensch-zentrierter Konzepte betonen stets
die Notwendigkeit eines integrativen Ansatzes. In der Informatik findet
sich entsprechend die Neigung, etwa bei Autoren wie Coy [5], Luft [11]
oder Keil-Slawik [9], den Aufgabenbereich ihrer Wissenschaft in Richtung
einer universellen Gestaltungs- oder Entwurfswissenschaft auszudehnen.
Bekanntlich formuliert auch der Untertitel des Buches von Winograd und
Flores [20] einen solchen Anspruch. Konzepte von Wissenschaften aber,
die sich um einen Bereich gesellschaftlicher Praxis zentrieren (und
nicht aus einer wissenschafts-immanenten Logik der Disziplinen ableiten),
haben immer das Merkmal, daß sie Erkenntnisse aus verschiedenen Disziplinen zusammenfassen müssen, und das Problem, daß die Einheit der Wissenschaft, damit auch das gemeinsame theoretische Fundament, schwer und
nur disziplinübergreifend zu formulieren ist. Als Beispiele für solche
Schnittpunkt-Wissenschaften seien etwa die Pädagogik oder - was hier
näherliegt - die Arbeitswissenschaft genannt (wobei der Singular der
Bezeichnung - also "Arbeitswissenschaft" und nicht "Arbeitswissenschaften" - auf die Notwendigkeit dieses gemeinsamen Fundaments verweist).

Die Arbeitswissenschaft, zu der mein engeres Fachgebiet, die Arbeitspsychologie, also zählt, hat sich nach einem langen und teilweise
schmerzhaften Diskussionsprozeß inzwischen auf eine Position geeinigt,
die von den Mitgliedern aus den verschiedenen Teildisziplinen und auch
von den Vertretern der gesellschaftlichen Interessengruppen - so weit
sie in der deutschsprachigen "Gesellschaft für Arbeitswissenschaft" vereint sind - gemeinsam getragen wird [10]. Im Zentrum steht eine "Kerndefinition" der Arbeitswissenschaft, und es werden verschiedene Ebenen
unterschieden, auf denen die Teildisziplinen in jeweils eigener Form

zum gemeinsamen Ziel beitragen. In dieser Kerndefinition wird Arbeitswissenschaft definiert als "die - jeweils systematische - Analyse, Ordnung und Gestaltung der technischen, organisatorischen und sozialen Bedingungen von Arbeitsprozessen mit dem Ziel, daß die arbeitenden Menschen ..." (ich überspringe viel und Wichtiges) "... ihre Persönlichkeit erhalten und entfalten können." (S. 59).

Hier fällt zunächst einmal eine Übereinstimmung mit den neuen Versuchen auf, Informatik zu bestimmen. So lesen wir etwa bei Coy [5]: "Nicht die Maschine, sondern die Organisation und Gestaltung von Arbeitsplätzen steht als wesentliche Aufgabe im Mittelpunkt der Informatik" (S. 257). Aber das Abstecken von Claims sollte uns hier weniger trennen, als uns die gemeinsame Problemsicht eint - zumal auch Einigkeit darüber bestehen dürfte, was Ingenieure und Informatiker im Rahmen dieser universellen Gestaltungswissenschaft Spezifisches tun: Sie entwickeln, mit Blick auf die allgemeine Zielstellung, technische Artefakte; im Falle des Informatikers sind dies programmgesteuerte Maschinen sowie die Programme, um jene Maschinen zu steuern.

Damit erhebt sich aber die Frage, ob das Konzept der universellen Gestaltungswissenschaft und die Teilaufgabe der "technischen" Disziplinen darin nicht von zwei bislang unbegründeten Vorannahmen ausgeht: daß gestaltet werden müsse, und daß dies durch Schaffen immer neuer technischer Artefakte zu geschehen habe. Macht es aber Sinn, sich von den Mythen vom eindimensionalen Technikfortschritt und vom ständig fester werdenden Zugriff der Rationalisierung zu verabschieden (wie dies die Vertreter des mensch-zentrierten Ansatzes zweifellos tun), den Mythos des Gestalten-Müssens, den Zwang zum stets irgendwie vollkommeneren Artefakt aber beizubehalten? Macht es nicht mehr Sinn, mit der Hektik des Erfindens und Zugreifens einzuhalten und sich darum zu kümmern, daß auch etwas erhalten bleibt, daß Räume des Natürlichen oder doch des weniger Artifiziellen bewahrt werden? Ist etwa - um ein Beispiel zu nehmen - die heutige Gefährdung zwischenmenschlicher Kommunikation wesentlich dadurch zu beschreiben, daß es ihr an Computer-Unterstützung mangelt?

Die Anhänger einer universellen Gestaltungswissenschaft werden sich von mir vielleicht mißverstanden fühlen und argumentieren, daß sie immer, wenn sie vom Gestalten sprechen, auch dessen Grenzen bedenken und die Möglichkeit nicht ausschließen, auf den Einsatz von Technik auch ganz

zu verzichten. In der Sache können wir uns hier schnell einigen, die
Bezeichnung aber - in welcher Gestaltung und Entwurf so sehr betont werden - halte ich weiterhin für irreführend und verführend.

Was ist meine Alternative? Das Zueinander von Handlungsmöglichkeiten
und ihren Grenzen ist in der Arbeitspsychologie gut bekannt; wir sprechen hier vom Handlungs-Spielraum. Verantwortliches Handeln in diesen
Spielräumen bedeutet: den Freiraum nutzen, die Grenzen sehen, die Schranken reflektieren und sie dort erweitern, wo sie sich als nicht entwicklungsgerecht erweisen. Entsprechend möchte ich als Alternative zur universellen Gestaltungswissenschaft eine *Wissenschaft von den Spielräumen
des Menschen und dem verantwortlichen Handeln in ihnen* vorschlagen. Sie
ist an das Postulat zu binden, daß Spielräume dort und nur dort ihre
Grenzen finden, wo sie in andere Entwicklungsprozesse hemmend und schädigend eingreifen. Eine solche Wissenschaft vereinigte das Moment des
Erhaltens und Beschützens bestehender Spielräume mit dem Aspekt der Ausgestaltung und Erweiterung gemeinsamer Handlungsmöglichkeiten. Der
mensch-zentrierte Ansatz der Arbeitsgestaltung könnte sich darin wiederfinden; der Einsatz technischer Artefakte wäre aber daran zu binden, daß
er zu einer sinnvollen Spielraum-Erweiterung der beteiligten (insbesondere der arbeitenden) Personen beiträgt.

3. Kontrastive Aufgabenanalyse

Es liegt zunächst nahe, eine Erweiterung der menschlichen Handlungsmöglichkeiten mit einer Überwindung menschlicher Unzulänglichkeiten gleichzusetzen. Die Betonung des Begriffes des Werkzeuges stützt sich meist
auf solches Denken. Natürlich gibt es derartige Unzulänglichkeiten und
Grenzen. Ob aber ihre Überwindung immer sinnvoll und entwicklungsgerecht
ist, wird man nach den bisherigen Überlegungen durchaus in Frage stellen
müssen. Die Entwicklung von technischen Großsystemen mit unverantwortbaren Risiken stellt dabei nur das Extrem dar. Ich plädiere deshalb dafür (vgl. [19]), nicht von den Schwächen, sondern von den *Stärken des
Menschen* auszugehen. (Wenn mir allerdings jemand entgegenhielte, daß ich
dabei doch von einer Schwäche des Menschen ausgehe, nämlich von seinem
ausgeprägten Hang, Maschinen für leistungsfähiger zu halten als sich
selbst, so müßte ich mich wohl geschlagen geben.)

In den Mittelpunkt der Bewertung von Arbeitsaufgaben sollte also die Frage gestellt werden, wie weit im Arbeitszusammenhang die Stärken und Besonderheiten des Menschen berücksichtigt und gefördert oder aber beeinträchtigt und gefährdet werden. Weil dies auf eine Kontrastierung von Mensch und Maschine - nicht im Sinne eines Vergleichens, sondern des Feststellens von Unvergleichbarkeiten - hinausläuft, habe ich ein solches Vorgehen als *Kontrastive Arbeitsanalyse* bezeichnet. Im wesentlichen sind dabei drei Schritte erforderlich: In einem *1. Schritt* müssen, auf der Grundlage eines konsensfähigen Menschenbildes, jene Stärken und Besonderheiten herausgearbeitet werden. Dies scheint mir nicht ganz so schwierig, denn Anthropologie und Evolutionstheorie geben uns genügend Hinweise, und auch die Psychologie kann hier nützlich sein - allerdings nur, soweit sie nicht menschliches Denken und Handeln mit Rechnerprogrammen und anderen maschinellen Prozeduren gleichsetzt. In einem *2. Schritt* sind dann "Humankriterien" zu formulieren, auf deren Grundlage bestehende und zukünftige Arbeitsaufgaben danach beurteilt werden können, ob und wie weit sie dem allgemeinen Grundsatz folgen. Im *3. Schritt* ist schließlich ein Leitfaden zu entwickeln, den - nach entsprechender Einweisung - jeder anwenden kann, der mit der Bewertung und Gestaltung derartiger Arbeitsaufgaben zu tun hat. Wir gehen zur Zeit in einem - im Rahmen des bundesdeutschen Regierungsprogramms "Arbeit und Technik" geförderten - Forschungsprojekt in dieser Weise vor und hoffen - um den 3. Schritt vorwegzunehmen - den entsprechenden Leitfaden in Bälde einsatzfähig vorstellen zu können.

Zuvor wurden im *1. Schritt* die *Stärken des Menschen* in Form von drei Prinzipien formuliert:
- das Prinzip der *eigenen Entwicklungswege*: Hier kommt wieder der Gedanke von den "Spielräumen" zum Tragen. Innerhalb solcher Spielräume und in der Auseinandersetzung mit ihren Grenzen gehen die Menschen ihren jeweils individuellen und selbstbestimmten Weg.
- das Prinzip des *leiblichen In-der-Welt-Seins*. Der Mensch existiert als körperliches Wesen, mit seinen vielfältigen Sinnen, nicht als Elektronengehirn und auch nicht als computergesteuerter Panzer. Er begreift die Welt, indem er sie be-greift.
- das Prinzip der *sozialen Eingebundenheit*: Wir erfahren Selbstverwirklichung wesentlich im Zusammensein mit anderen. Auch wenn wir ganz allein sind, leben wir in einer Kultur und in einer Gesellschaft.

Im 2. *Schritt* werden aus diesen Prinzipien neun *Humankriterien* abgeleitet (aus den ersten beiden Prinzipien je vier und aus dem dritten Prinzip schließlich das letzte):
Arbeitsaufgaben, welche die Besonderheiten und Stärken des Menschen berücksichtigen, müssen
- einen großen *Handlungs- und Entscheidungsspielraum* haben,
- dazu einen angemessenen *zeitlichen Gestaltungsspielraum* bieten;
- sie müssen Angebote zur persönlich geprägten Erfassung und Bewältigung von Anforderungen im Sinne einer *Strukturierbarkeit* machen und
- *frei von Behinderungen* sein.
- Sie erfordern ausreichende *körperliche Aktivität*,
- damit die Beanspruchung *vielfältiger Sinnesqualitäten* und
- einen konkreten Umgang mit *realen Gegenständen* (bzw. den direkten Bezug zu *sozialen Bedingungen*);
- humane Arbeitsaufgaben müssen darüber hinaus *Variationsmöglichkeiten* bieten, und sie müssen schließlich
- die soziale Kooperation und *unmittelbare zwischenmenschliche Kontakte* ermöglichen und fördern.

Arbeitsbedingungen und Arbeitsmittel, die durch Informatik geprägt sind, sind in der Regel von besonderer Bedeutung dafür, ob diese Humankriterien erfüllt werden oder nicht. Einerseits sind informationstechnische Mittel Quellen möglicher Gefährdungen, andererseits können sie aber auch Chancen für die Eröffnung neuer Spielräume bieten.

Der *Leitfaden*, der als *3. Schritt* aus den beiden anderen Schritten folgt, befindet sich zur Zeit in der Erprobung für die Bewertung von Arbeitsaufgaben im Bereich von Dienstleistung und Verwaltung. (Für weitere Informationen zum Gesamtprojekt siehe [8].)

Es sei noch darauf hingewiesen, daß eine derartige Kontrastive Analyse nicht alle Bewertungsebenen von Arbeitsaufgaben (insbesondere nicht die Ebenen der "Ausführbarkeit" und der "Schädigungslosigkeit") umfaßt, und daß sie zumindest voraussetzt:
- daß die Arbeitenden bei Maßnahmen der Arbeitsgestaltung mitwirken,
- daß sie ausreichend qualifiziert sind oder werden,
- und daß personelle Leistungskontrollen weitgehend vermieden werden.

4. Wissen und Können

Die Betonung der "menschlichen Stärken" hat aber auch ihre Tücken. Einem Beispiel dafür möchte ich mich zum Abschluß meiner Überlegungen noch widmen. Die Ansprüche, mit Hilfe sogenannter Expertensysteme menschliche Experten ersetzen zu können, werden inzwischen als überzogen und unrealistisch erkannt [6]. Besonders die Brüder Dreyfus [7] haben in dieser Auseinandersetzung auf die Besonderheiten der menschlichen Expertise hingewiesen. In der Tat gibt es in Philosophie- und Sozialwissenschaften seit langem eine Diskussion und Forschung zu diesem Thema, welche - wenn man sie wahrgenommen hätte - bereits die Absurdität des Vorhabens hätte erkennen lassen, menschliche Meisterschaft in Form von Wissenselementen und Verknüpfungsregeln abbilden zu wollen. Es gehört zu den Merkwürdigkeiten meiner eigenen Wissenschaft, der Psychologie, daß sich auf der Basis des Expertensystem-Modells dort eine neue Expertise-Forschung entwickelt hat (vgl. [4]). Aber auch diese hat wieder mit hinlänglicher Deutlichkeit ergeben, daß jenes Modell zur Beschreibung menschlicher Expertise ungenügend ist (s. hierzu [3]).

In Auseinandersetzungen mit rationalistischen Vorstellungen - die es natürlich schon vor der "Künstlichen Intelligenz" gab - haben dabei stets jene Aspekte der menschlichen Meisterschaft besondere Aufmerksamkeit gefunden, welche diese als deutlich körperbezogen ("einverleibt"), an schnelle, "intuitive" Situationsauffassung gebunden sowie als in vieler Hinsicht nicht verbalisierbar kennzeichnen. So spricht etwa Polanyi [14] von "explicit" und "implicit" oder "tacit knowledge", Ryle [16] von "knowing to" und "knowing how". Im Deutschen unterscheiden wir analog zwischen *Wissen* und *Können*. Diese Unterscheidung war durchaus in den einschlägigen Wissenschaften geläufig. Es spricht für die Phänomen- und Sprachvergessenheit der an der Computer-Metapher orientierten Forschung, daß sie nahezu vergessen ist und das Wort "Wissen" in seiner Bedeutung überdehnt und dabei inflationär gebraucht wird. Doch ist die Scheidung selbst wiederaufgenommen, wenn etwa Malsch [12] "Planungswissen" und "Erfahrungswissen" einander gegenüberstellt, oder wenn Böhle und Milkau [1] empirisch belegen, daß das Erfahrungswissen beim Umgang von Facharbeitern auch mit moderner Technologie von großer Bedeutung ist. Diese Wiederentdeckung des Könnens-Aspekts ist sicherlich ein wichtiges Merkmal gegenwärtiger Industriesoziologie und Arbeitspsychologie. Sie ist auch bedeutsam für die Folgenabschätzung des Einsatzes von Expertensystemen, der uns trotz deren Unfähigkeit, den menschlichen Experten zu ersetzen, droht (man verzichtet dann eben auf Können und Verantwortung).

In dieser Diskussion scheint nun eine bestimmte Fehlinterpretation gängig zu werden. Offenbar beginnen einige, das Planungswissen mit dem gleichzusetzen, was in Expertensystemen objektivierbar ist, und das Erfahrungswissen mit dem, was man nicht einer solchen Prozedur unterziehen kann. Die Konsequenz für die Gestaltung wäre dann recht einfach: das Erfahrungswissen soll, sozusagen pur, auf der Seite des Experten bleiben, und das Planungswissen soll möglichst vollständig ins Programm gesteckt werden. Um ein etwas provozierendes Bild zu wählen: das Vorbild des Informatikers sind nicht mehr die niedlichen Roboter R2D2 und C3PO aus den Starwars-Filmen; man ist zu Chewbacca übergegangen - jenem sympathischen, affenähnlichen Wesen, das zwar der Sprache nicht mächtig ist, aber geradezu symbiotisch mit programmgesteuerter Maschinerie umgehen kann.

Ich halte dieses Chewbacca-Modell für eine grundfalsche Gestaltungsperspektive, letztlich für eine Replikation dessen, was Turkle [17] die Vorstellung von der "emotionalen Maschine" nennt - den Glauben, wenn die Maschinen schon besser denken könnten, verblieben bei dem Menschen doch die Gefühle. Das Problem ist dabei weniger die Mystifizierung des Erfahrungswissens; eine gewisse Überbetonung ist angesichts des vorherrschenden Trends, menschliches Können (und Wissen) durch "Wissensbasen" und "Inferenzmaschinen" abbilden zu wollen, durchaus verständlich. Es geht eher um die schematische Trennung von Wissen und Können, die ebenso realitätslos ist wie ihr undifferenziertes In-eins-Setzen. Menschliche Meisterschaft zeichnet sich dadurch aus, daß Erfahrungs- *und* Planungswissen von hoher Qualität sind und sich gegenseitig ergänzen, daß phasenweise der eine und phasenweise der andere Aspekt dominiert. Es gibt das eine nicht ohne das andere. Die Untersuchungen zur menschlichen Expertise belegen dies ebenso, wie es die Reflexion der Alltagserfahrung tut (sofern wir noch das Glück haben, einem derartigen "Meister" zu begegnen). Auch das Chewbacca-Modell fördert die falsche Entwicklung hin zu Entscheidungsautomaten, deren Resultate vom Menschen weder durchschaut noch verantwortet werden können.

Es geht darum, bei der Arbeit (wie übrigens auch bei der Ausbildung) sowohl das Erfahrungs- wie das Planungswissen sorgfältig und systematisch zu fördern. Die wesentliche Rolle informationstechnischer Hilfsmittel kann hier etwa darin liegen, in komfortabler Weise Informationen bereitzustellen, ohne Art und Zeitpunkt der Benutzung vorzuschreiben und ohne bestimmte Entscheidungen kontextfrei vorzugeben. Es müssen also handliche, unterstützende Mittel sein, die den Entscheidungsspielraum des menschlichen Experten erweitern und nicht einengen. Es gibt Tendenzen in der Entwicklung von Programmsystemen, die in eine ähnliche Richtung gehen. Entsprechende Hinweise finden sich etwa im GI-Papier "Informatik und Verantwortung" [15] sowie bei Coy und Bonsiepen [6].

5. Schluß

Engen die Vorschläge, die ich hier gemacht habe, nun aber nicht den Handlungsspielraum der Informatiker und System-Entwickler ein? Ich glaube dies nicht. Schon der "mensch-zentrierte" Ansatz der Technikentwicklung bietet mehr Optionen an als das einfache Weitermachen in den Denkmustern des eindimensionalen Technikfortschritts. Wenn man schließlich das Erhalten neben das Gestalten setzt, so öffnet dies den Handlungsspielraum des Informatikers noch mehr. Vor allem: die Phantasie, das Finden des wirklich Neuen - und sei es in Bewahrung des Alten - ist im Rahmen solcher alternativen Konzepte sehr viel mehr gefordert. Wer mehr überblickt, findet auch bessere Perspektiven.

Literatur

1. Böhle, F., Milkau, B.: Vom Handrad zum Bildschirm. Eine Untersuchung zur sinnlichen Erfahrung im Arbeitsprozeß. Frankfurt am Main: Campus 1988
2. Brödner, P.: Fabrik 2000. Alternative Entwicklungspfade in die Zukunft der Fabrik. Berlin: Edition Sigma 1985
3. Bromme, R.: Der Lehrer als Experte. Möglichkeiten und Grenzen des Expertenansatzes in der Lehrerkognitionsforschung. Habilitationsschrift Universität Bielefeld 1988
4. Chi, M.T.H., Glaser, R., Farr, M.J. (Eds.): The Nature of Expertise. Hillsdale: Lawrence Erlbaum 1988
5. Coy, W.: Brauchen wir eine Theorie der Informatik? Informatik-Spektrum *12*, S. 256-266 (1989)
6. Coy, W., Bonsiepen, L.: Expertensystemtechnik. Eine neue Technik und die Abschätzung ihrer Folgen. Informatik-Forschungsbericht 3/89 der Universität Bremen 1989
7. Dreyfus, H.L., Dreyfus, E.St.: Künstliche Intelligenz. Von den Grenzen der Denkmaschine und dem Wert der Intuition. Reinbek: Rowohlt 1987 (Original: Mind over Machine. The Power of Human Intuition and Expertise in the Era of the Computer, 1986)

8. Dunckel, H., Volpert, W.: A Guideline for Contrastive Task Analysis in Clerical and Administrative Work. Paper presented to the 6th International Symposium on Work Psychology, Dresden 1990 (in print)
9. Keil-Slawik, R.: Konstruktives Design. Ein ökologischer Ansatz zur Gestaltung interaktiver Systeme. Habilitationsschrift Technische Universität Berlin 1990
10. Luczak, H., Volpert, W., Raeithel, A., Schwier, W.: Arbeitswissenschaft - Kerndefinition, Gegenstandskatalog, Forschungsgebiete. 3. Aufl. Köln: Verl. TÜV Rheinland 1989
11. Luft, A.L.: Informatik als Technik-Wissenschaft. Eine Orientierungshilfe für das Informatik-Studium. Mannheim: BI Wissenschaftsverlag 1988
12. Malsch, Th.: Die Informatisierung des betrieblichen Erfahrungswissens und der "Imperialismus der instrumentellen Vernunft", Zschr. f. Soziologie 16, S. 77-91 (1987)
13. Plath, H.-E.: Das menschzentrierte Arbeitskonzept. Arbeitswissenschaften 34 (1 NF), Heft 2/1990 (im Druck)
14. Polanyi, M.: Personal Knowledge. Chicago: University of Chicago Press 1958
15. Rödiger, K.-H., Coy, W., Feuerstein, G., Günther, R., Langeneder, W., Mahr, B., Molzberger, P., Przybylski, H., Röpke, H., Senghaas-Knobloch, E., Volmerg, B., Volpert, W., Weber, H., Wiedemann, H.: Informatik und Verantwortung. Informatik-Spektrum 12, S. 281-289 (1989)
16. Ryle, G.: Der Begriff des Geistes. Stuttgart: Reclam 1969 (Original: The Concept of Mind, 1949)
17. Turkle, Sh.: Die Wunschmaschine. Vom Entstehen der Computerkultur. Reinbek: Rowohlt 1984 (Original: The Second Self. Computer and the Human Spirit, 1984)
18. Volpert, W.: Zauberlehrlinge. Die gefährliche Liebe zum Computer. 3. Aufl. München: Dt. Taschenbuch Verlag 1988
19. Volpert, W.: Welche Arbeit ist gut für den Menschen? Notizen zum Thema Menschenbild und Arbeitsgestaltung, in Frei, F., Udris, I. (Hrsg.): Das Bild der Arbeit, S. 23-40. Bern: Hans Huber 1990
20. Winograd, T., Flores, F.: Erkenntnis Maschinen Verstehen. Zur Neugestaltung von Computersystemen. Berlin: Rotbuch 1989 (Original: Understanding Computers and Cognition. A New Foundation for Design, 1986)

Adaptivität und Adaptierbarkeit informationstechnischer Systeme in der Arbeitswelt - zur Sozialverträglichkeit zweier Paradigmen

Jürgen Friedrich

Universität Bremen
Fachbereich Mathematik und Informatik

1 Gestaltung sozio-technischer Systeme

Die Informatik ist immer noch auf der Suche nach einer wissenschaftstheoretischen Heimat: Gehört sie als Theorie algorithmischen Denkens - wie ihre Mutter Mathematik - zu den Geisteswissenschaften? Läßt ihre zunehmende Hinwendung zu technischen Implementierungsproblemen eine Einordnung in die Ingenieurwissenschaften zu? Oder ist sie, außerhalb des klassischen Wissenschaftsgefüges, Teil der Struktur- und Systemwissenschaften? Die Antworten werden, je nach der wissenschaftlichen Perspektive der beteiligten Diskutanden, unterschiedlich ausfallen. Alle aber müssen sich fragen lassen, wie sie ihre Antworten auf die übergeordnete gesellschaftliche Perspektive der Informatikentwicklung beziehen.

Informatik kann weder ein rein geisteswissenschaftliches noch ein rein technisches Fach sein, vielmehr ist Informatik aufgrund ihres Entstehungs- und Anwendungsbezugs stets gesellschaftlich vermittelt. War in der Vergangenheit die Beschäftigung mit den "sozialen Aspekten" der Informatik eher ein zusätzliches, neben der eigentlichen Disziplin liegendes Lehr- und Forschungsgebiet, so setzt sich inzwischen zunehmend die Erkenntnis durch, daß die Informatik selbst als sozio-technische Disziplin aufzufassen ist, und zwar in doppeltem Sinne: Einerseits hinsichtlich ihrer (wissenschafts-)theoretischen Fundierung (vgl. COY 1989) und andererseits in bezug auf ihre gesellschaftlich-praktische Umsetzung in funktionsfähige Systeme. Insofern ist die Informatik die Wissenschaft von der Maschinisierung informationeller sozialer Prozesse, seien es nun Prozesse der geistigen Arbeit (auf der betrieblichen Mikroebene) oder solche der gesellschaftlichen Planung und Steuerung (auf der staatlichen Makroebene).

Wenn die Informatik die "Lehre von der Analyse und Synthese (Bewertung und Gestaltung) informationsverarbeitender sozio-technischer Systeme" ist, dann wächst den Entwicklern von Informatiksystemen eine gänzlich neue Rolle zu: Sie entwickeln nicht mehr nur technische Artefakte, sondern sie gestalten damit zugleich auch soziale Beziehungen. Der damit notwendige Wandel im Selbstverständnis der Informatik vollzieht sich nur langsam, aber ein Paradigmenwechsel (KUHN 1967) scheint unvermeidbar: Die Informatik wird Sozialverträglichkeitskriterien, etwa in den Bereichen des Persönlichkeitsschutzes, der Arbeitsgestaltung oder des Informationsgleichgewichts, zu unmittelbaren und integrierten Entwurfskriterien in der Systementwicklung machen müssen. Alle Versuche einer Trennung von sozialen Kriterien hier und technischen Kriterien dort mit dem Ziel, sie erst im Anwendungs- und Benutzungszusammenhang wieder zusammen zu bringen, müssen als wenig erfolgversprechend angesehen werden; denn die komplexen gesellschaftlichen Projekte zur Automation informationeller Prozesse sind nur in ihren ganzheitlichen Struktur- und Wirkungszusammenhängen zu begreifen und zu gestalten.

Zugespitzt läßt sich die Frage formulieren: Geht die Informatik einen techno-zentrischen oder einen anthropo-zentrischen Entwicklungsweg? Dieser Frage soll anhand einer aktuellen Diskussion, die das Fachgebiet "Interaktive Systeme" betrifft, nachgegangen werden: Sollen sich interaktive Syteme automatisch an die Benutzer anpassen (Adaptivität) oder sollen die Benutzer die Systemeigenschaften selbst an ihre Bedürfnisse anpassen (Adaptierbarkeit)? Schon zu Beginn der 80er Jahre wurden auf den internationalen Human-Factors-Konferenzen verstärkt Ideen und Modelle adaptiver Systeme vorgestellt, ohne daß sie in den Folgejahren eine praktische Relevanz entwickelt hätten. Neuerdings werden diese Diskussionen wieder aufgenommen, wahrscheinlich wegen der mit dem Einsatz wissensbasierter Systeme verbundenen Hoffnungen auf neue Realisierungsmöglichkeiten.

Wenn es richtig ist, daß die Kontroverse um Adaptivität und Adaptierbarkeit sich als exemplarisch für den Zustand der Informatik erweist, dann könnte der Versuch, die hinter dieser Kontroverse liegenden allgemeinen Leitbilder der Technikentwicklung aufzuspüren, den notwendigen Paradigmenstreit in der Informatik ein Stück voranbringen.

2 Interaktive Systeme im Spannungsverhältnis zwischen kognitiver Ergonomie und fachlicher Qualifizierung

Von je her ist das Verhältnis des Arbeitenden zu seinem Arbeitsmittel durch eine doppelte Annäherung geprägt, nämlich die *Anpassung* des Arbeitsmittels durch den Entwickler an die menschlichen Eigenschaften im Zuge des Herstellungsprozesses einerseits und die *Aneignung* des Arbeitsmittels durch den Arbeitenden vor und während des Benutzungsprozesses andererseits.

Die Ingenieure haben gelernt, daß neben der Funktionalität eines Arbeitsmittels auch dessen Benutzbarkeit im Entwicklungsprozeß berücksichtigt werden muß. Die Informatiker vollziehen diesen Schritt zur Zeit nach, sie entwickeln in Analogie zur klassischen (physiologischen) Ergonomie des allgemeinen Maschinenbaus eine auf die geistige Arbeit bezogene Software-Ergonomie. Der Versuch einer unmittelbaren Übertragung der Anpassungsphilosophie der klassischen Ergonomie auf Prozesse geistiger Arbeit verkennt jedoch einen fundamentalen Unterschied zwischen körperlicher und geistiger Arbeit. Im Bereich der körperlichen Arbeit gibt es eine wesentlich klarere Abgrenzung zwischen physiologischen Konstanten (Reichweite der Extremitäten, Belastbarkeit der Organe usw.) einerseits und trainierbaren senso-motorischen Fähigkeiten (Werkzeugführung usw.) andererseits. Daher kann die Maschinenentwicklung durch die Ingenieure auch weitgehend unabhängig von der beruflichen Ausbildung der Facharbeiter verlaufen. Bei geistiger Arbeit ist das Spektrum der bildbaren (plastischen) Eigenschaften des kognitiven Systems wesentlich breiter. Es gibt weniger Konstanten, wie die Breite der Wahrnehmungskanäle oder die Kapazität des Kurzzeitgedächtnisses, und mehr Variablen, wie Auffassungsgabe, Schlußfolgerungsfähigkeit, Abstraktions- oder Assoziationsvermögen.

In der Gestaltung technikunterstützter geistiger Arbeit spielt daher die Aneignung im Sinne von Qualifizierung und Erfahrung eine größere Rolle als die Anpassung an gegebene strukturelle (Un-)fähigkeiten. Gleichzeitig wird aber die Anpassungsforderung verdoppelt: Neben der statischen Grundanpassung an die kognitiven Konstanten ist eine dynamische Anpassungsmöglichkeit des Systems an die sich entwickelnden Fähigkeiten des Benutzers bei sich wandelnden Aufgaben zu implementieren. Stattdessen unterstellte die frühe Software-Ergonomie einen *Standardbenutzer*, der mit einer Standardbenutzungsoberfläche anwendungsunabhängig arbeiten sollte. Das Scheitern dieses Versuchs führte zur Einführung (immer noch viel zu grober) *Benutzerklassen*.

Die gesamte Geschichte der Software-Ergonomie ist durch eine Vernachlässigung der Aneignungsdimension gekennzeichnet. Ausgangspunkt ist meist ein relativ unqualifizierter und aus verschiedenen (zumeist kostenorientierten) Gründen auch möglichst wenig zu qualifizierender Benutzer. Das Motto aller software-ergonomischen Bemühungen heißt bezeichnender Weise "ease of use", mit seiner ambivalenten Doppeldeutigkeit von Einfachheit und Unqualifiziertheit. Das herrschende Paradigma setzt auf möglichst viel technisch vermittelte Anpassungsleistung an einen möglichst geringen menschlichen Kenntnisstand. Diese These soll am Beispiel der Kontroverse um Adaptivität und Adaptierbarkeit belegt werden.

3 Adaptivität und Adaptierbarkeit

3.1 Gegenstände und Formen der Anpassung

Adaptivität und Adaptierbarkeit gehen übereinstimmend davon aus, daß eine Anpassung des Arbeitsmittels möglich sein soll. Dabei ist Anpassung immer ein mehrdimensionales Konzept, sie findet nicht nur im Verhältnis zum Benutzer statt, sondern auch im Verhältnis zur Arbeitsaufgabe, zur Arbeitsorganisation und zur Arbeitsumgebung. Bei der Systemanpassung an den Benutzer ist wiederum zu unterscheiden zwischen der Anpassung an 1. seine mehr oder weniger umfassenden Fähigkeiten, Kenntnisse, Erfahrungen, 2. seine aktuelle Verhaltensdispositon, 3. seine auf die Aufgabenerledigung und darüber hinaus gerichteten Intentionen sowie 4. die aus den genannten Punkten möglicherweise resultierenden Probleme bei der Aufgabenerledigung (Fehlersituationen, Frustrationen usw.). In einem eher technischen Sinne kann sich die Anpassung auf a) die Funktionalität des System, b) den Arbeitsdialog (zur Handhabung der Funktionalität) oder c) den Metadialog (zur Handhabung des Arbeitsdialogs, z.B. Fehlerbehandlung, Hilfeinformationen) beziehen.

EDMONDS (1986) unterscheidet drei Formen der Anpassung:
- Automatische Anpassung durch das System
- Anpassung als Empfehlung des Systems (prompt, defaults)
- Anpassung auf Nachfrage des Benutzers

Die ersten beiden Formen der Anpassung werden allgemein als adaptive Systeme zusammengefaßt.

Definition: *Adaptive Systeme* sind solche, die sich auf der Basis eines Benutzermodells selbsttätig an den Benutzer und seine Arbeitssituation (Arbeitsaufgabe, Arbeitsumgebung) anpassen, mit dem Ziel einer optimalen Verwendung des interaktiven DV-Systems durch den Benutzer. Dabei läßt sich zwischen Anpassung mit und ohne vorherige Benutzerbestätigung unterscheiden.

Adaptive Systeme werden auch als auto-adaptiv bezeichnet (vgl. OPPERMANN 1990 a).

Die Reichweite der Adaptivität, wie sie in der Literatur beschrieben wird, hängt eher vom Grad der Technikeuphorie des jeweiligen Autors ab als von kriteriengeleiteten empirischen Untersuchungen der zu unterstützenden Arbeitssituation. Eine Vielzahl von Autoren ist der Meinung, daß die Wissensbasis eines adaptiven Systems Benutzerfaktoren wie Motivationen, Interessen, Überzeugungen und Ziele ebenso enthalten müsse (z.B. KOBSA 1985), wie Lernstile und Benutzerpläne (z.B. BAUER/SCHWAB 1988, S. 203). Eher eine Minderheit sieht dies als unrealistisch oder zu weitgehend an. So vermutet EDMONDS (1986) als Hauptanwendungsfeld für das Adaptivitätskonzept die Anpassung an solche "Benutzereigenschaften", die bezüglich eines Individuums relativ konstant sind (wie etwa Wahrnehmungs- und motorische Koordinationsleistungen) sowie an "allgemeine Benutzerfehler", während er die automatische Anpassung an dispositive, intentionale und umgebungsabhängige Faktoren hinsichtlich der technischen Realisierung jedenfalls auf mittlere Sicht als zu schwierig ansieht. Selbst dieser reduzierte Anspruch erscheint noch recht weitgehend, wenn man bedenkt, daß auch "Wahrnehmungs- und motorische Koordinationsleistungen" stark von situativen Faktoren abhängen.

Die genannten Faktoren bilden in ihren wechselseitigen Beziehungen zueinander das *Benutzermodell* des adaptiven Systems. Je nachdem ob das adaptive System die im Benutzermodell enthaltenen Annahmen selbst aus dem Interaktionsprozeß mit dem Benutzer ableitet, oder ob diese Annahmen als Daten von außen in das Modell eingegeben werden, z.B. vom Benutzer selbst, spricht man von intern oder extern definierten Benutzermodellen. Damit findet sich die auch ansonsten bei Expertensystemen gängige Unterscheidung verschiedener Formen der Wissensakquisition (automatische Wissensextraktion oder Wissenserwerb durch einen Knowledge Engineer) auch bei adaptiven Systemen wieder. Die Hauptbemühungen gehen wohl in Richtung einer internen Definition von Benutzermodellen (vgl. KOBSA 1985). Entscheidend - insbesondere für die Beurteilung des "sozialen Kontrollpotentials" adaptiver Systeme - ist auch der doppelte Zeithorizont eines Benutzermodells, nämlich einerseits hinsichtlich der Quelle der Information, andererseits in bezug auf die zukünftige Verwendung der daraus abgeleiteten Aussagen über den Benutzer: Werden lediglich die Dialogsequenzen einer Sitzung oder auch weiter zurückliegende Informationen in die Modellbildung einbezogen (Auswertung der Dialoggeschichte)? Erzeugt der Inferenzmechanismus Aussagen über langfristig stabile Persönlichkeitsmerkmale oder über kurzfristige Handlungspläne (Determinierung möglicher Dialogzukünfte)?

Einer der Hauptanwendungsfälle von adaptiven Systemen sind bisher die "aktiven Hilfesysteme" (HERRMANN 1986 a, 1987: "argumentative Hilfesysteme"), also Systeme, die ihre Anpassungsleistung auf den Metadialog beziehen, die Funktionalität und den Arbeitsdialog aber unverändert lassen. 6 der 9 von OPPERMANN (1990 a, S. 10-12) untersuchten Systeme haben hauptsächlich Hilfeleistungen zum Ziel. Dabei wäre gerade die Anpassung der Funktionalität und der Diologmodi an sich erweiternde Bedürfnisse und Fähigkeiten aus Benutzersicht von besonderem Interesse. (Eine Übersicht über mögliche adaptive Leistungen gibt OPPERMANN 1990 a, S. 4-6.)

Die dritte oben genannte Form der Anpassung wird unter dem Terminus "adaptierbare Systeme" diskutiert.

Definition: *Adaptierbare Systeme* sind solche, die vom Benutzer selbst aktiv an seine Bedürfnisse (Eigenschaften, Fähigkeiten) und an seine Arbeitssituation (Arbeitsaufgabe, Arbeitsumgebung) angepaßt werden können, mit dem Ziel einer optimalen Verwendung des interaktiven DV-Systems durch den Benutzer.

Adaptivität und Adaptierbarkeit weisen im wesentlichen die gleichen Anpassungsleistungen auf, sie unterscheiden sich aber grundlegend in der Frage der Aktivitätsverteilung im Mensch-Rechner-Dialog: Während bei adaptiven Systemen das System der hinsichtlich der Anpassungsleistung aktive Teil ist, wird diese Rolle bei den adaptierbaren Systemen vom Benutzer übernommen. Die Benutzeraktivitäten reichen von der Auswahl geeigneter Systemkomponenten, über die Einstellung von Systemparametern, die Zusammenstellung von Modulen (Konfigurieren) zu funktional neuartigen Programmpaketen bis zur Neuformulierung von Programmen mit Hilfe geeigneter Werkzeuge, z.B. Anwendersprachen. Der Übergang zwischen Benutzung und Programmierung wird im Konzept der Adaptierbarkeit fließend und entspricht dem jeweiligen Kenntnisstand des Benutzers über die System- und die Aufgabenlogik.

Auch für das Konzept der Adaptierbarkeit gibt es bereits eine Reihe prototypischer Implementierungen, wenn auch - was weiter unten noch hinsichtlich seiner Gründe zu diskutieren sein wird - wesentlich weniger als für adaptive Systeme. Als zwei Beispiele aus dem deutschsprachigen Raum seien das System FINANZ (RATHKE 1987), ein wissensbasiertes Tabellenkalkulationsprogramm, sowie ASH (BELLI et al. 1989), ein System zur benutzerprogrammierbaren Ablaufsteuerung in der Sachbearbeitung, genannt.

Eine interessante Erweiterung des Adaptierbarkeitskonzepts besteht in der von HERRMANN (1986 b) vorgeschlagenen Konzeption der "Intervenierbarkeit". Während Adaptierbarkeit "lediglich" auf eine Veränderung der Systemeigenschaften durch den Benutzer abhebt, zielt Intervenierbarkeit auf *Erkunden und Verändern*. Systemveränderung setzt Systemkenntnis (und Aufgabenkenntnis) voraus. Je stärker die Erkundung des Systems in die Benutzung des Systems integriert wird, umso größer ist ihr qualifizierungsförderliches Potential. Erkundung ist mehr als Kennenlernen, es enthält ein aktives Moment: Das System erklärt sich nicht dem Benutzer, sondern der Benutzer sucht - durch entsprechende Hilfsmittel des Systems unterstützt - selbst aktiv nach Erklärungen (Erforschbarkeit statt Selbsterklärungsfähigkeit). Solche Hilfsmittel des Systems können z.B. sein (vgl. HERRMANN 1986 b, S. 590 f.):

- Sichtung des Bestandes möglicher Kommandos, möglicher Verzweigungen usw. (Browsing)

- Modifizieren von Beispieldialogen, z. B. Query-by-example (ZLOOF 1983) (Modifying)

- Einfrieren von Dialogsituationen (Freezing)

- Erprobung der Wirkung unterschiedlich spezifizierter Kommandos an beispielhaften Datenbeständen mit Übernahmemöglichkeit des Ergebnisses oder Rückkehr zur Ausgangssituation (Experimenting)

- Rückgängigmachen ausgeführter Kommandos (Undoing)

Verschiedentlich wurde argumentiert, eine präzise Abgrenzung zwischen adaptiven und adaptierbaren Systemen sei in der Praxis schwierig, es existierten fließende Übergänge zwischen beiden Anpassungsformen. Aus meiner Sicht gibt es allerdings zumindest ein trennscharfes Kriterium für die Unterscheidung dieser Anpassungstypen, nämlich das der Aktivitätsverteilung bzw. der Dialoginitiative bei der Anpassung (Veränderung) der Systemleistung: Die Aktivität bzw. Initiative zur Veränderung des Systems (Funktionalität, Interaktion, Metadialog) geht bei adaptiven Systemen vom System und bei adaptierbaren Systemen vom Benutzer aus. Natürlich kann es (Hybrid-)Systeme geben, bei denen einzelne dieser Anpassungsleistungen vom System und andere vom Benutzer initiiert werden; dann ist aber immerhin bezüglich der einzelnen Komponenten angebbar, ob sie adaptiv oder adaptierbar sind.

HERRMANN (1987, S. 35 f.) vertritt die Position, daß die Frage der *Kontextberücksichtigung* als Unterscheidungskriterium zentrale Bedeutung besitzt. Falls die Anpassungsleistungen des Systems Informationen über den Arbeitskontext des Benutzers einbeziehen, handelt es sich nach dieser Auffassung um ein adaptives System. "Jede Systemmeldung ist in gewisser Weise adaptiv, da man unterstellt, daß sie die richtige - angepaßte - Information zu einer Dialogsituation liefern soll." (HERRMANN 1987, S. 36) Ich befürchte, daß hier ein Mißverständnis vorliegt: Meldungen selbst sind aus meiner Sicht zunächst einmal rein reaktive Systemkomponenten; es kann aber Steuerungssubsysteme geben, die die Meldungen (z.B. hinsichtlich Inhalt und Form) entweder selbst an veränderte Benutzungssituationen anpassen, oder aber dem Benutzer eine derartige Anpassung ermöglichen. In diesem Sinne können Meldungen adaptiv oder adaptierbar sein. Im übrigen sind auch adaptierbare Systeme mit Kontextberücksichtigung denkbar. Zwar besteht die Stärke adaptierbarer Systeme gerade darin, daß der situative Kontext in der Regel vom Benutzer selbst in die Adaptionsleistung eingebracht wird, das System könnte aber das eingegebene oder selbständig ermittelte Kontextwissen dazu nutzen, um die vom Benutzer durchgeführte Adaptierung z. B. auf Konsistenz des dadurch entstehenden Arbeitsmittelsystems zu überprüfen. Hier ist wiederum die Analogie zu qualitativ unterschiedlichen Expertensystemtypen interessant: Adaptive Systeme mit wissensbasierter Kontextberücksichtigung würden den *Diagnosesystemen* entsprechen. Adaptierbare Systeme würden, wenn sie ebenfalls - was durchaus sinnvoll sein kann - wissensbasierte Komponenten enthalten, den sogenannten *Kritiksystemen* zuzurechnen sein (vgl. z. B. das System Roundsman von SHORTLIFFE).

3.2 Paradigmenstreit

KRAUSE (1988) hat eine Fülle von Argumenten für und gegen Adaptivität bzw. Adaptierbarkeit zusammengetragen, wie sie nunmehr seit etwa zehn Jahren in der Literatur diskutiert werden. Ich möchte diese Diskussion aufgreifen, systematisieren und um eigene Überlegungen ergänzen, um schließlich der Frage nach den hinter diesen Argumentationen liegenden Leitbildern der Technikentwicklung näher zu kommen. Dabei wird erneut deutlich, daß gerade die Informationstechnik und hier insbesondere die *Soft*waretechnik eine Fülle von Optionen für ihre weitere Entwicklung eröffnet und daß keineswegs von einem linearen, technisch determinierten Entwicklungspfad gesprochen werden kann.

Individualität und Kooperation

"The remarkable diversity of human abilities, backgrounds, motivations, personalities, and workstyles challenges interactive system designers." (SHNEIDERMAN 1987, S. 18) Im Gegensatz zum Mainstream in der EDV-Entwicklung, der im wesentlichen auf Vereinheitlichung und Standardisierung der Benutzungsoberfläche setzt, sind sich die Vertreter von Adaptivität und Adaptierbarkeit einig in der von SHNEIDERMAN geäußerten Einschätzung, daß ein computergestütztes Arbeitsmittel die Individualität des einzelnen Benutzers in Rechnung stellen muß. OPPERMANN (1990 b) weist allerdings darauf hin, daß bei der Gestaltung von Arbeitssystemen nicht nur individuelle, sondern auch kooperative Elemente berücksichtigt werden müssen. Wenn mehrere Beschäftigte in einem computergestützten Arbeitsprozeß zusammenarbeiten, können unterschiedliche Systemanpassungen, insbesondere wenn sie sich auf die Funktionalität beziehen, Kooperation behindern. Im übrigen wird auch hier der häufig im Zusammenhang mit den sozialen Wirkungen informationstechnischer Systeme diskutierte *Verstärkereffekt* deutlich: Adaptive Hilfesysteme, häufig auch in überzogener Form als "advice-giving systems" bezeichnet (vgl. z. B. CARROLL/MCKENDREE 1987), werden in der Regel mit der Absicht eingesetzt, menschlichen Rat möglichst entbehrlich zu machen. Da dieses Ziel aber gerade über die individuelle Anpassung des Systems erreicht werden soll, ist wegen der dadurch an den einzelnen Arbeitsplätzen entstehenden unterschiedlichen Systemkonfigurationen eine gegenseitige Hilfe "von Kollege zu Kollege" auch gar nicht mehr möglich.

Wahrscheinlich kann derartigen Effekten nur durch organisatorisch und technisch zu implementierende Regeln für die Unterstützung von Kooperation begegnet werden. Als "defensive" Maßnahmen kämen z. B. in Betracht:

- Vereinbarung über die Ebene, auf der systemverändernde Anpassungen im Einzelfall noch zulässig sein sollen:

    Ebene der Funktionalität, Ebene des Arbeitsdialogs, Ebene des Metadialogs, Ebene der Präsentation usw.

- Vereinbarung über den Grad der zulässigen Änderungen:

    Eigenprogrammierung, Konfigurierung aus vorhandenen Modulen, Auswahl aus einer Menge vorgegebener Benutzungsoberflächen ("pluggable interfaces") usw.

- Implementierung eines Interface-Resets

Diese Regelungen könnten durch "offensive" Maßnahmen zur Stärkung von Kooperationsbeziehungen ergänzt werden, z. B.

- Systeme zur gemeinsamen Vorgangsbearbeitung (CSCW-Systeme, computer supported cooperative work)
- Systeme zur Unterstützung kooperativer Problemlösungsprozesse usw.

Aber trotz allem bleibt das Spannungsverhältnis zwischen individuell angepaßter Computernutzung und kooperativer Arbeit bestehen; wenn es auch nicht für computergestützte Arbeit spezifisch ist, so wird es doch durch sie erheblich verstärkt.

Modellierung von Intentionalität

Benötigt ein adaptives System Kenntnisse über die Intentionen eines Benutzers und wenn ja, wie erzielt es diese Kenntnisse und wie hält es sie aktuell? Die Auffasssungen zu dieser Frage sind sehr unterschiedlich. Die meisten Vertreter des adaptiven Ansatzes halten die Berücksichtigung von Intentionen, Motivationen und Interessen des Benutzers (neben anderen Benutzermerkmalen, wie Vorkenntnisse über das verwendete EDV-System, über den Anwendungshintergrund usw.) für unverzichtbar. So macht etwa KOBSA (1985) die "Überzeugungen und Ziele des Benutzers" zum Hauptgegenstand seiner Überlegungen zur Benutzermodellierung. Nur einige der Verfechter dieses Ansatzes sind skeptisch bezüglich der intentionalen Modellierung des Benutzers; vor allem, weil sie die Realisierbarkeit einer solchen Modellbildung für schwierig halten (vgl. z. B. EDMONDS 1986).

Als Quelle der Erkenntnis bezüglich der Benutzerintensionen dient die Protokollierung und Auswertung der Dialoggeschichte oder aber die explizite Nachfrage nach Zielen und Wünschen beim Benutzer selbst. Die erste Methode, die automatische Extraktion der Ziele, ist zwar die favourisierte, aber zugleich auch die schwieriger zu realisierende. Woran erkennt man Handlungsziele des Benutzers? KOBSA schlägt z. B. vor, Äußerungen des Benutzers auf Sequenzen der Art "... möchte, daß ...", "... hat keine Präferenz bezüglich ...", "... möchte wissen, ob ..." usw. zu untersuchen. Er gelangt allerdings zu der Einschätzung: "Eine theoretisch zufriedenstellende Klassifikation von Überzeugungen und Zielen setzt ... eine ziemlich vollständig entwickelte epistemisch orientierte Kommunikationstheorie voraus, wie sie in absehbarer Zeit wohl nicht erwartet werden kann." (KOBSA 1985, S. 17 f.) Demgegenüber sind die Probleme, die mit der Aktualisierung von Zielen zusammenhängen, eher praktischer Natur. Wie sind kurzfristige und langfristige Ziele zu unterscheiden, mit welcher Geschwindigkeit ändern sich Ziele, wie werden Zielhierarchien behandelt?

Überhaupt ist die Frage, ob sich alle Ziele des Benutzers tatsächlich in dessen Sprechakten wiederfinden lassen, eher skeptisch zu beurteilen. Schon aus diesem Grunde könnte eine explizite Nachfrage beim Benutzer nötig sein. Derartige Nachfragen werden allerdings von den Entwicklern adaptiver Systeme weitgehend abgelehnt; man geht davon aus, daß der Benutzer sich von derartigen Fragen belästigt fühlt oder daß er häufig nicht in der Lage ist, sich selbst korrekt einzuschätzen. Offensichtlich trauen jene, die auszogen, dem Benutzer benutzerfreundliche Systeme zu bescheren, eben diesem Benutzer kaum über den Weg! Sind implizite Ableitungen aus der Dialoggeschichte aber unvollständig und will man auf explizite Nachfragen nicht zurückgreifen, so stellt sich die Frage, ob adaptive Systeme mit derart lückenhaften Benutzermodellen nicht die Gefahr suboptimaler Anpassung bergen. So fällt ein Vorwurf, der von den Vertretern adaptiver Systeme häufig gegenüber adaptierbaren Systemen erhoben wird, nämlich daß die Benutzer nicht in der Lage seien, das System optimal an sich anzupassen, auf die adaptiven Systeme selbst zurück.

Was hier für die Zielkategorie beschrieben wurde, gilt in ähnlicher Weise auch für andere, die Arbeitssituation maßgeblich beeinflussende Faktoren, wie "Überzeugungen", "psychische Dispositionen", "Vorwissen" oder "Lernstile".

Delegation von Kommunikation

Die Entwicklung und der Umgang mit Computern scheint - stärker als bei anderen Artefakten - die Verwendung von Metaphern nahezulegen. Im einen Augenblick sprechen wir vom "Computer als Werkzeug", allerdings ohne uns klar darüber zu sein, was Werkzeuge systematisch auszeichnet, um dann im nächsten Moment umstandslos vom "Computer als Kommunikationspartner" zu reden. Kann die erste Metapher noch als Aufforderung an die Systemdesigner interpretiert werden, sie möchten den Computer so programmieren, daß er sich im Zugriff des Benutzers wie ein Werkzeug verhält (freilich ohne ein solches zu sein!), so ist die zweite Metapher nichts weiter als eine unzulässige Hypostasierung. HERRMANN (1986 a und 1986 b) weist darauf hin, daß grundsätzliche Unterschiede zwischen Mensch-Rechner-Interaktion und zwischenmenschlicher Kommunikation bestehen. Kommunikative Leistungen des Menschen wie "Überzeugungskraft einer Aussage", "Berücksichtigung von Partnerbildern", "Umgang mit der Gefahr von Mißverständnissen" u. ä. sind kaum operationalisierbar und auf Rechnern simulierbar, sind aber vor allem als maschinisierte Leistungen sozial kaum wünschenswert. Daher sieht HERRMANN keine Möglichkeit und keinen Sinn darin, kommunikatives Verhalten an den Rechner zu delegieren.

Demgegenüber sind die Stärken des Adaptierbarkeitskonzepts - ergänzt um den Aspekt der Intervenierbarkeit - unmittelbar deutlich: Es benötigt keine Kommunikations- oder Partnermetapher. Es beläßt die Handlungsinitiative beim Benutzer: Der Benutzer bestimmt über Art und Umfang der Systemleistungen ausschließlich auf Basis seiner eigenen Vorstellungen und Ziele und nicht aufgrund eines doppelt gebrochenen Modells des Systemdesigners über die Vorstellungen des Benutzers über den Computer. Das System argumentiert nicht, erklärt sich nicht selbst, sondern wird vom Benutzer aktiv hinsichtlich seiner Eigenschaften erkundet.

Handlungsorientierung: PASSIVIST oder AKTIVIST

Bei adaptiven Systemen geht die Initiative für eine Systemenanpassung vom System selbst aus. Der Benutzer ist einem in der Regel wenig transparenten Anpassungsmechanismus ausgesetzt, ohne selbst steuernd eingreifen zu können. Dies widerspricht in eklatanter Weise den vorliegenden software-ergonomischen Erkenntnissen, die das Kriterium der Steuerbarkeit des Systems durch den Benutzer für unabdingbar halten (vgl. DIN 1988).

Insgesamt fordern die Arbeitswissenschaften zunehmend, daß fremdbestimmte Vorgaben im Arbeitsprozeß reduziert bzw. umgekehrt daß der Grad der Arbeitsautonomie bei der Einführung neuer Technologien zumindest erhalten bleiben soll. Das Arbeitshandeln soll als Einheit von Planen und Ausführen verstanden werden; dies bezieht sich insbesondere auch auf die Planung der Herstellung, der Auswahl und des Einsatzes der Arbeitsmittel, hier also der Dialogsysteme

So kann es nur als Ironie aufgefaßt werden, wenn in der Literatur von "aktiven Hilfesystemen" die Rede ist, etwa beim System AKTIVIST von FISCHER/LEMKE/SCHWAB (1984), der Terminus "aktiv" dabei aber auf das System bezogen wird und gerade nicht auf den Benutzer, dem in diesen Systemen eine ausgesprochen passive Rolle zugedacht ist. (Dieselbe Verkehrung liegt bei dem ebenfalls von dieser Gruppe entwickelten System PASSIVIST vor.)

Qualifizierungsförderlichkeit

Passivierung behindert auch das Lernen. Eine Vielzahl von Studien belegt, daß die Praxis die EDV-Benutzung weniger über die Systematik von Handbüchern als vielmehr über "Ausprobieren am System" erworben wird. Dieses handlungsorientierte Lernen (Learning by doing) kann durch adaptive Systeme behindert werden. Adaptive Systeme passen sich nämlich nicht nur an Persönlichkeitsmerkmale des Benutzers an, sondern versuchen auch, seine qualifikatorischen Defizite zu kompensieren, etwa durch die automatische Korrektur von Fehlern oder den Übergang zu einer "einfacheren" Dialogvariante, wenn die Fehlerzahl zu sehr steigt. Die Anpassungsautomatik dieser Systeme bewirkt tendenziell ein "Einfrieren" des Qualifikationsniveaus des Benutzers auf dem einmal erreichten Stand. Diese These gilt für die überwiegende Zahl der bekannten (einfachen) adaptiven Systeme, sie gilt nicht für die eher noch seltenen Systeme, die dem Benutzer von sich aus Verbesserungsvorschläge bezüglich der Systemnutzung unterbreiten. Aber selbst in dem zuletzt genannten Fall verhält sich das System nicht unbedingt lernfreundlich, wenn es abstrakte Regeln ausgibt.

Einen interessanten Hinweis auf einen möglicherweise negativen Zusammenhang zwischen adaptiven Systemen und Lernen gibt auch v. BENDA (1990), wenn er ausführt: "Der Prozeß der Routinisierung und [psychischen] Automatisierung in der Anwendung von Software-Funktionen wird durch auto-adaptive 'Anregungen' gestört." Diese These wäre anhand empirischer Untersuchungen näher zu begründen. Ähnliches gilt für die Vermutung, daß durch adaptive Systeme der Prozeß des "Lernens aus Fehlern" unterdrückt und damit Lernen insgesamt außerordentlich erschwert wird.

Systeme sollten insgesamt eine Vielzahl von Lernchancen anbieten, von denen der Benutzer sich - im Sinne eines adaptierbaren integrierten Lernsystems - die für seine Situation günstigste Methode aktiv auswählen kann. Dazu gehören Module zum Lernen durch Experimentieren (Probehandeln), zum Lernen durch Analogiebildung (Anschlußlernen), zum Lernen durch stufenweises Zuschalten von Funktionen (inkrementelle Systeme) usw. (vgl. auch FRIEDRICH 1984). Lernen in adaptierbaren Systemen wird, wie oben bereits angedeutet, die Grenze zwischen Benutzen und Programmieren weiter in Richtung der "Endbenutzerprogrammierung" verschieben. Das wird Auswirkungen auf Status und Arbeitssituation der heutigen Systementwickler haben: Adaptierbare Systeme greifen insofern auch in die etablierten hierarchisch und monopolistisch organisierten Strukturen der EDV-Entwicklungsabteilungen ein. Sollte die Furcht vor dem "mündigen Endbenutzer" das Interese an der Entwicklung adaptierbarer Systeme dämpfen?

Kontrolle und Steuerbarkeit

Einer der gravierendsten Unterschiede zwischen adaptiven und adaptierbaren Systemen ergibt sich in bezug auf die "Kontrollproblematik", und zwar im doppelten Sinne: erstens bezüglich der Kontrolle (Steuerung) des Systems *durch* den Benutzer und zweitens hinsichtlich der Kontrollwirkung des Systems *über* den Benutzer.

Die Kontrolle des Systems durch den Benutzer ist bei adaptiven Systemen definitionsgemäß nicht intendiert. Die Kritik der Verfechter adaptiver Systeme an den adaptierbaren Systemen basiert gerade auf dem Vorwurf, die Benutzer selbst seien nicht in der Lage, das System optimal anzupassen und zu nutzen. "Empirical investigations have shown that on the average only 40% of the functionality of complex computer systems are used." (FISCHER/LEMKE/SCHWAB 1984, S. 116) Insbesondere den Anfängern fehle die Eigeninitiative und Motivation, das System an ihre Bedürfnisse zu adaptieren. Wie selbstverständlich wird daraus geschlossen, daß dieser Situation nur mit Hilfe einer technischen Lösung begegnet werden kann. Erstens wäre zu fragen, was unter optimal bzw. suboptimal zu verstehen ist, insbesondere welche Optimalitätskriterien angelegt werden. Zweitens ist darauf hinzuweisen, daß im Rahmen verschiedener Individualisierungsstudien (vgl. insb. ACKERMANN/ULICH 1987) nachgewiesen wurde, das individuelle Arbeitsstile, auch wenn sie aus der übergeordneten Sicht des Organisators als supoptimal erscheinen, vom Ergebnis her jedenfalls nicht ineffektiver sind als sogenannte optimierte Verfahren, gleichzeitig aber unter Humanisierungsgesichtspunkten wesentliche Vorteile bieten. In den EDV-Entwicklungsabteilungen muß sich erst noch die in den Arbeitswissenschaften längst akzeptierte Erkenntnis durchsetzen, daß die "One-best-way-Philosophie" der Arbeitsgestaltung insbesondere beim Einsatz neuer Technologien völlig obsolet geworden ist. Drittens ist die Tatsache, daß nur ein bestimmter Prozentsatz des Leistungsspektrums einer Software angewendet wird, aus sich heraus kein Kriterium. Die zentrale Frage muß sein, welche Aufgabe mit der Software bearbeitet werden soll und welche Funktionen dafür benötigt werden. Diese definieren dann die (ökonomische) Optimalität, nicht aber der Prozentsatz eines technisch gegebenen Leistungsspektrums. Viertens wird schließlich die Frage, ob Anfängern die Eigeninitiative und Motivation für eine sinnvolle Adaptierung fehlen, mit der Gegenfrage zu beantworten sein, wie diese Anfänger für ihre computergestützte Aufgabenerledigung qualifiziert wurden. Die vorherrschenden Marketingstrategien der Hersteller suggerieren immer noch, daß komplexeste Sachbearbeitungsprogramme durch kurze Bedienerschulungen erlernt werden könnten. Die Erfahrung zeigt, daß Eigeninitiative und Motivation in dem Maße steigen, wie aufgrund ausreichender Qualifikation bei den Benutzern der Eindruck entsteht, daß sie das System tatsächlich beherrschen.

Umgekehrt läßt sich die fehlende Steuerungsmöglichkeit adaptiver Systeme begründet kritisieren. Es wurde bereits darauf hingewiesen, daß dieses Konzept den ergonomischen Standards (Kriterium Steuerbarkeit der DIN-Norm) widerspricht. Ein sich ständig änderndes System widerspricht darüber hinaus auch dem Kriterium der Erwartungskonformität: Der Benutzer kann sich kein konsistentes Modell des Rechners machen. Im übrigen kann sich das Problem der wechselseitigen Fehlanpassung ergeben, wenn Rechner und Benutzer gleichzeitig versuchen, sich jeweils an einander anzupassen (vgl. das "Ausweichproblem" im zwischenmenschlichen Bereich).

Die in adaptiven Systemen erforderlichen Benutzermodelle enthalten eine Vielzahl personenbezogener Angaben. Sie reichen, wie oben ausgeführt, von Überzeugungen und Zielen über Auffassungsgabe und Lernstil bis zu Fachkenntnissen und bevorzugten Arbeitsweisen. Sie enthalten aber auch persönliche Angaben über die zeitlichen, mengenmäßigen und qualitätsbezogenen Charakteristika der Auftragserledigung im Einzelfall. Insbesondere hinsichtlich der ersten Kategorie von Daten übertreffen sie alle Vorstellungen bisheriger Personalinformationssysteme. Die Entwickler von adaptiven Systemen müssen, um ihrem eigenen Anspruch zu genügen, ein möglichst vollständiges Qualifikations- und Persönlichkeitsprofil auf der Basis ausgesprochen sensibler Daten des Benutzers speichern und ständig updaten.

Um ein Beispiel zu geben: Das System GRUNDY (RICH 1983, S. 211), das an der University of Texas at Austin entwickelt wurde, um Bibliotheksbesucher zu beraten, die beletristische Literatur ausleihen wollen, enthält unter anderem folgende Daten im Benutzermodell: Nationalität, Ausbildung, Grad der Ernsthaftigkeit/Heiterkeit, Grad der Frömmigkeit, politische Einstellung, Toleranz hinsichtlich Sexualität, Toleranz hinsichtlich Gewalt, Persönlichkeitsmerkmale: optimistisch/pessimistisch, unentschlossen, erregbar usw.

Durch die bereits oben genannte Tendenz der Systementwickler, die Benutzermodelle lieber automatisch erstellen zu lassen, als sich auf die Angaben der Benutzers zu verlassen, treten im Vergleich zu klassischen Personalinformationssystemen zwei qualitativ neue Probleme auf: Erstens ist dem Benutzer wegen der automatischen Ableitung des Benutzermodells nicht bekannt, was im System über ihn gespeichert ist. Die Systementwickler äußerten sich in verschiedenen Fällen auch dahingehend, daß das Benutzermodell dem Benutzer ausdrücklich nicht bekannt sein soll, da er ansonsten die automatische Systemanpassung konterkarieren bzw. unterlaufen, und damit wiederum die beklagten supoptimalen Nutzungsverhältnisse reproduzieren könne. Das zweite Problem resultiert ebenfalls aus der automatischen Benutzermodellierung: Die Menge der gespeicherten Daten ist nicht nur dem Benutzer nicht bekannt, sondern sie ist darüber hinaus auch prinzipiell nicht eindeutig benennbar. Um einen möglichst hohen Grad der Anpassung zu erreichen, muß das System zeitnah - im Idealfall real time - auf Veränderungen im Benutzerverhalten reagieren. Dies erfordert ein ständiges Monitoring über den Benutzer, wobei in Abhängigkeit von der jeweiligen Situation der Inferenzmechanismus der Modellierungskomponente unterschiedliche Benutzerdaten für die Modellableitung benötigt bzw. erzeugt. Es läßt sich also nicht, wie in klassischen personenbezogenen Datenbanksystemen, angeben, welche Benutzerdaten mit welcher Aktualitätsklasse zu einem bestimmten Zeitpunkt gespeichert sind, weil die Erhebung und Speicherung situationsabhängig erfolgt. Möglicherweise lassen sich wegen der prinzipiellen Offenheit der Inferenzkomponente nicht einmal die theoretisch denkbaren Benutzerdaten vollständig auflisten. Ohne dies hier näher begründen zu können, muß festgestellt werden, daß der Betrieb derartiger adaptiver Systeme auf Basis des geltenden Datenschutzrechts schon wegen der Unbestimmtheit der gespeicherten Daten völlig unzulässig ist. KOBSA (1985, S. 180) resümiert angesichts dieser rechtlichen Probleme: "Ein Überdenken dieser Bestimmungen des Datenschutzgesetzes im Lichte der Forschung im Bereich der Benutzermodellierung und der Wissenrepräsentationsforschung scheint also sicher sinnvoll zu sein." Ist es Zufall, daß einem KI-Forscher nicht in den Sinn kommt, umgekehrt die Benutzermodellierung einmal im Lichte des Datenschutzes zu überdenken?

4 Leitbilder der Informatik

Die Kontroverse um Adaptierbarkeit und Adaptivität wirft die Frage auf, ob die dort vorgetragenen Positionen verallgemeinerbare Aussagen über die ihnen zugrunde liegenden Gestaltungsvorstellungen bezüglich rechnergestützter Arbeitssysteme zulassen. Ohne den Anspruch erheben zu wollen, daß es hierfür schon schlüssige empirische Belege gebe, sollen abschließend einige Leitbilder, die sich m. E. in der Kontroverse wiederfinden lassen, thesenhaft skizziert werden.

Einfachheit. Die nun schon lange andauernde Diskussion um den "ease of use" in der Gestaltung interaktiver Systeme (zuerst von MILLER 1971 formuliert) findet sich vielfältig wiederholt heute in der Optimalitätsdiskussion wieder. Die Vorstellung von der Einfachheit und Schönheit (von Beweisen) mag einerseits auf die Befruchtung der Informatik durch die Mathematik zurückgehen. In dem Maße, wie die Informatik von der algorithmischen Strukturtheorie zur verwertbaren Ingeniuerwissenschaft wurde, wandelte sich das Einfachheitskriterium zum Ökonomieprinzip. Der heimliche Lehrplan der Ökonomie hat in der Informatik längst Einzug gehalten.

Standardisierung. Standardlösungen können im technischen Bereich durchaus angemessen und erfolgreich sein, wie die Geschichte des DIN lehrt. Sobald aber Arbeitssysteme zu entwickeln sind, ist Individualisierung statt Standardisierung gefordert. Das gilt vorrangig für die Individuen im Arbeitsprozeß (differentielle und dynamische Arbeitsgestaltung), aber auch für die einzelnen Arbeitsaufgaben (Aufgabenangemessenheit des Technikeinsatzes).

Zerlegung. Eines der wesentlichsten Erfolgskonzepte der Softwareentwicklung, die Modularisierung, beherrscht auch das Denken der Informatiker in bezug auf die computergestützte Arbeit. "Der Imperialismus des Modularisierungskonzepts" in der Arbeitsgestaltung muß zugunsten eines ganzheitlichen Ansatzes überwunden werden.

Vollständigkeit. Batchsysteme waren vollständig. Interaktive Systeme drohen das Ideal der Vollständigkeit zu zerstören. Wenn es gelingt, den Menschen möglichst wenig in die automatischen Abläufe eingreifen zu lassen, kann der Programmierer die volle Souveränität über die Maschine wiedergewinnen. Dieser klassischen Ingenieurposition ist bei der Gestaltung sozio-technischer Systeme eine Art "Stückwerktechnologie" entgegenzusetzen, die eine nach sozialen Kriterien bewußt gestaltete Funktionsteilung zwischen Mensch und Maschine zum Ziel hat.

Korrektheit. Abertausende Informatiker sitzen an Korrektheitsbeweisen, und Zuverlässigkeit ist ein Schlüsselbegriff für Softwarequalität. Und dennoch würde Dialogsoftware, die keine Benutzerfehler mehr zuließe, entscheidende Lernprozesse des Benutzers blockieren. Die Auflösung dieses Problems der "Fehlerambivalenz" steht noch aus.

Anthropomorphisierung. Dem Bestreben, die technischen Systeme von Menschen zu entledigen, sie zu vollautomatischen Systemen weiter zu entwickeln, dieser speziellen Form der "Ent-Menschlichung" der Technik, steht - in eigenartiger Verkehrung - eine Vermenschlichung der Technik gegenüber. Wir lassen Dialogmeldungen in der Ich-Form auf dem Bildschirm erscheinen, wir sprechen vom Dialogpartner und manche von uns versteigen sich gar zur Idee einer Mensch-Rechner- *Symbiose*. Als habe der Computer irgendein Interesse, und speziell irgendein Interesse an der "Zusammenarbeit" mit uns! Wir stehen in der Gefahr, uns in einer aufgeklärten KI-Welt neue Mythen zu schaffen. Not tut ein anderes Leitbild: Rückkehr zum menschlichen Maß.

5 Literatur

Ackermann, D.; Ulich, E.: The chances of individualization in human-computer interaction and its consequences, in: Frese, M.; Ulich, E.; Dzida, W. (eds.): Psychological issues of human-computer interaction in the work place. Amsterdam etc. 1987, 131-145

Bauer, J.; Schwab, Th.: Anforderungen an Hilfesysteme, in: Balzert, H. et al. (Hrsg.): Einführung in die Software-Ergonomie. Berlin/New York 1988, 197-214

Bedingt Multifunktionalität adaptive Benutzerschnittstellen? (Materialien der Arbeitsgruppe 3, 6. Arbeitstagung Mensch-Maschine-Kommunikation, Burg Feuerstein, 16.-19.11.1986, Ms.)

Belli, F.; Klug, M.; van Treeck, W.: ASH - Ein wissensorientierter Arbeitsplatz für die benutzerprogrammierbare Ablaufsteuerung in der Kommunalverwaltung, in: Paul, M. (Hrsg.): GI - 19. Jahrestagung II. Berlin etc. 1989, 245-259

Benda, H. v.: Thesen zum Workshop über Möglichkeiten und Nutzung von individuellen Systemanpassungen, in: Materialien zum Workshop "Möglichkeiten und Nutzung von individuellen Systemanpassungen". St. Augustin, Januar 1990 (Ms.)

Carroll, J. M.; McKendree, J.: Interface design issues for advice-giving expert systems, in: Communications of the ACM, Vol. 30 (1987) Number 1, 14-31

Coy, W.: Brauchen wir eine Theorie der Informatik? in: Informatik-Spektrum Bd. 12 (1989) Heft 5, 256-266

DIN (Deutsches Institut für Normung): Grundsätze ergonomischer Dialoggestaltung (DIN 66234, Teil 8). Berlin 1988

Edmonds, E.: Categories of adaptivity: Issues for research, in: IFIP-TG 6.3 Working-subgroup on Software Ergonomics an Systems Adaptivity (ed.): Living paper. o.O. 1986 (Workshop, Schloß Birlinghofen, 22.-24.9.1986; Tagungsunterlagen, Ms.)

Fischer, G.; Lemke, A.; Schwab, T.: Active help systems, in: van der Veer, G. C.; Tauber, M. J.; Green, T. R. G.; Gorny, P. (eds.): Readings on Cognitive Ergonomics - Mind and Computers. Berlin etc. 1984, 116-131

Friedrich, J.: Qualifizierung von Arbeitnehmern in computergestützten Arbeitsprozessen, in: Schauer, H.; Tauber, M. J. (Hrsg.): Psychologie der Computerbenutzung. Wien/München 1984, 312-327

Friedrich, J.: Flexible Computer: Lernen in der Arbeit mit dem System, in: Online '84 (Berlin, 14.-17.2.1984). Velbert 1984

Friedrich, J.: Entwicklungslinien der Informatik und die Rolle der Informatiker, in: WSI Mitteilungen, Bd. 41 (1988) Heft 12, 678-686

Herrmann, Th.: Zur Gestaltung der Mensch-Computer-Interaktion: Systemerklärung als kommunikatives Problem. Tübingen 1986 a

Herrmann, Th.: Intervenierende Benutzung als Paradigma für die Gestaltung der Mensch-Computer-Interaktion, in: Schulz, A. (Hrsg.): Die Zukunft der Informationssysteme. Lehren der 80er Jahre. Berlin etc. 1986 b, 588-597

Herrmann, Th.: Hilfesysteme und adaptive Systeme. Ihre Stärken und ihre Schwächen, in: Herrmann, Th.: Beiträge des Bereichs Informatik und Gesellschaft 1986/87. Dortmund, Oktober 1987, 17-42 (Universität Dortmund, Abteilung Informatik, Forschungsbericht Nr. 243)

Kobsa, A.: Benutzermodellierung in Dialogsystemen. Berlin etc. 1985 (Informatik-Fachberichte 115)

Krause, J.: Adaptierbarkeit, Adaptivität, Intervenierbarkeit und Hilfesysteme. Regensburg, Juli 1988 (Universität Regensburg, Linguistische Informationswissenschaft)

Kuhn, Th. S.: Die Struktur wissenschaftlicher Revolutionen. Frankfurt (Main) 1967

Miller, R. B.: Human ease of use criteria and their tradeoffs. Poughkeepsie (NY/USA), April 1971 (IBM Corporation; IBM report TR 00.2185)

Oppermann, R.: Individualisierte Systemnutzung, in: Paul, M. (Hrsg.): GI - 19. Jahrestagung I. Berlin etc. 1989, 131-145

Oppermann, R.: Zwischenbericht zum HdA-Projekt "Menschengerechte Gestaltung von manuell und automatisch anpaßbarer Software" (Berichtsjahr 1988/89), in: Materialien zum Workshop "Möglichkeiten und Nutzung von individuellen Systemanpassungen". St. Augustin, Januar 1990 a (Ms.)

Oppermann, R.: Bericht über einen Workshop über "Möglichkeiten und Nutzung von individuellen Systemanpassungen", in: Ergonomie & Informatik, Nr. 9, März 1990 b, 30-34

Rathke, C.: Adaptierbare Benutzerschnittstellen, in: Schönpflug, W.; Wittstock, M. (Hrsg.): Software-Ergonomie '87. Stuttgart 1987, 121-135

Rich, E.: Building and exploiting user models. 1979 (Ph.D. thesis, Carnegie-Mellon University)

Shneiderman, B.: Designing the user interface. Strategies for effective human-computer interaction. Reading (Mass./USA) etc. 1987

Wahlster, W.; Kobsa, A. (eds.): User models. Berlin etc. 1989

Zloof, M. M.: The query-by-example concept for user-oriented business systems, in: Sime, M. E.; Coombs, M. J. (eds.): Designing for human-computer communication. London usw. 1983, 285-309

Software–Entsorgung

Fast überall, wo Software seit langem eingesetzt und gewartet wird, besteht heute das gleiche Dilemma: Einerseits sind die Programme veraltet, unzulänglich und mit akzeptablem Aufwand weder wartbar noch übertragbar auf neue Rechner und Betriebssysteme. Andererseits sind sie unentbehrlich, und die Entwicklung der Nachfolge–Software wäre teuer, zeitraubend und äußerst schwierig, zumal eine Dokumentation des Ist-Zustands fehlt. Diesem Problem, hier ironisch mit dem populären Euphemismus „Entsorgung" umschrieben, ist die Sitzung gewidmet.

Nach einem einleitenden Vortrag berichten Vertreter aus verschiedenen Wirtschaftsbereichen kurz über ihre speziellen „Altlasten" und Lösungsansätze. Eine Diskussion der Referenten und Zuhörer schließt die Sitzung ab.

"Software-Entsorgung": Vorträge und Podiumsdiskussion
Jochen Ludewig
Institut für Informatik der Universität Stuttgart

Nach der landläufigen Vorstellung vom Programmierer ist dieser unablässig damit beschäftigt, Software zu entwickeln, selbstverständlich *neue* Software. Denn Programme verschleißen nicht; einmal fertiggestellt, stehen sie für unbegrenzte Zeit zur Verfügung, ohne weitere Kosten zu verursachen.

Mit der Realität hat diese Idylle wenig zu tun: Nach verschiedenen Erhebungen (vor allem von B.W. Boehm) sind von drei Programmierern zwei mit der Korrektur, Änderung, Anpassung oder Erweiterung *existierender* Programme beschäftigt. Für diese Aktivitäten haben sich die Bezeichnungen "Pflege" oder "Wartung" ("Maintenance") durchgesetzt, Schönfärbereien, die die auf *Modifikation* zielenden Tätigkeiten denkbar schlecht charakterisieren.

Im Zuge der "Wartung" werden an der Software Änderungen und Erweiterungen vorgenommen, die mit der ursprünglichen Konzeption eigentlich unvereinbar sind. Dadurch werden die Strukturen unübersichtlich, Bezeichner verlieren ihren Sinn, der Code wird unangemessen lang, und die Dokumentation, soweit überhaupt vorhanden, sagt nichts mehr über den aktuellen Stand der Programme aus. Irgendwann erscheint eine Fortsetzung solcher "Pflege" unverhältnismäßig aufwendig, die Software ist zur "Altlast" geworden, wie ein lecker Öltanker, der durch Reparatur wieder in einen akzeptablen Zustand gebracht oder abgewrackt und ersetzt werden muß.

Diese Maßnahmen sind hier nun, um einen weiteren, in der Umweltdiskussion gängigen Euphemismus zu übernehmen, als "Entsorgung" umschrieben. Natürlich können wir leicht Dateien löschen und Bänder freigeben. Aber die obsolete Software war nicht nur schwer wartbar, sondern auch nützlich, ihre Funktion muß weiterhin zur Verfügung stehen, und zwar in den meisten Fällen ohne längere Unterbrechung. Dieses Dilemma macht heute in allen Unternehmen, Behörden und Organisationen, die sich seit seit längerer Zeit des Computers bedienen und selbst Software entwickelt oder angepaßt haben, schwer zu schaffen.

Für die Software-Entsorgung gibt es grundsätzlich drei Möglichkeiten:

- **Strukturverbesserung ("Re-Engineering")**
  Die Programme werden "aufgeräumt" und in sinnvollen Modulen zusammengefaßt. Dabei werden Bezeichner, Kommentare usw. ergänzt oder korrigiert, so daß die Software schließlich wesentlich übersichtlicher und leichter wartbar geworden ist.

- **Nachdokumentation ("Reverse Engineering")**
  Da oft nur der Code vorliegt, wird aus diesem die Dokumentation erzeugt, die für die Wartung und Neuimplementierung erforderlich ist.

- **Neuimplementierung**
  Nachdem die Anforderungen an die bestehende Software geklärt und durch die inzwischen gewachsenen ergänzt sind, wird das alte System durch eine Neuimplementierung ganz oder partiell ersetzt.

Bei allen Ansätzen können Sprachen, Methoden, Werkzeuge und Normen den Erfolg der Sanierung wesentlich beeinflussen.

Die Beiträge zu dieser Sitzung kommen direkt aus der Praxis. Sie sollen ein Bild der Situation und der heute verfolgten Lösungsansätze vermitteln. Vielleicht werden dadurch auch Forschung und Lehre vermehrt auf dieses große, bislang kaum systematisch bearbeitete Problem aufmerksam.

Innovation oder Investitions-Sicherung in der Informatik?

R. Thurner
Delta Software AG, Zürich

Der Konflikt zwischen technischem Fortschritt und Sicherung des Bestehenden ist so alt wie die Menschheit selbst. Die heutige Schnellebigkeit aber verschärft den Konflikt zusehends und erfasst immer mehr Bereiche unseres Lebens. In aller Härte spürt vor allem die Wirtschaft den Zwang zur Erneuerung der Güter, Verfahren und Organisationsformen.

Die Beherrschung des Prozesses der Absorption des technischen Fortschritts wird heute mehr denn je zur Überlebensfrage. Innovation - der schmale Pfad zwischen Stagnation und Revolution - soll die stufenweise Einführung neuer Technologien mit gleichzeitigem Bewahren des Vorhandenen steuern.

In der Vergangenheit trat dieses Problem nur in gemilderter Form auf: Der technische Fortschritt verlief vergleichsweise langsam. Vom technischen Fortschritt überholte Güter mussten ohnehin ersetzt werden, weil sie, durch den Gebrauch abgenützt, ihre Aufgabe nicht mehr erfüllen konnten.

Heute ist die Situation erheblich verschärft. Der technische Fortschritt verläuft sehr rasch, die Zeit für eine natürliche Anpassung fehlt.

Die wirtschaftlich-technische Lebensdauer der Güter ist deutlich kürzer als die physische: Dies betrifft die Güter des täglichen Gebrauchs, wie Autos, Fernseher, Kleider. Es betrifft aber auch Investitions-Güter wie Maschinen, Computer, Anlagen, selbst ganze organisatorisch-technische Systeme.

Im Bereich der Konsumgüter übernimmt die Mode den Druck zum Ersatz von Gütern - das Design ist das Argument für den Ersatz des Fernsehers, die Mode für den Ersatz des Anzugs. Und eine Reparatur lohnt nicht - ein neuer ist billiger.

Bei den Investitionsgütern ist es der von der Konkurrenz ausgehende Druck zu rationellerer Produktion, der einsetzt, sobald die Konkurrenz eben diese neuen Technologien verwendet. Unter diesen Umständen sind Investitions-Entscheidungen immer schwieriger zu treffen, da die voraussichtliche Abschreibungsdauer unsicher ist und immer kürzer wird.

Das Wissen, das sich ein Mensch in der "Ausbildung" erwirbt, reicht nicht mehr für ein ganzes Leben - es veraltet zu schnell. Die Wissenshierarchie Meister, Geselle, Lehrling ist gestört.

Die Informatik ist von diesem Problem in besonderem Mass betroffen. Einerseits besteht eine besonders starke Dynamik des technischen Fortschritts, andrerseits entfällt durch Fehlen einer physischen Veralterung von Software der unmittelbare Druck zur Ablösung der Software. Ein technologischer Rückstand der Software wird oft erst dann sichtbar, wenn er nur mehr mit sehr grossem Aufwand behoben werden kann.

Software-Anpassungen - mehr als ein notwendiges Übel:

Software ist zwar ein Produkt, das nicht altert, aber Software ist auch ein Produkt, bei dem sich, wie kaum bei einem anderen, die Anforderungen rasch ändern.

Die Erhaltung der Funktionstüchtigkeit von Software geht denn auch weit über "Fehlerbehebung" hinaus und schliesst in meist erheblichem Umfang Anpassungen an neue Anforderungen ein:

- Organisatorische Änderungen im Betrieb müssen sich auch in der Software niederschlagen. Der Zugriff zu Rechten und Diensten muss angepasst werden.

- Änderungen in der Ablauf-Organisation müssen ihr Gegenstück auch im Ablauf der Software-Lösungen finden.

- Änderung in den Verfahren haben einen noch tiefer greifenden Einfluss auf den Kern der Software und den empfindlichsten Teil der Software - die Datenhaltung.

Darüber hinaus erzeugt der technische Fortschritt in der Informatik einen nicht unwesentlichen Änderungsbedarf durch die Weiterentwicklung und Verbesserung der Basis-Software und der Hardware.

Der Einsatz neuer leistungsfähigerer und billigerer Hardware, besserer und besser standardisierter Basis-Software zieht ein erhebliches Volumen an notwendigen Änderungen an der Software nach sich.

Schaden wegen mangelnder Pflege

Werden diese Änderungen nicht, nicht rechtzeitig oder mangelhaft durchgeführt, kann erheblicher Schaden entstehen.

Der Betrieb wird in seiner Flexibilität beeinträchtigt, die Informatik wird zum Innovations-Verhinderer im operationellen und im strategischen Bereich statt zu einer Stütze. Die Bedeutung der Sicherung einer effizienten Software-Pflege geht deshalb weit über deren Kosten hinaus, ist bestimmt durch die Abhängigkeiten, die mit den Mängeln in der Pflege verbunden sind.

Verspätete Integration neuer Hard- und Software (Portierung) führt zu erhöhten Betriebskosten, weil die verfügbare effizientere Hardware nicht genutzt werden kann.

Struktureller Umbruch der Informatik-Dienste

Die letzten Jahre haben tiefgreifende Änderungen in die Informatik-Landschaft gebracht. Die neue extrem verbilligte Hardware im Bereich der Personal-Computer und der UNIX-Systeme erlaubt es, die von der alten teuren Hardware aufgezwungene Zentralisierung der Dienste teilweise wieder aufzuheben.

Der Wunsch der Wirtschaft nach Dezentralisierung, nach Vor-Ort-Verantwortung fordert von der Informatik eine starke Verlagerung zur verteilten Verarbeitung und dem Einsatz vernetzter dezentraler Systeme. Die dezentralen Systeme werden dabei nicht als "kleine billige Mainframes auf dem Schreibtisch" gesehen, sondern als Teile eines Ganzen mit sorgfältig abgestimmter Arbeitsteilung.

Neue Software-Architekturen

Dieser neuen Aufgabenteilung und verteilten Hardware-Architektur muss durch eine entsprechend verteilte Software-Architektur Rechnung getragen werden. So ist auch das Engagement zu erklären, mit dem z.B. IBM ihre neue SAA (Systems Application Architekture) vertritt, um mehrere heterogene Systeme unter einem konzeptuellen Dach zu vereinigen.

Die Software wird nach einem Schichten-Modell aufgebaut, in dem die Aufgaben und Schnittstellen klar abgegrenzt sind. Nicht die rasche Erstellung eines Programmes, sondern die Bereitstellung eines Systems mit Wachstumspotential steht dabei im Vordergrund.

Mit der klaren Abgrenzung der einzelnen Schichten wird ihre Portierbarkeit sichergestellt und erreicht, dass einzelne Schichten auch auf verschiedenen Computern eingesetzt werden können.

Verbesserte Verfahrenstechnik - eine Voraussetzung

Neue flexiblere Anwendungsarchitekturen verlangen aber auch eine erhebliche Weiterenticklung der Software-Verfahrenstechnik. Die klassischen monolithischen Software-Konstruktionen stellten noch recht bescheidene Anforderungen an die Entwicklungstechnik - für die neuen Architekturen wird sie jedoch zum Schlüsselelement.

So ist es auch weiter nicht verwunderlich, dass IBM knapp auf die SAA-Ankündigung die Ankündigung von AD/Cycle folgen liess: Eine Realisierung verteilter Konzepte in der Anwendungsentwicklung ohne entsprechende Entwicklungsverfahren ist undenkbar.

Dies betrifft neben der Software-Architektur als Ganzes auch die benutzten Methoden der Datenspeicherung, der Datenkommunikation, der Gestaltung des Erscheinungsbildes (Benutzer-Oberfläche) der Software und die benutzten Entwicklungswerkzeuge.

Die Software-Verfahrens-Technik, lange als Hobby versponnener Software-Gurus belächelt, ist näher an das Zentrum des Interesses gerückt. Der Stellenwert der Entwicklungsverfahren und der die Verfahren unterstützenden Hardware und Software wird heute anerkannt: Das Schlagwort CASE - Computer Assisted Software Engineering beherrscht die Diskussion.

Rationelle Software-Entwicklung

Die Herstellung von Software wurde lange eher als Kunsthandwerk denn als geplante Entwicklung betrieben. Software-Engineering hat die Grundlage für ein professionelles Vorgehen geschaffen, die Einführung aber lässt in vielen Bereichen noch auf sich warten.

- Die Fehlerkosten

Die Behebung von Fehlern in der Software ist umso billiger, je früher der Fehler entdeckt wird. Dabei können Kosten-Einsparungen um Grössenordnungen erzielt werden. Andrerseits ist das Entdecken von Fehler auch nicht umsonst - es erfordert Vorinvestitionen in Form sorgfältiger Planung und Vorbereitung.

Da der Aufwand für die Fehlerentdeckung und Fehlerbehebung einen grossen Kostenblock darstellt, wurden Methoden und Werkzeuge entwickelt, die zu einer Reduktion der Fehler oder einer Früherkennung führen und damit Einsparungen von 50 und mehr Prozenten ermöglichen. Hier sind es vor allem die sog. CASE-Tools, die den Software-Entwurf sicherer und rationeller gestalten.

- Die Volumen-Abhängigkeit

Die Herstellungskosten pro Einheit steigen mit dem Volumen der zu erstellenden Software, eine Verdopplung der Grösse eines Systems bewirkt mehr als eine Verdopplung der Herstellkosten.

Die Herstellkosten hängen weitestgehend vom Volumen und weniger von der benutzten Sprache ab: Ein 1000 Zeilen-Programm, das mit der Sprache "Assembler" entwickelt wird, kostet ebensoviel wie ein 1000 Zeilen Programm, das in der COBOL-Sprache entwickelt wird, nämlich etwa 30 Manntage. Das sind nach gängigen Ansätzen gerechnet ca 36.000 DM. Eine Anwendung, für die COBOL jedoch die geeignete Sprache ist - und das sind die meisten kommerziellen Anwendungen -, benötigt für eine bestimmte Aufgabe ca 5 bis 10 mal weniger Befehle als ein äquivalentes Assembler-Programm.

Es lassen sich deshalb erhebliche Einsparungen erzielen, wenn das Produkt, d.h. das Volumen der zu erstellenden Software, weniger umfangreich und weniger komplex wird. Software-Werkzeuge unterschiedlichster Prägung dienen dazu, diese Reduktion des Volumens zu unterstützen, sei es nun durch mächtigere Sprachmittel oder durch Verwendung vorgefertigter Teile (Macros, Software-Bausteine).

- Produktivitätsrückstand der Wartung

Nach allgemeiner Erfahrung kostet das Einfügen einer neuen Funktion in der Wartung das Doppelte bis Dreifache dessen, was diese Funktion in der Erstentwicklung kosten würde. Der Grund dafür liegt in der Art der Entwicklung selbst. Schlechte Qualität, mangelhafte Dokumentation oder der Versuch der Erhöhung der Produktivität in der Entwicklung um jeden Preis führt zu einer entsprechend reduzierten Produktivität der Wartung.

Die Lösung liegt im Konzept der "schrittweisen Entwicklung", die die Wartung in den Lebenszyklus des Produktes mit einbezieht.

Risiko des Technologie-Rückstands

Der Technologie-Abstand zwischen Entwicklung und Wartung kann ohne weiteres Kostennachteile um eine Grössenordnung bewirken. Sie treten in der Regel dann in aller Schärfe zu Tage, wenn neue Mitarbeiter in der Wartung eingesetzt werden müssen, die nicht über die Routine der angestammten Mitarbeiter verfügen.

Der Anwender befindet sich angesichts dieser Entwicklung in einer schwierigen Lage: Neue Produkte werden auf der Basis neuer Verfahren entwickelt, während grosse Software-Bestände noch auf den Verfahren der 70er Jahre und älter basieren.

Es ergibt sich eine Aufspaltung der Entwicklungs-Teams in eine Gruppe, die die Altsoftware wartet, weil sie noch die dort benutzten Verfahren kennt, und eine Gruppe, die Neuentwicklung durchführt.

Diese Aufteilung ist jedoch ausserordenlich gefährlich, weil die Wartungsmitarbeiter, die in der Regel die einzigen Know-How-Träger der Anwendungen sind, von der (auch persönlichen) Weiterentwicklung ausgeschlossen sind. So kommt es in vielen Unternehmen zu Abgängen und fast unwiederbringlichem Know-How-Verlust. Dies insbesondere auch, weil die fraglichen Systeme kaum dokumentiert sind oder die Dokumentation veraltet ist.

Neue Mitarbeiter, die die alten Verfahren beherrschen, sind mit zunehmender Entwicklung immer schwerer zu finden, und damit wird auch eine Migration und Sanierung der Software zunehmend schwieriger.

"Neuschreiben" - keine Alternative

Man ist oft allzu gerne mit dem Rat bei der Hand, die alten Systeme einfach neu zu schreiben und damit die "Altlasten" mit einem Schlag los zu werden.

Um ein System neu entwickeln zu können, müssen aber die Anforderungen und Lösungsverfahren klar bekannt sein - und in der Regel steckt dieses Wissen ausschliesslich in den alten Programm-Systemen selbst.

Die "Neuentwicklung auf der grünen Wiese", so attraktiv sie auf den ersten Blick scheint, wird zu einem riskanten Projekt mit ungewissem Ausgang.

Die Software ist besser als ihr Ruf

Software, die jahrelang ihren Dienst getan hat, steht im allgemeinen im Ruf, hoffnungslos veraltet und schlecht strukturiert zu sein. Sie steht unter der Rubrik "Altlasten" in den Büchern und veranlasst so machen Verantwortlichen, sich in das Abenteuer eines ungeprüften Ersatzes durch eine Standard-Software oder eine Neuentwicklung "auf der grünen Wiese" zu stürzen.

Die Analyse von Software-Beständen hat jedoch gezeigt, dass die Software oft besser ist als ihr Ruf. In der Regel ist nur ein geringer Teil der Software in einem so schlechten Zustand, dass eine Sanierung unmöglich ist und ein Totalverlust vorliegt.

Reengineering - mehr als ein Schlagwort

Eine Disziplin des Software-Engineering befasst sich seit einigen Jahren mit dieser Problematik und erste erfreuliche Resultate liegen bereits vor.

Vorweg sei sowohl vor übertriebenen Hoffnungen auf automatisierte Verjüngungs-Maschinen für Software als auch vor uninformierter Skepsis gewarnt. Man kann nicht davon ausgehen, dass Alt-Software vollautomatisch auf den Stand moderner Software-Technik gebracht wird, man muss aber auch nicht davon ausgehen, dass der angesammelte Berg von Software ausschliesslich manuell und mühsam abgetragen werden muss.

Software-Reengineering betrachtet die Sache nüchtern und arbeitet an Methoden und Werkzeugen, die eine kontrollierte Schadensbegrenzung ermöglichen.

Software kann mit Reengineering-Werkzeugen analysiert und nachdokumentiert werden. Dies gestattet eine Beurteilung ihrer Qualität und Struktur und die Planung von Sanierungs- und Ersatz-Massnahmen. Restrukturierer sind in der Lage, Software in eine strukturierte Form umzubauen.

Das Ziel heisst: Software auf einen Stand bringen, dass verbessernde Wartung möglich wird und das System in der Wartungsphase funktionell und qualitativ wachsen kann.

Der klassischen Entwickler-Optik der Betrachtung des Entwicklungs-Prozesses stellt der Reengineering-Ansatz die Betrachtung des gesamten Lebenszyklus entgegen. Heute wird in der Regel mehr als 60% des Aufwandes nach der

Ersteinführung in ein Software-System gesteckt - die "Wartungsphase" wird zum Schlüssel für den Erfolg eines Software-Systems.

Rückstand der Technologie-Ausbildung in der Wartung

Wartungsteams stehen heute in der Regel unter einem vielfältigen Druck: Die Software muss einsatzfähig sein, neue Funktionen sollen eingebaut werden, aber der Betrieb darf nicht gestört werden. Es ist deshalb nicht weiter verwunderlich, dass sich das Prinzip der geringsten Veränderung durchsetzt und Risiko-Vermeidung Vorrang besitzt vor der technologischen Entwicklung.

Wartung wird als Minimal-Reparatur betrieben. Die Software kann zwar mit stetig steigendem Aufwand neue Funktionen erfüllen, ihre Struktur wird aber sukzessive zerstört.

Neue Software-Technologien werden in der Regel weder von der bestehenden Software noch - und das ist das eigentliche Problem - von den Wartungsteams absorbiert. So ist es nicht verwunderlich, dass Software und Wartungsteam immer tiefer in die Technologie-Sackgasse treiben.

Die Akzeptanz für neue Technologien ist erfahrungsgemäss bei Wartungsteams eher gering. Strukturierte Software wird nicht als übersichtlicher, klarer empfunden, weil man sich die Fertigkeit ausreichender Beherrschung monolithischer Software angeeignet hat.

Die Aufgabe von Sanierungs- und Restrukturierungs-Projekten kann sich deshalb nicht in der Sanierung der Software erschöpfen, sondern muss ganz besonders auch den Ausbildungsaspekt für die Wartungsteams mit einbeziehen.

Sicherung der Informatik-Investitionen

Die Vorstellung von der scharfen Abgrenzung hie Entwicklung, dort Nutzung und Wartung, dann Ablösung und Ersatz muss angesichts der immer mehr integrierten Systeme aufgegeben werden. Sie muss einer Betrachtung des gesamten Lebenszyklus weichen und davon ausgehen, dass Software gebaut und ausgebaut wird, wie eine Stadt.

Die Beherrschung nicht nur des Prozesses der Neuentwicklung, sondern insbesondere auch der Weiterentwicklung bei laufendem Betrieb und der gezielten Investitionen für technologische Anpassungen wird zum Prüfstein für die Informatik.

Firmen, die heute bereits 60% und mehr in die Wartung bestehender Software investieren, würden gut daran tun, mehr Augenmerk der technologischen Aufwertung der bestehenden Software zu schenken.

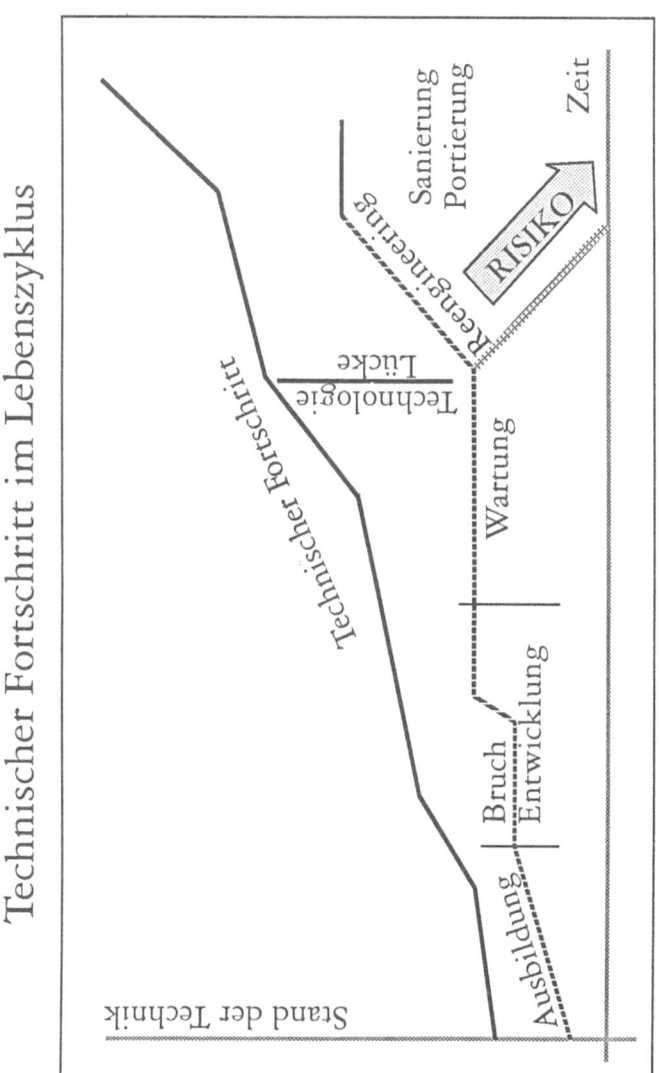

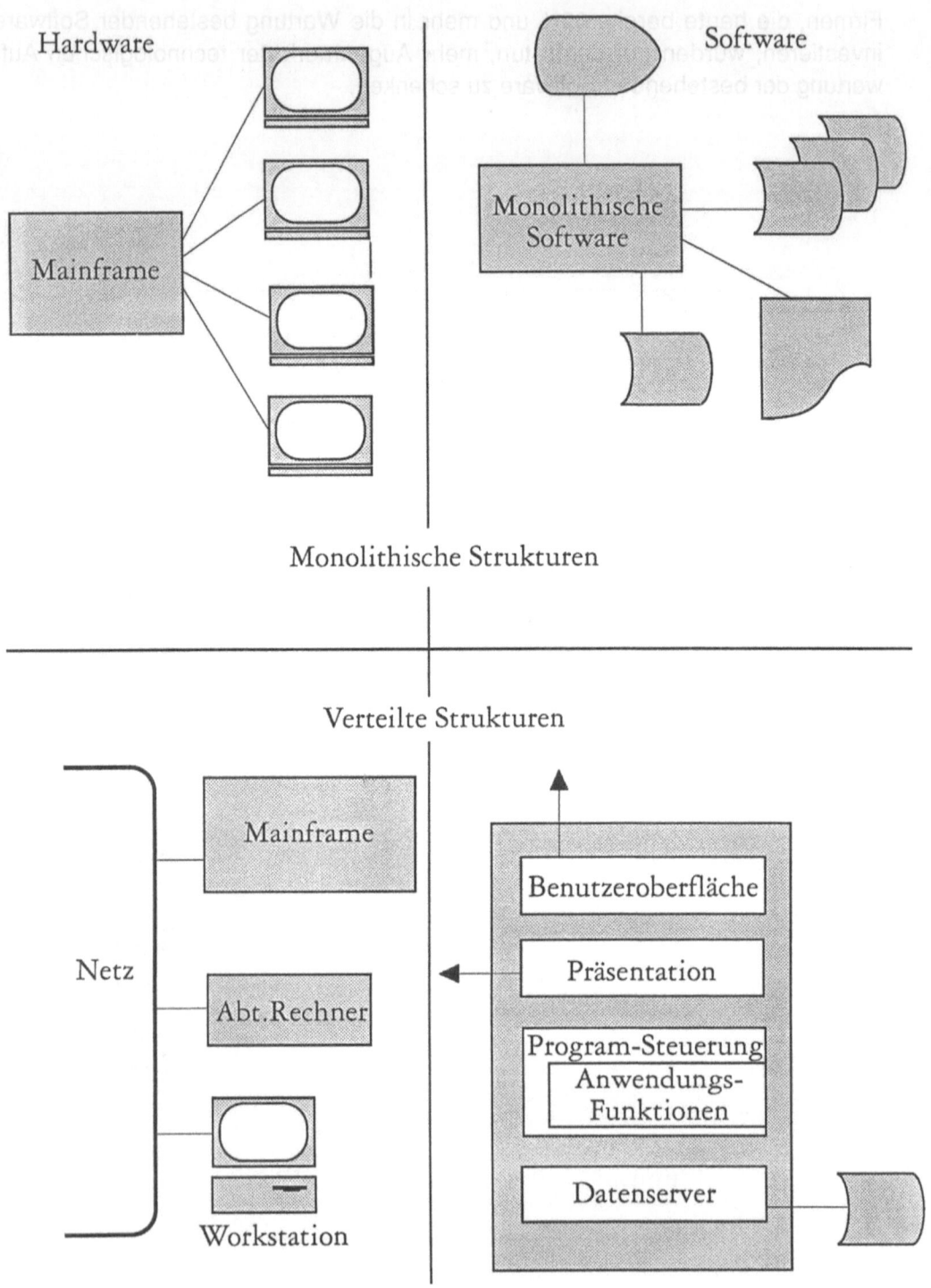

Verteilte Hardware und Anwendungs-Architektur

REMODELING - CHANCEN UND RISIKEN

H. Münzenberger
Deutsche Lufthansa AG
Kelsterbach

Kein Bericht über den gewachsenen Zustand der Informationsverarbeitung in einem Unternehmen läßt Hinweise über das hohe Mißverhältnis zwischen Wartungs- und Neuentwicklungs-Aufwand aus. Manche Autoren behaupten gar, daß in vielen Fällen nur noch Wartung betrieben wird. Erklärt wird dieser Zustand häufig mit

- nicht vorhandener, unvollständiger, nicht aktueller Dokumentation,
- nur technischer Dokumentation,
- fehlender Verfügbarkeit der Autoren aus der Entwicklungsphase der Informationssysteme,
- ständiger Erhöhung der Komplexität der Informationssysteme,
- nicht vorhandenen bzw. nicht beherrschten Methoden und Tools.

Zu den wesentlichen Ursachen müssen gezählt werden:

- über ingenieurmäßige Fertigung von Software wurde oft mehr geredet als danach gehandelt,
- Projekt-Denken überwog gegenüber einem Produkt-Denken,
- für Fachbereichs-Mitarbeiter war das Rollenverständnis im Entwicklungsprozeß unklar,
- Projekte wurden häufig nur nach der Einhaltung des Fertigstellungstermins beurteilt,
- die erforderliche technische und organisatorische Infrastruktur wurde oftmals nicht oder nicht in ausreichendem Maße bereitgestellt.

Was haben wir bis heute aus dieser Situation gelernt?

Sicherlich existieren mittlerweile mächtigere "Betriebs- und Produktionsmittel" zum Bau von Informationssystemen, wurde erkannt, daß zu deren Einführung und Unterstützung eine wohldimensionierte organisatorische Infrastruktur geschaffen werden muß, oder daß mittlerweile eine stärkere verantwortliche Einbindung von Mitarbeitern aus den Fachbereichen in den Entwicklungsprozeß erfolgt.

Zu den wichtigsten Erkenntnissen zählt jedoch die gestiegene Akzeptanz der Erstellung von semiformalen Prozeß-Beschreibungen oder die Erstellung von "Konstruktionszeichnungen" (Datenmodellen). Beide Modell-Typen tragen in hervorragender Weise zu einem besseren gemeinsamen Verständnis über das betriebswirtschaftliche "Was" bei. Sie ergänzen die technischen Stücklisten-Strukturen von Informationssystemen um deren konstruktive Elemente. Eine systematische Zusammenführung derartiger "Teilmodelle" führt darüber hinaus (schrittweise) zu einem bereichsweiten / unternehmensweiten "Generalbebauungsplan" als Grundlage für eine stärker agierend wirkende Informationsverarbeitung.

Ein reengineering-Prozeß sollte sich diese Erkenntnisse ebenfalls zunutze machen. Das bedeutet, daß es nicht nur darum geht, technische Strukturen transparent zu machen oder eine 1:1-Umsetzung von einer Programmiersprache A in eine Programmiersprache B bzw. von einem Datenbanksystem A in ein Datenbanksystem B durchzuführen, sondern darum, aus dem fachlichen Verstehen eines bestehenden Informationssystems ein "neues" Informationssystem - ggf. unter Nutzung neuer Technologien - zu entwickeln. Dessen Charakteristika sollten sich dann an den immer wieder proklamierten ingenieurmäßigen Prinzipien orientieren. Vor allem sollte dabei bedacht werden, daß ein derart renoviertes "Produkt" möglicherweise noch weiteren Ergänzungen, Modifikationen oder Integrationsmaßnahmen während seiner Lebensdauer unterliegt. Hier besteht also eine einmalige Chance, das Fundament aufzubauen bzw. zu stabilisieren, das es gestattet, das Produkt "Informationssystem" effektiv und effizient zu gestalten.

Aus vielfältigen Erfahrungen über die Bildung und Verwendung von Wartungsbudgets muß an dieser Stelle besonders betont werden, daß derartige reengineering-Prozesse auf der Grundlage klar definierter Projektaufträge und unter Anwendung bewährter Projektprinzipien durchgeführt werden müssen. Ein klar definiertes Produktmanagement unterstützt zudem die systematische Erstellung und Pflege von Informationssystemen.

Abschließend sollen noch eine Reihe von Risiken erwähnt werden:

- die alleinige Behandlung von Krankheits-Symptomen eines Patienten läßt ihn auf Dauer nicht genesen,
- "to do the right things and not (only) to do the things right",
- der Einsatz von Tools nimmt einem das Denken nicht ab,
- der Verzicht auf die Festlegung von Regeln für den Projekt-Typ "reengineering von bestehenden Informationssystemen" wiederholt bekannte Fehler.

Technische und soziale Aspekte der Softwareentsorgung

Werner Kalmbach
IBM Deutschland GmbH
Leiter IS Anwendungen
D-7044 Ehningen

Einleitung

Entsorgung im heutigen Sprachgebrauch ist im weitesten Sinne die Bezeichnung für alle Maßnahmen die der Abfallbeseitigung dienen. Unter dem Gesichtspunkt der menschlichen Belange ist ein Abfallstoff dann befriedigend beseitigt, wenn er so umgewandelt oder abgelagert wird, daß er den Bestand an Leben weiter fördert, gewährleistet oder zumindest nicht mehr als den Umständen nach unvermeidbar beeinträchtigt.

Unter Anlehnung an diese Definition bedeutet Entsorgung von Software nicht primär die Beseitigung von Abfallstoffen, sondern Übergang von Software-"Altlasten" zu Nachfolge-Software unter Berücksichtigung von technischen, sozialen und wirtschaftlichen Aspekten.

Die Software-Entsorgung ist kein neues Problem, sondern Teil der Aufgabenstellung einer IS Funktion im Unternehmen. Die besondere Situation der heutigen Zeit liegt darin, komplexe Anwendungssysteme an die sich mit ungeheuerer Dynamik wandelnden Erfordernisse von Innen und Außen schnell und kostengünstig anzupassen.

Steigende Aufwände für Wartung, höhere Qualitätsanforderungen und veränderte Benutzeranforderungen forcieren die Notwendigkeit der Entsorgung von Software-"Altlasten".

Aus der Sicht des Unternehmens bedeutet die Software-Entsorgung ein "Veränderungsvorhaben" mit sozialen Implikationen. Die damit verbundenen Änderungsprozesse, in vielen Fällen im Sinne von Rationalisierung einsehbar, dürfen neben der technischen Dimension nicht unterschätzt werden.

Die Durchdringung der Informationsverarbeitung in sämtlichen Bereichen des Unternehmens zwingt den Systemanalytiker bei dem Entwurf und der Einführung einer Nachfolge-Software, u.a. folgende Aspekte zu berücksichtigen:

- Einbettung aller Veränderungen in eine Unternehmens- und Organisationskultur
- Abgleich des Funktionsumfanges oder Anpassung an die neuen Erfordernisse unter Heranziehung eines Unternehmensmodells
- Migration von Daten, Dictionary und angrenzenden Verfahren
- Schulungen, sowohl im technischen- und geschäftlichen-, als auch im kompensatorisch-sozialen Bereich
- Einbeziehung von Betroffenen (Rechenzentren, Fachbereiche) aber auch Beteiligten (u.a. Mitbestimmungsgremien).
- sowie die Lagerung von Daten und Programmen nach gesetzlichen und geschäftlichen Erfordernissen.

Das besondere Problem der Entsorgung von "Virus-infizierter" Software wird hier nicht behandelt.

Das Thema der Software-Entsorgung ist somit ein sehr komplexes Gebiet und, zu Unrecht, vernachlässigter Aspekt der Informationsverarbeitung. Mit dieser Herausforderung muß jede IS-Organisation sich jetzt auseinandersetzen:
Je früher und gründlicher, desto besser, wirksamer und menschlicher.

Warum ist die Software Entsorgung ein Thema ?

1. Evolution der Anwendungen

Das Thema Software-Entsorgung tritt verstärkt in Unternehmen auf (so auch bei der IBM Deutschland GmbH), die sehr früh mit der Mechanisierung der Arbeitsprozesse anfingen. Die Vielfalt der Anwendungen reflektiert die verschiedenen Stufen der Informationsverarbeitung und der Vorgehensweisen in der Anwendungsentwicklung:

1. Administrative Datenverarbeitung, d.h. Automatisierung der Arbeit von einzelnen Personen und Gruppen im unmittelbaren Arbeitsvollzugsfeld mit dem Ziel, die Produktivität und Arbeitsqualität zu erhöhen (interne Abläufe).

2. Ausdehnung auf Ablauf- und Aufbauorganisation, verbunden mit Änderungen von Organisationsstrukturen (interne Abläufe).

3. Prozeßdenken, Vernetzung (Anwendungen und Daten jederzeit und allerorts verfügbar) gestützt und gegenseitig beeinflußt durch Technologieentwicklungen bzw. Verfügbarkeit (interne und externe Beziehungen).

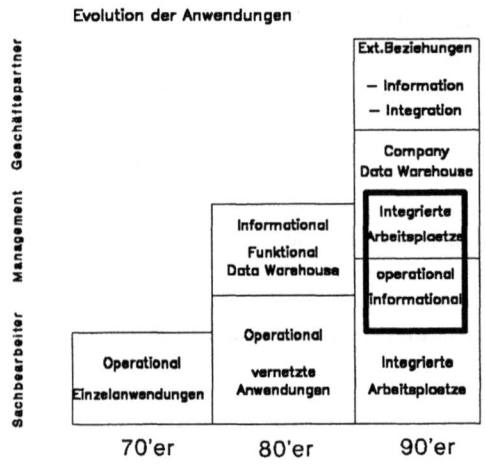

Die Lösungen der Stufen 1 und 2 waren historisch und organisatorisch bedingte vertikale Lösungen der geschäftlichen Abläufe. Es entstanden zunehmend 'Insellösungen' auf unterschiedlichen Betriebssystemen und, speziell bei der IBM, in einer Mischung von landesspezifischen und internationalen Verfahren, einer Vielfalt von Anwendungsarchitekturen, Datenredundanz mit abweichender Aktualität. Zur Erhaltung der Konsistenz, Integrität und Integration der Informationen wurden zusätzlich komplexe Anwendungspakete notwendig.

In der Stufe 3 kommt die Öffnung der internen Verfahren nach Außen. Neue Vertriebswege über Händler und Agenten, Abfragemöglichkeiten interner Daten direkt durch den Kunden, elektronischer Datenaustausch etc. sind Beispiele hierfür.

2. Altersstruktur der Verfahren

Etwa 40% des installierten Codes von Anwendungen im kaufmännisch-administrativen Bereich der IBM basiert noch auf dem Design der 70er Jahre. Die Entwicklung dieser Anwendungen, deren Zielkonzeption dauernd den Änderungen und Anpassungen an die Realität unterworfen ist, wird praktisch nicht abgeschlossen. Weiterentwicklung und Wartung gehen parallel und sind voneinander nicht trennbar. Es handelt sich hierbei meist um Kernanwendungen, strategisch und organisatorisch wichtige Stützen des Unternehmens, die wiederum auf politische, rechtliche und fiskalische Anforderungen reagieren müssen:

> DE FACTO *eine abgesicherte, jedoch komplexe Entsorgung durch Projekte und Programmerweiterungen (Releases).*

Periodisch durchgeführte Benutzerumfragen geben den Grad der Zufriedenheit mit den Anwendungen wider, Problembereiche werden kommuniziert, Schwachstellen und Konfliktpotential erkannt. Mängel in der Benutzerführung, Help-Informationen, Benutzeroberfläche, fehlende Profiltabellen etc. werden häufig als Ursache der Unzufriedenheit genannt. Die aus Benutzersicht 'kleinen Änderungen' in diesen Verfahren (historisch gewachsen, wenig strukturiert, mit vielen 'Metastasen' verwoben) zusammen mit neuen Anforderungen technischer und organisatorischer Art (z.B. Qualitätsdrucker am Arbeitsplatz, 'unattended operation' im Rechenzentrum, 24-Stunden Online-Betrieb, Informationssysteme für Entscheidungshilfen, Hardware, Datenbanksysteme, Werkzeuge, usw.) sind ein Signal für "Entsorgungsbedarf".

3. Soziale Komponente

In "Geschichte der griechischen Philosophie" läßt LUCIANO DE CRESCENZO den zeitgenössischen Volksphilosophen Peppino Russo sprechen: "...Die Spielsachen haben nicht schon, wenn sie aus der Fabrik kommen eine Seele. Nein, nein, da sind sie ganz gewöhnliche Gegenstände. Sobald jedoch ein Kind sie liebt, schlüpft ein Stückchen seiner Seele in das Plastikmaterial und verwandelt es in lebendige Materie. *Ja, und von dem Augenblick an kann man das Spielzeug nicht mehr einfach wegwerfen, auch wenn es in der Zwischenzeit kaputtgegangen und verbeult ist...*"

Eine direkte Analogie dieses 'philosophischen' Exkurses besteht in der Beziehung zwischen den Software-"Altlasten" einerseits und den Benutzern und Entwicklern andererseits. Sie kennen die Anwendungen, deren Stärken und Schwächen, die möglichen und erlaubten Tricks, sie sind die Experten, sie sind mit dem Umgang damit vertraut.

Im Entscheidungsprozeß einer Nachfolge-Software gewinnt die Berücksichtigung dieser sozialen Aspekte neben den bereits gängigen technischen und wirtschaftlichen Komponenten eine immer größere Bedeutung. Soziale Bedürfnisse sind aufgrund von gesellschaftlichen Veränderungen, Ausbildungsstand, berufliche Anerkennung, Umweltbewußtsein, technischer Fortschritt und mehr Freizeit, zu festen Bestandteilen einer Unternehmenskultur geworden. Eine durchdachte Planung mit allen Betroffenen und Beteiligten soll eine sonst als abrupt beziehungsweise zufalls- und situationsgetrieben empfundene Entsorgung vermeiden, die unter Umständen bei den Mitarbeitern zu sozio-psychologischen Problemen führen kann (Verlust der Identifikation, Akzeptanzprobleme, Blockierung der Lernfähigkeit und Leistungsabfall durch Angst, PWS-Syndrom).

Das Erkennen und Vermeiden solcher Faktoren ist eine wesentliche Herausforderung an das Management der Software-Entsorgung. Ein Katalog an Maßnahmen sollte u.a. folgende Aktionen umfassen:

- Ganzheitlichen Denkansatz entsprechend der Komplexität der Situation (Sach- und Beziehungsfragen; Maschinen, Systeme UND Menschen) sichern.
- Zielsetzungen allen Beteiligten rechtzeitig klar und eindeutig sichtbar machen.

- Geist eines Innovationsmanagements herbeiführen.
- Kooperative Mitwirkung 'alter' und 'neuer' Mitarbeiter sowohl Benutzer als auch Anwendungsentwickler, von Anfang an anstreben.
- Skillerweiterung der Mitarbeiter durch adäquate Schulungsangebote konsequent unterstützen (Aus- und Weiterbildung, Umschulungskonzepte).

Hierdurch soll eine Atmosphäre entstehen, in der jeder gewinnt und Änderungen technischer oder sozialer Art positiv aufgenommen werden.

Entsorgung als 'Veränderungsmaßnahme' kann auch eine Veränderung des Arbeitsplatzes nach Tätigkeit und Qualifikation, oder nach Inhalt und Ort mit sich bringen. Es ist eine Führungsaufgabe, Mitarbeiter dafür zu gewinnen, andere berufliche Qualifikationen zu erwerben, Neues zu lernen und andere Tätigkeiten auszuüben.

4. Wirtschaftliche Gesichtspunkte

Wirtschaftliche Gesichtspunkte sind ein wesentlicher Entscheidungsfaktor bei der Software-Entsorgung. Letztlich geht es um ein Abwägen inwieweit sich die Kosten der laufenden Operation noch rechtfertigen. Dies kann man nicht ausschließlich unter 'finanziellen Aspekten' im Sinne üblicher Justifikation sehen. Hierzu noch einige Ausführungen als Ergänzung und Zusammenfassung zu den bereits im Text erläuterten technischen und sozialen Gesichtspunkten. Das Weiterleben mit Software-Altlasten heißt:

- Strategische Überlegungen bleiben, aus wirtschaftlichen Gründen, im Ansatz stecken.
- Der Einbau von neuen Anforderungen, aus internen oder externen Notwendigkeiten, Integration der Insellösungen, Qualitätsforderungen, Erhöhung der Benutzerzufriedenheit ist wirtschaftlich nicht mehr vertretbar.
- Anwendungen laufen auf heterogenen Systemen, basieren auf unterschiedlichen Architekturen, Datenbanken und Programmiersprachen (veralteter Entwurf, nur teilweise transaktionsorientiert).
- Die Wartungskosten können nicht reduziert werden, solange die Programme nicht neu strukturiert, die Anwendungen entflochten und die Datenredundanz minimiert werden.
- Der Einbau von Anforderungen, bei gleichzeitig geforderter Reduzierung der Reaktionszeit, ist auch mit Hilfe von modernster Hardware, Software und Werkzeugen, nicht erreichbar.
- Der Aufwand in Methoden, Verfahren und Kontrollsysteme nimmt zu, um die Stabilität und Lauffähigkeit der Anwendungen zu sichern.

Diese Argumente führen innerhalb der IBM zu dem Schluß, daß aus wirtschaftlicher Vernunft eine stufenweise 'Rejuvenation', rechtzeitig initiert, das beste Konzept für die Entsorgung von Software-Altlast darstellt. Diese soll unter Mitwirkung aller Betroffenen und Beteiligten, unter Heranziehung der technischen Gegebenheiten und unter Berücksichtigung der Unternehmenskultur geplant und durchgeführt werden.

Insgesamt kann gesagt werden:
Durch die Konzentration auf die Mechanisierung bzw. den Mechanisierungsgrad von Abläufen hat man sich in der Vergangenheit relativ wenig Gedanken über eine spätere Entsorgung gemacht. Entsorgungsaspekte haben sich weitgehend in einer 'Plannahme' über den voraussichtlichen Lebenszyklus einer Anwendung erschöpft. Damit blieben konkrete Aspekte von Entsorgungstechniken und -disziplinen weitgehend unberücksichtigt.
Dieser Kompromiß bei der Software-Entwicklung der Vergangenheit verstärkt das heutige Problem der Software-Entsorgung. Entsorgung ist damit zu einem *kritischen Erfolgsfaktor* von IS-Organisationen bzw. Unternehmen geworden.

Lösungsansätze der Entsorgung bei der IBM

Software-Entsorgung muß Teil einer durchgängigen Entwicklungs- und Wartungskonzeption sein, mit klaren Vorstellungen und Handlungskonzepten. Methodische Ansätze und technische Unterstützung durch Hardware, Entwicklungswerkzeuge, usw. müssen Hand in Hand gehen.

1. Strategische Anwendungsplanung

Bei der Strategischen Anwendungsplanung wird der Investitionsplan für den strategischen und taktischen Zeitraum festgelegt. Aus diesen Plänen geht auch hervor, wann ein Verfahren

- erweitert, angepaßt oder modifiziert
- nicht mehr benötigt oder durch einen Nachfolger abgelöst
- aus geschäftspolitischen Gründen neu entwickelt

wird. Die Basis hierfür bildet ein unternehmensweites Prozeß- und Datenmodell. Die Priorisierung (strategische Positionierung) wird nach finanziellen, technischen und unternehmenspolitischen Aspekten - unter Berücksichtigung der Risikofaktoren bei Nichtrealisierung - vorgenommen.

2. Projekt/Release-Konzept

Die ausgewählten Vorhaben, unter anderem auch Entsorgungsinvestitionen, werden nach etablierten Projekt- oder Release-Disziplinen durchgeführt. Die einzelnen Aktivitäten in den verschiedenen Entwicklungsphasen sind in einem IS-Vorgehensmodell definiert und vorgeschrieben. Jede Entwicklungsphase enthält und dokumentiert auch Aspekte der Entsorgung, die sowohl für die "Altlast", als auch für die Neuentwicklung relevant sind.

Die wichtigsten Schritte bei der Durchführung von Entsorgungsvorhaben sind:

- Migrationsstufen für Daten, interne und angrenzende Verfahren.
- Architektur, auch unter Einbeziehung bestehender, wiederverwendbarer Komponenten.
- Design in einer vorgegebenen Umgebung von Standards, Methoden, Werkzeugen und Empfehlungen für Hardware und Software.
- Prototyping und Antwortzeitverhalten.
- Schulungskonzepte erarbeiten und Schulungen durchführen.

Ein Kapitel im IS-Vorgehensmodell der IBM ist speziell den technischen und administrativen Aktivitäten zur Beseitigung der abgelösten Altverfahren gewidmet (Aufbewahrung des Codes und der Daten nach gesetzlichen Vorschriften, Vorkehrungen zur Wiederherstellung und ordnungsmäßiges Löschen der Anwendungsumgebung).

3. Wartungs-Konzept

Im Rahmen des Wartungskonzeptes sind Kontrollmechanismen installiert, die im Sinne unseres Themas ein FRÜHWARNSYSTEM darstellen (z.B. Benutzerumfragen, Tagesbewertungen vom Benutzer, Lauf- und Antwortzeiten, Anforderungs-Rückstau, Anzahl Fehler und Abbrüche etc.).

4. Architekturen, Standards und Infrastruktur

Zur besseren Bewältigung der technischen Dimension stehen den Systemanalytikern und Anwendungsentwicklern diverse Fachzentren und Unterstützungsfunktionen zur Seite:

- Fachzentrum für Daten und Prozesse (Business Modellierung, Data Dictionary und Datenbank Management System)
- Fachzentrum für zentrale Systeme (Architektur, Integration)
- Fachzentrum für Arbeitsplatzsysteme (Plattform für PWS, LAN)
- Anwendungsunterstützung (Standards, Normen, Methoden, Werkzeuge)

Ziel dieser Unterstützungsgruppen ist es, eine einheitliche, zukunftsorientierte, durchgängige Architektur- und Designlösung für die Anwendungen zu gewährleisten.

Zu Infrastruktur und Standards gehören auch Methoden und Werkzeuge, die zur Identifikation der nicht mehr benötigten Softwareteile, zur Ermittlung der Verknüpfung von Daten und Modulen, Bestimmung von Modulen mit gemeinsamer Logik etc. benötigt werden. Die Referenzsysteme sind das Data Dictionary und die Bibliotheken der Anwendungsentwicklung. Die mechanisierte Unterstützung von Entsorgungsaktivitäten geschieht heute primär durch selbstgeschriebene Programme, z.B. für Bibliothek-Scan, Erstellung von Cross-Reference-Listen, Daten-Extraktion und -Konversion, Data-Dictionary-Abfragen und Ergebnisauswertungen etc.

Mit diesen Ansätzen, Disziplinen und Strukturen wurden in der IBM in den letzten 10 Jahren ca. 8 Mio. Lines of Code 'entsorgt':

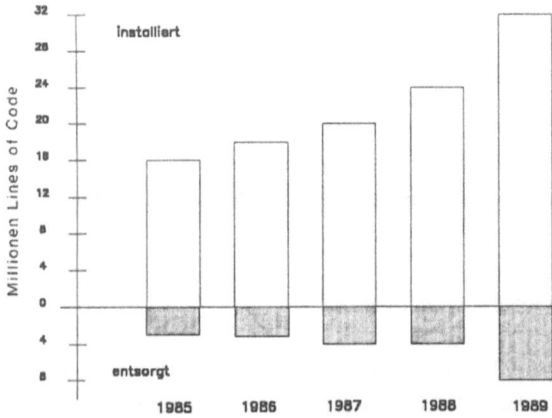

Weitere 7 Mio. LOC sind im Rahmen von 'Rejuvenation' bestehender Anwendungen z. Zt. in Planung bzw. Durchführung.

Ausblick

Die Notwendigkeit einer konsequenten Software-Entsorgung wird durch die Möglichkeiten neuer Informationstechnologien wachsen. Vor dem Hintergrund dieser Herausforderung sind bei der IBM folgende Maßnahmen initiiert:

- Förderung des Problemverständnisses bei allen Mitarbeitern durch gezielte und konsequente Auseinandersetzung mit dem Thema.

- Pflege eines Unternehmensmodells (Prozesse und Daten) und konsequente Verfolgung der Informationsanforderungen des Unternehmens sowie Integration in eine Gesamtarchitektur.

- Neuorientierung des Anwendungsdesign, wobei hier die Hauptverantwortung bei den Systemanalytikern liegt, antizipativ zu denken und den Entwurf so auszulegen, daß technische und funktionale Forderungen gleichrangig sowie zukunftsorientiert behandelt und Entsorgungslasten minimiert oder gar vermieden werden.

- Integration eines Katalogs von Entsorgungsaktivitäten in das Life-cycle-Modell der Anwendungsentwicklung (Wiederverwendbarkeit, Aufbereitung von alten Codes etc.).

- Ausrichtung aller Anwendungsentwicklungsaktivitäten auf SAA (Systems Application Architecture), um Portabilität und Flexibilität in den Anwendungen zu erreichen.

- Einsatz eines zentralen Datenverwaltungssystems (Repository), das unternehmensweit die Kontrolle über alle Daten (zentral und verteilt) behält.

- Stärkere Mechanisierung von Programmentwicklung und -wartung. Dabei Basis-Komponenten von AD/Cycle mit Einsatz von PWS-orientierten Werkzeugen voll ausschöpfen, um die Reaktionszeit der Entwicklung zu beschleunigen und Qualitätsanforderungen noch besser zu erfüllen.

- Erhöhung der Wiederverwendung bereits existierender Module und Ausrichtung der Programmierung auf 'Objekt Orientierung'.

- Weiterentwicklung von Standards und Normen.

Ganz sicher können und müssen Konzepte, Methoden und Werkzeuge noch verbessert werden. Jedoch gilt unabhängig davon auch, *Entsorgungsfähigkeit, die beim Entwurf der Anwendung nicht berücksichtigt wurde, läßt sich nachträglich nicht bzw. nur sehr schwer erreichen.*

KONVERTIERUNG ALTER SOFTWARE AUF NEUE SYSTEM-PLATTFORM

U.M. Osann
Schweizerische Bankgesellschaft
Zürich/Schweiz

1. Ausgangslage

Die Schweizerische Bankgesellschaft (SBG) hat sehr früh mit der Datenverarbeitung begonnen. In den frühen 70er Jahren waren alle wesentlichen Bankgeschäfte computerisiert, wobei für die dezentrale Datenerfassung ein remote batch Übermittlungsnetz aufgebaut wurde. Seither ist ein integriertes Realtime-System für die Unterstützung aller Geschäftsbereiche in Betrieb genommen worden, welches die alten Batchprogramme ablösen sollte. Angesichts der ständig wachsenden Bedürfnisse der Bank nach neuen Applikationen und zusätzlichen Funktionen wurde die Ablösung der gut funktionierenden, alten Applikationen mit zweiter Priorität vorangetrieben. Deshalb werden heute noch immer 600 Programme im alten systemtechnischen Umfeld betrieben. Zum größeren Teil sind sie in einem alten COBOL geschrieben, doch gehören auch etwa 70 Assemblerprogramme dazu. Die Kosten, um dieses alte technische Umfeld neben dem neuen zu unterhalten, sind relativ hoch, weshalb nun der Ablösung der alten Programme eine hohe Priorität zugeordnet worden ist.

2. Lösungsmöglichkeiten

Für die rasche Ablösung alter Programme bestanden grundsätzlich folgende Möglichkeiten :

- Rapid Rewrite mit einer Viertgenerationssprache
- Konversion mit applikatiorischen Anpassungen zur besseren Integration mit den bestehenden Applikationen bzw. Daten
- 1:1 Konversion ohne Datenintegration
- Mischformen

Die Konversion konnte manuell oder automatisiert erfolgen.

3. Gewählter Lösungsweg

Wir entschieden uns zu folgendem Vorgehen:

Zuerst sind die bestehenden Programme weitgehend 1:1 zu konvertieren, wobei als Hilfsmittel für die Programmkonversion Reverse-Engineering Tools eingesetzt werden. Mit diesem Vorgehen kann die Konversion schnell bewerkstelligt werden, und man benötigt dazu nur minimale applikatorische Kenntnisse. Letzteres stellt bei der SBG einen schwierig zu behebenden Engpaß dar. Die Integration der Datenbestände wird in einem zweiten Schritt durchgeführt werden. Damit wird der Gesamtaufwand für die Konversion wahrscheinlich etwas größer ausfallen. Dies hat jedoch den Vorteil, daß das alte Umfeld frühzeitig stillgelegt werden kann, was rascher zu Kosteneinsparungen führen wird.

4. Vorgehen

Zuerst ging es darum, ein vollständiges Inventar der zu konvertierenden Programme, Daten, Abläufe und Utilities zu erstellen. Dies war nicht einfach, weil als einzig verläßliche Dokumentation nur die im Rechenzentrum vorhandenen Programme und Abläufe betrachtet werden konnten. Außerdem mußte ermittelt werden, welche Programme durch neue Applikationen innerhalb der Konversionsperiode abgelöst werden und deshalb nicht mehr zu konvertieren sind.

Parallel dazu wurde die Konversionsstrategie mit Hilfe eines Pilotprojektes verifiziert, was sich als äußerst hilfreich erwies, denn viele kleinere Probleme konnten nur auf diese Weise erkannt werden. Dies führte zu verschiedenen Anpassungen bei den Konversionshilfsmitteln.

Beim Vorgehensplan mußten mehrere Gesichtspunkte berücksichtig werden. Einerseits möchte man lieber viele kleine Teilschritte realisieren, andererseits sollten dadurch nicht zu viele neue Schnittstellen geschaffen werden. Die schwierigen Dinge sind frühzeitig anzugehen, damit allfällige Probleme im Vorgehen rechtzeitig sichtbar werden. Die Größe des ersten Paketes soll eher klein sein, weil die Konversionserfahrung zu diesem Zeitpunkt noch nicht groß ist. Die Pakete können dann mit zunehmender Erfahrung größer gemacht werden.

Wir entscheiden uns für vier Einführungspakete, wobei die ersten kleiner waren als die späteren. Um allfällige Schwierigkeiten früh zu erkennen, wurden zusätzlich die Assemblerprogramme, die Daten und die Abläufe aller Pakete in der ersten Realisierungsphase konvertiert.

5. Projektorganisation

Für diese Aufgabe ist eine von der Applikationsentwicklung getrennte Projektorganisation geschaffen worden. Die Erstellung der Konversionsutilities und die Programmkonversion wurden einer externen Firma übertragen. Für die Konversion der Abläufe und Utilities, die Tests und die Einführung sind eigene Mitarbeiter eingesetzt worden. Diese Mitarbeiter bleiben während der ganzen Projektzeit ihren angestammten Organisationseinheiten zugeteilt, weil es sich ja nur um eine zeitlich limitierte Aufgabe handelt. Interessant mag sein, daß der Aufwand für die Tests und die Einführung etwa gleich hoch eingeschätzt wurde, wie für die Durchführung aller Konversionsarbeiten.

Beherrschung von Software-Altlasten

U. Kleinau
BMW AG München
Software-Engineering

Situation allgemein

Die Informationsverarbeitung gewinnt zunehmend unternehmensstrategische Bedeutung zur Verbesserung der Wettbewerbsposition. Gleichzeitig wachsen die Anforderungen an die IV-Abteilungen der Unternehmen durch

- verstärkte Nachfrage nach Software
- zunehmender Komplexität (Beherrschbarkeit des Systemverbunds)
- erhöhte Qualitätsansprüche

Dem stehen begrenzte Ressourcen und der auf absehbare Zeit anhaltende Mangel an qualifizierten Software-Entwicklern gegenüber. Hinzu kommt, daß die Wartung der bestehenden Systeme mehr als die Hälfte der Personalkapazitäten im Softwarebereich bindet.

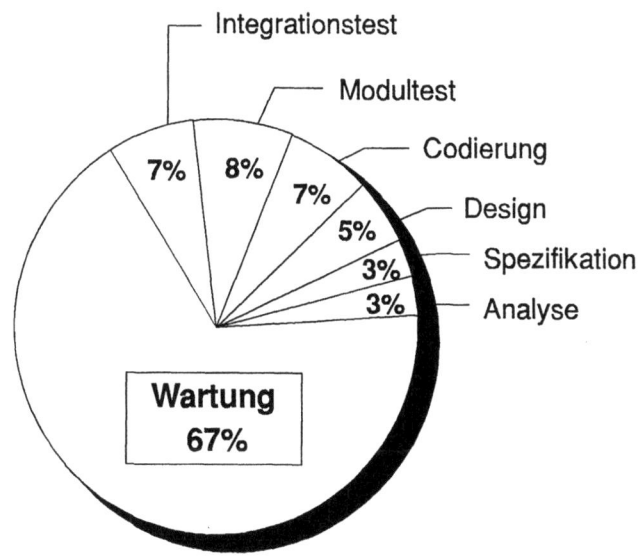

Abb. 1: Kostenverteilung über den Lebenszyklus (Quelle: Elektronik)

Die Problematik kann nur dann verbessert werden, wenn die Aufgaben der Software-Erstellung (Entwicklung, Qualitätssicherung, Projektmanagement und Wartung) unter Berücksichtigung der Interdependenzen beherrscht und durch Methoden und Werkzeuge des Software-Engineering wirkungsvoll unterstützt werden.

Wartung

In Bezug auf die Wartung wurden deshalb bei BMW Überlegungen angestellt, die Alt-Software qualitativ zu verbessern, um die hohen Wartungsanforderungen zu reduzieren.

Im allgemeinen wird unter Wartung die Pflege und Instandhaltung (kleine Anpassungen) sowie die vorsorgende Instandhaltung an technischen Geräten und Maschinen verstanden.

Bei Software-Anwendungssystemen gilt ähnliches. Jedoch ist hier die Wartung umfassender zu verstehen. Neben Fehlerkorrekturen und Leistungsverbesserungen (Performance) zählen dazu auch Erweiterungen des Funktionsumfanges sowie Anpassungen an eine sich laufend verändernde betriebliche oder technische Umgebung (z.B. Gesetzesänderung oder Releasewechsel von Trägersystemen usw.).

Anfang 1986 wurde bei BMW das Projekt "Software Configuration Management System" (SCMS) initiiert.

Das SCMS stellt eine organisatorische und maschinell unterstützte Umgebung für das Management von Anwendungssystemen, sowohl bei der Neuentwicklung als auch bei der Wartung bereit.

Generelles Ziel war die Verbesserung der Wartbarkeit von Anwendungssystemen und damit Freisetzung eines Teils der Wartungskapazitäten für innovative Vorhaben.

Meta-Modell (Kategorienmodell auf Basis DDS)

Der erste Schritt zum Aufbau des SCMS bestand in der Festlegung der wichtigsten projektüberdauernden Ergebnisse mit ihren verarbeitungstechnischen Beziehungen und Ausprägungen in einem Meta-Modell.

Durch die Definition des Meta-Modells war die Möglichkeit gegeben, unternehmensweit die Software-Bausteine der einzelnen Anwendungssysteme transparent zu machen.

Das Meta-Modell basiert auf dem bei BMW im Einsatz befindlichen IBM Data Dictionary System (IBM DDS). Es stellt als Dokumentationssystem die zentrale Basis für die Neu- und Weiter-Entwicklung der operativen Anwendungssysteme sowie die Wartung der Programme dar.

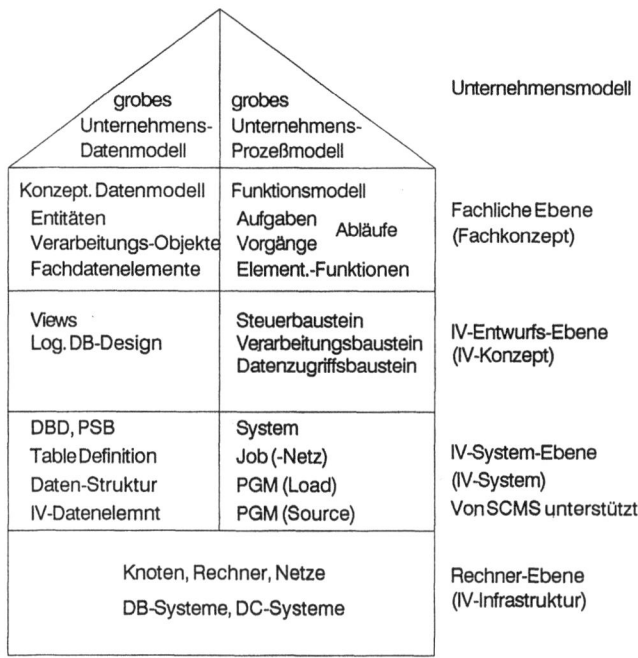

Abb. 2: Meta-Modell

IV-Standards

Die überproportionale Bindung der Programmierer-Kapazitäten an die Wartung hat ihre Ursachen zum Teil in der derzeit existierenden Produktvielfalt. Fehlende Normierungen von herstellerunabhängigen Gremien auf vielen Gebieten der Informationsverarbeitung bewirken, daß die Anwender mit immer mehr Produkten konfrontiert werden. Der Einzug von Personal Computern bzw. Workstations, die stärkere Vernetzung der Rechner usw. haben diese Situation weiter verschärft. Erste Ansätze von Hardware-Herstellern, zumindest innerhalb ihrer Produktfamilien Standardrahmen zu definieren, sind zwar vorhanden, werden kurzfristig aber kaum wirksam werden können (z.B. IBM mit SAA, DEC mit AIA). Die Folge ist, die Anforderungen an das Know-How der Entwickler werden immer größer bzw. die Spezialisierung nimmt zu.

Aus diesem Grund hat man bei BMW damit begonnen, hausinterne IV-Standards zu definieren. Da in einem großen Unternehmen die Einhaltung dieser Standards nur schwer überprüfbar ist, wurde jedem IV-Standard ein sog. Supportlevel zugeordnet. Die Produkte mit dem höchsten Supportlevel werden zentral unterstützt. Die Entwickler entsprechend geschult. Bei der Ablösung eines Standards wird von zentraler Stelle eine Migrationshilfe angeboten.

Bestandsaufnahme der Alt-Software

Wie beim Aufbau einer zentralen Lagerdatei muß auch beim Aufbau eines Data Dictionary eine Bestandsaufnahme der vorhandenen Software-Bausteine gemacht werden. Im Projekt SCMS wurden in der 1. Stufe die Software-Bausteintypen Programme, Unterprogramme und Datenstrukturen bereinigt. Weitere Bausteintypen wie Formate, PSB's, DBD's, Jobs, Table-Definitions sollten in einer weiteren Stufe bereinigt werden.

Für die Durchführung der Bestandsaufnahme war die Erstellung von Analyse-Programmen erforderlich. Bei der Source-Programm-Analyse wurden festgestellt:

- Programmbeziehungen
- Kurzbeschreibung
- Lines of Code
- Copy-/ Include-Strukturen
- Macros
- DD-Namen

Der Entwicklungsaufwand war speziell für die Programme zur Analyse der PL/1- und Assembler-Sources sehr hoch. Außerdem erforderte bei der Durchführung der Bestandsaufnahme die Klärung und Bereinigung der erkannten Inkonsistenzen einen enormen manuellen Aufwand.

Diesen Aufwendungen kann nachweislich folgender Nutzen gegenübergestellt werden:

- Verwendungsnachweise für Entwicklung und Wartung
- Basis für maschinell unterstütztes Konfigurations-Management
- Basiszahlen für die Aufwandsschätzung von Programmänderungen
- Erkennen von Schnittstellen
- Klare Zuständigkeiten für Programme und Anwendungssysteme
- maschinell unterstützte Qualitätssicherung

Ein Beispiel soll diesen Nutzen quantifizieren: Allein durch die Feststellung von Inkonsistenzen bei Programmen und Unterprogrammen konnten nach der Bestandsaufnahme 5000 Programme gelöscht werden. Dies entspricht einem Anteil von 25 % des Gesamtprogrammbestandes.

SCMS Software Configuration Management System

Der Begriff "Software Configuration Management System" bezieht sich auf alle Instanzen, Methoden und Werkzeuge zur Verwaltung, Planung und Kontrolle von Software-Systemen. Unter Instanzen werden hier z.B. Zuständigkeiten für die Freigabe von Software-Bausteinen verstanden. Die Methoden vom SCMS fassen Techniken, Standards und Richtlinien der Programmierung, Compilierung und Speicherung der einzelnen Bausteine zusammen. Die Elemente von Software-Systemen wie Programme, Unterprogramme, Jobs, Dateien, Dokumente und viele mehr werden hier als Software-Bausteine bezeichnet.

Als Schwerpunkte des SCMS sind zu nennen:

- Verwaltung der Softwarebausteine unter Berücksichtigung softwaretechnischer Abhängigkeiten (Konfigurations-Management)
- Unterstützung einer definierten Entwicklungsumgebung
- Übergabe- / Übernahme-Verfahren
- Integration unterschiedlicher Tools mit Hilfe einer einheitlichen Menüsteuerung
- Statussystem: ENTWICKLUNG / PRODUKTION
- Konstruktive Qualitätssicherung
- Informationen über Softwarebausteine sowohl in bezug auf deren Charakteristika als auch hinsichtlich der Zusammenhänge im Gesamtsystem und der historischen Entwicklung im Kreislauf
- Datenschutz und Datensicherheit

SCMS unterstützt die elementaren Stationen im Software- Entwicklungskreislauf:

- Entwicklung (Erstellen/Editieren der Source)
- Test in der Entwicklungsumgebung
- Test vor Produktion (unter produktionsähnlichen Bedingungen)
- Organisierter Übergang zum produktiven Einsatz

Der Konfigurationsgedanke ist das tragende Element in SCMS. Er begleitet die Softwarebausteine von der Entwicklung bis hin zum produktiven Einsatz. Die Bildung einer "Konfiguration" kann dabei durch manuelle Definition erfolgen. Optional bietet SCMS aufgrund der Analyse externer Programmreferenzen einen automatischen Konfigurationsvorschlag. Damit ist gewährleistet, daß softwaretechnisch zusammengehörige Bausteine stets gemeinsam aktualisiert und in der erforderlichen Form produktiv werden.

"SCAN" ist eine Teilkomponente in SCMS. Hier erfolgt die Analyse der externen Referenzen bei der Abspeicherung von Softwarebausteinen in produktiven Bibliotheken. Die Ergebnisse dienen einerseits der Unterstützung automatisierter Konfigurationsvorschläge für SCMS (Migration der Softwarebausteine), andererseits fließen die Resultate in das Data Dictionary (DDS) ein.

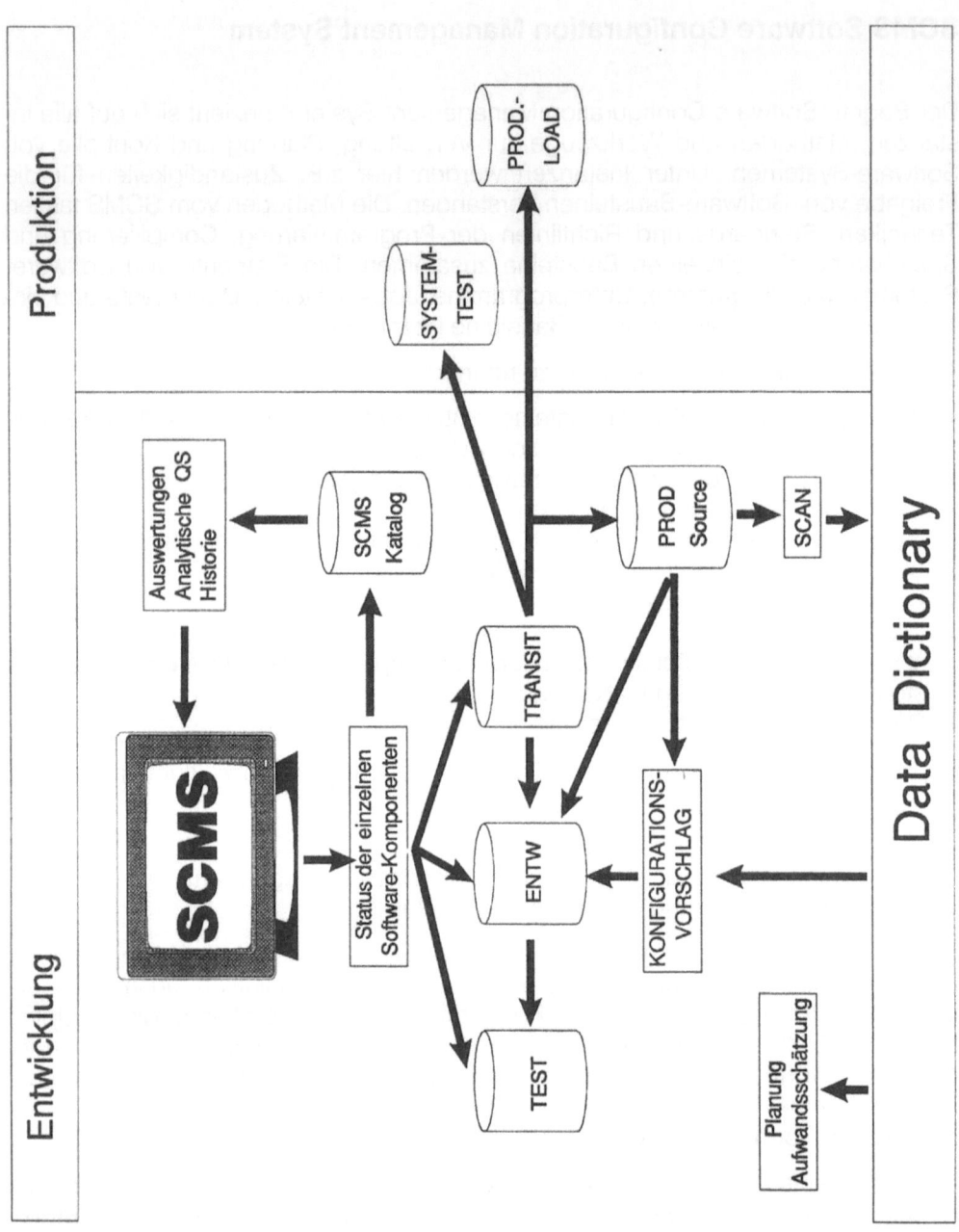

Abb. 3: SCMS-Architektur

Qualitätssicherung

Im Rahmen der Qualitätssicherung wird die Festlegung der Qualitätsanforderungen, die Prüfung, Abnahme und Freigabe von Ergebnissen geregelt.

Ausgehend von einer konstruktiven Qualitätssicherung nach dem Grundsatz: "Qualität wird produziert und nicht geprüft" wird mit dem SCMS angestrebt, dem Entwickler bereits während der Entwicklung diejenige Unterstützung anzubieten, die er für qualitativ hochwertige Software-Bausteine benötigt.

Dazu gehören:

- Besseres Verständnis der Zusammenhänge innerhalb des Anwendungssystems und des Systemverbundes
- Änderungskonfiguration (Ermittlung aller relevanten Software-Bausteine)
- Förderung der Modularisierung durch maschinelle Unterstützung des Konfigurations-Managements (größere Anzahl an z.B. Unterprogrammen erfordert nicht erhöhten Aufwand an Administration)
- Maschinelle Steuerung der Reihenfolge für Compile/ Link
- Strikte Trennung von Notfall-Wartung und Weiterentwicklung

Erfahrungen

Die Erfahrung bei BMW hat gezeigt, daß die Beherrschbarkeit und Wartbarkeit von Anwendungssystemen und Systemverbünden bei der starken Verflechtung und der Vielzahl der existierenden Softwarebausteine ohne eine maschinelle Unterstützung durch ein System wie SCMS nicht mehr möglich ist.

Das SCMS wird in der kommerziellen IV flächendeckend eingesetzt. Sowohl die Neuentwicklung als auch die Wartung werden über dieses System abgewickelt. Nach einer Eingewöhnungsphase ist die Akzeptanz durch die Anwendungsentwickler hervorragend. Weiterhin wurde festgestellt, daß das Qualitätsbewußtsein durch die Bereitstellung wichtiger Informationen über das Anwendungssystem stark gefördert wurde.

Neben der Reduzierung des Wartungsaufwandes wurde eine wesentliche Verbesserung der Qualität der Anwendungssysteme erreicht.

Die Definition des Metamodells und die darin vollständig abgelegten Informationen über den Systemverbund sind eine wesentliche Voraussetzung für den Übergang auf Architekturen wie SAA und AD/Cycle.

Nach- und Neuspezifikation von Betriebssystemen mit SARAH-2

Willems, Joachim
Siemens AG
Otto-Hahn-Ring 6
8000 München 83

1 Einleitung

Das Designspezifikationssystem SARAH-2 (System ARchitecture with Abstraction and Hierarchies) soll mit seiner Methodik, Sprache und seinen Werkzeugen die Entwicklung von Betriebssystemen durch eine Hierarchisierung und Modularisierung unterstützen, wobei das System als **Hierarchie abstrakter Maschinen** angesehen wird, und jede abstrakte Maschine aus einer Menge von Bausteinen, den **Units**, besteht.

Nur durch eine adäquate Designmethodik kann die Designqualität angehoben werden, was wiederum Voraussetzung für eine bessere Produktqualität ist.

Neben der Unterstützung des eigentlichen Designprozesses liefert SARAH-2 mit der Möglichkeit der Fundus-Erfassung auch die Ausgangsbasis, die für eine evolutionäre Weiter- (und/oder) Neuentwicklung eines existierenden Systems erforderlich ist. SARAH-2 bietet auch analytische und diagnostische Ansätze für die Überprüfung und Fehlerbeseitigung im System.

Um dieser Intention speziell im BS2000 gerecht zu werden, wurde folgende Vorgehensweise gewählt :

Ausgehend von über Tools extrahierten Schnittstelleninformationen aus den BS2000-Sources und manuell spezifizierten Designinformationen, die in einer System-Datenbank abgelegt sind, erstellt man Designspezifikationen in SARAH-2 Notation. Informelle Ergänzungen (über Text- oder Graphik-Editor) vervollständigen diese Dokumente zu Spezifikationen, die den kompletten IST-Zustand des BS2000 dokumentieren.

Umsetztools schließen den Kreislauf und leiten diverse Outputs in Richtung Implementierung und Beschreibung ab (Abb. 1.1).

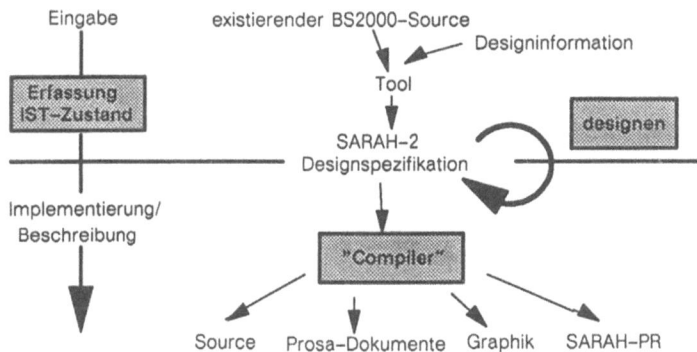

Abb.1.1 : Intention von SARAH-2

2 Das Designspezifikationssystem SARAH-2

SARAH-2 besteht aus einer **Methodik**, die definiert, welche Schritte, welche Reihenfolge und welche Form beim Design eingehalten werden muß, aus **Werkzeugen**, die helfen, das Design zu erstellen, zu überprüfen und zu visualisieren, und aus einer **Designsprache**, die als Beschreibungsmittel dient, um die Systemstruktur sowie gewisse Systemeigenschaften auszudrücken (Abb. 2.1).

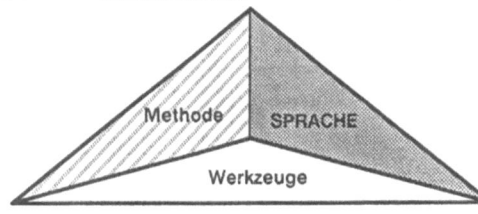

Abb.2.1 : Designspezifikationssystem

2.1 Die Designmethodik

Wie bereits erwähnt, unterstützt die Methodik durch abstrakte Maschinen und Units eine **Hierarchisierung** und **Modularisierung** von Systemen.
Während die abstrakten Maschinen eine vertikale Strukturierung der Systemfunktionen aufzeigen, spiegeln die Units die horizontale Struktur wieder.
Eine abstrakte Maschine hat immer nur Zugriffe auf Leistungen, die ihr von der direkt "darunterliegenden" abstrakten Maschine zur Verfügung gestellt werden.
Unter **Leistungen** versteht man alle **Funktionen**, die über Schnittstel-

len angeboten werden. (Im folgenden werden diese Schnittstellen mit "Generative Component" (GC) bezeichnet).
"Leistungsträger" sind die Units der abstrakten Maschine.
Eine abstrakte Maschine "ererbt" zunächst die Leistungen der darunterliegenden abstrakten Maschine (IMPORT) und hat die Möglichkeit, ererbte Leistungen selbst an ihrer Schnittstelle der nächsten abstrakten Maschine zur Verfügung zu stellen (EXPORT) oder aber zu verbergen (HIDES), so daß die Leistungen unsichtbar sind für alle darüberliegenden abstrakten Maschinen.
Darüberhinaus erweitert eine abstrakte Maschine die Menge der ererbten Leistungen, indem sie eigene Units mit Leistungen definiert (EXPORT). Die Units einer abstrakten Maschine lassen sich also aufteilen in Units, die in dieser abstrakten Maschine definiert werden, und in solche, die von der tieferliegenden abstrakten Maschine ererbt werden (Abb. 3.1).
Es besteht auch die Möglichkeit, durch **exklusiven Zugriff** die alleinige Benutzung von Leistungen zu erhalten.

2.2 Die Designsprache

Die Designsprache muß es erlauben, die Struktur eines Systems so darzustellen, daß sie einen Überblick über seinen Aufbau vermittelt. Sie ist das Beschreibungsmittel für das System mit dem durch die Methodik vorgegebenen hierarchischen und modularen Aufbau.
Während die Implementierung lediglich aus der Erstellung einer Menge von Units besteht, werden deren hierarchische Abhängigkeiten im Entwurf beschrieben.
Dieser Entwurf erfolgt in **drei Beschreibungsebenen**, der Beschreibung des gesamten Systems, der abstrakten Maschinen und der Units. Während Teile dieser Beschreibung manuell spezifiziert werden müssen, werden z.B. formale Import-/Export-Schnittstellenlisten toolmäßig erfaßt. Die Sprache erlaubt und unterstützt die Rekursion auf der Ebene der abstrakten Maschinen.
SARAH-2 kennt 2 Sprachdarstellungsformen
        a) Phrase- oder Syntax-Representation (PR) und
        b) Graphic-Representation (GR).
Beide Formen sind 1:1 ineinander transformierbar.

2.3 Die Designwerkzeuge

Die Werkzeuge von SARAH-2 dienen neben der Erfassung und Änderung von Designdaten auch der toolmäßigen Integration der Designphase in die bestehende Tool-Landschaft des BS2000 Software Life Cycle.
Die bisherigen Werkzeuge des Designverfahrens SARAH-2 (Abb. 2.3) :

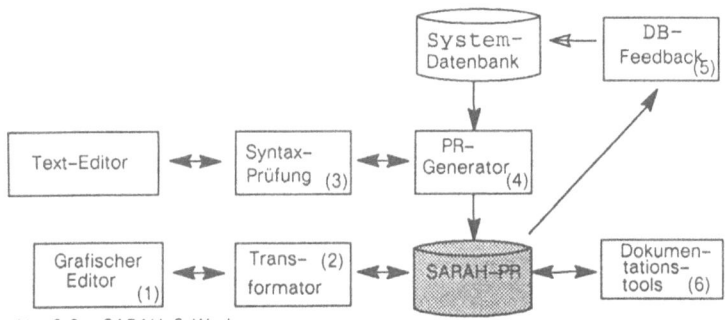

Abb.2.3 : SARAH-2 Werkzeuge

- Blockdiagrammeditor (1) : Graphikeditor auf SDL-Basis mit SARAH-2 Spezifika, wie z.B. Schnittstellentypen, abstrakten Maschinen, Hierarchie- und Abhängigkeitsprinzipien etc.
- Transformator (2) : Transformation von SARAH-PR in GR-Editor-Datenformate und umgekehrt. Beinhaltet auch Syntaxüberprüfung.
- Syntaxchecker (3) : Syntaxüberprüfer im BS2000.
- SARAH-PR-Generator (4) : Mischt informell spezifizierte Designstrukturinformationen mit Schnittstelleninformationen aus der System-Datenbank und erzeugt die vollständige SARAH-PR.
- DB-Feedback (5) : Update der Systemdatenbank über die SARAH-PR; d.h. Einbringen der modifizierten oder neu spezifizierten Schnittstellenattribute in die Systemdatenbank.
- Dokumentationstools (6) : "Set" von mehreren Tools, die
    - aus Prosa-Dokumenten eine normierte SARAH-PR erzeugen,
    - SARAH-Dokumente in BS2000 Sources als Inline-Kommentar einspielen,
    - SARAH-Dokumente aus Sources sowohl als eigenständige SARAH-2-Spezifikationen als auch als Prosa-Dokument ableiten,
    - Daten aus der SARAH-PR extrahieren,
    - Normierungen, Analysen und Syntaxprüfungen einer SARAH-PR vornehmen.

3 Unterstützung des BS2000-Designprozesses durch SARAH-2

SARAH-2 unterstützt primär folgende Designprozesse im BS2000 in Bezug auf Spezifikation und Darstellung :

1. Globale System - Schichtung
2. Funktionseinheiten (FE) - Schichtung
3. Schnittstellen und Funktionen
4. Ablaufstrukturen
5. Datenstrukturen
6. Checklisten, die die vielfältigen Randbedingungen, die während des Designprozesses abfallen, festhalten.

3.1 Schichtung/Schnittstellen/Funktionen

Ein zentraler Gedanke von SARAH-2 in Bezug auf Hierarchisierung ist die Vermeidung unerwarteter Rekursionen durch eine strikte **statische** Schichtung des Systems bezüglich der **Nutzt-Relation**.
Eine Unit nutzt eine andere, wenn sie eine Schnittstelle der anderen Unit nutzt.
Durch Einordnung der Units in eine solche Schichtung wird festgelegt, welche Funktionen genutzt werden können, und wer als Nutzer in Frage kommt (Abb.3.1).
Eine SARAH-2 Funktions-(Schnittstellen)-Deklaration, hat z.B. folgendes Aussehen :
    CALL ⟨function1⟩ GC ⟨name1⟩, GC ⟨name2⟩ CAPSULATE ⟨linkage⟩
       ENTRY ⟨name⟩ FROM ⟨FE-name⟩ OF ⟨system⟩.
Diese Funktionsdeklaration wird toolmäßig auf die einzelnen Schnittstellen (GC's) abgebildet.
Ziel ist ein zyklenfreier gerichteter Graph mit GC-Zugriffen von oben nach unten, und damit die Vermeidung und die Hinweise auf Verwendung zu hoher Funktionalität im System, deren Folgen u.a. Endlos-Schleifen oder Deadlocks sein können.
SARAH-2 unterstützt hierzu mehrere Arten von Schnittstellen.

1.) Datenschnittstellen

Alle Datenstrukturen, auf die von verschiedenen Moduln aus zugegriffen wird und die nicht den Input oder den Output von Aufrufschnittstellen darstellen, gelten als Datenschnittstellen (Schlüsselwort DATA).

2.) Typ-1- und Typ-2-Aufruf-Schnittstellen

Prozedurale und prozeßorientierte Aufrufschnittstellen vermitteln zwischen einem Rufer und einem Gerufenen, und zwischen einem Anbieter und einem Nutzer.

Die Richtung, in der ein Aufruf erfolgt, und die Richtung, in der eine Leistung erbracht wird, kann gleich- oder gegenläufig sein. Bei den meisten Schnittstellen erfolgt der Aufruf und die Nutzung gegenläufig, d. h. der Aufrufer ist der Nutzer, und der Gerufene ist der Erbringer der Leistung.

Bei Schnittstellen hingegen, bei denen die erbrachte Leistung lediglich in der Übermittlung eines asynchron zum Nutzerprozeß eingetretenen Ereignisses besteht, stimmen Aufrufrichtung und die Richtung der Übernahme der Leistung überein.

Je nachdem, ob Aufrufer und Nutzer und damit Gerufener und Erbringer, oder ob Aufrufer und Erbringer und damit Gerufener und Nutzer zusammenfallen, lassen sich alle Aufrufschnittstellen in zwei Typen unterteilen:

Typ-1 : Erbringer=Gerufener
         und damit
         Nutzer=Rufer
         "Aufträge"

Typ-2 : Erbringer=Rufer
         und damit
         Nutzer=Gerufener
         "Indikationen"

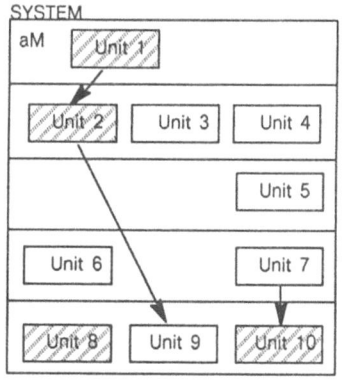

Abb.3.1: Schichtung/Schnittstellen/Funktionen

Während SARAH-2 nur eine Typ-2-Schnittstelle kennt, werden Typ-1-Schnittstellen je nach Art ihrer Ausführung unterschieden :

- SEND   : asynchr. Auftrag ohne Rückmeldung
- ORDER/RESPONSE : asynchr. Auftrag mit Rückmeldung
- CALL   : synchr. Auftrag
- EVENT_REQUEST   : synchr. Anmeldung einer Indikation.

3.) Inline-Funktionen

GC's, die ausschließlich modul-interne Auswirkungen haben, weil sie auf die Codegenerierung weder direkt noch indirekt Einfluß nehmen (z.B. Compileroptions) oder weil sie lediglich Hardware-Instruktionen einschalen, die nur modul-interne Datenobjekte oder Funktionen berühren, gehören zur Klasse der Inline-GC's (INLINE).

3.2 FE Schichtung

Aufgrund des hohen Grades gegenseitiger Abhängigkeiten in einem System wie dem BS2000 ist mit einer relativ großen Anzahl abstrakter Maschinen (globale System-Schichten) zu rechnen.
Derzeit existieren im BS2000 etwa 80 Relationen und 10.000 Komponenten, die sich aus etwa 2000 Modulen (Übersetzungs-, Verwaltungseinheiten) und 8000 GC's zusammensetzen.
Für den einzelnen Entwickler ist diese Vielzahl aber relativ uninteressant.
Er sieht nur seine Funktionseinheit mit seiner Umgebung als kleine Teilmenge des Gesamtsystems. (FE's im BS2000 sind Mengen abstrakter Funktionen, die nach Aufgabe und Wirkung zusammengehören und nach außen abgegrenzt sind).
Jede FE bietet anderen FE's über Schnittstellen ihre Funktionalität an. Durch die Nutzung dieser Schnittstellen durch andere FE's wird eine interne Schichtung der anbietenden FE vorgegeben, die bei Verfeinerungen auch beibehalten werden muß.

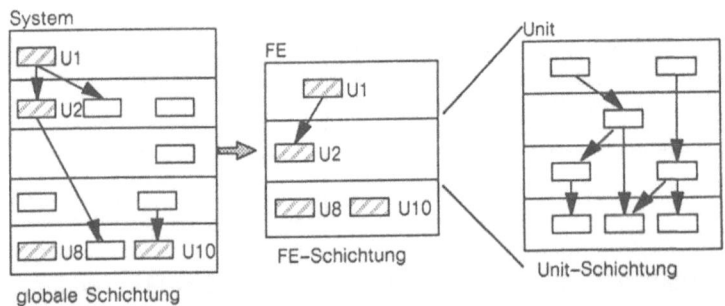

Abb.3.2 : FE-Auswahl / -Verfeinerung

Alle globalen Schichten, die die FE nicht nutzt, sind für das FE-Design des einzelnen Entwicklers nicht sichtbar. Die FE's stellen damit im wesentlichen die Designeinheiten dar, die ihrerseits strukturiert, sprich verfeinert und aufgespalten werden. (Abb. 3.2).

3.3 Ablaufstrukturen

Neben Überlegungen zur Funktionalität beginnt ein Design oft dahingehend, daß die sequentiellen Abläufe grob skizziert werden.
Diesen Prozeß unterstützt SARAH-2 auf 2 Arten.
SARAH-2 bietet die Möglichkeit, Hauptpfade traceartig sequentiell zu durchlaufen (Abb. 3.3.1). Die Abläufe selbst werden durch Pseudocode spezifiziert. Der Pseudocode umfaßt i.w. Anweisungen zur Steuerung des Kontrollflusses und zur Prozeßsteuerung (asynchr. Bearbeitung, Wartebeziehungen, Prozeßerzeugung und -Beendigung usw.).
Mit Fortschritt des Designs werden die Abläufe immer komplexer und unübersichtlicher und der gesamte Ablauf wird als reine Pseudocodedarstellung innerhalb einer Unit festgehalten (Abb. 3.3.2). Über den GR-Editor lassen sich beide Varianten visualisieren.

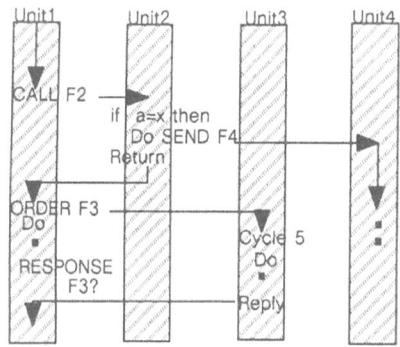

Abb. 3.3.1 : Ablaufstruktur-Hauptpfadtrace

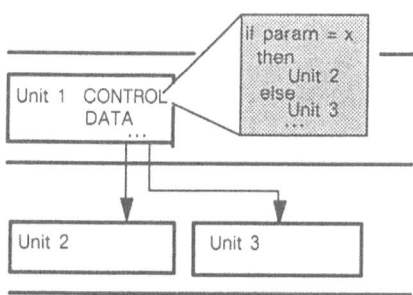

Abb.3.3.2 : Ablaufstruktur-Pseudocode

3.4 Datenstrukturen

Während des Designprozesses anfallende Entscheidungen zur Verwendung und Strukturierung von Daten werden ebenfalls über SARAH-2 spezifiziert. Die von SARAH-2 angebotenen formalen Mittel erlauben insbesondere die Beschreibung und graphische Darstellung von Verbindungen zu anderen Datenstrukturen, ihre Verfeinerung sowie gewisse Attributierungen bezüglich des Datentyps oder der Eigentümer und informelle Aussagen zu ihrer Nutzung und Semantik. Abb. 3.4 stellt zum Beispiel eine zentrale BS2000 Tabellenstruktur dar.

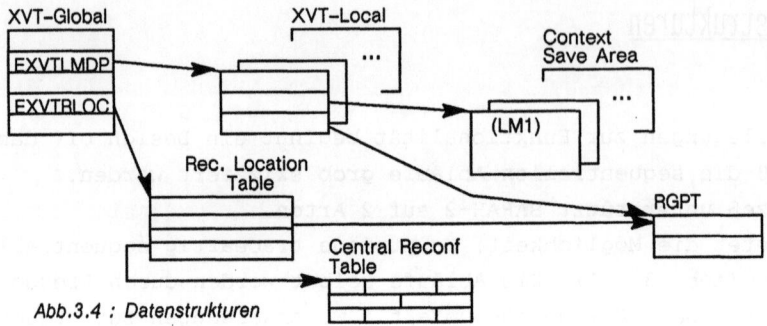

Abb.3.4 : Datenstrukturen

3.5 Checkliste

Vielfältige Randbedingungen, die beim Designprozeß anfallen und bei der Realisierung zu beachten sind, werden in einer Checkliste verankert. Dazu stellt SARAH-2 diverse Sprachkonstrukte zur Verfügung, zu denen Aussagen gefordert werden. Entsprechend den anderen SARAH-2 Sprachkonstrukten können diese Informationen auch explizit über den GR-Editor angesprochen werden.

Beispiele hierfür sind :
   ASSUMPTIONS : implizite Annahmen, wie z.B. eine vorausgesetzte Ununterbrechbarkeit,
   PERFORMANCE : Aussagen zur Performancerelevanz der Funktion; Designentscheidungen um geforderte Performanz zu erlangen,
   SECURITY   : Berechtigungsprüfungen,
   MONITORING : Aussagen zu Traces, Logging- oder Meßverfahren,
um nur einige zu nennen.

4 Fazit

SARAH-2 ermöglicht dem BS2000 mit seiner einheitlichen Methodik und eindeutigen Semantik, neben diversen Hilfen beim Designprozeß, auch die Erstellung reviewfähiger Designdokumente, die außer ihrer vorrangigen Bedeutung für Reviews eine wertvolle Basis für das Verständnis und die Weiterentwicklung des Systems darstellen. Diese Unterstützung der BS2000-Entwicklung durch SARAH-2 erlaubt es auch, dem Ziel der besseren Design- und damit der erhöhten Produktqualität gerecht zu werden.

Informatik als Werkzeug

Der Computer als Arbeitsmittel am Arbeitsplatz ist erst auf dem Weg zum Juristen. H. Fiedler legt dar, daß der Computer zwar jetzt schon als Hilfsmittel für schreibtechnische, administrative Aufgaben genutzt wird, jedoch für fachlich orientierte Unterstützungsfunktionen noch nicht im breiten Rahmen in der juristischen Welt eingesetzt wird. Beispiele für einen solchen Einsatz sind Expertsysteme, die als Entscheidungshilfen bzw. zur Sachverhaltserhebung und -darstellung dienen können.

Dirk Siefkes geht das Thema „Informatik als Werkzeug" von der Theorie her an. Theorie gilt als trocken, abwegig, bestenfalls nutzlos. Ist sie vielfach auch; Theorie und Praxis haben sich auseinanderentwickelt. Er schlägt eine lebendige Theorie vor, die wir beim Arbeiten allmählich verfertigen und die daher als Grundlage weiterer Arbeit dienen kann. Hilfreich dafür ist Prototyping beim Theoriebilden.

Der Computer auf dem Weg zum Juristen
- Eine Skizze am Beispiel von Entwicklungen in der Justiz -
H. Fiedler, Rechts- und Staatswiss. Fak. d. Univ. Bonn /GMD

Zusammenfassung

Der Computer als Arbeitsmittel am Arbeitsplatz ist erst auf dem Weg zum Juristen. Dies ist insbesondere durch die Eigenart juristischer Aufgabenstellungen und damit auch der Juristen als besonderer Gruppe von Anwendern oder Nutzern der Informationstechnik bedingt. Zwar werden Computer im juristischen Bereich schon seit langem verbreitet zur Unterstützung von Hilfsfunktionen und Hilfspersonen eingesetzt, wie z.B. für Dokumentation, Statistik, administrative Aufgaben und Textverarbeitung. Fachlich orientierte Unterstützungsfunktionen am Arbeitsplatz des Juristen selbst sind dagegen noch verhältnismäßig wenig realisiert. Dies gilt auch für den erst beginnenden Einsatz von Experten- und Beratungssystemen. Am Beispiel der Justiz werden Verlauf und Stationen eines Wegs des Computers zum Juristen aufgezeigt, von der Unterstützung marginaler Funktionen zur Unterstützung im Kernbereich seiner Tätigkeit. In der Justiz ergibt sich heute eine besondere Situation aus der Konkurrenz zwischen bereits vorhandenen Systemen zur Unterstützung von Hilfsfunktionen mit den sich entwickelnden Arbeitsplatzsystemen für fachjuristische Funktionen. Die Entwicklung verläuft hier heute mehrgleisig, wie sicherlich auch in manchen anderen Bereichen. Für die künftige Gestaltung werden z.T. noch Entscheidungen getroffen und Konventionen gebildet werden müssen. Gegenwärtig können hierzu Szenarien entworfen werden, welche auch Vor- und Nachteile verschiedener Optionen deutlich zu machen versuchen.

1. **Juristen als spezielle Klasse von Anwendern bzw. Nutzern von Informationstechnik**

Aus verschiedenen Gründen bilden Juristen eine sehr spezielle Klasse von Anwendern oder Nutzern von Informationstechnik. Während bei vielen Klassen von Anwendern oder Nutzern der Computer schon generell "angekommen" ist, kann man dies von der Klasse der Juristen nicht sagen. Jedenfalls gilt diese negative Aussage in bezug auf die eigene, fachlich-professionelle Arbeit von Juristen. Dafür gibt es mehrere Gründe:

- Der wichtigste Grund ist die weithin noch fehlende informationstechnische Unterstützung zur Lösung von Aufgaben, die für den Juristen charakteristisch sind. So etwa die Analyse, Begutachtung und Entscheidung von Rechtsfällen; Beratung; Entwurf und Vorschlag von Regelungen.
- Hinzu kommt die Tatsache, daß zwischen Juristen und ihren Hilfs- oder Assistenzpersonen weithin eine gut organisierte Arbeitsteilung besteht, welche statt einer unmittelbaren IT-Unterstützung des Juristen eine IT-Unterstützung seiner Hilfspersonen nahelegt. Z.B. in der

Justiz kann man hier von institutionalisierten Hilfsfunktionen sprechen, etwa in den Geschäftsstellen und Kanzleien der Gerichte.
- Außerdem gibt es auch im juristischen Bereich gewisse spezielle Funktionen wie Dokumentation und Statistik, welche traditionell in zentralen Einrichtungen bearbeitet wurden und zunächst an eine IT-Unterstützung dieser zentralen Einrichtungen denken lassen. Auch hier tritt der Gedanke einer unmittelbaren individuellen Unterstützung des einzelnen Juristen manchmal nicht in den Vordergrund.
- Hinzu kommt schließlich eine von Juristen manchmal sehr pointiert verstandene Zuordnung zu einer geisteswissenschaftlichen Tradition außerhalb der Gebiete moderner Technik.

All diese Gründe haben dazu geführt, daß der Weg des Computers zum Juristen als Anwender oder Nutzer weiter ist als in anderen Bereichen. Verlauf und einige Stationen dieses Weges sollen hier am Beispiel der Justiz aufgezeigt werden.

2. Entwicklungen mittelbarer IT-Unterstützung von Juristen

Die zeitlich ersten Ansätze zur IT-Unterstützung in der Justiz betrafen einerseits zentralisierbare Spezialaufgaben, andererseits eine mittelbare Unterstützung juristischer Arbeit etwa des Richters. Beides wurde seit Ende der 60er Jahre ins Auge gefaßt oder begonnen. Insbesondere die mittelbare Unterstützung juristischer Arbeit in der Justiz knüpfte an die vorhandene Arbeitsteilung zwischen Juristen und ihren Hilfspersonen an.

- Zu den zentralisierbaren Spezialaufgaben gehört (neben dem zentralen Registerwesen) insbesondere eine zentrale Rechtsdokumentation, deren Projekte in der Bundesrepublik bereits Ende der 60er Jahre begannen. Erst viel später, gegen Ende der 70er Jahre, trat die IT-Unterstützung der zentralen Justizstatistik hinzu.
- Eine mittelbare Unterstützung juristischer Arbeit in der Justiz wurde vor allem durch die IT-Unterstützung von operativen und dispositiven Hilfsaufgaben der richterlichen Kernaufgaben (Streitentscheidung, "Justizgewährung") verfolgt.

    o Operative Hilfsaufgaben waren seit jeher bei den Gerichten in besonderen Einheiten institutionalisiert, insbesondere in den Geschäftsstellen und Kanzleien. Zu deren Aufgaben gehören der Geschäftsbetrieb (Bürobetrieb) und der Schreibdienst der Gerichte, Hilfsaufgaben für die Statistik und ähnliches. Projekte und Unterstützungssysteme entwickeln sich hierzu etwa ab Mitte der 70er Jahre.

    o Zu den dispositiven Hilfsaufgaben für die Gerichte zählen insbesondere Aufgaben der Justizverwaltung, der Statistik und Planung in der Justiz. Projekte und Unterstützungssysteme entwickeln sich ebenfalls in den 70er Jahren, insbesondere in

Verbindung mit der IT-Unterstützung einer zentralen Justizstatistik gegen Ende der 70er Jahre.

Insgesamt geht es bei diesen frühen Unterstützungsmöglichkeiten - abgesehen von Spezialaufgaben wie Rechtsdokumentation und Statistik - hauptsächlich um Strategien einer mittelbaren IT-Unterstützung von Juristen. Unterstützt werden unmittelbar Hilfspersonen (z.B. Kräfte in Geschäftsstellen und Kanzleien der Gerichte), die den Juristen (z.B. Richtern) zuarbeiten. Auch die Nutzung von Dokumentation und Statistiksystemen erfolgt z.T. durch Hilfspersonen, ist aber auch durch den Juristen selbst möglich. Der informationstechnische Hintergrund sind Groß- und Abteilungsrechner, Bürosysteme und zentrale Datenbanken. Die Anwendungssoftware wird individuell erstellt. Die Systeme dieser Entwicklungslinien sind heute eingeführt, werden weiterentwickelt oder bereits wieder abgelöst und sind weiterhin in ihrem Rahmen nützlich oder selbst unentbehrlich. Damit bestimmen sie heute weithin die Landschaft einer formierten Justiz-Datenverarbeitung. Deren Systeme und Leistungen umringen heute in der Justiz den Juristen, zu dessen hauptsächlich mittelbarer Unterstützung sie geschaffen wurden.

3. Entwicklungen zur unmittelbaren Unterstützung fachjuristischer Arbeit

Mit der Verbreitung von Microcomputern, Arbeitsplatzsystemen und insbesondere von PCs Anfang der 80er Jahre eröffneten sich bis dahin ganz ungeahnte Möglichkeiten einer individuellen Unterstützung von Fachleuten, insbesondere auch von Juristen an ihren Arbeitsplätzen. Dabei kam vor allem das Konzept von "Personal Computing" und PCs sehr dem persönlichen, individuellen Arbeitsstil von Juristen in der Justiz (Richter, Staatsanwälte wie auch Rechtspfleger in ihren richterlichen Funktionen) entgegen. Es konnte geradezu scheinen, als seien bestimmte Formen des Personal Computing und der "Individuellen Datenverarbeitung" die idealen oder einzig möglichen Arten einer unmittelbaren IT-Unterstützung für Juristen.

Allgemein beruhte der Siegeszug der PCs (bisher) auf der standardisierend wirkenden Rolle bestimmter (Einplatz-) Betriebssysteme und der hierauf aufbauenden Standardsoftware wie für Textverarbeitung, Tabellenkalkulation und Datenbanken. Standardsoftware speziell für fachjuristische Anwendungen gab es bisher noch kaum, auch nicht in Gestalt der standardmäßigen "Integrierten Pakete". Der Jurist als Nutzer bzw. Anwender muß sich hier also sowohl den Notwendigkeiten eines Standard-Betriebssystems unterwerfen (etwa bei DOS bisher mit den Umständlichkeiten eines Großrechner-ähnlichen Operating), als auch die Standard-Anwendungssoftware seinen individuellen Bedürfnissen gemäß einsetzen bzw. anpassen. Diese Konstellation entspricht der Lage bisheriger "Praxispioniere" unter den Justizjuristen wie auch den Ansätzen bisheriger Forschungsprojekte etwa zum "Richterarbeitsplatz". Erst neuerdings kommen in der Bundesrepublik Softwarepakete speziell für Juristenarbeitsplätze auf den Markt, welche unter einer gemeinsamen Benutzeroberfläche verschiedene für den Juristen nützliche Softwarekomponenten (Textsystem, Berechnungsprogramme, Datenbank und Retrieval) zusammenfassen.

Noch aus den Zeiten des Auftretens programmierbarer Taschenrechner stammen einzelne kleinere Anwendungsprogramme für juristische Hilfsaufgaben (wie Berechnung von Zinsen, Bremsweg, Blutalkohol, Unterhalt,...). Inzwischen gibt es solche Programme in erweiterter Form für PC^S, mit der eventuellen Möglichkeit der Einbindung in juristische Arbeitsplatzsysteme. Größer ist die grundsätzliche Bedeutung von Software aus den Kategorien der Expertensysteme oder verwandter Beratungs- und Entwurfssysteme. Im juristischen Bereich wurden derartige Systeme später entwickelt als in anderen Anwendungsbereichen; ihre nutzbringende Einsetzbarkeit ist derzeit oft noch nicht klar. Auch hier gilt, daß der Weg des Computers zum Juristen lang ist: Im Einsatz oder dem Einsatz am nächsten sind Systeme, welche im wesentlichen ohne Einbeziehung eigentlich juristischer Methodik sehr spezielle Rechtsmaterien zu erschließen versuchen (etwa im Technik-, Umwelt-, oder Wirtschaftsrecht). In bezug auf ihre hauptsächlichen Anwendungsgebiete in Wirtschaft und Verwaltung könnte man hier vielleicht auch von "para-juristischen" Anwendungen sprechen. Dabei zeigt sich auch, daß die Anforderungen derartiger Systeme bereits an die Leistungsgrenzen heutiger PC^S stoßen, und diese dann mit einem anderen Systemhintergrund implementiert sind (Minicomputer, Mehrplatz-Betriebssysteme wie UNIX). Schließlich ist zu erwähnen, daß juristische Quellen und Hilfsmittel zunehmend in elektronischer Form zur Verfügung gestellt werden (etwa Rechtsprechung und Literatur auch in offline-Datenbanken, auf CD-ROMS) und auf PC-Basis nutzbar sind. Das juristische Verlags- und Datenbankwesen nimmt zunehmend dieses neue Betätigungsfeld wahr. Zugleich entstehen neue Formen des juristischen Publizierens in elektronischer oder teilweise elektronischer Form.

Auch auf der Seite unmittelbarer Unterstützung fachjuristischer Arbeit zeigt sich so, daß der Jurist von Computern und Methoden der Informatik zunehmend umringt wird. Auch hier dringen die Hilfen und Hilfsmethoden zunehmend von der Peripherie zum Kernbereich juristischer Tätigkeiten vor.

Zugleich mit den Vorteilen aus der Nutzung persönlicher Unterstützungssysteme und fachspezifischer Programme ergeben sich jedoch auch einige für den (bisher etwa nur mittelbar unterstützten) Juristen neue Probleme:

> Eine gewisse Abhängigkeit von Betriebssystemen und Standardsoftware mit deren Lebenszyklen und Entwicklungsrhythmen. Der Anwender oder Nutzer kann sich nicht sinnvollerweise von der Weiterentwicklung abkoppeln, welche heute oft in Schritten von 1 - 2 Jahren für neue Versionen verläuft. Dies bedingt jeweils sowohl finanzielle Aufwendungen wie auch Lernaufwand.

- Ein vielfacher Lernaufwand bei der individuellen Kombination verschiedener Systeme oder Systemkomponenten mit oft ganz unterschiedlichen "Philosophien" und Benutzeroberflächen.
- Eine neuartige persönliche Verantwortung für Datenschutz und Datensicherheit, welche dem individuellen Anwender oder Nutzer jetzt nicht mehr durch Instanzen einer zentralen Datenverarbeitung abgenommen oder erleichtert wird.

Nichtsdestoweniger scheint es, daß sich heute Juristen in der Justiz in größerem Umfang für den Einsatz solcher persönlicher Unterstützungsinstrumente interessieren oder damit zu arbeiten beginnen. Die Motivation dazu liegt wohl vor allem in der Hoffnung auf Rationalisierung der eigenen Arbeit bei Wahrung persönlicher (insbesondere richterlicher) Unabhängigkeit. Dies wird heute in einer Fülle von Berichten, Stellungnahmen und Publikationen von Justizpraktikern dokumentiert - welche allerdings auch zeigen, daß Vorstellungen und Intentionen noch recht verschiedenartig sind.

4. Der weitere Weg: Kombinationen von mittelbarer und unmittelbarer IT-Unterstützung für Juristen

Sowohl der Ansatz mittelbarer wie der Ansatz unmittelbarer IT-Unterstützung zielen (in verschiedenen Organisationsformen) letztlich auf die Unterstützung von Juristen an ihren Arbeitsplätzen. Die beiden Ansätze stammen aus verschiedenen Entwicklungsschichten von Informatik und Informationstechnik. Natürlich wurden dabei diejenigen Möglichkeiten ausgenutzt, welche sich aus dem jeweiligen Entwicklungsstand ergaben. Auch die Kreise der hauptsächlichen Initiatoren im Praxisbereich und die Einflüsse aus Forschung und Entwicklung waren verschieden: So für die mittelbare Unterstützung mehr von der Administration und zentralen DV ausgehend, für die unmittelbare Unterstützung von einzelnen Juristen mit dem Hintergrund der PC-Welle ausgehend. Dies hat zur heutigen Kombination (gegenseitigen Ergänzung oder auch "Konkurrenz") der beiden Entwicklungslinien geführt. Dabei findet sich inzwischen auch der Versuch, Elemente der jeweils anderen Linie mit aufzunehmen (z.B. Systeme der Geschäftsbetriebsunterstützung in Richtung auf Einbeziehung von Richterarbeitsplätzen auszubauen). Wie kann unter diesen Umständen der weitere "Weg des Computers zum Juristen" in der Justiz aussehen? Hierzu ergeben sich Perspektiven vor allem aus zwei Zusammenhängen: Aus der künftigen Entwicklung von Informationstechnik und Informatik; und aus dem künftigen Benutzer- bzw. Anwenderverhalten von Juristen. Nach der Komplexität der Situation und der Unsicherheit von Prognosen ergibt sich, daß sich hierzu nicht etwa eine mittelfristige Entwicklungslinie ableiten läßt. Gegenwärtig werden hierzu (wie auch sonst in ähnlichen Zusammenhängen) wohl nur Szenarien entworfen werden können, welche zunächst Gegenstand weiterer Diskussion (und Entscheidung) sein müssen.

4.1 Einflüsse der Entwicklung von Informationstechnik und Informatik

In bezug auf die Gesamtentwicklung in Informationstechnik und Informatik ist das Nebeneinander der beiden Entwicklungslinien in der Justiz keineswegs ein Unikum. In der Systemtechnik ist das (weitere) Nebeneinander von PCs bzw. Workstations, Groß- und Abteilungsrechnern ebenso selbstverständlich wie in der Organisation und Verwaltungsinformatik das Zusammenspiel von zentraler und dezentraler, organisationsorientierter und "individueller" Datenverarbeitung. Gerade etwa das letztere Verhältnis ist mit Recht bereits Gegenstand ausführlicher Diskussionen von für und wider gewesen. Gibt es hier IT-Strukturen oder Informatik-Prinzipien, deren künftige Entwicklungen wesentliches verändern? Elemente der Veränderungstendenzen werden heute gerade in den Diskussionen zur "IT der neunziger Jahre" oder "IT 2000" angesprochen. Z.B. etwa (hier im Sinne der Erleichterung unmittelbarer Unterstützung von Facharbeitsplätzen): Standardisierung und standardisierende Wirkung von Benutzeroberflächen; höherer Integrationsgrad von Einzelfunktionen, höhere "Intelligenz", intuitive Bedienbarkeit und "Interdisziplinarität" der Datenverarbeitung am einzelnen Arbeitsplatz; Möglichkeiten der Erhaltung von "Autonomie" an einzelnen Arbeitsplätzen auch innerhalb von Netzen. Aber auch etwa (hier eventuell im Sinne der Erschwerung für unmittelbare Unterstützung von Facharbeitsplätzen): Zunehmende Anforderungen an Datenschutz, Datensicherung und deren systematische Kontrolle; zunehmende Anforderungen an Informatikkompetenz und deren laufende Aktualisierung in immer komplexeren Umgebungen.

4.2. Einflüsse der Entwicklung des Benutzer- und Anwenderverhaltens von Juristen

Gelegentlich hat man der Informationstechnik und einer systemtechnisch orientierten Informatik die Unterstützung einer angebotsorientierten Entwicklungsstrategie zugeschrieben, den anwendungsorientierten Informatikrichtungen die Unterstützung einer nachfrageorientierten Entwicklungsstrategie. In diesem Zusammenhang wird natürlich das Verhalten der Nutzer und Anwender des betreffenden Fachgebiets einen wesentlichen Einfluß haben. Speziell für Juristen (gerade in der Justiz) wäre es nach dem dargestellten Entwicklungszustand denkbar, daß eine Schwelle erreicht ist, an welcher verbreitete Nachfrage auch nachfrageorientierte Entwicklungen unterstützt. Wird sich nun etwa auf breiterer Front auch der "Jurist auf den Weg zum Computer" begeben? Eine derartige Bewegung würde natürlich auch auf den weiteren "Weg des Computers zum Juristen" einen wesentlichen Einfluß haben.

4.3. Szenarien eines weiteren Weges der IT-Unterstützung von Juristen in der Justiz

Verallgemeinert geht es hier um den Weg des Computers zum Facharbeitsplatz im Kontext einer unterstützenden Umgebung allgemeiner Bürofunktionen. Oder noch etwas zugespitzt: Um die Möglichkeiten individueller fachlicher Datenverarbeitung im Rahmen automatisierter Büros. Diese

Problematik zeigt sich besonders prägnant im Kontext einer bereits IT-gestützten Justiz am idealtypischen Beispiel des Richters. Vermöge der ihm garantierten "richterlichen Unabhängigkeit" kann der Richter nicht zur Nutzung einer bestimmten Technik gezwungen werden (wenn er auch dabei dann gegebenenfalls wieder bestimmten rechtlichen Rahmenbedingungen unterliegt). Daher ist der Weg des Computers zum Fachmann, d.h. insbesondere auch der Diffusionsverlauf seiner Ausbreitung, hier nicht durch Reglementierung bestimmbar, sondern hängt vom Akzeptanzgrad und Akzeptanzverlauf aufgrund fachlicher und persönlicher Motive ab. In Kombination mit den technisch-organisatorischen Möglichkeiten ergeben sich so verschiedene Szenarios. Diese technisch-organisatorischen Gegebenheiten betreffen einerseits die fachliche Funktionalität am Arbeitsplatz (Aufgabenadäquanz, "Intelligenz", intuitive Bedienbarkeit,...), andererseits die Art der Integration in die Umgebung allgemeiner Bürofunktionen und -dienste (Kommunikationsfähigkeit, Zugriffsmöglichkeiten auf zentral verfügbare Funktionen und Daten; umgekehrt Zugriffsschutz, Rechteverteilung).

Beispielsweise ergeben sich so (hier unter hauptsächlicher Variation des Integrationsgrads) folgende Szenarien:

- Inselszenario ("Jedem Richter seine Insel"). Hier liegt die Betonung auf der völligen Autonomie des Einzelplatzes, mit Abschottung von aller elektronischen Kommunikation. Daher müssen alle IT-Funktionen und Ressourcen am einzelnen Arbeitsplatz vorhanden sein. Vorteile (und Gefahren) durch elektronische Bürokommunikation entfallen. Die Unterstützung durch allgemeine Bürofunktionen (mittelbare IT-Unterstützung) ist nur außerhalb des elektronischen Zusammenhangs möglich.
- Integrationszsenario ("Der voll integrierte Richter"). Hier liegt die Betonung auf der völligen Integration auch der fachlichen Funktionen am einzelnen Arbeitsplatz in die allgemeine Büroumgebung. Funktionen und Ressourcen werden weitestgehend zentral (oder gemäß rein systemtechnischer Rationalität verteilt) gehalten. Natürlich gibt es dabei Zugriffsmöglichkeiten und zugriffsgeschützte Bereiche gemäß einer garantierten Rechteverteilung. Für eine "individuelle Datenverarbeitung" am einzelnen Arbeitsplatz dürfte nach den hier herrschenden Optimierungsprinzipien aber kein Raum sein.
- Brückenkopfszenario ("Jedem Richter seinen IT-Arbeitsplatz mit Brückenkopf zum Büro"). Hier liegt die Betonung auf der Möglichkeit "autonomer" Nutzung des einzelnen Facharbeitsplatzes auch i.S. "individueller DV", jedoch mit der Option einer Erhöhung des Wirkungspotentials durch Einbeziehung in die Bürokommunikation. Zur Gestaltung der "Brücke" könnten hier z.B. gemeinsame Benutzeroberflächen für Fachanwendungen und allgemeine Bürofunktionen gehören. Die Verteilung von "Rechten" ist natürlich auch hier systemtechnisch zu garantieren. Als Problematik tritt hier auf, daß nach der bestehenden Optionalität Rechte und Möglichkeiten von den verschiedenen Facharbeitsplätzen aus ganz verschieden genutzt werden können.

Unter den hier aufgeführten Beispielen wird das "Brückenkopfszenario" am ehesten die Tendenz haben, sich in eine Reihe von Varianten aufzuspalten. Andererseits könnte es gerade als Einstiegsszenario für den "Weg des Computers zum Juristen" geeignet sein. Dabei werden mit den obigen Andeutungen natürlich nur vage Impressionen gegeben. Technische Gestaltung und Bewertungskriterien wären weitere Kapitel. Zu den für eine Bewertung wichtigen Eigenschaften gehörten natürlich z.B. die Möglichkeiten zur Gewährleistung (und Kontrolle) von Datenschutz und Datensicherung, der nötige Lern- und Betreuungsaufwand, die Entwicklungsfähigkeit, usw. Je nach Szenario würden sich verschiedene Arten von flankierenden Maßnahmen (eventuell auch unterstützenden Institutionen) für die Ebnung eines "Wegs des Computers zum Juristen" nahelegen.

Gerade am Beispiel des Justiz könnte sich für den "Weg des Computers zum Juristen" ergeben, daß dazu nicht nur bürotechnische Details wichtig sind, sondern vor allem auch die Motivation des Juristen, sich aus fachlichen Gründen auf den "Weg zum Computer" zu begeben. Nach dem heutigen Stand von Informationstechnik, Informatik und Rechtsinformatik könnte hier ein Durchbruch bevorstehen, der es nahelegt, auf breiterer Front "elektronische Brückenköpfe" für Justizjuristen anzulegen.

Wende zur Phantasie
Zur Theoriebildung in der Informatik

Dirk Siefkes
Technische Universität Berlin
Franklinstr.28/29, D1000 Berlin 10

Und siehe da, wenn ich mit meiner Schwester davon rede, welche hinter mir sitzt, und arbeitet, so erfahre ich, was ich durch ein vielleicht stundenlanges Brüten nicht heraus gebracht haben würde.
Heinrich von Kleist, "Über die allmähliche Verfertigung der Gedanken beim Reden."

Zusammenfassung: Theorie gilt als abgehoben, starr, bestenfalls nutzlos. Ist sie vielfach auch; wir verlieren leicht die Verbindung zwischen Theorie und Praxis. Tatsächlich kann Theorie lebendig sein: Theorie, die wir beim Reden und Arbeiten allmählich verfertigen, kann als Grundlage weiterer Arbeit und Auseinandersetzungen dienen und sich so entwickeln. Sie kann eine Theorie der Praxis sein. Für eine solche Theorie brauchen wir Phantasie; eine solche Theorie beflügelt unsere Phantasie.

Wozu taugen Theorien?

Praktische Leute nennen Theorien unpraktisch; oder irreal. "Theoretisch könnte ich die Zugspitze im Winter besteigen." Wenn ich das so sage, gebe ich zu, daß ich es in Wirklichkeit nicht kann. Aber warum sage ich es dann? Wozu taugen Theorien?

Wenn es mir ernst war mit meiner Aussage, ich nicht betrunken, werden mich meine Freunde bedrängen: Glaubst Du wirklich, daß Du das kannst? Warum gerade die Zugspitze? Ich muß Gründe präsentieren, die Route beschreiben, meine Ausrüstung deklarieren, einen Zeitplan angeben. Vielleicht müßte ich die Distanzen nennen, die ich mir zutraue, über meine Klettererfahrungen reden und über Bergsteigen im allgemeinen.

Dieses theoretische Abenteuer könnte die unterschiedlichsten Folgen haben. Es könnte sein, daß ich tatsächlich die Zugspitze im Winter erklettere, oder es zumindest versuche. Vielleicht lachen meine Freunde so gewaltig über mich, daß ich nicht dagegenhalten kann und das Thema wechsele. Oder meine Reden überzeugen sie, und ich gelte in Zukunft als der Bergsteiger unter ihnen. Oder sie überzeugen mich vom Gegenteil.

Theorien dienen der Motivation. Wir erzählen anderen oder uns selbst, wie man eine Aufgabe angeht oder warum man es besser bleiben läßt oder die Aufgabe ändert. Mit Hilfe von Theorien vermeiden wir hoffnungslose Situationen und spähen die erfreulichen von weitem aus.

Theorien sind der Nährboden für unsere Phantasie. Unseren Wunschbildern geben sie Saft und Kraft und schützen uns vor Phantastereien. Und wie jeder gute Boden wandeln sie sich im Gebrauch. Wir bauen sie auf, sie dienen als Fundament; dann zerfallen sie und bieten Nahrung für Neues.

Was sind Theorien?

Sonst versteht man Theorien anders: Eine Theorie ist ein integriertes System von Erklärungen und Begründungen. In Theorien geht es um Tatsachen und Methoden; daher definieren Logiker eine Theorie als eine Menge wahrer Sätze, und Ingenieure bezeichnen eine Sammlung von Regeln als Theorie. Eine Theorie ist aber mehr als eine Anhäufung von Wissen. Sätze werden nur durch Beweise wahr, und Methoden akzeptieren wir, wenn wir sie verstehen. Erst dieses geistige Kletternetz macht bloßes Wissen zur Theorie; so steht es schon bei Kant, bei Aristoteles.

Der Theoretiker spinnt an einem Netz, das ihm die Welt verständlich macht, oder doch sein Fach oder zumindest sein Spezialgebiet. Für ihn ist theoretische Arbeit daher von höchster Wichtigkeit. Woher kommt es, daß Nicht-Theoretiker mit Theorie oft so wenig anfangen können? Sie bewundern oder verachten sie, oder sie ist ihnen egal; in jedem Fall ist die Theorie zu weit weg, um ihnen zu helfen, die Welt zu verstehen. Der Theoretiker spinnt, denken sie.

Betrachten wir die Informatik. Die Tatsachen, um die es geht, sind Eigenschaften von Rechnern und Programmen, allgemeiner von rechnergestützten Systemen, das heißt von sozialen Zusammenhängen, die sich durch Rechnereinsatz verändern. Nach Methoden sucht man, mit denen man Rechner, Programme, Systeme erstellen kann, die erwünschte Eigenschaften haben, unerwünschte nicht. Rechner sind Maschinen, unterliegen also festen Gesetzen und müssen daher in Beachtung strikter Regeln bedient werden. Programme sind damit ebenso formale Objekte und müssen dementsprechend behandelt werden. Theoretische Informatik ist daher Mathematik. (Diskrete Mathematik; denn heutige Rechner sind digital, nicht analog, und gehen in diskreten Schritten vor. Die kontinuierliche Mathematik der Ingenieure braucht man für die Beschäftigung mit der Hardware und dann wieder für Anwendungen.)

Mathematik ist eine Theorie wie oben beschrieben, aber rein formal. In der Theoretischen Informatik arbeitet man mit mathematischen Begriffen, mit denen man Eigenschaften von Rechnern und Programmen wie zum Beispiel Zeit- und Platzbedarf analysieren kann. Oder man filtert aus konstruktiven Beweisen Methoden heraus, mit denen man solche Eigenschaften sicherzustellen hofft.

Ist Ihnen aufgefallen, daß die rechnergestützten Systeme dabei verschwunden sind? Es gibt keine Mathematik der Arbeitsorganisation, keine formale Theorie des Verstehens oder Mögens. Die Theoretische Informatik liefert daher bestenfalls eine Theorie der Rechner und Programme, nicht des Rechnens und Programmierens, des Arbeitens und Spielens mit, unter und trotz dem Rechner. Theoretische Informatik liefert keine Theorie der Informatik, schreibt auch Wolfgang Coy [1989].

Wolfgang Coy hat im Dezember 1988 einen Arbeitskreis "Theorie der Informatik" im Fachbereich Informatik und Gesellschaft der Gesellschaft für Informatik gegründet, dessen Mitglieder der Frage nachgehen: Wie könnte denn eine Theorie der Informatik aussehen? In seinem Grundsatzpapier [1989] stellt er rhetorisch die Frage "Brauchen wir eine Theorie der Informatik?" und beschreibt als Antwort das weite Spektrum, auf das sich eine solche Theorie beziehen müßte. Aus dem Arbeitskreis stammt mein Thema.

Wir suchen eine Theorie, die uns hilft, mit der Informatik umzugehen, statt zu sagen, was Informatik ist. Also sollten wir nicht fragen, was eine solche Theorie ist, sondern wie wir damit umgehen.

Wie Theorien anwenden?

Woher kommt die sonderbare Kluft zwischen Theorie und Programmierung, zwischen Theoretikern und Software-Erstellern? Das eigentliche Problem ist, sagt der Software-Ingenieur, anderen verständlich zu machen, was ich mit einem Programm meine; formale Methoden helfen dabei nur begrenzt. Was den Benutzer betrifft, ist das ein alter Hut. Die Kunden, die ein Software-Produkt kaufen wollen, müssen genau instruiert werden, wie es zu benutzen ist. Das Programm selbst verstehen sie in der Regel nicht, eine formale Beschreibung hilft ihnen nicht und eine informale Beschreibung ist ungenau, irreführend oder schlicht nicht zu haben, da die Programmierer sich nicht informal ausdrücken können.

Jüngeren Datums ist die Einsicht, daß die Programmierer nicht viel besser dran sind als die Benutzer. Was Programmierer über ihre Programme wissen, sagt Peter Naur in seiner Arbeit "Programming as Theory Building" [1984], kann man weder aus den Programmen noch aus den Dokumentationen ersehen; denn es steckt nicht da drin. Ein Software-Paket ohne die Menschen, die es konstruiert haben, ist tot. Man kann es nicht wiederbeleben, um es zu ändern oder in veränderten Umständen zu benutzen.

Ich behaupte: Das gilt nicht nur für Programme, die von anderen geschrieben wurden, sondern ebenso für meine eigenen formalen Ergüsse. Es ist leichter, ein Programm oder einen Beweis neu zu schreiben als einen alten zu erwecken. Das liegt nicht nur daran, daß formale Ausdrücke schwer verständlich und informale ungenau sind. Der Hauptgrund ist: Ich habe mich verändert - schon damals durchs Schreiben - , das Programm nicht. Wir passen nicht mehr zusammen.

Diese Aussage scheint gegen Theorie überhaupt gerichtet zu sein. Denn natürlich ändert sich ein Lebewesen dauernd; das ist fast die Definition von 'lebendig'. Aber - und das ist die andere Hälfte der Definition - : die Änderungen sind keine Brüche (wenn auch manchmal wilde Sprünge). Alle Änderungen geschehen auf dem Hintergrund einer Umgebung und Geschichte, sie stoßen einem Körper und einer Persönlichkeit zu, deren Wissen dadurch um eine neue Lage bereichert wird. Gregory Bateson gebraucht in seinen Büchern "Steps to an Ecology of Mind" [1972] und "Mind and Nature" [1979] das eindrückliche Bild einer Zickzackbewegung zwischen Form und Prozess. Prozesse laufen in vorgegeben Formen ab und schaffen so neue Formen. Das Bild ist unvollständig: Es zeigt nicht, wie Zick und Zack verknüpft sind. Daher sind wir oben auf das Problem gestoßen: Wenn ich mich ändere und neue Einsichten gewinne, wie passen sie zu den alten? Wie bringen Formen Prozesse in Gang und wie bewirken Prozesse neue Formen? Verstehen wir Theorie als Form und Praxis als Prozeß, haben wir die Frage dieses Abschnitts nicht beantwortet, sondern verdoppelt: Wie helfen uns Theorien in der Praxis weiter, und wie verhilft uns die Praxis zu neuen Theorien?

Reden und Zuhören

In meiner Arbeit "Beziehungskiste Mensch - Maschine" [1990] schreibe ich über das Problem des Zuhörens. Wenn Sie sprechen und ich zuhöre, scheine ich immer auf dem Sprung, Sie zu unterbrechen. Tatsächlich werfe ich dauernd - wenn schon nicht wirkliche Aussagen - Ausrufe, Bewegungen, Gesten, Blicke ein. Damit will ich Sie nicht unterbrechen oder stören; ganz im Gegenteil, ich zeige, daß ich zuhöre, und ermuntere Sie so, weiterzureden. Wenn ich mich nicht rührte, wüßten Sie nicht, ob ich zuhöre, und das würde Sie wirklich zum Schweigen bringen. In der Tat nehme ich, wenn ich zuhöre, nicht einfach in mich auf, was Sie sagen. Sondern ich bilde es nach, indem ich es in meine Sprache übersetze. Anders könnte ich Sie gar nicht verstehen. Deswegen rede ich, während Sie reden - leise, ohne es zu merken. Eine Unterhaltung läuft wie ein doppelter Fluß in zwei Betten, einer rauschend, der andere still. Die Flüsse vermischen sich, sie wechseln die Rollen; aber es sind immer zwei.

Wenn in einer Unterhaltung beide Partner ständig reden, sollten auch beide ständig zuhören. Daß der Sprecher auf die versteckten Reaktionen des Zuhörers achtet, habe ich schon erwähnt. Aber der Einfluß ist tiefer: Erst beim Reden, angetrieben vom Zuhören des anderen, bringt der Sprecher das zustande, was er sagt. Durch einen zufälligen Hinweis (Danke, Schwägerin!) habe ich die Beobachtung, während ich diese Arbeit schrieb, in Heinrich von Kleists wunderschönem kleinen Aufsatz "Über die allmähliche Verfertigung der Gedanken beim Reden" wiedergefunden. "Wenn du etwas wissen willst und es durch Meditation nicht finden kannst, so rate ich dir, mein lieber, sinnreicher Freund, mit dem nächsten Bekannten, der dir aufstößt, darüber zu sprechen. Es braucht nicht eben ein scharfdenkender Kopf zu sein, auch meine ich es nicht so, als ob du ihn darum befragen solltest: nein! Vielmehr sollst du es ihm selber allererst erzählen." So beginnt Kleist, und dann erzählt er, wie er zu seiner Schwester über mathematische oder juristische Probleme redet, von denen sie keine Ahnung hat, und wie er durch ihr Zuhören Lösungen findet.

Wir kennen dieses Phänomen; manchmal nutzen wir es bewußt aus. Ich behaupte, daß es viel allgemeiner ist. Nicht nur, wenn wir mit Problemen ringen, nach neuen Erkenntnisses suchen, nein! Nie wissen wir, wenn wir reden, genau, was wir sagen wollen. Wissen ist nicht in unseren Köpfen wie in Schatztruhen gespeichert. (So offensichtlich ist diese Metapher falsch! Wir gewinnen ja beim Reden, geben nichts weg.) Sondern wir bilden jedes Mal neu, was wir sagen wollen, und jedes Mal lernen wir etwas dabei. Hören Sie Kleist in demselben Aufsatz: "Es liegt ein sonderbarer Quell der Begeisterung für denjenigen, der spricht, in einem menschlichen Antlitz, das ihm gegenübersteht; und ein Blick, der uns einen halbausgedrückten Gedanken schon als begriffen ankündigt, schenkt uns oft den Ausdruck für die ganze andere Hälfte desselben."

Ich kann nicht zweimal dasselbe sagen, nicht zweimal denselben Vortrag, dieselbe Vorlesung halten. Tue ich es doch, lese ich vom Manuskript ab; dabei sind die Aussichten für die Zuhörer, etwas zu lernen, geringer, weil es ihnen schwerer fällt, zuzuhören. Altbekanntes sagen erfordert feste Formen: Märchen, Gedichte, Litaneien, Liturgien. In festen Formen reden erzeugt Vertrauen, nicht Wissen. Beim Lehren dagegen lernt der Schüler nur, wenn auch der Lehrer lernt. So zwingt der Schüler den Lehrer zum Lernen, indem er ihn zum Formulieren zwingt.

Das ist die wahre Bedeutung des Zickzack-Bildes von Bateson: nicht ein Abwechseln zwischen Form und Prozeß, sondern ein ständiges Zusammenspiel. Kommunikation und Lernen gehen stetig vor sich, nicht in Häppchen. Sprecher und Hörer geben und nehmen gleichzeitig, wenn auch mit wechselnden Rollen. Die Prozesse bleiben in Gang, weil von beiden Seiten ständig neue Formen hineingebracht und herausgetragen werden.

In seinem Buch über "Soziale Systeme" [1984] definiert Niklas Luhmann daher ein Kommunikationssystem nicht als eine Gruppe von Menschen, die kommunizieren, sondern als eine Folge von Kommunikationen, die aufeinander aufbauen. Die beteiligten Menschen treten nur durch ihre Rollen im Gespräch als Sprecher und Hörer in Erscheinung, sind nur so bemerkbar, wandeln sich so. Ein Kommunikationssystem ist daher "unruhig". Es vibriert, nicht nur vom Fluß der Gedanken, sondern von den dadurch hervorgerufenen Veränderungen.

Theorien müssen allgemein sein

Was lernen wir daraus über Theorien? Die Theorie, die in einem Gespräch entsteht, verstehen wir jetzt als das feinverschlungene Gewebe von Einsichten, die wir beim Reden und Hören gewinnen. Wir legen Schicht auf Schicht, jede Äußerung und jede Erkenntnis ruht auf denen der früheren Runden, ändert sie, sprengt sie vielleicht. Aber mit diesem Bild lösen wir unser Problem nicht. Gespräche sind individuell. Theorien sollen für andere gelten, für alle oder doch für viele; wir wollen sie ja weitergeben. Eine Theorie der Informatik soll helfen, mit Rechnern umzugehen, auch im Winter. Dafür brauchen wir die Erfahrung aller, die mit Informatik aktiv oder passiv zu tun haben. Seit Menschen schreiben können, werden Theorien aufgeschrieben und in die Kette weiterzugebenden Wissens eingereiht. Theorien müssen allgemeinverständlich, allgemein verbindlich, allgemein sein.

Der Architekt und Städteplaner Christopher Alexander schreibt in seinen "Notes on the Synthesis of Form" [1964] über die historische Entwicklung des Lernens. Früher wurden die Lehrlinge dadurch ausgebildet, daß sie in der Werkstatt mitarbeiteten. Sie lernten, was zu machen und was machbar, was schön und was schicklich war, indem sie mit den Augen und Händen den anderen Arbeitern folgten. Auch die Meister müssen so Neues gelernt haben: von den Kollegen bei der Arbeit und den Produkten abgucken. So entwickelten sich Schulen und regionale Trends, die sich gegenseitig beeinflußten.

Heutzutage sind Lernen und Arbeiten getrennt. Wir müssen formulieren, was wir wissen (oder auch, was wir nicht wissen), wenn wir es weitergeben wollen. Und - setze ich hinzu - zumindest für Schüler und Kollegen müssen wir das zu Vermittelnde durch Erklärungen und Begründungen untermauern. Da die Schüler Erfolg oder Mißerfolg nicht gleich beim Unterrichten sehen, müssen wir ihnen theoretisch klarmachen, was sie eigentlich tun sollen. Ähnlich mit den Kollegen; nur können wir uns da kürzer fassen. Bloß die Kunden wollen meine Theorie nicht; die wollen genaue Beschreibungen.

So ist Wissenschaft entstanden: Wir wollen anderen erklären, was sie mit welchem Vorgehen erreichen, wollen sie ihr Tun verstehen machen. Wissenschaftlich arbeiten heißt Theorien bilden. Das macht die Diskussion über Theorie noch schwieriger: In der Wissenschaft ist jeder Theoretiker und Praktiker, jeder entwickelt Theorien für die einen und verwendet Theorien von den anderen. Insbesondere ist der Theoretische Informatiker Theoretiker nur in den Augen seiner Kollegen, in den Nasen der Mathematiker Praktiker.

Natürlich beschreibt Alexander nur eine Entwicklungslinie. Vieles andere hat sich über die Jahrhunderte gewandelt: Die meisten Probleme sind jetzt viel zu kompliziert, um sich ohne weiteres direkt mit ihnen zu beschäftigen; die Aufgaben sind zu schwierig, als daß Einzelne sie durch Hinsehen beherrschen lernen könnten; wir sind so ans Erklären gewöhnt, daß wir oft an Erklärungen als solchen interessiert sind - das ist naturwissenschaftliches Denken. Alle diese Entwicklungen tragen zu der Kluft zwischen

Theorie und Praxis bei. Damit sind wir an der Wurzel unseres Problems: Wie können wir Theorien aufbauen, die als Grundlage für praktisches Arbeiten dienen? Theorien, die sich ändern, während wir sie benutzen, so wie wir uns selber ändern.

Theorien sind lebendig

Imre Lakatos beschreibt solche Theorien in seinem Buch über "Beweise und Widerlegungen" [1976]. Eine Schulklasse erarbeitet sich einen Beweis für den alten Satz von Euler über dreidimensionale Polyeder: die Zahl der Kanten ist gleich der Zahl der Ecken plus der Zahl der Flächen minus 2. (Stimmt's? Fangen Sie mit Würfel und dreiseitiger Pyramide an; so machen es die Schüler auch.) Jedesmal wenn sie meinen, den Beweis zu haben, kommt einer mit einem Gegenbeispiel - einem Monster - , und sie müssen den Beweis oder die Definitionen oder beides ändern. So bauen sie eine Theorie der Polyeder im Dialog auf. Das ganze Buch ist als Dialog zwischen den Schülern geschrieben; manchmal greift der Lehrer ein. Wie paßt diese Ansicht von Theorie zum bisher Gesagten?

Theorien sind stabil: Wir empfinden Formen als starr, relativ zu den beweglichen Prozessen. So erscheint uns das Innere eines Flugzeugs als unbeweglich, solange es stetig fliegt; wir schreiben, essen, gehen wie im Zimmer. Wir wissen, daß es fliegt, schnell fliegt, freuen uns aufs Ankommen; ignorieren dieses Wissen aber, sonst könnten wir nichts tun. Genauso verlassen wir uns darauf, daß Theorien sich nicht ändern.

Theorien müssen stabil sein, während wir sie benutzen: Wenn wir irgendetwas bewegen wollen, brauchen wir festen Grund. Deswegen gehen wir davon aus, daß unsere Theorien sich nicht ändern, während wir sie benutzen. Wie könnten wir etwas erklären, wenn sich die Gründe, die wir geben, unter unseren Händen winden oder nur verformen? Wie könnten wir je ein Buch schreiben, wenn das Gebiet sich beim Schreiben entwickelt?

Theorien ändern sich, während wir sie weitergeben: Theorien entwickeln und Theorien weitergeben sind ähnliche Prozesse. Das ist das, was Kleist über Gespräche sagte: Wir entwickeln Gedanken, während wir sie formulieren. So entwickeln wir Theorien, während wir sie formulieren. Und nur, wenn wir sie formulieren. Theorien sind Wortwelten.

Theorien müssen sich ändern, während wir sie weitergeben: Wir bauen Theorien auf, um anderen etwas zu zeigen. Wir wollen ihnen erklären, was wir tun. Wir wollen unser Wissen und unsere Fähigkeiten weitergeben. Und weitergeben können wir nur in Bewegung; das haben wir oben an den Gesprächen gesehen. Lehrende und Lernende entwickeln die Theorie im Gehen neu - im Fliegen, um im Bild zu bleiben. Beide können nicht im Flug ins Flugzeug springen; sie müssen zusammen einsteigen, bevor es losgeht.

Theorien sind nicht formal: Formalismen ändern sich nicht. Daher könnten formale Theorien sich nicht entwickeln. Formalismen sind nützliche Werkzeuge für bestimmte Aufgaben. Für sich allein sind sie aber nicht zugänglich, nicht anwendbar, nicht verständlich. Formalismen erhalten ihren Sinn aus den theoretischen und praktischen Zusammenhängen, in die sie eingebettet sind. Theorien selber sind informal, formuliert in lebender Sprache. Deswegen ist die Theoretische Informatik keine Theorie.

Theorien muß man im Dialog lehren: Theorien kann man nicht als fertige Ergebnisse weitergeben. Andere können nur lernen, sie zu gebrauchen, wenn sie sie im Gebrauch kennenlernen: an Problemen arbeitend, mit Hilfe von Motivationen, Definitionen und ersten Ergebnissen, finden sie neue Definitionen und Ergebnisse. Die Probleme werden schwieriger, die Ergebnisse tiefer während der Arbeit. Experten haben und schaffen ihre eigenen Probleme. Sie müssen nur vage von einer Theorie wissen, genug um das Interesse zu wecken; wenn sie sie brauchen können, werden sie sie lernen und dabei entwickeln, sonst spornstreichs vergessen.

Theorien müssen kleine Systeme sein: Theorien existieren nicht unabhängig von Menschen. Wie Rechner und Programme, wie alle Maschinen und Menschenwerke erhalten sie ihren Sinn aus dem Gebrauch: Probleme lösen, Arbeit verrichten, spielen, Neues schaffen. Wenn wir Theorien verstehen und verwenden wollen, müssen wir auch die Umgebung sehen: Menschen. In meinem Bericht über "Kleine Systeme" [1982] und in weiteren Aufsätzen nenne ich das die "Kleine-Systeme-Sicht": Systeme sind nicht für sich klein oder groß, sondern abhängig von unserem Verhalten. Nehmen wir sie absolut, wachsen sie uns aus der Hand und über den Kopf; beziehen wir sie auf die Menschen, auf die wir uns über sie beziehen, bleiben sie handlich.

Charles Sanders Peirce, der etwa gleichzeitig mit Gottlob Frege die moderne formale Logik entwickelt hat, schreibt genau das über die Semiotik, deren Begründer er ist. Semiotik ist für ihn nicht die Theorie der Zeichen, sondern des Bezeichnens; Aktion ist das Wesentliche, nicht das Ergebnis. ("Grad so, wie wir sagen, daß ein Körper in Bewegung, und nicht, daß Bewegung im Körper ist, so sollten wir sagen, daß wir in Gedanken, nicht, daß Gedanken in uns sind.") Ein Zeichen ist nicht ein Ding mit Bedeutung, sondern eine Triade aus Zeichen, Objekt und Interpretant; der interpretierende menschliche Geist ist aus dieser rekursiven Definition nicht zu eliminieren. Verstehen von Realität setzt für ihn Gemeinschaft (community) voraus; in der Logik ist daher das Prinzip des Sozialen zutiefst verwurzelt. ("So the social principle is rooted intrinsically in logic.") [1]

Theorie - Praxis - Phantasie

Daher ist die Theoretische Informatik so mathematisch: Die Formalismen, die ich liefere, sind allgemein verbindlich, vom einzelnen Menschen unabhängig. Sollen sie auch sein; aber entwickeln und weitergeben, also am Leben erhalten und anwenden, kann ich sie nicht, ohne konkret mit Menschen zu verhandeln. Verhandeln ist nicht rational; ich will überzeugen, andere für meine Sichtweise gewinnen. Keiner benutzt mit Gewinn, was er nicht mag; keine Arbeit gelingt, bei der man nicht auch spielen darf.

Ist das der Unterschied zwischen Maschine und Werkzeug, daß man ein Werkzeug immer zum Spielen mißbrauchen kann? Viele von uns spielen so gern mit dem Rechner, beschämt versteckt oder offen begeistert, nicht nur mit Computerspielen, sondern während der Arbeit, mit dem Arbeitsmittel. Wir überlisten die Konstrukteure, spaßen mit ihrem Ernst. Gestohlene Äpfel schmecken besser, so sauer sie sein mögen. Ist dabei der Rechner für uns ein Werkzeug? Oder gehen wir naiv der Maschine, nein ihren Promoventen auf den Leim und erliegen unserer heimlichen Sehnsucht nach Unterordnung? Natürlich kann ich mir den Rock zerreißen, wenn ich über den Zaun steige, oder der

---

[1] Nach dem Buch "Peirce, Semeiotic, and Pragmatism" von Max H. Fisch [1986], Kap.13, S.325-330.

Bauer kann mir die Hosen strammziehen. Nicht nur mit dem Feuer spielen ist gefährlich. Ein Rechnersystem verliert nicht dadurch seinen Maschinencharakter, daß der Verkäufer es mir als Werkzeug anpreist. Wirklich spielen und ungefährdet arbeiten kann ich damit nur, wenn ich die Konsequenzen verstehe. Wenn ich weiß, wie ich damit umgehen muß, wie ich mich beeinflussen lasse, wie ich Situationen und Menschen damit ändern kann. Wenn ich eine Theorie des Umgangs mit dem Rechner entwickelt habe. Eine solche Theoretische Informatik wäre auch eine Theorie der rechnergestützten Systeme, nicht nur der Rechner und Programme.

Um Theorie zu verstehen, darf ich nicht fragen, was Theorie sei, habe ich oben gesagt. Denn dann kriege ich die offizielle Meinung zu hören: Ein rational begründetes Geflecht von universell anwendbaren Formalismen. Toll! Aber nicht anwendbar, sagt der Praktiker: Theoretiker lösen nur ihre eigenen Probleme, entwickeln Theorie aus Theorie. Toll, aber unverständlich, sagt der Laie: Theoretiker leben in ihrer eigenen Welt, umzäunt von Fachausdrücken. Toll, aber unfruchtbar, sagt der Humanist: Theorien sind tote Gespinste, mit denen man alles Leben erstickt. Toll, aber verantwortungslos, sagt der Nachbar: Theoretiker denken nicht nach über das, was man mit ihren Theorien anfängt. Toll, aber gelogen, sagt der Theoriekritiker: Theoretiker entwickeln ihre Theorien, um anderen ihre Sichtweise aufzuzwingen, um Macht auszuüben; die Begründungen schieben sie nach.

Keine der extremen Antworten trifft als einzelne zu. Aber zusammen charakterisieren wir damit den realen Wissenschaftsbetrieb ganz gut. Und blockieren uns gegenseitig. Können wir diese Kategorien der Theorie, der Praxis, der Kultur, der Ethik nicht aussöhnen und so füreinander fruchtbar machen? Ein eingefleischter Theoretiker kann heutzutage nicht gleichzeitig Praktiker sein, ein Laie nicht Wissenschaftler; sie können höchstens umsteigen, mit allen Eigenheiten des Konvertiten.

Wir können deswegen die Kategorien nicht aufgeben; wir können aber beachten, daß es keine kategorischen Unterschiede zwischen ihnen gibt, daß es eher verschiedene Sichtweisen sind, die verschiedene Zugänge mit sich bringen. Wir tun das, wenn wir die Sichtweisen durch die Frage verknüpfen, wie sie sich gegenseitig beeinflussen. Wie kommunizieren wir untereinander und mit uns selbst darüber? Das ergibt folgendes Bild:

Andere Gruppierungen sind denkbar, je nach Fragestellung und Weltsicht. Man kann Theorie und Kommunikation zusammenfassen, da - wie wir gesehen haben - Theorien zum Weitergeben von Fertigkeiten gemacht werden und Aufbauen von Theorien Kommunikation erfordert. Und man kann Kultur und Ethik als Einheit behandeln, als das der Rationalität Entzogene, das in der Wissenschaft keine Rolle spielt, als den Bereich des Wollens und der Werte, der Empfindungen und des Glaubens, als den Bereich, in dem Phantasie erlaubt ist. Dann kommt man auf die alte Dreiteilung in Tun, Denken und Begehren. Begehren als Erstreben, nicht rein sexuell belegt wie das Wort heute gebraucht wird. Die Dreiteilung benutze ich in meinen Arbeiten über Kleine Systeme [1982ff.], um die Dimensionen aufzuspannen, die man ins Spiel bringen muß, wenn man die Menschen nicht aus den Augen verlieren will.

Für Informatiker ist das Untersuchen dieser Sichtweisen und die Frage nach den gegenseitigen Einflüssen besonders spannend. Sie arbeiten an der Formalisierung und dann Automatisierung dieser Bereiche. Dabei ist alles Nicht-Formalisierte und erst recht alles Nicht-Formalisierbare in Gefahr. Deswegen verändern wir durch die Informatik das Leben so stark, die Gewichte verschieben sich, die Einflüsse nehmen zu oder ab. Deswegen versteht Peter Naur [1984] alles Wissen als Theorie: nicht nur das formale, sondern auch, was in unseren Fähigkeiten und Werten steckt, verborgen oder zumindest nicht formalisierbar.

Deswegen spricht Christiane Floyd in ihrer Arbeit [1987] von einem Paradigmenwechsel in Software Engineering. Nach der traditionellen Sicht besteht ein Rechnersystem aus Rechnern und Programmen, vielleicht Dokumenten dazu. Systementwurf ist Ingenieurarbeit, man erstellt mit wissenschaftlichen Methoden ein technisches Produkt. Beim evolutionären Systementwurf folgt man einem anderen Paradigma. Man denkt prozeß-, nicht produktorientiert: Man geht von den Arbeitsprozessen aus, die man ändern will, bezieht die Lernprozesse ein, die durchs Entwerfen und Benutzen ausgelöst werden. Für unser Thema bedeutet das: Es reicht nicht, wenn die Theoretiker Formalismen und Methoden liefern; sie müssen die menschlichen Prozesse verstehbar machen. Dazu können sie sich nicht hinter die Soziologen, Psychologen, Linguisten, Philosophen verstecken; die haben zu wenig solides Wissen von Informatik, sind durchscheinend. Ebensowenig können die Theoretiker alle diese Wissenschaftler ersetzen; dazu sind sie selbst zu fadenscheinig. Es hilft nur eins: miteinander ins Gerede kommen. Das meine ich mit dem obigen Diagramm: Keiner der Bereiche ist ohne die anderen denkbar, Reden schafft die Verbindungen.

In meiner Arbeit "Prototyping is Theory Building" [1989] schlage ich Prototyping als ein Mittel vor, die verschiedenen Sichtweisen fruchtbar zusammenzubringen. Ein Prototyp ist ein Muster, das man entwickelt, um danach eine Serie zu fertigen (Musterstück) oder um einen ersten Eindruck zu bekommen (Muster ohne Wert). Prototyping als Tätigkeit schillert im Software Engineering in beiden Bedeutungen des Wortes; man lese dazu "A systematic look at prototyping" von Christiane Floyd [1984]. Beim Prototyping eines Programmpakets durchläuft man immer wieder die Phasen Produzieren, Testen, Diskutieren, Ändern: man erstellt eine vorläufige Version, testet sie, diskutiert die Resultate und ändert entsprechend. Die Zwischenergebnisse sind jeweils Muster für die nächste Runde, bis man eins zum Musterstück erklärt, vorläufig.

Das paßt zu dem, was ich über Theoriebildung gesagt habe: In den verschiedenen Phasen kommen die verschiedenen Sichtweisen zu ihrem Recht: die Praxis beim Produzieren, Testen und Ändern, die Kommunikation beim Diskutieren, die Theorie beim Testen und Diskutieren. Wo bleibt die Phantasie? Die vorläufige Version ist nicht einfach unfertig. Man greift einen Teil der Aufgabe heraus - ein Unterproblem, einen Aspekt, einen Spezialfall -, irgendetwas, das für sich lauffähig gemacht werden kann (sonst könnte man es nicht testen) und das für sich Sinn ergibt (sonst könnte man es nicht diskutieren). Einen sinnvollen Teil sehen - dazu braucht man Phantasie. Phantasie kommt von phaino (griechisch: φαινω – ich zeige, ich sage), Theorie von theoro (griechisch: θεορω – ich sehe). Theorie ist eine Sichtweise, Phantasie eine Zeig- oder Sagweise. Was ich sehe, hängt von meiner Phantasie ab; wie ich es sehe, von meiner

Theorie. Mit Phantasie sehe ich Neues; aber ich muß es auch klar ans Licht bringen, für mich und für andere. Also braucht man Phantasie auch zum Diskutieren: zeigen, was man für sinnvoll hält, sonst sehen die anderen es nicht. Der ständige Wechsel zwischen Theorie und Praxis reicht allein nicht; erst die Phantasie, die beide verbindet, macht Prototyping erfolgreich. Also ändern wir das Bild:

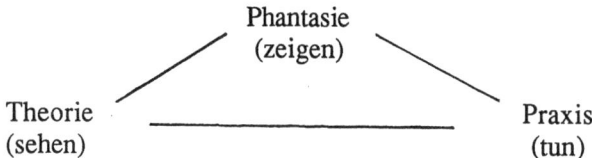

"Beweisen," schreibt Charles Sanders Peirce in einem Brief [1887], "... ist ein lebendiger Prozeß, ... eine Art Experimentieren." Formale Methoden dienen ihm als Hilfsmittel, um die Phantasie (imagination) zu unterstützen. Logik und die umfassende Semiotik (siehe oben) gründen auf Ethik und Ästhetik.[2]

In ihrer Arbeit "Complexity and Uncertainty in Software Design" [1990] stellen Lars Mathiassen und Jan Stage die Methoden der Spezifikation und des Prototyping gegenüber: Spezifikationsmethoden werden von Theoretikern entwickelt, um der Komplexität von Problemen Herr zu werden; sie werden als rational angesehen und meist auch so verwendet. Beim Prototyping geht man experimentell vor; der Praktiker begegnet so der Unsicherheit realer Situationen. Tatsächlich braucht man für ausgewogene Arbeit beides, machen die Autoren einleuchtend; auch mischt man besser bei beiden Methoden rationales und experimentelles Vorgehen. So kommen sie auf ein "Prinzip der beschränkten Reduktion" (S.7): "Rationales Vorgehen zum Reduzieren von Komplexität führt zu neuen Quellen von Unsicherheit, die experimentelle Gegenmaßnahmen erfordern. Umgekehrt führt experimentelles Vorgehen zum Reduzieren von Unsicherheit zu neuen Quellen von Komplexität, die rationale Gegenmaßnahmen erfordern." Wie immer kann man solche Gegensätzlichkeiten nicht dadurch aussöhnen, daß man eine von ihnen eliminiert oder beide zu einer Super-Synthese zusammenschmiedet. Man muß abwechseln, flexibel, je nach Lage. Gegensätze sind gut, um Spielräume zu schaffen. Dazu braucht es Phantasie.

Über die allmähliche Verfertigung der Theorien beim Arbeiten

Das gilt für Forschen und Lehren gleichermaßen; beidemal will ich anderen klarmachen, was ich sehe. In meinen Arbeiten "How to Communicate Proofs or Programs" [1988] und "Prototyping is Theory Building" [1989] habe ich vor allem über die Forschung geschrieben. An der Technischen Universität Berlin unterrichten wir zur Zeit einige große Lehrveranstaltungen in diesem Stil. Den Teilnehmern von "Logik für Informatiker", einer Quasipflicht-Lehrveranstaltung zu Beginn des Hauptstudiums, erläutern wir das Konzept auf einem Informationsblatt:

Was wir im Sommersemester 1990 in der Logik machen wollen
   Beim Lernen verändert man sich, Verändern kann man nur durch Tun; also kann

---
[2] Nach Fisch [1986], Kap.14, S.269.

man nur durch Tun lernen. Logisch? Deswegen stellen wir *Projektaufgaben* in den Mittelpunkt der LV, nicht die Vorlesung und nicht die Tutorien und nicht die Übungen. Es gibt vier solche Aufgaben, übers Semester verteilt. Wenn Ihr die vier Aufgaben bearbeitet, kennt Ihr den Stoff, den wir sonst in der Vorlesung behandelt haben. Ihr habt vielleicht Lücken und Euch fehlt die Übersicht, aber Ihr könnt in dem Gebiet selbstständig arbeiten. Die Aufgaben löst Ihr im Prototyping-Stil: Ihr erarbeitet in Euren Kleingruppen einen Lösungsansatz, schreibt den auf, zeigt ihn Eurem Tutor und erzählt dabei. Die Tutoren machen Euch auf Fehler aufmerksam, insbesondere auf Diskrepanzen zwischen dem, was Ihr erzählt und was Ihr geschrieben habt, beantworten Fragen, geben vielleicht Hinweise. Damit geht Ihr in die zweite Runde. Das Spiel wiederholt sich, bis alle Beteiligten zufrieden sind. Dann geht's an die nächste Aufgabe.

Um diesen Prozeß zu unterstützen, bieten wir Euch *Tutorien*, ein *Logik-Zentrum*, ein *Skript* und eine begleitende *Vorlesung* an. Im *Tutorium* trefft Ihr Euch einmal wöchentlich; wie Ihr dort arbeitet, macht Ihr mit Eurem Tutor aus. Auch im *Logik-Zentrum* habt Ihr einen festen Termin pro Woche mit Eurem Tutor. Den müßt Ihr einhalten, um die Aufgaben zu besprechen; Ihr könnt dort aber jederzeit, auch wenn andere Tutoren Dienst haben, an der Logik arbeiten, die Anderen oder den Tutor um Rat fragen. Das *Skript* ist zum Selbststudium gedacht, es enthält viele Beispiele, Aufgaben und Beweise, an denen Ihr im Tutorium und zu Hause arbeiten könnt. Ihr gewinnt so Eure Fähigkeiten und Unfähigkeiten in eigener Verantwortung, mit unserer Hilfe. Die *Vorlesung* ist nur begleitend, wir vermitteln keinen Stoff. (Stoff? Vermitteln? Die Uni ist kein Drogenumschlagplatz.) Wir geben jeweils eine Übersicht über die Fragen und Antworten der vergangenen und kommenden Woche, ordnen ein, ergänzen Historisches und Philosophisches.

Die Projektform soll Euch und uns nicht mehr Zeit nehmen oder geben als die herkömmliche Lehrveranstaltung. Deswegen - und weil man länger nicht zuhören kann - dauert die Vorlesung nur 60 Minuten; ein Tutoriumstermin ist 90 Minuten lang - ein Zentrumstermin 120, wird aber als betreute Übungszeit nur 30 Minuten gerechnet. Die Tutoren haben mehr Zeit für Euch, da sie kaum zu Hause korrigieren müssen.

Alles klar?

Wir führen das Experiment jetzt zum vierten Mal durch, für die Logik zum zweiten Mal - Prototyping! Wir diskutieren die Versuche mit den Studenten und Kollegen, die sie unterschiedlich bewerten. Die Studenten sind durchwegs begeistert über die Projektaufgaben, an denen sie freier und sinnvoller arbeiten als an den üblichen wöchentlichen Aufgäbelchen, mit denen sie den Stoff nur üben und sich Noten einhandeln konnten. Viele sind auch zufrieden, daß die anonyme gängelnde Vorlesung eine neue Funktion bekommt: wir unterstützen mit ihr die Arbeit der Studenten, machen sie sinnvoll, aber geben nicht vor, daß dort die Arbeit geschehe. Zuhören ist nicht Arbeiten. Manche Studenten klagen darüber, daß ihnen der dauernde Druck und die Erfolgserlebnisse der Übungsblätter fehlen; freiwillig arbeiten ist unter dem Druck der anderen Verpflichtungen schwierig. Manchen fehlt die klare Vorgabe "des Stoffes" durch die Vorlesung. Die Kollegen wittern mangelnde Kontinuität und Kontrolle und dementsprechend schlechtere Kenntnisse der Studenten. Tatsächlich sind die Prüfungsergebnisse wesentlich besser, besonders auffällig im Grundstudium: die Studenten wissen weniger auswendig, kommen aber in der Regel auch mit ausgefalleneren Fragen, über die sie nachdenken müssen, ausgezeichnet zurecht. Die Prüfungen sind nicht obligatorisch, die Schlechteren kommen also gar nicht erst; aber völlig fehlen die üblichen traurigen Erscheinungen, die von sich überzeugt sind, weil sie Sätze und Definitionen aufsagen können. Sie können sich beim Lernen nicht mehr so leicht selbst betrügen. Wir beim Lehren auch nicht. Eine Vorlesung oder eine ganze Veranstaltung so durchzuführen, daß dort nicht nur Stoff präsentiert wird, ist nicht leicht. Die größten Mißerfolge bei dem Vorgehen hatten wir, wenn wir uns und den Teilnehmern nicht laufend klarmachten (Prototyping!), was wir eigentlich von ihnen wollen und erwarten (Phantasie!).

Für die Logik setze ich das Konzept zu einem Buch um: "Logik für Informatiker - Formalisieren und Beweisen" [1990]. Höchstens im Inhalt ähnelt es einem traditionellen Lehrbuch. Durch Aufbau und Darstellung versuche ich zum Mitarbeiten anzuregen. Dadurch sieht der Formalismus oft anders aus. Aber wie wichtig sind Formalismen? Es geht ums Formalisieren.

Wende zur Phantasie

Wie können wir also die Theorie der Informatik aus der formalen Enge befreien? Theoriebilden im Prototyping-Stil kann helfen, die starren Grenzen zwischen den verschiedenen Bereichen aufzuheben. Theoretiker und Praktiker bekommen wieder mehr Einfluß aufeinander. So können wir Theoretiker aus den Versuchen herauskommen, zu beschreiben, was Informatik ist. Stattdessen können wir uns mit dem beschäftigen, was Informatiker tun und warum sie es tun oder nicht tun. Wir können die Theorie des Wissens ab- und eine Theorie des Tuns aufbauen; die ist leichter zu ändern.

Theorie und Praxis sind nicht eingleisig verbunden. Wichtig ist, daß wir durchs Kommunizieren die beteiligten Menschen ganz ins Spiel bringen. Wenn wir Theorien weitergeben, in Lehrveranstaltungen oder auf Konferenzen, in wissenschaftlichen Arbeiten oder in Diskussionen mit Laien, sollten wir nicht versuchen, unsere Ergebnisse an den Mann, die Frau, die Kinder zu bringen. Sie lernen eher, wenn sie selber etwas tun dürfen, wir nur Spielleiter sind. Die Theorie wird die Rolle der bösen Schwiegermutter der Praxis am ehesten los, wenn sie sich mit der Stieftochter der Wissenschaft, der Didaktik, verbündet, nein aussöhnt. Wir können eine Theorie nur entwickeln, wenn wir sie anwenden oder weitergeben. Auch Kleist versucht, seiner Schwester die Probleme zu erklären; redete er nur blind und taub auf sie ein, lernte er selber nichts.

Ins Spiel bringen! Durch die Kommunikationsphasen machen wir Änderungen möglich; aber der Druck der Verhältnisse und die Folgerichtigkeit der Theorie führen noch nicht zu Neuerungen. Unsere Phantasie wird erst fruchtbar, wenn wir sie spielen lassen. Wenn wir Werten und Wünschen, Kultur und Ethik, ausklammern, klammern wir den Menschen aus. Nach der pragmatischen und der sprachkritischen Wende brauchen wir eine Wende zur Phantasie.

Dank

Ich danke fürs Mitspielen: meiner Frau Marie Luise, meinen "Uni-Kindern" Peter Eulenhöfer und Mechtild Koreuber, den Mitgliedern des Arbeitskreises "Theorie der Informatik" und den Teilnehmern der ersten Bederkesa-Workshops des Arbeitskreises. Ich habe viel von ihnen gelernt.

Literatur

Alexander, Christopher, 1964: Notes on the synthesis of form.
    Harvard University Press
Bateson, Gregory, 1972: Steps to an ecology of mind. Ballantine Books: New York.
    Deutsch: Ökologie des Geistes. Suhrkamp stw 571, 1985
Bateson, Gregory, 1979: Mind and Nature - a Necessary Unity. Bantam Books.
    Deutsch: Geist und Natur - eine notwendige Einheit. Suhrkamp 1982
Coy, Wolfgang, 1989: Brauchen wir eine Theorie der Informatik?
    Informatik Spektrum Band 12, Heft 5, S.256-266
Fisch, Max H., 1986: Peirce, Semeiotic, and Pragmatism. Indiana University Press, Bloomington
Floyd, Christiane, 1987: Outline of a Paradigm Change in Software Engineering.
    In: Computers and Democracy - A Scandinavian Challenge. G. Bjerkness, P. Ehm, M. Kyng ed., Hampshire, Gower Publ., pp. 191-210
Floyd, Christiane, 1984: A Sytematic Look at Prototyping.
    In R.Budde, K.Kuhlenkamp, L.Mathiassen, H.Züllighofen eds.: Approaches to Prototyping. Springer, pp. 1-18.
Kleist, Heinrich von: Über die allmähliche Verfertigung der Gedanken beim Reden.
    Werke, 5.Teil. Deutsches Verlagshaus Bong & Co: Berlin, Leipzig, Wien, Stuttgart (ohne Jahr)
Lakatos, Imre, 1976: Proofs and Refutations - The Logic of Mathematical Discovery.
    Cambridge University Press.
    Deutsch: Beweise und Widerlegungen. Vieweg 1979
Luhmann, Niklas, 1984: Soziale Systeme. Frankfurt am Main: Suhrkamp; stw 666
Mathiassen, Lars, Jan Stage, 1990: Complexity and Uncertainty in Software Design.
    University of Aalborg, Dept. Math. Comp. Sci.,R 90-08, 8pp.; COMPEURO 90
Naur, Peter, 1984: Programming as Theory Building.
    Euromicro 84; Microprocessing and Microprogramming 15(1985), 253-261
Peirce, Charles Sanders, 1887: Letter to J.M.Hantz, 29 March 1887. The Charles Sanders Peirce Papers, Department of Philosophy, Harvard University. Zitiert nach "The Early History of Computer Design" von Kenneth Laine Ketner
Siefkes, Dirk, 1982: Kleine Systeme.
    Technische Universität Berlin, Bericht-Nr. 82-14, 47 pp.
    Small Systems. Purdue University, Techn.Report Nr. CSD-TR 435, 1983, 57 pp.
Siefkes, Dirk, 1985: Ungelogene unlogische Geschichten.
    Technische Universität Berlin, Bericht-Nr. 85-18, 1985, 29 pp.
    Sprache im Technischen Zeitalter, Walter Höllerer und Norbert Miller eds., Vol. 103, Sept. 1987, S. 222-239
Siefkes, Dirk, 1986: Only small systems evolve.
    In P. Docherty, K. Fuchs-Kittowski, P. Kolm, L. Mathiassen eds.: System design

for human development and productivity: participation and beyond. IFIP WG9.1 Conference Humboldt-Universität Berlin . North-Holland, 1987, pp. 177-185

Siefkes, Dirk, 1987: Formalizing and Understanding. What can logicians and computer scientists learn from each other?
Manuskript, Symposium "Logik in der Informatik" Karlsruhe, 12 pp.

Siefkes, Dirk, 1988: How to communicate proofs or programs.
Technische Universität Berlin, Bericht-Nr. 88-22, 1988, 24 pp.
In R.Budde, C.Floyd, R.Keil-Slawik, H.Züllighofen eds.: Software Development and Reality Construction. Springer: Berlin Heidelberg New York. Im Erscheinen

Siefkes, Dirk, 1989: Prototyping is Theory Building.
IFIP WG9.1 Conference "Information System, Work and Organization Design", Humboldt-Universität Berlin . 9 pp.

Siefkes, Dirk, 1990: Beziehungskiste Mensch - Maschine.
Sprache im Technischen Zeitalter, Walter Höllerer und Norbert Miller Hsg., Bd.112, 1989, S. 332-343.
Erscheint in: Gero von Randow, Hsg.: Das kritische Computerbuch. Grafit-Verlag, Dortmund, 1990

Siefkes, Dirk, 1990: Logik für Informatiker - Formalisieren und Beweisen.
Vieweg. In Vorbereitung

Gesellschaftliche Auswirkungen II

Die zunehmende „Informatisierung" der Gesellschaft infolge des Eindringens der Informationstechniken in alle Lebensbereiche verursacht eine neue Wissenslage, die zu einem exponentiellen quantitativen Wissenswachstum („Informationsrevolution") bei gleichzeitiger qualitativer Verschiebung des Wissensschwerpunktes zum Datenwissen und dessen konzentrierter Anlagerung bei bestimmten Stellen (den sog. „Datenherren"), führt.

Die gesellschaftlichen Auswirkungen dieser informationstechnologisch bedingten Prozesse des Größenwachstums bestimmter hochtechnisierter Wissensarten, ihrer einseitigen sozialen Verteilung und der kognitiven Schwerpunktverlagerung machen sich auf drei Ebenen durch neue Problemlagen bemerkbar, die in Leitvorträgen behandelt werden:

- auf der untersten gesellschaftlichen Ebene beim angeblich „maßlos informierten" (Karl Steinbuch) Individuum durch informationelle Überlastung mit zumeist unnützen Informationen, bei gleichzeitiger Unterinformation mit brauchbarem Problemlösungswissen;
- auf der mittleren gesellschaftlichen Ebene der größeren Handlungseinheiten durch informationelle Asymmetrien zwischen "informationsreichen" kollektiven Akteuren (Behörden, Betrieben, Verbänden und sonstigen Großorganisationen) und vergleichsweise „informationsarmen" individuellen Akteuren (Einzelpersonen, Gruppen);
- auf der obersten ordnungspolitischen Ebene des gesamten Informationssystems der Gesellschaft durch einen fundamentalen Wandel der Wissensordnung, d.h. der normativen Bestimmungen und faktischen Bedingungen für die Erzeugung, Verarbeitung, Verteilung, Verwendung, Verwertung des Wissens in der sog. Informationsgesellschaft. Was nach der alten Wissensordnung des Grundgesetzes, von Ausnahmeregelungen abgesehen (insbesondere des Patent-, Urheber- und Persönlichkeitsrechts), „freies Gut" für den unbeschränkten Gebrauch sein sollte, wird zunehmend Gegenstand von Eigentumsansprüchen mit Ausschlußmöglichkeiten gegenüber Dritten.

Die Datenschutzdiskussion erfaßt nur den sichtbarsten Teilaspekt dieser „stillen Revolution" im weitgehend noch unsichtbaren Bereich der kognitiv–informationellen Grundordnung der modernen Gesellschaft.

DER WANDEL DER WISSENSORDNUNG DURCH DIE INFORMATIONSTECHNIK
– Tendenzen der informationellen Entwicklung, Themen des ordnungspolitischen Denkens, Thesen zur neuen Wissenslage und Wissensordnung –[1]

Helmut F. Spinner
Universität Karlsruhe
Institut für Philosophie

INHALTSVERZEICHNIS

I. Wissen, Wissenschaft, Wissenswissenschaften, Wissensordnung, Technik: Zur Terminologie des "Kognitiv-Technischen Komplexes"

II. Technikzyklen: Techniken, Technikfolgen, Folgen von Technikfolgen ...

III. Techikgrundlagen: Zur alten Wissensordnung für das Theorienwissen wissenschaftsbasierter Techniken

IV. Technikfolgen erster Art: Zur neuen Wissenslage des Informationszeitalters

V. Technikfolgen zweiter Art: Zum Wandel der Wissensordnung in der Informationsgesellschaft

VI. Technikgestaltung im Informationsbereich: Ordnungspolitische Beiträge zur neuen Wissensordnung

---

[1] Die vorliegenden Ausführungen sind aus dem von der VOLKSWAGEN STIFTUNG, dem MINISTERIUM FÜR WISSENSCHAFT UND KUNST BADEN-WÜRTTEMBERG sowie der UNIVERSITÄT KARLSRUHE geförderten Forschungsprojekt des Verfassers **"Zum Wandel der Wissensordnung in der Informationsgesellschaft"** hervorgegangen.

ABSTRACT

Due to the exponential growth of science and, recently, the explosive expansion of the extrascientific information of computerized 'Data' of all sorts, a **New Cognitive Order of Society** ('Neue Wissensordnung') comes into existence. The invalidation of the 'Old Order' with its classical conditions for the production, processing, application and fairly equal social distribution of knowledge is a result of technological developments, especially of the rise of Information Technology.

What may be called the **Cognitive-Technological Complex** is rapidly developing. Its consists of an intimate fusion of knowledge ('information' of all sorts) and technology, or simply cognition & computer, resulting from new trends towards the technization of knowledge itself and its accumulation to large technical systems or networks.

All this causes a fundamental change of the situation of knowledge ('Wissenslage') in the Information Society so-called. It confronts all Cognitive Sciences (Philosophy, Cognitive Psychology, Informations Sciences, etc.) with the task, 'to climb up' the growing infomation mountains and to analyse its contents and structures, i.e., old and new sorts of knowledge ('Wissensarten') in huge quantities and mixtures, with different cognitive styles ('Erkenntnisstilen'), 'orders' ('Wissensordnungen'), rationality-structures ('Rationalitätsformen'), etc.

This cannot be done without new theories of knowledge and rationality. What is fundamentally needed is nothing less than a new **Cognitive Constitution for the future Information Society**. What is practically needed, involves a comprehensive cognitive competence for handling the whole information stuff, ranging from classical theory-knowledge to modern data-knowledge. Technical competence for programming computers and managing large quantities of information is necessary necessary but not sufficient. In order to be not only useful but senseful too, computer-aided problem-solving depends on a prior frame of reference for the proper institutionalization of the Cognitive-Technical Complex and its integration into the whole order of an Open Society with constitutional separation of power, fundamental human rights, free flow of information, etc.

Thus, on the one side, information technology poses **new problems of constructive order policy** ('ordnungspolitisches Denken'). On the other side, informational developments open for nontechnical 'soft sciences' like philosophy, psychology, sociology, and other humanities an unexpected, perhaps undeserved chance to keep pace with the most progressive cognitive and technological developments. To take advantage of the new situation of knowledge and to explore the constitutive conditions of the New Cognitive Order is the first task of contemporary Philosophy of Science, Cognitive Psychology, Information Economy and Sociology, in close cooperation with Informations Sciences, Law and Policy.

I. WISSEN, WISSENSCHAFT, WISSENSWISSCHAFTEN, WISSENSORDNUNG, TECHNIK: ZUR TECHMINOLOGIE DES "KOGNITIV-TECHNISCHEN KOMPLEXES"

Mit dem "Kognitiv-Technischen Komplex" des anbrechenden Informationszeitalters und der mit ihm aufkommenden neuen "Wissensordnung" ist ein weites Feld im vollen Wandel kurz und bündig zu behandeln. Da für ausführliche Erläuterungen hier kein Platz ist und außerdem die Suche nach einheitlichen Begriffsbestimmungen hoffnungslos wäre, schlage ich vor, uns um der Verständigung willen auf einige richtungsweisende "Arbeitsdefinitionen" zur Darstellung und Diskussion der Thematik einzulassen.

Im folgenden meine ich, vorbehaltlich genauerer Ausführungen im Text oder andernorts, mit

- **"Wissen"**: Informationen aller Art, in jeder Menge und Güte, ohne Rücksicht auf Wahrheit und Wichtigkeit des Informationsgehalts der Aussagen oder sonstigen Wissensrepräsentationen.

- **"Wissenschaft"**: die dreifache moderne Erscheinungsform wissenschaftlicher Forschung & Erkenntnis als Reine Wissenschaft (= THEORIE), Angewandte Wissenschaft (= PRAXIS) und Realisierte Wissenschaft (= TECHNIK).

- **"Wissenswissenschaft(en)" oder abkürzenden Bezeichnungen wie Wissensforschung, -theorie, -philosophie etc.**: alle mit der Untersuchung von Informationen in diesem wesentlich erweiterten Sinn befaßten Fächer oder Forschungsrichtungen in der ganzen Bandbreite: von der Erkenntnisphilosophie und Wissenschaftstheorie über die Kognitionspsychologie und Wissenschaftssoziologie bis zur empirisch-quantitativen Wissenschaftsforschung, dazu die logisch-mathematischen, statistischen, technischen Informationswissenschaften im engeren und "Cognitive Sciences" im weiteren Sinne.

- **"Wissensordnung"**: das Insgesamt der normativen Leitbestimmungen (darunter insbesondere der im engeren Sinne rechtlichen "Wissenschaftsverfassung") und faktischen Randbedingungen für die Erzeugung, Verarbeitung, Verwendung, Verwertung, Verteilung, etc. von Informationen.

- **"Technik" (bzw. "Technologie" als Lehre von der Technik)**: die Realisierte Wissenschaft profaner Artefakte, seien es materielle (Werkzeuge, Maschinen, Apparate, Hardware) oder immaterielle (Denkzeuge, Daten, Software) Umsetzungen wissenschaftlicher Ideen (Informationen) in nichtnatürliche technische Realisationen.

Stellvertretend, aber deswegen noch lange nicht federführend für dieses Spektrum der "Wissenschaften & Techniken vom Wissen",

welche sich die Aufschnürung des Informationspakets und die
Untersuchung der Wissenslage moderner
"Informationsgesellschaften" (mit Big Science, High Tech, Neuen
Medien und überdurchschnittlich wachsendem Informationssektor,
etc. - verschmolzen zum **Kognitiv-Technischen Komplex**) zur
Hauptaufgabe gemacht haben, seien die (Wissenschafts)**Philosophie,
Wissenspsychologie** und **Informationstechnologie** herausgegriffen,
um die neuen Probleme angesichts der geänderten Wissenslage und
gewandelten Wissensordnung zu diskutieren.

Information, Wissensordnung, Kognitiv-Technischer Komplex sind
die wegweisenden **Themen** der folgenden Ausführungen, welche
weiterführende **Thesen** zu den auslösenden **Tendenzen** und zur
gesamten **Folgeproblematik** offerieren sollen.

II. TECHNIKZYKLEN: TECHNIKEN, TECHNIKFOLGEN, FOLGEN VON TECHNIKFOLGEN ...

**(1) Techniken stehen nicht isoliert im sozialen Raum: sie haben
Voraussetzungen und Folgen, die ihrerseits weitere Folgen nach
sich ziehen - ad infinitum.**

Daß alle Techniken Vorbedingungen und Nachwirkungen haben, ohne
die Techniken nicht zu haben sind, ist bekannt. Unbekannt ist
zumeist nicht nur, **welche** Voraussetzungen und Folgen sie im
einzelnen haben - vor allem, wenn die ersteren im Verborgenen und
die letzteren in der Zukunft liegen -, sondern auch, daß die
einen nicht den absoluten Anfang und die anderen nicht das
definitive Ende bilden. In beiden Richtungen geht die Entwicklung
weiter, so daß alles zusammengenommen ein beständig
expandierender **offener Technikzyklus** bildet. Der
naturwissenschaftlich-technische Fortschritt verläuft in seinen
Entwicklungszyklen von Vorbedingungen zu Folgen und Folgenfolgen
aber nicht im Kreise, sondern auf einer Spirale, die in beiden
Richtungen unabgeschlossen ist. Die Voraussetzungen haben
ihrerseits Vorbedingungen, die Folgen ziehen weitere Folgen nach
sich.

Damit sind nicht einfach die **Erst**faktoren und **Spät**folgen gemeint,
die ganz am Anfang liegen oder erst in ferner Zukunft eintreten
werden, sondern der gesamte **Bezugsrahmen**, in dem sich
Technikzyklen überhaupt erst zusammenhängend bilden können und
gesetzmäßig ablaufen. Das ist die der REINEN, ANGEWANDTEN und
REALISIERTEN WISSENSCHAFT zugrunde liegende **Wissensordnung**, wie
sie hier im Vergleich ihrer "alten", klassischen und "neuen",
technischen Gestalt erläutert werden soll.

(2) Die Technik ist in Führung gegangen ...

Eine moderne Industriegesellschaft ist kein homogenes Ganzes, dessen Teile bruchlos zueinander passen und dessen Bereiche (Sektoren) sich immer "in Phase" entwickeln. Es gibt vielleicht kein wissenschaftliches Gesetz, wohl aber den empirischen Tatbestand der **ungleichmäßigen gesellschaftlichen Entwicklung**, mit vorauseilenden und nachhinkenden geistigen, sozialen, kulturellen, personellen Teilbereichen. So wird die Entwicklung der Gesellschaft im **geschichtlichen Führungswechsel der maßgeblichen Leitideen** abwechselnd von der Religion oder einer Ideologie, von der Politik oder der Wirtschaft, vom Recht oder der Wissenschaft angeführt, im umgekehrten Fall gelegentlich auch von denselben Kräften gebremst. Das kann, je nach Art und Einfluß dieser Faktoren, eine rein geistige oder ganz praktische Führung sein, selten beides zusammen.

In unserem technologischen Zeitalter ist die Technik in Führung gegangen, allen voran die neuesten "Durchbruchstechniken" der **Informations- und Gentechnologie.** Im folgenden soll es nur um die Führungsfunktion der Informationstechnik im gesellschaftlichen Wissensbereich und um deren weitreichende Folgenproblematik gehen.

(3) Die Führungsstellung der Informationstechnik hat unmittelbare und mittelbare Folgen.

Die unmittelbaren **Technikfolgen erster Art** sind inzwischen zum vieldiskutierten Gegenstand der fälschlicherweise darauf beschränkten **Technikfolgenforschung** geworden. Die mittelbaren **Technikfolgen zweiter Art** liegen in den mehr indirekten und weniger handgreiflichen, aber deswegen umso tiefergehenden und insgesamt folgenreicheren Aus- und Rückwirkungen auf den **ordnungspolitischen Bezugsrahmen des wissenschaftlich-technischen Fortschritts und seiner Folgeproblematik**. Mit ihnen hätte sich eine neuartige **Technikgrundlagenforschung** zu befassen, die es aber erst in Ansätzen gibt.

Im vorliegenden Falle der als Paradigma für den Führungswechsel im technologischen Zeitalter und für den technikinduzierten Wandel zur "Informationsgesellschaft" herausgegriffenen Informationstechnik beeinflussen die unmittelbaren Auswirkungen erster Art die **faktische Wissenslage,** während die mittelbaren Konsequenzen zweiter Art die ihr zugrunde liegende **konstitutionelle Wissensordnung** betreffen und ihren derzeitigen tiefgreifenden **Wandel** bewirken. Das ist das Thema für die folgenden Thesen.

III. TECHNIKGRUNDLAGEN: ZUR ALTEN WISSENSORDNUNG FÜR DAS THEORIENWISSEN WISSENSCHAFTSBASIERTER TECHNIKEN

(4) Techniken sind wissensbasiert und wissenschaftsfundiert.

Techniken waren schon wissensbasiert, als es diesen Ausdruck noch nicht gab. Auch wenn die moderne Technik nicht einfach "angewandte Wissenschaft" ist, so ist sie doch durch und durch **verwissenschaftlicht**, während umgekehrt die Wissenschaft immer mehr **technisiert** wird, vor allem bei der technikbasierten, genauer: computerunterstützten Erzeugung, Speicherung, Verarbeitung und Verwendung von Datenwissen.

Diese **Informatisierung** bedeutet nicht nur - wie schon bei der bisherigen **Verwissenschaftlichung** - eine Technisierung durch Wissen infolge der technischen Realisationen von wissenschaftlichem Theorienwissen, sondern bewirkt letztlich **die Technisierung des Wissens selber.** Ihr geht die **Theoretisierung der Technik** voraus,
durch die sie im 19. Jahrhundert die naturwissenschaftliche Grundlage der mathematisch-experimentellen Theorienwissenschaft erhält. Damit aber untersteht auch die Technik anfänglich der technikfremden **klassischen Wissensordnung** für die wissenschaftliche Produktion von Theorienwissen im ausgesprochen technikfeindlichen akademisch-universitären Sondermilieu der **Humboldtschen** "deutschen Universität". Das gilt auch noch weitgehend für die in der zweiten Jahrhunderthälfte gegen Widerstand gegründeten Technischen Hochschulen, mit größeren Abstrichen teilweise sogar für die außeruniversitäre industrielle Technik.

(5) Die alte Wissensordnung trennt, was im wirklichen Leben verbunden ist.

Abweichend von der ansonsten geltenden Gesellschafts-, Rechts- und Wirtschaftsordnung werden durch die alte Wissensordnung **ordnungspolitische Extraregelungen** für den Wissensbereich der "freien Meinung" im allgemeinen und für den Wissenschaftssektor der "Freien Forschung & Lehre" im besonderen eingeführt. Das geschieht durch die vier GROSSEN ABBKOPPLUNGEN, welche insgesamt die **klassische Wissensordnung** bilden:

Erstens die **Abkopplung der Ideenwirtschaft** von der normalen Güterwirtschaft durch weitgehende Aufhebung der strengen Eigentumsordnung exklusiver Verfügungsbefugnisse (Ausschlußrechte) über "Wissensgüter", um durch **Trennung von Erkenntnis und Eigentum** das Wissen in das Gemeineigentum der Forschungsgemeinschaft zu überführen, mit freiem Zugang und Gebrauch für jedermann.

Zweitens die **Abkopplung der Wissensfrage** von der "unsachlichen" außerwissenschaftlichen Interessenlage der Erzeuger, um durch institutionelle **Trennung von Ideen und Interessen** alle sachfremden materiellen (nichtkognitiven) oder ideologischen ("interessierten") Einflüsse von außen auf die Ergebnisse auszuschalten und die "uninteressierte", ungehinderte, unverzerrte wissenschaftliche Erforschung der "Wahrheit" zu gewährleisten. (Die gleichzeitige Abkopplung von der Interessenlage der Verwender ist mitgemeint, aber weniger rigoros durchgeführt. Hier liegt das größere praktische Problem, welches heute von einer Lösung weiter entfernt ist als je zuvor.)

Drittens die **Abkopplung der Wissenschaft** von den außerwissenschaftlichen Vorbedingungen und Folgen der wissenschaftlichen Forschung, um durch **Trennung von Theorie und Praxis** die Wissenschaftler von Entscheidungs- und Handlungszwang einschließlich rechtlicher, finanzieller, ethischer Folgehaftung freizustellen. Diese **politische Entlastung** wird oft fälschlicherweise, in apologetischer oder anklagender Absicht, mit der vielzitierten, aber **so** nicht realisierten "Entpolitisierung" der Wissenschaft verwechselt.

Viertens die **Abkopplung des wissenschaftlichen Sonderbereichs** vom "normalen" gesellschaftlichen Umfeld, in dem diese Extraregelungen **nicht** gelten, um durch **Trennung von Wissenschaft und Staat** einen staatsfreien, eingriffsgeschützten, selbststeuernden Bereich autonomer Wissenschaft, darüber hinaus allgemeiner Meinungsfreiheit zu schaffen.

(6) Anstelle der Trennung von Wissenschaft und Staat ist die Trennung des Forschers und Technikers von den Betriebsmitteln eingetreten.

Materiell gesehen, gilt die vierte Abkopplung allerdings umso weniger, je mehr die bereits aufgezeigte moderne Entwicklungslinie von der Reinen Wissenschaft der THEORIE über die Angewandte Wissenschaft der PRAXIS zur Realisierten Wissenschaft der TECHNIK durchgegangen wird. Nicht erst am Ende der vollverwissenschaftlichten Technik und hochtechnisierten Wissenschaft besteht anstelle der ursprünglich beabsichtigten Trennung von Wissenschaft und Staat die tendenziell gegenläufige **Trennung des Forschers und/oder Technikers von den Betriebsmitteln**, welche eben nicht ihm gehören, sondern sich in der Hand eines anderen befinden: sei es der Staat oder die Industrie.

Das ergibt in jedem Falle ein **duales ordnungspolitisches System** mit Staatskapitalismus für die (Universitäts-)Wissenschaft und Privatkapitalismus für die Wirtschaft einschließlich ihrer (Industrie-)Wissenschaft, erst recht für die gesamte industrielle Technik.

Entgegen **Francis Bacons Macht-durch-Wissen-Formel** ist unter diesen Bedingungen Wissen **nicht** Macht! Macht durch Wissen ist praktisch unmöglich, weil im Rahmen der alten Wissensordnung Wissen zwar sozial stark konzentriert und völlig elitär regiert ist, aber nicht monopolisiert werden kann - es sei denn, unter ausdrücklicher und aufwendiger Aufhebung dieser Ordnung für bestimmte Wissensarten oder Handlungsbereiche, sei es durch Patentschutz oder Geheimhaltung.

Von dieser Annullierung der alten Wissensordnung für einen Teil der Wissenschaft durch ordnungswidrige Gegenmaßnahmen ist die

Änderung der Wissensordnung in der "verdateten"
Informationsgesellschaft für neue, technisierte Wissensarten
(insbesondere Datenwissen auf technischen Trägersystemen, deren
Zugang gegenüber Dritten verschlossen werden kann) sorgfältig zu
unterscheiden. Anstelle des "Wissenskommunismus" der offenen
Wissenschaft und des öffentlichen Wissens im Gemeinbesitz aller
Wissenschaftler bzw. Bürger tritt dann auch für Wissensgüter der
Normalfall einer Eigentumsmarktgesellschaft ein. Der noch zu
erläuternde **Wandel der Wissensordnung** bringt unter anderem mit
sich, daß Wissen zwar ein besonderes Gut mit einigen
ungewöhnlichen Eigenschaften bleibt, aber grundsätzlich
eigentumsfähig und **machthaltig** wird.

IV. TECHNIKFOLGEN ERSTER ART: ZUR NEUEN WISSENSLAGE DES INFORMATIONSZEITALTERS

(7) Der Informationsberg wächst und wächst ...

Der Informationsberg des akkumulierten Wissens aller Arten,
angehäuft in jeder Menge und vermischt in jeder Güte, wächst und
wächst, weitgehend eigengesetzlich vor allem aufgrund von drei
Wachstumsschüben für das Wissen:

Erstens infolge des **exponentiellen Wissenschaftswachstums** seit
der naturwissenschaftlichen Revolution der Neuzeit, mit einer
Verdoppelungszeit aller wichtigen Input- und Outputgrößen
(Manpower, Ressourcen, Publikationen, Patente) von 10 bis 15
Jahren und einem Grad der Gegenwartskonzentration bis zu 90%
(vgl. dazu PRICE 1974 und 1975; zum Stand der Forschung
BREITHECKER-AMEND 1988; im weiteren Zusammenhang RESCHER 1982).
Das betrifft vor allem die spezifisch wissenschaftlichen
Wissensarten des Theorien- und Regelwissens.

Zweitens aufgrund der gegenwärtigen **Informationsexplosion** mit
noch größeren Wachstumsraten für den Datenberg im
außerwissenschaftlichen Bereich (der Verwaltung, Massenmedien,
Informationsdienste), welcher in Verbindung mit dem
Wissenswachstum zur Entstehung des stark expandierenden
Informationssektors der "Wissensindustrie" führt (selbst wenn man
die bescheidenen Wachstumsraten von RUBIN/HUBER 1986 zugrunde
legt). Dazu gehört das gesamte außerwissenschaftliche
Datenwissen im Sinne von akkumulierten Einzelangaben "in jeder
Menge und Güte" über Gegenstände, Personen, Ereignisse,
Geschichten - also technische, statistische, personenbezogene,
fiktionale Daten in Berichten, Nachrichten, Dokumentationen,
Unterhaltungsmedien, usf.

Drittens durch die praktisch von Anfang an, ohne den sonst
üblichen Verzögerungseffekt, mit der Informationsexplosion
einhergehnde **Informationsimplosion**, welche im Gegensatz zu der
vom exponentiellen Wissenschaftswachstum nur allmählich und
unvollständig ausgehenden Verwissenschaftlichung zur
unmittelbaren und weitgehenden **"Informatisierung"** der
Gesellschaft führt, d.h. Hand in Hand mit dem explosionsartigen

Anwachsen und Ausbreiten der Informationsmenge zu ihrem fast
gleichzeitigen, ebenso dramatischen Eindringen in die Sachen
(wieviel mehr Information als früher steckt heute in einer
technischen Entwicklung oder in einem industriellen Produkt),
und Einwirken auf den Gang der Dinge (zum Beispiel auf politische
Entscheidungen und gesellschaftliche Entwicklungen).

Mit dieser Involvierung von Informationen weit hinaus über die
"geistigen" Prozesse in nahezu alle sachlichen Tatbestände und
menschlichen Tätigkeiten kommt zur Wachstumsexplosion die
Wirkungsimplosion hinzu. Das ist die heutige **Verwissentlichung**,
welche von der bisherigen Verwissenschaftlichung zu unterscheiden
ist.

Wissenschafts- und Technikwachstum, Informationsexplosion und
-implosion: das sind die führenden "Megatrends" des
technologischen Zeitalters (im Gegensatz zu den in NAISBITT 1986
angenommenen Allerweltsperspektiven auf dem Wege von der
Industrie- zur Informationsgesellschaft).

**(8) Der Informationsberg wird nicht nur immer höher, sondern auch
viel breiter und artenreicher.**

Das exponentielle Wissenschaftswachstum vermehrt vor allem die
Wissensbestände "unserer" griechisch-abendländischen
Wissenschaft, also das klassische Theorienwissen einschließlich
verwandter Arten des **allgemeinen Wissens"** (Regelwissen für
Algorithmen, Heuristiken, Methodiken; Technologien als in
"Handlungsform" transformierte Theorien; Programme und
Prozeduren).

Die Informationsexplosion und -implosion akkumuliert dagegen
stärker **besonderes Wissen**, insbesondere die modernen Formen des
Datenwissens der niedrigsten kognitiven Aggregierungsstufe von
Einzelangaben bescheidener Qualität (Massendaten,
Medieninformationen) - anstelle hochgeneralisierter,
bestgeprüfter Gesetzesaussagen über die allgemeinen
Zusammenhänge zwischen den Einzelheiten -, dafür aber in größter
Menge und Dichte (als Datenmassen, zusammengeballt in Dateien
beliebigen Umfangs).

Die gehäufte, vielfältige, in sich uneinheitliche Gemengelage
dieser Wissensarten mit ihren Unter- und Mischformen bildet ein
breitgefächertes, tiefgestaffelten **kognitives Spektrum**, welches
sich "von Pol zu Pol" über den Wissenschaftsbereich hinaus auf
die gesamte Gesellschaft erstreckt (dazu die Übersicht in **Abb. 1**,
welche als Skizze der im einzelnen noch auszufüllenden
"Wissenskarte" einer ausgebildeten Informationsgesellschaft
gelesen werden kann).

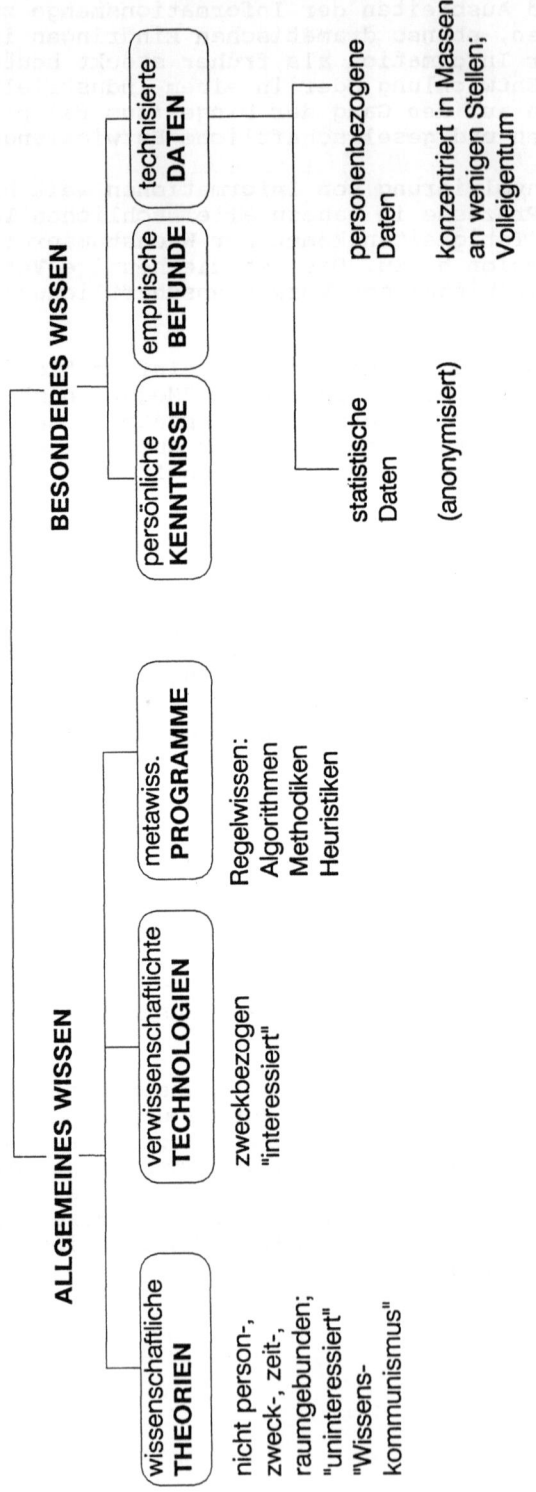

Abb.1: Arten, Eigenschaften, Funktionen des Wissens

Wissen im weitesten Sinne jeglicher Information, zum theoretischen (Pos. 1) oder praktischen (Pos. 2-4) Gebrauch als

1. **Erkenntnis** (in der Wissenschaft)
2. **Produktivkraft** (in der Wirtschaft, durch Verwissenschaftlichung der Gesellschaft)
3. **Konsumgut** (in den Medien, durch Verkabelung)
4. **Kontrollmittel** (in der Verwaltung, durch Verdatung)

ALLGEMEINES WISSEN

- wissenschaftliche **THEORIEN**
  - nicht person-, zweck-, zeit-, raumgebunden; "uninteressiert" "Wissenskommunismus"
- verwissenschaftlichte **TECHNOLOGIEN**
  - zweckbezogen "interessiert"
- metawiss. **PROGRAMME**
  - Regelwissen: Algorithmen Methodiken Heuristiken

BESONDERES WISSEN

- persönliche **KENNTNISSE**
- empirische **BEFUNDE**
  - statistische Daten
  - (anonymisiert)
- technisierte **DATEN**
  - personenbezogene Daten
  - konzentriert in Massen an wenigen Stellen; Volleigentum

tradiertes Alltagswissen — generalisiertes Theorienwissen — verwissenschaftlichtes Erfahrungswissen — technisiertes Datenwissen

Verschiebung des kognitiven Schwerpunkts zum Datenpol →

(9) Die Gesellschaft ist in Bewegung gekommen, aber das ordnungspolitische Denken hat damit nicht Schritt gehalten.

Erstmals nach dem Ende des Zweiten Weltkriegs sind die führenden Industriegesellschaften der Ersten Welt (Westeuropa, Nordamerika, Japan sowie Anschlußländer) nachhaltig **in Bewegung geraten**. Damit ist unserer Nachkriegszeit ein dreifaches Ende gesetzt: mit dem Abschluß der Konsolidierungsphase der 50er Jahre und der nach ihrem Auslaufen einsetzenden Krisenphase der 60er Jahre nun in den 80er Jahren mit dem Durchbrechen der in den 70er Jahren proklamierten "Grenzen des Wachstums".

Es war vor allem die **technische Entwicklung**, mit der Informationstechnik an der Spitze der Durchbruchstechnologien, welche die gesellschaftlichen Strukturen der **Stillen Revolution** nicht nur des vielzitierten Wertewandels (INGLEHART 1977 und 1989; dazu kritisch LEHNER 1979) ausgesetzt, sondern - wie wir noch sehen werden - einen fundamentalen **Wandel der Wissensordnung** in Gang gebracht haben, von dem das ordnungspolitische Denken in den ansonsten intensiv damit befaßten Fachwissenschaften (Jurisprudenz, Ökonomie, Soziologie) noch kaum Notiz genommen hat, mit Ausnahme einiger spektakulärer Einzelfragen (Datenschutz, Informationseigentum, u. dgl.).

Aber das wären bereits Technikfolgen der zweiten Art, von denen erst später die Rede sein soll. Die wichtigste Auswirkung, welche die informationstechnische Entwicklung in Verbindung mit dem gesamten naturwissenschaftlich-technischen Fortschritt als primäre Technikfolge erster Art nach sich zieht, ist die Ausbildung des eingangs erläuterten **Kognitiv-Technischen Komplexes.**

Damit ist eine **neue Lage** entstanden, auf die wir noch nicht eingestellt sind und anstelle ausgearbeiteter philosophisch-wissenschaftlicher Konzepte - geistig unvorbereitet, aber moralisch alarmiert - mit "Ethik-Fieber" (BECKER 1986) reagieren. Nur allmählich setzt sich zuerst in der Öffentlichkeit, danach in der Wissenschaft und zuletzt in der Philosophie die Erkenntnis durch, daß der Hauptbeweger und Problemfall "die Information selbst ist, sozusagen und ihr Wesen. Information als Rohstoff der Produktion, Information als Rohstoff von Macht, Information als Treibstoff von Veränderung. Und dieses gewaltig explosive Gemisch der Information muß eben mal unter die Lupe genommen werden und auf seine Gesetzmäßigkeiten untersucht werden, damit man es genauso zähmt und bewacht wie das Feuer oder das Haustier ... Ich halte es für eine Kulturaufgabe ersten Ranges, das zu bewältigen, sonst haben wir eigentlich keine Chancen mehr" (Dr. **Horst Herold**, Präsident des Bundeskriminalamtes von 1971-1981; zitiert nach den Gesprächsaufzeichnungen in MYRELL 1984, S. 186).

(10) Insgesamt entsteht eine neue Wissenslage – im einzelnen: durch die innere Fusion von Wissen & Technik zum KOGNITIV-TECHNISCHEN KOMPLEX, durch die Stille Revolution des Wandels der Wissensordnung und durch die technische Akkumulation besonderen Wissens; unter Verschiebung des "kognitiven Schwerpunkts" der Gesellschaft zum Datenpol.

Der aufgrund der genannten Entwicklungen in Gang gekommene Fusionsprozeß von Wissen und Technik – eine neuartige Technisierung nicht einfach durch Wissen, sondern **des** Wissens selber! – bewirkt die neuerliche Herausbildung des **Kognitiv-technischen Komplexes**. Dieser macht den Informationsberg nicht nur größer und breiter, sondern verschiebt den kognitiven Schwerpunkt der Gesellschaft vom innerwissenschaftlichen Theorienpol zum außerwissenschaftlichen Datenpol.

Mit diesen mehr quantitativen Wachstums- und Verteilungsvorgängen gehen tiefgreifende, folgenreiche **qualitative** Veränderungen der Wissenslage unserer Zeit einher, nach Art einer "Stillen Revolution", welcher im Gegensatz zu jener des Wertewandels (vgl. INGLEHART 1977) noch völlig "still" und unerforscht geblieben ist. Diese stille Revolution hat die Philosophen stumm gemacht, welche damit noch nichts anfangen können, obwohl sie ihre einzige verbliebene Chance ist, wenn **Herold** (siehe oben) recht hat und die Philosophie in ihrer ureigenen Angelegenheit nicht hinter der Polizei zurückbleiben will: nämlich in den grundlegenden Wissensfragen im Wandel der Zeit. Und die vorherrschende Wissenschaftstheorie gleicht einem Jagdhund, den man zum Jagen tragen muß.

Wie seit Beginn des 20. Jahrhunderts der Staatlich-Bürokratische und um die Jahrhundertmitte der Militärisch-Industrielle, so wächst am Ende der Kognitiv-Technische Komplex **unaufhaltsam** – jedenfalls solange, als den Menschen unserer Zeit zum einen die rationale Beamtenverwaltung, zum anderen die nationale Sicherheit, zum dritten die technische Höchstleistung allein oder zusammen **"der letzte und einzige Wert ist, der über die Art der Leitung ihrer Angelegenheiten entscheiden soll"** (WEBER 1980, S. 332; Hervorhebung im Original).

Was ist angesichts dieser auf alle Lebensbereiche voll durchschlagenden **kognitiven Technisierung** ("Informatisierung") – zunächst **durch** Wissen, sodann **des Wissens selber** – zu tun? Genau dasselbe wie bei der bürokratischen Mechanisierung, zu der **Max Weber** schon 1909 mit der geschulten Rücksichtslosigkeit des wertfreien wissenschaftlichen Blicks festgestellt hat: "Die Frage, die uns beschäftigt, ist nun nicht: Wie kann man an dieser Entwicklung etwas ändern? – Denn das kann man nicht. Sondern: Was folgt aus ihr?" (WEBER 1924, S. 414).

(11) Die erste und größte Technikfolge der Informationstechnik sind Informationen, in jeder Menge und Güte. Daraus ergeben sich informationelle Überlastungen beim Menschen, informationelle Asymmetrien zwischen Individuen und Organisation sowie Informationsungleichgewichte im staatlichen Bereich.

Die zunehmende "Informatisierung" der Gesellschaft infolge des Eindringens der Informations- und Kommunikationstechniken in alle Lebensbereiche verursacht auf allen Handlungsebenen **neue Wissenslagen**, die zu einem exzessiven quantitativen Wissenswachstum ("Informationsrevolution") bei gleichzeitiger qualitativer Verschiebung des Wissensschwerpunkts zum Datenwissen und dessen konzentrierter Anlagerung bei bestimmten Stellen (den sogenannten "Datenherren") führt.

Bei den **Technikfolgen erster Art** machen sich die gesellschaftlichen Auswirkungen dieser informationstechnologisch bedingten Prozesse des Größenwachstums bestimmter hochtechnisierter Wissensarten, ihrer einseitigen sozialen Verteilung und der kognitiven Schwerpunktverlagerung auf drei Ebenen durch **neue Problemstellungen** bemerkbar, für die Lösungen gefunden werden müssen:

- Auf der untersten gesellschaftlichen **Mikroebene** beim angeblich "maßlos informierten" (STEINBUCH 1978) Individuum **informationelle Überlastungen** mit zumeist unnützen Informationen, bei gleichzeitiger Unterinformation mit brauchbarem Problemlösungswissen.

Für den kleinsten **IPS-Typ** der "information processing systems" geht es angesichts der Wissensüberflutung um die Frage der **angemessenen** (zum Beispiel geeigneter Such- und Auswahlstrategien für Problemlösungswissen nach Relevanz- und Qualitätskriterien) **oder verfehlten** (bei willkürlicher Informationsauswahl, Blockierung der weiteren Informationsaufnahme, Lernstörungen) **individuellen Reaktionen auf die neue Wissenslage.**

- Auf der mittleren gesellschaftlichen **Mesoebene** der größeren Handlungseinheiten **informationelle Asymmetrien** zwischen **"informationsreichen" kollektiven Akteuren** (Behörden, Betrieben, Verbänden und sonstigen Großorganisationen) und vergleichsweise **"informationsarmen" individuellen Akteuren** (Einzelpersonen, kleinen Gruppen) in einer zunehmend "asymmetrischen" Gesellschaft (dazu COLEMAN 1986; ferner SCHILLER 1984).

Hier geht es um die geänderte **Wissensteilung und -verteilung** zwischen den heute **sehr** unterschiedlich großen sozialen Einheiten. Während es auf der einen Seite bei der begrenzten kognitiven Kapazität und deshalb informationell beschränkten Rationalität ("bounded rationality" im Sinne von **Herbert A. Simon**) bleibt, stößt auf der anderen Seite der Korporativismus der kollektiven Akteure in neue Größenordnungen **nichtstaatlicher Hierarchien** vor. Dieser wachsende Größenunterschied macht sich **auch** informationell bemerkbar, mit akkumulierten Vorteilen für die computerunterstützbaren kognitiven Leistungen "im großen Stil". (Bei den - noch - nicht informationstechnisch abbildbaren und simulierbaren höheren geistigen Leistungen der "natürlichen Intelligenz" des Menschen sieht es etwas anders aus. Soziale Größe macht das kreative Denken zwar nicht besser, bringt aber auch dafür größere Durchsetzungschancen.)

- Auf der obersten gesellschaftlichen **Makroebene** des globalen Informationssystems der Gesellschaft im Verhältnis von Leitinformation/Gegeninformation/Desinformation **Informations- ungleichgewichte zwischen den staatlichen Führungs- und Kontrollinstanzen** (zum Beispiel zwischen Regierung, Verwaltung und Parlament), mit strukturell bedingten "Bestätigungsfehlern" infolge erschwerter Gegeninformation.

Zur Debatte stehen hier u. a. die Frage der informationellen Gewaltenteilung, die Funktionsfähigkeit des Parlaments, die Lernfähigkeit von Gesellschaften, die Rationalität von Regierungssystemen. Diese Fragen zielen auf die Strukturen und Funktionen gesamtgesellschaftlichen Informationssystems ab und leiten damit bereits über zu den Problemen der **kognitiv- informationellen Grundordnung** der Gesellschaft, also ihrer Wissensordnung.

(12) Der gegenwärtige Stand der wissenschaftlichen Forschung zur alten und neuen Wissenslage ist insgesamt sehr lückenhaft, darüber hinaus in sich widersprüchlich. Immerhin gibt es einige partielle Theoreme zur Wissenslage "im Zeitalter hoher Information" (Karl W. Deutsch), die als Arbeitshypothesen für theoretische Modelle und empirischen Untersuchungen dienen können.

Ohne Anspruch auf Vollständigkeit, Versuch einer systematischen Einordnung und empirischen Überprüfung sind im Hinblick auf die erläuterten Fragestellungen auf den drei genannten Analyseebenen erwähnenswert:

(a) Aus der Empirischen Wissenschaftsforschung das sogenannte **Exponentialgesetz** über das freie (d.h. durch keinerlei Restriktionen der Ressourcen eingeschränkte) Wissenschaftswachstum, daran anknüpfende Überlegungen zur Informationskrise und deren Lösung durch die elitären Kommunikationsstrukturen informeller "Unsichtbarer Kollegien" an der Forschungsfront im Kernbereich der Wissenschaft, in der Hand von Wissenseliten (PRICE 1974 und 1975).

Dieses Theorem liegt der ersten Wachstumstendenz der drei genannten kognitiven Entwicklungsprozesse zugrunde. Für die beiden anderen Wachstumstendenzen des informatiellen Faktors gibt es dagegen noch keine gleichermaßen präzisierten oder gar mathematisierten Gesetzeshypothesen mit überprüfbaren Verlaufs- und Wirkungsannahmen.

(b) Aus der Soziologie die **Überproduktionsthese** der nicht zuletzt deswegen "unbewältigten" Sozialwissenschaften, für die **wie immer und überall** tatsächlich "ein winziger Bruchteil der heutigen Forschung" genügte (TENBRUCK 1980, S. 227) - wenn man nur,

natürlich im voraus, entgegen dem Geist von **Lotkas Gesetz** angeben
könnte: **welcher** Teil?

(c) Aus der Kybernetik und Informationstheorie i.e.S. die
Überinformationsthese, welche dem populären Diktum "maßlos
informiert!" (STEINBUCH 1978) unterlegt werden muß, wenn man ihm
einen außerpolemischen, wissenschaftlich vertretbaren Sinn
abgewinnen will.

(d) Aus der Psychopathologie die **Überlastungsthese** aufgrund des
rationalerweise mit den individuellen Kapazitäten nicht mehr
verarbeitbaren Informatinsinputs (MILLER 1960 und 1971, unter
anderem aufgegriffen von DEUTSCH 1969, S. 230ff.).

(e) Aus der Psychologie die **Theorie der kognitiven Dissonanz**
(FESTINGER 1957), wie sie neuerdings auf die Feudal-, Industrie-,
und Informationsgesellschaft im großen Stil übertragen und dabei
wohl etwas überdehnt wird (besonders bei FRITSCH 1981, Kap. V).

(f) Aus der Medienforschung das **Theorem der wachsenden
Wissenskluft** aufgrund neuer Informationssysteme und der
steigenden Informationsflut (BONFADELLI 1978 und 1980; zum Stand
der Forschung SCHENK 1987).

(g) Aus der aufkommenden Medienökologie die **Unterforderungsthese,**
von der insbesondere die Kritik des Fernsehkonsums (POSTMAN 1983
und 1985) und der Computerkultur (ROSZAK 1986) ausgeht.

(h) Aus der aufkeimenden Theorie der Informationsgesellschaft
die **Unterinformationsthese**, derzufolge die Informationsfülle mit
einem Wissenmangel einhergehen kann oder sogar erkauft werden
muß, weil Informationsmenge und -wichtigkeit einander nicht
entsprechen. Desgleichen entsteht Unterinformation auch dann,
wenn die entscheidende, aufschlußreiche Information aus der Masse
trivialer Informationen nicht selektiert werden kann - in der
Hoffnung, daß die "Informationstechnologie ... Ordnung in das
Chaos der Informationsüberschwemmung und -verseuchung" bringt und
wichtige "Daten ... in vertretbarer Zeit aus dem Informationswust
herausfinden" hilft (NAISBITT 1984, S. 41).

(i) Aus allgemeinen informationstheoretischen und
erkenntnisphilosophischen Quellen die These der **Relevanzlücke**
infolge des ungleichen Wettrennens zwischen dem schnellen Pferd
"Information" und dem langsamen Pferd "Bedeutung", welches Hürden
aus Lärm ("noise") und anderen Anhäufungen irrelevanter
Informationen überwinden muß, so daß "a lag of meaning behind
more information and noise" entsteht (KLAPP 1982, S. 59; eine
ähnliche "Relevanzlücke" in der Informationstechnologie
konstatiert ROPOHL 1986).

Das ist auch eine Art und Weise von Unterinformation. Während
das vorangegangene Theorem einen Wissensmangel bezüglich des
relevanten Problemlösungswissen annimmt, besteht nach dieser
These - anstelle oder außerdem - eine Relevanzlücke mangels
Bedeutungsinformation, Sinngebung, u. dgl. Die intuitiv
einleuchtende, aber wissenschaftlich noch unausgearbeitete Idee
läuft bei genauerer Analyse vermutlich auf ein wachsendes
Theoriedefizit in der Informationsgesellschaft hinaus. Das

klassische Theorienwissen kommt gegenüber dem neuen Datenwissen ins Hintertreffen (COY 1989; HINDERER 1990).

(j) Aus der Ökonomie (Wettbewerbstheorie) das **Streuungstheorem des besonderen Wissens** über "die naturbedingte Begrenztheit des Wissens", kraft derer ein Mensch "nicht mehr wissen **kann** als einen winzigen Teil des Ganzen" und die gesammte "Kenntnis der Umstände, von der wir Gebrauch machen müssen, niemals zusammengefaßt oder als Ganzes existiert, sondern immer nur als zerstreute Stücke unvollkommener und häufig widersprechender Kenntnisse, welche alle die verschiedenen Individuen gesondert besitzen" (HAYEK 1952, S. 25 und 103f.; Hervorhebung im Original).

Diese angeblich "unbestreitbare intellektuelle Tatsache" (a.a.O., S. 25) ist eine **Annahme** der **alten** Wissensordnung der Industriegesellschaft über die ungefähre **soziale Gleichverteilung der besonderen Wissens** - der "Kenntnise der Umstände", im Gegensatz zum allgemeinen Theorienwissen über die gesetzmäßigen Zusammenhänge, das anders strukturiert ist und und sozial konzentriert sein kann, insbesondere im Wissenschaftsbereich oder bei anderen Wissenseliten! -, welche sich in der Informationsgesellschaft mit dem Wandel der Wissensordnung ändern kann.

(k) Aus der Wissenschaftstheorie ein **Wirkungstheorem des Wissens** über die **kausale** Funktion **kognitiver** Faktoren (Erkenntnisse, Argumente, Theorien, Informationen schlechthin), die demgemäß unter bestimmten Bedingungen - der alten Wissensordnung - im Problemlösungsprozeß ihre volle Wirkung als antizipatives Führungswissen (durch Vorausdenken für theoriegeleitete Praxis) und effektives Kontrollmittel (durch Kritik und andere Formen kognitiver Korrektur im Sinne von POPPER 1963 und HIRSCHMANN 1974; zu einem mehrstufigen Phasenkonzept des Problemlösens und einem allgemeinen Funktionsmodell für das diesbezügliche Zusammenspiel von Leit- & Geneinformationen ausgearbeitet bei SPINNER 1985) entfalten können.

(m) Aus der Gesellschaftstheorie ein **Axialtheorem** über die zentrale Stellung und erstrangige Bedeutung des theoretischen Wissens und seiner wissenschaftlichen Trägerschaft - also der Experten - als neues "axiales Prinzip" der postindustriellen Informationsgesellschaft (vgl. BELL 1975).

V. TECHNIKFOLGEN ZWEITER ART: ZUM WANDEL DER WISSENSORDNUNG IN DER INFORMATIONSGESELLSCHAFT

(13) Nicht allein, aber vor allem die Informationstechnik bewirkt einen Wandel der Wissensordnung, mit dem weitere Technikfolgen zweiter Art einhergehen.

Die am wenigstens sichtbaren, aber tiefgreifendsten Technikfolgen zweiter Art liegen im **"stillen" Wandel der Wissensordnung**, also in der unterschwelligen Veränderung der normativen Bestimmungen und faktischen Bedingungen für die Erzeugung, Verarbeitung, Verteilung, Verwendung, Verwertung des Wissens **unter den neuen technologischen Bedingungen der elektronischen Datenverarbeitung** (wie das BUNDESVERFASSUNGSGERICHT in dem Urteil vom 15.12.1983 zum Volkszählungsgesetz die auslösende Bedingungskonstellation treffend umschreibt und wichtige Folgen aufzeigt, ohne das eigentliche Veränderungsobjekt der "Wissensordnung im Wandel" zu nennen).

Technikfolgen zweiter Art, als umfassende Auswirkungen der Informationstechnik auf die ordnungspolitischen Rahmenbedingungen ihrer selbst und die gesamte "kognitive Verfassung" der Gesellschaft, sind unter anderem:

Erstens, vor allem anderen, die Ausbildung und Ausbreitung einer **neuen Wissensordnung**, insbesondere im außerwissenschaftlichen Bereich der Gesellschaft, in dem die Wissenschaftlichkeitsbestimmungen und Entlastungsbedingungen des akademischen Sondermilieus (dazu ausführlich SPINNER 1985) nicht gelten. Das ist die **Wechsel-Hypothese** zum Wandel der Wissensordnung.

Zweitens die Ausbildung und/oder Ausbreitung eines **spezifischen**, durch Detaillierungs-, Aufzählungs-, Vollständigkeits- und Wiederholungstendenzen gekennzeichneten, auf parataktische Denk- und Darstellungsformen ausgerichteten **datenerzeugenden Erkenntnisstils** für die niedrigste Aggregatform menschlichen Wissens, nämlich von Einfachtaussagen über Einzelheiten, dafür in größerer Menge ("Massendaten", Dateien, u. dgl.) und beliebiger Verknüpfung (Datenmatrizen, etc.) - im Gegensatz zum theorienerzeugenden klassischen ("griechisch-abendländischen") Erkenntnisstil der Wissenschaft.
Das ist die **Umstilisierungs-Hypothese** zur Erkenntnisstruktur der Wissenschaft bzw. Gesellschaft, bezüglich ihrer vorherrschenden "Wissensneigung" und deren Änderung durch einen kognitiven Stilwandel.

Drittens die Ausbildung und/oder Ausbreitung einer **spezifischen Rationalitätsform** für das daten- statt theorienzentrierte Problemlösen, unter typischer Veränderung bzw. Verschiebung des (faktisch feststellbaren, zum Beispiel mit Hilfe von Faktoren- oder Facettenverfahren der Empirischen Sozialforschung) "Rationalitätsprofils" der beteiligten Individuen oder betroffenen Bereiche (vgl. Spinner 1987).

Das ist die **Umorientierungs-Hypothese** zur Rationalitätsstruktur.

Viertens die **Verechtlichung und Vermachtung des kognitiven Kernbereichs** in dem Sinne, daß Wissen als solches - insbesondere die "desinteressierte" wissenschaftliche Erkenntnis - bislang **nicht** Macht gewesen ist (entgegen **Bacons** "Wissen-ist-Macht"-These), aber aufgrund der neuen Wissensordnung im Rahmen des Kognitiv-technischen Komplexes zu einem erstrangigen Machtfaktor werden kann.

Das ist die **Vermachtungs-Hypothese** zur Eigentums- und Einflußstruktur insbesondere des appropriierbaren und monopolisierbaren Datenwissens, welches im Gegensatz zum Theorienwissen im Gemeineigentum der Wissenschaftler (**Robert K. Mertons** "Wissenskommunismus" durch soziale Öffnung der Forschungsgemeinschaft für alle genügend Motivierten und Talentierten, verbunden mit der literarischen Veröffentlichung der Forschungsergebnisse) nunmehr zum Volleigentum der "Datenherren" werden kann.

Fünftens die **Verlagerung des kognitiven Schwerpunkts** der Gesellschaft zum Datenpol, im Sinne einer Verschiebung der Größen- und Gewichtsverhältnisse der Wissenslage zum Datenwissen.

Das ist die **Schwerpunkt-Hypothese** zur Verteilungsstruktur des Gesamtwissens.

Sechstens die überproportionale **Anhäufung und Aufstockung** (Akkumulation, Konzentration, Speicherung, etc.) **des besonderen Wissens** an bestimmten Stellen, vor allem bei den industriellen oder staatlichen Stellen des Kognitiv-technischen Komplexes - unter Abkehr von der bisherigen ungefähren sozialen Gleichverteilung der nicht nur kleingestückelten, sondern auch breitgestreuten Kenntnisse der Einzelheiten, Umstände, Randbedingungen des Lebens "vor Ort".

Das ist die **Konzentrations-Hypothese** zur Verteilungsstruktur des Datenwissens.

Siebtens der Aufstieg des Datenwissens zu erstrangiger Bedeutung, mit vitalem Belang auch für den privaten Bereich, insbesondere aber keineswegs nur bei "personenbezogenen" Daten.

Das ist die **Rangordnungs-Hypothese** zur Bewertungs- und Bedeutungsstruktur des Wissens.

Das **Konzept der Wissensordnung** mitsamt ihren unterscheidbaren Teilordnungen und untersuchbaren Problemlagen (Erkenntnis-, Rationalitäts-, Eigentums- oder Besitz-, Markt-, Verteilungs-, Rangordnung, etc.) offeriert einen Forschungsansatz, die Untersuchung der **Wissenslage** und des **Wandels der Wissensordnung** ein Arbeitsprogramm für die Untersuchung des Kognitiv-Technischen Komplexes durch die eingangs erwähnten Wissenswissenschaften in ihrer ganzen Bandbreite. Die Besteigung des Informationsbergs kann beginnen, um das Informationsthema umfassend zu untersuchen, von seiner Eigenproblematik bis zu den inner- und außerwissenschaftlichen Folgen des Wandels der Wissensordnung durch die Informationstechnik.

(14) Im Kognitiv-Technischen Komplex der Informationsgesellschaft ist wiedervereinigt, was im Rahmen der alten Wissensordnung zumindest für das Theorienwissen der Reinen Wissenschaft im akademischen Sondermilieu getrennt war und auch nach dem Grundgesetz für die Freie Forschung & Lehre sowie die demokratische Meinungsfreiheit im außerwissenschaftlichen Bereich getrennt bleiben sollte.

Die **Hauptthese** meines Vortrags besagt: Die zunehmende Technisierung des Wissens im Zuge eines umfassenden Informatisierungsprozesses in der modernen Welt führt tendenziell, vielfach auch schon aktuell, zum **Wegfall der Geschäftsgrundlage für die alte, klassische Wissensordnung.** Dabei geht es nicht bloß um den gelegentlich immer schon und nun vermehrt feststellbaren Bruch ihrer Bestimmungen (zum Beispiel der Normen des wissenschaftlichen Ethos), sondern um deren dadurch bewirkte **Dysfunktionalität oder völlige Funktionslosigkeit.** Es wird ihnen einfach der Boden unter den Füßen weggezogen, so daß sie weiterhin "gelten" mögen, aber sozusagen nur noch im Leerlauf arbeiten.

Was folgt daraus für die Wissensordnung der kommenden Informationsgesellschaft? (Oder gar der ganzen Welt, für die bereits eine neue "Informationsweltordnung" ins Gespräch gebracht wird? Dazu BECKER 1988).

Angesetzt auf die oben herausgearbeiten vier **Leitbestimmungen der klassischen Wissensordnung**, folgt aus den aufgezeigten Technisierungs-Tatbeständen, daß sie im Bereich des sich in der superindustriellen (statt postindustriellen) Informationsgesellschaft formierenden **KOGNITIV-TECHNISCHEN KOMPLEXES** nicht nur an faktischer Bedeutung, sondern auch an ordnungspolitischer Relevanz verliert. Das geschieht keineswegs restlos und überall, führt aber zum Rückfall auf den Ausgangspunkt.

Die vier GROSSEN ABBKOPPLUNGEN gelten **realiter** allenfalls noch, und auch hier nur mit Abstrichen, im Refugiuum des akademischen Sondermilieus, praktisch also für die Reine Wissenschaft innerhalb der Universität und im (kaum noch bestehenden) Freien Gelehrtentum. Dazu kommen noch bestimmte außerwissenschaftliche Alltagsbereiche, die entweder vom Technisierungsprozeß noch nicht erfaßt sind oder in die bereits verfassungsrechtliche Gegenvorkehrungen eingebaut sind (zum Beispiel durch das Recht auf informationelle Selbstbestimmung).

Im Vergleich zur alten Wissensordnung mit ihrer klassischen Wissenschaftsverfassung gilt für die **neue, nichtklasssische Wissensordnung der Informationsgesellschaft:**

(a) Anstelle der **Abkopplung des Ideenhaushalts von der normalen Güterwirtschaft**, mit stark reduziertem Eigentum für "Wissensgüter", gibt es bei den technisierten Wissensarten de jure und de facto, soweit nicht neugeschaffene Rechtsvorschriften entgegenstehen, unbeschränktes und erweiterbares **Volleigentum**. Das Ergebnis ist die **Vermachtung des Wissens**, ohne deswegen jedoch die Wissenschaftler viel mächtiger zu machen.

Was nach alten Wissensordnung der **Humboldtschen "deutschen" Universität** und weitgehend auch noch nach dem GRUNDGESETZ der Bundesrepublik, von Ausnahmeregelungen abgesehen (insbesondere des Patent-, Urheber- und Persönlichkeitsrechts) "freies Gemeingut" für den unbeschränkten Gebrauch sein sollte, wird zunehmend ein Gegenstand von Eigentumsansprüchen mit Ausschlußmöglichkeiten gegenüber Dritten. Die Datenschutzdiskussion erfaßt nur den sichtbarsten Teilaspekt dieser "Stillen Revolution" im Kernbereich der kognitiv-informationellen Grundordnung der modernen Gesellschaft.

(b) Statt der **Abkopplung von Ideen- und Interessenlage** entsteht eine durchdringende **Ideen/Interessen-Verschmelzung**, mit ungefiltertem Einfluß der letzteren auf die ersteren.

Dem ist meines Erachtens mit der dafür gar nicht geeichten Ideologiekritik nicht mehr beizukommen. Was nötig wäre, sind theoretische **Ordnungsanalysen** von der hier ansatzweise versuchten Art sowie praktische **Ordnungspolitik.** Beides steht noch ganz am Anfang, kann aber nun in Kenntnis der neuen Problemlagen weitergeführt werden.

(c) Statt der **Abkopplung der Wissenschaft von außerwissenschaftlichen Vorbedingungen und Folgen** durch die Entlastung (und Entmachtung!) der Erkenntnistätigkeit erfolgt die Wissensarbeit unter den neuen Bedingungen im voll belasteten, kurzgeschlossenen **Theorie/Praxis-Verbund,** ohne freien Vorlauf des Theorienwissens und dadurch eingeräumter Bedenkzeit - mit allen Möglichkeiten der hier einschaltbaren Reflexion - für dessen praktische Anwendung und technische Realisierung.

(d) Anstelle des bislang weitgehend **abgekoppelten wissenschaftlichen Sonderbereichs** aufgrund der Trennung von Wissenschaft und Staat entsteht ein sozusagen **renormalisierter Technikbereich der Realisierten Wissenschaft,** in den der nunmehr "interventionistische" Staat durch externe Ressourcenallokation und "interessierte", "finalisierte" Technologiepolitik jederzeit eingreifen kann.

Damit sind die Extraregelungen der klassischen Wissensordnung weitgehend aufgehoben, insbesondere im Bereich der Großforschung und -technik der **Science-plus-Purpose:** Desinteressiertheit der Reinen Wissenschaft, Zweckfreiheit der Forschung (mit Ausnahme der Grundlagenforschung), Gemeinbesitz an den veröffentlichten Ergebnissen, usf.

Meine diese Überlegungen zusammenfassende, die Diskussion aber erst eröffnende **These** dazu lautet:

Teils schon der bereits im 19. Jahrhundert einsetzende Übergang von der Reinen Wissenschaft der THEORIE zur Angewandten Wissenschaft der PRAXIS und Realisierten Wissenschaft der TECHNIK;

dazu der inzwischen voll einsetzende Technisierungs- und Informatisierungsprozeß, flankiert von hier nicht diskutierten geistigen, sozialen und kulturellen Entwicklungen in der Gegenwart,

schaffen nicht nur eine neue Erkenntnisformen, Wissensarten und praktisch eine veränderte Wissenslage in Wissenschaft und Gesellschaft,

sondern bewirken einen tiefgreifenden **Wandel der Wissensordnung**, den wir erst allmählich in seinen Auswirkungen erkennen und auf den wir bislang nur reagieren, dem wir aber noch kaum mit angemessenen und ausgearbeiteten philosophischen, politischen und auch technischen Konzepten schöpferisch begegnen können. (Zu letzteren vgl. zum Beispiel **Horst Herolds** Vorschlag, das Datenschutzproblem rein technisch statt juristisch zu lösen: durch technische Verunmöglichung der Vernetzung personenbezogener Daten aus verschiedenen Bereichen und getrennten Beständen.)

Zu derartigen Überlegungen wollte ich mit dem meines Erachtens zentralen Konzept der **Wissensordnung** einen Beitrag leisten, in dem sich die vielfältigen Einzelprobleme bündeln und von dem ausgehend sie sich auch lösen lassen.

VI. TECHNIKGESTALTUNG IM INFORMATIONSBEREICH: ORDNUNGSPOLITISCHE BEITRÄGE ZUR NEUEN WISSENSORDNUNG

(15) Der technikinduzierte Wandel der Wissensordnung erzeugt eine alles andere als "naturwüchsige" Wissens-Unordnung, die für die Zukunft erst zu gestalten ist.

Die Informationstechnik führt zum Wegfall der Geschäftsgrundlage für die alte Wissensordnung, nicht aber zu ihrer Neugestaltung. Diese bleibt bis jetzt dem - teilweise, in herausgegriffenen Einzelfragen zum Beispiel des Datenschutzes, vorbildlichen - Rechtsdenken überlassen und somit ordnungspolitisches Flickwerk. Auch das ansonsten hochentwickelte ordnungspolitische Denken der Ökonomie hat sich im Hinblick auf den Informationssektor bislang nur der Wettbewerbsordnung auf "Wissensmärkten" angenommen und die weitere, wichtigere Wissensordnung sträflich vernachlässigt.

(16) Im Rahmen der gesamten Gesellschaftsordnung, verdient heutzutage die Wissensordnung dieselbe Aufmerksamkeit der Wissenschaft und Politik wie alle anderen Teilordnungen.

So wenig Wissen lediglich ein Gut ist wie andere (materielle)

Güter auch, so wenig ist die Wissensordnung ein Bestandteil oder Ausfluß der Wirtschaftsordnung. Dasselbe gilt im Verhältnis zur Rechtsordnung und zu den sonstigen Teilordnungen der Gesellschaft.
Neben allen anderen Ordnungen gewinnt die Wissensordnung zunehmend an Bedeutung, hinter der allerdings die wissenschaftliche Aufmerksamkeit noch zurückbleibt. Das sollte sich schnell und gründlich ändern.

Zu den neuerdings in die Diskussion gebrachten **Verträglichkeitskriterien** für die Einführung neuer oder die Fortführung alter Techniken kommt nun auch die Forderung nach **Vereinbarkeit der Informationstechnik mit der dem Informationsbereich zugrunde liegenden - oder für ihn erst zu schaffenden - Wissensordnung,** die sich allerdings erst in Umrissen abzeichnet.

(17) Es gilt, den Leitgedanken der Neuen Wissensordnung als "Thema in Variationen" durchzukomponieren, d. h. ihn auf allen Ebenen, für jede Wissenslage auszuarbeiten.

Überall, wo die sich ausbreitende Information hinkommt, ist eine Wissensordnung zu schaffen, soll es nicht bei den gegenwärtigen, weitgehend ungeordneten Verhältnissen bleiben. Das heißt aber beim heutigen Stand der Informationstechnik und ihrer absehbaren weiteren Verbreitung: auf allen Lebensgebieten, in allen Gesellschaftsbereichen.

Die Wissensordnung hat viele Dimensionen, mit denen sich wissenschaftliche Disziplinen jetzt schon befassen, wenn sie sich dessen auch kaum bewußt sind und getrennt vorgehen. Hier seien nur einige **Stichworte für die verschiedenen Ausprägungen des Wissensordnungsthemas** genannt, auch wenn sich die für diese Bereiche zuständigen Fachwissenschaften mit eigenen Konzepten noch zurückhalten, mit der großen Ausnahme des Rechts. Dabei wäre jeweils zu unterscheiden zwischen den festgestellten **empirischen Tatbeständen**, die inzwischen kaum noch bestritten werden, und den verfügbaren **theoretischen Konzepten**, an denen es noch sehr mangelt. (Eine lückenhafte Übersicht ergibt das in **Abb. 2** zusammengestellte Bild.)

Als vorläufiges Ergebnis dieser Überlegungen ist zum gegenwärtigen Stand der Dinge zu sagen: **Die Informatik hat mit der neuen Wissenslage Tatsachen geschaffen, die für fast alle anderen Wissenschaften zum Thema geworden sind.** Und der dadurch ausgelöste Wandel der Wissensordnung ist ein Leitthema für das mit dem "Ganzen" dieser Thematik befaßten **interdisziplinären ordnungspolitischen Denken,** dem das **ordnungspolitische Tun** des Rechts in wichtigen Punkten erstaunlicherweise vorangegangen ist, hinter dem das der Politik noch zurückbleibt - vor allem aber jenes der Technik! Die Technikgestaltung hat den wissenschaftlich-technischen Fortschritt noch lange nicht eingeholt.

Abb. 2: Dimensionen der Wissensordnung und damit befaßte Disziplinen

Dimensionen/Disziplinen	empirische Tatbestände	theoretische Konzepte
I. Philosophie, Wissenschafts- und Technikforschung	Reine, Angewandte, Realisierte Wissenschaft	Modell Humboldtsche Universität, Wissenschaftsverfassung, Wissensordnung
II. Recht	Wissen als Gemeingut bzw. als Machtfaktor, Dateien mit personenbezogenen Daten, "Persönlichkeitsprofile"	Wissensbezogene Menschenrechte (Glaubens-, Meinungs-, Wissenschaftsfreiheit), Recht auf informationelle Selbstbestimmung, Freedom of Information Acts, Weltinformationsordnung
III. Ökonomie	industrielle Wissensproduktion; 4. (Informations-) Sektor	Sonderfall "Öffentliche Güter", Wissensmarkt, Qualitätskonkurrenz
IV. Soziologie	Wissensteilung und ungleiche Wissensverteilung	kollektive Akteure, asymetrische Gesellschaft, Informationsgesellschaft
V. Psychologie	informationelle Überlastung, Bestätigungsfehler, Sinn- und Relevanzdefizit, ("meaning-gap")	Problemlösungsmodelle
VI. Informatik	EDV, Informationsexplosion und -implosion, elektronische Revolution, Technisierung des Wissens ("Verdatung")	künstliche Intelligenz, Algorithmen, Heuristiken
VII. Ethik	Informationsmißbrauch	Ethikcodizes für die Informationstechnik
VIII. Kommunikations-wissenschaft	Massenmedien	Journalismustheorie, Modell Information & Gegeninformation

LITERATURVERZEICHNIS

BECKER 1988: Jörg Becker, Informationsfreiheit in der Dritten Welt, in: Birgit Dankert und Lothar Zechlin, Hrsg., Literatur vor dem Richter, Baden-Baden 1988, S. 343-360.

BECKER 1986: Werner Becker, Moral als Notration - Die trügerische Konjunktur der Ethik, Frankfurter Allgemeine Zeitung, Nr. 270 vom 20. November 1986.

BELL 1975: Daniel Bell, Die nachindustrielle Gesellschaft, Frankfurt und New York 1975

BONFADELLI 1978: Heinz Bonfadelli, Zur 'increasing knowledge gap'-Hypothese, in: Bertelsmann AG, Hrsg., Buch und Lesen, Gütersloh 1978, S. 71-90

BONFADELLI 1980: ders., Neue Fragestellungen in der Wirkungsforschung: zur Hypothese der wachsenden Wissenskluft, Rundfunk und Fernsehen, Bd. 28, 1980, S. 173-193

BREITHECKER-AMEND 1988: Renate Breithecker-Amend, Big Science und das Ende des exponentiellen Wachstums, Frankfurt am Main, Bern, New York, Paris 1988.

COBLER 1981: Sebastian Cobler, DAZUBY, PSI, und MOPPS- Computer auf den Spuren von "Risikopersonen", Kursbuch 66, Dezember 1981, S. 7-18.

COLEMAN 1986: James Coleman, Die asymetrische Gesellschaft, Weinheim und Basel 1986.

COY 1989: Wolfgang Coy, Brauchen wir eine Theorie der Informatik?, Informatik-Spektrum, Bd.12, 1989, 256-266

DEUTSCH 1969: Karl W. Deutsch, Politische Kybernetik, Freiburg im Breisgau 1969

FESTINGER 1957: Leon Festinger, A Theory of Cognitive Dissonance, Stanford, Cal., 1957

FRITSCH 1981: ders., Wir werden überleben, München, Wien 1981

HAYEK 1952: F.A. von Hayek, Individualismus und wirtschaftliche Ordnung, Erlenbach-Zürich 1952

HEROLD 1972: Horst Herold, Gesellschaftlicher Wandel - Chance der Polizei, Die Polizei, Bd. 63, 1972, S. 133-137.

HEROLD 1986: ders., Konstruktive Sicherheit - eine Gegenthese, in: Der Traum der Vernunft- Vom Elend der Aufklärung. Zweite Folge einer Veranstaltung der Akadmemie der Bildenden Künste Berlin, Darmstadt und Neuwied 1986, S. 248-260.

HINDERER 1990: Wolfgang Hinderer, Stellungnahme zu W. Coy, Brauchen wir eine Theorie der Informatik?, Informatik-Spektrum, Bd.13, 1990, S.43

HIRSCHMANN 1974: Albert O. Hirschmann, Abwanderung und Widerspruch, Tübingen 1974

INGLEHART 1977: Ronald Inglehart, The Silent Revolution, Princetown, New Jersey, 1977.

INGLEHART 1989: Ronald Inglehart, Kultureller Umbruch - Wertwandel in der westlichen Welt, Frankfurt und New York 1989.

KLAPP 1982: Orrin E. Klapp, Meaning Lag in the Information Theory, Journal of Communication, Vol. 32, No. 2, 1982, S. 56-66

LEHNER 1979: Franz Lehner, Die "Stille Revolution": Zur Theorie und Realität des Wertwandels in hochindustrialisierten Gesellschaften, in: Helmut Klages, Peter Kmieciak, Hrsg., Wertwandel und gesellschaflicher Wandel, Frankfurt 1979, S. 317-327.

LENK 1971: Hans Lenk, Philosophie im technologischen Zeitalter, Stuttgart, Berlin, Köln, Mainz, 1971.

LENK 1986: Hans Lenk, Soziale Folgen der mikroelektronischen Revolution, in: Alois Huning und Carl Mitcham, Hrsg., Technikphilosophie im Zeitalter der Informationstechnik, Braunschweig und Wiesbaden 1986, S. 155-166.

MILLER 1960: James G. Miller, Information Input Overload and Psychopathology, American Journal of Psychiatry, Vol. 116, 1960, S. 695-704

MILLER 1971: ders., Living Systems: The Group, Behavioral Science, Vol. 16, 1971, S. 277-398

MYRELL 1984: Günter Myrell, Herolds Hoffnung - Ein Gespräch mit Dr. Horst Herold, in: Günter Myrell, Hrsg., Daten-Schatten, Reinbek bei Hamburg, 1984, S. 181-193.

NAISBITT 1986: John Naisbitt, Metatrends, 2. Aufl., München 1986.

POSTMAN 1983: Neil Postman, Das Verschwinden der Kindheit, Frankfurt am Main 1983

POSTMAN 1985: ders., Wir amüsieren uns zu Tode, Frankfurt am Main 1985

PRICE 1974: Derek J. de Solla Price, Little Science, Big Science, Frankfurt am Main 1974.

PRICE 1975: ders., Science Since Babylon, enlarged ed., New Haven und London 1975.

RESCHER 1982: Nicholas Rescher, Wissenschaftlicher Fortschritt, Berlin und New York 1982.

ROPOHL 1986: Günter Ropohl, Information Does Not Make Sense or: The Relevance Gap in Information Technology and its Social Dangers,
in: Carl Mitcham und Alois Huning, Hrsg., Philosophy and Technology II, Dordrecht 1986, S. 63-74

ROSZAK 1986: Theodore Roszak, Der Verlust des Denkens, München 1986

RUBIN/HUBERY 1986: Michael Rogers Rubin und Mary Taylor Huber, The Knowledge Industrie in the Unitet States 1960-1980, Princeton, New Jersey 1986.

SCHENK 1987: Michael Schenk, Medienwirkungsforschung, Tübingen 1987

SCHILLER 1984: Herbert I. Schiller, Die Verteilung des Wissens, Frankfurt und New York 1984.

SPINNER 1985: Helmut F. Spinner, Das 'wissenschaftliche Ethos' als Sonderethik des Wissens, Tübingen 1985.

SPINNER 1986: Helmut F. Spinner, Liberalismus ohne liberales Vorurteil, in: Hans G. Nutzinger, Hrsg., Liberalismus im Kreuzfeuer, Frankfurt am Main 1986, S. 195-223.

SPINNER 1987: Helmut F. Spinner, Vereinzeln, Verbinden, Begründen, Widerlegen, in: Philosophie und Begründung, hrsg. vom Forum für Philosophie, Bad Homburg, Frankfurt am Main 1987, S. 13-66.

SPINNER 1987a: Helmut F. Spinner, Burgfrieden mit der Technik? - Das Prinzip Verantwortung", Psychologie heute, Bd. 14, Heft 10, Oktober 1987, S. 34-37.

SPINNER 1990: Helmut F. Spinner, Wenn Wissen Macht wird ... Zum Wandel der Wissensordnung in der Informationsgesellschaft, Tübingen: Mohr Verlag (demnächst).

STEINBUCH 1978: Karl Steinbuch, Maßlos informiert, München und Berlin 1978.

STEINMÜLLER 1981: Wilhelm Steinmüller, Strukturen der Datenzeit, in: Bodo von Greiff, Hrsg., Das Orwellsche Jahrzehnt und die Zukunft der Wissenschaft, Opladen 1981, S. 26-56.

TENBRUCK 1980: Friedrich H. Tenbruck, Die unbewältigten Sozialwissenschaften,
Zeitschrift für Politik, Bd. 27, 1980, S. 219-230

WEBER 1924: Max Weber, Gesammelte Aufsätze zur Soziologie und Sozialpolitik, Tübingen 1924.

WEBER 1968: Max Weber, Gesammelte Aufsätze zur Wissenschaftslehre, 3. Aufl., Tübingen 1968.

WEBER 1980: ders., Gesammelte Politische Schriften, 4. Aufl., Tübingen 1980.

Visualisierung

In den letzten Jahren hat der Begriff „Visualisierung" in der Informatik bemerkenswert an Popularität gewonnen. Man versteht heute darunter die Darstellung eines Sachverhaltes in bildlicher Form, vermittelt durch Computer-Graphik. In der Technik, der Medizin, bei Supercomputer-Anwendungen usw. werden heute oft so große Datenmengen generiert, daß ohne die geschickte Umsetzung in komprimierte graphische oder bildliche Darstellungen kein Verstehen und keine Einsicht mehr möglich sind.

Mit dem raschen technologischen Fortschritt bei Farbraster-Bildschirmen, die heute schon fast standardmäßig in Arbeitsplatzrechnern integriert sind, verfügen wir über sehr leistungsfähige Hardware, um alle möglichen Visualisierungstechniken zu entwickeln und laufend zu verbessern. Die routinemäßige Nutzung der neuen graphischen Darstellungsmöglichkeiten verursacht allerdings mancherlei neuartige Probleme. Die Software-Systeme sind in aller Regel ziemlich komplex und nicht ganz einfach in der Bedienung. Es fehlt aber auch an genügend weit verbreitetem methodischem Wissen und oft auch an der notwendigen handwerklichen Geschicklichkeit des Endbenutzers von Visualisierungstechniken. Fast jede komplexe Graphik ist unbrauchbar, wenn nicht ein Mindestmaß an ästhetisch befriedigender Gestaltung vorliegt.

Die Visualisierung ist aber nicht nur ein Hilfsmittel, um in großen Mengen von Fakten und Daten die Übersicht zu behalten. Auch die Mensch-Maschine-Schnittstelle kann durch graphische Techniken erheblich benutzerfreundlicher gestaltet werden. Im ersten Vortrag dieser Sitzung wird daher untersucht, welche Chancen und Möglichkeiten die Icon-Technik beinhaltet. Vor dem Hintergrund der heute verfügbaren Erkenntnisse wird methodisches Vorgehen bei der Gestaltung von Bildschirm-Oberflächen angestrebt. Dieser Vortrag ist wohl für alle diejenigen von Gewinn, die Bildschirm-Inhalte benutzergerecht gestalten müssen. Im zweiten Vortrag wird insbesondere auf 3D-Bilderzeugungsverfahren eingegangen. Die Forschung verfügt heute auf diesem Gebiet schon über mancherlei anwendungsreife Technologien, erwähnt seien z.B. das Raytracing-Verfahren und Radiosity-Methoden, mit denen insbesondere fotorealistische Abbildungen erzeugt werden können. Im letzten Vortrag kommt das technisch außerordentlich anspruchsvolle Gebiet der Realzeit-Simulation zur Sprache. Solche Simulator-Systeme werden heute in der Pilotenschulung, bei militärischen Anwendungen und in Fahrsimulatoren eingesetzt. Hohe Simulator-Qualität ist noch sehr teuer, demonstriert aber auch, welch enormes Potential noch vorhanden ist, um die Mensch-Maschine-Schnittstelle durch Spezial-Hardware aufzuwerten und ergonomisch zu perfektionieren.

Ikon-Techniken für Benutzerschnittstellen komplexer Anwendungssoftware

Gabriele Rohr
IBM Entwicklungslabor Böblingen

Einleitung

Innerhalb der letzten Dekade hat man im Bereich der Entwicklung von Anwendungssoftware immer mehr die Benutzerschnittstelle von der Anwendung entkoppelt und sie mit grafischen Darstellungsformen und direkt manipulativen Interaktionsformen versehen. Nun können grafische Darstellungsformen in Benutzerschnittstellen auch ohne direkt manipulative Interaktionsformen existieren, und direkte Manipulation ist wiederum so definiert (z.B. auch nach SHNEIDERMANN 1983), daß sie auch ohne grafische Darstellungsformen im engeren Sinne auskommen kann. Direkte Manipulation auf grafischen Objektwelten kann aber als ganz spezifische Interaktionsform angesehen werden, die spezielle Techniken und Regeln ihrer Anwendung benötigt. Diese Techniken nennen wir hier "Ikon-Techniken".

Die Verwendung von Ikon-Techniken wird besonders interessant bei Benutzerschnittstellen für komplexe Anwendungssoftware. Unter komplexer Anwendungssoftware sollen Anwendungen verstanden werden, bei denen der Benutzer unterschiedlichste Operationen auf komplexen Daten-Strukturen ausführen muß, wobei und wofür er die strukturellen Zusammenhänge analysieren und wechselseitige Sichten auf unterschiedliche Teilstrukturen herstellen muß (z.B. CIM-Anwendungen, Konfigurations-Systeme, Überwachungs-Systeme). Solche Systeme profitieren am stärksten von grafischen Darstellungs- und Interaktionsformen (siehe hierzu die Untersuchung von GERSTENDÖRFER & ROHR 1987 und Analysen in ROHR 1990) hinsichtlich der Benutzerunterstützung. Für Anwendungen mit komplexen mathematischen Berechnungsverfahren scheint das eher nicht zuzutreffen. Ein weiteres Charakteristikum solcher Systeme ist das Massenproblem, d.h., es ist unmöglich alle Information zum gleichen Zeitpunkt auf dem Bildschirm darzustellen. Das erfordert z.B. spezifische Navigationstechniken.

Ein weiterer Gesichtspunkt für die Verwendung von Ikontechniken ist es, den Benutzer in einer für seine Aufgaben optimierten Anwendungswelt arbeiten zu lassen, ohne spezifische Rechner- und Programmierkenntnisse erwerben zu müssen. Dabei geht man davon aus, daß der natürlichste und einfachste Umgang mit Fakten für den Menschen, der mit natürlichen Objekten in einer räumlichen Welt ist. Dabei müssen allerdings die Objekte in ihrem Aussehen auf ihr mögliches

Verhalten verweisen. Das ist für Anwendungen mit einem sehr konkreten Hintergrund (z.B. Büro-Anwendungen) noch sehr einfach zu realisieren, bringt aber Probleme bei abstrakteren Anwendungen mit sich. Für solche Anwendungen ist das Hauptproblem, eine geeignete **"Metapher"** zu finden.

Im folgenden wird nun das Spektrum erforderlicher Ikon-Techniken für ihre Verwendung in komplexen Anwendungssystemen beschrieben und diskutiert, und es werden Wege für eine mögliche Generierung von Metaphern aufgezeigt.

Ikon-Techniken

Ikon-Techniken sind alle jene generischen Techniken, mit deren Hilfe man das Erscheinungsbild verschiedener Objektklassen, deren Verhalten, Layout, die darauf anwendbaren Manipulationsformen und den Zugriff auf unterschiedliche Teilstrukturen von Objekt-Instanzen, d.h. die Navigation in der Objektwelt, definieren und steuern kann. Um eine für den Benutzer sinnvoll erscheinende grafische Objektwelt mit ihren Manipulationsmöglichkeiten aufzubauen, muß man sehr genau analysieren, welche Ikon-Techniken mit ihren Darstellungs-, Manipulations- und Navigationsformen den Eigenschaften vc ı Objektklassen, ihren Relationen, Zuständen und Prozessen, die darauf ablaufen, innerhalb einer Anwendung am Besten entsprechen, nämlich bezüglich der Aufgaben-Einheiten, die ein Benutzer auf diesen auszuführen hat. Das umschließt Arten der Manipulation und Navigation auf Objektklassen und innerhalb ihrer (Instanzen-)Strukturen.

Je mehr die verschiedenen Ikon-Techniken in generischer Weise dem für generische Aufgaben-Einheiten erforderlichen Klassen von Informationsangeboten und den Klassen ihrer Veränderung und des Zugriffs entsprechen, desto flexibler und adäquater kann eine grafische Benutzerschnittstelle für komplexe Anwendungen implementiert werden.

Im folgenden wird versucht, solche generischen Technikformen zu beschreiben und ihren Zusammenhang mit Informations-, Manipulations-, und Navigationskategorien in benutzerseitigen generischen Aufgaben-Einheiten aufzuzeigen.

Objektklassen und Objekt-Visualisierung

Es gibt zwei Hauptgruppen von Objektklassen bezogen auf ihre Erscheinungsform:

- Einfache Objekte, die nicht weiter zerlegbar sind, d.h. eine einheitliche Attributs- oder Objektliste aufweisen.

- Komplexe, zusammengesetzte Objekte, die aus unterschiedlichen Objektteilen oder Objekten mit unterschiedlichen Attributslisten bestehen, aber gleichzeitig auch als Gesamtobjekt verstanden werden. (Als Beispiel kann man sich ein Auto mit seinen Teilen vorstellen, wenn deren gesonderte Bearbeitung für eine Aufgabe relevant ist, oder den Drucker in Abbildung 1)

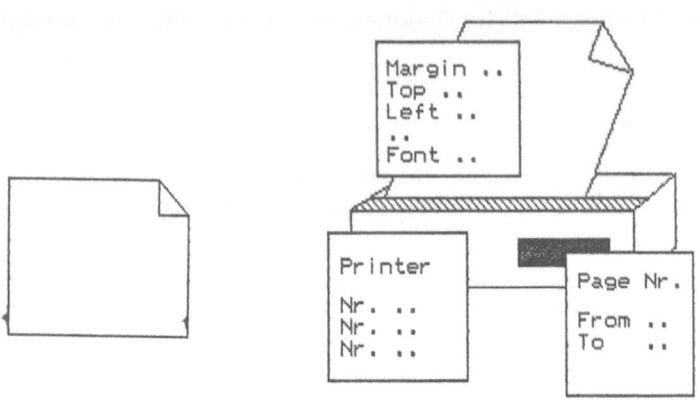

Abbildung 1. Einfaches und komplexes Objekt mit unterschiedlichen Teilobjekten

Die erste Hauptgruppe wird am geeignetesten als einfaches Ikon präsentiert, wobei die Form das geeignete Merkmal ist, um Typen von Objekten inklusive deren möglichen Verhalten darzustellen. Die Objektklassen dieser Gruppen unterscheiden sich hauptsächlich in ihrem Verhalten und in den auf ihnen möglichen Operationen.

So kann man elementare Anwendungsobjekte, bei denen allein Zustand und Attribute geändert werden können, unterscheiden von Templaten, die dem Kreieren von Objekt-Instanzen bestimmter Typen dienen, Werkzeug- oder Geräte-Objekten, die ein anderes Objekt, das auf sie gelegt wird in bestimmter Weise transformieren (z.B. Drucker für den Druckprozeß in der Schreibtisch-Metapher).

Die zweite Hauptgruppe, die komplexen, zusammengesetzten Objekte, werden meistens aus Ikonen zusammengesetzt, wobei die Semantik der Zusammensetzung eine wesentliche Rolle für die Wahl des Layout-Verfahrens spielt. Objekte dieser Hauptgruppe benötigen immer spezifische Layout-Verfahren. Beziehungen zwischen Objekten oder Objektteilen können entweder durch räumliche Anordnung und/oder durch spezifische Typen von Konnektoren (Verbindungslinien verschiedener Dicke, kabelartige Verbindungen, kammartige Verbindungen usw.) visualisiert werden, besonders dann, wenn Beziehungen änderbare Attribute enthalten.

Layout-Verfahren

Zur Zeit existieren sehr viele vereinzelte Layout-Verfahren, die allerdings alle sehr anwendungsspezifisch sind. Betrachtet man mehr generische Arten, dann kann man drei Hauptgruppen unterscheiden:

1. Natürlich topologische Anordnungen

2. Semantik räumlicher Anordnungen

3. Anordnung bezüglich minimaler Überschneidungen von Verbindungslinien

Verfahren der ersten Gruppe setzen Koordinaten der topologischen Anordnung von Objekten in der realen, ausserhalb des Rechnersystems existierenden Welt, auf den Bildschirm um. Beispiele für ein solches Layout sind Landkarten, Verkabelungspläne und auch der Drucker in unserem obigen Beispiel oder das Auto. Die benutzerseitige Umordenbarkeit oder oder Herauslösung von Objekten aus solchen Strukturen ist begrenzt und nur in dem Ausmaß möglich, in dem es auch in der natürlichen Welt m&oeglich ist, wenn das Verständnis der Struktur, d.h. des Gesamtobjektes nicht stark gestört werden soll.

Layout-Verfahren der zweiten Gruppe sind mehr oder weniger regelbasiert. Die Regeln definieren Beziehungen zwischen Objekten als Plazierungen der Objekte zueinander, z.B. als in, auf, neben, unter, hinter usw. (siehe hierzu auch GIMNICH & ROHR 1989) für Enthaltens-, Besitz-, Assoziations-Relationen und andere. Komplexe Container-Strukturen gehören genauso hierher wie semantisch plazierte Netzwerke. Solche regelbasierten, semantisch definierten Layouts finden vor allem in komplexen Objektstrukturen mit mehr abstrakten Beziehungen, die keine konkrete räumliche Topologie besitzen, Anwendung. Objekte können innerhalb des Regelsystems frei umgeordnet werden. Da die Struktur dynamisch ist kann auch jedes beliebige Objekt herausgenommen werden. Solche Verfahren sind sehr generell einsetzbar. Eine genaue empirische Evaluation der Zuordnungsregeln steht noch aus.

Verfahren der dritten Gruppe haben keine semantisch belegten Plazierungen vorgesehen. Unterschiedliche Beziehungen zwischen Objekten werden als unterschiedliche Typen von Konnektoren festgelegt. Sie eignen sich für die Darstellung von Beziehungen mit Attributen in komplexen Netzwerken (Diagramme). Um eine ungestörte Analyse der Beziehungen von jeweils einem Objekt zu anderen zu gewährleisten werden alle Objekte der Struktur so angeordnet, daß sich minimale Überschneidungen der Konnektoren ergeben. Solche Verfahren können auch untergeordnet unter das regelbasierte, semantische Layout eingesetzt werden.

Spezifische Layout-Techniken, wie z.B. die dynamische Größenberechnung von Objekten, des freien Raums zwischen ihnen, und die Gruppierung von Objekten (Bilden von Repräsentanten sind eher untergeordnet unter die drei großen Gruppen von Layout-Verfahren und dienen der Handhabung großer Mengen.

Zustands- und Prozeß-Visualisierung

Zustands-Visualisierung betrifft die darstellung des momentanen Zustands eines Objektes (selektiert, voll, gesperrt usw.) oder einer Struktur (komplexes Objekt). Als Visualisierungsparameter kommen Farbänderung, Markierung, Veränderung der Breite oder Höhe und Blinken in Frage (siehe dazu auch Abbildung 2).

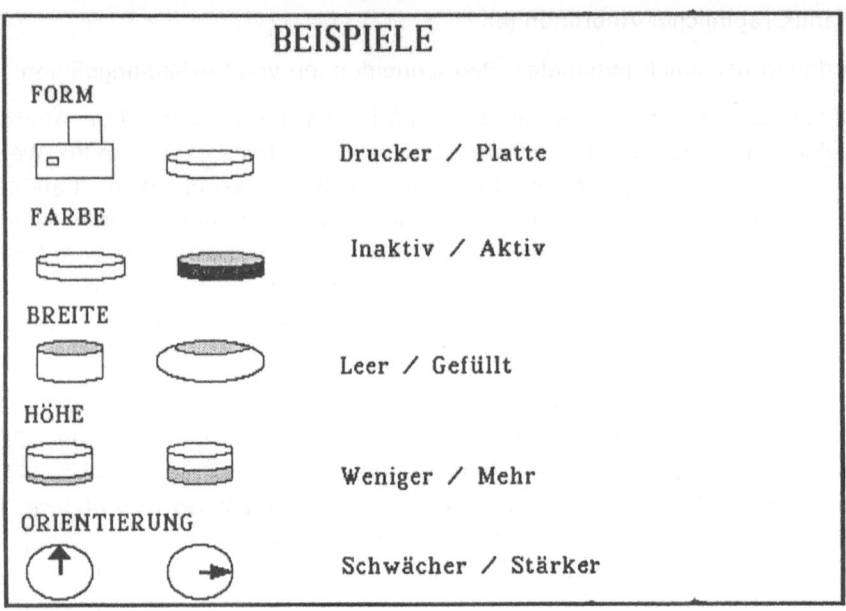

Abbildung 2. Beispiel der Veränderung grafischer Parameter

Prozeß-Visualisierung nutzt im Prinzip ebenfall diese Parameter, aber in einer dynamischen, animierten Form, da Prozesse primär dynamische, unabhängig verlaufende Zustandsänderungen von Objekten und Strukturen sind. Verfahren für solche Visualisierungs-Techniken findet man z.B. in FAIRCHILD et al. 1989. Prozeß-Visualisierung kann aber auch die Bewegung von Objekten von einem Platz zum anderen innerhalb einer Struktur beinhalten.

Navigations-Techniken

Navigations-Techniken dienen dem Zugriff definierter Objekt-Gruppen oder -Strukturen bei gegebenem Massenproblem der Darstellung innerhalb komplexer Anwendungen. Daher ergeben sich drei Untergruppen von Techniken, die den Umgang mit diesem Problem der Informationsdarstellung erleichtern:

1. Kompressions-Techniken: sind Techniken, die in bestimmter Weise die Anzahl der Sichtbaren Objekte reduzieren.

2. Zugriffs- oder Suchtechniken: sind Techniken, die es erlauben, nicht dargestellte Information zur Darstellung zu bringen. Diese Techniken sind nicht ganz unabhängig von den Kompressions-Techniken,

3. Ergebnis-Darstellung: sind Techniken, die die Art und Weise bestimmen, wie neu zugegriffene Information zur bereits dargestellten hinzugefügt wird.

Die spezifischen Typen von Navigations-Techniken für Kompression, Suche und Ergebnis-Darstellung sind in ihrer Verwendung sehr kritisch gegenüber Objekt-Kategorien und Suchstrategien auf der Benutzerseite, die Aufgabenabhängig sind. So konnte ELSNER 1989 aufzeigen, welche Formen der Ergebnis-Darstellung (Ersetzen des Bildschirm-Inhalts, Fenster überlagert, Bildschirm-Transformation mit Detaildarstellung der fokussierten Struktur, integriert in den Rest: Semantisches Fish-Eye) unter welchen Analyse-Bedingungen von spezifischen Aufgaben eher von Vorteil oder von Nachteil sind.

Die Kompressions-Techniken hängen in einem wesentlichen Ausmaß von den benutzten Layout-Verfahren ab. Es kann grafische Kompression für topologische Strukturen, Container-Strukturen in semantisch definiertem räumlichen Layout, Fenstertechniken für topologisches und auch für Layout mit Minimierung der Überschneidungen von Konnektoren geben. Einfache nicht strukturierte Objekte unterschiedlichen Typs können in Stacks zusammengepackt werden.

Die unterschiedlichen Zugriffs- und Suchtechniken unterstützen in unterschiedlicher Weise die aufgabenbedingten unterschiedlichen Suchstrategien des Menschen:

Definition der kognitiven Suchkonzepte

• Topologische Suche in Listen:

   Angezielte Untermenge: *Letzte/Hinterste, Erste/Vorderste der Liste*

• Kategoriale Suche in Listen:

   Angezielte Untermenge: *Alle Instanzen der Kategorie mit dem Attribut ...*

• Topologische Suche in Strukturen

   Angezielte Untermenge: *Alle, die um ... herum liegen*

• Kategoriale Suche nach Substrukturen

   Angezielte Untermenge: *Alle von der und der Kategorie, die mit der Teilmenge der Kategorie ... mit diesen Attributen ... (in bestimmter Weise) verbunden sind*

• Topologisch/kategoriale Suchmischform

   Angezielte Untermenge: *Alle die Bereiche/Regionen mit den Objekten einer bestimmten Kategorie, die in einer bestimmten Beziehung zueinander stehen*

Suchtechniken

- Stack-Scrolling oder List-Scrolling für die topologische Suche in Listen

    Darstellungsform der Objekte: *Stack- oder Listen-Anordnung der Objekte*

- Öffnen von einfachen (Kategorie-)Behältern (Container) für die kategoriale Suche in Listen

    :Darstellungsform der Objekte: *Objekt-Instanzen in Kategorie-Behältern (Container)*

- Grafisches Zooming für die topologische Suche nach dicht gepackter Detail-Information

    Darstellungsform der Objekte: *Objekt-Instanzen in natürlicher fester topologischer Anordnung*

- Graphisches Filtern für die kategoriale Suche nach Substrukturen

    Darstellungsform der Objekte: *Strukturen von Objekt-Kategorien, die Objekt-Instanzen enthalten*

- Mischstrategien

    Darstellungsform der Objekte: *Topologische Objekt-Kategorien in fester Anordnung, die Objekt-Instanzen enthalten*

Die Abbildungen 3 - 6 veranschaulichen diese Zusammenhänge.

STACK SCROLLING

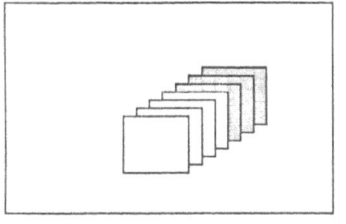 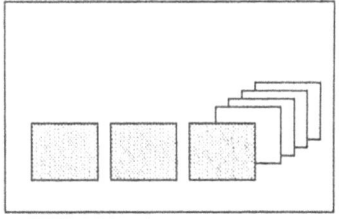

Topological Search:
Lists (Small Sets)

Example: Search Last

LIST SCROLLING

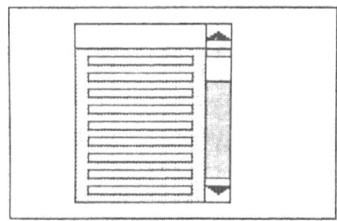 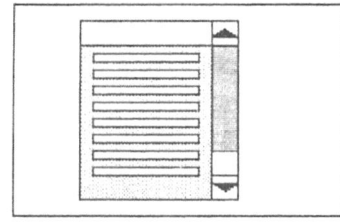

Topological Search:
Lists (Large Sets)

Example: Search Last

Abbildung 3. Techniken für topologische Suche in Listen

GRAPHICAL ZOOM: AREA

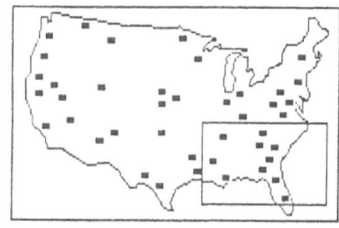 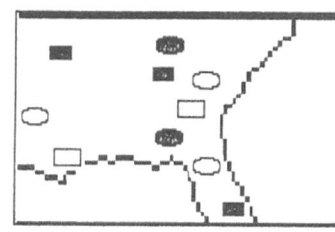

Topol. Search:
Structure

Example: Show
Detail of Area

GRAPHICAL ZOOM: AREA & LAYERS

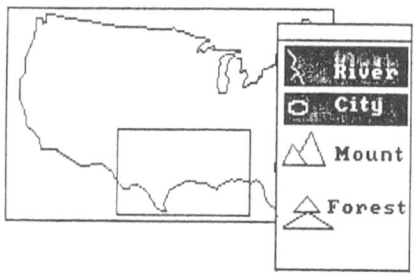 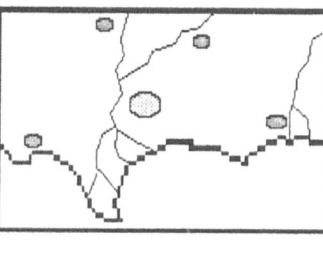

Topol. Search:
Structure

Example: Show
Detailed Substruct.
of Area

Abbildung 4. Techniken für topologische Suche in Strukturen

OPEN AREA CONTAINER

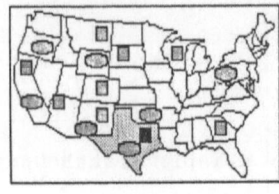 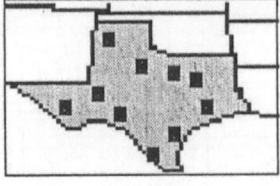

Topol. & Cat. Search
Mixed: List

FILTER AREA CONTAINERS

 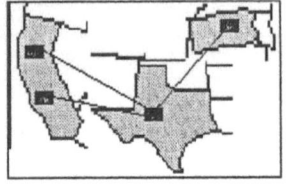

Topol. & Cat. Search
Mixed: Structure

Abbildung 5. Techniken für Mischformen der Suche

OPEN CONTAINER

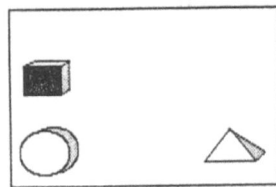 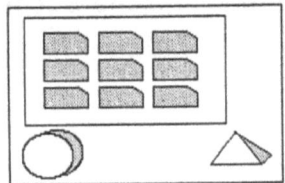

Categorial Search:
Lists

FILTER CONTAINER STRUCTURE

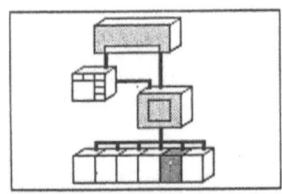 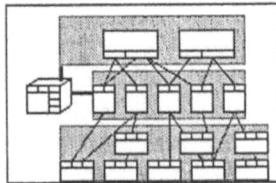

Categorial Search:
Hierarchies

Abbildung 6. Techniken für rein kategoriale Suche in Listen und Strukturen

Interaktionstechniken

In grafischen Benutzerschnittstellen wird grundsätzlich mit Objekten interagiert. Dabei kann man zwei wesentliche Formen unterscheiden (siehe auch CUA Guidelines):

1. Selektionsformen

2. Direkte Manipulation

Selektionsformen erlauben eines oder mehrere Objekte zu selektieren, wobei auch unterschiedliche Selektionsarten definiert werden können, um z.B. Operationen mit gerichtetem Beziehungscharakter (zwei Argumente mit eindeutiger Richtung der Funktion) auf der Objektebene vorbereiten zu können. Der Objekt-Selektion folgt dann in der Regel die Auswahl aus einem Menu von Aktionen die auf diese Objekte zulässig sind. Die Objekte verändern sich dann bezüglich dieser Aktionen. Wenn Objekten Standard-Aktionen (Default Actions) zugeordnet sind, können diese über spezifische Selektionstechniken auf dem Objekt direkt, ohne Zuhilfenahme eines Aktions-Menus ausgelöst werden (z.B. Öffnen eines Containers).

Vollständig direkte Manipulationsformen erlauben die Veränderung eines Systems, dessen Objekte und der darauf ablaufenden Prozesse durch das Bewegen von Objekten im Raum und Ablegen auf anderen Objekten (Drag & Drop). Das setzt voraus, daß diese Objekte Verhaltenseigenschaften haben, die bei einem "Drop" spezifische Aktionen entweder auf dem "gedroppten" oder dem empfangenden Objekt, oder auf beiden auslösen. Objektklassen, die Geräte simulieren, können so mit komplexen Prozeduren versehen werden, die auf ein Objekt angewandt werden, das auf sie gelegt wird (z.B. der Drucker im Beispiel weiter oben, denkbar sind auch Formatierer usw.). Objekte mit Behälter-Eigenschaften würden dagegen das auf sie gelegte Objekt in der ihnen spezifischen Weise aufnehmen.

Es zeigt sich hierbei deutlich, daß direkt manipulative Interaktionsformen eng mit den Eigenschaften von Objektklassen verbunden sind. Erst darüber können sie funktionale Mächtigkeit gewährleisten. In jedem Falle benötigen alle beschriebenen Interaktionsformen ein objekt-orientiertes Paradigma.

Metaphern

Ein Benutzer einer grafischen Anwendungswelt, zumal wenn diese noch sehr komplex ist, muß verstehen k&oennen, welche Objekte er gerade bearbeitet, was die Eigenschaften und das mögliche Verhalten dieser Objekte sind, wie er auf bestimmte Objekte zugreifen kann und welchen Zustand und Bereich des Systems er gerade vorliegen hat. Das bedeutet, daß das Erscheinungsbild der Objekte und von deren Eigenschaften, Zuständen und Beziehungen zueinander in einer konsistenten Weise mit einer grafischen Metapher modelliert werden muß, die auf ein (natürliches) dem Benutzer bekanntes System verweisen. Aus den Verhaltenseigenschaften des bekannten Systems kann dann der Benutzer auf die Verhaltenseigenschaften des aktuellen Systems schließen (siehe hierzu auch CARROLL et al. 1988).

Eine der ersten in einem Software-System realisierten Metaphern war die Schreibtisch (Desk-Top) Metapher für Textverarbeitung und File-Management. In ihrer ursprünglichsten Form hat sie sehr konsistent natürliche Objekteigenschaften und Ikon-Techniken miteinander verknüpft (siehe Abbildung ...).

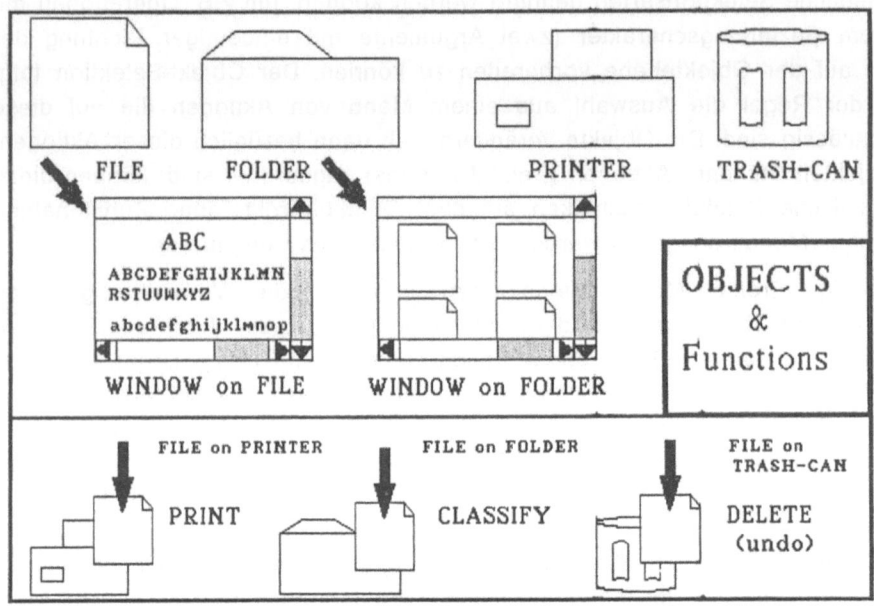

Abbildung 7. Objektklassen und deren Eigenschaften in der Desk-Top Metapher

Für ihre weitere Verwendung generalisiert auf andere Anwendungen hat sie aber deutliche Grenzen gezeigt, vor allem wenn es sich um strukturell komplexe Anwendungen handelt. So Kennt dieses Metaphernsystem nur gering strukturierte Objekte (Dokumente in Ordnern: Behälter-Strukturen) bei großer Unabhängigkeit der Objekte zueinander. Es bietet keine Metapher für das/den komplexen Zusammenbau oder Verknüpfen von Objekten. Es unterstützt keine komplexen, differenzierten Beziehungen von Objekten zueinander, keine unterschiedlichen Sichten auf Objektstrukturen. Weiterhin bietet es auch keine Metapher für Prozeßabfolgen. Viele dieser Parameter werden aber in komplexen Anwendungssystemen benötigt.

Es gab eine Reihe von Versuchen, andere Metaphernsysteme für Nicht-Büroanwendungen zu entwickeln, die mehr oder weniger von Erfolg gekennzeichnet waren. Es gibt zwei Hauptprobleme dabei, die auch in einem gewissen Zusammenhang zueinander stehen:

• Die Aufgabenangemessenheit der Metapher

• Die Vermittlung der richtigen Verhaltenseigenschaften der Objekte

Alle diese Versuche, geeignete Metaphern für spezifische Anwendungen zu finden, wurden sehr global, bezogen auf Analogien zur Anwendung, vorgenommen. Eine geeignetere Verfahrensweise wäre sicherlich, genau die Aufgaben des Benutzers innerhalb einer Anwendung zu analysieren, dann die dementsprechend geeigneten Ikon-Techniken für den Gesamtaufbau der Applikation auszuwählen und ein mehr abstraktes Modell auf dieser Ebene zu entwerfen. Erst dann sollte man in der natürlichen Umgebung der speziellen Endanwender nach konkreten Systemen suchen, die mit den Verfahren der so selektierten Ikon-Techniken modellierbar sind. Diese Systeme könnten dann für die Darstellungsformen der Objekte, deren Zuständen und deren Beziehungen als Bezug dienen. Mit diesem Verfahren wäre dann Aufgabenangemessenheit und unmittelbare Verständlichkeit der Systemeigenschaften in großem Maße gewährleistet.

Ausblick: Entwurfsrichtlinien und Werkzeuge für Ikon-Techniken

Für einen geeigneten Aufbau einer grafischen Benutzerschnittstelle benötigt man das Wissen um die Aufgabenstellungen einer Anwendung auf der Benutzer-Seite, die Kenntnis über die adäquaten Ikon-Techniken, die diese Aufgabenstellungen unterstützen und Software-Werkzeuge für die effiziente Installierung unterschiedlicher Ikon-Techniken. Hat man so etwas wie Entwurfsrichtlinien bezogen auf die Aufgabenangemessenheit von unterschiedlichen Ikon-Techniken, zusammen mit den Werkzeugen, kann sich der Anwendungsentwickler bei der Gestaltung der Benutzerschnittstelle vollständig auf die Analyse der für die Anwendung spezifischen Benutzeraufgaben konzentrieren.

Literatur

J.M. Carroll, R.L. Mack, W. A. Kellogg: Interface Metaphor and User Interface Design. In:
M. Helander (Ed.): Handbook of Human-Computer Interaction. Elsevier Science Publishers 1988

S. Elsner: Entwurf und Implementierung graphischer Zoom-Techniken für Schnittstellen-Prototypen komplexer Systeme. Diplomarbeit, Universität Stuttgart 1989

K. Fairchild, G. Meredith, A. Wexelblat: A formal structure for automatic icons. Interacting with Computers, Vol. 1 (2), 1989

M. Gerstendörfer & G. Rohr: Which task in which representation on what kind of interface? In: Bullinger, H.J. & Shackel, B. (Eds.): Human-Computer Interaction - INTERACT '87. North Holland: Amsterdam 1987

R. Gimnich, G. Rohr: Ansätze zu einer empirisch begründeten Entwurfsmethodik grafischer Benutzerschnittstellen. In:
S. Maas, H. Oberquelle (Eds.): Software-Ergonomie '89. B.G. Teubner 1989

G. Rohr: Mental Concepts and Direct Manipulation: Drafting a Direct Manipulation Query Language. In:
D. Ackermann & M.J. Tauber (Eds.): Mental Models and Human-Computer Interaction 1. North Holland, Amsterdam 1990

Shneiderman, B: Software Psychology: Human Factors in Computer and Information Systems. Cambridge (Mass.) 1980

Fortgeschrittene Visualisierungsverfahren für Wissenschaft und Technik

Heinrich Müller
Institut für Informatik
Universität Freiburg
Freiburg, BRD

Zusammenfassung

Gegenstand dieses Beitrags sind hochqualitative Visualisierungstechniken zur Darstellung komplexer Daten. Dabei wird zwischen konkreten und abstrakten Daten unterschieden. Konkrete Daten beschreiben visuell wahrnehmbare Gegenstände der Umwelt. Für konkrete Daten ist es naheliegend, den beschriebenen Gegenstand auch quasi real darzustellen, also Bilder zu generieren, die wie Fotos aussehen. Techniken hierfür sind Gegenstand der fotorealistischen Computergraphik. Fotorealismus wird erreicht, indem eine optische Simulation durchgeführt wird. Aus algorithmischer Sicht zeigt sich, daß die obengenannten Effekte auf Grundlage einer Operation, dem Strahlenschießen, realisierbar sind. Es wird eine Übersicht über die heute eingesetzten Bildsynthesetechniken gegeben und gezeigt, welche Rolle diese Operation dabei spielt. Abstrakte Daten zeichnen sich dadurch aus, daß sie keine real visuell erfaßbaren Gegenstände beschreiben. Für diesen Typ von Daten haben sich in unterschiedlichen Bereichen Darstellungsformen entwickelt, die die Visualisierung über eine Zuordnung von abstrakten Erscheinungen an konkret wahrnehmbare Erscheinungen leisten. Dadurch werden insbesondere die fotorealistischen Bildsynthesetechniken auch bei abstrakten Daten einsetzbar. Diese Zuordnung wird in Form eines hierarchischen relationalen Visualisierungsmodells systematisiert. Es wird gezeigt, wie auf dieser Grundlage unter Verwendung heutiger Hard- und Software-Technologien ein leistungsfähiges Visualisierungssystem aussehen kann.

1 Einführung

Die Fortschritte in der Computertechnik erlauben immer komplexere Modelle in der numerischen Simulation, die Erfassung von immer besser aufgelöster Information etwa durch Sensoren und den rechnergestützten Entwurf komplexer Formen und Modelle. Dabei fällt Information in beträchtlichem Umfang an. Das Problem ist, diese für den Wissenschaftler oder Anwender so aufzubereiten, daß die menschlichen kreativen und analytischen Fähigkeiten effizient genutzt werden. Die Computergraphik stellt hierfür eine Schnittstelle hoher Bandbreite zur Verfügung.

Visualisierung ist kein neues Thema. Rechenergebnisse, insbesondere wenn sie geometrisch-anschaulichen Berechnungen entstammen, mühsam von Hand aufbereiten zu müssen, hat die Entwicklung bildgebender Geräte motiviert. So verfügte der Whirlwind Computer des MIT schon um 1950 über rechnergesteuerte Kathodenstrahlröhren zur Ausgabe von Graphik. Jay Forrester berechnete darauf die wohl erste Computeranimation, die einen springenden Ball darstellte. Auch die graphische Wiedergabe von Ergebnissen mit Druckern und Plottern gehört schon lange zum Standard

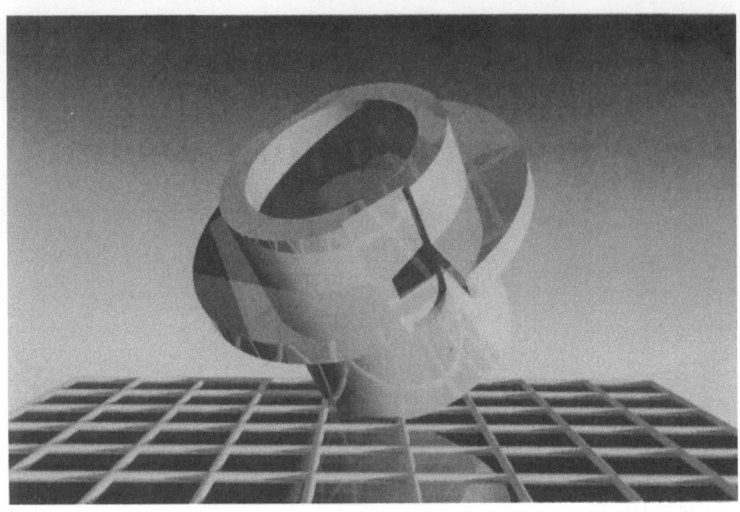

Abbildung 1: *Fotorealistische Darstellung aus CAD-Daten durch das Strahlverfolgungsverfahren.*
Realisierung: Markus Pins

jedes Rechenzentrums. Dabei sind in einigen Anwendungsgebieten die Darstellungsmethoden recht gut analysiert und klassifiziert. Zu nennen sind hier die Kartographie, die Statistik, das technische Zeichnen, die Chemie und die Numerik. Bekannte Softwaresysteme in diesen Bereichen verfügen über Visualisierungsmodule. Beispiele sind SAS für die Statistik, Movie.BYU bei Finite-Elemente-Rechnungen, Schakal in der Chemie.

In jüngster Zeit wurde das Thema Visualisierung auf breiter Front neu aufgegriffen [McCormick et al., 1987, IEEE, 1989, SIGGRAPH '89]. Die Gründe hierfür sind vielfältig. So waren die Fortschritte der Computergraphik im Bereich der graphischen Interaktion und Computeranimation, im Modellentwurf und in der Bildsynthese in den letzten Jahren beträchtlich. Zu nennen sind hier Bilderzeugungsverfahren wie *Raytracing* und *Radiosity Approach*, interaktive Graphikarbeitsplatzrechner mit leistungsfähigen netzwerkweiten Fenstersystemen wie dem *X-Window-System*, Modellierungstechniken für glatte und fraktale Geometrie [Mortenson, 1985, Mäntylä, 1988, Peitgen, Saupe, 1988], *Physically Based Modeling* [Terzopoulos et al., 1989] sowie die Verfügbarkeit relativ preisgünstiger Geräte zur Produktion von Animationen auf Video. Diese Fortschritte sind in neu zu schaffenden Visualisierungssystemen zu berücksichtigen.

Gegenstand dieses Beitrags sind hochqualitative Visualisierungstechniken zur Darstellung komplexer Daten. Dabei wird zwischen konkreten und abstrakten Daten unterschieden. Konkrete Daten beschreiben visuell wahrnehmbare Gegenstände der Umwelt. Der beschriebene Gegenstand selbst braucht dabei noch nicht zu existieren, wie etwa eine rechnerunterstützt entworfene neue Automobilkarosserie, gehört aber im Prinzip einer Klasse von existierbaren Gegenständen an.

Für konkrete Daten ist es naheliegend, den beschriebenen Gegenstand auch quasi real darzustellen, also fotoähnliche Bilder zu generieren (Abb. 1, 2, 3). Techniken hierfür sind Gegenstand der fotorealistischen Computergraphik. Fotorealismus wird erreicht, indem eine optische Simulation durchgeführt wird. Abhängig vom betriebenen Aufwand lassen sich einfach schattierte Darstellungen, diffuse, glänzende und spiegelnde Oberflächen, transparente und spiegelnde Materialien, aber auch diffuse Interreflexionen simulieren.

Abbildung 2: *Fotorealistische Darstellung eines Innenraums mit dem Strahlverfolgungsverfahren.*
Realisierung: Achim Stößer

Aus algorithmischer Sicht zeigt sich, daß die obengenannten Effekte auf Grundlage einer Operation, dem *Strahlenschießen*, realisierbar sind. Das ist nicht erstaunlich, da praktisch alle verbereiteten Bildsyntheseverfahren auf dem Strahlenmodell der geometrischen Optik beruhen. Obwohl es häufig effizientere algorithmische Verfahren zur Realisierung eines optischen Effekts gibt, zeichnet sich das Strahlenschießen durch eine hohe Flexibilität aus. Praktisch alle Gegenstände, für die der Auftreffpunkt des Strahls auf die Oberfläche berechenbar ist, sind so visualisierbar. Aber auch bei der graphischen Interaktion ist das Strahlenschießen fundamental. Man denke dabei etwa an die Auswahl eines Gegenstandes in einem Bild durch Hinzeigen. In Kapitel 2 wird die Umsetzung konkreter Daten auf Grundlage des Strahlenschießens detailierter besprochen.

Abstrakte Daten zeichnen sich dadurch aus, daß sie keine real visuell erfaßbaren Gegenstände beschreiben. Für diesen Typ von Daten haben sich in unterschiedlichen Bereichen Darstellungsformen entwickelt, lange vor Entwicklung der heutigen Rechnertechnologie. In den Stabmodellen und Kalottenmodellen der Chemie etwa findet man eine visuelle Repräsentation von Erscheinungen, die so in der Natur nicht vorkommt. Bei derartigen Visualisierungen findet eine Zuordnung von abstrakten Erscheinungen an konkret wahrnehmbare Erscheinungen statt, die der Intuition folgt. Ist dieser Schritt vollzogen, können alle Darstellungstechniken konkreter Daten eingesetzt werden. Das trifft insbesondere für die fotorealistischen Methoden zu, die ein erheblich reicheres Spektrum von Parametern als die rein geometrische Darstellung für die Visualisierung anbieten.

In Kapitel 3 wird die Zuordnung zwischen abstrakten und konkreten Daten in allgemeiner Form systematisiert. Das geschieht durch ein hierarchisches relationales Visualisierungsmodell. Es wird gezeigt, wie auf dieser Grundlage unter Verwendung heutiger Hard- und Software-Technologien ein leistungsfähiges Visualisierungssystem aussehen kann.

2 Konkrete Daten

Visualisierung ist relativ problemlos, wenn die Daten greifbare Gegenstände beschreiben, also einen Ball, einen Stein, ein Automobil, ein Gelände, ein menschliches Organ und ähnliches. Bei der Visualisierung sind die Parameter in Bilder umzusetzen, die das Aussehen beschreiben, also geometrische und optische Parameter. Das kann so getan werden, daß der Gegenstand quasi real aussieht (Abb. 1, 2, 3).

Greifbare Gegenstände sind durch physikalische Parameter charakterisiert. Bei der rechnerinternen Darstellung bildet dabei meist die geometrische Komponente den Rahmen, der durch zusätzliche Attribute wie optische Parameter, Masse, Elastizität ergänzt wird. Geometrisch gesehen können Gegenstände Punkte, Kurven, Flächen, Körper von glatter oder fraktaler Ausprägung sein. Zu deren Beschreibung bedient man sich häufig des Instrumentariums der Mathematik, also Formeln auf Grundlage von Polynomen oder trigonometrischen Funktionen, mit denen Parameter- oder implizite Darstellungen formuliert werden. Komplexere Darstellungsformen erhält man durch Kompositions- und Dekompositionsverfahren. Beispiele hierfür sind Funktionenreihen, iterierte Funktionensysteme, Graphen- und Geometriegrammatiken, Mengenoperationen, Minkowskisummen, Verblendungen und Zellzerlegungen mit Raster-, Voxel- und Octree-Modellen als spezielle Ausprägungen [Mortenson, 1985, Mäntylä, 1988]. Bei zeitlich veränderlichen Szenen gehen in diese Beschreibungsformen noch Zeitparameter ein.

Diese Vielfalt an Beschreibungsformen läßt sich auf uniforme Weise durch Strahlenschießen visualisieren. Die wesentliche Voraussetzung hierfür ist, daß der Strahlauftreffpunkt berechenbar ist. Außer für durch polynomiale oder trigonometrische Funktionen beschriebene Objekte geht das auch für komplexer strukturierte Szenen in praktisch allen der oben aufgeführten Beschreibungsformen.

Auf Basis des Strahlenschießens lassen sich zahlreiche Bilderzeugungsverfahren nachvollziehen. So sind einfachere Bilderzeugungsverfahren wie das z-Buffer-Verfahren (siehe z.B. [Fellner, 1989]) als eine spezielle Implementierung des Strahlverfolgungsverfahrens zu betrachten. Aber auch aufwendige Techniken wie das Strahlungsverfahren sind durch Strahlenschießen zu realisieren. Das hängt damit zusammen, daß die geometrische Optik für die Bedürfnisse der Computergraphik fast immer ausreichend ist und daß Integralgleichungen, die bei aufwendigeren Verfahren auftreten, durch Strahlenschießen näherungsweise mit hinreichender Genauigkeit gelöst werden können.

2.1 Das Strahlverfolgungsverfahren

Das Strahlenschießen findet unmittelbare Anwendung beim Strahlverfolgungsverfahren zur Bildsynthese, das um 1980 herum von Kay, Greenberg und Whitted neu aufgegriffen wurde, nachdem es ähnliche Ideen schon ein Jahrzehnt früher gab. Gegeben sind dabei ein Augenpunkt, eine gerasterte Bildebene, eine dreidimensionale Szene, die aus punktförmigen Lichtquellen und geometrischen Objekten, versehen mit optischen Parametern, besteht. Generiert werden soll ein Rasterbild, d.h. die Farbwerte der Bildpunkte sind zu errechnen. Dazu wird vom Augenpunkt aus ein Sehstrahl durch den Mittelpunkt jedes Rasterelements der Bildebene gezogen und das erste getroffene Objekt in der Szene bestimmt. Im gefundenen Auftreffpunkt werden dann die Beleuchtungsverhältnisse berechnet, wozu weitere Strahlen zu verfolgen sind. So ist zunächst der Einfluß der Lichtquellen festzustellen. Dazu sind von den Auftreffpunkten Strahlen zu den verschiedenen Lichtquellen zu ziehen, um zu testen, ob sich ein blockierendes Objekt der Szene auf diesem Weg befindet. Blockiert ein Objekt diese Strecke, so ist die Lichtquelle verdeckt und trägt nicht zur Beleuchtung an diesem Punkt bei. Auf diese Weise ergeben sich Schlagschatten. Andernfalls wird unter Verwendung eines Beleuchtungsmodells, nach dem die diffus und glänzend reflektierte Intensität unter Verwendung der optischen

Parameter am Auftreffpunkt berechnet werden kann, der Beitrag der Lichtquelle zur Farbe ermittelt und zur bisherigen Farbe addiert. Für spiegelnde bzw. transparente Objekte werden den Gesetzen der Strahlenoptik folgend die Spiegel- und Brechungsstrahlen bezüglich des aktuellen Strahls berechnet und rekursiv weiterverfolgt. Die von diesen „zurückkommende" Intensität wird zur Intensität des aktuellen Auftreffpunktes und damit letztendlich zur Farbe des entsprechenden Bildpunktes addiert.

Typische optische Parameter der darzustellenden Szenenobjekte sind ein ambienter Reflexionskoeffizient (k_a), ein diffuser Reflexionskoeffizient (k_d), ein Glanzreflexionskoeffizient (k_g), und eine Glanzlichtstärke ($\alpha > 0$). Damit läßt sich die an einem Auftreffpunkt in Richtung v reflektierte Intensität bezüglich der von den Lichtquellen einfallenden Intensitäten I_i und der Grundhelligkeit I_{amb} des Raums berechnen zu

$$I(v) = I_a + \sum_{i=1}^{l} f(d_i)(I_{d,i} + I_{g,i}(v)),$$

mit der ambienten Reflexion $I_a := k_a \cdot I_{amb}$, der diffusen Reflexion $I_{d,i} := k_d n * l_i \cdot I_i$ und der Glanzreflexion $I_{g,i} := k_g(v * r_i)^\alpha \cdot I_i$. Dabei bezeichnen n den Normalenvektor am Auftreffpunkt, l_i die Lichteinfallsrichtung von der i-ten Lichtquelle, r_i die Reflexionsrichtung zu l_i nach dem Reflexionsgesetz, d_i der Abstand von der i-ten Lichtquelle und $f(.)$ eine Funktion des Abstands, z.B. quadratisch. Die Intensitäten sowie die Koeffizienten haben drei Komponenten, je eine für die Grundfarben rot, grün und blau.

Insgesamt ergibt sich durch diese Strahlverfolgung eine baumartige Struktur von Sichtbarkeitsstrahlen. Die Größe dieses Baumes hängt davon ab, über wieviele Stufen die Strahlverfolgung stattfindet. Die Strahlverfolgung kann dann abgebrochen werden, wenn der von einem Strahl zurückgegebene Intensitätsanteil an einem Bildpunkt aufgrund der Dämpfung vernachläßigbar klein ist.

Bei einfacher Implementierung des Strahlverfolgungsverfahrens wird jeder Lichtstrahl für jede Lichtquelle gegen jedes Objekt getestet, was bei größeren Szenen zu nicht mehr realisierbaren Rechenzeiten führt. Bei einem Bild in Videoauflösung, also 576 × 780 Bildpunkten, und einer Szene aus 1000 Objekten mit zwei Lichtquellen ergeben sich unter der Annahme von 1 ms Rechenzeit pro Trefferberechnung 449280 Sehstrahlen × 1000 Objekte × 2 Lichtquellen × 1 ms/Test = 898560 s = 250 Stunden, also mehr als 10 Tage Rechenzeit. Diese Rechnung läßt die Strahlverfolgung als wenig praktikables Verfahren erscheinen. Durch effiziente Datenstrukturen [Müller, 1988, Glassner, 1989] können jedoch auch für große Szenen auf heutigen Arbeitsplatzrechnern Rechenzeiten im Millisekundenbereich pro Strahl (d.h. bis zum Auffinden des ersten Treffers) erzielt werden. Das bedeutet einige Minuten bis Stunden Rechenzeit pro Bild.

Das Strahlverfolgungsverfahren wurde verschiedentlich modifiziert, um weitere Effekte zu simulieren. Ein Beispiel ist *Distributed Ray Tracing* [Cook at al., 1984], wo die Strahlen stochastisch verteilt geschossen werden, um etwa unscharfe Schatten, Bewegungsunschärfe und Kameraunschärfe zu modellieren.

2.2 Das Strahlungsverfahren

Die Strahlungsverfahren (Radiosity Approach) wurde 1984 von Goral, Torrance und Bataille erstmals vorgestellt. Bei ihm werden richtungsabhängige Bestandteile der Beleuchtung nicht mitberücksichtigt, so daß Effekte wie Glanzlichter, die entstehen, wenn der Augenpunkt in Reflexionsrichtung zu einer Lichtquelle liegt, nicht modelliert werden. Für die lichttechnische Beleuchtungsplanung ist dieses häufig ausreichend [Dehoff, Weidmann, 1989]. Man setzt die gesamte Umgebung als ideal diffus voraus und bestimmt die Intensitäten der vorhandenen Objekte durch Lösung eines linearen Gleichungssystems. Der größte Vorteil dieser Methode besteht darin, daß zunächst unabhängig von einem Augenpunkt die Intensitäten der verschiedenen Objekte der Szene in einer Art Vorverarbeitung be-

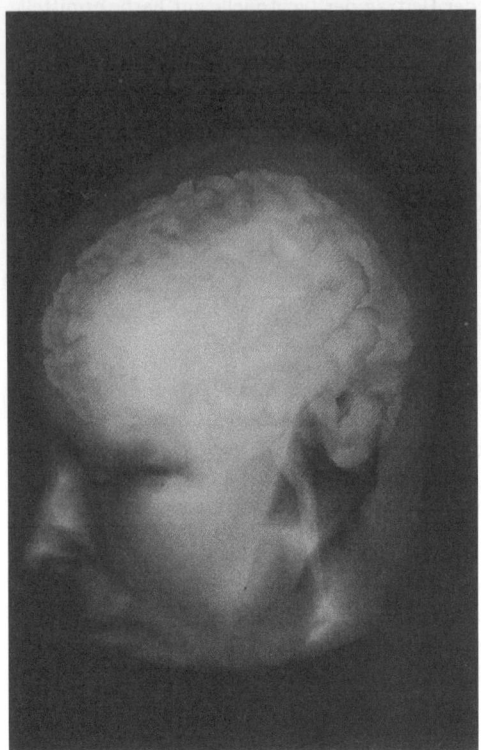 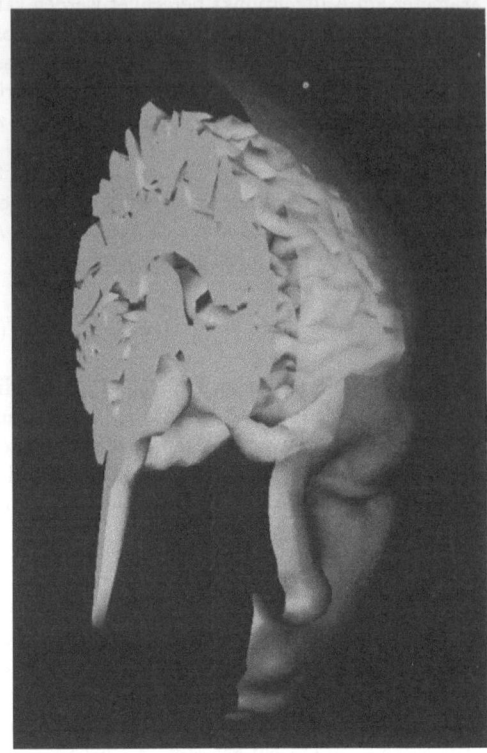

Abbildung 3: *Schattierte Echtzeitdarstellung von Computertomographiedaten mit einem Graphikarbeitsplatzrechner. Realisierung: Bernhard Geiger*

rechnet werden können. Erst dann, wenn alle Intensitäten berechnet sind, wird die Szene mit Hilfe eines Augenpunktes auf eine Bildebene projiziert und auf einen Bildschirm ausgegeben. Besonders vorteilhaft ist dies für Anwendungen, bei denen viele Bilder berechnet werden müssen und sich der Augenpunkt dabei nur wenig ändert, also beispielsweise bei Animationen.

Alle Flächenelemente, aus denen sich die Szene zusammensetzt, sind entweder ideal diffuse Reflektoren, ideal diffuse Lichtemittierer oder eine Kombination von beidem, d.h. ankommendes Licht wird gleichmäßig in alle Richtungen des hemisphärischen Raums über dem Flächenelement verstreut. Die Lichtemission jedes Flächenelements wird als konstant angenommen. Die Flächenelemente der Szene bilden einen abgeschlossenen Raum, der die Beleuchtung der Umgebung vollständig definiert. Materialeigenschaften wie Reflexion und Emission werden für alle Objekte der Szene vorgegeben.

Die spezifische Ausstrahlung (radiosity) B_j eines Flächenelements j wird nun definiert als

$$B_j = \int_\Omega dP(d\omega) = \int_\Omega i \cos\theta d\omega = i\pi. \qquad (1)$$

Dabei ist i die Energie, die in eine bestimmte Richtung pro Flächen- und Zeiteinheit abgestrahlt wird. Wegen der idealen diffusen Reflexion ist diese aber für alle Richtungen gleich. Ω bezeichnet den Halbraum über dem jeweiligen Flächenelement. P ist die Gesamtenergie, die in den Raum emittiert wird. θ ist der Winkel zwischen Normalenvektor der gegebenen Fläche und Abstrahlrichtung und

$d\omega$ der Öffnungswinkel innerhalb dessen das menschliche Auge Energie aufnimmt und der von der Pupillengröße abhängt.

Ziel ist es nun, diese Größen B_j für alle Flächenelemente der Szene zu bestimmen. Dazu läßt sich aber die Tatsache ausnutzen, daß sich die Gesamtenergie, die von einer Fläche abgestrahlt wird, zum einen aus ihrem Eigenleuchten und zum anderen aus dem reflektierten Anteil des ankommenden Lichts zusammensetzt. So ergibt sich die Beziehung

$$B_j = E_j + \rho_j H_j. \tag{2}$$

Dabei ist E_j der Anteil an Eigenleuchten, also 1.0 bei Lichtquellen, ρ_j gibt an, welcher Anteil des einfallenden Lichts reflektiert wird, H_j ist die am Flächenelement j eintreffende Energie pro Zeit- und Flächeneinheit. H_j entspricht somit der Summe alles abgestrahlten Lichts derjenigen Flächenelemente der Szene, von denen aus das Flächenelement j sichtbar ist. Der Anteil des Lichts, der von einem beliebigen Flächenelement i abgestrahlt wird und beim Flächenelement j ankommt, wird durch sogenannte Formfaktoren F_{ij} spezifiziert. Man erhält also folgende Gleichung für H_j:

$$H_j = \sum_{i=1}^{N} B_i F_{ij}. \tag{3}$$

F_{ij} gibt an, welcher Bruchteil des vom Flächenelement i ausgesandten Lichts das Flächenelement j erreicht. Der Wert des Formfaktors hängt nur von Form und Position des jeweiligen Flächenelements ab, also nur von geometrischen Gegebenheiten.

Setzt man nun Gleichung 3 in Gleichung 2 ein, erhält man:

$$B_j = E_j + \rho_j \sum_{1}^{N} B_i F_{ij}. \tag{4}$$

So eine Gleichung existiert für jedes Flächenelement der Szene. Insgesamt ergibt sich damit ein lineares Gleichungssystem, das nach den Intensitäten B_i der einzelnen Flächenelemente aufgelöst werden muß. Die Reflektivitäten ρ_i sowie die Anteile an Eigenleuchten bei totalen oder partiellen Lichtquellen E_i werden vorgegeben.

Die Berechnung eines Bildes mit dem Strahlungsverfahren gliedert sich also in drei Schritte, die *Berechnung der Formfaktoren*, das *Lösen des Gleichungssystems* und den eigentlichen *Bildaufbau*. Der Bildaufbau kann mit einem einfachen Algorithmus wie dem z-Buffer-Algorithmus geschehen. Das Gleichungssystem ist diagonaldominant, so daß sich mit einem iterativen Verfahren, z.B. nach Gauß-Siedel, schon nach wenigen Iterationsschritten relativ genaue Ergebnisse erzielen lassen.

Am aufwendigsten ist die Berechnung der Formfaktoren. Wie bereits erwähnt, gibt der Formfaktor F_{ij} an, welcher Teil der von einem Flächenelement i abgestrahlten Energie bei j ankommt. Es gilt

$$F_{ij} = \frac{1}{A_i} \int_{A_i} \int_{A_j} \cos\theta_i \cos\theta_j \pi r^2 \delta_{vis}(dA_i, dA_j) dA_j dA_i. \tag{5}$$

A_i und A_j sind die Flächeninhalte der Flächenelemente i bzw. j, θ_i und θ_j die Winkel zwischen den Normalenvektoren und der Verbindungsgeraden der gewählten Abtastpunkte der Elemente und r der Abstand zwischen den Abtastpunkten. Die Funktion δ_{vis} nimmt entweder den Wert 0 oder 1 an, je nachdem ob Element i von Element j aus sichtbar ist oder nicht. Für jeden Abtastpunkt der Szene wird damit eine Sichtbarkeitsberechnung notwendig, um alle Formfaktoren zu bestimmen. Abb. 4 gibt den Sachverhalt wieder. Die analytische Berechnung des Doppelintegrals aus Gleichung 5 gestaltet sich selbst bei einfachen Fällen ohne Verdeckungen als recht schwierig, so daß bei der Implementierung im allgemeinen zur näherungsweisen Lösung übergegangen wird. Der Berechnungsaufwand läßt

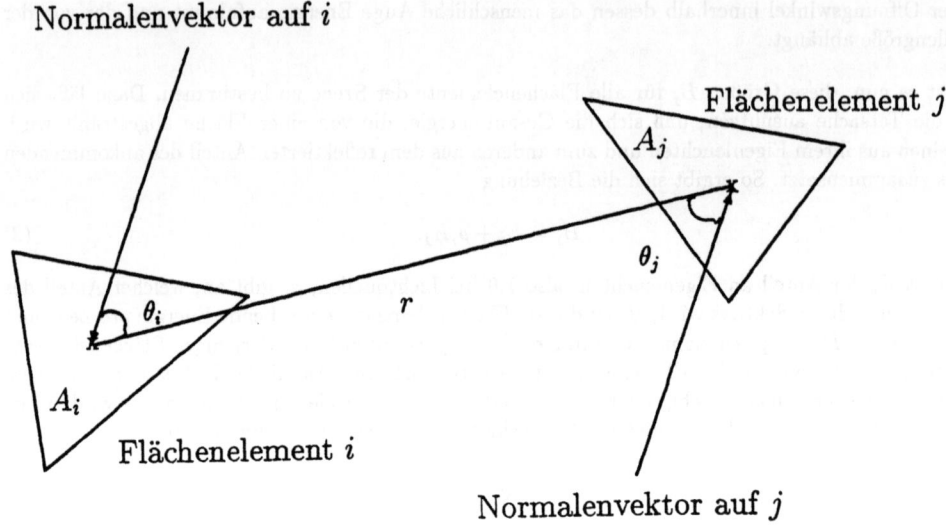

Abbildung 4: *Formfaktorgeometrie*

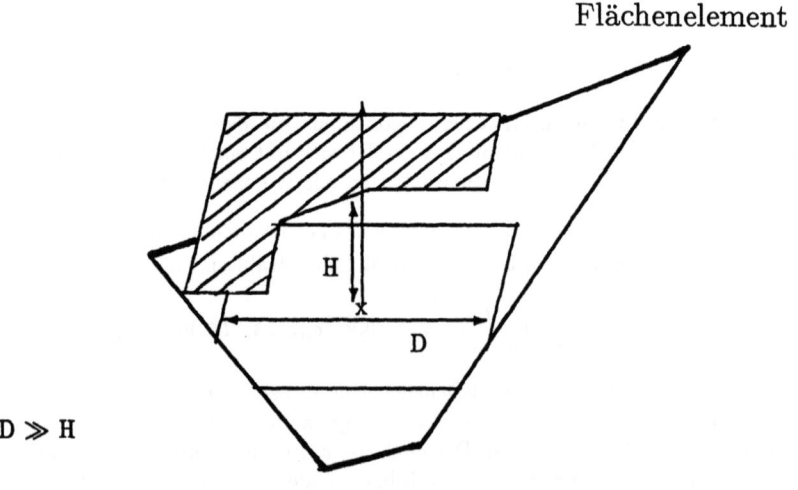

Abbildung 5: *Benutzung nur einer Projektionsebene zur Berechnung der Formfaktoren*

sich unter Berücksichtigung der Beziehungen $A_i F_{ij} = A_j F_{ji}$, $\sum_{j=1}^{N} F_{ij} = 1$, $i = 1..N$ und, falls die Flächenelemente nicht konkav sind, $F_{ii} = 0$, etwas reduzieren.

Zur Berechnung der Formfaktoren wird angenommen, daß die Flächenelemente so klein sind, daß sie durch einen Punkt repräsentiert werden können. Von diesem Abtastpunkt aus sind die sichtbaren Flächenelemente zu bestimmen, um daraus die einzelnen Formfaktoren zu berechnen. Das kann durch Projektion auf eine halbkugelförmige Bildfläche geschehen. Aus Aufwandsgründen wird diese üblicherweise durch einen Halbwürfel ersetzt. Eine noch günstigere Möglichkeit ist die im folgenden vorgestellte näherungsweise Formfaktorberechnung von [Sillion, Puech, 1989], die nur eine ebene Projektionsfläche benötigt. Diese wird in geringem Abstand senkrecht über dem Abtastpunkt plaziert (Abb. 5). Nun betrachtet man nicht die gesamte Projektionsebene, sondern nur ein beschränktes Quadrat um den jeweiligen Abtastpunkt mit Durchmesser D. Die Vernachlässigung weiter weg liegender Teile der Ebene wird als legitim betrachtet, da der Formfaktor u.a. davon abhängt, wie "hoch" ein bestimmtes Flächenelement steht, also vom Winkel zwischen Normalenvektor und Verbindungsgerade zwischen den beiden Abtastpunkten. Flächenelemente, die außerhalb des gewählten Quadrates projiziert werden, leisten demnach einen nur kleinen Beitrag und brauchen nicht mit berücksichtigt werden.

Zur Berechnung der Formfaktoren wird zunächst eine Hilfsgröße eingeführt, der Δ-Formfaktor von achsenparallelen Rechtecken auf der Projektionsebene. Seien H der Abstand zwischen Abtastpunkt und darüber plazierter Projektionsebene und (x_1, y_1), (x_2, y_1), (x_2, y_1) und (x_2, y_2) die Eckpunkte des Rechtecks $x_1 \leq x \leq x_2$, $y_1 \leq y \leq y_2$. Dann ist der Δ-Formfaktor definiert durch

$$\Delta F_{x_1,x_2,y_1,y_2} = \int_{x_1}^{x_2}\int_{y_1}^{y_2} \frac{\cos^2\theta(x,y)}{(x^2+y^2+H^2)} dy dx = \Delta F_{x_1,x_2,y_1,y_2} = \int_{x_1}^{x_2}\int_{y_1}^{y_2} \frac{H^2}{(x^2+y^2+H^2)} dy dx. \quad (6)$$

θ gibt dabei den Winkel zwischen den beiden Geraden zwischen Abtastpunkt und (x_1, y_1) bzw. Abtastpunkt und (x_2, y_2) an. Für x_1, x_2, y_1 und y_2 ungleich 0 ergibt sich

$$\Delta F_{x_1,x_2,y_1,y_2} = T(y_2, x_1, x_2) + T(x_2, y_1, y_2) - T(x_1, y_1, y_2) - T(y_1, x_1, x_2) \quad (7)$$

mit

$$T(X, Y, Z) = \frac{1}{2\sqrt{1+\frac{H^2}{X^2}}} \left[\arctan \frac{Z}{X\sqrt{1+\frac{H^2}{X^2}}} - \arctan \frac{Y}{X\sqrt{1+\frac{H^2}{X^2}}} \right]. \quad (8)$$

Um die eigentlichen Formfaktoren zu berechnen, wird nun die Projektionsebene so mit einem Raster versehen, daß der Δ-Formfaktor jeder Rasterzelle $\approx 1/N^2$ ist. Das ergibt ein inhomogenes Raster, bei dem die äußeren Zellen sehr groß sind und zur Mitte hin immer kleiner werden (Abb. 6). Zu bestimmen ist also eine Folge von Zahlen $(x_i)_{i=0...N}$, wobei N eine fest vorgegebene Auflösung darstellt, so daß $x_0 = 0$, $x_N = D$ und $\Delta F_{x_i, x_{i+1}, -x_1, x_1} \approx 1/N^2$ für alle i. Als Lösung ergibt sich

$$x_i = \frac{i}{N} \frac{\xi_N}{\sqrt{1 - \frac{i^2}{N^2}\xi_N^2}}, \qquad i = 1\ldots N. \quad (9)$$

Mit $X_N = D$ ergibt sich $\frac{\xi_N}{\sqrt{1-\xi_N^2}} = D \Rightarrow \xi_N = \sqrt{\frac{D}{1+D}}$.

Für den Fehler dieses Näherungsverfahrens läßt sich zeigen, daß dieser ungefähr bei einem Prozent liegt, wenn das Verhältnis von Kantenlänge D des gewählten Quadrates zur Höhe H, in der die Ebene plaziert wird, etwa 14 ergibt.

Den eigentlichen Formfaktor F_{ij} erhält man durch Projektion der sichtbaren Teile des Flächenelements j auf die Projektionsebene des Elements i. Die Anzahl der vom projizierten Flächenelement überdeckten Rasterelemente dividiert durch N^2 ist der gesuchte Formfaktor. Die Berechnung der

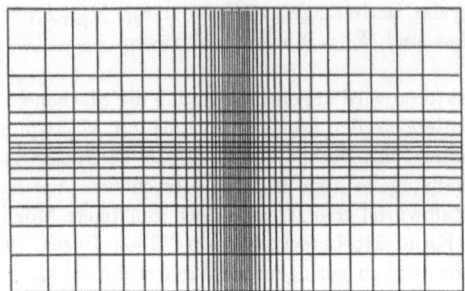

Abbildung 6: *Inhomogene Rasterung der Projektionsebene*

sichtbaren Teile von Flächenelement j kann durch Strahlenschießen geschehen, wobei die spezielle Eigenschaft der Strahlen, von einem gemeinsamen Punkt auszugehen, genutzt werden kann.

Für das Strahlungsverfahren wurden verschiedene effizienzsteigernde Modifikationen entwickelt, wozu etwa auf [Cohen et al., 1985, Cohen et al., 1988, Shao et al., 1988, Ward et al., 1988] verwiesen wird.

2.3 Erweiterung des Strahlungsverfahrens

Bisher wurde von der Annahme ausgegangen, daß die gesamte definierte Umgebung ideal diffus ist. Licht, das ein Flächenelement über spiegelnde Reflexion eines Spiegelelements erreichen konnte, wurde nicht mit berücksichtigt. Diese Einschränkung wird im folgenden aufgegeben. Dazu geht man dazu über, zwischen allen möglichen Reflexionsarten zu unterscheiden. Es existieren vier verschiedene Reflexionsarten, *diffus* ⟶ *diffus*, *diffus* ⟶ *spiegelnd*, *spiegelnd* ⟶ *diffus* und *spiegelnd* ⟶ *spiegelnd*. Bei Lichtbrechung durch transparente Objekte kann entsprechend verfahren werden.

Die letzte Reflexionsart wird beim Strahlverfolgungsverfahren modelliert. Diffus-diffuse Reflexion, also diffus einfallendes Licht, das wieder diffus reflektiert wird, wird beim Strahlungsverfahren simuliert. Um die beiden anderen Effekte darstellen zu können, geht man von den einfachen Formfaktoren, wie sie bisher behandelt wurden, zu erweiterten Formfaktoren über. Dazu zerlegt man das an einem beliebigen Flächenelement reflektierte Licht in eine diffuse und eine spiegelnde Komponente. Gleichung 2 ändert sich also in folgender Weise:

$$I_{out}(\theta_{out}) = E(\theta_{out}) + I_{d,out} + I_{s,out}(\theta_{out}). \tag{10}$$

Man erkennt, daß nun bei der Streuung des Lichts zwischen einer richtungsabhängigen Komponente I_s und einer richtungsunabhängigen Komponente I_d unterschieden wird. Man beachte beispielsweise in obiger Gleichung, daß I_s als Funktion des Ausgangswinkels θ dargestellt ist. Dabei ist

$$I_{d,out} = k_d \rho_d \int_\Omega I_{in}(\theta_{in}) \cos(\theta) d\omega \tag{11}$$

und

$$I_{s,out}(\theta_{out}) = k_s \int_\Omega \rho_s(\theta_{out}, \theta_{in}) I_{in}(\theta_{in}) \cos(\theta) d\omega. \tag{12}$$

ρ_s ist der spiegelnde Reflexionskoeffizient und richtungsabhängig, ρ_d ist der diffuse Reflexionskoeffizient und richtungsunabhängig. k_s und k_d geben an, zu welchem Anteil die Reflexion spiegelnd bzw. diffus erfolgt. Es gilt $k_s + k_d = 1$. Soll außerdem bei transparenten Objekten die Lichtbrechung gemäß den Gesetzen der Physik mitberücksichtigt werden, muß in Gleichung 10 noch ein Term für die in Brechungsrichtung ausfallende Lichtenergie hinzugefügt werden. Der *erweiterte Formfaktor* ist der Bruchteil des Lichts, der an einem beliebigen Flächenelement i der Szene abgestrahlt wird und auf ein anderes Flächenelement j nach einer bestimmten Anzahl diffuser und spiegelnder Reflexionen auftrifft.

Es existieren verschiedene Ansätze, um die erweiterten Formfaktoren zu berechnen. Eine Möglichkeit ist wieder Strahlenschießen. Dazu bestimmt man zunächst die genauen Werte der erweiterten Formfaktoren rekursiv. Zur Berechnung der erweiterten Formfaktoren muß man in derartigen Lösungsansätzen bei diffusen und spiegelnden Flächenelementen unterschiedliche Aktivitäten durchführen. Trifft man auf ein diffuses Objekt, muß man für dieses eine Sichtbarkeitsberechnung zur Ermittlung aller relevanter Objekte durchführen. Bei ganz oder teilweise spiegelnd reflektierenden Objekten muß ab diesem Punkt eine Baumstruktur von gespiegelten und gebrochenen Strahlen untersucht und verfolgt werden. So eine rekursive Prozedur könnte dann folgendermaßen aussehen:

{ Für jedes Flächenelement i der Szene {

Für jede relevante Richtung d {

$\Delta f = FF(d\omega)$
Verfolge einen Strahl in Richtung d mit $\alpha = 1$ } } }.

$d\omega$ ist der Öffnungswinkel, der dem jeweiligen Abtastpunkt zugeordnet ist und $FF(d\omega)$ ist der aufgrund dieses Öffnungswinkels bestimmte elementare Formfaktor. α ist der geometrische Dämpfungsfaktor, der für die Intensitätsabnahme des Lichts mit zunehmender zurückgelegter Entfernung verantwortlich ist. Die Anzahl der zu untersuchenden Richtungen ergibt sich aus der Anzahl der Abtastpunkte der Szene. "Verfolge einen Strahl in Richtung d mit α" sieht dabei folgendermaßen aus:

{ Finde das vom Strahl getroffene Objekt j;
$F_{ij} = F_{ij} + \Delta f \alpha \rho_j^d$;
Verfolge einen Strahl in Reflexionsrichtung mit $\alpha = \alpha \rho_j^s$;
Verfolge einen Strahl in Brechungsrichtung mit $\alpha = \alpha \rho_j^t$; }.

ρ_j^d ist der diffuse Reflexionskoeffizient, ρ_j^s der spiegelnde Reflexionskoeffizient und ρ_j^t der Brechungsindex von Objekt j. Die Ähnlichkeiten, die dieser Algorithmus mit dem konventionellen Strahlverfolgungsverfahren aufweist, sind unübersehbar. Die hier noch einmal beträchtlich vergrößerte Anzahl der zu verfolgenden Strahlen macht den Einsatz der weiter oben besprochenen Optimierungstechniken zur Verringerung der Anzahl der Objekte, die jeweils auf Schnitt getestet werden müssen, erforderlich.

Das soeben vorgestellte Modell geht auf [Sillion, Puech, 1989] zurück. Es spezialisiert die allgemeine *Rendering Equation* von [Kajyia, 1986]. Andere gemeinsame Erweiterungen des Strahlverfolgungsverfahrens und des Strahlungsverfahrens sind bei [Immel et al, 1986, Wallace et al., 1987] zu finden.

2.4 Strahlverfolgung in Volumen

Die Strahlverfolgung kann auch dazu verwendet werden, das Innere von Körpern sichtbar werden zu lassen. Hierfür wird es in besonderem Maße im Zusammenhang mit Voxelmodellen eingesetzt. Voxelmodelle sind die dreidimensionale Verallgemeinerung von Rasterbildern. Ein meist quaderförmiger Raumteil wird dabei in reguläre quaderförmige Zellen, die Voxel (volume elements) zerlegt. Jedem Voxel ist eine Eigenschaft zugeordnet. Bei binären Voxeln kann diese Eigenschaft "Material/kein

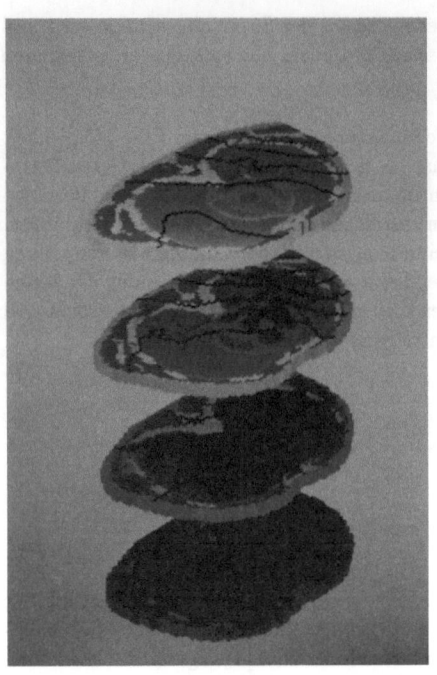
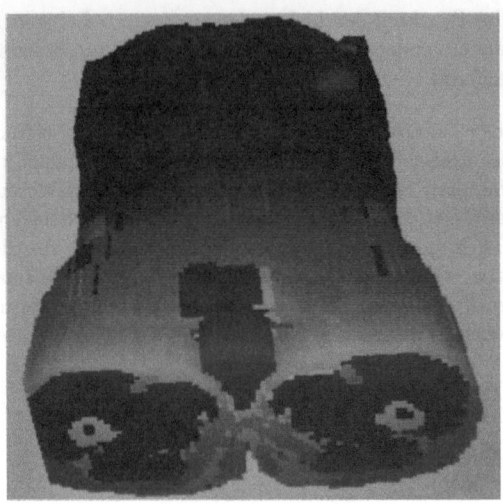

Abbildung 7: *Vier Schnitte durch einen menschlichen Torso (oben) sowie das Voxelmodell eines menschlichen Torso*

Material" sein. Bei Grauwertvoxeln ist der Wertebereich größer, z.B. die ganzen Zahlen zwischen 0 und 255. Diese können etwa als Absorptionskoeffizienten interpretiert werden.

Voxelmodelle gewinnen zunehmend an Bedeutung [The Visual Computer, 1990, IEEE, 1990]. Sie treten vor allem im Zusammenhang mit Tomographietechniken auf. Dabei werden Schnittbilder von Volumina erstellt. Aus einer Folge äquidistanter, parallel liegender Schnittbilder ergibt sich durch räumliches Stapeln ein Voxelmodell des untersuchten Volumens. Abb. 7 zeigt links solche Einzelscheiben, im rechten Teil sind viele solcher Scheiben zu einem Körper zusammengesetzt.

Die Tomographie findet in besonderem Maße in der Medizin Anwendung [Chen et al, 1985, Höhne, 1987]. Die dort eingesetzten Geräte arbeiten auf Röntgen- oder Kernspin-Basis. Aber auch Ultraschalltomographien sind möglich [Nakamura, 1984]. Ferner fallen Schnittbilder bei der Mikroskopie in zahlreichen Anwendungsbereichen an. In [IEEE Computer, August 1989] wurde eine Flamme durch ebenes Beleuchten mittels Laserlicht in Schnittbildfolgen zerlegt.

Bei Voxelmodellen ist häufig die innere Struktur des dargestellten Körpers interessant. Innere Strukturen können durch Strahlverfolgung in einem Voxelkörper visualisiert werden. Die dargestellte Information hängt davon ab, welche Operationen zwischen Strahl und Voxel ausgeführt werden. Voxel können entsprechend ihrem Absorptionskoeffizienten den Strahl dämpfen. An Grenzschichten zwischen Voxeln unterschiedlichen Materials kann Reflexion modelliert werden, wobei spiegelnde oder diffuse Anteile unterschieden werden können. Feinstrukturen sind darstellbar, indem sie in Nachbarvoxeln mitberücksichtigt werden. Dadurch sind Aliaseffekte zu umgehen, die bei zu geringer Abtastung auftreten. Durch gleichmäßiges Verkürzen der Strahlen sind Schnittbilder erhältlich. Letztendlich handelt es sich bei der visuellen Aufbereitung von Voxelmodellen um eine Verallgemeinerung der zweidimensionalen Bildbearbeitung, deren Methoden teilweise ins Dreidimensionale übertragbar sind. Arbeiten hierzu sind in [The Visual Computer, 1990] zu finden.

3 Abstrakte Daten

Datenvisualisierung bedeutet die Zuordnung von Bildern oder Bildfolgen an Daten. Einem Datentyp wird dabei ein Bildtyp zugeordnet. Jeder Inkarnation des Datentyps entspricht dabei ein Bild des Bildtyps. Das Bild läßt dabei erkennen, um welche Inkarnation es sich handelt.

Eine Vorgehensweise bei der Visualisierung abstrakter Daten ist deren Interpretation als konkrete Daten. Damit werden die Darstellungstechniken für reale Daten nutzbar. Dabei sollte die Darstellung intuitiv natürlich sein. Beispielsweise können Temperaturwerte als Balken dargestellt werden, die etwa dem Quecksilberstand eines Thermometers entsprechen. Für Datentypen mit vielen Parametern ist ein konkreter Datentyp mit entsprechend vielen Parametern zu wählen. Dabei brauchen die Parameter nicht nur von geometrischer Natur zu sein. So können auch optische Parameter der im vorigen Kapitel beschriebenen Art genutzt werden. [Robertson, O'Callaghan, 1985] verwenden Geländemodelle, bei denen Datenkomponenten außer durch die Höhenwerte noch durch Farbe und Reflexionsverhalten der Oberfläche kodiert werden. Auch vollständige graphische Simulationen, basierend auf physikalischen Gesetzen, können durch die zu visualisierenden Daten gesteuert werden. Hier steht das ganze Spektrum an Techniken der Computeranimation zur Verfügung [Leister, Müller, Stößer, 1990].

Für die Zuordnung von Daten zu Bildern erscheint es sinnvoll, analog zu den Datenmodellen der Informatik Visualisierungsmodelle einzuführen. Ein bekanntes Datenmodell der Datenbanktheorie ist das relationale Datenmodell [Date, 1986]. Der relationale Ansatz erweist sich auch im Zusammenhang mit Visualisierungsmodellen als brauchbar. Verschiedene Visualisierungsansätze der Vergangenheit passen gut in dieses Schema. Eine recht strenge Klassifikation wurde von [Bertin, 1974] durchgeführt. Obwohl dort eine andere Terminologie verwendet wird, baut Bertin seine Klassifikation letztendlich auf Relationen auf. Er gliedert darzustellende Information nach ihrer Anzahl von *Komponenten*. Eine Komponente wiederum wird durch ihre *Länge* und ihren *Ordnungstyp* identifiziert. Die Länge einer Komponente ist die Größe ihres Wertebereichs. So ist eine boolesche Komponente kurz, während eine ganzzahlige Komponente lang ist. Es gibt drei Ordnungstypen: *qualitativ, geordnet* und *quantitativ*. Beispielsweise sind Familiennamen ursprünglich qualitativ. Sie können künstlich geordnet werden, etwa durch die lexikographische Anordnung. Quantitative Information wird üblicherweise durch Zahlen ausgedrückt. Aufgrund der Beziehungen zwischen Komponenten werden drei graphische Hauptkonstrukte unterschieden, *Diagramme, Netzwerke* und *Karten*. Ein Diagramm drückt Beziehungen zwischen allen Elementen einer Komponente zu Elementen anderer Komponenten in der Ebene aus. Ein Netzwerk drückt die Beziehung zwischen allen Elementen einer einzigen Komponente aus. Eine Karte drückt die Beziehung zwischen den Elementen einer Komponente durch ihre geographische Lage in einer ebenen Karte aus.

In diesem System entwickelte Bertin hunderte konkrete graphische Darstellungsklassen in der Ebene.

Viele andere Konzeptionen gingen ähnliche Wege. Sie waren besonders durch die Darstellung statistischer Daten motiviert [Andrews, 1972, Chambers et al., 1983, Chernoff, 1973, Cleveland, 1987, Everitt, 1987, Flury, Riedwyl, 1983, JASA, 1987, Kleiner, Hartigan, 1981, Tufte, 1983, Wang, 1978]. Diese Entwicklungen wurden vielfach ohne Absicht der Computeranwendung durchgeführt. Anwendungen dieser Techniken im Zusammenhang mit der rechnerunterstützten Visualisierung können bei [Hinterberger, 1988, Bergeron, Grinstein, 1989] gefunden werden. Ferner wurde insbesondere an Druckanwendungen gedacht, was die Bewegtbilddarstellung ausschloß. Bewegte Graphik wurde besonders von [Nicholson et al., 1982] untersucht. Im folgenden wird ein hierarchisches relationales Visualisierungsmodell skizziert, das auch die Darstellung von Zeitabläufen einschließt. Ferner wird gezeigt, wie es sich in ein Visualisierungssystem umsetzen läßt.

3.1 Ein hierarchisches relationales Visualisierungsmodell

Das hier vorgestellte Modell dient dazu, die von einer Datenquelle gelieferten Daten graphisch darzustellen. Dabei wird angenommen, daß die Datenquelle ein Prozeß ist, der zeitlich verteilt Daten zur Verfügung stellt. Die Visualisierung geschieht durch *Animationen*. Es werden drei Klassen von Animationen unterschieden, *Tupel*, *Relationen* und *Netzwerke*.

Tupel: Ein Tupel setzt sich aus einer konstanten Anzahl von Werten eines elementaren Datentyps zusammen. Als elementare Datentypen kommen `integer`, `real`, `boolean`, `string` und `animation` in Frage. Alle Datentypen außer `animation` können als `kept` deklariert werden.

Die Semantik von `kept` sowie von `animation` als elementarem Datentyp wird später erklärt. Typische Tupel sind (`real,real`) (graphische Darstellung: ein Punkt in der Ebene, (`real,real,string`) (ein durch eine Zeichenfolge markierter Punkt). Ein komplexeres Tupel ist (`real,real,real,real`), das durch ein achsenparalleles Rechteck in der Ebene dargestellt werden kann. Die ersten beiden reellen Zahlen sind dabei die Koordinaten einer Ecke, die beiden anderen die der diagonal gegenüberliegenden Ecke.

Ein Beispiel für eine Animation der Klasse Tupel ist eine Uhr. Die Uhr visualisiert ein Tupel (`integer,integer`) durch zwei Zeiger auf einem Zifferblatt. Die aktuelle Position der Zeiger repräsentiert den Wert des Tupels. Ändert sich der Wert, bewegt sich der Zeiger entsprechend.

Formal ausgedrückt sieht ein Tupel also wie folgt aus:

tuple := type *animation* = tuple {*entry*;} end;

entry := {*entry-id*,} *entry-id*: type

type := animation | [kept] real | [kept] integer | [kept] string | [kept] boolean.

Relation: Eine Relation ist eine Menge von *Elementen*. Elemente sind Tupel desselben Formats. Ein Beispiel ist eine Relation vom Typ (`real,real`), die graphisch etwa durch eine Menge von Punkten in der Ebene dargestellt werden kann.

Um einzelne Elemente einer Relation zu identifizieren, werden *Schlüssel* eingeführt. Es werden zwei Sorten von Schlüsseln unterschieden, *einfache Schlüssel* und *Vielfachschlüssel*. Ein einfacher Schlüssel wird durch einen Eintrag der Relation festgelegt, Vielfachschlüssel aus mehreren Einträgen zusammengesetzt. Ein Eintrag kann als Schlüssel verwendet werden, falls er die Elemente der Relation eindeutig identifiziert. Anders ausgedrückt, die Abbildung von den Werten des Schlüssels auf das entsprechende Element ist eine Funktion im mathematischen Sinn. In einer Relation (`string,integer`) beispielsweise kann die Zeichenfolge etwa der Name eines Rechners sein, die ganze Zahl der dort zur Verfügung stehende Plattenplatz. Ein Schlüssel dieser Relation ist der Rechnername. Die graphische Darstellung kann ein Balkendiagramm über einer Achse mit Namen sein. Die ganze Zahl kommt als Schlüssel nicht in Frage, da zwei Maschinen gelegentlich denselben Plattenplatz haben könnten.

Wenn die Relation durch den Bezeichner des lokalen Netzes, in dem sich der Rechner befindet, zu einer Relation (`string,string,integer`) erweitert wird, kann der Vielfachschlüssel zusammengesetzt aus dem Maschinennamen und dem Netzwerknamen sinnvoll sein. Der Maschinenname alleine kann nicht länger Schlüssel sein, da sich Maschinen mit demselben Namen in verschiedenen Netzen befinden können. Eine graphische Darstellung könnte ein Diagramm aus Balken über einer Matrix von Netzwerkbezeichnern und Maschinennamen sein.

Animationen für Relationen können *Markierer* haben. Ein Markierer dient zur Hervorhebung eines Elements einer Relation. Ein Marker wird durch den Schlüssel, durch die er ein hervorzuhebendes Element adressiert, festgelegt.

Die formale Beschreibung einer Relation sieht damit so aus:

relation := type *animation* = relation {*relation-entry;*} end;

relation-entry := *entry* | *key*

key := *key-id*: key [{*marker-id*,}, *marker-id*: marker] |
    {*key-id*,} *key-id*: multikey [*marker-id, marker-id*: marker].

Eine zusätzliche Regel ist, daß *key-id* auch als *entry-id* auftreten muß.

Netzwerk: Ein Netzwerk definiert Verbindungen zwischen verschiedenen Relationen. Die Relationen eines Netzwerkes werden *Knotenmengen* genannt, ihre Elemente heißen *Knoten*. Zwischen den *Knoten* werden *Kanten* beziehungsweise *Pfeile* dadurch eingeführt, indem Einträge in den Knoten identisch gesetzt werden. Formal sieht das so aus:

network := type *identifier* = network {*network-entry;*} end;

network-entry := *vertex-set* | *edge-set*

vertex-set := *identifier*: vertex {*relation-entry*} end

edge set := {*vertex-identifier.identifier*}: edge.

Die Semantik hiervon ist folgende. Zwei Knoten A und B gehören zu einer gemeinsamen Kante (Pfeil) wenn ein Eintragsbezeichner a von A und ein Eintragsbezeichner b von B in derselben Kantendeklaration (Pfeildeklaration) auftreten und die Werte der Einträge a und b für A und B gleich sind. Bei Pfeilen definiert die Anordnung der Bezeichner die Richtung des Pfeiles, während Kanten ungerichtet sind. Anders als bei üblichen Graphen können Kanten und Pfeile mehr als zwei Knoten haben. Netzwerke stellen also Hypergraphen dar.

Eine Visualisierung besteht aus einer oder mehreren gleichzeitig ablaufenden Animationen. Die Animationen werden von der Datenquelle mit Daten versorgt. Sie können zwei verschiedene *Animationszustände* haben, **empfangend** und **darstellend**. Diese Unterscheidung wurde aufgrund der meist beschränkten Darstellungsfläche der Visualisierung, etwa des Monitors, eingeführt. Eine empfangende Animation merkt sich die empfangenen Daten, stellt sie aber nicht dar. Erst wenn sie in den darstellenden Zustand überführt wird, werden die Daten visualisiert. In diesem Zusammenhang kann nun auch die Verwendung von Animationen als elementarer Datentyp erklärt werden, der letztendlich die Hierarchisierung des Visualisierungsmodells bewirkt. Sei etwa eine Animation namens **animation-array** gegeben, die wie folgt definiert ist:

type animation-array = relation i,j: integer; binaray-tree: animation;
                                i: key; j: key;
                    end.

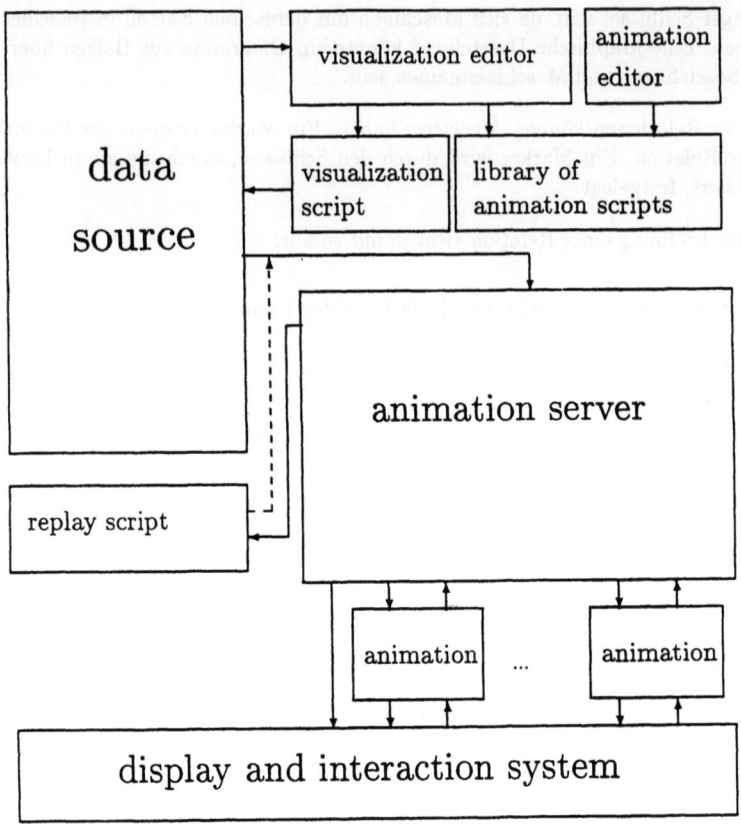

Abbildung 8: *Die Struktur eines Visualisierungssystems*

Diese Animation kann als Matrix mit Indizes i,j graphisch dargestellt werden. Die Einträge dieser Matrix sind Animationen vom Typ `binary-tree`. Zunächst werden die Einträge der Matrix als Knöpfe dargestellt. Wenn nötig kann eine detaillierte Animation des entsprechenden Eintrags erfolgen, etwa indem dieser Knopf interaktiv angeklickt wird. In diesem Fall kann sich etwa ein weiteres Darstellungsfenster auf dem Bildschirm öffnen, in dem die aktivierte Animation abläuft. Das Anklicken führt die Animation also vom empfangenden Zustand in den darstellenden Zustand über. Auch der umgekehrte Vorgang ist natürlich sinnvoll.

Wie oben erwähnt, werden Animationen durch die Datenquelle mit Daten versorgt. Die von einer Animation empfangenen Daten bewirken möglicherweise eine Veränderung ihres Zustands. Für die unterschiedlichen Animationsklassen sehen die Zustandsänderungen so aus:

Tupel: Die einzige Möglichkeit der Zustandsänderung eines Tupels ist die *Modifikation*. Bei der Modifikation ersetzen die ankommenden Daten die alten Werte der entsprechenden Einträge. Im Uhrenbeispiel bewegt ein neuer Wert einen Zeiger.

Die Reaktion ist anders, wenn ein elementarer Datentyp die Eigenschaft **kept** hat. In diesem Fall wird der neue Wert zu einer Liste von vorangegangenen Werten hinzugenommen. Beipielsweise kann eine Animation

```
type curve = tuple load: kept real; end;
```

als Kurve über der Zeitachse dargestellt werden, die beim Eintreffen eines neuen Wertes fortschreitet.

Relation: Zustandsänderungen von Relationen sind die *Einfügung*, die *Modifikation* und die *Entfernung*. Die Modifikation hat denselben Effekt auf ein durch einen Schlüsselwert identifiziertes Element einer Relation wie für ein Tupel. Bei der Einfügung wird ein neues Element zur Relation hinzugenommen. Die Entfernung eliminiert ein durch einen Schlüsselwert identifiziertes Element der Relation.

Netzwerk: Die Zustandsänderungen für Netzwerke sind die gleichen wie für Relationen. Sie werden auf die Knoten analog wie für die Elemente der Relationen angewandt. Dabei können sich die Kanten beziehungsweise Pfeile des Netzwerks implizit verändern.

Das hier beschriebene Konzept erscheint für Daten, die durch prozedurale Programmiersprachen bearbeitet werden, hinreichend leistungsfähig. Prozedurale Programmiersprachen wie C oder Pascal haben drei wesentliche Datenstukturierungsmöglichkeiten: *Records (Structs)*, *Pointers* und *Arrays*. Ein einfacher Record korrespondiert in natürlicher Weise mit einem Tupel. Records mit Pointern können auf Netzwerke abgebildet werden. Hierzu werden die Adressen der Records als Schlüssel zu der Relation, die die betrachtete Record-Menge repräsentiert, hinzugenommen. Ein Array kann durch eine Relation dargestellt werden, indem der Index als Schlüssel zu den Einträgen des Arrays hinzugenommen wird. Tatsächlich wurde das beschriebene Konzept ursprünglich für Zwecke der Algorithmenanimation entwickelt [Müller et al., 1990]. Bei der Algorithmenanimation oder Programmanimation geht es darum, den Ablauf von Algorithmen und die Manipulation der verwendeten Datenstrukturen zu visualisieren [Brown, 1988]. Ist die Anwendungssemantik der Algorithmen und Datenstrukturen bekannt, so kann die Algorithmenvisualisierung letztendlich als Visualisierung der Anwendung aufgefaßt und durchgeführt werden.

3.2 Systemtechnische Umsetzung

Der Ausgangspunkt für eine systemtechnische Umsetzung des beschriebenen Visualisierungsmodells ist die Datenquelle. Diese kann etwa ein auf einem Rechner ablaufendes Simulationsprogramm sein, aber auch Sensoren (Abb. 8). Diese liefern einen Datenstrom, der von einem *Animationsserver* in Empfang genommen wird. Der Animationsserver kann als eigenständiger Prozeß realisiert werden, der mit der Datenquelle über einen geeigneten Kommunikationskanal korrespondiert. Das auf Arbeitsplatzrechnern weitverbreitete Betriebssystem *Unix* stellt ein geeignetes Multiprozeßsystem dar. Der Animationsserver seinerseits bedient die *Animationen*, die jede für sich wieder als autonomer Prozeß abläuft. Die Animationen wiederum verwenden ein graphisches System zur Darstellung und Interaktion. Weit verbreitet ist hier das *X-Window-System* [Scheifler, Gettys, Newman, 1989] in Zusammenhang mit dem aus PHIGS+ [PHIGS+, 1988] abgeleiteten Graphiksystem PEX. Zur hochqualitativen Darstellung können hier auch Bildsyntheseverfahren wie die in Kapitel 2 vorgestellten auf Basis des Strahlenschießens eingesetzt werden. Allerdings ist dann die Echtzeitvisualisierung ausgeschlossen, es wird eine Off-line-Aufzeichnung der Visualisierung auf Video oder Film notwendig. Systeme für derartige hochqualitative Animationen sind RenderMan [Pixar] oder auch Vera [Schmitt, Müller, Leister, 1988]. Mit letzterem wurden Abb. 1 und 2 generiert.

Der Ablauf der Visualisierung ist durch die Reihenfolge der angelieferten Daten bestimmt. Die Art der Darstellung wird in einem *Visualisierungsskript* beschrieben. Bei der Formulierung des Visualisierungsskripts wird davon ausgegangen, daß der Datenstrom strukturiert ist, d.h. daß zusammengehörende Werte erkennbar sind, indem entsprechende Kennungen im Datenstrom auftreten. Solche zusammengehörigen Werte werden in geeigneter Weise auf eine Animation von geeignetem Typ, z.B.

ein Tupel vom Typ (real,real), abgebildet, indem die Daten zum entsprechenden Animationsprozeß geschickt werden. Diese Zuordnung wird im Visualisierungsskript vorgenommen.

Das hier beschriebene System hat den Vorteil, daß die verschiedenen Prozesse auch auf unterschiedlichen Rechnern innerhalb eines Rechnernetzes ablaufen können. Ein typisches Beispiel ist eine Simulation, die auf einem Supercomputer abläuft und die auf einem Graphikarbeitsplatzrechner installierten Animationsserver und Animationen mit Daten versorgt.

Beiträge zur aktuellen Diskussion über Visualisierungssysteme sind bei [Cook et al, 1989, Treinish, 1989], Überlegungen zu Referenzmodellen für die Visualisierung im Zusammenhang mit Standardisierungsaktivitäten bei [Bergeron, Grinstein, 1989] und [Claussen, 1989] zu finden.

Literatur

D.F. Andrews (1972) Plots of high dimensional data. Biometrics 28:125-136

R.D. Bergeron, G. G. Grinstein (1989) A reference model for the visualization of multi-dimensional data. Proceedings Eurographics '89, 393-399

J. Bertin (1974) Graphische Semiologie. Walter de Gruyter, Berlin

M. H. Brown, Algorithm animation. ACM Distinguished Dissertation 1987, The MIT Press, Cambridge, Mass. (1988)

J.M. Chambers, W.S. Cleveland, B. Kleiner, D. Tuckey (1983) Graphical methods for data analysis. Duxbury Press, Boston

L.-S. Chen, G.T. Herman, R.A. Reynolds, J.K. Udupa (1985) Computed tomography and the cuberille model - an effort to better serve the medical profession and its patient. IEEE Computer Graphics & Appl. 5(12):33-43

H. Chernoff (1973) The use of faces to represent points in k-dimensional space graphically. JASA 68:361-368

U. Claussen (1989) Die Schnittstelle zwischen Simulation und Animation - ein Diskussionsbeitrag. in: GI - 19. Jahrestagung I, Informatik-Fachberichte 222, Springer-Verlag, Berlin, 474-485

W.S. Cleveland (1987) Research in statistical graphics, JASA 82:419

M. F. Cohen D. P. Greenberg (1985) The hemi-cube : A radiosity solution for complex environments. Computer Graphics, 19(3):31-40,

M. F. Cohen, S. E. Chen, J. R. Wallace, D. P. Greenberg (1988) A progressive refinement approach to fast radiosity image generation. Computer Graphics, 22(4):75-84

M. F. Cohen, D. P. Greenberg, D. S. Immel P. J. Brock (1986) An efficient radiosity approach for realistic image synthesis. IEEE Computer Graphics & Appl. 6(2):26-35

R. L. Cook, T. Porter, L. Carpenter (1984) Distributed ray-tracing. Computer Graphics, 18(7):137-147

L. Cook et al. (1989) Hardware/software solutions for scientific visualization at large research laboratories. Computer Graphics 23(5):137-158

C.J. Date (1986) An introduction to database systems. 4th ed., Addison-Wesley, Reading

P. Dehoff, K.-H. Weidmann (1989) Beleuchtungsplanung am Bildschirm - Simulation der Lichtwirkung im Raum. in: GI - 19. Jahrestagung I, Informatik-Fachberichte 222, Springer-Verlag, Berlin, 400-404

B. Everitt (1978) Graphical techniques for multivariate data. North-Holland, New York.

W.D. Fellner (1989) Computer Graphik, B.I.-Verlag, Mannheim

B. Flury, H. Riedwyl (1983) Angewandte multivariate Statistik - Computergestützte Analyse multidimensionaler Daten. Gustav Fischer Verlag, Stuttgart

H. Hinterberger (1988) Using graphical information from a Grid File's directory to visualize patterns in cartesian product spaces. in LNCS 333, Springer-Verlag

K.H. Höhne (1987) 3D-Bildverarbeitung und Computer-Graphik in der Medizin. Informatik-Spektrum 10:192-204

IEEE Computer - Special issue on visualization in scientific computing. August 1989

IEEE Computer - Special issue on visualization in computing. October 1989

IEEE Computer Graphics & Appl. - Special Issue on graphics in medicine. March 1990

JASA - Special issue on research in statistical graphics. 82 (1987)

D. S. Immel, M. F. Cohen und D. P. Greenberg (1986) A radiosity method for non-diffuse environments. Computer Graphics, 20(4):133-142

A. Inselberg (1986) The plane with parallel coordinates. The Visual Computer 1, 69-91

J. T. Kajiya (1986) The rendering equation. Computer Graphics, 20(4):143-150

B. Kleiner, J.A. Hartigan (1981) Representing points in many dimensions by Trees and Castles. Journal of the American Statistical Society (JASA), 76:260-276

W. Leister, H. Müller, A. Stößer (1990) Fotorealistische Computeranimation. Erscheint bei Springer-Verlag, Berlin

H. Lieberman (1989) A three-dimensional representation for program execution. in: Proceedings 1989 IEEE Workshop on Visual Languages, 111-116

M. Mäntylä (1988) Solid modeling. Computer Science Press, 1988

M.M. Mortenson (1985) Geometric modeling. Wiley & Sons

H. Müller (1988) Realistische Computergraphik - Algorithmen, Datenstrukturen und Maschinen, Informatik-Fachberichte 163, Springer-Verlag, Berlin

H. Müller (1990) Interpolation und Visualisierung von Körpern aus ebenen Schnittkonturen. Erscheint in: Visualisierung von Volumendaten, Springer-Verlag, Berlin

H. Müller, J. Winckler, S. Grzybek, M. Otte, B. Stoll, F. Eqouy, N. Higlin (1990) The program animation system PASTIS, Bericht 20, März 1990, Universität Freiburg, Institut für Informatik.

B.H. McCormick, T.A. Defanti, M.D. Brown (1987) Visualization in scientific computing - a synopsis. Computer Graphics 21(6)

S. Nakamura (1984) Three-dimensional display of ultra-sonograms. IEEE Computer Graphics & Appl. 4(5):36-45

W. L. Nicholson, R.J. Littlefield (1982) The use of color and motion to display higher dimensional data. in: Proc. of the 3. Annual Conference and Exhibition, VA: National Computer Graphics Association, 476-485

H.O. Peitgen, D.S. Saupe, ed. (1988) The science of fractal images. Springer-Verlag, New York

Pixar (1988) The RenderMan Interface (trademark of Pixar).

PHIGS+ Functional Description, Revision 3.0, Computer Graphics 22(3), 1988

P.K. Robertson, J.F. O'Callaghan (1985) The application of scene synthesis techniques to the display of multidimensional image data. ACM Transactions on Graphics 4:247-275

R. Scheifler, J. Gettys, R. Newman (1989) X-window system, Addison Wesley, Reading

A. Schmitt, H. Müller, W. Leister (1988) Ray tracing algorithms - theory and practice. in: NATO ASI Series: Theoretical Fundamentals of Computer Graphics and CAD, Springer-Verlag

M.-Z. Shao, Q.-S. Peng, Y.-D. Liang (1988) A new radiosity approach by procedural refinements for realistic image synthesis. Computer Graphics, 22(4):93-101

F. Sillion, C. Puech (1989) A general two-pass method integrating specular and diffuse reflection. Computer Graphics 23(2): 335-334

D. Terzopoulos, et al. (1989) Physically based modeling, past, present, and future. Computer Graphics 23(5):191-210

E. Tufte (1983) The visual display of quantitative information. Computer Graphics Press, Cheshire

L.A. Treinish et al. (1989) Effective software for scientific data visualization. Computer Graphics 23(5):111-136

The Visual Computer - Special issue on volume rendering. 6(2) (1990)

J. R. Wallace, M. F. Cohen, D. P. Greenberg (1987) A two-pass solution to the rendering equation: A synthesis of raytracing and radiosity methods. Computer Graphics, 21(4):311-320

P.C.C. Wang (1978) Proceedings of the Symposium on Graphic Representation of Multivariate Data. Academic Press, N.Y.

G. J. Ward, F. M. Rubinstein, R. D. Clear (1988) A raytracing solution for diffuse interreflection. Computer Graphics, 22(4):85-92

2   SIMULATORHISTORIE AM BEISPIEL FLUGSIMULATION

Der Einsatz von Apparaturen und Geräten zur Nachbildung realer Systeme, an denen die Handhabung und das Verstehen dieser Systeme zumindest teilweise geübt werden kann, liegt ursprünglich im fliegerischen Bereich (Flugsimulatoren).

Bereits 1910 wurde der erste manuell-mechanisch arbeitende Flugsimulator für das französische Flugzeug Antoinette gebaut. Nach einem elektromechanischen System (1917 von Lender und Heidelberg) und einem elektrischen System (1929 von Buckley) wurde 1937 von Edwin Link der erste elektronisch arbeitende Flugsimulator (Linktrainer) mit bereits grafischer Ergebnispräsentation gebaut. Seit den 40er Jahren wurden Simulatoren mit Analogrechnern und seit den 60er Jahren mit Digitalrechnern gebaut. Einen wesentlichen Durchbruch in der Simulation stellte Ende der 60er Jahre die Einbeziehung der dynamischen Bilddarstellung (Bewegtbilder) in der Simulation dar. Das geschah zuerst auf analoger und später auch auf digitaler Basis und führte zu den heutigen Sichtsystemen auf CGI-Basis (CGI = Computer Generated Imagery).

Zusammen mit der ursprünglich nur vorhandenen Bewegungs- und Geräuschsimulation führte diese jüngste Komponente Sichtsimulation in den letzten Jahren aufgrund immer höherer Realitätsnähe der computergenerierten Bilder bei Flugsimulatoren dazu, daß das gesamte fliegerische Können heutzutage im Simulator erlernt werden kann (Zero Flight Time).

Nach diesen Erfolgen der Sichtsysteme in der Flugsimulation, im wesentlichen getragen durch die realitätsnahen Echtzeitbilder, folgten in den letzten 10 Jahren vielfältigste Simulations-Anwendungen z.B. in den Bereichen Schiffsführungs- und Fahrsimulation.

Sichtsysteme sind jedoch bis heute trotz enormer Fortschritte in der Rechnertechnologie immer noch aus mehr oder weniger viel Spezialhardware (Special Purpose Processors) aufgebaut. Es ist bis heute nicht gelungen, die Echtzeit-Visualisierung durch Programmierung von schnellsten Rechnern (General Purpose Computer) zu erreichen.

3 ANWENDUNGSGEBIETE FÜR VISUALISIERUNG IN DER SIMULATION

Grundsätzlich werden Sichtsysteme dort eingesetzt, wo die 2-dimensionale Darstellung komplexer 3-dimensionaler Szenen mit bewegten Objekten und bewegtem Betrachter unter Berücksichtigung der physikalischen Verhältnisse (z.B. Beleuchtung, Materialeigenschaften) in unterschiedlichen Anforderungen hinsichtlich der Echtzeit (Bilddynamik) erforderlich ist.

Während in den Anwendungsfällen Architektur, Industrieller Entwurf, Animation, Wissenschaftsvisualisierung etc. die Echtzeit dem Realismus in der Darstellung untergeordnet ist, d.h. überwiegend Computer-Grafiksysteme einsetzbar sind, ist es bei Simulatoren der nachfolgenden Kategorien entgegengesetzt.

Ausbildungs- und Trainingssimulatoren dienen zum Üben komplexer Bedienabläufe und Systemzusammenhänge zielgerichteter und effizienter als unter Einbeziehung der realen Systeme bzw. zum Üben theoretischer Situationen, die in Realität nicht herbeigeführt werden können, wie Raumflug und Störfälle für Kraftwerke.

Forschungs- und Entwicklungssimulatoren dienen zur Erforschung und Auswertung theoretischer Situationen, die reproduzierbar nachgestellt werden (z.B. Untersuchung über situative menschliche Verhaltensweisen, Teilchendynamik in der Physik) bzw. zur Entwicklung neuer Verfahren und Techniken, wie Untersuchung und Optimierung technischer Systeme und ihrer Bedienabläufe (Simulator Aided Engineering).

SICHTSIMULATION, EINE ECHTZEIT-VISUALISIERUNG NATÜRLICHER SZENEN IN SIMULATORANWENDUNGEN

Hermann Hattermann
Krupp Atlas Elektronik GmbH Bremen

Zusammenfassung

Das Ziel dieses Beitrages ist es, eine zusammenfassende Übersicht über Konzepte, Architekturen und Techniken der Echtzeit-Visualisierung in Simulatoranwendungen zu geben. Dabei werden die wesentlichsten allgemeingültigen Merkmale von Echtzeit-Sichtsystemen gekennzeichnet und bewertet. In diesem Zusammenhang wird Sichtsimulation als visualisierende Simulation realer Szenen mit bewegten Objekten in Echtzeit verstanden und die dafür erforderlichen Geräte zur Durchführung und Darstellung der erforderlichen Berechnungen werden in ihrer Gesamtheit als Sichtsysteme bezeichnet. Sichtsysteme sind wegen der Echtzeit-Bedingungen extremen Anforderungen hinsichtlich der Rechenleistung unterworfen, was generell bei der Architektur zu Parallelstrukturen und bei den Algorithmen und Datenstrukturen zu einfachen, jedoch hoch effizienten Implementationen führt. Ergänzend dazu wird gezeigt, daß Realismus in der Simulation anwendungsabhängig unterschiedlich definiert sein kann.

1 EINFÜHRUNG

Die Simulation ist eine wesentliche Methode des Menschen, um sich Anschauungen, Kenntnisse oder Fertigkeiten über reale oder imaginäre Systeme und Sachverhalte zu bestimmten Zwecken zu verschaffen. Dabei werden unterschiedliche Zielsetzungen verfolgt und die dazu eingesetzten Systeme und Geräte sind anwendungsabhängig auf die wesentlichen Sinne (Sehen, Hören, Fühlen) und Kommunikationsmethoden (Sprechen, Schreiben, Visualisieren) des Menschen abgestimmt. Das führt je nach technologischer Möglichkeit zu unterschiedlichsten Modellen und technischen Ausführungen (Simulatoren).

So stellen z.B. beim Schachspiel die Regeln das Simulationsmodell und das Brett mit den Figuren den Simulator dar. In diesem Sinne ist das Schachspiel einer der ältesten Taktiksimulatoren, der mehr und mehr mit Hilfe des Computers (Schachcomputer) realisiert wird. Jedoch zeigt sich schon hier die Grenze des Computers, die Realität nicht in allen Fällen erreichen zu können. Das Maß für den Realismus ist in diesem Falle die Güte des Schachprogramms.

Ein wesentliches Merkmal der Simulation ist also, daß sie Realität anstrebt; jedoch nur eingeschränkt erreicht.

Bild 1: Echtzeit-Visualisierung für einen Fahrsimulator
Quelle: Krupp Atlas Elektronik

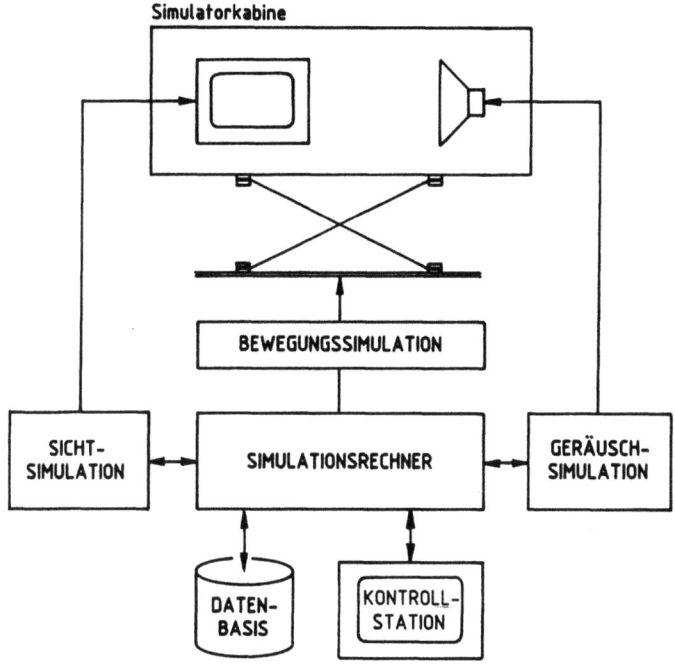

Bild 2: Prinzipstruktur eines Simulators

Während es sich bei Forschungs- und Entwicklungssimulatoren im wesentlichen um die Untersuchung und Visualisierung von theoriebezogenen Fragestellungen handelt, liegt in Ausbildungssimulatoren das Schwergewicht auf der Darstellung von Situationen, die von Auszubildenden mit praxisbezogener Zielsetzung als real empfunden und akzeptiert werden. Das Anwendungsgebiet erstreckt sich heutzutage schon über Nautische Simulation, Fahrsimulation, Flugsimulation, Raumfahrtsimulation, Towersimulation und militärische Simulationen.

4 REALISMUS IN DER SIMULATION NATÜRLICHER SZENEN

Simulieren bedeutet einerseits sich verstellen bzw. vortäuschen und andererseits technische oder physikalische Vorgänge wirklichkeitsgetreu nachbilden, wobei beides in der Simulation, wie sie hier verstanden werden soll, untrennbar miteinander verbunden ist.

Die dazu erforderlichen Maßstäbe (Bewertungskriterien) stehen vereinheitlicht jedoch nicht zur Verfügung, so daß hier immer noch anwendungs- und zielorientiert pragmatisch intuitiv vorgegangen wird.

Realismus in der Simulation und besonders im Bereich der Visualisierung ist in folgenden Kategorien erforderlich.

1) Nachbildungsrealismus oder objektiver Realismus
   Diese objektiv realistische Simulation zielt auf Nachbildungstreue im physikalisch-mathematisch-algorithmischen Sinne.

2) Präsentationsrealismus oder wahrgenommener Realismus
   Diese subjektiv realistische Simulation zielt auf Nachbildungstreue im Hinblick auf die menschlichen Empfindungseindrücke unabhängig davon, wie dieser subjektive Realismus erreicht wird.

Dabei kommt der Sichtsimulation die höchste Bedeutung zu, weil unser Auge bei weitem die meisten Informationen vermittelt. Menschen nehmen beim Sehen nicht nur die meisten Eindrücke auf, es ist auch kein anderer Sinn über so hohe Entfernungen wirksam.

Der Realismus und damit die Qualität der Sichtsimulation wird definiert durch die Szenengüte (Scene Fidelity) und umfaßt folgende Hauptkriterien.

- o Bildqualität (Image Quality)
    - . Szeneninhalt (Scene Content)
    - . Auflösung (Resolution)

- o Bilddynamik (Update Rate)

- o Bilddarstellung (Display Technique)
    - . Halb-/Vollbildverfahren (Interlaced/Non-interlaced)
    - . Sichtfeldwinkel (Field of View).

Insbesondere auf dem Sektor der Echtzeit-Visualisierung in Simulatoranwendungen versucht man aus Gründen der Kosteneffektivität die wahrnehmungspsychologischen Eigenschaften des Menschen so weit als möglich auszunutzen, um mit Hilfe von kostengünstigen Lösungen die für die Durchführung von bestimmten Aufgaben erforderlichen Wahrnehmungen in ausreichender Güte im Simulator hervorzurufen.

Erfahrungen mit Flugsimulatoren z.B. zeigen, daß in der Simulation folgende Arten von Bewegungswahrnehmungen unterschieden werden können.

- o Schnelle, überwiegend kurzzeitige Bewegungsänderungen, die offensichtlich über den vestibulären bzw. somatischen Kanal schneller erfaßt werden als über den visuellen Kanal des Auges.

- o Langanhaltende Beschleunigungen, die vom visuellen Kanal zumindest ebenso gut erfaßt werden wie vom vestibulären, so daß Redundanz vorliegt.

Dieses entspricht Untersuchungsergebnissen, nach denen im Fall einer visuell-vestibulären Informationsredundanz die vestibuläre Information im Kurzzeitbereich, die visuelle im Langzeitbereich einer Bewegungswahrnehmung dominiert; jedoch bei unterschiedlichen Informationen (mangelnder Realismus) sehr schnell eine Irritation der Wahrnehmenden in Form der sog. Simulatorkrankheit (Simulator Sickness) eintritt.

5 ALGORITHMEN UND EIGENSCHAFTEN VON SICHTSIMULATIONSSYSTEMEN

Die wesentlichsten Verfahren der Computergrafik zur Visualisierung sind **geometrieorientiert** (Geometry), d.h. es wird eine Geometrie auf eine Geometrie oder eine Intensität abgebildet, oder **bildorientiert** (Imaging), d.h. es werden Pixel auf Pixel abgebildet.

Geometry ist die Modellierung und Visualisierung künstlicher Objekte wobei die elementaren Verarbeitungsdaten geometrische Einheiten (Kanten, Flächen, Patches, Kugeln, Splines etc.) sind. Die Darstellung eines digitalen Bildes aus diesen geometrisch definierten Objekten (Primitives) erfordert eine Zerlegung (Rastern, Scan-Konvertieren) in Bildpunkte. Typisch ist dabei der überwiegende Anteil an Gleitkomma-Operationen und die Echtzeitfähigkeit bei bis zu 5000 einfach schattierten Polygonen.

Imaging umfaßt die Bearbeitung digitaler Bildvorlagen und die elementaren Verarbeitungsdaten sind numerische Einheiten (Bildpunkte oder Pixel). Diese Pixel stellen eine Menge numerischer Abtastpunkte aus einem übergeordneten Kontinuum gitterförmig angeordneter Bildpunkte dar, die aus digitalisierten Fotos, Satelliten-Bildern und Malprogrammen etc. stammen. Typisch ist dabei der überwiegende Anteil an Festkomma-Operationen und die derzeit meistens noch fehlende Echtzeitfähigkeit.

Eine Mischform aus beiden Verfahren/Systemen ist oft sehr vorteilhaft, wie z.B. beim Textur-Mapping in CGI-Sichtsystemen oder in den sog. CGSI-Sichtsystemen, wenn der Nachteil, daß beim Wechsel der Daten zwischen Geometry und Imaging vorzugsweise Schwellwert-Fehler (Jaggies) in Form von Kerbungen in Linien und Störperforationen in Bild-Mustern auftreten, durch Filterung und Glättung in Echtzeit beseitigt werden kann.

Eine weitere wesentliche Eigenschaft von Sichtsystemen ist der Grad der **Interaktivität** bzw. **Echtzeitfähigkeit** die folgendermaßen definiert ist.

1) Was kann in welcher Weise im Bild geändert werden?
   Verfügbarkeit der Daten und Algorithmen.

2) Wie schnell kann das Bild geändert werden?
   Effizienz der Algorithmen bzw. Rechenleistung.

Während für das erstgenannte Kriterium kaum ernsthafte Beschränkungen existieren, liegen für das zweite Kriterium die Bildberechnungszeiten in der Computergrafik heutzutage typisch im Bereich von einigen Sekunden bis Minuten, in Extremfällen manchmal bis zu vielen Minuten oder gar Stunden; wogegen die Bildberechnungszeiten von Sichtsystemen immer unterhalb einer Sekunde im Bereich von 5 bis 60 Bildern pro Sekunde liegen.

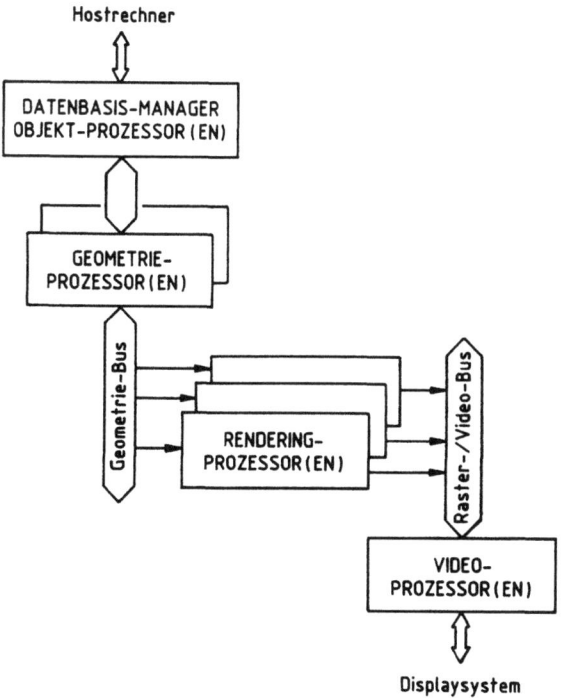

Bild 3:   Prinzipstruktur von Computergrafik- und Sichtsystemen

5.1 KERNALGORITHMEN UND RECHNUNGEN

Sichtsysteme erzeugen die Topologie, Geometrie und Morphologie der dargestellten Szenen mittels farbiger Flächen, deren Darstellung auf dem Raster-Bildschirm die Bestimmung folgender Eigenschaften als unverzichtbare Berechnungsaufwände erfordert.

o Die Abdeckung (Geometrie und Perspektive)
  Die Abdeckung einer Fläche definiert, welche Pixel innerhalb und welche außerhalb einer Fläche liegen. Dazu müssen Geometrieberechnungen (Transformationen) genauso wie eine Scan-Konvertierung für das Bildschirmraster durchgeführt werden.

  Darüber hinaus ist an den Grenzen des Sichtfeldes (Window) zu entscheiden, welche Anteile der Flächen innerhalb oder außerhalb liegen (Clippen). Clipping als eine besondere Form der Bildtransformation wird oft mit den gleichen Rechenelementen, wie für andere Transformationen durchgeführt.

o Die Priorität (Verdeckung)
  In Bildern mit mehr als einer Fläche bestimmt die Priorität, welche Fläche im Überlappungsfall dargestellt werden muß. Basierend auf entsprechender perspektivischer Information wird hierzu die sog. Verdeckungsrechnung durchgeführt, die im Bildraum oder im Objektraum erfolgen kann.

o Die Schattierungsvorschrift (Pixelfarbe)
  Die Schattierungsvorschrift spezifiziert, wie die Farbe und Intensität eines jeden Pixels innerhalb einer Fläche zu berechnen ist. Dabei sind folgende farbbestimmenden Flächenattribute und Parameter zu berücksichtigen:

  - Grundfarbe
  - Sonnenstand/Beleuchtung
  - Fading
  - Textur
  - Transparenz
  - 3D-Shading.

Ein Sonderfall der Schattierungsrechnung, der in CGI-Systemen sehr rechenaufwendig ist und nur wegen des verwendeten Rasterdisplays erforderlich ist, ist das Vermeiden von Quantisierungseffekten durch Kantenglättung (edge smoothing, anti-aliasing), die überwiegend nach dem Exact Area Sampling erfolgt.

$$\text{Col (Pixel)} = \sum_n A(\text{Poly}_n) \cdot \text{Col}(\text{Poly}_n)$$

A = Flächenanteil am Pixel
n = Anzahl Flächen im Pixel

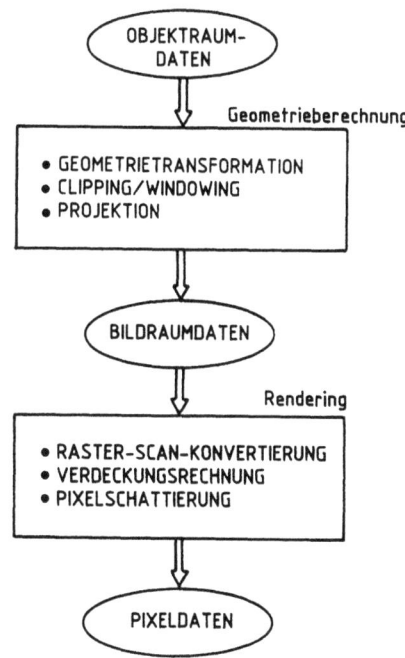

Bild 4: Algorithmische Architektur von Sichtsystemen

5.2 GEOMETRIERECHNUNG UND PROJEKTION

Die Darstellung von 3-dimensionalen Szenen auf einer 2-dimensionalen Bildebene erfordert sowohl bei der vorbereitenden Definition (Modellbildung, Modellierung), als auch bei der dynamischen Bildberechnung (Simulation) Daten-Konventionen zur Beschreibung der Geometrie und Topologie des darzustellenden Szenariums. Dieses erfolgt über Koordinatensysteme zur Definition von (absoluten) Welt- und Bildschirmkoordinaten und (relativen) Objekt- und Betrachterkoordinaten zur Durchführung der Geometrie-Transformationen, des Windowing/Clipping und der Projektion.

Geometrie-Transformationen

Da das polygonal erzeugte Bild Kanten (Edges) enthält, wird die Transformation auf die Eckpunkte (Vertices) angesetzt und in der Darstellung die Verbindungslinie zwischen den transformierten Endpunkten verwendet, die für die Raster-Scan-Konvertierung auch in Bildschirmkoordinaten umgerechnet wird.

Da in der Echtzeitsimulation der Betrachtungsstandort schnell wechselt bzw. Objekte sich relativ zueinander bewegen, müssen die Transformationen wiederholt durchgeführt werden und erfordern somit hohe Rechenleistungen, die zu effizienten Verfahren zwingen.

Ein allgemeiner Ansatz dazu ist z.B. die Verwendung von homogenen Koordinaten oder die richtige Reihenfolgewahl bei der Durchführung mehrerer Transformationen hintereinander unter Ausnutzung der mathematischen Eigenschaft, daß Transformationen verkettet werden können (optimale Weiterverwendung von Zwischenergebnissen).

Windowing/Clipping

Sichtsysteme vermitteln dem Betrachter den Eindruck, er schaue durch ein bewegliches Fenster (Window) unterschiedlicher Größe auf ein großes Bild (Szene), d.h. es müssen jeweils die Bildteile, die in das darzustellende Bild gehören, ermittelt werden.

Dieser Auswahlprozeß ist rechenaufwendig und geschieht durch das Windowing (Ausschnittbildung) und Clipping (Kappen), bei der jedes Element des Bildes in seinen sichtbaren und nichtsichtbaren Teil zerlegt wird.

Projektion

Da Transformationen in jedem Koordinatensystem durchführbar sind, beschreibt man die Szene über ein bequemes, auch in der Modellierung handhabbares 3D-Koordinatensystem, baut das Bild entsprechend der Geometrie auf und setzt eine geeignete Transformation (Betrachtungstransformation) an, um das Bild in die 2D-Schirmkoordinaten zu übertragen, wobei man in der Lage ist, die Szene durch ein frei wählbares Fenster (Sichtfeld) anzusehen.

Auf diese Weise erreicht man in Sichtsystemen ein Verfahren, das es erlaubt, einerseits die Szene für Modellierung und Simulation geeignet zu beschreiben und andererseits die Bildschirmgestaltung (Sichtfelder, Auflösungen etc.) simulationsbezogen unabhängig durchführen zu können.

5.3 VERDECKUNGSRECHNUNG

Die Verdeckungsrechnung (Hidden Surface Computation) ist bei CGI-Systemen eine elementare Voraussetzung zur Darstellung der räumlichen Tiefe im Bild und wird selten objektraumbezogen (Object Scanning), sondern überwiegend bildraumbezogen durchgeführt.

Überwiegend werden folgende Hidden Surface-Algorithmen, die sich für polygonale Datenstrukturen eignen, eingesetzt:

o Tiefenpuffer-Algorithmen (Depth Buffer Algorithms) als Z-Buffer oder R-Buffer ausgeführt.
o Scan-Line-Algorithmen zur Ausnutzung der Zeilen-Kohärenz (z. B. WATKINS) und Pixel-Kohärenz.
o Bereichsalgorithmen (Area Algorithms) zur Ausnutzung der Bereichs-Kohärenz (z. B. WARNOCK).

Diese Algorithmen führen prinzipiell folgende Schritte aus:

1. Distanz ermitteln
2. x/y-Werte ermitteln
3. Priorität berechnen/sortieren

und eignen sich sehr gut für die Verdeckungsrechnung; für Schattierungsrechnungen (Transparenz, Reflexion, Schattenwurf) hingegen weniger gut.

Anspruchsvollere Algorithmen wie Ray Tracing und Radiosity sind zwar algorithmisch umfassender und ermöglichen besonders einfach eine anspruchsvollere Schattierungsrechnung (Transparenz, Reflexion, Schattenwurf), sind aber so rechenaufwendig, daß sie für Realzeitanwendungen z. Zt. noch nicht geeignet sind.

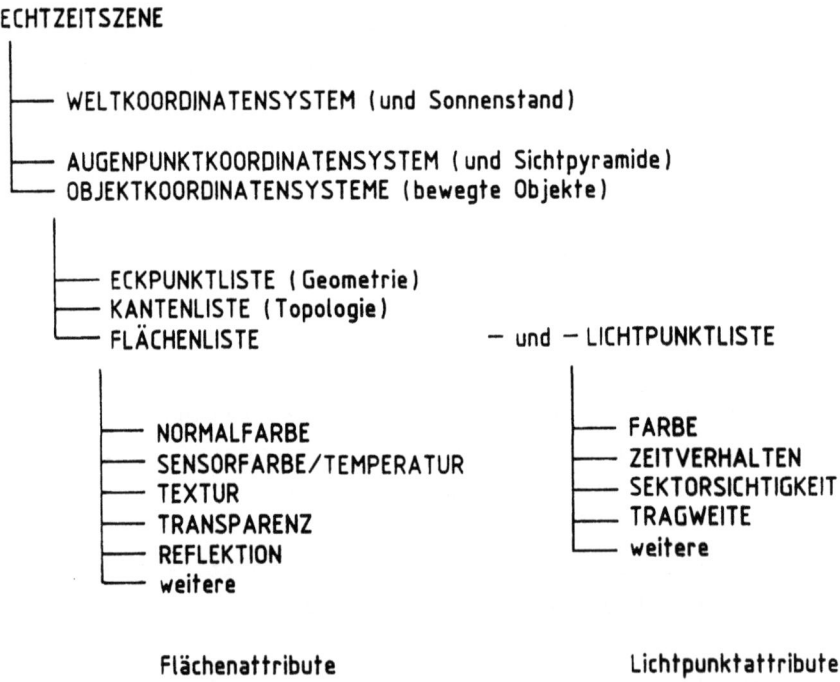

Bild 5: Daten- und Attributestruktur für Sichtsysteme

5.4 SCHATTIERUNGSRECHNUNG

Die Schattierungsrechnung in CGI-Systemen umfaßt die Darstellung der Sichteindrücke für den Lichteinfall von Beleuchtungsquellen (Beleuchtungsmodell) mit

- Sonnenstand (Sun Shading)
- Distanzabhängige Farbentsättigung (Fading)
- 3D-Rundungen (Smooth Shading, Curved Surface Shading)
- Lichtkegel

und erfordert prinzipiell folgende Berechnungsschritte:

1. Ermitteln der Geometrieinformation.
2. Ermitteln der Farbe aus der Geometrieinformation.
3. Ermitteln der RGB-Werte für Rasterbildschirm.

Schatten und Schattenwurf kommen ebenso wie Reflexionen in der Echtzeit-Simulation wegen des erhöhten Rechenaufwandes nicht zum Einsatz. Beleuchtungsmodelle der Sichtsysteme sind relativ einfach und ermitteln eine Flächenhelligkeit nach folgender Beziehung.

$$I = I_a \cdot K_a + I_l \cdot K_d \cdot \cos(\text{Sun, Flächennormale})$$

I_a = ambient light intensity
K_a = ambient reflection, constant (0,1)
I_l = point light intensity
K_d = diffuse reflection, constant (0,1)

Fading

In natürlichen Szenen ist die Farbe einer Fläche eine Funktion der Distanz des Betrachters von der Fläche sowie der Sichtbedingungen (Wetter) und der Horizontfarbe.

Für das Fading benötigt man die Koordinaten von Betrachter und Objekt und um Rechenzeit zu sparen, wird oftmals pro Fläche nur eine Entfernung ermittelt; jedoch zeigen die so generierten Bilder für große Flächen bzw. geringe Sichtweiten deutlich störende Farbsprünge an den Kanten. Für eine realistische Visualisierung ist es deshalb notwendig, die Flächendistanz pixelweise zu berechnen, um eine stetige Farbentsättigung zu erreichen.

Folgende allgemein verwendete Beziehung für das Fading

$$Col = Col_1 \cdot t_1 + Col_2 \cdot (1-t_1)$$

$$t_1 = f(r,s,z)$$

ist eine Linearkombination von zwei Farben, in der die Horizontfarbe, die von den meteorologischen Bedingungen abhängt, frei wählbar ist.

Textur

Texturen dienen zum Erzeugen von Strukturen auf Konturen auf Flächen und beziehen sich je nach gewünschtem Effekt auf die Flächenattribute Farbe, Transparenz und Helligkeit und müssen eine innere und äußere Konsistenz besitzen.

Die innere Konsistenz definiert die Textureigenschaften innerhalb einer Fläche, wie z.B. perspektivisch richtig, transformationsinvariant, flächeninvariant, keine künstlichen Kanten, reproduzier- und anreihbar.

Durch die äußere Konsistenz werden an den Kanten von Flächen mit gleichen Flächenattributen (Textur-Cluster) sichtbare Unstetigkeiten verhindert.

Texturen werden in CGI-Systemen als Muster (Pattern) verarbeitet und auf mathematischem (Random-Textur, Sinus-Textur) oder fotodigitalisierendem Wege (Fototextur) gewonnen.

Transparenz

Die Darstellung von Rauch, Nebel oder durchsichtigen Objekten erfolgt über transparente Flächen, welche die Attribute Transparenzfaktor (Transmissionsgrad) und Transparenzfarbe haben.

Bei der Kantenglättung und den Schattierungsrechnungen ist, wie die nachfolgende Beziehung zeigt, die Verdeckungsreihenfolge von opaquen und transparenten Flächen besonders zu berücksichtigen.

$$Col\ (Pixel) = Col\ (opaque\ Pixel).(1-t) + Col\ (transp.Pixel).t$$

$$t = Transparenzfaktor$$

Bei Qualmwolken oder Nebelschwaden variieren die Transparenzattribute als Funktion der Zeit und/oder des Ortes innerhalb einer Fläche. Dies ist mit Hilfe von Texturen möglich, welche diese Flächeneigenschaft verändern (modulieren). Dieses sehr rechenaufwendige Verfahren wird genutzt, um in polygonal orientierten Systemen unregelmäßig begrenzte Strukturen und Konturen visualisieren zu können.

6   BETRACHTERMODELLE UND BILDDARSTELLUNGSKONFIGURATIONEN

Sichtsystembilder werden in Simulatoren mittels für den Anwendungszweck konfigurierter Bilddarstellungssysteme (Image Display System) präsentiert, die alles umfassen, was an gerätetechnischer Ausstattung hinter der Ausgangsschnittstelle des Bildgenerators zur Visualisierung erforderlich ist.

Sie erfolgt für reale Bilder in entweder planarer Darstellung (auf Bildschirmen oder Projektoren) oder nichtebener Darstellung (in Zylinder- oder Kugelprojektion).

Für virtuelle Bilder zur Adaption des Auges an die perspektivische Tiefe erfolgt eine kollimierte Darstellung, d.h. mit Spiegel- und Linsensystemen.

Generell gilt, je größer das Sichtfeld oder je höher die Auflösung, desto mehr Bildpunkte sind erforderlich; was bis zu Sichtfeldwinkel von 60 x 45 Grad problemlos realisierbar ist. Sichtfeldwinkel, die darüber hinausgehen, müssen meistens mit mehreren Displaygeräten, d.h. über mehrere Bildkanäle realisiert werden.

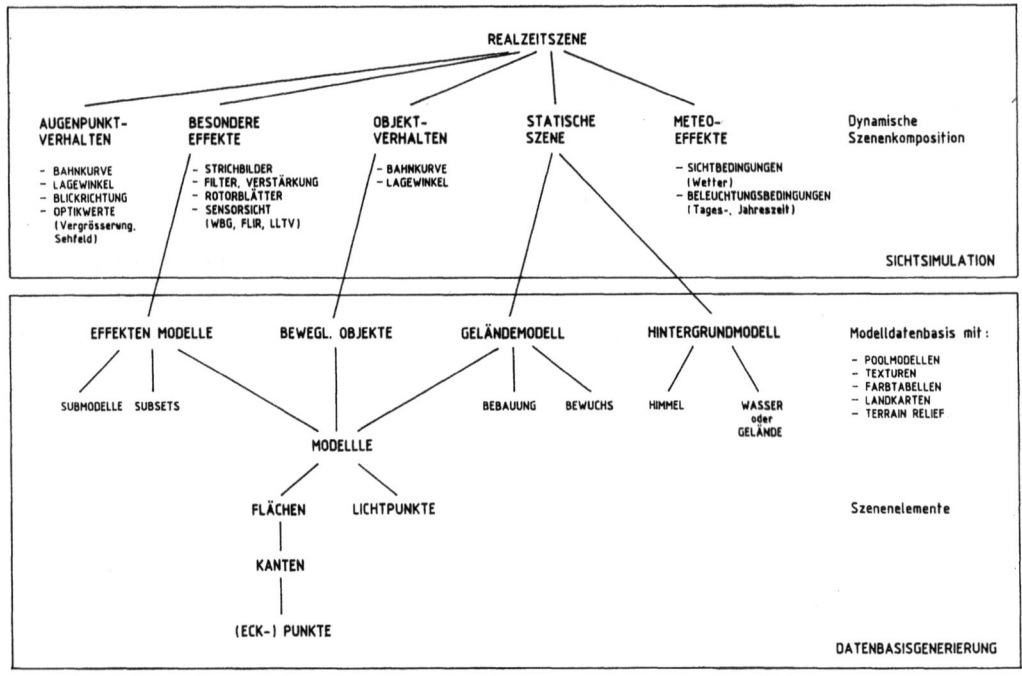

Bild 6: Beziehung zwischen Sichtsimulation und Modellierung

7 DATENBASEN

Einen wesentlichen Anteil bei der Visualisierung realer Szenen stellen die Datenbasen dar. Sie sind üblicherweise sehr umfangreich, was bedeutet, daß sie möglichst automatisch erzeugt werden und dabei die Geometrie, Topologie und Morphologie der realen Welt wiedergeben.

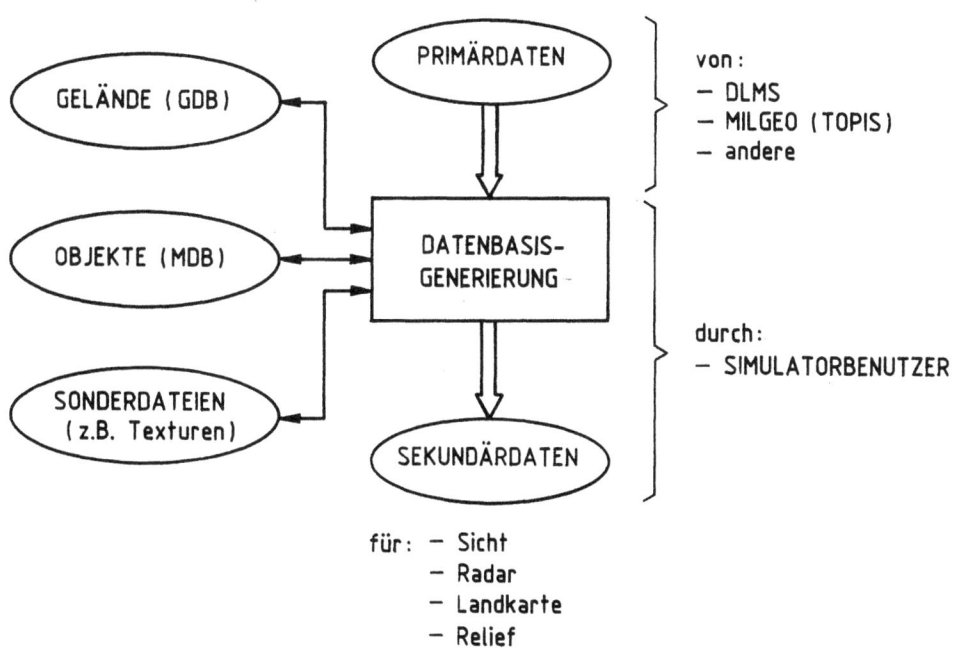

Bild 7: Prinzip der Datenbasiserzeugung für Sichtsimulation

Die Datenbasiserzeugung ist das Generieren von statischen Szenen und mobilen Objekten in den Schwerpunkten Geländemodellierung (Landschaften mit Bewuchs und Bebauung), Objektmodellierung (Fahrzeuge, Gebäude, Bäume etc.), und Effektenmodellierung (Qualm, Wolken, Wellen, Texturen).

Um diese Daten konsistent und simulatorunabhängig zu erhalten, erzeugt man heutzutage globale Datenstrukturen, die für möglichst alle Nutzungs- und Anwendungsfälle geeignet sind. Der Ursprung sind allgemein erhältliche **Primärdaten** in Form von Karten, Fotos, Rißzeichnungen und digitalen Geländedaten, die automatisch oder manuell verarbeitet werden, indem aus vorhandenen öffentlichen Großdatenbasen die für die jeweilige Simulationsanwendung relevanten Daten entnommen werden.

Sekundärdaten werden durch Softwaremoduln automatisch und damit fehlerfrei und kongruent aus der globalen Datenstruktur für verschiedenen Simulatoranwendungen optimiert für die Echtzeit-Visualisierung abgeleitet.

8 LITERATUR

(1) James D. Foley, Andries van Dam
FUNDAMENTALS OF INTERACTIVE COMPUTER GRAPHICS
Addison-Wesley, 1984

(2) R.W.G. Hunt
THE REPRODUCTION OF COLOUR
Fountain Press, 1975

(3) William M. Newman, Robert F. Sproull
PRINCIPLES OF INTERACTIVE COMPUTER GRAPHICS
Mc Graw Hill, New York, 1984

(4) David F. Rogers, Rae A. Earnshaw
TECHNIQUES FOR COMPUTER GRAPHICS
Springer-Verlag, 1987

(5) Newman, W.M., R.F. Sproull
Principles of Interactive Computer Graphics
McGraw-Hill, New York, 1979

(6) Fiume, E., Alain Fournier, Larry Rudolph
A Parallel Scan Conversion Algorithm with Anti-Aliasing for a General-Purpose Ultracomputer
Computer Graphics Vol. 17, No. 3, July 1983

(7) Haruo Niimi, et al.
A Parallel Processor System for Three-Dimensional Color Graphics
Computer Graphics Vol. 18, No. 3, July 1984

(8) Brüggemann, U., Hattermann, H., Hornung, C., Lindner, R.
Studie Sichtsysteme
Forschungsbericht GRIS 82-9
Technische Hochschule Darmstadt, 1982

(9) Weinberg, R.
Parallel Processing Image Synthesis and Anti-Aliasing
Computer Graphics Vol. 15, No. 3, August 1981

(10) Alvy Ray Smith
GEOMETRY AND IMAGING
Computer Graphics World, November

(11) Hattermann, H.
A Dynamic Parallel Processor System for 3D Image Generation in Real Time completed for Simulation by a Universal System for Design and Management of Data Bases.
MARSIM-Conference, June 1990, Tokyo

(12) Ivan E. Sutherland, Robert F. Sproull and Robert A. Schumacker
A CHARACTERIZATION OF TEN HIDDEN-SURFACE ALGORITHMS
Computing Surveys, Vol. 6, Nr. 1, March 1974

(13) Schachter, Bruce J.,
COMPUTER IMAGE GENERATION FOR FLIGHT SIMULATION
IEEE Computer Graphics & Application, October 81

(14) Sutherland, Ivan E., G.W. Hodgman
Reentrant Polygon Clipping
Communication of the ACM, Vol 17, No. 1, January 1974

Simulation technischer Systeme

Simulationsrechnungen spielen bei der Auslegung, Beurteilung und Optimierung technischer Systeme eine immer größere Rolle. Die Vorträge sollen aus verschiedenen Bereichen Einblicke in den Stand der Technik sowohl in Industrie, Großforschung als auch Universitäten geben.

Herr Dipl.-Ing. Schneider wird in seinen Ausführungen den praktischen Einsatz und den Nutzen der Simulation in der industriellen Fahrzeugentwicklung schildern.

Im Vortrag von Herrn Dr. Schmidt geht es um die Simulation sehr komplexer Systeme in der Energietechnik, in der sowohl das Zusammenspiel einzelner Komponenten in Systemen als auch der Einfluß dieser Systeme auf die Umwelt simuliert werden muß. Gesichtspunkte wie technische Datenbanken, Systemintegration, Benutzeroberflächen spielen hier eine besondere Rolle.

Im letzten Vortrag gibt Professor Ruder einen Überblick über die Wechselwirkung von Visualisierung und Supercomputing am Beispiel der Astrophysik, die eine völlig neue Dimension der Modellbildung und Modellinterpretation in der Physik ermöglicht.

MKS-Simulation in der Nutzfahrzeugentwicklung

Bernd Schneider
Mercedes-Benz AG
7000 Stuttgart 60

Zusammenfassung

An typischen Beispielen (Antriebsstrang-Drehschwingungen, Ventiltriebschwingungen, Fahrkomfort, Fahrverhalten) wird der Einsatz von Mehrkörpersystem-Programmen in der Nutzfahrzeugentwicklung gezeigt. Anhand der zu behandelnden Probleme werden die Anforderungen an Eingabe, Modellbildung, Simulation und Ausgabe der Ergebnisse und an den Berechnungsarbeitsplatz abgeleitet.

1 Einleitung

Ein wichtiger Bestandteil einer kosten- und zeitsparenden Automobilentwicklung ist die Berechnung. Beginnend mit einfachen Auslegungs- und Dimensionierungsberechnungen nach analytisch abgeleiteten Formeln, wie sie heute von jedem Konstrukteur beherrscht und angewendet werden, entwickelte sich die anspruchsvolle heutige Simulationstechnik, die sich im Gleichschritt mit der Computertechnik in den Entwicklungsabteilungen der Automobilindustrie etablierte. Besonderes Gewicht haben dabei neben den Verfahren der Finiten Elemente und der Boundary Elemente die Simulationsverfahren für Mehrkörpersysteme. Sie eignen sich besonders zur Berechnung von Schwingungen und Bewegungsabläufen von Systemen aus beliebig miteinander gekoppelten Körpern, die im Hinblick auf die Systembewegungen als in sich starr angenommen werden können.

2 Anwendung von MKS-Programmen

Die ersten MKS-Programme wurden zur Berechnung der Drehschwingungen von Kurbelwellen und Antriebssträngen entwickelt, bei denen die Abstraktion auf einen einzigen Freiheitsgrad pro Körper - die Drehung um die Längsachse des Strangs - ohne wesentliche Einbuße an Genauigkeit der Ergebnisse erlaubt ist. Erst in den letzten Jahren werden allgemein anwendbare MKS-Programme angeboten, die für jeden Körper sechs Freiheitsgrade und beliebige Kopplungen durch Federn, Dämpfer, und Gelenke zulassen (Bild 1).

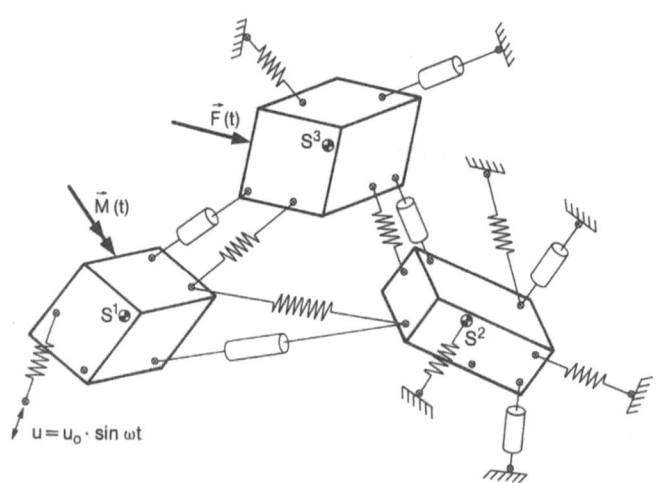

Bild 1: Struktur eines Mehrkörpersystems

2.1 Drehschwingungen im Antriebsstrang

Infolge von Drehschwingungen im Antriebsstrang können Geräusche im Leerlauf und im Fahrbetrieb oder Festigkeitsprobleme (z. B. Kupplungsschäden) auftreten. Ziel der Berechnung ist es deshalb, in allen Betriebszuständen kritische Schwingungen zu vermeiden. Dazu haben sich einfache Berechnungsmodelle mit linearen Feder- und Dämpfergliedern bewährt (Bild 2). Die einschlägigen und inzwischen in der

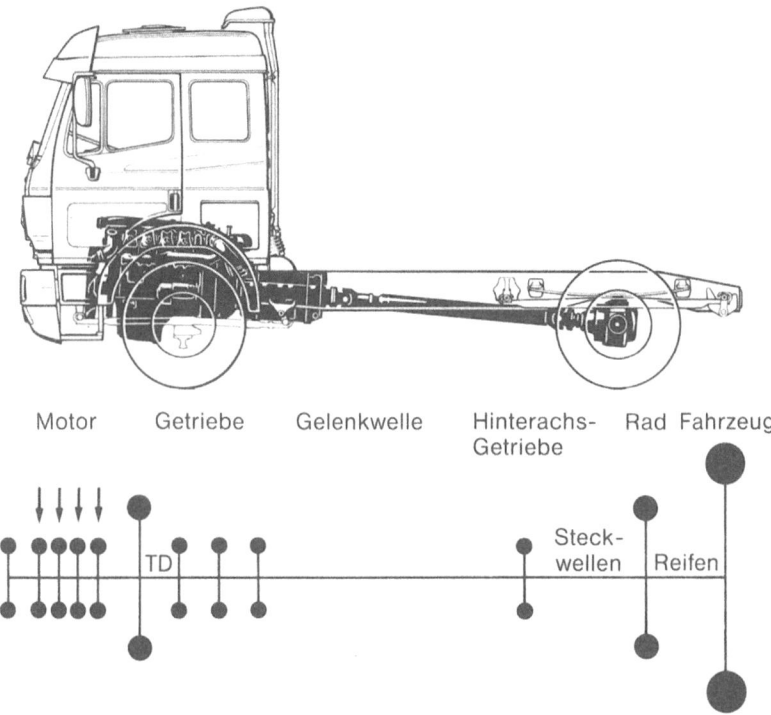

Bild 2: Antriebsstrang und Rechenmodell

Handhabung sehr bequemen Programme erlauben mit diesen Modellen unter Annahme kleiner Winkelausschläge, die wichtigen Eigenschwingungsformen (Bild 3) und ausgesuchte Amplituden-Frequenzgänge (Bild 4) gezielt zu berechnen und übersichtlich darzustellen. Die meisten dieser Programme rechnen im Frequenzbereich.

Durch die wachsenden Komfortansprüche auch bei Nutzfahrzeugen treten aber zunehmend mehrstufig abgestimmte Torsionsdämpfer, also solche mit stark nichtlinearen Kennlinien, und z. B. Zahngeräusche aus dem Getriebe, deren Berechnung die Berücksichtigung von Spielen und Zahnsteifigkeiten erfordert, in den Vordergrund. Wegen der Nichtlinearitäten sind hier Berechnungen im Zeitbereich erforderlich. Programme dafür existieren zwar, sie sind aber in der Anwendung bisher nicht so komfortabel und erfordern ein höheres Anwenderwissen.

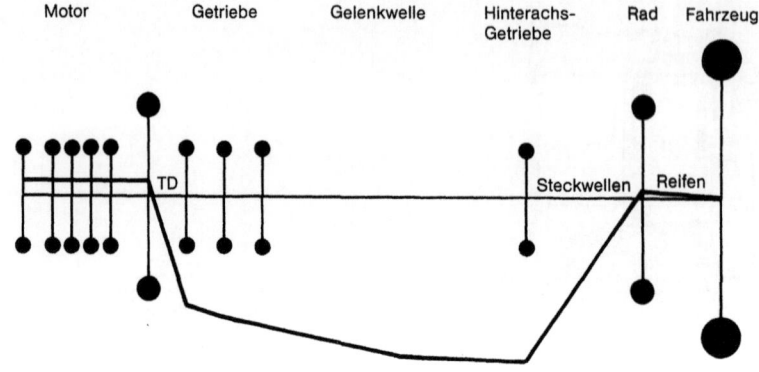

Bild 3: Drehschwingungseigenform des Antriebsstrangs (III. Grad)

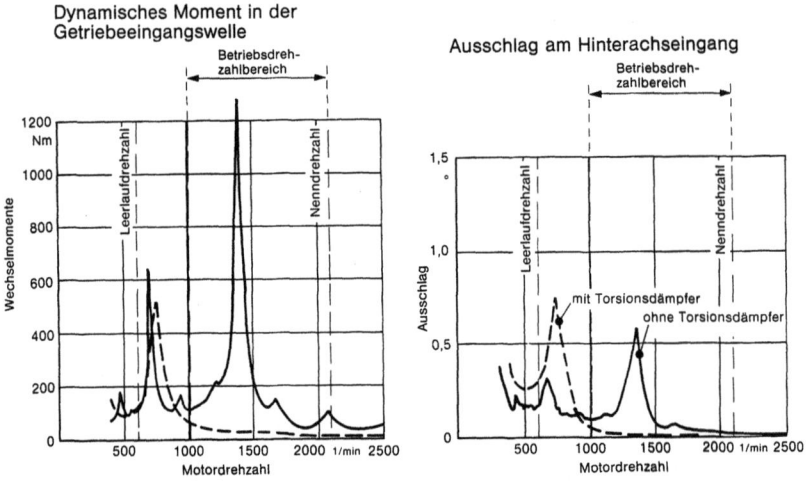

Bild 4: Berechnete Ausschläge und Momente im Antriebsstrang

2.2 Ventiltriebdynamik

Die Ventile von Nutzfahrzeugmotoren werden von den Nocken über Stoßstangen und Kipphebel angetrieben. Bei rein kinematisch berechneten Nockenkonturen weicht die Ventilhubkurve mit wachsender Nockenwellendrehzahl als Folge dynamischer Effekte von der Sollkurve ab. Im Extremfall verliert der Stößel den Kraftschluß zum Nocken oder das Ventil schlägt auf den Kolben auf.

Zur Berechnung der Ventiltriebdynamik werden Schwingerketten nach Bild 5 verwendet. Wie bei den Drehschwingungen genügt ein Freiheitsgrad pro Körper, hier die Translation in Richtung des Triebs, und die Feder- und Dämpferglieder können als linear angenommen werden. Weil aber der Antrieb über den Nocken (Erhebungskurve über der Zeit) erfolgt, muß die Berechnung im Zeitbereich durchgeführt werden. Die routinemäßige Berechnung ist bequem, da die für die Beurteilung nötigen Ergebnisse wie hier die Ventilhubkurven (Bild 6) in übersichtlicher Darstellung vom Programm direkt geliefert werden.

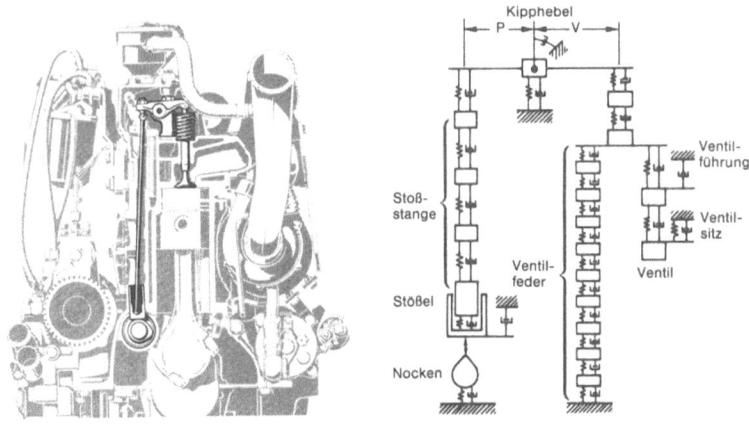

Bild 5: Ventiltrieb und Rechenmodell

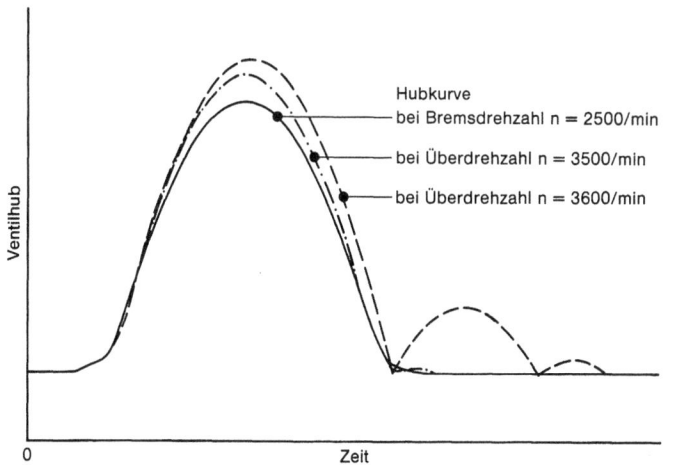

Bild 6: Berechneter Ventilhub bei verschiedenen Drehzahlen

2.3 Fahrkomfort

Ein deutlich allgemeineres Beispiel für MKS-Simulationen ist die Fahrkomfortberechnung. Das Fahrzeug wird hier in die zunächst starr angenommenen Körper Rahmen, Auflieger, Achsen, Motor-Getriebe-Block, Fahrerhaus und Fahrer mit in der Regel je 6 Freiheitsgraden aufgeteilt, die über (lineare) Feder- und Dämpferglieder miteinander gekoppelt sind (Bild 7). Zu berechnen sind die Eigenschwingungen und die Reaktionen auf die Anregung von der Straße, die sowohl als Spektrum im Frequenzbereich als auch als Oberflächenprofil im Zeitbereich gegeben sein kann. Hauptaugenmerk ist der Komfort bei Fahrt auf befestigten Straßen, so daß von kleinen Schwingungsausschlägen ausgegangen werden kann. Antriebs- und Bremskräfte werden vernachlässigt.

Für die Lösung der Berechnungsaufgabe selbst existieren bereits bewährte Programme. Problematisch ist die bildliche, mit einem Blick erfaßbare Darstellung von Schwingungszuständen (Bild 8), die für die

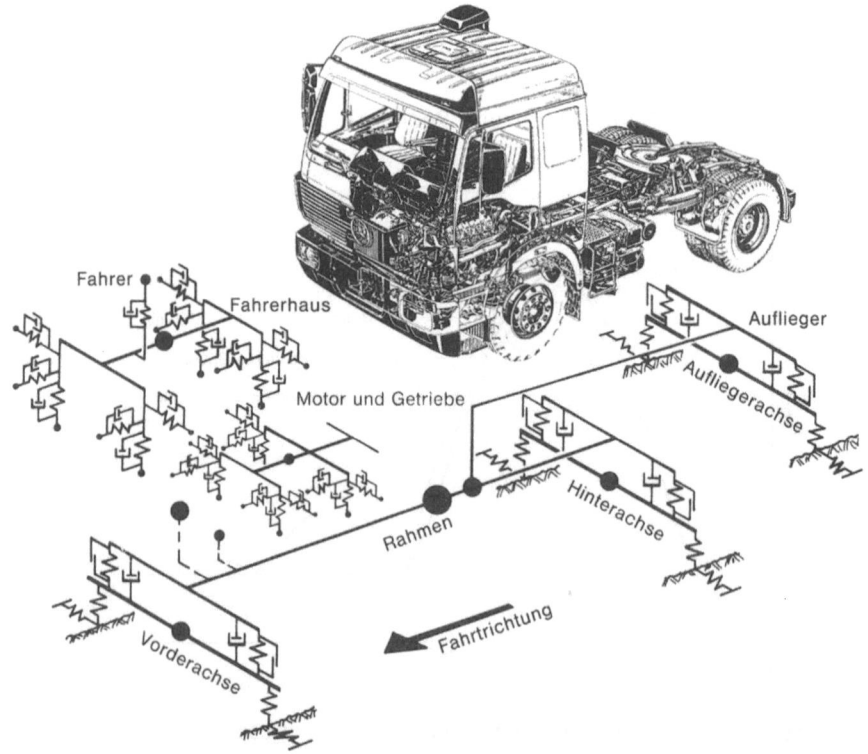

Bild 7: Fahrzeug und Komfortrechenmodell

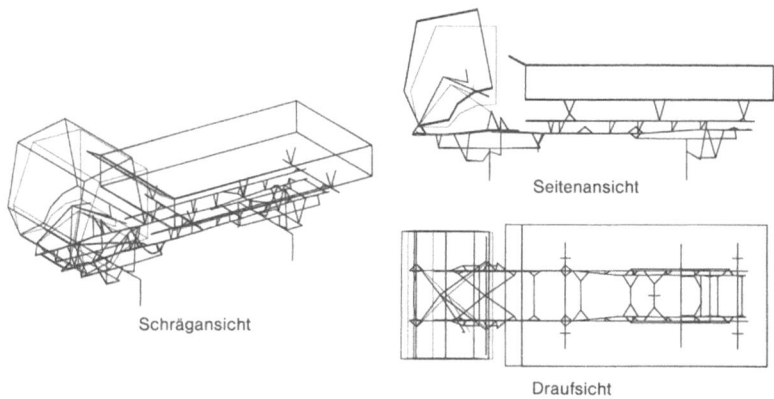

Bild 8: Eigenform "Fahrerhausnicken" eines Pritschen-LKW

gezielte Ermittlung von komfortsteigernden Maßnahmen unabdingbar ist. Außerdem müssen einzelne Ergebnisverläufe über der Zeit, der Frequenz oder über anderen Ergebnisdaten dargestellt werden können (Bilder 9 und 10), und klassifizierende Auswertungen müssen möglich sein (Bild 11).

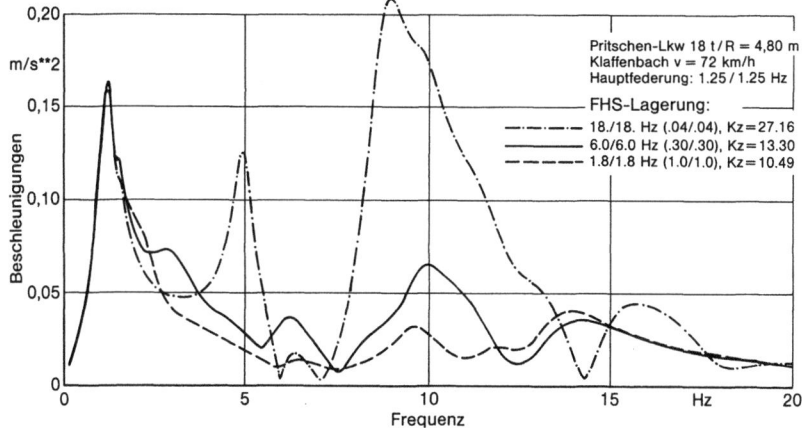

Bild 9: Hochbeschleunigung am Sitzkasten bei Fahrt über geflickte Asphaltstraße

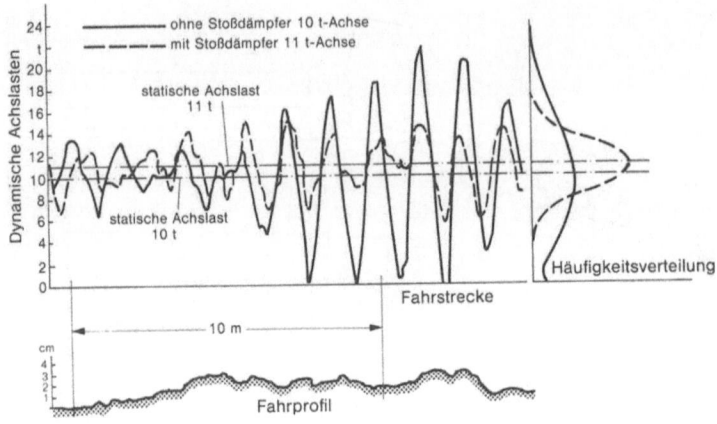

Bild 10: Dynamische Achslasten bei 60 km/h

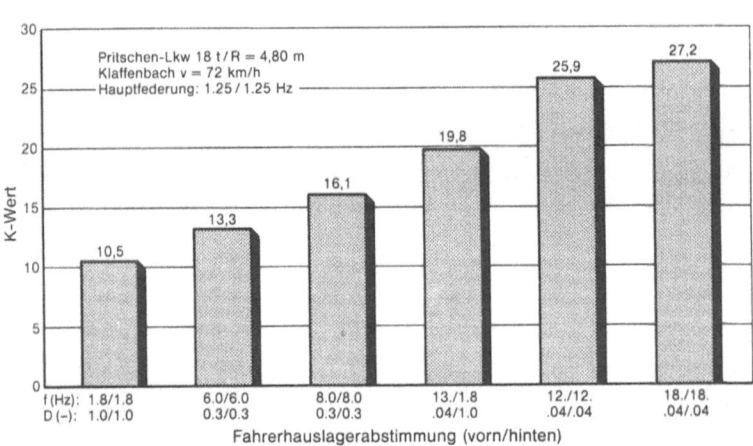

Bild 11: K-Werte nach VDI-Richtlinie 2057
(Hochbeschleunigungen am Sitzkasten)

Bei Pritschen-Lastkraftwagen mit langem Radstand beeinflußt die erste Biegeschwingung des Fahrgestellrahmens wegen ihrer niedrigen Eigenfrequenz den Fahrkomfort merklich (Bilder 12 + 13). Deshalb

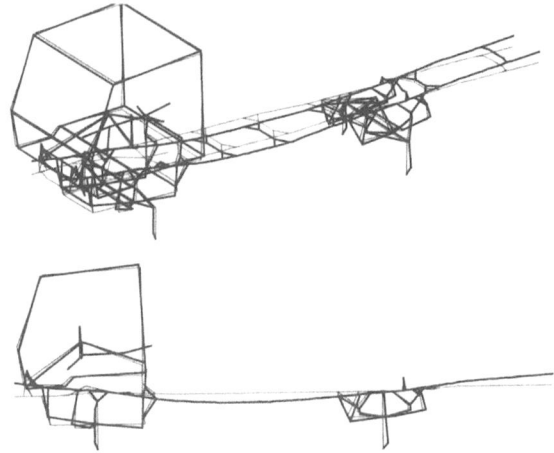

Bild 12: Erste Biegeeigenform des Rahmens eines Pritschen-LKW

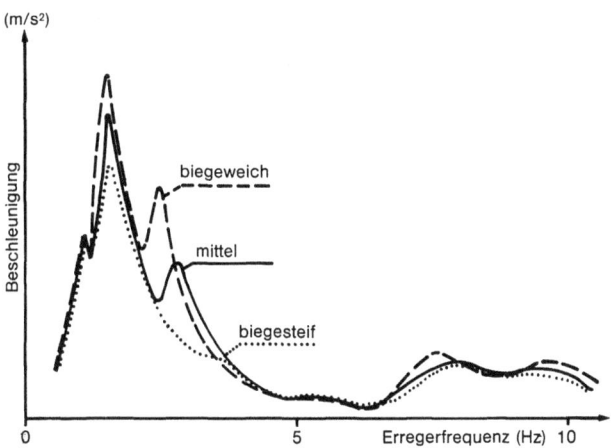

Bild 13: Einfluß der Rahmen-Biegeschwingung auf die Hochbeschleunigung am Sitzkasten

müssen neben starren Körpern auch elastische berücksichtigt werden können.

Noch nicht eingeführt sind Programme, die zusätzlich aktive oder semiaktive Aufhängungselemente als Ersatz für passive Feder-Dämpferglieder (z. B. bei der Fahrerhauslagerung) einbinden können. Der Bedarf dafür wächst mit den Entwicklungsbestrebungen nach höchstem Fahrkomfort und gesteigerter Fahrsicherheit.

2.4 Fahrdynamik

Zum Berechnungsmodell für den Fahrkomfort weist das Berechnungsmodell für die Fahrdynamik (z. B. Kurvenfahrt, Fahrspurwechsel) folgende Unterschiede auf (Bild 14):

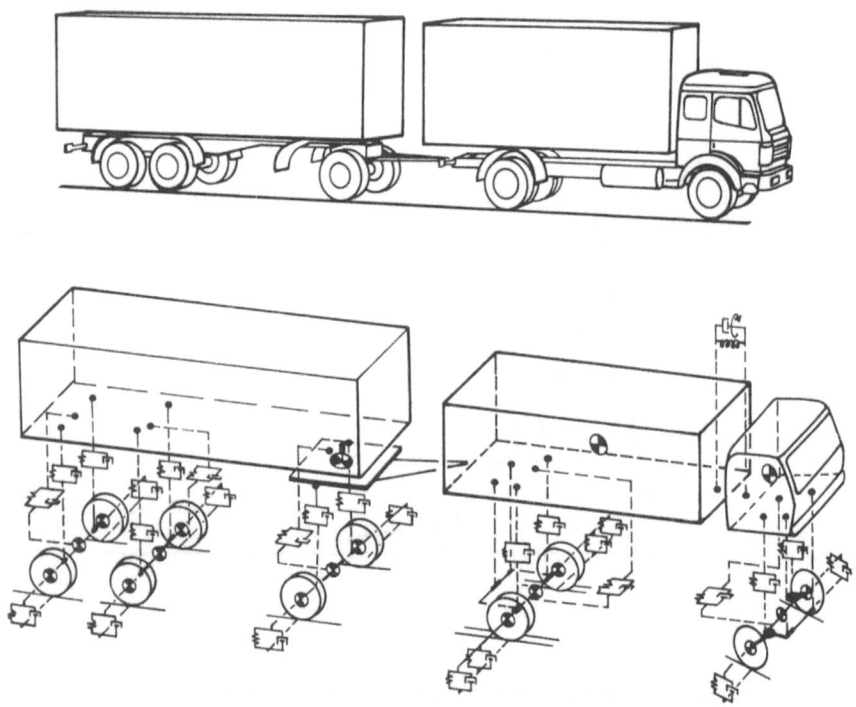

Bild 14: Fahrzeug und Fahrdynamik-Rechenmodell

- Motor-Getriebe-Block und Fahrer entfallen als separate Körper
- es treten große Verschiebungen und Verdrehungen auf
- die Feder- und Dämpferglieder sind nichtlinear, speziell die Reifen erfordern ein eigenes Modell

- die Lenkfähigkeit muß nachgebildet werden
- die Antriebs- und Bremskräfte sind nicht zu vernachlässigen.

Auch hier existieren zur Lösung der Berechnungsaufgabe bereits einige Programme. Das Problem für den Anwender liegt bei den Fahrdynamikrechnungen besonders in der Abstimmung des Rechenmodells auf bekannte Versuchsergebnisse wegen der stark nichtlinearen Einflüsse der Kopplungselemente (Bild 15) und später wie bei der Fahrkomfortberechnung in der geeigneten Darstellung der Rechenergebnisse. Überzeugend sind bildliche Darstellungen von Bewegungsabläufen z. B. für ein Ausweichmanöver (Bild 16), bei denen der Beobachterstandpunkt frei gewählt werden kann. Aber auch Ergebnisdarstellungen in Diagrammform in verschiedensten Abhängigkeiten müssen einfach möglich sein (Bild 17).

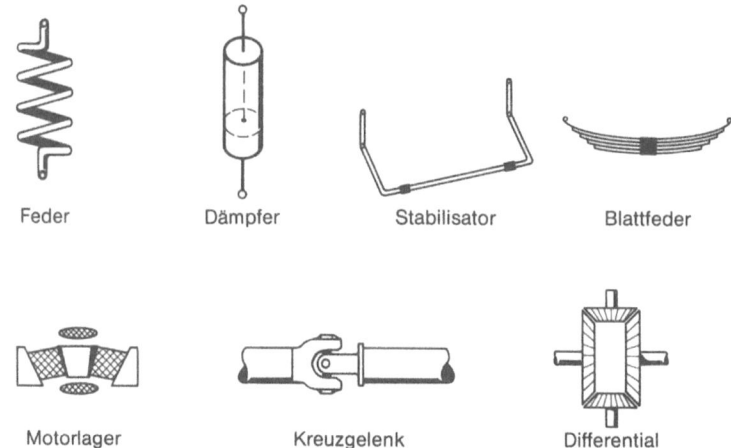

Bild 15: Komponenten zur Fahrzeug-Modellbildung (Kopplungen)

Die vorhandenen Programme werden z. Zt. noch ergänzt durch den Fahrer als Regelungsglied (Bild 18) und sollten künftig auch aktive und semiaktive Aufhängungselemente enthalten.

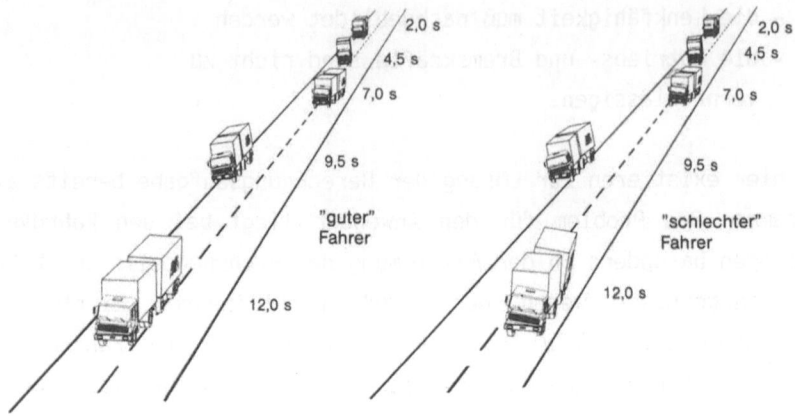

Bild 16: Doppelter Fahrspurwechsel eines 38-t-Lastzuges (Fahrtverlauf)

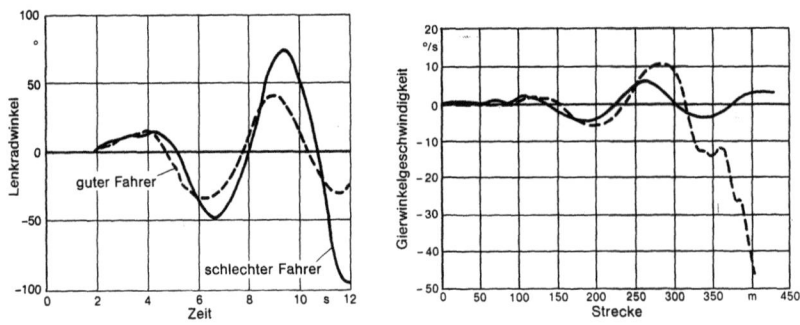

Bild 17: Lenkradwinkel und Gierwinkelgeschwindigkeit beim doppelten Fahrspurwechsel eines 38-t-Lastzuges

Wünschenswert erscheint auch die Kopplung von Fahrkomfort- und Fahrdynamikberechnungen, so daß mit einem Berechnungsmodell beide Fragestellungen einfach bearbeitet werden können. Das würde z. B. bedeuten, daß der Betriebspunkt der Koppelelemente z. B. nach Eingabe des Fahrzeugbeladungszustands für die lineare Schwingungsberechnung (Komfort) per Programm eingestellt werden kann.

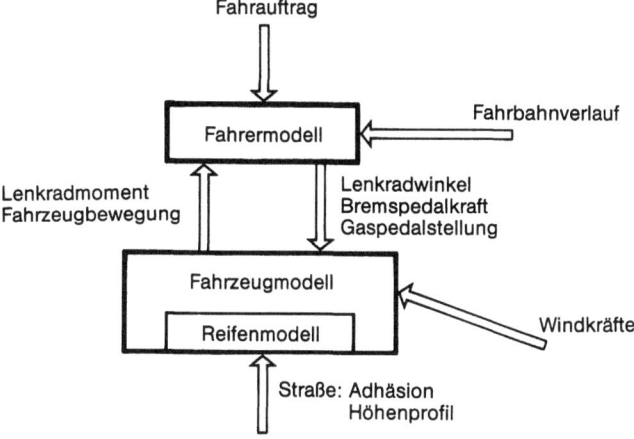

Bild 18: Simulationsmodell des Regelkreises Fahrer-Fahrzeug-Umwelt

3 Anforderungen an MKS-Programme

Aus den Bedürfnissen der Anwender lassen sich die folgenden Anforderungen an MKS-Programme ableiten.

3.1 Eingabe

- Übernahme der Geometrie aus CAD-Modellen
- Übernahme von Massen- und Steifigkeitsmatrizen aus FE-Programmen
- wahlfreie Koordinatensysteme (global, lokal; kartesische Koordinaten, Zylinderkoordinaten)
- Verschiebung, Drehung und Spiegelung von Teilmodellen
- Prüfung der Eingabe auf formale Richtigkeit (Syntax)
- Prüfung der Eingabe auf Plausibilität (Expertensystem)
- Computergrafik von Geometrie und Kennlinien zur visuellen Prüfung
- interaktive Erstellung des Modells
- sortiertes Datenecho

3.2 Modellbildung

- problemorientierte Komponenten zur Modellbildung
- freie Wahl der Freiheitsgrade pro Körper
- Einbindung von Strukturelastizitäten
- Einbindungsmöglichkeiten für Benutzerunterprogramme (z. B. zur Definition von Nebenbedingungen)
- aktive und semiaktive Kopplungen, Regelstrecken (z. B. Fahrer)

3.3 Simulation

- vollständige Erfassung der Elastokinematik und der Kräfte
- nichtlineare statische Analyse
- Modalanalyse um Arbeitspunkte
- stabile Zeitintegration mit automatischer Schrittweitensteuerung
- Palette von Integrationsverfahren (Auswahl durch Expertensystem)
- programmseitige Diagnose und Abhilfevorschläge bei Fehlern und Abbrüchen
- geringe Rechenzeiten
- Nutzung der Hardware-Fähigkeiten durch die Software (Vektorisierung, Parallelprocessing)

3.4 Ausgabe

- Ergebnisspeicherung auf möglichst wenig Speicherplatz
- Darstellung von Bewegungsabläufen mit beliebigem Beobachterstandpunkt
- Ausgabe von Phasenbildern
- beliebig kombinierbare Kurvengrafik
- Nachverarbeitung der Ergebnisse (Statistik, Frequenzanalyse, Gewichtung, ...)
- direkter Vergleich mehrerer Varianten
- einfache Ergebnisübergabe an FE-Programme

3.5 Programmarchitektur

- streng modularer Aufbau
- Zugänglichkeit aller Daten über Benutzer-Unterprogramme
- einfache Wartung
- hardware-unabhängige Programmierung

4 Anforderungen an den Berechnungsarbeitsplatz

Natürlich stellen MKS-Simulationen auch besondere Ansprüche an Rechner und Peripheriegeräte. Für den Anwender ist wichtig, daß er von der Eingabe bis zur Ergebnisaufbereitung an einem Bildschirmarbeitsplatz bleiben kann. Das bedeutet, daß dieser Arbeitsplatz folgende Möglichkeiten bieten muß:

- Texteditor
- CAD-Fähigkeiten für Modellaufbereitung und -kontrolle
- Unterstützung von Kurven- und Repräsentationsgrafiken
- Darstellung bewegter Bilder
- Window-Technik für Querkontrollen und Vergleiche
- Rechnerleistung für die Simulation oder HOST-Anschluß

COMPUTATIONAL ENGINEERING:
SIMULATION MIT GROSSRECHNERN IN DER ENERGIETECHNIK

F. Schmidt
Institut für Kernenergetik und Energiesysteme (IKE),
Universität Stuttgart, Abt. Wissensverarbeitung und Numerik,
Pfaffenwaldring 31, D-7000 Stuttgart 80

Kurzfassung

Ingenieure gehören seit jeher zu der Gruppe von Wissenschaftlern, die den Einsatz von Rechnern besonders intensiv betrieben haben und durch ihre Forderungen an Hard- und Software der Informatik immer wieder neue Anregungen geben. In Stuttgart hat dieses Wechselspiel eine besonders lange Tradition. Diese Tradition erreichte einen vorläufigen Höhepunkt in der Beschaffung der CRAY-2. Mit diesem Rechner werden im Ingenieurbereich qualitativ neuartige Ansätze erprobt, die es berechtigt erscheinen lassen, von einer neuen Ingenieurdisziplin, dem Computational Engineering, zu sprechen. Anhand von Beispielen aus dem Bereich der Energietechnik soll dies erläutert werden. Die Realisierung der Beispiele erforderte sowohl Beiträge aus dem Bereich der Ingenieurwissenschaften als auch aus dem der Informatik. Diese Beiträge wurden in der Vergangenheit vor allem von informatikorientierten Ingenieuren erbracht. Es ist aber notwendig, daß die Informatik selber verstärkt aktiv wird. Dazu muß sie sich einer Reihe von praxisorientierten Problemen stellen, die sich vor allem unter dem Begriff integrierte Systeme zusammenfassen lassen. Aus unseren Erfahrungen mit der Modellierung komplexer Ingenieursysteme werden einige Anregungen für die Erstellung komplexer Software-Systeme abgeleitet.

1. Einleitung

Wenn ein Ingenieur sich so weit in den Bereich der Informatik vorwagt, daß er nicht nur ein einfaches Fortran-Programm erstellt, sondern seine Vorstellungen bei Informatikern vorträgt, dann liegt es nahe, darauf zu bauen, daß auch die Informatiker sich dem Ingenieurgedanken verbunden fühlen, wie etwa der Begriff Software Engineering zum Ausdruck bringt. Wenn ich richtig informiert bin, wurde dieser Begriff auf einem Workshop des NATO Science Committee, das vom 7.-11. Oktober 1968 in Garmisch stattgefunden hat, eingeführt, dann lange Zeit falsch verstanden und erst in den letzten Jahren so interpretiert, wie es ihm eigentlich zukommt [1]. Es war auch Ende der 60er Jahre, daß in Stuttgart der erste Supercomputer - damals eine CDC 6600 - verfügbar wurde; eine Maschine, von Ingenieuren gefordert und für Ingenieure betrieben. Eine Maschine, mit der zunächst die grundlegenden Beiträge von Argyris [2] zur Einführung der Methode der Finiten Elemente und zur Entwicklung der angewandten Informatik anerkannt wurde, die aber schon bald einen ganz ungeahnten Einfluß auf die Art, wie an der Universität Ingenieuraufgaben angegangen und gelöst wurden, ausübte.

Mit dem "Großrechner" wurde es nämlich damals nicht nur möglich, Probleme von bisher ungekannter Komplexität anzugehen, sondern auch erforderlich, die zur Lösung dieser Probleme notwendigen Informatikstrukturen bereitzustellen. Das hat zu Systemen wie EPOS [3] und RSYST [4] geführt.

EPOS ist eine integrierte Entwicklungsumgebung zur Unterstützung der Abwicklung von Soft- und Hardware-Projekten. Es enthält Werkzeuge aus allen Bereichen der Projektarbeit und fällt somit in die Klasse der CAS(Computer Aided Softwaredesign)-Systeme.

RSYST dagegen unterstützt primär die Bereiche Modellierung und Simulation. Es enthält Werkzeuge zur Erstellung komplexer Rechenfolgen und zur Auswertung umfangreicher Datenmengen. Im Lauf der Jahre wurde es ergänzt durch konzeptionelle Überlegungen zur Integration verschiedenartiger Software [5] und zur Erstellung integrierter Systeme [6].

EPOS und RSYST gemeinsam ist die grundlegende, ingenieurbestimmte Architektur. Sie entspricht dem inzwischen wohl eingeführten Schalenmodell. Im Kern beider Systeme liegen die Projektdatenbanken zusammen mit einem eigenen Betriebssystem. Darauf setzen Entwurfs- bzw. Modellierungssprachen auf, die die grundlegenden Philosophien der Systeme wiedergeben. Die dritte Schale enthält Auswertekomponenten bzw. Funktionsmodule. Die oberste Schale schließlich umfaßt die Benutzeroberfläche. Durch Modularisierung und die Einführung abstrakter Datentypen wird in beiden Systemen versucht, die Komplexität der zu lösenden Aufgaben zu beherrschen. Durch Information Hiding wird es dem Anwendungsingenieur ermöglicht, sich auf die ihm eigenen Aufgaben zu konzentrieren.

Solche Arbeiten in den Bereichen Numerik, Software Engineering und Modellbildung sind Grundlage eines neuen Zweigs der Ingenieurwissenschaften, den wir in Anlehnung an ähnliche Entwicklungen in der Physik und in der Strömungsforschung als Computational Engineering bezeichnen. Damit gibt es auch im klassischen Maschinenbau drei grundlegende Ansätze, Probleme zu lösen. Es sind dies

> konstruktive und experimentelle Ansätze,
> theoretische Ansätze und
> computer- oder simulationsbasierte Ansätze.

In allen drei Bereichen nutzen Ingenieure sehr intensiv die ihnen verfügbaren Rechner, allerdings auf unterschiedliche Art. So bevorzugen Konstrukteure und Experimentatoren Workstations oder ausgebaute PCs. Sie sammeln damit Daten aus Experimenten oder ihren Konstruktionen, speichern sie, machen einfache Auswertungen und visualisieren die Ergebnisse ihrer Arbeiten.

Theoretische Ingenieure verwenden bevorzugt mathematische Modelle und numerische Methoden. Sie lösen Differential- und Integralgleichungen und operieren auf großen, meist dünn besetzten Matrizen. Ihr bevorzugter Rechner ist der Großrechner. Finite-Differenzen-, Finite-Elemente- und Monte-Carlo-Methoden wurden von ihnen auch im Hinblick auf diese Rechner mitentwickelt. Rechner und Methoden reichen aber in der Regel nur dafür, das globale Verhalten von Systemen oder aber isolierte Phänomene zu untersuchen.

Erst durch die Verfügbarkeit der Supercomputer war es möglich, in eine neue Dimension, das Computational Engineering, vorzustoßen. Ziel ist es, Systeme und ihr Verhalten anhand von Gesamtmodellen (Pseudoanlagen) zu untersuchen. Damit können schon vor der Realisierung technischer Systeme Aussagen zum Verhalten gemacht, Systemvarianten untersucht und Optimierungen vorgenommen werden. Während der Phase des Baus einer Anlage muß die Pseudoanlage an das reale System angepaßt werden.

Dann sind an der Pseudoanlage Untersuchungen zum Systemverhalten, insbesondere unter extremen und kritischen Bedingungen möglich. Ihre Ergebnisse sind Vorschläge für Verbesserungen der realen Systeme und Aussagen zu Auswirkungen von neuen Entwicklungen.

Die Erstellung solcher Pseudoanlagen ist eine nicht-triviale Aufgabe. Sie ist von derselben Komplexität wie die, das reale System zu bauen. Bei der Erstellung von Pseudoanlagenn lohnt es sich daher, auf die Erfahrungen derer zurückzugreifen, die in der Lage sind, reale Systeme zu planen, zu bauen und zu betreiben. In den folgenden Abschnitten dieser Arbeit sollen einige dieser Anregungen vorgestellt werden. Die Ergebnisse, zu denen wir dabei gelangen, sind in vielen Bereichen ähnlich denen des Computer Science and Technology Board [7], die im März 1990 zusammenfassend veröffentlicht wurden [8]. Dort heißt es etwa:

"CSTB workshop participants agreed that ... researchers need to look to practice to find good research problems, validating results against the needs of practice as well as against more abstract standards. The problems experienced by practitioners are serious and pressing, and they call for innovative solutions. The promise of fruitful interactions between researchers and practitioners should not have to founder because of cultural differences between the two groups."

Was dies im einzelnen bedeuten kann, wird im folgenden miterläutert.

2. Planung, Bau und Betrieb von Anlagen

2.1 Der Planungsprozeß aus der Sicht des Ingenieurs

Anlagen sind strukturierte technische Systeme, die etwas erzeugen bzw. umwandeln. Bei der Planung werden diese Systeme in autarke Teilsysteme (Untersysteme, Komponenten, Bauteile) zerlegt, die hierarchisch strukturiert sind. Jedes dieser autarken Teilsysteme wird durch seine Funktionalität beschrieben und mit Hilfe seiner Schnittstellen in die nächsthöhere Hierarchiestufe integriert. Dadurch wird es möglich, die Planungsarbeit aufzuteilen. Ferner ist es erforderlich, die einzeln geplanten Komponenten und Teilsysteme in übergeordnete Systeme zu integrieren und im Rahmen des übergeordneten Systems auf ihre Funktion in allen möglichen Systemzuständen zu prüfen.

Erklärtes Ziel der Planung ist es, nur notwendige, richtige und konsistente Informationen zu erstellen und sie termin- und sachgerecht weiterzuleiten. Dazu sind von zahlreichen Stellen eine Vielzahl von technischen und verfahrenstechnischen Unterlagen zur Definition einzelner Bauteile von Komponenten zu erstellen (Beispiel siehe Tab. 1). Diese Unterlagen dienen unterschiedlichen Zwecken und müssen sehr heterogenen Randbedingungen genügen (Beispiel siehe Tab. 2). Die große zu bewältigende Datenmenge, die hohe Zahl der beteiligten Stellen und der oft nicht exakt definierte Output erschweren das Erreichen der Planziele beträchtlich.

Die Planung größerer Anlagen erfordert immer Teilsystementwürfe, deren Schnittstellen zu anderen Anlagensystemen zwar feststehen sollten, aber letztendlich erst nach Prüfung der Funktion fixiert werden können. Das Funktionsverhalten läßt sich andererseits erst dann beurteilen, wenn alle äußeren Betriebs- bzw. funktionellen Randbedingungen in ihrer Wirkung auf das Teilsystem ermittelt sind.

Zur Unterstützung dieser Vorgänge existieren eine Vielzahl von Hilfssystemen. In der Regel gilt, daß es sich um Systeme handelt, die Teilaspekte der Planung, wie etwa projektierende Planung, Kosten- und Zeitplanung, Simulation, Betriebsführung, Information und Dokumentation abdecken. Die Systeme sind vielfach unter dem Druck eines aktuellen Planungsnotstandes entstanden und in der Regel nur manuell miteinander verbunden. Beispiele für den Einsatz solcher DV-gestützten Systeme sind CAD-Systeme zur Konstruktion, Zeichnung und Erstellung von Bauteilbeschreibungen, Planungshilfen für verfahrenstechnische, leittechnische und elektrotechnische Systeme, Berechnungssysteme für Rohrleitungen, Leittechnik oder einfache Analysen und Simulatoren zur Schulung und zur Störfallanalyse.

Die Versorgung dieser Systeme mit konsistenten und aktuellen Daten ist ein bisher weitgehend ungelöstes Problem. Die Systeme werden daher in der Regel nur relativ unsystematisch zu Untersuchungen wie Konsistenzprüfungen, Zuverlässigkeitsbetrachtungen oder Betriebs- und Sicherheitsanalysen eingesetzt. Wissen und Erfahrung der Mitarbeiter müssen diese DV-technischen Mängel auszugleichen versuchen.

griert, beim Betrieb schließlich die Vorstellungen von ihrem Zusammenspiel überprüft.

Im Ingenieuralltag erfolgen Bau und Betrieb auf materieller Basis. Dies ist aber nicht zwingend. Sind die Teile einer Anlage in Zusammensetzung und Funktion definiert, so kann ihr Verhalten über weite Parameterbereiche simuliert werden. Verfügt man über einen genügenden Vorrat an Simulationsmodellen, so kann man versuchen, sie in einem Gesamtsystem zu integrieren. Solch ein Gesamtsystem heißen wir Pseudoanlage. Wie die eigentliche Anlage hat auch die Pseudoanlage neue Eigenschaften und ist mehr als die Summe ihrer Teile.

Wie schon in der Einleitung erwähnt, kann man Pseudoanlagen auf vielfältige Weise nutzen. Während der Planung erlauben sie, das Verhalten einer Anlage und ihrer Teilsysteme zu simulieren und daraus Kriterien für deren Optimierung abzuleiten. Wird die Anlage dann gebaut, so muß die Pseudoanlage entsprechend modifiziert werden. Design-Fehler, so sie nicht schon während der Optimierungsphase entdeckt wurden, sind an die materiellen Gegebenheiten anzupassen, Neuentwicklungen und neue Anforderungen sind zu berücksichtigen. Wie bei einer realen Anlage sind daher auch bei der Pseudoanlage schon im Entwurf Veränderungen vorzusehen, muß Änderbarkeit eine Grundeigenschaft sein. Eine so angepaßte Pseudoanlage ist dann ein wertvolles Werkzeug zur Interpolation von Daten, die an der realen Anlage gemessen wurden. Damit lassen sich nicht nur Betrieb und Wartung der realen Anlage optimieren, sondern es werden auch Untersuchungen in Bereichen möglich, die früher der Nachsorge von Katastrophen vorbehalten waren. Um all dies zu leisten, muß eine Pseudoanlage ein sehr komplexes System sein. Seine Erstellung erfordert Beiträge durch eine Vielzahl von Fachleuten aus den verschiedensten Disziplinen. Keiner davon ist in der Lage, solch ein System in all seinen Interaktionen zu verstehen und natürlich ist es ebenso wie bei realen Anlagen unmöglich, solch ein System fehlerfrei zu erstellen. Um trotz dieser Schwierigkeiten nicht auf Pseudoanlagen verzichten zu müssen, ist es notwendig, den Prozeß ihrer Erstellung eng an den Planungsprozeß zu binden, ja die Pseudoanlage möglichst automatisch aus dem Planungsprozeß zu erstellen. Dem Ingenieur müssen dazu Daten- und Prozeßmodelle angeboten werden, die der Komplexität realer Planungsvorgänge angemessen sind. Dies bedeutet:

Tab. 1: Phasen der projektierten Planung und dabei zu erstellende Dokumente

Planungsphase	Dokument (beispielhaft)
Anforderungskatalog (Festlegung der Funktionalitäten)	Vertrag und darin Festlegung der Spezifikationen
Prozeßentwurf	Verfahrensauslegung der Komponente Massen- und Energiebilanzen
Detaillierung der Verfahrenstechnik	Verfahrensfließbilder
Aufstellungsentwurf	Aufstellungs- und Belastungspläne
Fließbild für Regelung und Instrumentierung	technische Datenblätter
Genehmigungsverfahren	Modell, Isometrien, Stücklisten, Zeichnungen, Berechnungsunterlagen
Detailplanung: Maschinen, Leitungen, Bau, Elektrotechnik	Bestellwesen, Bestellüberwachungen
Beschaffung	Fertigungs- und Prüfpläne
Montage	Montagepläne
Inbetriebnahme	Inbetriebnahmepläne

2.2 Die Erstellung von Pseudoanlagen - integrierte Systeme

Aus dieser Schilderung des Planungsvorgangs wird der Wunsch nach homogenen Bedingungen leicht einsichtig. Bei der Planung fallen alle Informationen an, die Teile einer Anlage beschreiben und in ihren Funktionalitäten definieren. Beim Bau der Anlage werden die Teile inte-

Tab. 2: Randbedingungen für die technische und sicherheitstechnische Auslegung von verfahrens-, elektro- und leittechnischen System (beispielhaft)

- **Aufgabenstellung**

    allgemeine Angaben zur Funktionalität, Betrieb, Sicherheitstechnik.

- **Genehmigungsanforderungen**

    Gesetze und allgemeine Verordnungen,
    Richtlinien und Empfehlungen der Bundesministerien,
    Weisungsbeschlüsse der Überwachungseinrichtungen,
    Auflagen durch Genehmigungsbehörden.

- **Allgemeine Randbedingungen**

    ex- und interne Vorschriften, Richtlinien, Normen hinsichtlich
    Berechnung,
    Konstruktion,
    Werkstoffeinsatz.

- **Technische Anforderungen**

    Fertigung,
    Qualitätssicherung und Nachweise (Rückverfolgbarkeit),
    funktionelle Systemgrenzen und betriebliche Anforderungen,
    physikalisch/chemisches Verhalten,
    Anordnung und Aufstellung,
    logistische Verfügbarkeit einzelner Bauteile.

- **Anforderungen durch den Anlagenbetrieb**

    Betriebsarten, Verfügbarkeit, Störfallverhinderung,
    Handhabung, Wartbarkeit, Wiederholungsprüfungen,
    Wechselwirkung mit Umwelt.

- **Vertragliche Vereinbarung** mit

    Produzenten, Kunden, Lizenzgebern.

- Datenbanken, die allgemeine Objekte verwalten können, samt ihren Konsistenzbedingungen und Verwendungsregeln;
- erweiterbare Datenmodelle, die es gestatten, Informationen in anwendungsspezifischer Weise zu repräsentieren;
- Vorgangsmodelle, die den Anforderungen der verschiedenen am Planungsprozeß beteiligten Gruppen genügen und mithelfen, dessen Konsistenz zu prüfen;
- Möglichkeiten zur formalen Definition externer Schnittstellen zu Simulationssystemen u.ä.

Ein solches integriertes System unterstützt auch den Planer. Aufgrund gespeicherter Fakten durch Ableitung oder durch Simulation wird er in die Lage versetzt,

- die Erhaltung ausgewählter äußerer Randbedingungen (z.B. sicherheitstechnische Auslegung zu überprüfen);
- die Prüfung der inneren Konsistenz einzelner Teilsysteme zu unterstützen;
- die Datenkonsistenz zwischen Komponentenauslegung, Verfahrenstechnik, Leittechnik, Betriebs- und Störfallsimulation sicherzustellen;
- anwendungsspezifische Simulation zu unterstützen;
- Änderungen in den Planungsentscheidungen konsistent durchzuführen und in alle betroffenen Teilbereiche einzubringen;
- die Dokumentation und technische Auftragsabwicklung zu beschleunigen und zu vereinfachen.

Wir arbeiten seit einigen Jahren an Teilkomponenten solcher Systeme. Abb. 1 zeigt die Grundstruktur eines Integrierten Planungs- und Simulations-Systems, auf der auch die im nächsten Kapitel beschriebenen Beispiele aufsetzen.

3. Beispiele von Pseudoanlagen

Die Realisierung von Pseudoanlagen erfordert nicht nur einen großen Rechner, wie er in Stuttgart mit der CRAY-2 zur Verfügung steht, sondern auch das interdisziplinäre Zusammenspiel von Fachingenieuren ver-

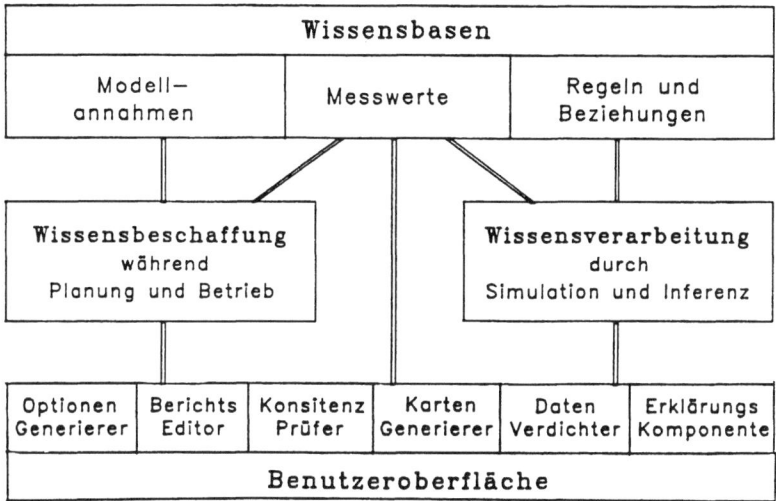

Abb. 1: Struktur des Integrierten Planungs- und Simulations-Systems
IPSS - Informatikstruktur einer Pseudoanlage

schiedener Disziplinen, Informatikern und oft auch Wissenschaftlern aus angrenzenden Gebieten. An drei Beispielen soll die Vielfalt der Aufgaben skizziert werden.

3.1 Entscheidungsfindung im Umweltbereich

In der Bundesrepublik werden verschiedene Frühwarnsysteme für ferntransportierte Schadstoffe eingerichtet. Beispiele sind die Systeme für Smog (Beschluß der Umweltministerkonferenz vom November 1986) und Radioaktivität (3. Strahlenvorsorgeschutzgesetz vom Dezember 1986). Um die dort anfallenden Daten schnell und zuverlässig verstehen und aus diesem Verständnis verantwortbare Empfehlungen und Maßnahmen ableiten zu können, müssen folgende Komponenten zur Verfügung stehen:

1. Zentrale Kompetenzzentren, die Daten, die frühzeitig kritische Entwicklungen andeuten, erfassen und bewerten. Sie stellen die Datenbasen für die weiteren Schritte zur Verfügung.

2. Schnelle Übertragungswege (Netze), über die Daten aus verschiedenen Bereichen gesammelt und den Stellen verfügbar gemacht werden, die befugt sind, Entscheidungen zu treffen.
3. Darstellungsmöglichkeiten, mit deren Hilfe die Daten so aufbereitet werden, daß wichtige Zusammenhänge leicht erkennbar sind. Darstellungen, die einen Bezug zur realen Welt enthalten (Lagekarten), haben sich auch hier bewährt.
4. Modelle zur Transformation vom Emissionen in Immissionen. Mit ihnen wird es möglich, Maßnahmen zur Beeinflussung einer aktuellen Situation zu simulieren und ihre Auswirkungen abzuschätzen. Dies muß zum einen so schnell möglich sein, daß die gewählten Maßnahmen noch wirksam durchgeführt werden können und zum anderen so genau, daß die untersuchten Maßnahmen verantwortbar bleiben. Dies erfordert große, schnelle Rechner, wie etwa die CRAY-2.

Die Abb. 2 veranschaulicht die Komponenten in einer integrierten Darstellung am Beispiel des SMOG-Managements.

Basisdaten sind lokale Schadstoffkonzentrationen sowie Wind- und Wetterdaten. Beispielhaft ist ein Windfeld gezeigt, das aus Prognosen des Deutschen Wetterdienstes für Baden-Württemberg interpoliert wurde. Deutet die Luftüberwachung erhöhte Schadstoffkonzentrationen an, müssen die lokalen Daten zentral verfügbar und bewertet werden. Dies kann über Postleitungen und Netze geschehen. Das baden-württembergische Forschungsnetz BelWü ist Beispiel für solch ein Netz, das erfolgreich und doch offen betrieben wird. Die Daten müssen aber nicht nur gesammelt, sondern auch so dargestellt werden, daß relevante Informationen schnell einsichtig werden. In unserem Beispiel geschieht dies durch eine Lagedarstellung, in der Quellen der SO_2-Emissionen in Baden-Württemberg gezeigt werden. Durch Verdichten der Daten und Unterdrückung kleiner Werte können leicht die Hauptemittenten ermittelt werden. Kombiniert man diese Information mit der Information über die Wetterentwicklung, so kann man daraus auf die Wirksamkeit etwa der Reduzierung lokaler Emissionen schließen. In der letzten Abbildung ist ein Ergebnis einer entsprechenden Simulation auf der CRAY gezeigt.

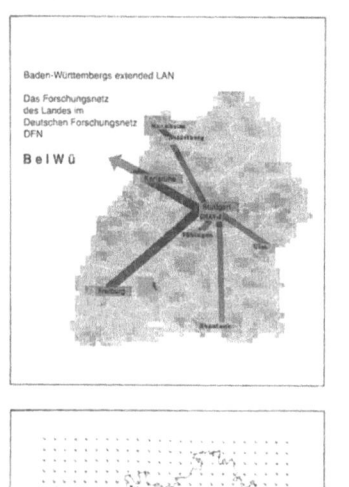
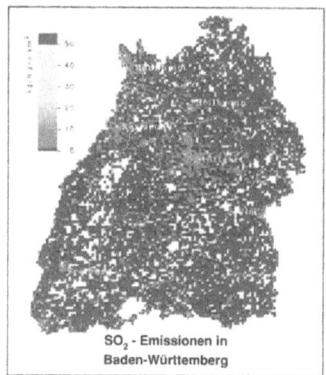

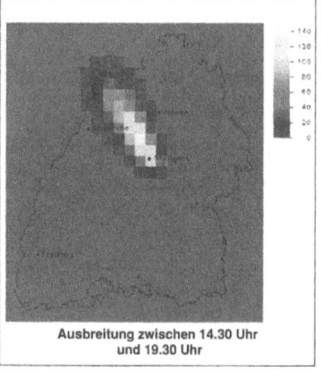

Abb. 2: Komponenten eines integrierten Systems zur Überwachung der Umwelt, veranschaulicht durch Lagekarten mit Übertragungsnetzen, Emissionen, metereologischen Daten und Simulationsergebnissen

3.2 Störfall-Management für Anlagen

Thermohydraulikrechnungen für Anlagen mit größeren Gefahrenpotentialen erfordern ausgefeilte Modelle. Wir haben die Entwicklung solcher Modelle mit der Entwicklung von Rechnern in Abb. 3 dargestellt. Es ist ersichtlich, daß wir mit der CRAY-2 einen qualitativen Sprung in die Echtzeitsimulation machen konnten. Mit dem CRAY-2-Nachfolger, von dem wir uns mindestens einen Faktor 10 an Zuwachs der Rechenleistung erwarten, wird dieser Sprung auch für detailliertere Modelle möglich werden. Damit sind die meisten zur Zeit diskutierten Störfälle etwa in Kernkraftwerken modellierbar. Darüber hinaus werden, insbesondere wenn ein höherer Grad an Parallelisierung möglich wird, qualitativ neuartige Lösungen möglich. So bereiten wir zur Zeit die theoretischen Grundlagen dafür vor, daß thermohydraulische Anlagenrechnungen durch automatische Konvergenz- und Konsistenzprüfungen der räumlichen und zeitlichen Diskretisierungen abgesichert werden können. (Bisher sind höchstens Stabilitätsbehandlungen und daraus folgend Zeitschrittabschätzungen durchführbar.) Als weitere Entwicklung der Simulationstechniken, die wir an diesem Beispiel erproben können, planen wir thermohydraulische Rechnungen mit Maßnahmenkatalogen und Fehlerbaumuntersuchungen zu koppeln. Damit wird es möglich, während einer Simulation alternative Pfade parallel zu untersuchen, um damit Auswirkungen möglicher Maßnahmen gleichzeitig beurteilen zu können. Ein Erfolg dieser Bemühungen wird wesentliche Verbesserungen bei Entscheidungsprozessen in den verschiedensten Bereichen von Anlagensteuerung, Umweltmanagement oder Störfallmanagement erlauben.

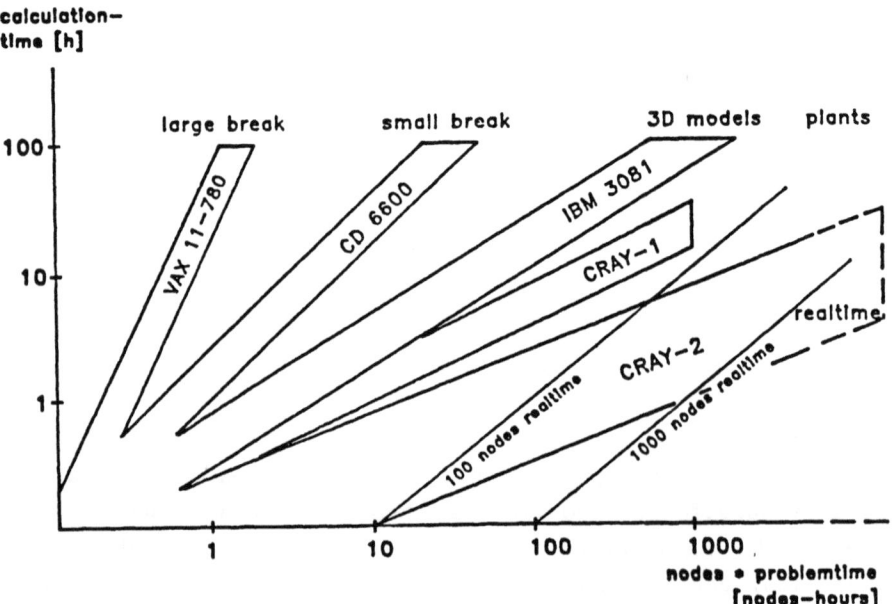

Abb. 3: Rechnerkapazität zur Simulation des thermohydraulischen Verhaltens einer Kraftwerksanlage (Druckwasserreaktor)

3.3 Finite-Elemente-Rechnungen für die reaktorphysikalische Auslegung des Hochtemperaturreaktors

Bei der Stillegung des Hochtemperaturreaktors in Hamm (THTR) und bei der Auslegung eventueller Nachfolgemodelle fallen Probleme an, die nur durch hochdreidimensionale Auslegungsrechnungen in nicht orthogonalen Geometrien gelöst werden können. Solche Rechnungen sind zur Zeit nur mit einem in Stuttgart am IKE entwickelten Finite-Programm möglich. Gegenwärtige Rechnungen verwenden zur Modellierung eines 180°-Segments des Reaktorkerns etwa 1.500.000 Unbekannte. Solche Rechnungen bringen uns an die Leistungsfähigkeit der CRAY-2, da die zugehörigen Systemmatrizen (nur Nichtnullelemente) nahezu den gesamten Kernspeicher der CRAY-2 benötigen würden. Zur Lösung von Problemen dieses Umfang haben wir ausgefeilte numerische Methoden entwickelt. Sie berücksichtigen Symmetrien, lokale Sparseness und modulare Zerlegungen mittels Hypermatrizentechniken. Moderne Basislöser auf Grundlage von vorkonditionierten konjugierten Gradientenverfahren in Kombination mit Mehrgitteralgorithmen und verschachtelten Iterationen werden selbstverständlich angewandt. Dies insbesondere auch deshalb, weil sich das konjugierte Gradientenverfahren besonders leicht auf verschiedene Prozessoren verteilen läßt. Trotz der Größe der Matrizen ist durch Vektorisierung nur ein Faktor 4-5 an Rechenzeit einzusparen. Dies ist Folge der Ausnutzung der Sparseness der Teilmatrizen (Füllungsgrad etwa 2 %). Sie erfordert aufwendige GATHER- und SCATTER-Algorithmen zur Vorbereitung von Vektoroperationen.

4. Zusammenfassung

Pseudoanlagen sind komplexe Software-Systeme. Sie erfordern den Einsatz von Größtrechnern. Ihre Erstellung muß eng mit Planung, Bau und Betrieb der realen Systeme verknüpft werden. Aus den Erfahrungen mit realen Systemen lassen sich eine Vielzahl von Anregungen für den Bau solcher Software-Systeme gewinnen.

- Basis müssen Objekte sein, die der Komplexität realer Objekte angemessen sind. Die Beschreibung dieser Objekte hat durch eine Vielzahl von Fakten, Beziehungen, Verläufen, Regeln und Vermutungen zu erfolgen.

- Die Objekte müssen integrale Bestandteile des Systems sein. Das System ist mehr als die Summe seiner Teile.
- Das System muß offen für Änderungen sein. Dynamik muß als wesentliches Merkmal von realen und Pseudosystemen angesehen werden.
- Komplexe Systeme können nicht fehlerfrei sein. Ziel muß sein, die Fehlerrate möglichst gering zu halten. Früher wurden Verbesserungen häufig durch Versuche (trial and error) erreicht. Heute müssen dafür theoretische Methoden (Risikoanalysen) verwendet werden.
- Komplexe Systeme müssen pragmatisch erstellt werden. Sie beruhen auf möglichst wieder verwertbaren Teilsystemen. Diese Systeme müssen in ein Ganzes integriert werden, ohne darin aufzugehen. Nicht eine einheitliche Beschreibung, sondern ein Zusammenspiel vieler Beiträge ist nötig. Instrumente aus verschiedenen Bereichen bilden den Klang des Orchesters, das ein integriertes System ausmacht.

Die Informatik kann in diesem Wechselspiel lehren und lernen. Durch die Entwicklung vereinheitlichter Software-Modelle kann sie einen wesentlichen Beitrag zur Überwindung des Sprachwirrwarrs der verschiedenen Ingenieurdisziplinen leisten. Durch die Arbeit mit den Ingenieuren wird sie ermutigt, nicht nachzulassen in der Anstrengung, Software-Systeme so effektiv, variabel und benutzerfreundlich zu gestalten, wie es von technischen Systemen selbstverständlich erwartet wird.

Literatur

[1] Wirth, N.: Forschungsförderung der Informatik. Kolloquium des Informatikverbundes Stuttgart, 30. Nov. 1988
[2] Argyris, J.: Energy Theorems and Structural Analysis. Part I: General Theory. Aircraft Eng. 26 (1954), pp. 347, 383, 394
[3] Lauber, R.; Lempp, P.: Integrated Development and Project Management Support Systems. Proc. 7th Int. Comp. Software & Applications Conf. COMPSAC '83, Chicago, IEEE Computer Society Press, Los Angeles 1983
[4] Rühle, R.: RSYST, ein integriertes Modellsystem mit Datenbasis zur automatisierten Berechnung von Kernreaktoren. Stuttgart: IKE, 1973 (IKE 4-12)
[5] Rühle, R.; et al.: SASYST - A new Approach in Total Plant Simulation during Severe Core Damage Accidents. Int. Meeting on Thermal Reactor Safety, Chicago 1982
[6] Schmidt, F.: Plant Simulation as a Presumption for the Simulation of Control Systems. Survey Paper 12th IMACS World Congress, Paris, July 1988
[7] Report on a Workshop of the CSTB available from National Academy Press, 2102 Constitution Ave., Washington D.C. 20418
[8] Scaling Up: A Research Agenda for Software Engineering. CACM 33-3 (1990), p. 281

Simulation mit Supercomputern
Ein neues Werkzeug der Physik

H. Ruder, T. Ertl, F. Geyer, H. Herold, U. Kraus, H.-P. Nollert, A. Rebetzky, W. Schweizer, C. Zahn

Lehr- und Forschungsbereich Theoretische Astrophysik der Universität Tübingen

1 Zusammenfassung und Einleitung

Unser Wissen über die Struktur des Kosmos und die darin enthaltenen Objekte stammt aus der sorgfältigen Analyse der auf der Erde einfallenden elektromagnetischen Strahlung, verbunden mit einer theoretischen Modellierung im Rahmen der von uns erforschten Naturgesetze. Die astronomischen Beobachtungen erstrecken sich dabei heute vom Radiowellenbereich über den Infrarot-, den optischen, den Röntgenbereich bis hin zum Höchstenergie-Gamma-Bereich, also über mehr als 20 Dekaden des elektromagnetischen Spektrums.

Die sprunghafte Zunahme unserer Kenntnisse in den letzten zwei Jahrzehnten verdanken wir vor allem den vielen Forschungssatelliten, die die Beobachtung kosmischer Objekte ohne die störenden Einflüsse unserer Atmosphäre erlauben. Speziell im weichen Röntgenbereich ist dadurch eine Beobachtung überhaupt erst möglich, und es ist gerade dieser Spektralbereich, der uns wesentlich neue Erkenntnisse über hochinteressante Objekte geliefert hat, da intensive Röntgenstrahlung nur unter sehr extremen physikalischen Bedingungen entsteht.

Die in diesen Röntgenemissionsgebieten vorherrschenden Temperaturen, Magnet-, und Gravitationsfelder sind so extrem, daß sie in irdischen Labors nicht realisiert werden können. Folglich bleibt nur die Möglichkeit, die Eigenschaften der Materie und die unter diesen Bedingungen ablaufenden physikalischen Prozesse theoretisch zu berechnen, um so — im Vergleich mit den Beobachtungen — zu zuverlässigen Aussagen über die Struktur dieser kosmischen Objekte zu gelangen. Die möglichst realistische Computersimulation der Systeme im Rahmen einer beobachtungsnahen Theorie erfordert vor allem bei Parameterstudien im allgemeinen den Einsatz der größten verfügbaren Rechenleistungen.

Die theoretische Modellierung überdeckt heute ein breites Spektrum an astrophysikalischen Fragestellungen, wie z.B. die Dynamik des Planetensystems, die Entstehung protoplanetarischer Scheiben und Magnetosphären, Sternentwicklung, Supernovaexplosionen, Sternkollisionen, Akkretionsscheiben, Akkretionssäulen, Galaxienentwicklung, Jets usw. Sie führt auf die gekoppelten Differentialgleichungssysteme der Hydrodynamik, der Magnetohydrodynamik, des Strahlungstransports und der komplexen Vielteilchensysteme. Diese wiederum werden mit Codes für elliptische und hyperbolische Gleichungen, mit Teilchensimulations- und Monte-Carlo-Codes, sowie mit Verfahren zur hochgenauen Integration numerisch gelöst. Eine exemplarische, keineswegs vollständige Zusammenstellung verschiedener astrophysikalischer Objekte und der zu ihrer Simulation angewandten Methoden findet sich in Tab. 1.1.

Tab. 1.1: Beispiele für Simulationsmethoden und ihre Anwendung auf astrophysikalische Objekte

Numerische Lösung der Bewegungsgleichungen von Vielteilchensystemen	Teilchensimulation (Particle-In-Cell)	Hydrodynamische und magnetohydrodynamische Simulationen	Monte-Carlo-Methoden
Dynamik des Planetensystems	Protoplanetare Scheiben	Akkretionsphänomene	Kosmische Strahlung
Dynamik von Sternhaufen	Akkretionsscheiben	Überschallströmungen, Jets	Gamma-Ray-Burster
Galaxienentwicklung	Magnetosphären	Scheiben	Photonenausbreitung
Galaxienkollisionen	Sternwinde	Interstellares Medium	

Im Folgenden soll an drei Beispielen etwas genauer beschrieben werden, wie bei Magnetfeldern von 10^8 Tesla, Temperaturen von einigen 100 Millionen Grad und Gravitationsfeldern mit der 10^{12}-fachen Stärke des Erdfeldes, also bei Bedingungen, die unsere experimentellen Möglichkeiten um viele Größenordnungen überschreiten, durch Computersimulationen detaillierte Aussagen über komplexe physikalische Vorgänge erzielt werden können

2 Eigenschaften der Materie in starken Magnetfeldern

In diesem Abschnitt wollen wir uns mit der Physik in extrem starken Magnetfeldern beschäftigen. Diese riesigen Magnetfelder treten bei kompakten kosmischen Objekten, nämlich den Weißen Zwergsternen und den Neutronensternen auf. Beide sind Endstadien der Sternentwicklung, bei denen im Inneren keine Energieerzeugung mehr stattfindet und die Materie daher so weit zusammengedrückt ist, daß sie allein ohne Strahlungsdruck die Gravitationskraft kompensieren kann. Die Größe der Magnetfelder läßt sich dann einfach dadurch erklären, daß bei dem Gravitationskollaps wegen der hohen elektrischen Leitfähigkeit der Sternmaterie der magnetische Fluß erhalten bleibt und somit das Magnetfeld umgekehrt proportional zur Querschnittsfläche anwächst. Mit den in Tab. 2.1 zusammengestellten typischen Werten erkennt man, daß Ausgangsfeldstärken von $10^{-3} - 10^{-1}$ Tesla, wie man sie bei Sternen durchaus mißt, genügen, um das Auftreten dieser riesigen Felder zwanglos zu erklären.

Tab. 2.1: Physikalische Parameter von Weißen Zwergsternen und Neutronensternen im Vergleich mit unserer Sonne

	Sonne	Weiße Zwergsterne	Neutronensterne
Masse	2×10^{30} kg $= m_\odot$	$\sim 1 m_\odot$	$\sim (1-2) m_\odot$
Radius	7×10^5 km $= R_\odot$	$\sim 10^4$ km $\approx 10^{-2} R_\odot$	~ 10 km $\approx 10^{-5} R_\odot$
Mittlere Dichte	1.4 g/cm^3	$\sim 10^6$ g/cm^3	$\leq 10^{15}$ g/cm^3
Rotationsperiode	27 d	100 s–Tage ?	10^{-3}–10^3 s
Magnetfeldstärke	$\sim 10^{-4}$–10^{-3} T	$\sim 10^2$–10^5 T	$\sim 10^7$–10^9 T

Magnetfelder von $10^8 - 10^9$ Tesla sind 10 Millionen mal größer als die stärksten Felder, die man in irdischen Labors herstellen kann. Unabhängig davon, daß man sie auch praktisch nicht finanzieren könnte — ein Kubikzentimeter Feld enthält soviel Energie, daß seine Erzeugung bei den heutigen Energiepreisen etwa 10 Milliarden Mark kosten würde — sind die Lorentz-Kräfte bei diesen Feldstärken so gewaltig, daß in diesen Feldern irdische Labors zu näherungsweise eindimensionalen Schläuchen zusammenschnurren würden. Die Energiedichte solcher Felder ist tausendfach größer als die Ruhenergiedichte von Wasser. Während normale irdische Materie daher völlig von diesen Feldern dominiert wird, bedeuten sie für Neutronensternmaterie mit einer Dichte von 500 Millionen Tonnen pro Kubikzentimeter dagegen nur eine winzige Störung. Für eine korrekte Modellierung der physikalischen Prozesse in der Umgebung dieser stark magnetisierten kompakten Objekte ist aber die genaue Kenntnis des Verhaltens der Materie eine unabdingbare Voraussetzung, und die einzige Möglichkeit, diese benötigten Daten zu gewinnen, sind Computersimulationen, bei denen man ja gefahrlos das Magnetfeld beliebig groß werden lassen kann. Problematisch sind hier nicht die Kräfte sondern die CPU-Leistung und die Größe des Speichers, denn es hat sich gezeigt, daß bereits die Berechnung des einfachsten atomaren Systems, des Wasserstoffatoms, an die Grenzen einer Cray 2 stößt. Wegen der Zylindersymmetrie des Magnetfelds ist das Problem nicht mehr separierbar und daher numerisch zweidimensional zu behandeln. Um einen Eindruck von der Komplexität zu vermitteln, ist in Abb. 2.1 das Wasserstoffspektrum in Abhängigkeit vom Magnetfeld gezeigt. Die im feldfreien Fall entarteten Linien der Lyman-, Balmer-, Paschen- usw. Serien spalten bei kleinen Feldstärken in ihre Zeeman-Komponenten auf, bei Feldstärken, bei denen die Lorentz- und Coulomb-Kräfte vergleichbar sind, wird das Spektrum völlig zerfleddert und erst bei sehr großen Feldstärken erkennt man wieder eine gewisse Ordnung, die aber jetzt vom Magnetfeld erzeugt wird.

Um sich eine Vorstellung machen zu können, was den Atomen in diesen Magnetfeldern passiert, muß man die Struktur der Wellenfunktionen $\Psi(x,y,z)$ analysieren. Üblicherweise berechnet man dazu Höhenlinien von $|\Psi|^2$, der Aufenthaltswahrscheinlichkeit des Elektrons in verschiedenen zueinander senkrechten Schnittebenen. Ein wesentlich anschaulicherer Eindruck läßt sich jedoch mit der folgenden Methode gewinnen: Man nimmt dazu an, daß das dreidimensionale skalare Feld $|\Psi|^2$ der Elektronendichte "Licht" emittiert, dessen Intensität proportional zu der lokal vorhandenen Elektronendichte ist und das ohne Absorption zum Beobachter gelangt. Die Elektronenwolke des Atoms stellt sich somit als ein optisch dünner selbstleuchtender Gasnebel dar. Die Intensität, die ein entfernter Beobachter aus einer bestimmten Richtung sieht, ist einfach das Integral des in seine Richtung emittierten Lichts längs des Sehstrahls. Indem man nun den Sehstrahl in einem feinen Gitter über das gesamte Atom bewegt, kann man ein Rasterbild erzeugen, das in guter Näherung das wiedergibt, was ein Beobachter tatsächlich sehen würde. Diese Bilder lassen sich natürlich für jede Beobachtungsrichtung berechnen und vermitteln einen realistischen Eindruck von der atomaren Struktur. Eine besonders gute räumliche Vorstellung gewinnt man mit Filmsequenzen, bei denen man die Atome rotieren läßt. Die Methode der Sehstrahlintegration ist zugegebenermaßen relativ rechenintensiv — für ein Bild mit einer Auflösung von 800 × 800 Pixel müssen 640 000 eindimensionale Integrale berechnet werden — die Methode ist aber gut vektorisierbar und, trivialerweise, ideal parallelisierbar. Als ein Beispiel ist in der Abb. 2.2 die Wellenfunktion des Wasserstoffatoms für einen Zustand mit der (feldfreien) Hauptquantenzahl n = 5 für fünf verschiedene Magnetfeldstärken dargestellt. Man erkennt an diesen Bildern deutlich, wie im Magnetfeld durch die immer stärker werdenden Lorentz-Kräfte das

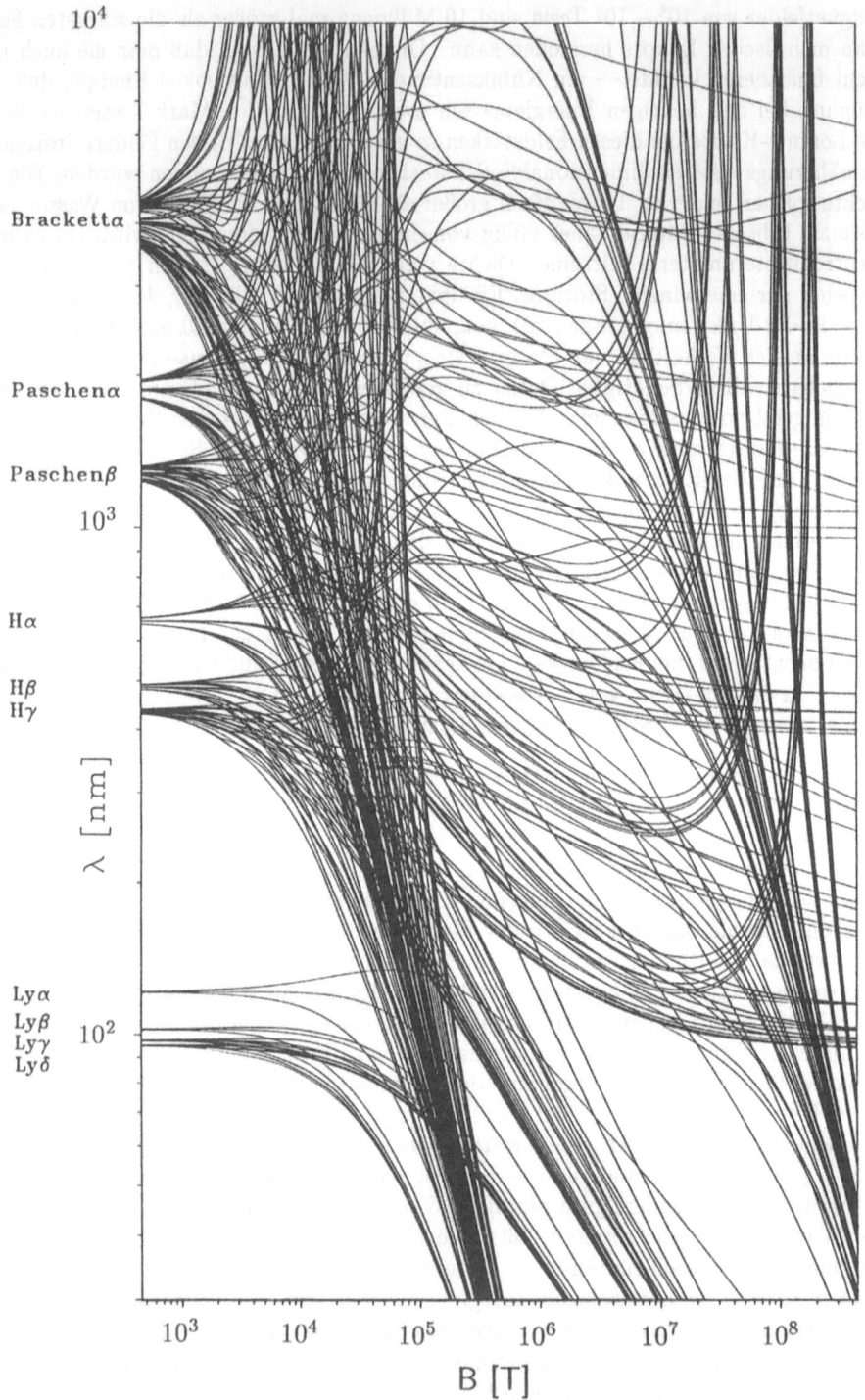

Abb. 2.1: Das Spektrum des Wasserstoffatoms in Abhängigkeit vom Magnetfeld

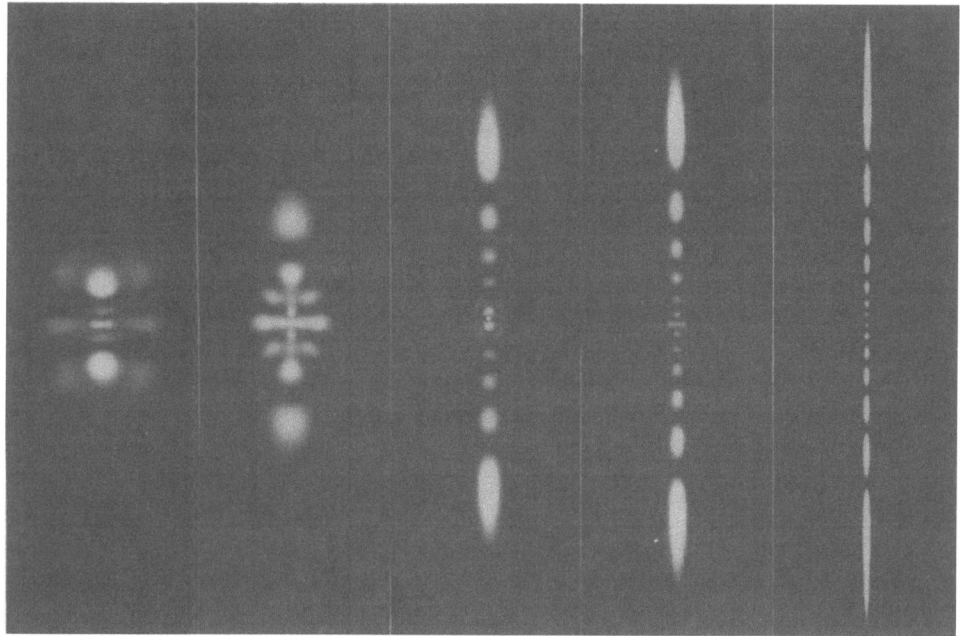

Abb. 2.2: Die Wellenfunktion des Wasserstoffatoms für einen Zustand mit der (feldfreien) Hauptquantenzahl $n = 5$ für fünf verschiedene Magnetfeldstärken (von links nach rechts $B = 0$, 5×10^3, 2.5×10^4, 5×10^4 und 5×10^5 Tesla. Man erkennt deutlich, wie im Magnetfeld durch die immer stärker werdenden Lorentz-Kräfte das Atom senkrecht zum Magnetfeld zusammengeschnürt und dadurch gleichzeitig in Magnetfeldrichtung länger wird.

Atom senkrecht zum Magnetfeld zusammengeschnürt und dadurch gleichzeitig in Magnetfeldrichtung länger wird.

Erwähnenswert ist noch, daß diese Computersimulation die einzige Möglichkeit ist, räumlich hochaufgelöste Bilder von atomaren Strukturen zu gewinnen. Die Mikroskopie von realen Atomen scheitert bei dieser Auflösung grundsätzlich an der Heisenbergschen Unschärferelation, die zwar auch für den Computer aber nicht für die Simulation gültig ist.

Die Bedeutung einer guten Visualisierung kommt insbesondere bei komplexeren Strukturen voll zum Tragen. Als ein Beispiel seien hier hochangeregte Rydbergzustände des Wasserstoffatoms in Labormagnetfeldern genannt. In diesen Zuständen mit Hauptquantenzahlen zwischen 50 und 100 wird aus dem Wasserstoffatom ein zartes und bizarres Gebilde voll künstlerischer Ästhetik mit Bindungsenergien von wenigen Millielektronenvolt und räumlichen Ausdehnungen in Magnetfeldrichtung bis zu einem tausendstel Millimeter, also schon größer als Viren. Diese Gebilde sind interessante Studienobjekte für den Übergang klassische Physik → Quantenphysik und von fundamentaler Bedeutung für Fragen im Zusammenhang mit der Suche nach dem Quantenchaos. Das klassische System zeigt in diesen

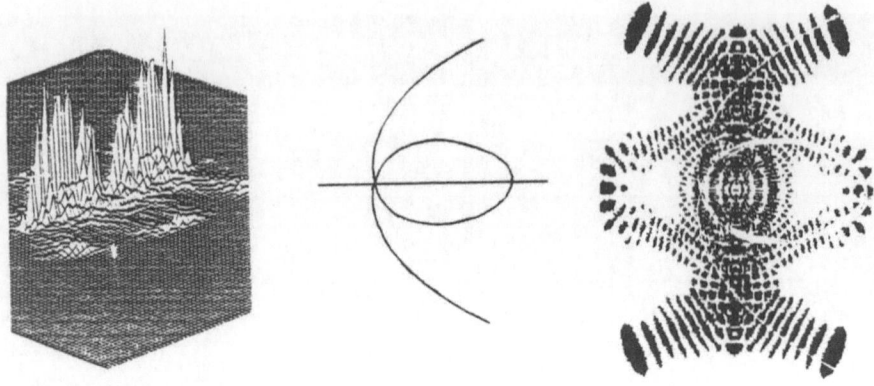

Abb. 2.3: Visualisierung einer Wellenfunktionslokalisierung

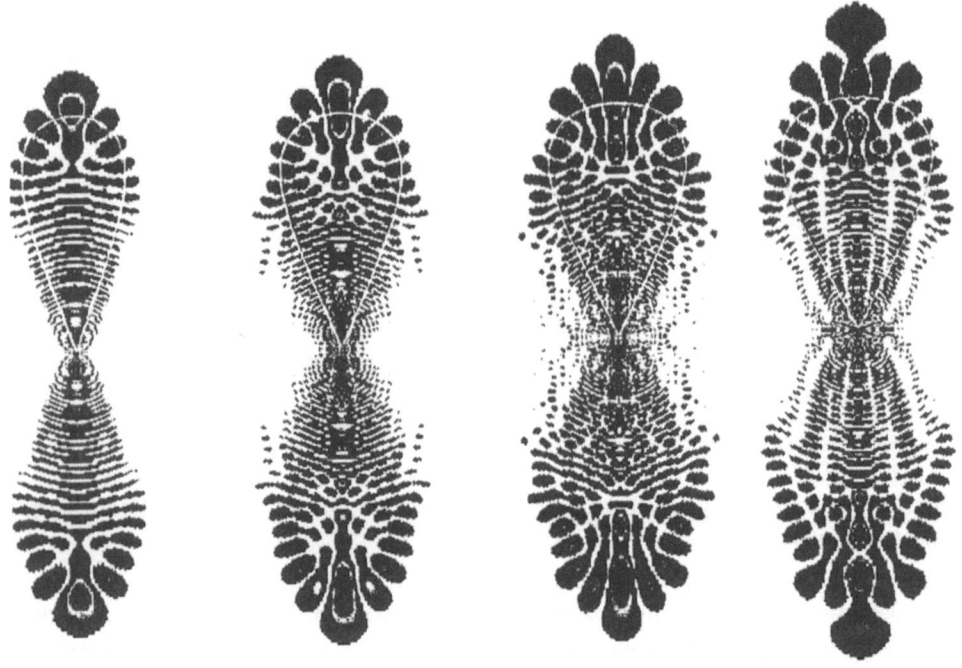

Abb. 2.4: Rydberg-Zustände des Wasserstoffatoms im starken Magnetfeld mit superponierten klassischen Bahnen

interessierenden Magnetfeld- und Energiebereichen einen Übergang von regulärem zu chaotischem Verhalten, klassische Trajektorien werden mithin zunehmend instabil. Semiklassische Vorhersagen lassen eine Lokalisierung der Elektronenbahnen, d.h. eine Überhöhung der Aufenthaltswahrscheinlichkeit längs klassischer Bahnen erwarten. Mit zunehmender Chaotizität des Wasserstoffatoms im äußeren Magnetfeld sollte diese als Vernarbung der Wellenfunktion bezeichnete Eigenschaft zunehmend durch die komplexere Struktur der Wellenfunktion verwischt werden. Ein einfaches numerisches Maß, mit dem sich die Vernarbung einer strukturreichen Wellenfunktion längs einer klassisch chaotischen Bahn berechnen ließe, gibt es nicht. Die Natur hat uns Menschen jedoch mit einem der effizientesten Detektoren zum Aufspüren räumlicher Strukturen ausgerüstet: dem Auge. Verbleibt noch die wesentliche Aufgabe, die quantenmechanischen Strukturen diesem Detektor zugänglich zumachen, d.h. Lokalisierungen zu visualisieren. In Abb. 2.3 zeigen wir das typische Vorgehen: zunächst berechnen wir die Aufenthaltswahrscheinlichkeit des Wasserstoffelektrons im Magnetfeld sowie bei derselben Energie und Magnetfeldstärke klassische Trajektorien, beides dargestellt anhand der beiden linken Bilder. Durch Farbkodierung der Aufenthaltswahrscheinlichkeit und Überlagerung der klassischen Bahn erhalten wir das rechte Bild (hier eine Graukopie), das uns nun zum Detektieren von Wellenfunktionslokalisierungen dient. In diesem Beispiel befinden wir uns klassisch im Übergangsbereich von Regularität zu Irregularität, d.h. einzelne Bahnen sind noch stabil, wie die hier gezeigte, während andere Bahnen bereits instabil sind. Die nächste Abbildung 2.4 zeigt genau einen solchen Übergang auf. Bei den ersten drei Bildern von links sind die klassischen Trajektorien noch stabil, während im vierten Fall die superponierte klassische Bahn instabil ist.

3 Kosmische Röntgenquellen

Im Jahre 1971 wurden von dem mit hoher zeitlicher Auflösung beobachtenden Röntgensatelliten UHURU periodische Röntgenpulse registriert. Aus den Pulsperioden, die im Sekundenbereich liegen und ungeheuer konstant sind, folgt zwingend, daß es sich bei diesen kosmischen Röntgenquellen nur um rotierende Neutronensterne handeln kann. Seit ihrer Entdeckung sind diese Röntgenpulsare Gegenstand intensiver astrophysikalischer Forschungen, da sie die stärksten Röntgenquellen unserer Milchstraße sind. Die Abstrahlung eines typischen Röntgenpulsars beträgt 10^{30} Watt, er emittiert damit allein im Röntgenbereich das zweitausendfache der gesamten Strahlungsleistung unserer Sonne. Der Röntgenpulsar selbst ist ein stark magnetisierter rasch rotierender Neutronenstern, der zusammen mit einem normalen Stern ein enges Doppelsternsystem bildet (Abb. 3.1a). Durch seinen kleinen Radius von nur etwa 10 km und seiner im Vergleich dazu großen Masse von ungefähr einer Sonnenmasse ist ein Neutronenstern ein äußerst kompaktes Objekt mit einer Dichte von 500 Millionen Tonnen pro Kubikzentimeter, also dem Mehrfachen der Dichte von Atomkernen. Aufgrund seiner starken Gravitationswirkung wird Masse aus dem normalen Begleitstern herausgezogen, die auf den Neutronenstern zuströmt und um ihn herum eine dünne Scheibe bildet, die sogenannte Akkretionsscheibe (Abb. 3.1b), von deren innerem Rand die Materie dann endgültig auf die Neutronensternoberfläche stürzt. Die ionisierte Materie, die aus der Scheibe in das Magnetfeld des Neutronensterns eintritt, wird von diesem Feld zu den Magnetpolen hin gebündelt (Abb. 3.1d). Dort treffen dann bei Magnetfeldstärken von $10^8 - 10^9$ Tesla auf eine Fläche von nur wenigen Quadratkilometern 100 Milliarden Tonnen Materie pro Sekunde mit einer Geschwindigkeit von ca. 160 000 km/s, also mit mehr als halber

Lichtgeschwindigkeit, auf. Dabei wird die Oberfläche durch die bei der Abbremsung freigesetzte kinetische Energie auf Temperaturen von ca. 100 Millionen Grad aufgeheizt, was zur Emission der Röntgenstrahlung führt.

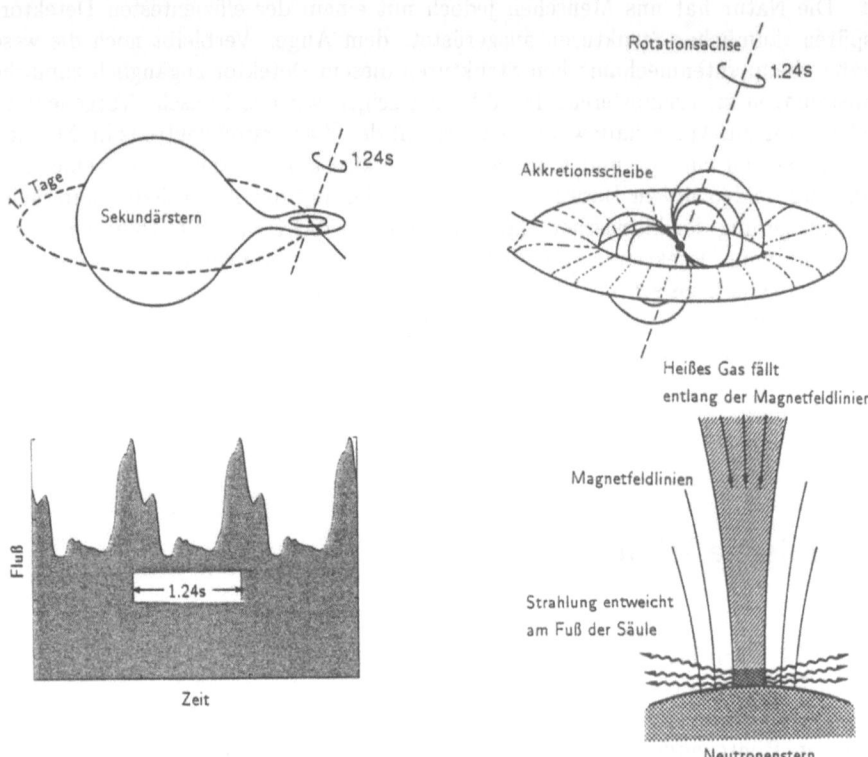

Abb. 3.1: Schematische Darstellung des engen Röntgen-Doppelsternsystems Her X-1 im Sternbild Herkules (a). Die Materie strömt vom Sekundärstern zum Neutronenstern und bildet dabei eine Scheibe (b). Durch die schnelle Rotation des Neutronensterns sieht man die an den magnetischen Polen (d) entstehende Röntgenstrahlung gepulst (c).

Diese "kosmische Röntgenröhre", deren Abstrahlung auf eine oder mehrere Vorzugsrichtungen konzentriert ist, ist so intensiv, daß man damit einen Menschen noch in einer Entfernung von einer Billion Kilometern in Sekundenbruchteilen durchleuchten könnte. Da die Achse durch die magnetischen Pole im allgemeinen nicht mit der Rotationsachse zusammenfällt, sehen wir somit — wie bei einem Leuchtturm — die Röntgenstrahlung mit der Rotationsperiode gepulst (Abb. 3.1c).

Es wäre natürlich ein völlig aussichtsloses Unterfangen, zu versuchen, das gesamte Doppelsternsystem mit allen Einzelheiten bis hin zur spektral aufgelösten Röntgenemission in einem Stück zu simulieren. Der einzig gangbare Weg ist die Zerlegung in Untersysteme

mit wohldefinierten Schnittstellen und Wechselwirkungen. In unserem Beispiel sieht diese natürlich durch die physikalischen Gegebenheiten vorgegebene Zerlegung wie folgt aus:
— Modellierung des Sekundärsterns unter Berücksichtigung der Röntgenstrahlung und der Gezeitenwirkung des Neutronensterns,
— Berechnung der Materieüberströmrate am inneren Lagrange-Punkt,
— Simulation der sich um den Neutronenstern bildenden Akkretionsscheibe in Abhängigkeit von der Überströmrate,
— Stabilitätsanalysen für diese Scheiben, Berechnung ihrer Emission,
— Untersuchung der Wechselwirkungsprozesse am inneren Rand der Scheibe mit der Magnetosphäre des Neutronensterns,
— selbstkonsistente Modellierung der Akkretionssäule auf dem Neutronenstern bei vorgegebener Akkretionsrate und Magnetfeld,
— selbstkonsistente Modellierung der Abbremsregion (Hot Spot) am Fuße der Akkretionssäule auf der Neutronensternoberfläche,
— spektral und zeitlich aufgelöste Berechnung des Strahlungsflusses zum Beobachter unter Berücksichtigung der Lichtablenkung im starken Gravitationsfeld des Neutronensterns.

Zur Simulation dieser verschiedenen Teilsysteme sind jeweils ganz unterschiedliche Verfahren erforderlich. Jeder einzelne Punkt ist bereits ein sehr aufwendiges numerisches Problem. Wir wollen in diesem Abschnitt einige Ergebnisse unserer Simulationsrechnungen zur Entstehung von Akkretionsscheiben und zur Modellierung des Emissionsgebiets auf dem Neutronenstern vorstellen.

Zur Modellierung von Akkretionsscheiben sind Teilchensimulationsmethoden besonders gut geeignet. Ein "Teilchen" repräsentiert dabei ein kleines, aber makroskopisches Volumenelement, gefüllt mit Akkretionsscheibenmaterial. Die Bewegung dieser Pseudoteilchen wird durch die Newtonsche Bewegungsgleichung bestimmt. Sie enthält die Gravitationswirkung der beiden Sterne, die Zentrifugal- und die Corioliskraft. Die zwei Komponenten des Systems werden als Massenpunkte angenommen, die auf Kreisbahnen um den gemeinsamen Schwerpunkt umlaufen. Im mitrotierenden System bewegen sich die Teilchen dann unter dem Einfluß des Roche-Potentials.

In einem ersten Schritt wird mit einem schnellen Verfahren die Bewegungsgleichung numerisch integriert. Die Abb. 3.2 zeigt drei Bahnen von Einzelteilchen in diesem Roche-Potential, die unter leicht verschiedenen Anfangsbedingungen am inneren Lagrange-Punkt gestartet sind. Für eine realistische Simulation müssen zusätzlich der Druckgradient und die Viskosität berücksichtigt werden. Diese makroskopischen Größen müssen auf eine effektive Wechselwirkung zwischen den Gaszellen umgerechnet werden. Die viskose Wechselwirkung verursacht lokal eine Geschwindigkeitsangleichung der einzelnen Teilchen, wodurch ihre Bahnen näherungsweise kreisförmig verlaufen, und führt auf einen nach innen gerichteten Massentransport.

Mit den Beobachtungen direkt vergleichbar sind nur Lichtkurven und Spektren. Um aus den simulierten Scheiben realistische Lichtkurven zu erhalten, muß man den Strahlungstransport in der Scheibe berücksichtigen, d.h. man muß berechnen, wie die durch die viskose Wechselwirkung lokal in der Scheibe erzeugte Energie abgestrahlt wird. Außerdem hängt die Lichtkurve natürlich sehr empfindlich davon ab, unter welchem Winkel das System beobachtet wird. Beispielsweise ergeben sich große Unterschiede, je nachdem ob der Neutronenstern und die Akkretionsscheibe während einer Bahnperiode vom Begleitstern verdeckt werden

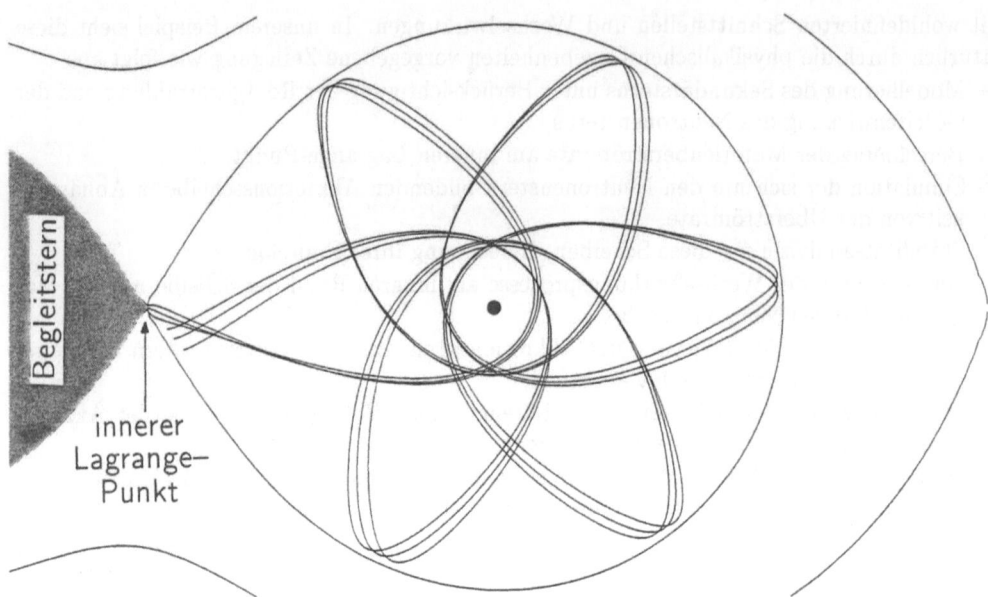

Abb. 3.2: Einteilchenbahnen im Roche-Potential mit etwas unterschiedlichen Anfangsbedingungen am inneren Lagrange-Punkt

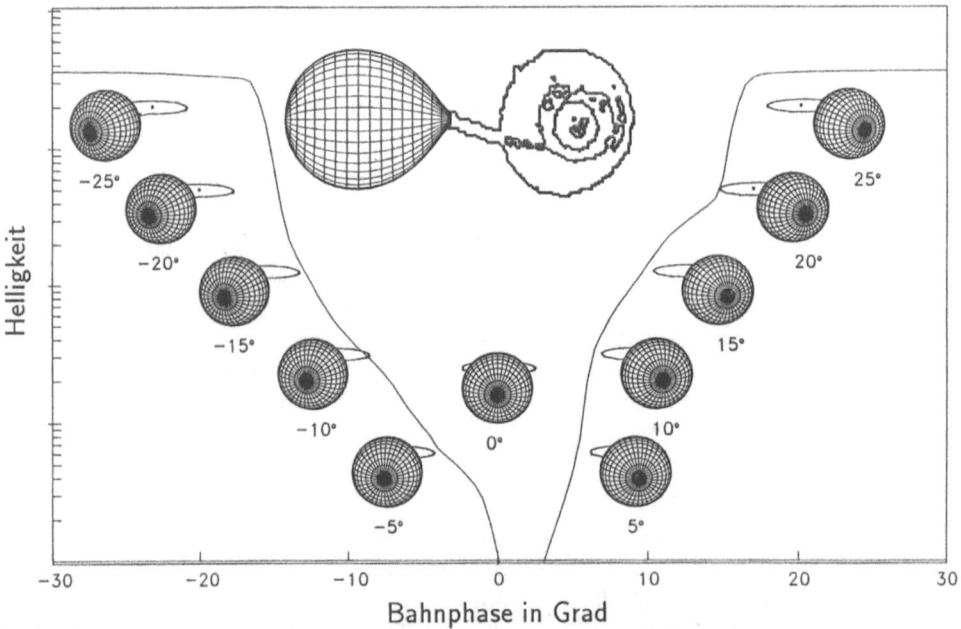

Abb. 3.3: Beispiel einer Lichtkurve für die Bedeckung einer Akkretionsscheibe. Die jeweilige Stellung des Systems relativ zum Beobachter ist in Schritten von 5 Grad eingezeichnet. Die Draufsicht zeigt die räumliche Struktur der Scheibe.

oder nicht. Die Abb. 3.3 zeigt eine typische Lichtkurve für die Bedeckung einer Akkretionsscheibe. Zur Veranschaulichung ist auch noch die jeweilige Stellung des Systems relativ zum Beobachter gezeichnet.

Als besonders wichtig für unsere Untersuchungen von Akkretionsscheiben hat sich eine gute Diagnostik erwiesen. Eine Rechnung, beginnend mit der Bildung der Scheibe bis hin zu einem stationären Zustand mit etwa 20 000 Teilchen, benötigt viele Cray 2 CPU-Stunden und erzeugt einige 100 MByte an Daten. Um die Vorgänge bei der Scheibenbildung, die Entstehung von Spiralstrukturen, die Ausbildung von Instabilitäten usw. verfolgen zu können, müssen diese Daten als Filmsequenzen aufbereitet werden. Abb. 3.4 zeigt eine Zeitserie für die Entwicklung einer Scheibe. Wir beginnen die Rechnungen ohne Scheibe und lassen kontinuierlich Materie vom normalen Stern auf den kompakten Stern überströmen. Nach vielen Umlaufperioden (typisch mehrere Stunden) hat die Scheibe ihren endgültigen Zustand erreicht. Dann strömt vom inneren Rand genau soviel Materie auf den kompakten Stern wie der Scheibe vom Begleitstern zugeführt wird.

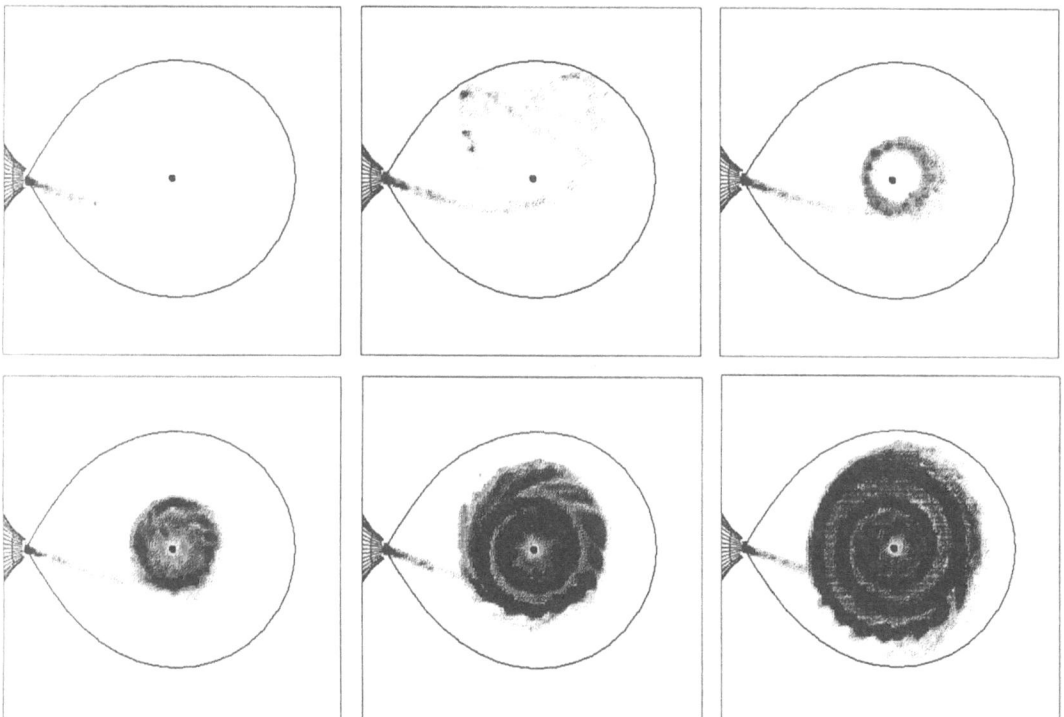

Abb. 3.4: Zeitserie der Entwicklung einer Akkretionsscheibe. Die Materie strömt vom normalen Stern durch die Gravitationswirkung auf den kompakten Stern und bildet dabei eine dünne Scheibe. Die Graustufen sind ein Maß für die Flächendichte.

Die Materie, die die Scheibe am inneren Rand verläßt, ist aufgrund der hohen Temperaturen ionisiert und muß daher den Magnetfeldlinien bis zu den Polen auf der Neutronensternoberfläche folgen. Der größte Teil der Röntgenstrahlung entsteht dort in der Abbremsregion, wo die Materie mit hoher Geschwindigkeit auftrifft. Die Abbremsung erfolgt innerhalb weniger Zentimeter. Die Strahlung muß dann durch den einfallenden Plasmastrom hindurch entweichen, bevor sie zum Beobachter gelangt. Die genaue Berechnung der Photonenausbreitung in diesem heißen, relativistisch schnell strömenden, stark magnetisierten Plasma ist ein außerordentlich schwieriges Problem. Die Plasmaströmung bewirkt eine Mitführung der Röntgenquanten, was zur Folge hat, daß diese die Säule bevorzugt in Richtung auf den Stern verlassen und so ringförmig um die Akkretionssäule auf die Neutronensternoberfläche auftreffen. Dort werden sie durch mehrfache Streuprozesse reflektiert, wodurch sich am Fuße der Säule ein im Röntgenlicht leuchtender Ring bildet.

4 Lichtausbreitung in starken Gravitationsfeldern

Ein Effekt, dessen Bedeutung für die korrekte Modellierung von physikalischen Phänomenen in der Umgebung stark gravitierender kompakter Objekte erst seit kurzem voll erkannt wurde, ist die Lichtablenkung in diesen starken Gravitationsfeldern. Licht wird, genauso wie jede andere elektromagnetische Strahlung auch, durch die gewaltige Gravitation — etwa 500 Milliarden mal größer als auf der Erdoberfläche — "angezogen"; seine Ausbreitung weicht von der geradlinigen Bahn ab. Während dieser Effekt bei der Sonne nur sehr gering ist (1.75 Bogensekunden am Sonnenrand), beträgt er in der Nähe eines Neutronensterns mehr als 45 Grad. Die Abb. 4.1 zeigt einige Photonenbahnen in der Schwarzschild-Metrik. Als eine Folge dieser Ablenkung kann auch Licht von Teilen der Rückseite des Sterns den Beobachter erreichen, man kann also teilweise um den Stern herumschauen, und es wird somit ein größerer Teil der Sternoberfläche sichtbar. Noch drastischer sind die Effekte für Strahlung, die etwas (einige 100 Meter) oberhalb der Sternoberfläche entsteht. Diese Strahlung kann selbst dann zum Beobachter gelangen (s. Abb. 4.1), wenn das Emissionsgebiet genau hinter dem Stern liegt.

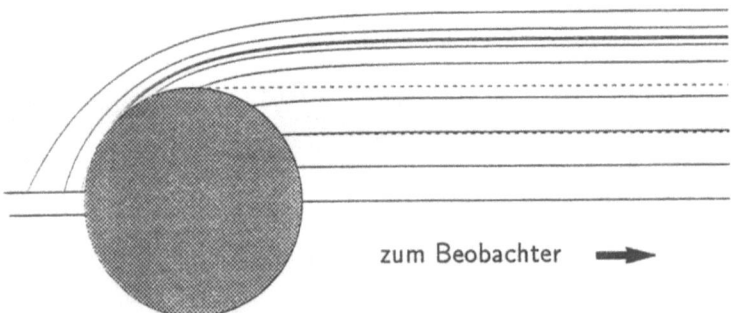

Abb. 4.1: Lichtablenkung bei einem Neutronenstern. Gezeichnet sind einige Bahnen von Photonen, die zu einem weit entfernten Beobachter gelangen.

Zur Verdeutlichung der Lichtablenkung und der dadurch bewirkten Effekte haben wir berechnet, wie für einen entfernten Beobachter ein Neutronenstern mit einem Ring (Abb. 4.2) und mit einem umlaufenden Begleitstern (Abb. 4.3) aussehen würde. Das dazu erforderliche Ray-Tracing in der Schwarzschild-Metrik ist relativ aufwendig, da die Bahn jedes einzelnen

Photons durch numerische Integration bestimmt werden muß. Ein Bild mit einer Auflösung von 4800 × 4800 Punkten benötigt auf einer Cray 2 etwa 10 Minuten CPU-Zeit. Die hohe Auflösung ist zumindest lokal notwendig, da die Emission auf sehr kleinen Längen stark variieren kann.

Der wesentliche Unterschied zu der uns vertrauten Raum-Zeit-Struktur besteht darin, daß man durch die Lichtablenkung am Neutronenstern um ihn herumschauen kann. Dies hat zur Folge, daß man bei dem Ring in Abb. 4.2 gleichzeitig die Ober- und die Unterseite des hinter dem Neutronenstern liegenden Ringteils sieht. Hierin liegt der Grund für die verwirrende scheinbare Aufspaltung des Rings. Genau das gleiche gilt auch für den umlaufenden Stern (Abb. 4.3), von dem man Teile sowohl links als auch rechts vom Neutronenstern erkennt und der, wenn er sich hinter dem Neutronenstern befindet, sogar als ringförmiges Gebilde erscheint.

5. Science Fiction

Seit Albert Einstein vor 74 Jahren seine allgemeine Relativitätstheorie aufgestellt hat, gibt es ungezählte Geschichten und Filme, die versuchen, die diesen physikalischen Theorien zugrundeliegenden Raumzeitvorstellungen zu veranschaulichen. Da wir nicht täglich mit 99% der Lichtgeschwindigkeit zu unserem Arbeitsplatz in der Nähe eines Schwarzen Loches fliegen, widerspricht die Raum-Zeit-Struktur der Relativitätstheorie vollkommen unserer tagtäglichen Erfahrung. Wir leben in unserer Vorstellung in einem dreidimensionalen euklidischen Raum, die Lichtgeschwindigkeit ist für uns praktisch unendlich. Daß dies bei Geschwindigkeiten, die nahe an der Lichtgeschwindigkeit liegen, nicht so ist, wird in der Relativitätstheorie beschrieben und ist experimentell mit hoher Genauigkeit bestätigt. Die dadurch auftretenden Erscheinungen — aus unserer Erfahrungswelt heraus als Paradoxa beurteilt — sind physikalische Realität.

Dank der Rechenleistung moderner Supercomputer eröffnet sich hier ein reizvolles, weniger der Forschung, sondern mehr dem Verständnis dienendes Gebiet der Visualisierung der vierdimensionalen Raum-Zeit-Struktur der Relativitätstheorie. Die Grundidee ist einfach: man gibt sich physikalisch realistische Objekte vor, modelliert lokal ihr Emissionsverhalten, wie beispielsweise leuchtende Oberflächen, emittierende und absorbierende Volumina, und berechnet dann für einen ruhenden oder auf einer bestimmten Bahn fliegenden Beobachter mit Hilfe der Sehstrahlverfolgung in der gekrümmten Raumzeit Einzelbilder, aus denen sich Filmsequenzen aufbauen lassen.

Bewegt sich auch der Beobachter mit einer der Lichtgeschwindigkeit vergleichbaren Geschwindigkeit, sind überdies noch Lichtlaufzeiteffekte zu berücksichtigen, d.h. man muß rückwärts den Ort berechnen, an dem die Photonen emittiert wurden, die gleichzeitig ins Auge des Beobachters gelangten. Zusätzlich kann man diese Sequenzen für zwei Augenpositionen berechnen und so versuchen, sogar dreidimensionale Vorstellungen zu gewinnen. Eins ist jedoch schon sicher: Die Beschleunigung auf Warp-Geschwindigkeiten beim Raumschiff Enterprise oder im Krieg der Sterne sind zwar sehr phantasievoll gemacht, sie sind aber — ebenso wie der Flug durch das Schwarze Loch in dem gleichnamigen Film — physikalisch falsch, so sähe es nicht aus!

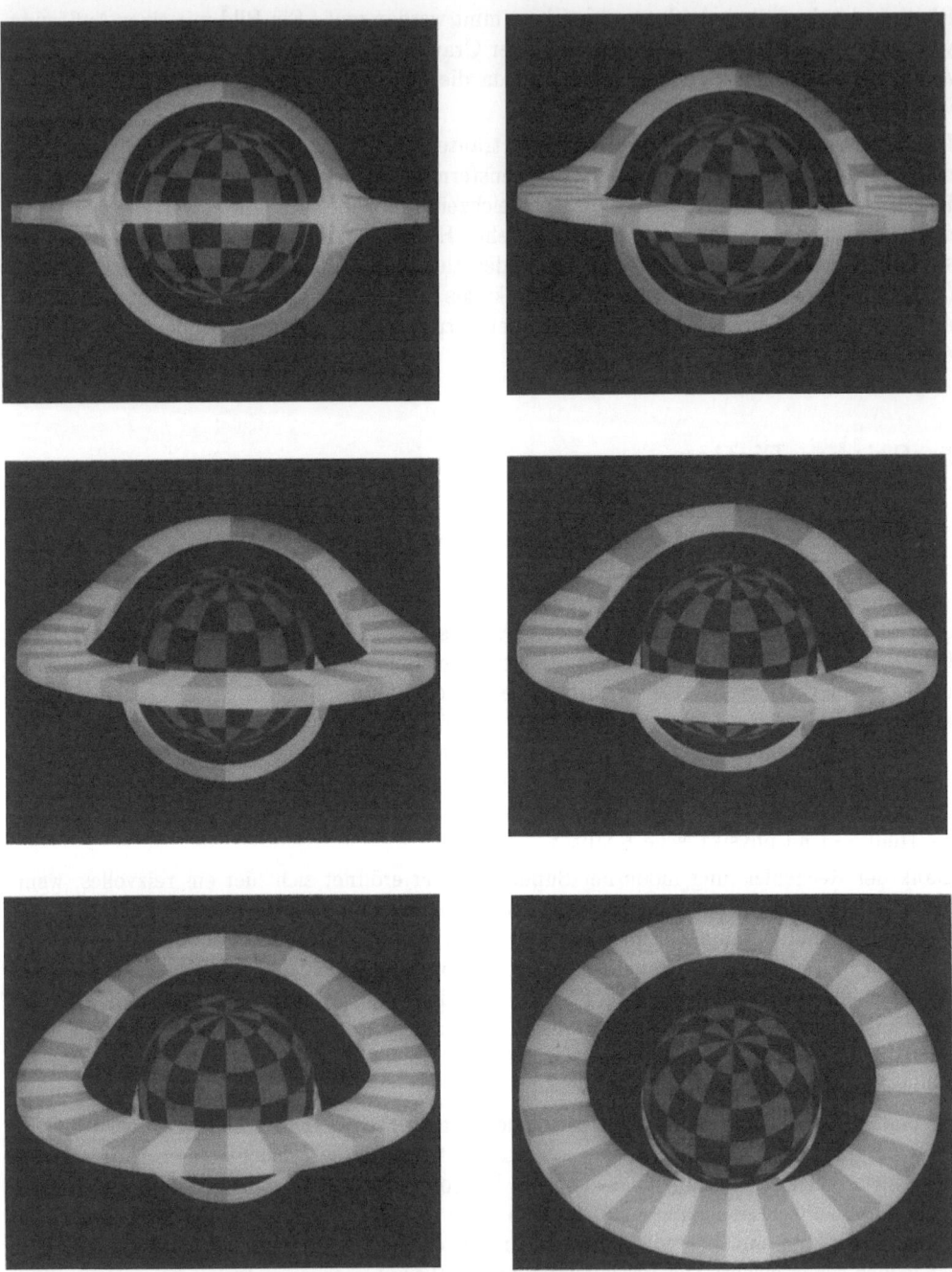

Abb. 4.2: Raum-Zeit-Struktur in der Umgebung eines Neutronensterns. Die Bilder zeigen einen zur besseren Veranschaulichung mit einem Karomuster überzogenen Neutronenstern und einen ihn umgebenden ebenfalls karierten Ring unter verschiedenen Blickwinkeln. Durch die gravitative Lichtablenkung ist gleichzeitig die Ober- und Unterseite des Rings zu sehen. Man beachte auch die gleichzeitige Sichtbarkeit der beiden Pole auf dem Neutronenstern.

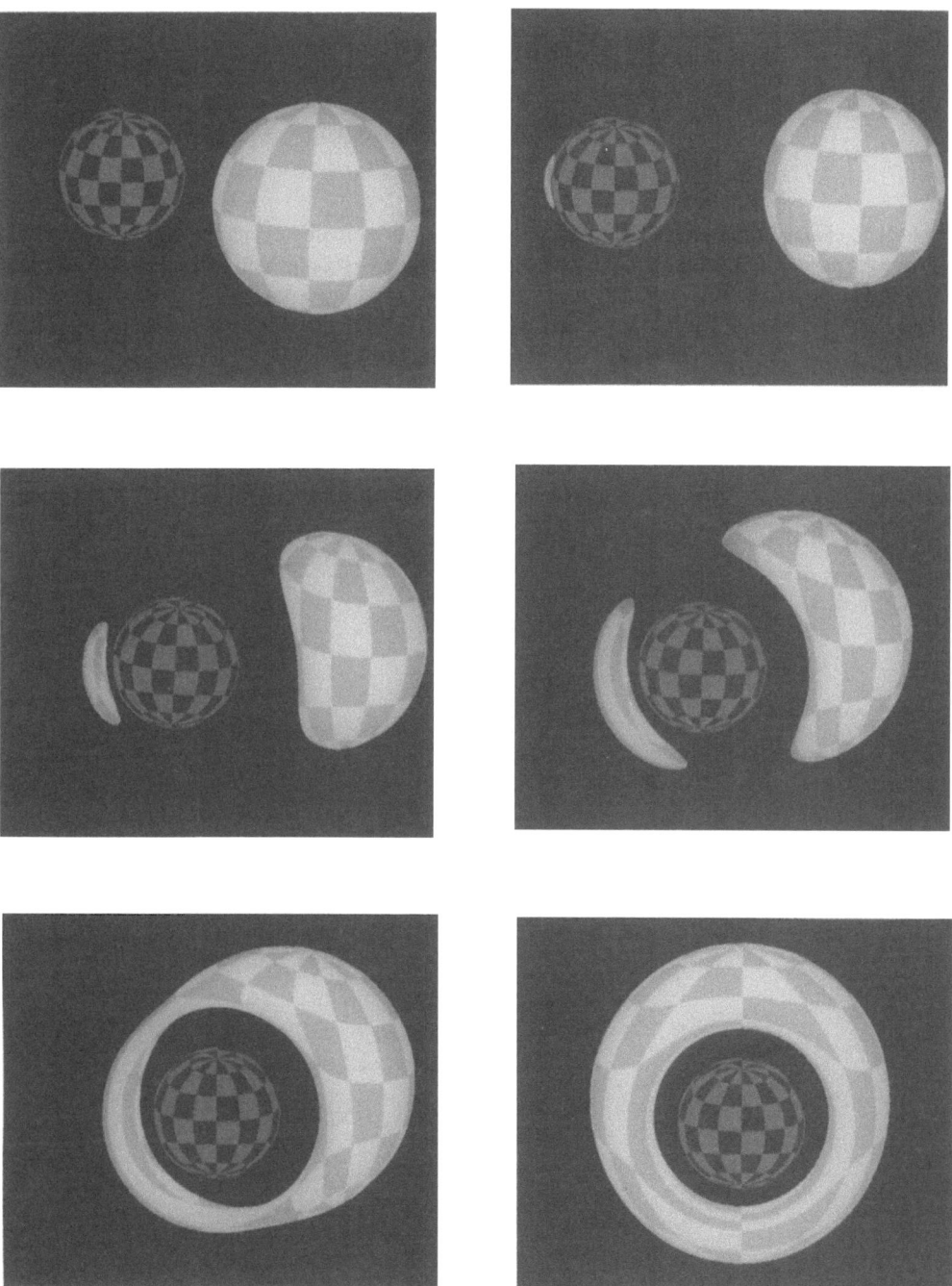

Abb. 4.3: Die Bilder zeigen sechs verschiedene Bahnphasen von dem Umlauf eines als masselos angenommenen Sterns um einen Neutronenstern. Durch die gravitative Lichtablenkung sieht man den Stern teilweise links und rechts vom Neutronenstern und, wenn er sich hinter dem Neutronenstern befindet, sogar als ein ringförmiges Gebilde.

Parallele Rechner

Parallele Rechnersysteme entwickeln sich immer stärker von experimentellen Forschungs-Prototypen hin zu allgemein einsetzbaren Produkten. Dabei lag in den vergangenen Jahren der Schwerpunkt der Entwicklungen bei Architekturen für numerische Anwendungen im Bereich der Mechanik, der Physik, der Chemie usw. Mit großem Erfolg wurden parallele Rechner auch schon früh für graphische Probleme und in der Bild- und Sprachverarbeitung eingesetzt.

In letzter Zeit wird aber immer deutlicher, daß Parallelrechner ihre Bedeutung auch in durchaus traditionellen kommerziellen Anwendungen wie etwa Datenbanken haben.

Die drei Vorträge in dieser Sitzung versuchen, einen repräsentativen Querschnitt der Parallelrechner-Architekturen und ihrer Anwendungsmöglichkeiten zu vermitteln und die Entwicklungen der näheren Zukunft vorzuzeichnen.

Massiv parallele Datenbankanwendungen in Multiprozessorsystemen

Gerhard Schiele

Institut für Parallele und Verteilte Höchstleistungsrechner
Universität Stuttgart
Azenbergstr. 12, D-7000 Stuttgart 1
schiele@ipvr.informatik.uni-stuttgart.dbp.de

Kurzfassung: Der Einsatz von Intra-Transaktions-Parallelität im Rahmen von Mehrprozessor-Datenbanksystemen ist geeignet, die speziellen Anforderungen, der aus Non-Standard-Datenbankanwendungen bekannten komplexen Transaktionen, zu erfüllen. Dieser Artikel beschreibt einen Mechanismus zur einfachen Implementierung und Evaluierung unterschiedlicher paralleler Ausführungsschemata für jegliche Art komplexer Transaktionen. Kernidee ist eine Trennung der algorithmischen Aspekte der Berechnung von der Beschreibung des parallelen Ausführungsplans. Diese Vorgehensweise unterstützt insbesondere massiv parallele Datenbankanwendungen, die eine Reihe äußerst günstiger Eigenschaften hinsichtlich der Ressourcenauslastung in einem Mehrprozessor-Datenbanksystem aufweisen (*speedup*, *scaleup*). Die Strategie der massiven Parallelisierung erscheint aus diesen Gründen besonders tauglich, komplexe Transaktionen zu realisieren. Einige Argumente belegen die Sichtweise, daß diese Art der Mehrebenen-Programmierung in allen Gebieten des Umgangs mit nicht klassischen, "strukturierten" Transaktionen hilfreich ist.

Abstract: The use of intra-transaction parallelism within a multi-processor database system is well suited to meet the special requirements of complex transactions as known of the so-called non-standard database applications. This paper describes a mechanism for easily implementing and evaluating different parallel execution schemes for any given complex transaction. Key idea is to separate the algorithmic aspects of the computation from the description of the parallel execution plan. This approach supports especially massive parallel database applications, which show a number of very favourable properties in regard to resource consumption in a multi-processor database system (*speedup*, *scaleup*). Due to this reason the massive parallel computation strategy seems to be very useful to execute complex transactions. Some arguments are given to support the view of this kind of multi-level programing being useful in all areas of handling non-classical, 'structured' transactions.

Inhaltsverzeichnis

1. Einleitung
2. Parallelität in komplexen Transaktionen
2.1 Arten der Parallelverarbeitung
2.2 Klassifikation transaktionsinterner Parallelität
3. Eine Testumgebung zur Parallelverarbeitung komplexer Transaktionen
3.1 Skripte zur Parallelverarbeitung
3.2 Der Scheduler - Basiskonzepte
3.2.1 Ereignisse
3.2.2 Aufträge
3.2.3 Basisfunktionen
3.2.4 Spezifikation des Skripts
3.2.5 Prozeßsysteme
3.2.6 Adressierungsmodi
3.2.7 Ausführungszyklen
3.2.8 Transaktionsverwaltung
3.3 Implementierungsaspekte
3.3.1 Die Tandem-Umgebung
3.3.2 Lastbalancierung
4. Massiv parallele Datenbankanwendungen
4.1 Massiv parallele Berechnung der transitiven Hülle
4.2 Leistungsmessungen
5. Anwendungen
6. Weitere Eigenschaften der Testumgebung
7. Schlußbemerkungen
8. Literatur

1. Einleitung

In zunehmendem Maß werden Datenbanksysteme (DBS) aufgrund ihrer vorteilhaften Eigenschaften für die Realisierung von *Nichtstandard-Datenbankanwendungen* herangezogen [Reut87]. Von Nichtstandard-DB-Anwendungen spricht man beispielsweise bei integrierten Systemen zur Lösung von Ingenieuraufgaben aus dem CAD/CAM-Bereich, bei deduktiven Datenbanksystemen zur Regelverarbeitung, wie sie aus den Expertensystemen bekannt sind, oder bei 4GL-Systemen, die immer häufiger auch zur Lösung komplexer Anwendungen eingesetzt werden. Kennzeichen aller Nichtstandard-DB-Anwendungen sind eine große Anzahl von mächtigen Benutzeroperationen, die zu Serien von zeit- oder datenintensiven Transaktionen führen, den sogenannten *komplexen Transaktionen*. Es ist zu beobachten, daß auch komplexe Transaktionen interaktiv eingesetzt werden, wie dies bei konventionellen DB-Anwendungen der Fall ist, beispielsweise in Buchungs- oder Reservierungssystemen. Dies stellt besondere Ansprüche an ein DBS hinsichtlich des Durchsatz- und Antwortzeitverhaltens und der Erweiterungsfähigkeit. Diese Forderungen gelten auch für konventionelle DB-Anwendungen, da auch hier eine rapide Steigerung des Leistungsbedarfs aufgrund zunehmender Integration vieler Einzelsysteme und stark erhöhten Nutzungsfrequenzen zu vermerken ist [GGGHS85, Hell85].

Zur Erfüllung dieser Anforderungen bietet sich die Ausnutzung von Parallelität im Rahmen von *Mehrprozessor-Datenbanksystemen* an. Neben der Frage nach geeigneten Systemarchitekturen [HR86, Reut86, HR87] ist zu untersuchen, auf welcher Ebene Parallelität eingesetzt werden soll und inwiefern dies von den speziellen Anforderungen konkreter Anwendungen abhängt. Bei dem gegenwärtigen Stand der Technik kann nicht von fundiertem allgemeingültigen Wissen über mögliche Parallelisierungsstrategien in komplexen Transaktionen geredet werden. Eine automatische Erkennung möglicher Parallelisierungsstrategien und deren Bewertung durch intelligente Übersetzer ist nur für sehr wenige Spezialgebiete denkbar, und selbst dort handelt es sich meist nur um einfache Heuristiken. Dieses Defizit kann nur durch systematische experimentelle Untersuchungen verringert werden. Dazu ist eine Programmierumgebung erforderlich, die eine schnelle Implementierung und Evaluierung der unterschiedlichsten Parallelisierungstechniken in Nichtstandard-DB-Anwendungen erlaubt.

Diese Untersuchungen sind Teil des **PROSPECT**-Projektes (*PRocessor Organizations Supporting Parallel Execution in Complex Transactions*) [PROS86 - PROS90].

2. Parallelität in komplexen Transaktionen

In Datenbanksystemen hat die Parallelverarbeitung eine sehr lange Tradition, indem der parallele Zugriff mehrerer Transaktionen auf dieselbe Datenbank unterstützt wird. Dies ist allerdings eine sehr spezielle Art der Parallelität, da nur wirklich unabhängige Transaktionen parallel verarbeitet werden. Transaktionen, die auf denselben Datenbestand zugreifen, werden durch geeignete Synchronisationsmechanismen serialisiert. Tatsächlich erfolgt daher eine geschachtelte Verarbeitung einfacher sequentieller Programme auf disjunkten Datenbeständen. Nur der Benutzer sieht Parallelität, wobei es dessen Aufgabe ist, den Grad der Parallelität durch die Programmierung der Transaktionen zu spezifizieren. Dieses Modell ist für klassische Transaktionssysteme geeignet, wo viele kurze Transaktionen auf jeweils sehr kleinen Datenbeständen operieren [Gray81]. Nichtstandard-DB-Anwendungen erfordern aufgrund ihres beträchtlichen Ressourcenbedarfs Systemarchitekturen, welche echte Parallelität auch innerhalb von Transaktionen unterstützen. Diese Anforderungen wurden zwar weitgehend erkannt [TOC79, KIA84, ASI85], aber abgesehen von den Datenbankmaschinen wurden nur sehr geringe Fortschritte auf diesem Gebiet gemacht. Datenbankmaschinen sind allerdings kein typisches Beispiel, da sie eine Art hartverdrahteter Parallelität benutzen. Deshalb ist abhängig von den verwendeten Transaktionstypen auch nur sehr bedingt eine Leistungssteigerung zu erwarten.

Die allgemeinere Frage beschäftigt sich mit der automatischen Erkennung inhärenter Parallelität in komplexen Transaktionen auf jedem Niveau.

2.1 Arten der Parallelverarbeitung

Spricht man über Parallelverarbeitung, wird darunter gewöhnlich die Vektorisierung numerischer Berechnungen oder massive Parallelität in den 'Connection Machine'-Architekturen [Hill85] verstanden. Es gibt ein gemeinsames Merkmal numerischer Probleme und solcher die in kleinere Subprobleme zerlegt werden können und auf eine hohe Anzahl von Prozessoren abgebildet werden: das Problem hat eine invariante homogene Struktur hinsichtlich der iterativen Zerlegung der Gesamtaufgabe in kleinere Einheiten derselben Art. Beispiele hierfür sind einerseits einfache Datenstrukturen wie Vektoren und Matrizen und andererseits reguläre Problemstrukturen wie lineare Gleichungssysteme, Differentialgleichungssysteme, usw.

Die Analyse komplexer Transaktionen in Nichtstandard-DBS zeigt, daß keine dieser Eigenschaften hier zutrifft. Datenbankschemata zur Repräsentation komplexer CAD-Objekte sind von ihrer Struktur weit komplexer als Matrizen, sodaß keine offensichtliche Zerlegung erkennbar ist. Auch Inferenzprozesse weisen in ihrer algorithmischen Struktur sehr viel weniger Regelmäßigkeit auf, als etwa lineare Gleichungssysteme.

Als Konsequenz ergibt sich die Notwendigkeit für einen allgemeineren und dynamischeren Ansatz zur Erkennung und Auswertung von Parallelität in datenbankorientierten Anwendungen. Der Ansatz sollte nicht an Hardware-Strukturen gebunden sein, wie dies bei den Datenbankmaschinen der Fall ist. Ferner sollte idealerweise eine Anwendung in eng gekoppelten homogenen Systemen, wie auch in lokalen oder dezentralen Netzen inhomogener Systeme möglich sein. Nicht zuletzt muß die Architektur heutiger Großrechner - Mehrprozessorsysteme, Anzahl und Mächtigkeit von Kanälen und Kontrolleinheiten, usw. - berücksichtigt werden.

Beispiele für echte Parallelität bei der Bearbeitung von Datenbankanfragen finden sich in sehr wenigen Systemen. System R^* [Will82] verwendet Parallelität bei der Verbundberechnung über zwei unterschiedliche Knoten und während der Commit-Bearbeitung. Die Gamma Datenbankmaschine [GW87] wurde für alle Arten der Parallelität entworfen, aber bis jetzt beschränken sich Experimente auf parallele Verbundberechnung, Selektionen, etc. Diesbezügliche Publikationen erlauben keine Voraussage, wie eine Erweiterung erfolgen kann. Die Beschreibung des PRIMA Storage Servers [Härd87] enthält einige Hinweise zur Verwendung von Parallelität, allerdings scheint dieses System noch nicht einsetzbar zu sein. Die einzigen kommerziell verfügbaren Produkte, welche transaktionsinterne Parallelität verwenden, sind Tandem's NonStop SQL [TAND90] und Teradata's DBC 1012 [Nech85]. NonStop SQL setzt parallele Operationen auf partitionierten Datenbeständen ein [EGKS89], u.a. auch Hash-partitionierte Join-Methoden zur Verbundberechnung. Teradata arbeitet mit Speicherungsstrukturen basierend auf Hash-Techniken. Daten einer Anfrage können parallel von den Platten gelesen werden. Dies ist allerdings auch in klassischen Datenbanksystemen möglich, wie z.B. DB2. Eine Änderung der Prozessor- oder E/A-Architektur wäre nicht erforderlich. Auch dies ist daher eine sehr eingeschränkte Art der Parallelität, welche nur sehr spezielle Anfragen unterstützt.

2.2 Klassifikation transaktionsinterner Parallelität

Die Dekomposition einer komplexen Anfrage in parallel ausführbare Subaufträge kann nach unterschiedlichen Kriterien erfolgen. Schlüsselprobleme sind die nahezu willkürlichen Kombinationsmöglichkeiten dieser Kriterien abhängig sowohl von der Problemstruktur, wie auch von globalen Systemparametern. Folgende Klassifikation nach vier unterschiedlichen Merkmalen erscheint für Datenbankanwendungen sinnvoll:

■ **Datenabhängig:** Operationen auf großen Datenmengen können als parallele Operationen auf disjunkten Datenpartitionen ausgeführt werden. Diesen Ansatz verwenden Teradata, Tandem's NonStop SQL [EGKS89] und - bis zu einem bestimmten Grad - System R^*.

■ **Funktionsabhängig:** Eine komplexe Operation wird durch eine iterative Zerlegung in einfachere Funktionen zerlegt. Für einige dieser Funktionen stehen eventuell spezialisierte Prozessoren zur Verfügung, beispielsweise für das Sortieren, das Suchen auf Platten oder für Spezialberechnungen. Die prominentesten Vertreter dieses Ansatzes sind die Datenbankmaschinen.

■ **Lastabhängig:** In Mehrprozessorsystemen kann die Entscheidung, was parallel auf welchem Prozessor verarbeitet werden soll, lastabhängig erfolgen. Da die theoretsichen Grundlagen einer dynamischen Lastverteilung weitgehend fehlen, existieren diesbezüglich nur sehr wenige realisierte Ansätze. In diesem Fall ist die Zerteilung auch nicht naheliegend. Ein beliebiges Programm kann nicht willkürlich zerteilt und wechselnden Ressourcen zugeordnet werden. Die Möglichkeiten der dynamischen Ressourcenvergabe werden vielmehr durch den aktuellen Bedarf bestimmt und stark eingeschränkt. In sehr vielen Fällen existieren keine Wahlmöglichkeiten, nur der Zeitpunkt der Vergabe kann beeinflußt werden.

■ **Abhängig von der Ebene der Implementierung:** Die Ausführung einer Operation erfolgt durch eine dynamische Abstraktion. Setzt man eine geeignete Systemarchitektur voraus, können systeminterne Strukturen bis zu einem gewissen Grad asynchron gewartet werden. Dies ist diejenige Art von Parallelität, wie sie schon sehr lange in konventionellen DBS eingesetzt wird, beispielsweise zur Aktualisierung von Zugriffspfaden oder zur Erstellung von Protokollsätzen.

Offensichtlich können diese Kriterien willkürlich kombiniert werden, allerdings nicht immer in orthogonaler Weise. Aufgrund unterschiedlicher Voraussetzungen sind die entstehenden Wechselwirkungen nur sehr schwer vorhersagbar, teilweise können sich einzelne Strategien bei Berücksichtigung der konkreten Parameter sogar widersprechen. Beispielsweise setzt die datenabhängige Zerteilung unabhängig verfügbare Datenpartitionen voraus, um wirksam sein zu können, während bei der lastabhängigen Zerteilung die momentane Systemlast ausschlaggebend ist. Hier kann ein Widerspruch entstehen, wenn ein Subauftrag Daten benötigt, die nur über einen ganz bestimmten Prozessor erreichbar sind, dieser jedoch momentan schon überlastet ist. Die funktionsabhängige Zerteilung ist nur dann unabhängig möglich, wenn sie nicht an bestimmte Datenlokationen oder Spezialprozessoren gebunden ist, andernfalls entstehen dieselben Probleme. Zusätzlich wird die Situation durch die Wahl des Zeitpunkts der Zerteilung erschwert. Die daten- und funktionsabhängige Zerteilung kann statisch erfolgen, während eine effiziente lastabhängige Zerteilung natürlich die konkrete Systemlast kennen muß, d.h. prinzipiell nur dynamisch möglich ist.

Eine generelle Antwort auf diese Fragen zu geben, übersteigt den Anspruch dieses Artikels. Vielmehr sollen diese Ausführungen die Probleme bei der Parallelisierung komplexer Transaktionen verdeutlichen und die Notwendigkeit einer Testumgebung für Parallelverarbeitung belegen, wie sie in den folgenden Kapiteln dargstellt wird. Die präzise Fragestellung lautet daher:

Wie erstellt man tatsächlich ein paralleles Programm zur Berechnung komplexer Anfragetypen und welchen Ausführungsplan wählt man basierend auf welchen Informationen?

3. Eine Testumgebung zur Parallelverarbeitung komplexer Transaktionen

Um zu bestimmen, welche Art der Parallelität hinsichtlich einer gegebenen Problemstruktur, einer Prozessorarchitektur, eines Datenbanksystems etc., welches Maß an Leistungssteigerung ergibt, müssen alle relevanten Strategien implementiert und meßtechnisch ausgewertet werden. Dies ist ein sehr ehrgeiziges Unterfangen, da im Grunde genommen nichts über die Auswirkungen auf das Leistungsverhalten unterschiedlicher Parallelberechnungsschemata für Datenbankanfragen bekannt ist. Das Schreiben und Testen paralleler Programme ist bekanntermaßen sehr schwierig, umsomehr, wenn der parallele Algorithmus komplexe Anfragen mit irregulären Datenstrukturen beinhaltet. Eine erschöpfende Untersuchung aller unterschiedlichen paralleler Verarbeitungsschemata in unterschiedlichen Teilen des Systems erscheint daher als prohibitiv schwieriges Unterfangen.

Aus diesem Grunde wurde die Testumgebung für Parallelverarbeitung entworfen [Schi89] - im folgenden mit dem wenig phantasievollen Namen *Scheduler* bezeichnet. Die zugrundeliegende Idee ist eine Trennung des algorithmischen Teils der Verarbeitung von der Beschreibung des parallelen Ausführungsschemas. Die algorithmischen Teile des Problems werden als simple sequentielle Programme codiert. Eine zusätzliches *Skript* zur Beschreibung und Kontrolle des parallelen Ausführungsplans, welcher daten-, funktionsoder lastabhängig sein kann, garantiert die notwendige Flexibilität.

3.1 Skripte zur Parallelverarbeitung

Die Testumgebung basiert auf dem bekannten *Requester-Server-Modell* zur Auftragsverarbeitung in einem Prozeßsystem. Dieses Modell wurde um einfache Synchronisationskonstrukte erweitert, die dem Programmierer den einfachstmöglichen Umgang mit parallelen Abläufen ermöglicht. Ziel ist die Befreiung von der Überwachung der realen zeitlichen Abläufe. Abhängigkeiten zwischen den Subaufträgen einer komplexen Transaktion können unabhängig vom tatsächlichen Zeitpunkt der Verarbeitung spezifiziert im Skript werden. Der Scheduler verarbeitet das Skript und befreit den Programmierer auf diese Weise von der komplexen Aufgabe der Zustandsüberwachung parallel aktiver Aufträge und der nicht einfacheren Verwaltung der asynchronen Kommunikation.

3.2 Der Scheduler - Basiskonzepte

Es ist sehr einfach, das grundlegende Konzept der Testumgebung mittels der Analogie der Petri-Netze [GL81] zu verstehen. Diese werden zwar gewöhnlich als formales Mittel zur Beschreibung der Dynamik asynchroner Prozeßsysteme verwendet, es gibt aber keinen stichhaltigen Grund, Petri-Netz-Konstrukte nicht aus der umgekehrten Sichtweise als reale Kontrollinstanz zu verwenden. Ausgehend von den Dienstleistungsklassen des Requester-Server-Modells, welche die Teiloperationen der gegebenen komplexen Transaktion realisieren, beschreibt und steuert das Skript mit Petri-Netz-Konstrukten, wie die parallelen Prozesse die Gesamtverarbeitung leisten. Der Scheduler fungiert als Interpreter des Skripts und vergibt die Subaufträge gemäß den Spezifikationen.

3.2.1 Ereignisse

Ereignisse sind die zentralen Synchronisationskonstrukte und dienen der Beschreibung des momentanen Zustands in dem sich ein Auftrag befinden. Ereignisse sind durch ihren Namen, ihre Eintrittsbedingung bestehend aus logischen Verknüpfungen anderer Ereignisse und ihrer Lebensdauer definiert. Drei Ereignistypen mit folgenden Charakteristika werden unterschieden:

Typ	Lebensdauer	Erlaubte Zustandsübergänge
dauerhaft	unendlich	false -> true (einmalig)
vergänglich	bis zum Eintritt	false -> true (einmalig)
dynamisch	unendlich	false <-> true (Zustand kann beliebig oft wechseln)

Als Elementarereignisse werden zusätzlich das immer wahre Ereignis *true* und das leere Ereignis *none* unterschieden.

Jedes Ereignis aktiviert bei seinem Eintreten alle abhängigen Aufträge in atomarer Weise, d.h. zwischenzeitlich werden keine weiteren Aufrufe von Basisfunktionen anderer Prozesse bearbeitet. Ist ein abhängiger Auftrag ein Auftrag zur Modifikation eines weiteren Ereignisses und tritt dieses durch diese Modifikation ein, so werden rekursiv auch dessen abhängige Aufträge atomar noch vor der Bearbeitung des nächsten expliziten Aufrufs einer Basisfunktion bearbeitet. Die unterschiedlichen Ereignistypen unterscheiden sich ausschließlich im Hinblick auf ihre Lebensdauer. *Dauerhafte* Ereignisse können nur einmalig eintreten, ihre Definition bleibt aber erhalten und das Ereignis kann beliebig oft referenziert werden. Die Definition vergänglicher Ereignisse erlischt nach deren Eintritt, d.h. das Ereignis ist nach diesem Zeitpunkt unbekannt. Dynamische Ereignisse schließlich können durch explizite Manipulationen ihrer Eintrittsbedingungen beliebig oft eintreten.

Spezielle Ereignisse stellen schließlich die *Klassenwächter* dar. Diese dynamischen Ereignisse überwachen die globalen Systemaktivitäten. Jeder Dienstleistungsklasse ist ein Klassenwächter zugeordnet, der immer dann wahr ist, wenn diese Klasse inaktiv ist. Wächter sind immer dann hilfreich, wenn auf einfachste Art, die Terminierung der Gesamtverarbeitung erkannt werden soll.

Aus implementierungstechnischen Gründen wurden die Eintrittsbedingungen der Ereignisse als einfache Zähler realisiert. Die gewünschten logischen Verknüpfungen mit anderen Ereignissen erhält man unter Zuhilfenahme von Zwischenereignissen und Basisfunktionen zur expliziten Modifikation der Eintrittsbedingungen.

3.2.2 Aufträge

Aufträge sind die Basiseinheiten der Verarbeitung. Jeder Auftrag ist implizit an ein *Start-* und ein *Terminierungsereignis* gebunden, um einerseits den frühestmöglichen Zeitpunkt seiner Verarbeitung festzulegen und andererseits die Terminierung dieses Auftrags zu dokumentieren und eventuell abhängige Subaufträge zu aktivieren. Start- und Terminierungsereignisse sind beliebig definierte Ereignisse. Als Startereignis kann das Ereignis *true* verwendet werden, um auszudrücken, daß ein Subauftrag nicht von anderen Aufträgen abhängt, also sofort bearbeitet werden kann. Das Terminierungsereignis wird dann modifiziert, wenn der Auftrag vollständig berechnet wurde. Tritt dabei das Terminierungsereignis ein, werden alle abhängigen atomar Aufträge aktiviert. Besitzt ein Auftrag keine abhängigen Subaufträge, kann als Terminierungsereignis das Ereignis *none* verwendet werden. In diesem Fall besteht keine Möglichkeit, Kenntnis über den konkreten Zeitpunkt der Terminierung dieses Auftrags zu erlangen.

3.2.3 Basisfunktionen

Die Basisfunktionen des Schedulers - oder anders ausgedrückt die Bestandteile des Skripts - sind im einzelnen [GS90]:

■ **Define-Event**: Hiermit wird ein neues Ereignis bestehend aus einem Namen, dem Typ und einer Eintrittsbedingung definiert. Die Ereignisbedingung kann optional zu einem späteren Zeitpunkt vervollständigt werden. Referenzen eines Ereignisses sind auch bei einer unvollständigen Ereignisdefinition möglich.

- **Define-Task:** Hiermit werden Subaufträge definiert. Jeder Subauftrag ist durch sein Start- und Terminierungsereignis, seine logische Adresse (Klassenindex oder Server-Identifikator) und seine aktuellen Parameter definiert.

- **Accept-Task:** Mit dieser Funktion drückt ein Server seine Bereitschaft aus, einen neuen Auftrag zu akzeptieren. Implizit ergibt sich aus diesem Aufruf das Bearbeitungsende des vorigen Auftrags, d.h. dieser gilt als beendet, das entsprechende Terminierungsereignis wird modifiziert und falls es eintritt, werden abhängige Folgeaufträge zur Bearbeitung freigegeben.

- **Send-Token:** Mit dieser Funktion, die ebenfalls an ein Startereignis gebunden ist, kann die Eintrittsbedingung eines beliebigen Ereignisses explizit verändert werden. Auf diese Weise ist es möglich, auch komplizierte Eintrittsbedingungen zu modellieren.

- **Wait-on-Event:** Diese Funktion erlaubt die Suspendierung eines Programms bis zum Eintritt eines beliebigen Ereignisses. Beispielsweise kann das übergelagerte Kontrollprogramm diese Funktion bezüglich der Klassenwächter zur Terminierungserkennung der Gesamtberechnung verwenden.

Der reale Scheduler verfügt über eine ganze Reihe weiterer Funktionen, die genannten sollten aber genügen, einen Eindruck von der Funktionsweise zu vermitteln.

3.2.4 Spezifikation des Skripts

Es gibt zwei Möglichkeiten, das aus Sequenzen von Basisfunktionen bestehende Skript zu spezifizieren. Einerseits kann der gesamte parallele Ablauf *statisch* vorgeplant und als eine Einheit zur Bearbeitung an den Scheduler übergeben werden. Anderseits ist eine *dynamische* und stückweise Spezifikation zur Laufzeit möglich.

3.2.5 Prozeßsysteme

Zur Verarbeitung der Aufträge wurde das Requester-Server-Modell geringfügig modifiziert. Das Prozeßsystem besteht aus den drei Komponenten *Kontrollprogramm*, *Scheduler* und einer beliebigen Anzahl von *Server-Klassen*. Das Kontrollprogramm initiert den Start der gesamten Prozeßkonfiguration und steuert den globalen Kontrollfluß. Der Scheduler startet die Server-Klassen anhand einer statischen Konfigurationsbeschreibung oder dynamisch durch den Aufruf von Basisfunktionen. Ferner steuert der Scheduler die gesamte Ereignisverwaltung und Auftragsvergabe, wie sie im Skript spezifiziert wird. Die Server sind analog zum Requester-Server-Modell in *Klassen* organisiert und als einfache sequentielle Programme implementiert. Jede Klasse bietet einen Dienst an und besteht aus einer beliebigen Anzahl von Server-Prozessen, die jeweils dasselbe Programm ausführen und für ihre gesamte Lebenszeit realen Prozessoren zugeordnet werden. Auftraggeber kann sowohl das zentrale Kontrollprogramm oder aber jeder beliebiger Server sein, d.h. das Skript muß nicht notwendigerweise an einer zentralen Stelle und zu einem Zeitpunkt entstehen.

3.2.6 Adressierungsmodi

Aufträge können mittels zweier Adressierungsmodi vergeben werden. Bei der *Klassenadressierung* ist die gesamte Server-Klasse Adressat eines Auftrags, d.h. zur Berechnung kann ein beliebiger Server ausgewählt werden. Klassenadressierung setzt die *kontextfreie* Programmierung der Server voraus und überläßt die Lastbalancierung vollständig dem Scheduler. Bei der *Direktadressierung* wird gezielt ein ganz bestimmter Server einer Klasse angesprochen. Diese Adressierungsart ermöglicht eine kontextsensitive Programmierung der Server. Zusätzlich können bei dieser Adressierungsart mehrere Server direkt über effiziente Kommunikationskanäle Daten austauschen. Bei der Direktadressierung erfolgt die Lastbalancierung durch den Anwender selbst.

Wenn ausschließlich die Klassenadressierung verwendet wird, wird aus Sichtweise der Auftragsvergabe das Prozeßsystem als *dynamisches System* bezeichnet, wenn die direkte Adressierung eingesetzt wird, dann spricht man von *statischen Prozeßsystemen*. Beide Adressierungsarten können gemischt verwendet werden, d.h. ein Server einer Klasse kann sowohl direkt- wie auch klassen-adressierte Aufträge erhalten.

3.2.7 Ausführungszyklen

Ausführungszyklen wurden eingeführt, um zu einem beliebigen Zeitpunkt der Gesamtverarbeitung einen *globalen Synchronisationspunkt* zu definieren. Der globale Synchronisationspunkt bedeutet eine kontrollierte Unterbrechung der Gesamtverarbeitung, d.h alle ablaufenden Aktivitäten werden zu einer globalen Synchronisation gezwungen. Zu diesem Zweck stehen unterschiedliche Modi zur Verfügung. Jeder Modus legt fest, wie weitere Aufrufe von Basisfunktionen während der globalen Synchronisationsphase behandelt werden sollen. Allen Modi gemeinsam ist ein sofortiger Stop der Auftragsvergabe durch den Scheduler bis zum Erreichen der globalen Synchronisation. Des weiteren kann festgelegt werden, was mit bereits definierten, aber noch nicht verarbeiteten Aufträgen geschehen soll. Dabei kann es sich um Aufträge handeln, deren Startbedingungen nicht eingetreten sind oder die noch keinem verfügbaren Adressaten zugewiesen werden konnten. Die angebotenen Modi decken ein Spektrum vom "sanften" Auslaufen der Verarbeitung, bis hin zum "radikalen" Abbruch ab. Ein Ausführungszyklus wird explizit begonnen und kann mehrfach durch globale Synchronisationspunkte unterbrochen werden. Das Ende wird implizit durch das Beginnen eines neuen Ausführungszyklus' definiert. Ausführungszyklen spielen bei den massiv parallelen Strategien eine besondere Rolle. Sie dienen dort zum schnellen Erreichen der Terminierung beim Auffinden einer gesuchten Lösung durch einen beliebigen Server. Ausführungszyklen ermöglichen auch in vielen anderen Fällen die oftmals erforderliche globale Synchronisation mit minimalem Aufwand.

3.2.8 Transaktionsverwaltung

Es besteht die Möglichkeit zur Verwendung einer *globalen Transaktion*. Diese wird vom Kontrollprogramm kontrolliert, d.h. begonnen und beendet, und wird mit jedem Auftrag an den Adressaten weitergereicht. Die globale Transaktion ist an einen Ausführungszyklus gebunden. Jeder Server hat die Möglichkeit, während der Bearbeitung eines Auftrags eine *lokale Transaktion* zu verwenden, die dann die globale Transaktion überlagert.

Diese Art der Transaktionsverwaltung ist allerdings stark von dem verwendeten DBS abhängig und kann nicht auf alle Architekturen übertragen werden.

3.3 Implementierungsaspekte

Bei der Realisierung des vorgeschlagenen Konzepts stellt sich in erster Linie die Frage nach der Unabhängigkeit von der verwendeten Rechnerarchitektur. Die Idee der Trennung des algorithmischen Teils der Verarbeitung und des Skripts zur Steuerung des Ausführungsszenarios ist ein sehr allgemeines Konzept der Mehrebenenprogrammierung, welches hier nicht weiter diskutiert werden kann. Die Basisfunktionen des Schedulers wurden bewußt einfach gehalten, sie sind aber mächtig genug, die interessantesten Fälle paralleler Ausführungsschemata zu realisieren. Konzeptuell ist das Verarbeitungsmodell unabhängig von der Rechnerarchitektur. Um die erwartete Leistungssteigerung zu erreichen ist prinzipiell jedes Multiprozessorsystem geeignet; in diesen Fällen kann echte Parallelität entstehen. Auch die Art der Kopplung der Prozessoren, lose oder eng, beeinflußt im wesentlichen nur die Implementierungstechniken, ähnliches gilt für das eingesetzte Betriebssystem. Wesentlich mehr Wechselwirkungen entstehen auf den ersten Blick durch das verwendete Datenbanksystem. Hier ist entscheidend, ob dessen Systemarchitektur die Ausnutzung transaktionsinhärenter Parallelität zuläßt oder durch vorhandene zentrale Komponenten eine weitgehenden Sequentialisierung erzwingt. Näher betrachtet kann aber festgehalten werden, daß diese Frage ausschließlich die Effizienz konkreter Parallelisierungsstrategien betrifft, nicht aber die Konzepte der Testumgebung. Denn diese erlauben ja gerade die Formulierung jeder Art von parallelen Ausführungsplänen. Aus diesen Gründen sind die vorgestellten Konzepte der Testumgebung nicht auf spezielle Mehrprozessorarchitekturen beschränkt. Allenfalls der Implementierungsaufwand und der Overhead durch die interne Verwaltung kann sich unterscheiden.

3.3.1 Die Tandem-Umgebung

Da die gesamte Testumgebung als Teil des Projektes PROSPECT implementiert wurde, nutzt sie die Eigenschaften des Betriebssystems Guardian [TAND85]. Guardian basiert auf einer lose gekoppelten Mehrprozessorarchitektur und ist ein nachrichtenorientierten Betriebssystem, welches insbesondere sehr schnelle Kontextwechsel erlaubt (ein Prozeßwechsel kostet weniger als 500 Maschineninstruktionen). Alle Komponenten der Testumgebung (Kontrollprogramm, Scheduler, Server) sind als Prozesse und die Basisfunktionen durch den Austausch von Botschaften realisiert. Durch eine sehr effektive Bündelung der Aufrufe von Basisfunktionen und das asynchrone Senden in Paketen, konnte das gesamte Nachrichtenaufkommen auch bei massiv parallelen Anwendungen auf ein zu vernachlässigendes Maß reduziert werden. Die Bündelungstechniken sind für Anwender vollständig transparent und können keinen nachteiligen Verzögerungen oder Deadlock-Situationen verursachen.

Als Datenbanksystem wird NonStop SQL [TAND90] verwendet. NonStop SQL ist ein verteiltes relationales DBS, das eng mit dem Betriebssystem Guardian verknüpft ist und aufgrund seiner Architektur parallele Operationen auf partitionierten Datenbeständen erlaubt, auch auf sehr kleinen Granulaten (einzelnen Tupeln).

3.3.2 Lastbalancierung

Von grundlegender Bedeutung bei allen Arten von Parallelisierungsstrategien in Mehrprozessorsystemen sind die Methoden der Lastbalancierung. Ausgehend von einer Menge ausführbarer Aufträge lautet einfach ausgedrückt die zentrale Fragestellung, wann welche dieser Aufträgen an welche Prozessoren zur Bearbeitung übergeben werden soll. Diese Entscheidung hat erhebliche Auswirkungen auf die Wirksamkeit einer konkreten Strategie, denn sowohl eine zu geringe Auslastung wie auch die Überlastung einer Ressource wirkt sich sehr nachteilig aus. Die theoretischen Grundlagen einer dynamischen Lastbalancierung in Mehrprozessorsystemen fehlen weitgehend. Es existieren meist nur Vorschläge, die sich auf eine ideale Umgebung beziehen, in der alle Aufträge eine uniforme Größe haben und dieselben Ressourcen benötigen, jeder Auftrag zu gleichen Kosten von einem beliebigen Prozessor verarbeitet werden kann und Störeinflüsse anderer Anwendungen nicht betrachtet werden. Generell liegt das Kernproblem der dynamischen Lastbalancierung in den fehlenden detaillierten Angaben der benötigten Ressourcen eines Auftrags. Die aktuelle Systemlast kann zwar sehr genau bestimmt werden, aber ohne das Lastprofil eines Auftrags zu kennen, kann die Entscheidung welcher Prozess bzw. Server einen Auftrag zu welchem Zeitpunkt verarbeiten soll nur auf Heuristiken beruhen, und diese Entscheidung kann gänzlich falsch sein. Selbst Techniken die versuchen anhand statistischer Informationen und der konkreten Parameter eines Auftrags sein Lastprofil zu schätzen, sind nur für wenige Spezialfälle erfolgversprechend.

Ähnliche Argumente lassen sich auf die Methoden der Prozeßmigration bei Überlastsituationen anwenden.

Aus diesen Gründen wurde nur ein sehr rudimentärer Lastbalancierungsalgorithmus realisiert, der analog zur flexiblen Wahl einer Parallelisierungsstrategie die Realisierung der unterschiedlichsten Lastbalancierungsmethoden durch entsprechende Skripte erlaubt. Prinzip ist eine selbstregulierende Strategie, in der Server neue Aufträge erst dann anfordern, wenn sie die Bearbeitung eines Auftrags abgeschlossen haben. Auf diese einfache Weise erhalten bei Verwendung der Klassenadressierung immer die am wenigsten belasteten Prozessoren neue Aufträge. Im Durchschnitt entsteht eine gleichmäßige Auslastung. Nachteile dieser Strategie sind die fehlende Beachtung des Lastprofils eines Auftrags und die geringe Eignung für den Mehrbenutzerbetrieb. Ein Auftrag wird immer dort verarbeitet, wo die momentane Systemlast am geringsten ist, seine Bearbeitungskosten aber nicht unbedingt minimal sind. Die zur Verfügung stehenden Ressourcen werden maximal ausgenutzt, was zu starken Benachteiligungen anderer Anwendungen führen kann. Durch Verwendung der Direktadressierung ist es jedoch leicht möglich, jede beliebige benutzergesteuerte Lastbalancierungsstrategie zu realisieren. Gepaart mit einem zusätzlichen Mechanismus zur Lastbegrenzung - der Ressourcenverbrauch einer parallelisierten komplexen Transaktion kann je Prozessor auf beliebige Werte limitiert werden [PROS89b] - ist die systemseitige Lastbalancierungsstrategie bei den im folgenden vorgestellten massiv parallelen DB-Anwendungen aufgrund der feinen Granulate besonders effizient.

4. Massiv parallele Datenbankanwendungen

Unter einer *massiv parallelen Datenbankanwendung* ist eine Parallelisierungsstrategie zu verstehen, bei der die komplexe Transaktion in eine prinzipiell unbeschränkte Anzahl von Subaufträgen mit feinstem Granulat zerlegt wird. Prinzipiell besteht eine enge Verwandschaft mit dem Datenflußprinzip. Die typische Auftragsgröße ist in diesem Fall eine oder wenige Datenbankoperationen auf sehr kleinen Datenmengen, meist auf nur einem Datensatz (Tupel). Massiv parallele DB-Anwendungen basieren sowohl auf einer daten- wie auch funktionsabhängigen Partitionierung und sind durch eine über weite Bereiche lineare Durchsatzsteigerung bei steigender Anzahl der eingesetzten Prozessoren gekennzeichnet. Zum einen muß der benötigte Datenbestand geeignet partitioniert sein - evtl. geschieht dies in einer Initialisierungsphase - und unabhängig, d.h. mit geringsten Wechselwirkungen von den einzelnen Prozessoren zugreifbar sein. Zum anderen wird die komplexe Operation durch Sequenzen einfachster Funktionen realisiert, der Modifikation einzelner Datensätze.

Beispiele für massiv parallele DB-Anwendungen sind die Hash-partitionierte Join-Berechnung [PROS88b] oder die massiv parallele Berechnung der transitiven Hülle eines Graphen, wie sie beispielsweise zur Stücklistenauflösung oder generell als Rekursionsoperator in Datenbanksprachen verwendet werden kann.

4.1 Massiv parallele Berechnung der transitiven Hülle

Das Beispiel der im folgenden dargestellten massiv parallelen Berechnung der transitiven Hülle eines Graphen, verdeutlicht die Eigenschaften einer bis ins Extreme getriebenen daten- und funktionsabhängigen Zerteilungsstrategie einer komplexen Transaktion sehr anschaulich. Der Algorithmus besticht durch seine Einfachheit und kann als Grundmuster für eine große Klasse von komplexen DB-Anwendungen angesehen werden. Andererseits ist diese Vorgehensweise bisher sehr untypisch, da eine der herausragenden Eigenschaft jedes Datenbanksystems gerade die

Verarbeitung großer Datenmengen mittels mächtiger Operationen ist.

Die transitiven Hülle ist als einfaches relationales Datenbankschema realisiert. Die Basisrelation *GRAPH (Anfangsknoten, Endknoten)* beschreibt durch Auflistung alle Kanten des Graphen. Eine zweite Relation *HÜLLE (Von, Nach)* dient zur Speicherung der zu berechnenden transitiven Hülle und enthält alle Knotenpaare, die durch mindestens einen Kantenzug verbunden sind. Zur Erläuterung der Parallelisierungsstrategie sei die Struktur der Einzelaufträge vorab definiert: Jeder Auftrag besteht aus einem Startknoten K_s und einem aktuellen Knoten K_a. Das Paar (K_s, K_a) drückt aus, daß die Knoten K_s und K_a durch einen transitiven Kantenzug verbunden sind. Gegenstand der Auftragsverarbeitung ist nun die Bestimmung aller direkten Nachfolger K_i des Knotens K_a durch einen einfachen Zugriff auf die Relation *GRAPH*. Für jeden Nachfolger wird ein Tupel der Form (K_s, K_i) in die Relation *HÜLLE* geschrieben, da K_s mit K_i verbunden ist. Scheitert dieser Versuch, d.h. existiert bereits ein Tupel (K_s, K_i), so wird der Knoten K_i aus der Menge der gefundenen Nachfolger gestrichen. Für alle erfolgreich eingetragenen Nachfolger K_i wird abschließend ein neuer Auftrag zur weiteren Evaluierung definiert. Damit ist die Bearbeitung des Auftrages vollständig abgeschlossen. Es bestehen im Sinne des definierten Terminierungsbegriffs keinerlei Abhängigkeiten zu den Folgeaufträgen. Jeder Auftrag wird *isoliert* bearbeitet. Die Gesamtverarbeitung wird durch die Definition eines Auftrags der Form (K_s, K_s), den *Startaufträgen*, für jeden Knoten K_s des Graphen gestartet und endet mit der Verarbeitung des letzten definierten Folgeauftrags, wobei das Ende mit einem Wächterereignis erkannt wird. Da der Graph endlich ist, d.h. nur aus einer endlichen Menge von Ausgangsknoten und Kanten besteht, endet die Verarbeitung. Daß die vollständige transitive Hülle berechnet wird, ist aufgrund der Struktur des Algorithmus' unmittelbar einleuchtend. Je nach Größe des Graphen, d.h. Anzahl der Knoten, entstehen schon beim Start der Berechnung eine relativ große Anzahl auszuführender Aufträge und je nach Vernetzungsgrad sehr schnell sehr viele Folgeaufträge. Das Maß der Redundanz ist beträchtlich, d.h. viele Aufträge führen zu keinen neuen Resultaten und wären daher unnötig.

Das zur Verarbeitung dieser komplexen Transaktion verwendete dynamische Prozeßsystem besteht aus dem Kontrollprogramm welches die Startaufträge definiert und auf das Ende der Bearbeitung wartet und dem Scheduler, der die Aufträge an die Server einer einzigen Klasse versendet. Die Folgeaufträge werden von den Server-Prozessen selbst im Rahmen der Auftragsbearbeitung definiert. Die Anzahl der Server innerhalb der Klasse spielt für die Funktionalität des Algorithmus' keinerlei Rolle. Durch Verwendung nur eines Servers erreicht man auf einfache Weise eine Sequentialisierung der Gesamtverarbeitung und ermöglicht damit den Vergleich mit anderen Algorithmen. Die Sequentialisierung ist dann sichergestellt, wenn alle Prozesse des Prozeßsystems bestehend aus dem Kontrollprogramm, dem Scheduler, dem Server-Prozess und den DB-Prozessen einem einzigen Proyessor zugeordnet werden. Durch Variation der Anzahl der Server und ihrer Zuordnung zu den Prozessoren des Multiprozessorsystems, werden der effektive Parallelitätsgrad und die Lastverteilung direkt beeinflußt.

Wichtigste Grundlage für die Effektivität des Algorithmus' ist die erforderliche Partitionierung der Datenbestände. Beide Relationen werden derart partitioniert, daß ihre Datensätze (Tupel) jeweils gleichmäßig den verwendeten Prozessoren "zugeordnet" werden (s.u.). Dies ist Voraussetzung für eine gleichmäßige Verteilung der Last, die durch die erforderlichen Datenbankzugriffe entsteht. Je nach gewünschtem Parallelitätsgrad, muß die erforderliche Partitionierung bestimmt und bereitgestellt werden.

Dies bedeutet natürlich einen gewissen sequentiellen Initialisierungsaufwand, der die Effizienz nachteilig beeinflußt. Meist ist allerdings die Konfiguartion, in der eine komplexe Transaktion massiv parallel berechnet wird, von statischer Natur. Die Partitionierung und auch die Etablierung des erforderlichen Prozeßsystems kann einmalig vorgenommen werden und damit entfallen die Initialsierungskosten zur Laufzeit.

Die Zuordnung von Datenpartitionen zu Prozessoren ist natürlich stark von der Architektur eines Datenbanksystems abhängig. Nur wenn das Datenbanksystem den unabhängigen Zugriff auf Datenpartitionen erlaubt, kann effektive Parallelität und die erwartete lineare Durchsatzsteigerung erreicht werden. Bei dem verwendeten Datenbanksystem NonStop SQL ist dieser unabhängige Zugriff möglich. Relationen können über mehrere physische Platten verteilt werden. Jede Platte wird ausschließlich von einem *Disc Prozess* des Betriebssystems bedient, welcher auch den Platten Cache verwaltet. Parallele Zugriffe auf unterschiedliche Partitionen einer Relation werden von unterschiedlichen Disc-Prozessen bearbeitet. Handelt es sich dabei um Disc Prozesse unterschiedlicher Prozessoren, entsteht echte Parallelität, und dies muß bei der Partitionierung sichergestellt werden.

Die Fragestellung, wann es sich lohnt, eine komplexe Transaktion tatsächlich zu parallelisieren ist von genereiler Natur und muß näher untersucht werden. Diese Entscheidung ist immer dann möglich, wenn die Kosten einer sequentiellen und der parallelisierten Berechnung bekannt sind und gegeneinander abgewogen werden können. Diese Kostenberechnung ist aber im Gegenteil zu den konventionellen DB-Anwendungen für komplexe Transaktionen sehr schwierig [PROS88b].

4.2 Leistungsmessungen

Grundlage der Leistungsmessungen [PROS88a, PROS88b] bilden die in diesem Kapitel dargestellten Methoden zur massiv parallelen Berechnung der transitiven Hülle eines Graphen. Diese Anwendung eignet sich aufgrund der extrem hohen Anzahl von Aufträgen besonders gut zu einer fundierten Leistungsbewertung des Schedulers. Zusätzlich handelt es sich bei der Hüllenberechnung um eine komplexe Datenbankanwendung, d.h. das Zusammenspiel mit dem Datenbanksystem wird mitberücksichtigt.

Folgende Parameter charakterisieren die Meßserien im einzelnen:

■ Mengengerüst: Die Basisrelation *GRAPH* bestand aus 303 Datensätzen (Kanten). Dies entspricht einem Graphen mit 101 unterschiedlichen Knoten und durchschnittlich 3 Nachfolgern. Die Hülle dieses Graphen besteht aus 13736 Datensätzen (Pfaden). Sowohl der Graph, wie auch die berechnete Hülle wurden derart partitioniert, daß je verwendetem Prozessor für jede Relation eine Partition zur Verfügung stand. Dies garantierte echt parallele Datenbankzugriffe in allen Fällen.

■ Variiert wurde der Parallelitätsgrad durch eine unterschiedliche Anzahl von Prozessoren die für Server-Prozesse verwendet wurden. Um die Meßwerte einfach interpretieren zu können, wurde für den Scheduler und das Kontrollprogramm ein Prozessor reserviert. Diesem Prozessor wurde ferner keine Datenbankpartition zugeordnet. Praktisch ist diese Reservierung nicht erforderlich. Selbst bei der Verwendung von einem mit 16 Prozessoren maximal ausgebauten Tandem-System benötigt der Scheduler nur ca. 2% der gesamten Prozessorlast. Je Prozessor wurde ein Server-Prozeß konfiguriert. Die besten Resultate werden allerdings bei der Verwendung von ca. 5 Server-Prozessen je Prozessor erreicht. In diesem Fall liegt die Prozessorauslastung während der gesamten Berechnung bei nahezu 100%. Der maximale Speedup und der gringste Overhead je Auftrag wird bei dieser Wahl erreicht. Mehrere Server-Prozesse je Prozessor erschweren aber die Interpretation der Meßresultate unnötig.

#CPUs	Antwortzeit [sec]	#Aufträge	Redundanz grad [%]	#Datenbank- aufrufe (dbc)	#Pakete	Durchsatz [Aufträge/sec]	Durchsatz [dbc/sec]	Speedup	Effizienz [%]
1	878				142	15.8	70.6	1.0	100.0
2	567				317	24.4	109.4	1.5	77.4
3	408	13837	55.7	62016	491	33.9	152.0	2.2	71.7
4	322				656	43.0	192.6	2.7	68.2
5	268				840	51.6	231.4	3.3	65.5
6	229				1195	60.4	270.8	3.8	63.9

Tabelle 1: Übersicht der erzielten Meßresultate

■ Vergleichskriterien: Zielsetzung der Messungen war eine lineare Durchsatzsteigerung des massiv parallelen Algorithmus' bei steigender Anzahl von Prozessoren nachzuweisen. Um aber einen Eindruck von der generellen Wirksamkeit des massiv parallelen Ansatzes zu erhalten, erfolgte zusätzlich ein Vergleich mit dem sequentiellen Algorithmus der Delta-Iteration zur Berechnung der transitiven Hülle [Baye85b]. Bei der Delta-Iteration wird die Hülle mit Sequenzen weniger mächtiger, d.h. datenintensiver, Datenbankoperationen berechnet. Ein wichtiger Unterschied zum massiv parallelen Ansatz ist die Vermeidung jeder Redundanz, d.h. Resultate werden nicht unnötigerweise abgeleitet. Der massiv parallele Algorithmus wurde wie bereits angedeutet, durch die Verwendung einer zentralen Datenbank und nur eines Server-Prozesses auf einem einzigen Prozessor sequentialisiert. Das überraschende Resultat dieses Vergleichs war eine um ca. 9% bessere Antwortzeit des massiv parallelen Ansatzes gegenüber der Delta-Iteration! Dies verdeutlicht in eindrucksvoller Weise die Wirksamkeit dieses im Vergleich zur Delta-Iteration so simplen Algorithmus'.

Tabelle 1 gibt einen Überblick über die erzielten Resultate im parallelen Fall. Es sind unabhängig von der Anzahl der Prozessoren insgesamt 13837 Aufträge zu verarbeiten. Die Datenbanklast ist durch 62016 erforderliche Datenbankzugriffe gekennzeichnet. Aufgrund der Struktur des verwendeten Graphen kommen auf eine Leseoperation ca. drei Einfügeoperationen. Durchschnittlich besteht jeder Auftrag aus ca. 4.5 Datenbankoperationen. Der Redundanzgrad von 55.7% bezieht sich auf die erfolglosen Versuche, eine von einem Auftrag neu gefundene Lösung in die bisher berechnete Hülle einzufügen, die Lösung wurde in diesen Fällen schon von anderen Aufträgen berechnet. Global betrachtet sind damit auch 55.7% aller Aufträge nutzlos, d.h. sie führen zu keinem neuen Resultat. Versuche, diesen Redundanzgrad durch Vermeidung unnötiger Aufträge zu reduzieren, führten bisher nicht zu verbesserten Antwortzeiten. Eine wirksame Eliminierung redundanter Aufträge würde eine zentrale Stelle zur Erkennung erfordern, die mit zunehmendem Parallelitätsgrad schnell zum Flaschenhals wird. Die Duplikaterkennung durch das Datenbanksystem bleibt die wirksamste Technik.

Die Anzahl der gesendeten Pakete bezieht sich auf die gebündelten Aufträge, die über den Scheduler zu den Server-Prozessen gesendet werden. Mit steigender Anzahl von Prozessoren, und damit auch steigender Anzahl von zur Verfügung stehender Server-Prozessen, nimmt die Gesamtanzahl versendeter Nachrichten spürbar zu, ist aber im Vergleich zu der Anzahl der Datenbankzugriffe zu vernachlässigen. Datenbankzugriffe werden unter NonStop SQL / Guardian als Nachrichten realisiert. Bei Lesezugriffen können je Datenbankaufruf mehrere Datensätze in einer Nachricht versendet werden, bei Einfügeoperationen ist dies - zumindest bei dieser Anwendung - nicht der Fall. Aus diesen Gründen führt grob die Hälfte der 62016 Datenbankaufrufe zu einem Nachrichtentransfer. Bei 6 Prozessoren liegt der Anteil des Schedulers an der Gesamtkommunikation daher bei ca. 2%.

Die letzten Spalten der Tabelle beantworten die Frage nach der erzielten Leistungssteigerung. Der Durchsatz wurde in zwei Größen gemessen. Zum einen ist die Anzahl der verarbeiteten Aufträge je Sekunde angegeben, zum anderen die durchgeführten Datenbankaufrufe je Sekunde. Beide proportional abhängigen Größen zeigen den erhofften linearen Verlauf:

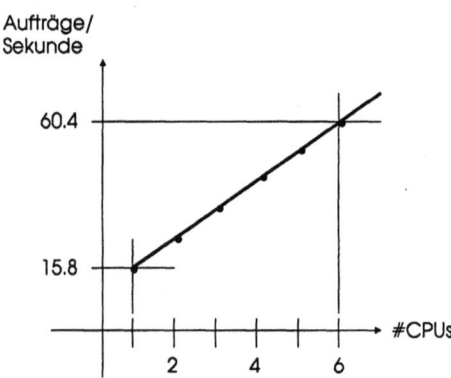

Die lineare Durchsatzsteigerung konnte auch auf einem mit 16 Prozessoren maximal ausgebauten Tandem-System nachgewiesen werden. Diese Messungen wurden jedoch unter anderen Versionen des Betriebs- und Datenbanksystems und mit schnelleren Prozessoren durchgeführt und sind daher nicht direkt vergleichbar.

Die Meßresultate zeigen aber auch, daß keine optimale Leistungssteigerung erzielt wird, die Effizienz liegt deutlich unter 100% oder anders ausgedrückt, bei n Prozessoren ist nicht der optimale Speedup mit dem Wert n zu beobachten. Folgende Tabelle gibt die Bearbeitungszeiten eines einzelnen Auftrags in Abhängigkeit von der Anzahl der verwendeten Prozessoren wieder:

#CPUs	virtuell [ms]	skaliert [ms]	Overhead [%]
1	63.5	63.5	0
2	41.0	82.0	29.1
3	29.5	88.5	39.4
4	23.3	93.1	46.6
5	19.4	96.8	52.4
6	16.5	99.3	56.4

Die virtuelle Bearbeitungszeit resultiert aus der erzielten Antwortzeit und der Gesamtanzahl der verarbeiteten Aufträge und entspricht daher der Zeit, die ein Auftrag aus der Sichtweise eines zentralen Systems scheinbar zur Berechnung benötigt. Die skalierte Berechnungszeit ist die effektiv verbrauchte Zeit zur Verarbeitung eines Auftrags. Der Overhead bezieht sich auf den optimalen Wert von 63.5 ms im Falle der Verwendung eines Prozessors. Würde durch die gewählte Parallelisierungsstrategie keinerlei zusätzlicher Aufwand entstehen, müßte der skalierte Wert mit dem optimalen Wert übereinstimmen. Eine Verbesserung der Situation kann wie bereits erwähnt, durch die Verwendung von mehreren Server-Prozessen je Prozessor erreicht werden. Erst in diesem Fall werden die Prozessoren optimal, d.h. zu 100% ausgelastet. Bei 5 Server je Prozessor liegt der maximale Overhead bei ca. 35%, der Übergang von der sequentiellen Variante (1 CPU) auf die parallele Variante (2 CPU's) bedeutet einen Mehraufwand von ca. 12%.

Die Erklärung der nicht optimalen Effizienz, d.h. keine Verdoppelung des Durchsatzes bei doppelter Prozessoranzahl, ist ohne detaillierte Systemkenntnisse nur sehr schwer möglich. Der nur sehr geringe Anteil von unter 1% des Schedulers an der gesamten Prozessorlast deuten an, daß der zusätzliche Aufwand nicht im Scheduler, sondern im Datenbank- bzw. Betriebssystem entsteht. Dies ist auch unmittelbar einleuchtend, wenn man beachtet, daß das DBS einen erheblichen Anteil der Verarbeitung leistet[1]. Insbesondere die Verwaltung der Datenpartitionen und der parallelen Datenbankzugriffe ist nicht ohne Mehrkosten möglich. Dies wird auch durch den größten Sprung des Mehraufwands (29.1%) beim Übergang von der sequentiellen Berechnung mit einer zentralen Datenbank (1 Prozessor) zur parallelen Berechnung mit einer partitionierten Datenbank (2 Prozessoren) belegt. Eine weitere Rolle spielen die Basiskommunikationsmechanismen des Betriebssystems. Dort spielt es durchaus eine Rolle, ob Kommunikation lokal oder zwischen Prozessoren stattfindet. Mit steigender Anzahl eingesetzter Prozessoren erhöhen sich die Anzahl "entfernter" Nachrichten und damit die Gesamtkommunikationskosten.

Wichtig ist jedoch, daß der massiv parallele Algorithmus nicht grundsätzlich eine inhärente Begrenzung der maximal möglichen Leistungssteigerung besitzt. Lineares Wachstum scheint über weite Bereiche, wie sie in der Praxis auftreten, möglich zu sein. Auch wurde bestätigt, daß der Scheduler selbst bei massiv parallelen Datenbankanwendungen nicht zum Flaschenhals wird und daher in der Lage ist alle Arten paralleler Skripte effizient zu verarbeiten.

5. Anwendungen

Im folgenden wird ein knapper Überblick über die wichtigsten parallelen Datenbankanwendungen gegeben, die mit Hilfe der Testumgebung implementiert wurden [PROS86 - PROS90]:

■ Ein paralleles Deduktives Datenbanksystem: Datenbanksysteme eignen sich in besonderem Maße Expertensysteme mit sehr großen Regel- und Faktenbasen zu realisieren [Baye85a]. Die Inferenzvorgänge bei der Regelverarbeitung werden vereinfacht ausgedrückt durch Abbildungen auf Sequenzen von Datenbankoperationen geleistet. Es ist möglich, sehr unterschiedliche Transformationstechniken einzusetzen, die zu Datenbankoperationen mit sehr unterschiedlichen Granulaten und Parallelitätsgraden führen. Dies gilt in besonderem Maße für die Behandlung rekursiver Regeln. Es wurde untersucht, welche Parallelisierungsstrategien unter welchen Voraussetzungen wirksam sind und welche Leistungssteigerung in Abhängigkeit von der Regelbasis zu erwarten ist. Mehrere Versionen erlauben die Verwendung massiv paralleler Strategien mit einfachsten DB-Operationen bis hin zu Strategien, die nur sehr wenige dafür aber komplexe parallele DB-Operationen verwenden.

■ Parallelisierungsstrategien der relationalen Datenbanksprache SQL: Die komplexen Anfrage- und Änderungsoperationen von SQL bieten sehr viele Möglichkeiten zur systeminternen Parallelisierung. Grundprinzip ist dabei meist die parallele Verarbeitung partitionierter Datenbestände. Untersucht wurden u.a. die parallele Selektion, Projektion und Änderungsoperation und die parallele Verbundberechnung. Bei der Verbundberechnung sind im wesentlichen Hash-partitionierte Join-Methoden und die horizontale bzw. vertikale Partitionierung von Mehrfachverbunden zu nennen [Dupp89]. Diese Parallelisierungsansätze werden in modernen relationalen Datenbanksystemen bereits kommerziell angeboten.

■ Parallele Finite-Elemente Berechnung: Die Methode der Finiten Elemente ist ein numerisches Näherungsverfahren, das heute in vielen ingenieurwissenschaftlichen Anwendungen eingesetzt wird. Da die erforderliche Rechenleistung sehr hoch ist und ein wesentlicher Teil des Verfahrens Matrixoperationen sind, wurden diese Berechnun-

---

1) Die beobachteten Prozeßzeiten verteilen sich bei der sequentiellen Variante wie folgt: Ca. 487 sec entfallen auf den Server, welcher grob 50% seiner Zeit im Datenbankcode verbringt, ca. 334 sec benötigt der Disc Prozess und nur ca. 7 sec der Scheduler.

gen bisher hauptsächlich auf Vektorrechnern durchgeführt. Der Finite-Element Algorithmus besitzt jedoch eine sehr regelmäßige und modulare Struktur und bietet sich daher nicht nur zur Vektorisierung, sondern auch besonders gut zur Parallelisierung an. Es konnte gezeigt werden, daß der parallelisierte Algorithmus, implementiert mit den statischen Prozeßsystemen der Testumgebung, effizient auf einem lose gekoppelten Mehrprozessorrechner ablaufen kann. Dieser Nachweis eröffnet einige Perspektiven parallele Finite-Element Berechnungen auch in verteilten Netzen, bestehend aus kostengünstigen Arbeitsplatzrechnern, durchzuführen.

■ Stücklistenauflösung: Die klassische Stücklistenauflösung, wie sie in sehr vielen kommerziellen Anwendungen benötigt wird, wird von den gängigen Datenbanksystemen bisher kaum unterstützt. Die Stücklistenauflösung stellt einen Spezialfall der Berechnung der transitiven Hülle eines Stücklistengraphen dar und kann aus diesen Gründen massiv parallel berechnet werden. Es wurden diverse massiv parallele Algorithmen untersucht, die sich im wesentlichen in unterschiedlichen Strategien zur Vermeidung redundanter Aufträge unterscheiden. Wie bei der Berechnung der transitiven Hülle konnte auch hier nachgewiesen werden, daß eine lineare Durchsatzsteigerung über weite Bereiche möglich ist. Allerdings bestehen je nach Algorithmus unterschiedliche Abhängigkeiten zwischen der erzielten Effizienz und der Struktur der Stückliste.

6. Weitere Eigenschaften der Testumgebung

Die allgemeinen Konzepte der Testumgebung konnten in diesem Artikel nur sehr knapp dargestellt werden. Dieses Kapitel bietet eine Übersicht über weitergehende Untersuchungen mit den folgenden Schwerpunkten, die im Rahmen des Projekts vorgenommen wurden.

■ Eine verteilte Version des Schedulers ermöglicht einerseits die Verwendung einer sehr großen Anzahl von Prozessoren und andererseits die Kopplung auch weiträumig getrennter Systeme. Alle Verteilungsaspekte sind mit wenigen Ausnahmen für Benutzer der Testumgebung transparent, d.h. die Basisfunktionen gelten unverändert und spiegeln eine zentrales System wieder. Der Scheduler ist nun nicht mehr als zentraler Prozess realisiert, sondern als eine Menge hierarchisch organisierter Einzelprozesse, die jeweils für die Verwaltung einer wählbaren Anzahl von Prozessoren zuständig sind und mittels geeignet definierter Protokolle kooperieren. Die Verteilungstransparenz ist in zwei Punkten verletzt. Bei der Definition des Prozeßsystems müssen nicht nur die Server-Klassen und ihre zugeordneten Systeme und Prozessoren festgelegt werden, auch die Anzahl und Zuordnung jedes verteilten Scheduler-Prozesses zu der Menge von diesem Prozess überwachten Prozessoren, muß explizit angegeben werden. Diese Zuordnung ist nicht an Systemgrenzen gebunden, was größtmögliche Flexibilität bedeutet. Die zweite Ausnahme bezieht sich auf die globale Lastbalancierung. Wird eine Server-Klasse mehreren Scheduler-Prozessen - und damit in den meisten realistischen Fällen unterschiedlichen Systemen - zugeordnet, erfolgt keine automatische Lastbalancierung zwischen diesen Teilklassen. Bisher konnte noch kein universell einsetzbarer globaler Lastbalancierungsalgorithmus wie im zentralen Fall entwickelt werden. Diese Fragestellung ist aber Gegenstand intensiver Arbeiten.

■ Ein zweiter Schwerpunkt ist die Visualisierung der parallelen Abläufe, wie sie in den Prozeßsystemen der Testumgebung auftreten. Die Abhängigkeiten zwischen Ereignissen und Aufträgen, sowie die Zuordnung von Aufträgen zu Server-Prozessen, können graphisch dargestellt und schrittweise ausgewertet werden. Dieses graphische Werkzeug - unter X-Windows realisiert - wird einerseits als Debugger verwendet, andererseits erlauben zusätzliche statische Auswertungen eine erste qualitative Analyse der Effizienz der gewählten Parallelisierungsstrategie und das leichte Auffinden von eventuell im Parallelisierungsalgorithmus vorhandenen "Flaschenhälsen".

■ Es wurden Konzepte erarbeitet, die eine Erweiterung einer höhere Programmiersprache (PASCAL) um parallele Anweisungen erlauben, so daß eine automatische Abbildung auf Skripte, d.h. Basisfunktionen des Schedulers möglich ist.

■ Die laufenden Arbeiten beziehen sich im wesentlichen auf Aspekte der Fehlertoleranz. Einfach ausgedrückt ist Zielsetzung dieser Untersuchungen, die sehr zeitaufwendigen Berechnungen komplexer Transaktionen möglichst robust im Hinblick auf Systemfehler zu machen. Resultate erfolgreich berechneter Subaufträge dürfen nicht verlorengehen und die Wiederaufnahme der Berechnung muß im Fehlerfall auch im fortgeschrittenen Zustand möglich sein.

■ Mittels der statischen Prozeßsysteme und der Möglichkeit direkte Kommunikationskanäle zwischen Server-Prozessen zu verwenden, können auf einfache Weise die unterschiedlichsten Topologien von Mehrprozessorrechnern simuliert werden (z.B. Gitter oder Würfel). Ein Server entspricht bei dieser Vorgehensweise logisch einem Prozessor. Damit ist es möglich, auch eine große Klasse paralleler numerischer Algorithmen zu testen. Es ist geplant, zur einfachstmöglichen Simulation einer Rechnertopologie, einen *Konfigurationsmanager* zu entwickeln, der für die gängigen regulären Topologien die erforderlichen Prozeßsysteme automatisch erzeugt und deren einfache Adressierung, beispielsweise über Koordinaten, erlaubt.

■ Ein letzter Schwerpunkt bezieht sich auf den Einsatz der Testumgebung in heterogenen Systemen. Hier ist festzulegen, welche Hard- und Software-Eigenschaften eine System besitzen muß und welches die erforderlichen Kommunikationsprotokolle sind. Wie im Falle der verteilten Version sollen auch hier die Verteilungsaspekte weitgehend transparent bleiben. Von besonderer Bedeutung sind in diesem Zusammenhang wiederum globale Lastbalancierungsmethoden.

7. Schlußbemerkungen

Im Rahmen dieses Artikels wurde versucht, die grundlegenden Ideen einer Testumgebung zur flexiblen Beschreibung und Ausführung paralleler Verarbeitungsschemata in komplexen Datenbanktransaktionen zu vermitteln. Die Eignung der Umgebung für unterschiedlichsten parallelen Strategien wird durch eine Trennung des algorithmischen Teils der zu realisierenden Funktion von dem Skript, welches die Art der Parallelität beschreibt, erreicht. Ein großer Vorteil des Ansatzes ist das Verbergen von Parallelität, Asynchronität, etc. vor dem Programmierer, der die Komponenten einer komplexen Transaktion implementiert. Das zugrundeliegende Verarbeitungsmodell ist konzeptuell unabhängig von der verwendeten Muliprozessor- Rechnerarchitektur.

Der Ansatz kann in einem weiten Gebiet paralleler und auch verteilter Systeme hilfreich sein. Die Leistungsfähigkeit wurde an dem extremen Beispiel der massiv parallelen Berechnung transitiver Hüllen, d.h. spezieller Rekursionsoperatoren auf Datenbankrelationen, nachgewiesen. Des weiteren liegen positive Erfahrungen bei der halbautomatischen Erstellung von parallelen Ausführungsplänen in deduktiven Datenbanksysemen, der massiv parallelen Stücklistenverarbeitung, der internen Parallelisierung von SQL und der parallelen Finite-Elemente Berechnung vor.

Es wurde eine Anzahl notwendiger Erweiterungen der derzeitigen Version genannt, die sich mit Aspekten der Fehlertoleranz und dem Einsatz der Testumgebung in einem heterogenen Umfeld beschäftigen.

8. Literatur

[ASI85] Proc. Workshop on High Performance Transaction Systems, Asilomar, 1985

[Baye85a] *R. Bayer:* Database Technology for Expert Systems, Proc. Wissensbasierte Systeme, Informatik Fachberichte 112, Springer Verlag, 1985

[Baye85b] *R. Bayer:* Query Evaluation and Recursion in Deductive Database Systems, Technical University of Munich, Internal Review, 1985

[Dupp89] *N. Duppel:* Parallel SQL on Tandem's NonStop SQL, Proc. IEEE Spring CompCon 1989, San Francisco, pp. 168-175

[EGKS89] *S. Englert, J. Gray, T. Kocher, P. Shah:* A Benchmark of NonStop SQL Release 2 Demonstrating Near-Linear Speedup and Scaleup on Large Databases, TR No. 27469, May 1989

[GGGHS85] *J. Gray, B. Good, D. Gawlick, P. Homan, H. Sammer:* One Thousand Transactions per Second, Proc. IEEE Spring CompCon 1985

[GL81] *H. Genrich, K. Lautenbach:* System Modelling with High-Level Petri Nets, Theoretical Computer Science, Vol. 13, 1981

[Gray81] *J. Gray:* The Transaction Concept - Virtues and Limitations, Proc. VLDB 1981, Cannes

[GS90] *D. Gugel, G.Schiele:* Scheduler Version 3.3 User's Guide, Universität Stuttgart, IPVR, 1990

[GW87] *R. Gerber, D. DeWitt:* The Impact of Hardware and Software Alternatives on the Performance of the Gamma Database Machine, University of Wisconsin - Madison, Computer Science Departement, TR #708, 1987

[Härd87] *T. Härder, et al.:* PRIMA - A DBMS Prototype Supporting Engineering Applications, Proc. Conf. VLDB, 1987

[Hell85] *P. Helland:* High Transaction Rates in a Distributed System, International Workshop on High Performance Systems, Asilomar, 1985

[Hill85] *D. Hillis:* The Connection Machine, MIT Press, 1985

[HR86] *T. Härder, T. Rahm:* Mehrrechner-Datenbanksysteme für Transaktionssysteme hoher Leistungsfähigkeit, it, Vol. 28, No. 4, 1986

[HR87] *T. Härder, E. Rahm:* Hochleistungs-Datenbanksysteme - Vergleich und Bewertung aktueller Architekturen und ihrer Implementierung, Informationstechnik it, 29. Jahrgang, Heft 3/1987

[KIA84] Proc. Kiawah Workshop on Expert Database Systems, South Carolina, 1984

[Nech85] *P. Neches:* The Anatomy of a Database Computer System, Spring CompCon 1985

[PROS86] *N. Duppel, P. Peinl, A. Reuter, G. Schiele, H. Zeller:* An Outlook on PROSPECT, IfI, Universität Stuttgart, 1986

[PROS87a] *N. Duppel, P. Peinl, G. Schiele, H. Zeller:* Progress Report #1 of PROSPECT, IfI, Universität Stuttgart, 1987

[PROS87b] *N. Duppel, P. Peinl, A. Reuter, G. Schiele, H. Zeller:* Progress Report #2 of PROSPECT, IfI, Universität Stuttgart, 1987

[PROS88a] *N. Duppel, A. Reuter, G. Schiele, H. Zeller:* Progress Report #3 of PROSPECT, IfI, Universität Stuttgart, 1988

[PROS88b] *N. Duppel, D. Gugel, A. Reuter, G. Schiele, H. Zeller:* Progress Report #4 of PROSPECT, IfI, Universität Stuttgart, 1988

[PROS89a] *N. Duppel, D. Gugel, A. Reuter, G. Schiele:* Progress Report #5 of PROSPECT, IPVR, Universität Stuttgart, 1989

[PROS89b] *N. Duppel, D. Gugel, A. Reuter, G. Schiele:* Progress Report #6 of PROSPECT, IPVR, Universität Stuttgart, 1989

[PROS90] *N. Duppel, D. Gugel, J. Maier, A. Reuter, G. Schiele:* Proc. PROSPECT workshop 3. Mai 1990, IPVR, Universität Stuttgart, Mai 1990

[Reut86] *A. Reuter:* Mehrrechner-Architekturen für Datenbanksysteme, Proc. 9. NTG/GI-Fachtagung über Architektur und Betrieb von Rechensystemen, VDE-Verlag, NTG-Fachberichte 92, 1986

[Reut87] *A. Reuter:* PROSPECT - Ein System zur effizienten Benutzung komplexer Transaktionen durch Parallelverarbeitung, Proc. BTW-Konferenz 1987, Springer Verlag, IFB 136

[Schi89] *G. Schiele:* Eine Testumgebung zur Untersuchung paralleler Verarbeitungsstrategien in komplexen Transaktionen, Proc. BTW '89, IFB 204, Springer Verlag, 1989

[TAND85] System Description Manual, Tandem Computers, Cupertino, CA, 1985

[TAND90] Introduction to NonStop SQL Release 2, Tandem Computers, Cupertino, CA, 1990

[TOC79] IEEE Transactions On Computers, Special issue on database machines, Vol. C-28, No. 6, 1979

[Will82] *R. Williams:* R^* - An Overview of the Architecture, Proc. Int. Conf. on Database Systems, Jerusalem, 1982

Prinzipien der Parallelverarbeitung auf Rechnern mit gemeinsamem Speicher

W.E. Nagel

Zentralinstitut für Angewandte Mathematik
Forschungszentrum Jülich GmbH (KFA)
Postfach 1913, 5170 Jülich

Zusammenfassung

Supercomputer wie CRAY X-MP und CRAY Y-MP erreichen ihre hohe Verarbeitungsgeschwindigkeit durch die Nutzung von sowohl Vektor- als auch Parallelverarbeitung. Am Beispiel des Vektorrechners CRAY Y-MP wird eine kurze Einführung in die Systemarchitektur eines Multiprozessor-Rechners mit gemeinsamem Hauptspeicher gegeben. Für Rechner dieser Art werden die Parallelisierungskonzepte beschrieben, die heute bereits verfügbar sind und auch in Produktionsumgebungen effizient genutzt werden. Die prinzipiellen Unterschiede werden vorgestellt und anhand der aktuellen Implementationen auf CRAY-Rechnern diskutiert. Anwendungsbeispiele dokumentieren die Leistungsfähigkeit der parallelen Konzepte sowohl für kleinere Programmkerne der linearen Algebra als auch für große Anwendungsprogramme.

1. Einleitung

Multiprozessorsysteme bestehen aus mehreren, unabhängigen Prozessoren, die gleichzeitig unabhängige Maschineninstruktionen auf unterschiedlichen Daten ausführen können. Es gibt eine Vielzahl solcher Systeme, die mit verschiedenen Zielsetzungen betrieben werden. Ein Multiprozessorsystem kann z.B. zur Durchsatzerhöhung benutzt werden, indem unterschiedliche Programme (Jobs) auf den Prozessoren bearbeitet werden; wenn keine Abhängigkeiten zwischen den Programmen bestehen, können sie parallel auf den Prozessoren abgearbeitet werden. Diese Abarbeitungsart wird dann mit dem Begriff *Multiprocessing* bezeichnet[1]. Bei einer parallelen Abarbeitung der unabhängigen Programme auf der Job-Ebene kann der Gesamtdurchsatz eines Mehrprozessorsystems gegenüber einem Einprozessorsystem im Regelfall um annähernd den Faktor gesteigert werden, der der Anzahl der installierten Prozessoren entspricht. Rechner mit mehreren Zentraleinheiten werden in Rechenzentrumsumgebungen heute nahezu ausschließlich in dieser Art betrieben. Bei den meisten Multiprozessorsystemen können darüber hinaus einzelne

---

[1] Voraussetzung dafür ist, daß mehrere unabhängige Programme gleichzeitig im Speicher abgelegt sind. Diese mit dem Begriff *Multiprogramming* identifizierte Betriebsart wird bereits bei Einprozessorsystemen genutzt und unterstützt die effiziente Verwaltung von Betriebsmitteln (siehe [5, 8]).

Teile eines Programms parallel auf den Prozessoren abgearbeitet werden und damit die Bearbeitungszeit eines einzelnen Programms verkürzen. Der Begriff *Parallel Processing* kennzeichnet die gleichzeitige Bearbeitung von mehreren Programmteilen eines Programms durch verschiedene Prozessoren. Das kann auf der Ebene der Unterprogramme (grobgranular) und auf der Ebene von Anweisungssequenzen (z.B. Schleifen (feingranular)) geschehen. Daneben gibt es bei den heutigen Hochleistungsrechnern zwei weitere Ebenen für die parallele Ausführung, die hier jedoch nicht weiter behandelt werden: die Anweisungsebene und die Ausdruckebene. Durch das Konzept der Vektorisierung kann, unter Nutzung des *Pipeline*-Prinzips (siehe [12, 14, 18]), eine Anweisung quasi-parallel abgearbeitet werden, was zu deutlichen Beschleunigungsfaktoren führt. Dabei können auf Ausdruckebene unter Umständen mehrere Funktionseinheiten (*Pipelines*) gleichzeitig genutzt werden; der Compiler sorgt für die effiziente Anordnung der Instruktionen auf diesem unteren Niveau.

Es hat sich gezeigt, daß aufgrund von Eigenschaften einzelner Programme bestimmte Betriebsmittel (bei Rechnern mit realem Speicherkonzept z.B. der gemeinsame Hauptspeicher) zu knapp sein können, um jedem Prozessor ein Programm zur Bearbeitung zuzuweisen, wodurch es zu einer schlechten Auslastung des Gesamtsystems kommen kann. Die nicht beschäftigten Prozessoren könnten jedoch durchaus an der parallelen Abarbeitung eines Programms, das sich bereits im Speicher befindet, mitarbeiten. Untersuchungen haben gezeigt, daß bei Speicherengpässen durch die Nutzung der Parallelverarbeitung substantielle Verbesserungen des Durchsatzes zu erzielen sind (siehe z.B. [6, 19]). Aus diesen Gründen besteht ein wachsendes Interesse an der Nutzung der Parallelverarbeitung in *Multiprogramming*-Umgebungen auf Rechnern mit gemeinsamem Speicher.

Bei der CRAY Y-MP handelt es sich um einen Rechner mit bis zu 8 Prozessoren, die auf einem gemeinsamen Speicher arbeiten; jeder der Prozessoren besitzt mehrere Funktionseinheiten, die gleichzeitig unabhängige Operationen auf Vektoren (bzw. Skalaren) ausführen können. Die Taktzeit des Rechners liegt bei 6 nsec, und der Hauptspeicher, realisiert in ECL-Technologie, ermöglicht eine Speicherzugriffszeit (*memory access time*) von 30 nsec. Die Speicherorganisation ist bei diesem Rechner im Vergleich zur CRAY X-MP signifikant verbessert; eine Beschreibung der Unterschiede findet sich in [9, 13] (siehe Tab. 1). Die CPUs einer CRAY Y-MP sind über den Speicher und 9 gemeinsame Registergruppen (*cluster*) eng miteinander gekoppelt. Jedes dieser *cluster* enthält gemeinsame Register (8 Adreß-, 8 Skalar- und 32 Semaphor-Register); auf den binären Semaphor-Registern ist eine *Test-and-Set*-Operation implementiert, die für die Synchronisation zwischen den Prozessoren genutzt werden kann.

	CRAY X-MP/416	CRAY Y-MP8/832
Anzahl der CPUs	4	8
Taktzeit	8.5 nsec	6 nsec
Anzahl der Vektor-Funktionseinheiten pro CPU	13	13
Hauptspeicher	16 MW (angeordnet in 64 Bänken)	32 MW (angeordnet in 256 Bänken)
Hauptspeicherzugriffszeit	34 nsec	30 nsec
Hintergrundspeicher (SSD)	32 MW	128 MW

Tab. 1. Systemeigenschaften der bei der KFA installierten CRAY-Multiprozessoren

2. Multitasking-Konzepte zur Programmparallelisierung

Die gleichzeitige Ausführung von unabhängigen Teilaufgaben eines Programms auf einem Multiprozessorsystem eröffnet die Möglichkeit, die Bearbeitungszeit dieses Programms zu verkürzen. Durch die gleichzeitige Nutzung von mehreren Prozessoren eines Systems für ein paralleles Programm lassen sich, je nach Problemstellung und Implementierung, sehr deutliche Beschleunigungsfaktoren erzielen. Als Hilfsmittel zur Programmparallelisierung kann bei vielen Rechnern mit gemeinsamem Speicher das *Multitasking* (siehe z.B. [4, 21, 27]) verwendet werden. Der Begriff *Multitasking* steht in diesem Zusammenhang stellvertretend für unterschiedliche Parallelisierungskonzepte, die sich sowohl in der Funktionalität als auch in der Leistungsfähigkeit unterscheiden. Der Benutzer, der an einer schnelleren Bearbeitung seines Programms interessiert ist, sollte für sein Programm eine Kosten/Nutzen-Analyse durchführen und entscheiden, ob und in welcher Form *Multitasking* vorteilhaft eingesetzt werden kann. Von zentraler Bedeutung ist, inwieweit ein Programm bestenfalls von der Parallelverarbeitung profitieren kann. Der bestmögliche Beschleunigungsfaktor hängt dabei sehr stark von Aufgabenstellung und Programmstruktur ab; der Anteil des Programms, der sequentiell ausgeführt werden muß, reduziert nach dem Gesetz von Amdahl (siehe [11]) mit wachsender Anzahl der Prozessoren überproportional den erzielbaren Gewinn. Da generell bei der parallelen Ausführung zusätzlicher Aufwand entsteht, wird der entstehende Kostenfaktor ebenfalls eine Einflußgröße sein müssen. Der Einsatz des *Multitasking* wird weiterhin davon abhängen, welcher Analyse- und Programmieraufwand vom Benutzer getragen werden muß, um das Programm effizient auf mehr als einem Prozessor im Parallelmodus zu betreiben.

Um die *Multitasking*-Konzepte näher charakterisieren zu können, müssen zunächst einige begriffliche Abgrenzungen vorgenommen werden. In der Literatur (siehe [3, 28]) identifiziert ein Prozeß einen Teil eines Programms, der sich in Ausführung befindet. Dem Prozeß sind alle Statusinformationen zugeordnet, und Registerwerte werden für ein Programm auf der Prozeß-Basis gesichert. Prozesse werden durch den *Job-Scheduler* des Betriebsystems den Prozessoren zugeordnet und können in drei verschiedene Klassen eingeordnet werden (siehe [25]).

Entkoppelte Prozesse: Bei dieser Art handelt es sich um unabhängige Prozesse, die keinen Zugriff auf gemeinsame Daten haben.

Gekoppelte Prozesse: In diesem Fall werden in den Prozessen gemeinsame Daten bearbeitet, zur Sicherung der Datenintegrität ist jedoch keine Form der Synchronisation notwendig.

Kooperierende Prozesse: Prozesse dieser Klasse bearbeiten gemeinsame Daten, und es muß durch Verwendung entsprechender Synchronisationsmechanismen die Integrität der Daten sichergestellt werden.

Die Parallelität in einem Programm wird durch *parallele Blöcke* spezifiziert: Ein *paralleler Block* umschließt ein Programmstück, das in geeigneter Weise parallel auf mehreren Prozessoren abgearbeitet werden kann. In Analogie zu [21, 27] ist die *task* das Hilfsmittel zur Bereitstellung des privaten Programmkontextes für die parallel auszuführenden Programmteile. Der Begriff *task* bezeichnet einen eigenen Prozeß-Zustand, der sowohl einen *stack* (z.B. für lokale Variablen) als auch einen Programmzähler besitzt. Die *tasks* müssen dann in geeigneter Weise den Prozessen zugeordnet werden, die dann auf den Prozessoren abgearbeitet werden.

Neben den Begriffen Prozeß und *task* gibt es den Begriff *thread*. Ein *thread* bezeichnet ein Programmstück, das unteilbar einer *task* zugeordnet wird und dann in dem entsprechenden *task*-Kontext auf einem Prozessor zur Ausführung gebracht wird (siehe [26]). Im Gegensatz zur *task* besitzen *threads* keinen eigenen Programmkontext; die *Multitasking*-Umgebung stellt über die zugehörige *task* den Programmkontext zur Verfügung, und die *threads* bezeichnen die Menge der in einem Kontext abzuarbeitenden Instruktionen.

Basierend auf diesen Vereinbarungen kann man ein Parallelisierungskonzept durch die Beantwortung der folgenden Fragen genauer charakterisieren (siehe [1, 2]):

- Wie können Teile des Programms als parallel ausführbar spezifiziert werden?
- Wie kommunizieren diese Programmteile miteinander?
- Wie läßt sich der Ablauf zwischen diesen Programmteilen synchronisieren?

Bei Rechnern mit gemeinsamem Speicher kann für Teile eines Programms die Spezifikation des Parallelismus durch drei wesentliche Primitive erfolgen (siehe [1, 2, 28]):

1. Die *fork/join*-Anweisungen:
   Bei den *fork/join*-Anweisungen handelt es sich um sehr einfache Parallelisierungsprimitive. Die *fork*-Anweisung entspricht einer unbedingten Sprunganweisung, bei der die Ausführung asynchron sowohl bei der auf die Sprunganweisung folgenden Anweisung als auch, durch eine neue *task*, beim Sprungziel fortgesetzt wird. Die Anweisung *join m,g* sorgt dafür, daß genau *m*-1 *tasks* diese Anweisung ausführen und ihre Bearbeitung suspendieren; die letzte an der *join*-Anweisung ankommende *task* (mit dem Index *m*) setzt dann die Ausführung bei der Anweisung mit der Marke *g* fort. Das *fork/join*-Konzept ermöglicht beliebig komplexe parallele

Instruktionssequenzen; durch die vielfältigen Möglichkeiten können nahezu alle anderen, mehr strukturierten Parallelisierungsanweisungen auf einem höheren Sprachniveau implementiert werden. Es bietet jedoch implizit keine Sicherungsmechanismen, und die Verantwortung für Kommunikation und Synchronisation liegt ausschließlich beim Programmierer.

2. Die *parbegin/parallel/parend*-Anweisungen:
Bei den *parbegin/parallel/parend*-Primitiven handelt es sich um einen strukturierten Ansatz zur Spezifikation von Parallelismus zwischen Anweisungen. Die zwischen den Parallelisierungprimitiven jeweils eingeschlossenen Anweisungen definieren einen *thread*, und es kann bereits zur Übersetzungszeit die korrekte Schachtelung der Parallelisierungsprimitive weitgehend überprüft werden. Die Leistungsfähigkeit dieser Anweisungen ist im Vergleich zu den *fork/join*-Primitiven eingeschränkt, sie bieten jedoch, analog zu der Vorgehensweise bei der strukturierten Programmierung, deutlich mehr Übersichtlichkeit und Sicherheit.

3. Die *doall*-Anweisung:
Das *doall*-Parallelisierungsprimitiv ist ein erweitertes *parbegin/parallel/parend* Sprachelement, welches eine vollständige Schleifeniteration über einen Indexmechanismus als einen zur parallelen Ausführung geeigneten *thread* kennzeichnet. Dieser Mechanismus kann vor allem zu einer dynamischen Verteilung der Arbeit genutzt werden, bei der die Anzahl der Partitionen erst zur Laufzeit festgelegt werden muß.

Für die effiziente Nutzung des *Multitasking* muß sichergestellt werden, daß der zusätzliche Aufwand, der bei der Ausführung der Parallelisierungsprimitive entsteht, viel geringer ist als der Aufwand zur Ausführung der Berechnungen, die parallel abgearbeitet werden können. Je geringer der Berechnungsaufwand, desto feiner ist die Granularität des Parallelismus. Es haben sich zwei wesentliche Parallelisierungsstrategien etabliert: grobgranulare und feingranulare *Multitasking*-Konzepte. Das *fork/join*-Primitiv wird in allen Implementierungen zu den grobgranularen Konzepten gezählt (siehe Kapitel 2.1), während bei den feingranularen Konzepten (siehe Kapitel 2.2) heute sowohl die *parbegin/parallel/parend*- als auch die *doall*-Primitive verfügbar sind.

Bei der Ablaufplanung von parallelen *tasks* gibt es neben der Spezifikation von parallelen Teilen eines Programms das Problem der *task*-Kooperation. Dieser Begriff umfaßt zwei unterschiedliche Aspekte der Synchronisation (siehe [1]):

1. Die Zugriffskontrolle (*access control*) muß sicherstellen, daß der Zugriff auf gemeinsame Daten nur exklusiv erfolgt. Diese Synchronisationsmethode wird auch mit dem Begriff *mutual exclusion* identifiziert (siehe [2, 28]). Dijkstra hat mit dem Semaphor-Konzept und den zugehörigen unteilbaren Operationen *P(semaphore)* und *V(semaphore)* eine weitverbreitete und leistungsfähige Lösung eingeführt, die garantiert, daß sich in einer Anweisungssequenz, die durch diese beiden Operationen geeignet eingeschlossen ist, zu jeder Zeit höchstens einer der kooperierenden Prozesse befindet. Diese Anweisungssequenz wird mit dem Begriff *kritische*

Sektion (critical section) identifiziert. Die Synchronisationen durch *lock*-Variable werden dem Bereich der Zugriffskontrolle zugeordnet.

2. Die Ablaufkontrolle (*sequence control, conditional synchronization*) stellt sicher, daß Bedingungen erfüllt sind, bevor die Ausführung fortgesetzt werden kann; dies bedeutet, daß die Ausführung von *tasks* so aufgeschoben wird, daß Anforderungen an die Abarbeitungsreihenfolge von Programmteilen erfüllt sind. Die Ablaufkontrolle ist z.B. für die Lösung von *producer/consumer*-Problemen von zentraler Bedeutung, da zunächst sichergestellt werden muß, daß etwas produziert wurde, bevor etwas konsumiert werden kann. Die Mechanismen der *signal/wait*-Synchronisation (siehe [2]) sowie die Ereignis- und Barrieren-Synchronisation (siehe [21, 27]) können diesem Bereich zugerechnet werden.

Für die korrekte Ausführung einer Synchronisation muß sichergestellt sein, daß der Zugriff auf gemeinsame Variablen exklusiv erfolgt. Der exklusive Zugriff auf gemeinsame Variablen kann nur garantiert werden, wenn unteilbare Operationen (*atomic operations*) zur Verfügung stehen, die sicherstellen, daß zu jedem Zeitpunkt höchstens einer *task* der Zugang zu einer kritischen Sektion erlaubt ist. Die Festlegung der atomaren Operationen kann auf unterschiedlichen Ebenen erfolgen. Als Basis dient im Regelfall eine der bekannten unteilbaren Maschineninstruktionen *Test-and-Set*, *Compare-and-Swap* oder *Fetch-and-Add*. Diese Instruktionen können in blockierende und nicht-blockierende Operationen unterschieden werden. So ist z.B. die *Test-and-Set*-Instruktion ein blockierendes Synchronisationsprimitiv, das solange aktiv ausgeführt wird, bis der Zugriff auf die Speicherstelle (oder das Semaphor-Register) freigegeben ist. Dieses mit den Begriffen *aktives Warten, busy-waiting, spin waiting* bzw. *spinning* bezeichnete Verhalten führt dazu, daß unter bestimmten Randbedingungen die *task* für lange Zeit in einem Halte-Zustand gehalten wird, ohne in der Zwischenzeit etwas Sinnvolles zu tun. Bei den nicht-blockierenden Instruktionen *Fetch-and-Add* und *Compare-and-Swap* wird die entsprechende Operation grundsätzlich ausgeführt, und es wird anschließend durch nachgeordnete Instruktionen überprüft, ob und in welcher Weise die Abarbeitung fortgesetzt werden kann.

Die Nachteile der *busy-waiting*-Konzepte führten zu verschiedenen Synchronisationskonzepten auf höherem Niveau wie z.B. dem der Monitore (siehe [2]). Das Monitorkonzept hat u.a. den Vorteil, daß eine zentrale Datenbasis existiert, die für die Vergabe von Zugriffsrechten verantwortlich ist und geeignete Koordinationsmaßnahmen (z.B. die Suspendierung einer *task*) ergreifen kann, um eine effiziente Abarbeitung zu ermöglichen. Dies muß jedoch mit einem deutlich erhöhten zusätzlichen Aufwand für jede Synchronisationsanforderung bezahlt werden, und diese Implementation vermeidet die Probleme des *busy-waiting* nicht grundsätzlich, sondern verlagert sie lediglich auf eine andere Ebene, denn auch dort ist exklusiver Zugriff zu gemeinsamen Variablen nötig, der durch ein geeignetes Konzept sichergestellt werden muß.

2.1. Grobgranulare Parallelisierungskonzepte

Die grobgranularen Parallelisierungskonzepte basieren heute weitgehend auf der Implementation eines Monitorkonzepts (siehe [2]) in Form eines Bibliothek-Schedulers (*library scheduler*, siehe z.B. [21, 27]), der die notwendigen Koordinationsaufgaben wahrnimmt und die vom Benutzer spezifizierten Teilaufgaben (*tasks*) auf logische Prozessoren (*logical processors*[2]), d.h. dem Programm zugeordnete Prozesse, abbildet. Die logischen Prozessoren werden dann durch den *Job-Scheduler* geeignet den realen Prozessoren zugeordnet und können dort parallel abgearbeitet werden. Dieses Vorgehen hat den Vorteil, daß über den Bibliothek-Scheduler die Ablaufplanung von einzelnen *tasks* im Vergleich zum *Job-Scheduler* des Betriebssystems wesentlich effizienter gestaltet werden kann. Die Entkopplung von logischem und realem Prozessor erlaubt erweiterte *trace*- und *debug*-Möglichkeiten, die bei der fehlerhaften Nutzung von Parallelisierungsprimitiven die Ermittlung der Fehlerursache erheblich erleichtern. Daneben ist die Anzahl der logischen Prozessoren nicht auf die Zahl der real installierten Prozessoren beschränkt; sie kann zu Testzwecken variiert werden. Aus Effizienzgründen ist es sinnvoll, die Anzahl der logischen Prozessoren kleiner oder gleich der Anzahl der installierten Prozessoren zu wählen, da dann die Aktivitäten des *Job-Schedulers* zumindest in einer dedizierten Maschine weitgehend eliminiert sind. Abb. 1 zeigt den prinzipiellen Aufbau eines Bibliothek-Schedulers, wie er sowohl im CRAY *Macrotasking* (siehe [21]) als auch im IBM *Parallel FORTRAN* (siehe [27]) implementiert ist.

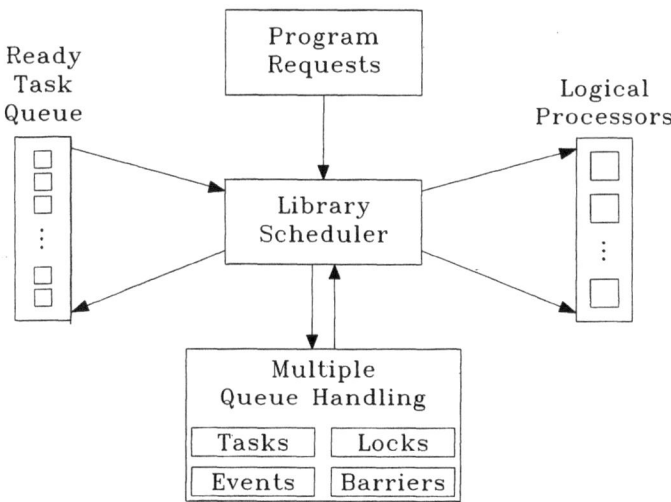

Abb. 1. Scheduler-Konzept für die grobgranulare Parallelisierung

---

[2] In der Literatur finden sich auch die Begriffe *processes* [2], *logical CPUs* [21] und *FORTRAN processors* [27].

Eine Gegenüberstellung dieser beiden Realisierungen findet sich in [23, 30]; das CRAY *Macrotasking* wird hier näher erläutert.

Der FORTRAN-Programmierer kann die *Macrotasking*-Fähigkeiten auf den CRAY-Multiprozessoren durch Aufruf von Unterprogrammen einer speziellen Unterprogramm-Bibliothek nutzen (siehe [16, 21]). Diese Unterprogramme bilden die Schnittstelle zum Bibliothek-Scheduler; der Benutzer ist für die Spezifikation des Parallelismus und damit auch für die korrekte Nutzung der Primitive verantwortlich. Der Bibliothek-Scheduler verwaltet die auf Grund des Programmablaufs generierten *tasks*, führt die notwendigen Synchronisationsaktivitäten durch und stellt die Verbindung zum Betriebssystem her. Für die Parallelisierungsprimitive werden FORTRAN-Spracherweiterungen verwendet, so daß ein Programm unter gewissen Umständen nach der Adaption der Synchronisationsprimitive auch auf anderen Maschinen ablauffähig ist.

Die *fork*-Anweisung ist im *Macrotasking* durch den Aufruf des Unterprogramms TSKSTART implementiert; durch diesen Aufruf wird für ein parallel auszuführendes Unterprogramm eine eigene *task* bereitgestellt, der optional Parameter übergeben werden können. Das Unterprogramm kann dann asynchron und gegebenenfalls parallel zu den auf das TSKSTART folgenden Anweisungen abgearbeitet werden. Alle Daten in COMMON-Blöcken sind in gemeinsamem Zugriff, für lokale COMMON-Blöcke muß die Spracherweiterung TASKCOMMON (siehe [16]) genutzt werden. Falls mehrere *tasks* das gleiche Unterprogramm ausführen, sind alle Daten, die in einer SAVE- oder in einer DATA-Anweisung vereinbart sind, aus Implementationsgründen ebenfalls in gemeinsamem Zugriff. Bei der Implementation der *join*-Anweisung wird üblicherweise eine im Vergleich zur allgemeinen Semantik einfachere und damit überschaubarere Realisierung bereitgestellt. Die TSKWAIT-Anweisung des *Macrotasking* stellt sicher, daß bei dieser Anweisung auf die Beendigung der entsprechenden *task* gewartet wird. Es werden Unterprogramme sowohl zur Definition als auch zur Freigabe von *lock*-Variablen bereitgestellt, und der Anfang bzw. das Ende einer kritischen Sektion wird durch Unterprogrammaufrufe spezifiziert. Um sicherzustellen, daß ein Datum nach einer Synchronisation aus dem gemeinsamen Speicher und nicht aus den Registern entnommen wird, muß beim *Macrotasking* die Compiler-Direktive CDIR$ SUPPRESS für die gemeinsam verwendeten Variablen explizit eingefügt werden. Die Möglichkeiten der Synchronisation von *tasks* mit Hilfe von Ereignis-Variablen sind ausreichend leistungsfähig und lassen gegenüber theoretischen Konzepten keine Wünsche offen. Es werden Unterprogramme sowohl zur Definition, Signalisierung, Blockierung, Freigabe und Rückgabe von Ereignis-Variablen bereitgestellt. Zusätzlich stellt das *Macrotasking* Unterprogramme für die Barriere-Synchronisation bereit, die sicherstellen, daß eine entsprechende Anzahl von Programmteilen abgearbeitet ist, bevor eine Anweisung hinter der Barriere ausgeführt wird.

Die grobgranularen Parallelisierungskonzepte bieten dem Anwender die Möglichkeit, sein Programm in logische Teile aufzuteilen und diese Teile mit einfachen Methoden parallel auszuführen. Im Bereich der Synchronisation werden Primitive sowohl für die Zugriffskontrolle als auch für die Ablaufkontrolle bereitgestellt, und die Synchronisationen werden nur dort durchgeführt, wo

Datenabhängigkeiten sie zwingend erforderlich machen. Häufig ist jedoch mit diesen Konzepten der Parallelisierung eine unübersichtliche Programmstruktur verbunden (siehe [7, 15]), und der Anwender ist vollständig für die korrekte Nutzung der Primitive verantwortlich.

2.2. Feingranulare Parallelisierungskonzepte

Im Gegensatz zur problem- und benutzerorientierten Programmparallelisierung bei den grobgranularen Parallelisierungskonzepten stehen bei den feingranularen Konzepten systemorientierte Partitionierungsstrategien im Vordergrund. Der Grundgedanke der feingranularen Parallelisierung ist: Eine vorher nicht festgelegte und unter Umständen variierende Anzahl von Prozessoren partizipiert an der Abarbeitung paralleler Programmbereiche (siehe [15, 21, 26, 27, 30]). Die *parallelen Blöcke* werden entweder durch eine vorherige Programmanalyse automatisch oder, bei älteren Implementationen, durch den Benutzer per Hand spezifiziert. Ein einzelner Prozessor beginnt mit der sequentiellen Ausführung des Programms. Sobald dieser Prozessor einen parallelen Bereich erkennt, werden administrative Maßnahmen ergriffen, die weiteren Prozessoren den Zugang zu diesem Programmbereich ermöglichen. Diese Prozessoren können dann mit der Ausführung der ersten Anweisungen in dem *parallelen Block* beginnen: Anweisungen, die in einem *parallelen Block* außerhalb von *Multitasking-Kontrollstrukturen* liegen, werden von allen Prozessoren, die an der Arbeit partizipieren, redundant ausgeführt (*redundant code*). Im Gegensatz zur redundanten Ausführung eines *parallelen Blocks* markieren die *Multitasking-Kontrollstrukturen* partitionierte Programmbereiche, in denen jeder Prozessor einen eigenen *thread* ausführt. Die Zuteilung der *threads* an die Prozessoren muß effizient realisiert sein, da die Programmteile im Regelfall nur kleine Granularität besitzen und ein hoher Scheduling-Aufwand zwangsläufig zu einem niedrigen Beschleunigungsfaktor führen würde. Dies geschieht durch einen *thread*-Scheduler (siehe Abb. 2), der den nächsten noch nicht bearbeiteten *thread* einer Kontrollstruktur auf den verfügbaren Prozessor zuweist. Sind bereits alle *threads* verteilt, die Kontrollstruktur jedoch noch nicht vollständig abgearbeitet, so wird sichergestellt, daß die nächste Anweisung erst nach Beendigung aller *threads* dieser *Multitasking-Kontollstruktur* ausgeführt wird. Die feingranularen

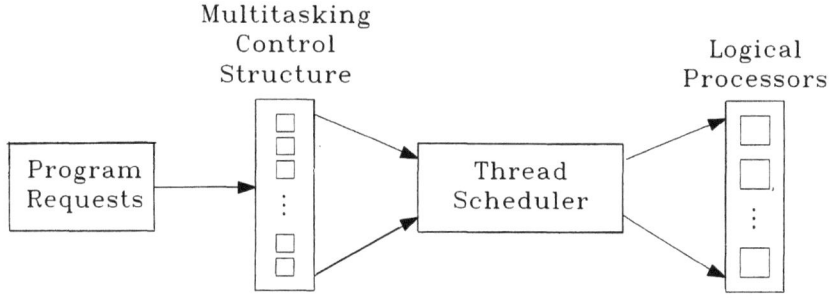

Abb. 2. Scheduler-Konzept für die *feingranulare* Parallelisierung

Parallelisierungskonzepte auf CRAY- und IBM-Multiprozessorsystemen sind in [23, 30] gegenübergestellt; hier wird beispielhaft das CRAY *Autotasking* näher beschrieben.

Das CRAY *Autotasking* unterstützt die feingranulare Parallelisierung auf CRAY-Multiprozessorsystemen (siehe [4, 30]). Die Kommunikation und Synchronisation ist weitgehend über den unmittelbaren Zugriff auf gemeinsame *cluster*-Register implementiert. Zusätzlich verfügbare Prozessoren führen bei diesem Konzept eine *Test-and-Set*-Operation auf einem Semaphor-Register aus (*park*-Position, siehe Abb. 3). Sobald ein *paralleler Block* erkannt wird, wird das Semaphor-Register zurückgesetzt, und alle *tasks* können an der parallelen Arbeit partizipieren. Das *Autotasking* ist durch das *compiling system cf77* realisiert, das aus drei Teilen besteht: *fpp*, *fmp* und *cft77*. Der Präprozessor *fpp* analysiert FORTRAN-Programme; er ist in der Lage, parallele Programmteile wie z.B. Schleifen zu erkennen und diese Schleifen mit *Präprozessor*-Direktiven zu markieren. Diese Direktiven werden durch den Präprozessor *fmp* übersetzt. Der Compiler *cft77* verwendet die Ausgabe des *fmp* als Eingabe und generiert für das modifizierte Programm den Maschinen-Code.

Ein *paralleler Block* (im *Autotasking*: *parallel region*) wird durch die Direktive CMIC$ PARALLEL definiert. Im Gegensatz zur Implementierung des älteren CRAY *Microtasking* (siehe [15, 23]), bei der der Beginn eines *parallelen Blocks* grundsätzlich auf den Anfang eines Unterprogramms festgelegt ist, kann ein solcher Bereich im *Autotasking* an jeder beliebigen Stelle eines Unterprogramms markiert werden. Der Präprozessor *fmp* erzeugt für jede der erkannten *parallel regions* ein Unterprogramm, und alle partizipierenden Prozessoren beginnen redundant mit der Ausführung der ersten Anweisung dieses Unterprogramms. Innerhalb einer *parallel region* gibt es zwei Möglichkeiten für *Multitasking-Kontrollstrukturen*: CMIC$ CASE (definiert einen *parbegin/parallel/parend-Bereich*) und CMIC$ DO PARALLEL (spezifiziert ein *doall*). Jede dieser *Multitasking-Kontrollstrukturen* definiert unabhängige *threads*, und am Ende der Kontrollstrukturen wird implizit synchronisiert. Die im *Autotasking* zusätzlich bereitgestellte Direktive CMIC$ DO ALL kombiniert die Festlegung einer *parallel region* mit der Definition eines *doall*-Bereiches. Abb. 3 zeigt die unterschiedliche Funktionsweise der beiden *doall*-Primitive: Beim DO ALL werden die zusätzlichen Prozessoren nach der vollständigen Abarbeitung der Kontrollstruktur an die *park*-Position zurückgegeben, während der Programmbereich zwischen den DO PARALLEL-Anweisungen in der *parallel region* redundant von allen verfügbaren Prozessoren ausgeführt wird. Es ist ebenfalls erkennbar, daß die Anzahl der Ausführungen im redundanten Teil nicht sichergestellt ist, da in diesem Bereich Prozessoren entzogen werden können, die ihre Aufgabe nicht vollständig abgearbeitet haben. Es gibt eine Vielzahl von Optionen für die Direktiven; so können z.B. zur Laufzeit *threshold tests* ausgeführt werden, die eine ausreichend große Granularität für den *parallelen Block* sicherstellen. Es gibt mehrere Möglichkeiten für die Aufteilung der parallelen *threads* durch den *thread*-Scheduler. Es sind alle wesentlichen Partitionierungsstrategien (*self*-scheduling, *guided-self*-scheduling, *chunk* scheduling, siehe [29]) verfügbar, die eine weitgehend optimierte Ausführung der *parallel regions* sicherstellen. Detail-

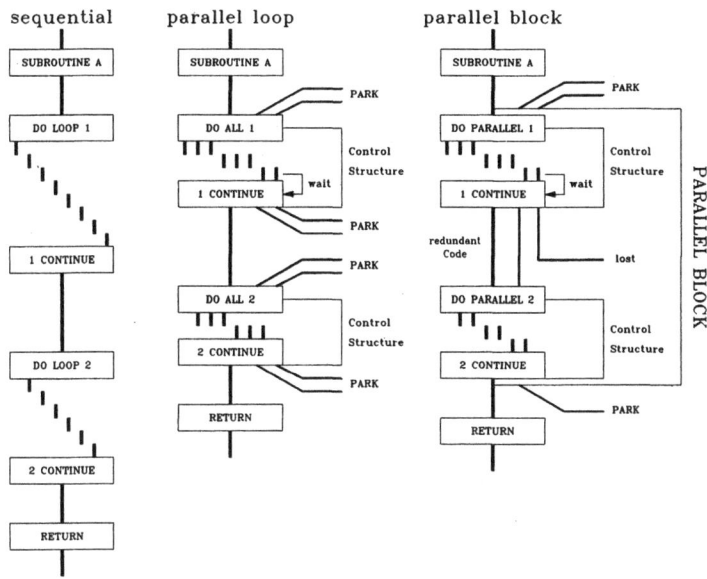

Abb. 3. Feingranulare *doall*-Parallelisierung

lierte Beschreibungen der *Autotasking*-Implementierung sowie Zeitmessungen für die Primitive stehen in [4, 30] zur Verfügung.

Autotasking kann gemeinsam mit den anderen *Multitasking*-Implementationen *Macrotasking* und *Microtasking* in einem Programm genutzt werden; es ist jedoch nicht erlaubt, *Autotasking* und *Microtasking* innerhalb eines Unterprogramms zu nutzen. In der momentanen Realisierung ist es nicht möglich, die feingranularen Konzepte ineinander zu schachteln; d.h. die Spezifikation einer parallelen Schleife in einer parallelen Schleife ist nicht erlaubt.

Der Vorteil der feingranularen Parallelisierungskonzepte gegenüber den grobgranularen Konzepten ist, daß der Parallelismus im allgemeinen auf überschaubare Programmbereiche beschränkt ist (siehe [7]), eine aufwendige interprozedurale Programmanalyse ist häufig nicht nötig. Schon heute gibt es Präprozessoren bzw. Compiler, die die Programmparallelisierung weitgehend automatisch durchführen. Dem stehen als Nachteil die extrem häufigen Synchronisationen an jeder Kontrollstruktur gegenüber; deshalb ist es für die Nutzung dieser Methoden in Produktionsumgebungen sehr wichtig, wie effizient die Synchronisationsprimitive realisiert sind.

3. Erfahrungen mit den Multitasking-Konzepten auf der CRAY Y-MP

Durch die Nutzung der Parallelverarbeitung auf Multiprozessorsystemen können Programme signifikant in ihrer Abarbeitung beschleunigt werden. Dies gilt insbesondere für Programmkerne der linearen Algebra, die in Anwendungsprogrammen bei technisch-wissenschaftlichen Aufgabenstellungen sehr häufig als zeitintensive Teile der Problemlösung verwendet werden. Da die Programmkerne in der Regel leicht verständliche Programmstrukturen haben, können daran die *Multitasking*-Konzepte und bei der Nutzung dieser Konzepte auftretende Probleme im Detail untersucht werden. Häufig wird die Matrixmultiplikation genutzt, um unterschiedliche Parallelisierungsstrategien zu untersuchen und mögliche symptomatische Effekte der Konzepte zu dokumentieren. Es gibt eine Reihe von unterschiedlichen Implementationen der Matrixmultiplikation; das Unterprogramm *MXV* der SCILIB (CRAY SCIentific subroutine LIBrary) kann z.B. für die Matrix-Vektor-Operation genutzt werden. Das *Autotasking* markiert durch eine DO ALL-Direktive (siehe [4]) die Schleife als parallel ausführbar, und dieses Beispiel wird in der Literatur oft genutzt, um die Leistungsfähigkeit des *Multitasking* zu dokumentieren. Abb. 4 zeigt den Beschleunigungsfaktor[3] (*speedup*) für die parallele Matrixmultiplikation mit den Bibliotheks-Routinen *MXV* und *MXM* (BLAS 2 bzw. BLAS 3, siehe [10]) der SCILIB bei Nutzung von *Autotasking* und *Macrotasking*. Die Resultate zeigen, daß für wachsende Problemgrößen weder der zusätzliche Aufwand durch die Parallelisierungsprimitive noch Probleme der Speicherzugriffe

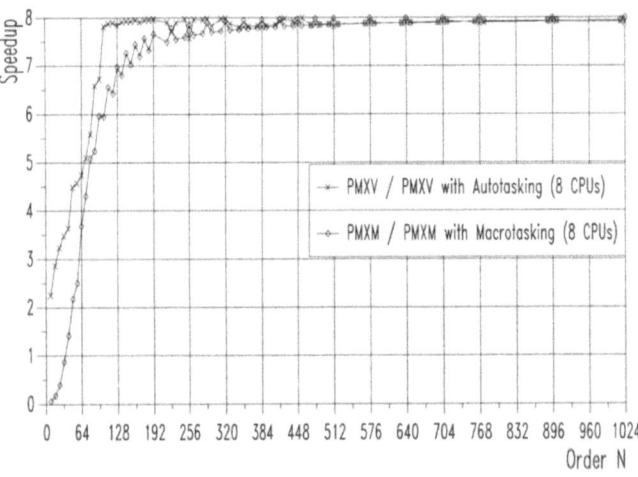

Abb. 4. Matrixmultiplikation mit unterschiedlichen Parallelisierungsstrategien

---

[3] Zeitmessungen wurden auf einer dedizierten CRAY Y-MP8/832 durch Aufrufe der IRTC-Bibliotheksroutine durchgeführt. Es wurde das Betriebssystem UNICOS (Release 5.0) benutzt, und der Beschleunigungsfaktor wurde durch Division der entsprechenden Zeiten ermittelt. Für die Messungen der Kerne wurde jeweils das Minimum aus drei Ausführungsläufen genommen, um den zusätzlichen Aufwand für die ersten TSKSTART-Aufrufe zu eliminieren.

einen signifikanten Einfluß haben, und die erzielte Gesamtleistung ist durchaus befriedigend. Weitere Ergebnisse für Programmkerne der linearen Algebra sind in [15, 23] dargestellt.

Um das Verständnis für die Leistungsfähigkeit der *Multitasking*-Implementationen zu erweitern, wurden die unterschiedlichen Konzepte auch auf die Parallelisierung eines numerischen Simulationsprogramms angewandt, das für ein breites Spektrum von Anwendungen typisch zu sein scheint. Es wurde ein Programm verwendet, das am Institut für Festkörperforschung der KFA entwickelt wurde und das Kristallzuchtverfahren nach Czochralski simuliert[4]. Eine detaillierte Beschreibung des Programms einschließlich der Vorgehensweise bei der Programmparallelisierung kann in [15, 20, 22, 24] nachgelesen werden; hier wird nur eine Zusammenfassung für die feingranulare Parallelisierung gegeben.

Die sequentielle Version des Programms ist hochgradig für die Vektorverarbeitung optimiert; diese Version erzielt auf einem Prozessor der CRAY Y-MP ca. 195 MFLOPS. Die überwiegende Berechnungsarbeit wird in dreifach geschachtelten Schleifen geleistet: Äußere I-Schleife (läuft von 2 bis 26), K-Schleife (läuft von 2 bis 34), innere J-Schleife (läuft von 2 bis 92). Für das Anwen-

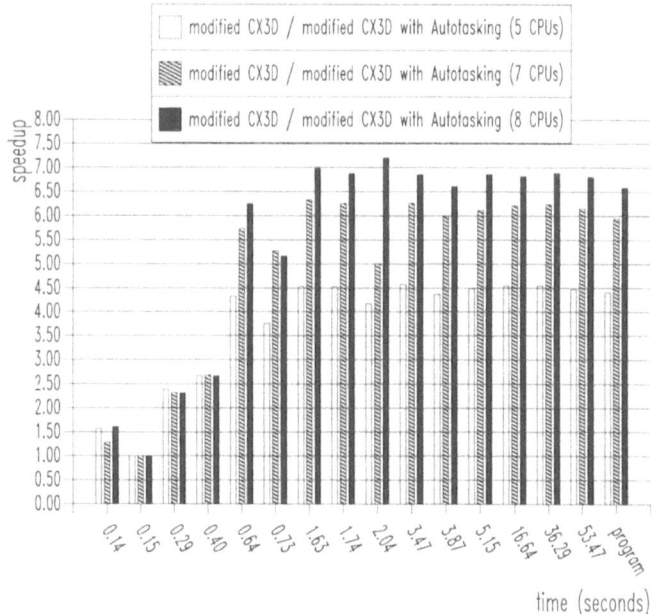

Abb. 5. Modifiziertes Simulationsprogramm für das Kristallzuchtverfahren nach Czochralski

---

[4] Ähnliche Ergebnisse sind auch für eine Anwendung aus dem Bereich der Quantenchromodynamik erzielt worden, bei der im Rahmen eines Forschungsprojektes die parallele Programmversion über ca. 20000 CPU-Stunden in einer normalen *Multiprogramming*-Umgebung ausgeführt wurde (siehe [17]).

dungsprogramm konnten ca. 15 Schleifen als besonders zeitintensiv identifiziert werden (Schleifen mit mehr als 0.1% Zeitverbrauch). Der *Autotasking*-Parallelismus wurde durch DO ALL-Direktiven spezifiziert, die automatisch durch den *fpp*-Präprozessor des *cf77 compiling systems* eingefügt wurden. Es zeigte sich, daß für die ursprüngliche Version eine steigende Anzahl der Prozessoren nicht zu einer linearen Steigerung des Beschleunigungsfaktors führt. Bei mehr als 5 Prozessoren konnte die Gesamtanzahl der Schleifeniterationen der I-Schleife (25 Durchläufe) nicht mehr Last-balanciert auf die Prozessoren verteilt werden. Mit einigen Programmtransformationen (im Detail in [22] beschrieben) war es möglich, ein erheblich höheres Parallelisierungsniveau zu erzielen (825 bzw. 3003 Schleifendurchläufe statt 25). Abb. 5 zeigt die Resultate für das modifizierte Simulationsprogramm. Für dieses Programm konnte mit 8 Prozessoren eines Multiprozessorsystems CRAY Y-MP ein Beschleunigungsfaktor von ca. 6,5 erzielt werden, was einer Gesamtleistung von 1200 MFLOPS entspricht, und der zusätzliche Aufwand für die parallele Programmversion beträgt, wenn sie auf einem Prozessor ausgeführt wird, im Vergleich zur besten sequentiellen Version ca. 1,5 Prozent.

4. Schlußbemerkung

Multitasking-Konzepte variieren von der benutzergesteuerten parallelen Ausführung von Unterprogrammen bis zur feingranularen automatischen Parallelisierung. Bei der grobgranularen Programmparallelisierung sind verbesserte interprozedurale Analyse-Hilfsmittel zur Entdeckung von Parallelismus sowie für die Fehlersuche zwingend erforderlich. Die Leistungsfähigkeit der feingranularen Parallelisierungskonzepte ist sowohl im Hinblick auf die Abhängigkeitsanalyse als auch auf die Geschwindigkeit der Synchronisationsprimitive beeindruckend; die Analyse-Funktionen sollten jedoch weiter verbessert werden, um zumindest in einfachen Fällen Aussagen über interprozedurale Abhängigkeiten zu erhalten. Darüber hinaus ist in der Zukunft die effiziente Einbettung der *Multitasking*-Konzepte in die Betriebssysteme eine wesentliche Voraussetzungen für die Akzeptanz der Parallelverarbeitung bei Produktionsprogrammen in einer Rechenzentrumsumgebung.

5. Literatur

1. Almasi, G.S., Gottlieb, A.: Highly parallel computing. Redwood City: The Benjamin/Cummings Publishing Company 1989
2. Andrews, G.R., Schneider, F.B.: Concepts and notations for concurrent programming. ACM Computing Surveys 15 (1), 3-43 (1983)
3. Anderson, T.E., Lazowska, E.D., Levy, H.M.: The performance implications of thread management alternatives for shared-memory multiprocessors. Performance Evaluation Review 17, 49-60 (1989)
4. Autotasking user's guide. CRAY Research Inc. SN-2088 (1988)
5. Baer, J.L.: A survey of some theoretical aspects of multiprocessing. ACM Computing Surveys 1 (5), 31-80 (1973)
6. Bieterman, M.: Microtasking general purpose partial differential equation software on the CRAY X-MP. The Journal of Supercomputing 2, 381-414 (1988)

7. Carriero, N., Gelernter, D.: How to write parallel programs. ACM Computing Surveys 21 (3), 323-357 (1989)
8. Deitel, H.M.: An introduction to operating systems. Reading (Massachusetts): Addison-Wesley Publishing Company 1984
9. Detert, U.: Memory performance of CRAY X-MP and CRAY Y-MP. In: Proc. of CRAY User Group Meeting (Fall), 50-54 (1989)
10. Dongarra, J., Du Croz, J., Duff, I., Hammarling, S.: A set of level 3 basix linear algebra subprograms. Argonne National Laboratory Report: ANL-MCS-TM88 (1988)
11. Gelenbe, E.: Multiprocessor performance. New York: Wiley 1989
12. Hockney, R.W., Jesshope, C.R.: Parallel computers 2. Bristol: Adam Hilger Ltd. 1988
13. Hofemann, G.: Vergleich der Speicherarchitekturen der Mehrprozessor-Vektorrechner CRAY X-MP und CRAY Y-MP anhand vektorisierender Algorithmen. Forschungszentrum Jülich (KFA): Jül-Spez-555 (1990)
14. Hossfeld, F.: Vector-supercomputers. Parallel Computing 7, 373-385 (1988)
15. Hossfeld, F., Knecht, R., Nagel, W.E.: Multitasking: Experiences with applications on a CRAY X-MP. Parallel Computing 12, 259-283 (1989)
16. Knecht, S.: Möglichkeiten des Multitasking zur Beschleunigung von Standardalgorithmen. Kernforschungsanlage Jülich: Jül-Spez-361 (1986)
17. Knecht, S., Laermann, E., Nagel, W.E.: Parallelizing QCD with dynamical fermions on a CRAY multiprocessor system. to appear in: Parallel Computing
18. Kogge, P.M.: The architecture of pipelined computers. New York: McGraw-Hill advanced computer science series 1981
19. Linn, M.: Eine Programmierumgebung zur Messung der wechselseitigen Einflüsse von Hintergrundlast und parallelem Programm. Diplomarbeit RWTH Aachen (1990)
20. Mihelcic, M., Wingerath, K.: Numerical simulations of the Czochralski bulk flow in an axial magnetic field: Effects on the flow and temperature oscillations in the melt. Journal of Crystal Growth 71, 163-168 (1985)
21. Multitasking programmer's manual. Revision F. CRAY Research Inc. SN-0222 (1989)
22. Nagel, W.E.: Exploiting autotasking on a CRAY Y-MP: An improved software interface to multitasking. Parallel Computing 13, 225-234 (1990)
23. Nagel, W.E., Szelényi, F.: Multitasking on supercomputers: Concepts and experiences. IBM Tech. Rep. ICE-VS05. IBM ECSEC 1989.
24. Nagel, W.E., Wingerath, K.: Three-dimensional numerical simulations of the Czochralski bulk flow on a CRAY X-MP multiprocessor architecture. In: Proc. 1988 International Conference on Supercomputing, 266-272 (1988)
25. Nehmer, J.: Softwaretechnik für verteilte Systeme. Berlin: Springer Verlag 1985
26. PCF FORTRAN extensions: Draft document. Revision 1.3 (1989)
27. Parallel FORTRAN language and library reference. IBM Order No SC23-0431 (1988)
28. Peterson, J.L., Silberschatz, A.: Operating system concepts. Reading (Massachusetts): Addison-Wesley Publishing Company 1983
29. Polychronopoulos, C.D.: Toward auto-scheduling compilers. The Journal of Supercomputing 2, 297-330 (1988)
30. Reger, H.: Ein Vergleich der Multitasking-Implementierungen auf CRAY X-MP und IBM 3090. Kernforschungsanlage Jülich: Jül-Spez-542 (1989)

Querschnittsprogramm

Informatik in der DDR

SIMULATIONSTECHNIK HEUTE UND MORGEN—

Wege in den Planungsalltag

Technische Universität "Otto von Guericke" Magdeburg
P. Lorenz

Jahrtausende lang war "Simulation" ein Negativbegriff: Vortäuschen einer Krankheit, Vorspiegeln eines nicht wirklich vorhandenen Tatbestandes sind klassische Bedeutungen dieses Begriffes. Im Zeitalter der Computer hat es sich herausgestellt, daß simulierte, nicht wirklich, sondern nur im Computer vorhandene, "vorgespiegelte", synthetisch erzeugte Objekte durchaus nützlich sein und echten Gebrauchswert besitzen können.

Wozu nutzt man "vorgespiegelte" Realität?
  Computerspiele sind die am weitesten verbreiteten Schöpfungen künstlicher Realität. Sie helfen den Kindern, die in der Welt der Erwachsenen natürlich nicht viel Entscheidungsspielraum besitzen, sich eigene Spielzeugwelten aufzubauen. In diesen Welten können sie sich bewähren. Sie können frei handeln, Erfolge erringen und Mißerfolge verarbeiten.
  Training und Ausbildung an einem simulierten Flugzeug, Auto oder Leitstand sind billiger und ungefährlicher als Training an gefahrvoller oder teuerer Realität. Und sie bieten mehr: Abstürze und Havarien können simuliert und zweckmäßiges Verhalten in derartigen Situationen kann geübt werden.
  Ersatz für nicht mehr oder noch nicht vorhandene Realität ist zum Beispiel die Aufgabe simulierter Computer. Dieser Ersatz kann vergangenheitsorientiert sein: Simulatoren ausgesonderter, physisch nicht mehr vorhandener Computer verarbeiten deren weiterhin benötigte Software.Ersatz für Realität kann auch zukunftsbezogen sein: Forschung über neuronale Netze als Alternative zu klassischer Computerarchitektur wird meist mittels simulierter, auf einem klassischen Computer nachgebildeter Netze betrieben.

Erkenntnisgewinn durch Experimente an Modellen realer Prozesse oder Systeme sei das letzte der hier zu nennenden Ziele der Simulation. Experimente an Prozeßmodellen helfen insbesondere, Fehler an Projekten technischer Systeme frühzeitig, im Stadium ihrer Planung zu erkennen und mit niedrigem Aufwand zu beseitigen.

Während die zuerst genannten Arbeitsrichtungen der Simulationstechnik schon seit langem breiten Einzug in den Alltag gehalten haben, ist die Nutzung der Simulation für Erkenntnisgewinn und zur Entscheidungsvorbereitung noch nicht zum Regelfall geworden. Sie ist noch überwiegend Werkzeug von Spezialisten und der Weg in den Planungsalltag ist noch relativ weit. Die folgenden Überlegungen und Feststellungen engen das Betrachtungsfeld ein auf die diskrete Ereignissimulation.

Diskrete Ereignissimulation ist ein Zweig der Simulationstechnik, der sich durch eine spezielle Methodik von anderen Zweigen unterscheidet. Andere Zweige bilden Prozesse nach, indem die Zeit in kurze, gleichlange Abschnitte zerlegt wird. Bei dieser "Taktsimulation" wird am Ende jedes Abschnittes berechnet, wie sich die simulierte Welt seit dem Ende des vorigen Abschnitts verändert hat. Diese insbesondere für stetige Prozesse effektive Methode soll im folgenden nicht weiter betrachtet werden.

Die diskrete Ereignissimulation arbeitet mit einer internen, simulierten Zeit oder Uhr. Die Uhr springt von Ereigniszeit zu Ereigniszeit. Eine Ereigniszeit ist ein Zeitpunkt, an dem Veränderungen des simulierten Objektes stattfinden.

Hauptanwendungsfelder der diskreten Ereignissimulation sind heute
Fertigungssysteme,
Transport- und Lagersysteme,
Computer und Computernetze und
Kommunikationsnetze.

1. Entwicklung der klassischen Simulationstechnik

Die Geschichte der diskreten Ereignissimulation reicht über dreißig Jahre zurück. Erste Ansätze findet man schon in den fünfziger Jahren. Die eigentliche Geschichte beginnt mit der Schaffung spezifischer

Werkzeuge. Geoffrey Gordon hatte als Mitarbeiter eines IBM-Forschungszentrums die Aufgabe, kundenspezifische Konfigurationen von IBM-Rechnern so zu bestimmen, daß sie bestimmten Jobprofilen Rechnung trugen. Bei der Lösung dieser Aufgabe durch spezifische Simulationsprogramme stellte es sich heraus, daß bestimmte Algorithmen und Datenstrukturen wiederverwendungsfähig waren. Das 1961 vorgestellte

GPSS (General Purpose Simulation System) war eines der ersten unter den vielen in den sechziger Jahren entworfenen universellen Simulationssystemen. Diese Systeme waren teilweise Pakete von FORTRAN- oder ALGOL-Unterprogrammen. Teilweise hatten sie aber auch schon wie GPSS eine eigene Sprache zur Beschreibung von Modellen und Experimenten.

SIMSCRIPT wurde erstmals 1962 von Markowitz und Hausner vorgestellt. SIMSCRIPT hat sich bis heute erhalten und ist in seiner Version II.5 ein modernes, sowohl auf PC wie auf größeren Computern verfügbares Simulationssystem. Die Beschreibung eines Modells erfolgt in einer Notation, die eng an natürliches Englisch angelehnt ist.

SIMULA wurde von Nygaard erstmals 1962 vorgestellt und war eine ALGOL-Erweiterung mit speziellen, für die Simulation geeigneten Sprachkomponenten. In seiner 1967 vorgestellten Version SIMULA-67 wurde es zur ersten objektorientierten universellen Programmiersprache weiterentwickelt.

Die drei genannten gehören zu den wenigen aus einer unübersehbaren Vielzahl von Sprachen, die sich bis heute gehalten und weiterentwickelt haben.

Waren die ersten Simulationssysteme noch rechnerspezifisch, fehlerbehaftet und ungenügend dokumentiert, hat sich die Situation etwa seit Anfang der siebziger Jahre gründlich verändert. Die dominierenden Simulationssysteme sind heute gut dokumentiert. Es gibt Lehrbücher mit methodisch gut aufbereiteten Einführungen und vielen Anwendungsbeispielen. Neuerdings sind diese Systeme auf mehreren Rechnertypen verfügbar und die Programmquelltexte sind portabel. Der Aufwand für Modell- und Programmentwicklung reduziert sich bei Nutzung eines guten Simulationssystems auf etwa ein Zehntel des "normalen", bei Nutzung einer universellen Programmiersprache nötigen Aufwandes.

Man kann die Mitte der siebziger Jahre als das Ende der "klassischen" Entwicklung der Simulationstechnik bezeichnen und den damals erreichten

Zustand wie folgt beschreiben:

1. Aus Hunderten von überwiegend akademischen Entwürfen von Simulationssprachen und -systemen ragten vier bis sechs professionell entwickelte und kommerziell erfolgreiche Systeme (GPSS, SIMSCRIPT, SIMULA, GASP, CSL) heraus, die den Simulationssoftwaremarkt bestimmten und relativ viele Anwender fanden. Für jedes dieser Systeme gibt es Vorläufer aus den frühen sechziger Jahren. Die marktbeherrschenden Systeme hatten einen guten Qualitätsstand erreicht. Sie waren fehlerarm, gut in gängige Betriebssysteme integriert und im bescheidenen Rahmen der Closed-Shop-Bedingungen und des Stapelbetriebs nutzerfreundlich.

2. Die meisten Simulationssysteme waren rechnerspezifisch und nicht portabel. Aber um die Marktführer GPSS und SIMSCRIPT herum bildeten sich hauptsächlich durch Implementationen für andere Rechnertypen ganze **Sprachfamilien** mit mehr oder weniger starken Modifikationen der Originale heraus. Allein die GPSS-Sprachfamilie umfaßte über 20 Kinder. 1971 errang GPSS einen Platz unter den 12 in den USA meistgenutzten Programmiersprachen. In dieser Zeit begannen viele Softwarehersteller mit der Entwicklung von Produkten, die mehr oder weniger eng an das von IBM gestützte Vorbild GPSS-360 und später GPSS-V angelehnt waren. SIEMENS entwickelte damals SIAS, den "Siemens-Ablaufsimulator" und bei Robotron Dresden entstand SIMDIS. Quellprogramme beider Sprachen unterscheiden sich nur relativ wenig vom Vorbild GPSS.

3. Unter den spezifischen Bedingungen der DDR war **SIMDIS** viele Jahre lang das einzige in der DDR kommerziell vertriebene Simulationssystem für diskrete Ereignissimulation. Es fand Eingang in die Ausbildung an Universitäten und Hochschulen, die seit 1979 durch ein Lehrbuch [1] unterstützt wurde. Die Technische Universität Magdeburg gehört seit Mitte der siebziger Jahre durch verschiedenartige Applikationen zu dem Kreis intensiver SIMDIS-Nutzer. Simulationsmodelle von Fertigungs-, Transport- und Lagerhaltungssystemen wurden entwickelt und waren Ausgangsbasis projektbegleitender Simulationsstudien.

4. Die klassische Simulationstechnik hatte trotz vieler Fortschritte eine Reihe von Fragen und Problemen nur ungenügend gelöst. So
    - waren die Möglichkeiten des Zugangs zu maschinell gespeicherten Datenbeständen oft schlecht entwickelt,

- blieben die Wünsche von Nutzern nach interaktiver Modellentwicklung und -nutzung meist unerfüllt,
- gab es nur sehr bescheidene Ansätze zur grafischen Unterstützung
der Eingabe und zur grafischen Resultatausgabe,
- verhinderten einige Sprachkonzepte die in den siebziger Jahren
aufkommende strukturierte Programmierung,
- beeinträchtigte die fehlende Portabilität die Übertragung von
Modellen und Programmen auf Rechner eines anderen Typs,
- war es nicht möglich, simulierte Steuerungen rechnerunterstützt
in die Realität zu überführen,
- verbrauchten einige Systeme unverhältnismäßig viel Rechenzeit
und
- wurde die Idee des objektorientierten Modell- und Programmentwurfs nicht von allen Systemen unterstützt.

Mit der stürmischen Entwicklung der Computertechnik und ihres Massen-
einsatzes an den Arbeitsplätzen begann auch für die Entwicklung der
Simulationssoftware die "Neuzeit". Die Sicht des Autors auf diese
Neuzeit ist beeinflußt von Projekten und Entwicklungen an der TU
Magdeburg und ihrer Kooperationspartner.

Seit Beginn der achtziger Jahre entstanden in Magdeburg Arbeiten zur
Entwicklung von Basissoftware zur Simulation. Dazu gehört der Entwurf
eines SIMDIS mit stark reduziertem Rechenzeitverbrauch, eine Prinziplö-
sung zur SIMDIS-Nutzung für die Entwicklung zuverlässiger Steuerungssoftware und die Schaffung eines SIMDIS mit Möglichkeiten der Nutzerin-
teraktion während eines Simulationslaufes. Ein portables **SIMFOR** auf
FORTRAN-Basis wurde entwickelt und auch für arbeitsplatznahe Computertechnik verfügbar gemacht. Schließlich entstand eine Prototyplösung
eines GPSS-orientierten Simulationssystems **SIMPC** für MS-DOS-Rechnern,
mit dem der größere Teil der oben aufgelisteten Mängel klassischer
Systeme überwunden wird. Mit der Orientierung auf MS-DOS-Rechner sollte
die Möglichkeit der Nutzung von Simulationsmethoden an jedem der vielen
Millionen mit derartigen Rechnern ausgestatteten Arbeitsplätze nachgewiesen und auch geschaffen werden. Es liegt nahe, in den folgenden
Ausführungen auf diese Entwicklungen Bezug zu nehmen.

2. Simulationssysteme und Datenbanken

Daß viele Simulationsanwendungen einen Zugang zu ohnehin vorhandenen, maschinell lesbaren Datenbeständen benötigen, liegt auf der Hand. In dem Maße, wie Fertigungssysteme zu einem Hauptanwendungsfeld diskreter Simulation werden, rücken Fertigungsdaten (Arbeitspläne, Arbeitsplatzdaten u.a.) in das Zentrum des Interesses. Wie vielfache praktische Erfahrung lehrt, sind die in den Unternehmen vorhandenen Daten über den Fertigungsprozeß oft unvollständig und fehlerhaft. Umfangreiche Aufbereitungen und Kontrollen müssen vor ihrer Verwendung in Simulationsmodellen ausgeführt werden.

Das für PC-Technik konzipierte, oben erwähnte SIMPC hat dBASE-Anweisungen in seinen Sprachumfang integriert. Es nimmt damit auf ein in der MS-DOS-Welt millionenfach eingesetztes Datenbanksystem Bezug. Das Bild 1 zeigt an einem Programmausschnitt die Integration von dBASE-Anweisungen in einen SIMPC-Quelltext [2]. Von gleicher Bedeutung ist die Speicherung und Aufbereitung von Resultatdaten der Simulationsexperimente. Auch hier hat es sich herausgestellt, daß die Integration von SIMPC und dBASE von den Nutzern gern akzeptiert wird. In dBASE-Files gespeicherte Resultatdaten lassen sich auf bequeme Weise durch Geschäftsgrafikpakete weiterbearbeiten, die meist einen Anschluß an dBASE besitzen.

3. Simulationsmodellgenerierung aus Bildern

Seit der Mitte der siebziger Jahre wird versucht, aus bildhaften Modelldarstellungen lauffähige Simulationsmodelle zu generieren. Heute gibt es anwendungsreife Lösungen. Als Beispiel mag das am Fraunhofer-Institut für Materialfluß und Logistik in Dortmund entwickelte DOSIMIS-3 gelten [3]. Der Nutzer dieses Systems ordnet mit einem Grafikeditor Symbole von Objekten so auf dem Bildschirm an, daß auch eine geometrische Ähnlichkeit mit dem nachzubildenden Lager- oder Transportsystem erhalten bleibt. Mit Hilfe von Koppelelementen entsteht ein Transportnetzmodell, das im Dialog mit seinem Entwickler oder Nutzer mit Daten versorgt und auf Zulässigkeit geprüft wird, bevor man die anhand dieses Netzbildes automatisch generierte Simulation startet. Die simulierten Abläufe können anschließend im selben Netz visualisiert werden. Dieser geschlossene Weg vom grafischen Modellentwurf bis zur grafischen Resultatdarstellung wird von Nutzern gern akzeptiert. Probleme ergeben sich, wenn

- Objekte der Realität nachzubilden sind, für die es noch keinen geeigneten Baustein gibt und
- wenn der Stofffluß durch eine übergeordnete Steuerung gelenkt wird.

Aus diesen Gründen sind Weiterentwicklungen angekündigt, die dem Nutzer die Eigenentwicklung neuer Objektklassen erlauben und die Nachbildung der Steuerung eines Systems durch Bereitstellung geeigneter Steuerungsbausteine vereinfachen.

4. Simulation und Animation

Alle modernen Simulationssysteme werden heute mit Animationskomponenten ausgestattet. Parallelanimation ist Darstellung von Prozessen durch bewegliche Bilder während der Simulationslaufzeit. Post-Run-Animation findet nach dem Simulationslauf statt und nutzt dabei gesammelte Ereignis- oder Prozeßprotokolle.

Auch in der MS-DOS-Welt werden Simulationssysteme mit Animationskomponenten ausgestattet. Das GPSS-PC (Minuteman-Software) bietet während des Simulationslaufes wahlweise Einblick in den Transaction-Fluß von Block zu Block, in die Entwicklung verschiedener Modellelemente und Häufigkeitsdiagramme oder in selbst gestaltete Szenerien mit beweglichen Objekten.

Beim Entwurf des SIMPC wurde ein Animationskonzept entwickelt, das dem Grundanliegen der breitesten Anwendbarkeit auf vorhandener Hardware Rechnung trägt. Deshalb wurde Alphamosaikgrafik (Pseudografik) eingesetzt, die nebenbei auch beachtliche Rechenzeitvorteile bringt [4]. Im Rahmen dieses Basiskonzeptes werden die gegebenen Möglichkeiten gut ausgeschöpft: Die Animation findet auf einem "unendlich" großen virtuellen Bildschirm statt, der durch Kameraschwenk an beliebigen Stellen betrachtet werden kann. Ein Pseudografikeditor steht zur Layoutgestaltung zur Verfügung. Die Objektbewegung findet in 8 verschiedenen Ebenen statt, für die Sichtbarkeitsbedingungen einstellbar sind. Zur Beschreibung der Bewegung von Objekten wurde eine Erweiterung des an GPSS angelehnten SIMPC-Sprachumfanges vorgenommen.

5. Objektorientierte Simulation

In den letzten Jahren werden berechtigte Erwartungen in objektorientierte Simulationssysteme gesetzt. Ein grafischer Editor für Objektklassen wäre der Ausgangspunkt eines Wunschsystems. Der Nutzer müßte Objektklassen mit Attributen und mit Methoden ausstatten. Ein Vererbungsmechanismus müßte die wahlweise Übertragung auf Unterklassen organisieren. Auf diese Weise entstünde eine Bibliothek von Objektklassen, die man als Speicher von Wissen über die Realität multivalent nutzen könnte. Modellentwurf auf diese Basis wird ein mit der Konstruktion von Produkten verwandter Prozeß: Standardbausteine werden mit neuen Spezialbausteinen zusammengefügt. Die Idee ihres Zusammenwirkens wird notiert und vervollständigt das vielseitig einsetzbare Modell. Es läßt sich im Entwurfsprozeß schrittweise verfeinern und begleitet den Nutzer vom groben Entwurf eines neuen Systems über die Implementation bis hin zur Nutzung.

Heute sind sicher mehrere Hersteller von Simulationssoftware auf diesem Weg. SIMULA-Entwickler, die Wegbereiter objektorientierter Programmierung, bemühen sich um höhere Marktanteile. Der SIMSCRIPT-Produzent CACI kündigt mit MODSIM II ein neues objekt-orientiertes Simulationssystem an. Das IML Dortmund entwickelt Create!, ein SMALLTALK nutzendes objektorientiertes Simulationssystem. So ist die Simulationstechnik auf dem Weg zum Nutzer, der auf vorhandenem, in Objektklassenhierarchien gespeicherten Wissen aufbaut, eigenes einbringt und durch Modellexperimente neues Wissen gewinnt.

Literatur

[1] FRANK, M. und P. LORENZ
Simulation diskreter Prozesse
Fachbuchverlag Leipzig 1979

[2] SCHULZE, TH.
SIMPC - an Implementation of GPSS for Personal Computer
in Systems Analysis and Simulation
Akademie-Verlag Berlin 1988, 373-376

[3] KUHN, A.
Stand der Simulation in der Fertigungstechnik und Entwicklungstendenzen
in Proc. 4. Symposium Simulationstechnik
Zürich, September 1987
Springer Verlag 1987

[4] LORENZ, P.; HERPER, H.; ZIEMS, D.
Animation von Bildern simulierter Prozesse
Bild und Ton 41(1988) 2, 45-50

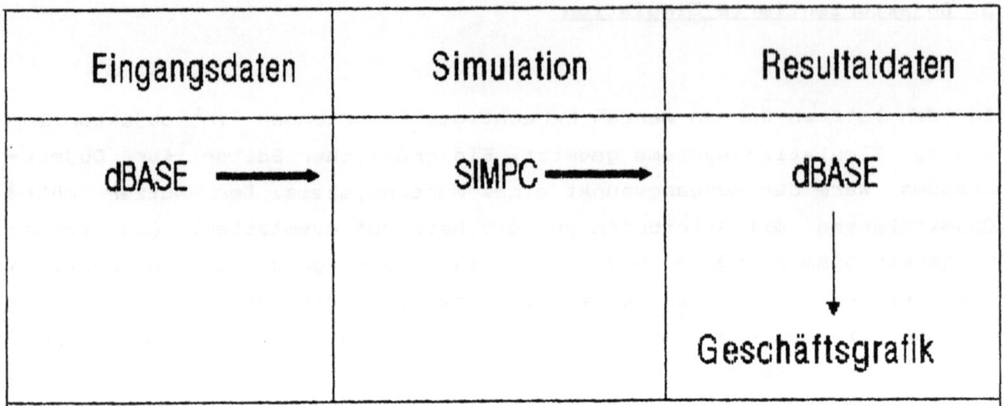

Eingangsdaten	Simulation	Resultatdaten
dBASE ⟶	SIMPC ⟶	dBASE ↓ Geschäftsgrafik

dBASE – Anweisungen in einem SIMPC-Quelltext

```
*
  INPUT    DBASSIGN    BILANZ.DBF
  READ1    DBFIELD     XS1, KOSTENST / XH1, MASCHNR
XH2, BELASTUNG
*
*          Datenbank eröffnen und einlesen
*
           GENERATE    ,,,1
  LIES     DBREAD      INPUT,READ1,EOF
           DBRESET     INPUT
           WRITE       DSK,XS1,XH1,XH2
           TRANSFER    , LIES
*
           WRITE       DSK, Ende der Datei
           TERMINATE   1
           START       1
```

Bild 1:   SIMPC und dBASE

Die Beschreibung von Produktdatenmodellen für den rechnerintegrierten Betrieb mit prädikatierten Unit-Relationship-Modellen

Helmut Kupper, Volker Dobrowolny

Technische Universität Magdeburg
Sektion Informatik

Zusammenfassung

Unterschiedliche Datenmodelle eines Produkts lassen sich gemeinsam nutzen, wenn der Zusammenhang von Modelleinheiten zu Objekten bzw. zu anderen Modelleinheiten transparent gemacht wird. Prädikate bieten einfache Möglichkeiten, um realisierbare Zustände zu kennzeichnen.

1. Vorbemerkungen

Die Beschreibung komplexer technischer Produkte durch anwendungsgerechte Datenmodelle stellt ein kompliziertes Problem dar. Eine Riesenfülle von Daten ist mit einer Vielzahl von Beziehungen und Restriktionen zu kombinieren, um ein konsistentes Abbild eines realen Weltausschnitts zu gewährleisten. Dabei muß eine durchgängige und einfache Nutzung in allen Phasen eines Produkt-Lebenszyklus möglich sein, was nicht nur eine funktions- und fertigungsgerechte Modellentwicklung, sondern auch die Unterstützung einer automatisierten Herstellung des Produkts und dessen Wartung mit einschließt. Zusätzliche Schwierigkeiten entstehen offenbar durch die Einbindung von Zwischenergebnissen (Versionen, Varianten) und spezifischen Anforderungen einer verteilten Verarbeitung.

Vor diesem Hintergrund kommt der Frage eine zentrale Bedeutung zu, welche Strukturen ein derartig universell nutzbares Datenmodell aufweisen muß und welche Möglichkeiten einer angemessenen Beschreibung existieren. In jüngerer Zeit sind verschiedene Modellbeschreibungssprachen (NIAM, IDEF1X, EXPRESS, EXPRESSAM) geschaffen worden, die sich um eine adäquate Unterstützung bemühen. Einen Beitrag in gleicher Richtung sollen prädikatierte Unit-Relationchip-Modelle leisten, deren Beschreibung mittels spezieller pUR-Diagramme unmittelbare Zusammenhänge

- zwischen Modelleinheiten und Weltobjekten
- den Modelleinheiten untereinander
- den Modelleinheiten und ihren Ausprägungsfreiräumen

widerzuspiegeln gestattet. Eine Erfassung gerade interessierender Attribute und Abhängigkeiten wird den Anforderungen einer integrierten Verarbeitung kaum gerecht, selbst wenn leistungsfähige Datenspeicher und effiziente Zugriffstechniken zur Verfügung stehen. Die Festlegung jedes Datums eines Produktmodells muß Ergebnis einer sorgfältigen Analyse sein, die letztendlich in die Hand des modellierenden Anwenders zu geben ist.

2. Aufbau des Grundmodells

Ausgangspunkt einer Produktbeschreibung sind üblicherweise <u>Objekte</u>, die sinnvoll abgrenzbare Teile eines realen (oder realisierbaren) Produkts darstellen. Sie können im einfachsten Fall als paarweise durchschnittsfremd angenommen werden und stellen die eigentliche, gemeinsame Informationsquelle eines beliebigen Partialmodells dar. Den Objekten stehen auf der Modellseite sogenannte <u>Units</u> gegenüber, die entsprechende Produktteile repräsentieren. Jedem Objekt können mehrere

Units zugeordnet werden. Auf diese Weise lassen sich spezielle Sichten, unterschiedliche Versionen und alternative Varianten gemeinschaftlich im Modell verankern. Umgekehrt können Units nicht nur ein, sondern mehrere Objekte im Modell widerspiegeln. So können etwa unterschiedliche Objekte gleichen Typs gemeinsam durch eine Unit repräsentiert werden. Damit ergeben sich vielfältige Möglichkeiten für eine Festlegung von Units, deren Semantik durch Angabe zugehöriger "Trägerobjekte" unmittelbar sichbar gemacht werden kann. Das könnte ausführlich oder verkürzt (mit Angabe der Kardinalität) geschehen und kann bei einfachen 1:1-Beziehungen insbesondere ganz entfallen. Eine Unit ANTRIEB bzw. ABTRIEB kann etwa für eine Getriebeberechnung eine akzeptable Modelleinheit sein, auch wenn sie physisch aus mehreren Objekten wie Welle und Zahnrädern abzuleiten ist. Die Beschreibung selbst erfolgt wieder unter Verwendung mehrerer Partialmodelle:

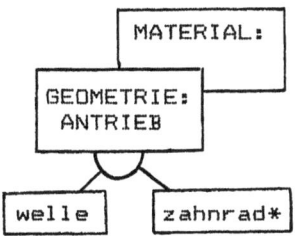 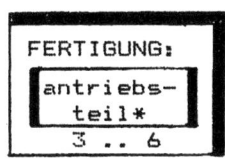

Jedes reale Objekt ist Träger einer Fülle von Eigenschaften. Eine Modellierung erfordert daher auch eine entsprechende Zuordnung von <u>Attributen</u> zu Units. Dabei kann eine Uniteigenschaft von mehreren einfach feststellbaren Objekteigenschaften abhängen. Umgekehrt ist es möglich, daß mehrere Uniteigenschaften eine überprüfbare Objekteigenschaft festlegen. Quantifizierbare Anteile eines Attributs können als Parameter abgespalten werden. Es wird davon ausgegangen, daß bei vorhandenem Produkt alle Uniteigenschaften eindeutig feststellbar sind. Umgekehrt kann ein Modell seinen Zweck nur dann zufriedenstellend erfüllen, wenn benötigte Objektattribute aus bekannten Modelleigenschaften herleitbar sind. Während die Objektgeometrie eines Antriebs etwa räumliche Formelemente erfordert, wird die zugehörige Unit für eine Berechnung mit Angaben wie Zahnradradius, Zähneanzahl oder relative Zahnradanordnung auf der Welle bereits angemessen charakterisiert:

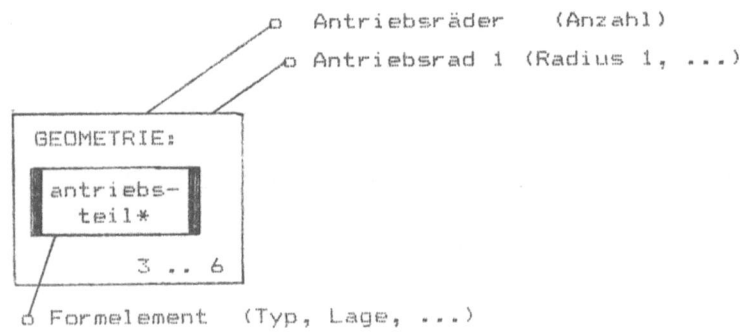

Innerhalb eines Modells läßt sich eine Vielzahl von Beziehungen zwischen den Units herstellen. Von besonderer Bedeutung sind <u>Relationships</u>, die zwischen Units auf Grund gemeinsam genutzter Objekte bestehen. Es ergeben sich strukturell bedingte Abhängigkeiten, die eine willkürliche Attributeänderung für beteiligte Units nicht mehr gestatten. Wird insbesondere auf eine orthogonale Zerlegung von Elementarobjekten zurückgegriffen, repräsentieren derartige Relationships Objektmengen mit gemeinsamem Durchschnitt, wobei im Sonderfall eine Teilmenge in einer anderen vollständig enthalten sein kann oder sogar eine totale Übereinstimmung der Trägermengen zweier Units möglich ist. Es entsteht ein Netz von Units, die einander über-, unter- oder nebengeordnet sind. Werden etwa die Units ANTRIEBSWELLE und ANTRIEBSRÄDER ins Modell mit aufgenommen, entsteht folgendes Unterordnungsverhältnis der Units:

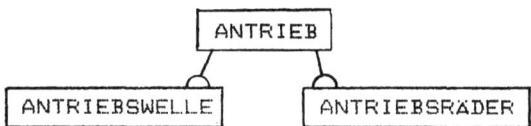

Die Attribute einer Unit sollen Eigenschaften eines realen Objekts widerspiegeln. Sie liegen damit exakt fest. Schwierigkeiten entstehen offenbar, wenn im Modell Änderungen durchgeführt werden sollen. Zum einen braucht es keine Objekte zu geben, die der veränderten Unit zugeordnet werden können. Zum anderen muß die veränderte Unit bestimmte grundsätzliche Anforderungen weiterhin erfüllen, sollen die zugehörigen Objekte ihre Funktion innerhalb eines Produkts nicht verlieren. Insbesondere können Unitattribute funktionell abhängig voneinander sein und gemeinsamen Beziehungen zu genügen haben. Es müssen damit im Modell notwendige Freiräume und Restriktionen beschreibbar gemacht werden, auf deren Basis vernünftige Änderungen zulässig sind. Für ihre Charakterisierung führen wir <u>Prädikate</u> (im Sinne von "Modellprädikaten") ein, die durch Vorgaben für Unitattribute (als "Objektprädikaten") nur noch indirekt Anforderungen an die Objektwelt festlegen, dafür aber ohne direkten Realitätsbezug im Modell überprüfbar und für eine Auswahl einer zulässigen Unitausprägung nutzbar sind. In entsprechender Weise werden die Attribute von Unitbeziehungen spezifiziert. Zur Beschreibung von Prädikaten erweitern wir unsere Notation um Elemente, die den Unterschied zwischen Uniteigenschaften und zugehörigen Anforderungen deutlich auszudrücken gestatten. So kann etwa eine Abhängigkeit zwischen dem Innendurchmesser eines Getriebegehäuses und maximalen Radradien von An- und Abtrieb bei definiertem Wellenabstand wie folgt festgehalten werden:

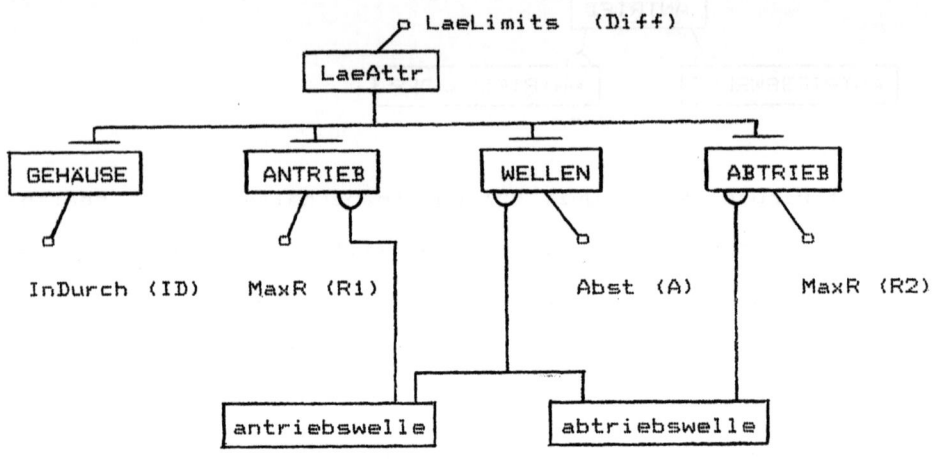

LaeLimits (Diff)   {InDurch (ID), MaxR (R1),

Abst (A), MaxR (R2)}:

R1+R2+A+Diff$\leq$ID

2. Einbindung von Abstraktionsprinzipien

Das beschriebene Grundmodell ist prinzipiell geeignet, beliebige Produkte zu beschreiben. Es ist jedoch für eine direkte Umsetzung noch nicht zu empfehlen, verbergen sich doch etwa hinter dem direkten Realitätsbezug für beliebige Units oder hinter der vollständigen Einzelcharakterisierung jeder Unit auch im Falle identischer Kopien unerträgliche Redundanzen, deren Behebung erst mit der Einbeziehung von Abstraktionsprinzipien wie Aggregation, Klassifizierung, Generalisierung und Assoziation möglich wird.

Durch <u>Aggregation</u> können solche Units in einen Zusammenhang gebracht werden, die in einer "is-part-of"-Beziehung zu einander stehen. Damit werden Attribute der aggregierten Unit durch Rückbezug auf Teileunits übernommen oder berechnet, die damit die Rolle von Objekten übernehmen. So kann etwa ein Antrieb auf Zahnräder und Welle zurückgeführt werden, wobei das Antriebsgewicht sich ohne Realitätsrückgriff als Summe von Zahnradgewichten und Wellegewicht errechnen läßt.

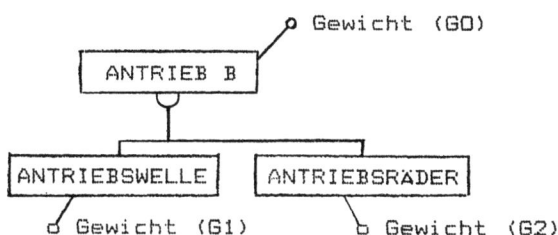

Die <u>Klassifizierung</u> bietet die Möglichkeit, Units mit gleichartigen Sätzen von Attributen in Klassen zusammenzufassen, die eine einheitliche Beschreibung durch ein gemeinsames Schema erlauben. Identische Wertetupel derartiger Units brauchen dabei lediglich einmal festgehalten zu werden, so dass bei wiederholtem Auftreten innerhalb eines Modells nur noch die Angabe der Klasse und einer Auswahlbedingung notwendig werden.

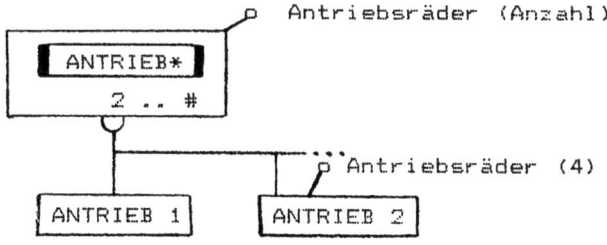

Vielfach bestehen Übereinstimmungen für Attributesätze von Units nur partiell, so daß die Vorzüge einer Klassifizierung nicht ohne weiteres zum Tragen kommen. In diesen Fällen lassen sich durch <u>Generalisierung</u> spezielle und gemeinsame Attribute auf mehrere Units (mit gleicher Trägermenge) verteilen, so daß für die Units mit dem allgemeingültigen Attributeanteil erneut eine Klassenbildung möglich wird.

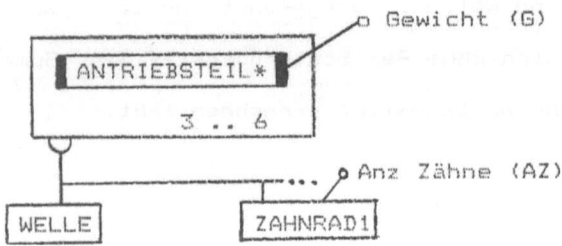

Schließlich sind neben den strukturell bedingten Beziehungen zwischen Units weitere Unitrelationen temporärer Art wichtig die sich auf Grund von Wertevorgaben für gemeinsam genutzte Attribute definieren lassen. Derartige Beziehungen heißen Assoziationen. Sie beruhen auf der Bildung von Teilmengen durch Spezialisierung von Attributen mittels geeigneter Prädikate. Einen Sonderfall stellt hier offenbar die Referenzierung von Units einer Klasse dar. So können etwa zwei Zahnräder Z1 und Z2 mit den Achslagen YA1 und YA2 so wie den Radien R1 und R2 als benachbart erkannt werden, wenn YA1+R1=YA2-R2 bzw. YA2+R2=YA1-R1 gelten.

Die vorgestellten Darstellungselemente bilden eine wichtige Grundlage für eine integrative und realitätsnahe Beschreibung komplexer Produkte. Mit ihrer Hilfe können Produktdatenmodelle erzeugt werden, die das Anliegen eines rechnerintegrierten Betriebs wirksam unterstützen. Units stellen dabei Modelleinheiten dar, die Speicherplatz für zugehörige Attribute und Prädikate benötigen. Eine praktische Umsetzung kann sowohl durch Non-Standard-Datenbanksystemen als auch Systeme der logischen oder objektorientierten Programmierung erfolgen.

COMPARE - Ein Beitrag zu höher parallelen Rechensystemen

S. Burkhardt, M. Fritzsche, O. Nowak
Technische Universität Chemnitz / Karl- Marx- Stadt
Sektion Informationstechnik

Das COMPARE - Projekt

Obwohl in allen Bereichen der Computertechnik, vom sogenannten Supercomputer über die universellen Workstations und Personal Computer bis hin zu den dedizierten Echtzeitsystemen Monoprozessorsysteme nach dem SISD(Single Instruction, Single Data)-Prinzip heute noch deutlich dominieren, gehört den MIMD(Multiple Instruction, Multiple Data)-Rechnern mit verteiltem Speicher und Message-Passing-Kommunikation die Zukunft. Diese Behauptung läßt sich angesichts der potentiellen Vorzüge dieser Struktur wie vor allem der

- theoretisch unbegrenzten Kaskadierbarkeit der Anzahl der Rechnerknoten und demzufolge auch der angebotenen Rechenleistung
- hervorragenden Eignung für fehlertolerante Systeme
- Adaptierbarkeit an die zu lösende Problemstellung
- nahezu idealen Verwirklichung des Lokalitätsprinzips
- günstigen Anwendbarkeit zur Simulation und Prototyping von Spezialarchitekturen
- Einfachheit ihrer technologischen Realisierung und der übersichtlichen Problemabbildung

relativ leicht beweisen wird kaum noch bestritten. Auf identischem Bauelementetechnogieniveau lassen sich bereits heute Aufgaben mit mindestens ein bis zwei Größenordnungen höheren Forderungen an Rechenleistung und Zuverlässigkeit bei insgesamt geringeren Kosten lösen.

Das dennoch die Einführung paralleler und vor allem höher paralleler Rechnerstrukturen recht zögerlich vorankommt, dürfte vor allem folgenden Ursachen geschuldet sein:

(1) Die Rechenleistung klassischer universeller Monoprozessorsysteme oder daraus abgeleiteter, meist busgekoppelter Multiprozessorsysteme mit wenigen Verarbeitungsknoten reicht derzeit noch für die Lösung der meisten Aufgabenklassen aus. Das reichhaltige Angebot an Standardsoftware auf diesen Systemen leistet ein Übriges.

(2) Zuverlässige und erschwingliche Parallelrechner spielen auf dem Computermarkt nach wie vor eine Außenseiterrolle und werden vorwiegend von kleinen Firmen angeboten.

(3) Es existieren gravierende Defizite bei der Verfügbarkeit geeigneter paralleler Algorithmen (schließlich war die Algorithmentheorie der letzten 50 Jahre vor allem eine Theorie sequentieller Algorithmen), an komfortabler und eingeführter Systemsoftware (Parallelsprachen, Debuggingtools, lastbalancierende und fehlertolerierende Betriebssysteme usw.) und in der Theorie der Aufgabenpartitionierung und -abbildung auf eine parallele Rechnerstruktur.

Nicht unwesentlich tragen auch pessimistische Abschätzungen über den erzielbaren Speedup beim Einsatz massiver Parallelität zur Skepsis der Anwender bei. Diese Prognosen, wie z.B. die Amdahlsche Aussage über den Speedup-Verlauf proportional $1/s$, wenn s den sequentiell zu lösenden Aufgabenanteil darstellt /AMD67/, entstehen häufig durch formale Übertragung der sequentiell geprägten Gedankenwelt auf parallele Strukturen ohne Berücksichtigung deren Spezifik. Insbesondere führt die Skalierung der Problemgröße mit der Erhöhung der Prozessoranzahl zu in relevanten Beispielen nachweisbarem fast linearem Speedup bei derzeit verfügbaren Systemen mit über 1000 Verarbeitungsknoten.

Mit der Bereitstellung von Transputern im Jahre 1986 war erstmals die Voraussetzung für experimentelle Untersuchungen zu Parallelrechnern auch für Einrichtungen mit relativ bescheidenem Budget gegeben. Das führte zum Start des COMPARE-Projektes (COMputer mit PARallelarchitektur für Experimentalzwecke) an der Technischen Universität Chemnitz/Karl-Marx-Stadt mit folgenden Zielstellungen:

(1) Verifizierung von Entwurfsregeln für MIMD-Rechner mit flexibler Verbindungs- und Steuerstruktur
(2) Entwurf eines UNIX-kompatiblen Betriebssystems für parallele Rechnerarchitekturen mit fehlertolerierenden Eigenschaften
(3) Untersuchung von statischen und dynamischen Mappingstrategien
(4) Evaluierung von Routingstrategien
(5) Untersuchung von Problemen der Selbstorganisation in hochparallelen Systemen.

Vor allem in (2), (3) und (5) kommt das Bemühen zum Ausdruck, für den Anwender die Akzeptanzschwelle zum Einstieg in die Parallelrechentechnik abzusenken. Nachfolgend werden erste Ergebnisse des Projektes kurz vorgestellt.

Entwurf eines Prototypsystems auf Transputerbasis

Als Hardwarebasis für experimentelle Untersuchungen im Rahmen des COMPARE- Projektes entstand ein Prototypsystem auf Transputerbasis mit hohen Ansprüchen an die Flexibilität. Das System sollte unbegrenzt ausbaufähig gestaltet werden. Ein komplettes System besteht deshalb aus einem oder mehreren Teilsystemen, die durch Bündel von jeweils 8 Links untereinander gekoppelt sind (Bild 1).

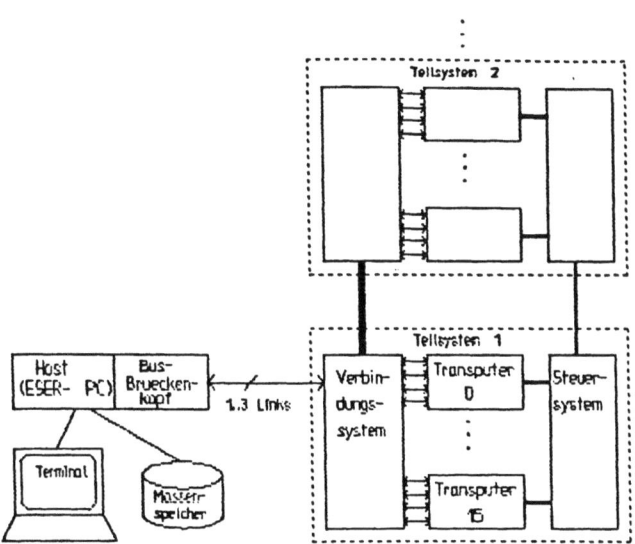

Bild 1: Grundstruktur des COMPARE- Prototypsystems

Jedes Teilsystem ist ein in sich geschlossenes System mit konfigurierbarem Verbindungs- und Steuersystem mit max. 16 Verarbeitungselementen (VE). Ein VE besteht aus einem Transputer T800 mit bis zu 4 MByte lokalem Speicher. Während die Gestaltung der VE maßgeblich durch die Architektur des Transputers bestimmt ist und wenig Variationen zuläßt, kommt der Wahl eines geeigneten Verbindungs- und Steuersystems eine entscheidende Bedeutung zu. Die Art und Weise wie die einzelnen VE des Systems verbunden werden können und wie sie sich gegenseitig beeinflussen, bestimmt letztlich die Flexibilität und damit die Einsatzmöglichkeit dieses Systems /FRI89/.

TUNIX - eine verteiltes UNIX-kompatibles Betriebssystem

Die wesentlichen Aktivitäten bei der Nutzung hochparalleler, lose gekoppelter MIMD-Rechner konzentrieren sich auf die Entwicklung geeigneter Software. Betriebssysteme

(BS) bilden dabei keine Ausnahme, ganz im Gegenteil. Die ureigene Aufgabe des BS, seinem Nutzer eine höhere Abstraktionsebene und komfortable Entwicklungsumgebung zu bieten, erlangt bei parallelen Systemen eine neue Dimension. Um Parallelrechner nicht in das Abseits eines Spezialrechners zu drängen, muß ein für ihn entwickeltes BS einerseits gewohnten Standards entsprechen, andererseits natürlich seinen Nutzer in den Stand versetzen, die potentiell verfügbare Leistung der Hardware ausschöpfen zu können. In erster Linie bedeutet diese Forderung, daß das BS die verteilte Natur des Systems nicht sichtbar werden läßt und es somit weitgehend zu einem virtuellen Uniprozessor transformiert. Damit werden aber auch gleichzeitig die für die Effizienz des Systems überaus wichtigen Probleme der Einbettung programmierter Lösungen in die konkrete Hardwarestruktur in das BS verlagert. Aus diesem Grund gewinnt der BS-Entwurf für verteilte Systeme eine außerordentliche Bedeutung und die Art und Weise der Bewältigung der aufgezeigten Probleme sind ausschlaggebendes Moment bei der Qualitätsbestimmung dieser BS.

Das im Rahmen des COMPARE-Projektes entwickelte BS versucht genannter Forderung durch die Verwirklichung des Konzeptes der "Communicating Sequential Processes" /HOA78/ bei völliger Transparenz der Hardwarestruktur und Bereitstellung einer UNIX-kompatiblen Oberfläche Rechnung zu tragen. Darüber hinaus war die Realisierung einer möglichst weitreichenden Adaptivität des Systems hinsichtlich Leistungsfähigkeit und nutzbarer Peripherie ein weiterer wesentlicher Schwerpunkt. So wird dem Nutzer durch TUNIX ein Baukasten präsentiert, der ihn in die Lage versetzt, mittels einer quasi beliebigen Anzahl von Transputerbaugruppen und entsprechender Peripherie (PC's, Terminals, Massenspeicher etc.) ein System seiner Anforderung zu konfigurieren. Ein zusätzlicher Aspekt bei der Nutzung von Transputern ist die durch ihre Links ermöglichte Punkt-zu-Punkt-Kommunikation, die die hardwareseitige Voraussetzung zur Vermeidung von Kommunikations-Bottlenecks auch bei sehr hoher Knotenanzahl bietet. Das System hebt sich dadurch deutlich von Lösungen, die auf Verwendung von über High-Speed-LAN's gekoppelter Workstations beruhen, ab. Andererseits entspricht es aber auch nicht dem Processor-Pool-Modell von Tanenbaum und Van Renesse /TAN85/, denn zu keiner Zeit besitzt eine Anwendertask exclusive Rechte über Prozessorknoten. Die Steuerung des Systems obliegt grundsätzlich einem prozeßorientierten BS-Kern, der permanent auf jedem Prozessorknoten installiert ist und folgenden Prinzipien gehorcht.

(1) Verteilte Kontrolle

Jeder Prozessorknoten ist gleichberechtigter Bestandteil des Systems und besitzt identische Möglichkeiten, unabhängig voneinander Systemfunktionen zu initiieren und globale Entscheidungen zu treffen. Es existiert keinerlei zentrale Instanz - eine wesentliche Voraussetzung sowohl für die inkrementelle Erweiterbarkeit des Systems ohne Bottlenecks als auch für eine fehlertolerante Implementierung.

(2) Begrenzung globaler Interaktionen

Zur Gewährleistung kurzer Reaktionszeiten und geringer Belastung des Gesamtsystems für globale Entscheidungen, auch bei hoher Knotenanzahl, bezieht sich die dafür notwendige Interaktion nur auf eine Teilmenge aller Knoten.

(3) Client-Server-Beziehung

Jede Interaktion zweier Prozesse, auch wenn sie auf dem gleichen Prozessor residieren, wird durch das auf das Message-Passing-System aufgesetzte Client-Server-Prinzip realisiert. Somit wird die notwendige Transparenz auch innerhalb des BS gewährleistet.

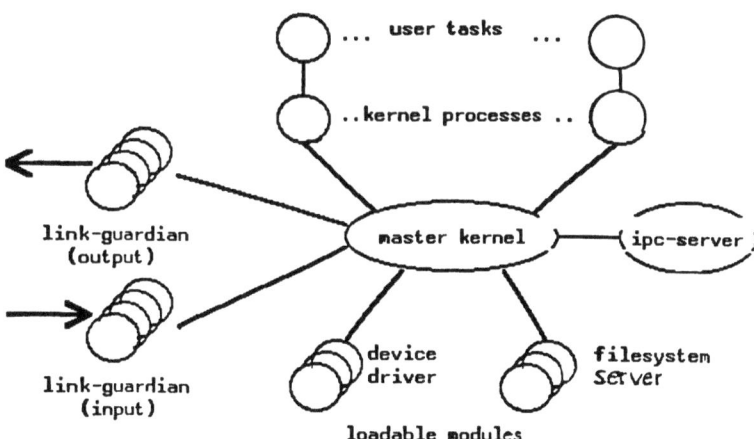

Bild 2: Prozeßlayout eines Prozessorknotens

Bild 2 zeigt die Prozeßstruktur des BS-Kerns eines jeden Prozessorknotens. Erwähnenswert ist, daß die als ladbare Module gekennzeichneten Serverprozesse nur auf den Prozessoren installiert werden, die den direkten Zugriff zur entsprechenden Peripherie besitzen. Der Basiskern selbst besitzt nur eine Codegröße von ca. 30KByte (derzeit übliche UNIX-Kerngrößen liegen im Bereich von 0,5 - 1,5 MByte). Nachfolgend sollen die wesentlichen Problemfelder und ihre Bewältigung bei der Implementierung dieses Systems kurz umrissen werden.

Kommunikation in TUNIX

Wichtigste Voraussetzung für die effiziente Arbeitsweise dieses BS stellte die Implementierung eines Message-Passing-Systems mit möglichst geringem Overhead dar. Aus diesem Grund wurde ein äußerst einfacher Datagram-Service entwickelt, der im Unterschied zu einer Vielzahl bekannter Lösungen über ein direktes Naming adressiert (kein Portkonzept) und Pakete bis max. 2 KByte Größe zu senden gestattet. Direkt darauf aufsetzend wird der RPC (Remote Procedure Call) realisiert. Als wesentliche Besonderheit existiert neben den Grundoperationen "Send" und "Receive" eine Broadcast-Operation, die die Steuerung der Eindringtiefe der Botschaft vom Initiator aus in das System zuläßt. Auf dieser Basis kann das Prinzip der begrenzten Interaktionen ideal verwirklicht werden.

Prozesse und Tasks

TUNIX verfügt über keine Funktionen zur Manipulation von Prozessen. Prozesse werden durch wenige Maschinenbefehle erzeugt und das lokale Scheduling wird der Hardware des Transputers überlassen. Daher wird zur Bezeichnung eines in Bearbeitung befindlichen Anwenderprogrammes der Begriff Task verwendet. Eine Task kann sich in max. 2 Zuständen, "running" und "stopped" befinden.

Vorrangige Aufgabe des BS ist die möglichst optimale Balancierung der dynamisch entstehenden Tasks auf die Prozessorresourcen des Systems. Da das System jedoch über die wesentlichen Taskeigenschaften, wie Kommunikationsbeziehungen, Laufzeit und Resourcenbeanspruchung, nicht informiert ist, kann die optimale Lösung nicht erreicht werden. Für praktische Realisierungen wird daher auf heuristische Verfahren zurückgegriffen, die in möglichst kürzester Zeit eine hinreichend gute Lösung erlauben /CAS88/.

In TUNIX wurde ein Bidding-Verfahren implementiert, das versucht, eine optimale Auswahl aus den Angeboten der Knoten zu treffen, die sich in der Umgebung des initiierenden Prozessors befinden (Realisierung durch erwähntes Broadcastverfahren). Kriterien der Optimierungsfunktion sind:

- bereits bestehende Prozessorauslastung
- Speicherbedarf der zu erzeugenden Task
- Abstand vom Vaterprozeß (im allgemeinen werden intensivere Vater-Kind-Beziehungen erwartet)
- Vorhandensein des Codesegments im Speicher (durch eine spezielle Strategie wird versucht, häufig verwendete Programme im Speicher zu halten).

Protection

Die Notwendigkeit der Implementierung geeigneter Schutzmaßnahmen im BS erlangt durch die außerordentliche Komplexität solcher Systeme einen eminenten Stellenwert. Unter der Voraussetzung, daß die Komponenten des BS selbst sicher sind (nicht Gegenstand folgender Betrachtungen), liegt die Hauptaufgabe in der Verhinderung unkontrollierter Zugriffe der Anwendertasks (AT) auf das System.

Die direkte Einflußnahme seitens der AT wird durch eine Besonderheit des Basiskerns unterbunden. Jede AT wird von einem gesonderten Systemprozeß (Kernelprozess genannt) "begleitet". Die Kanalkommunikation zwischen jeweils einem solchen Paar stellt die Systemcall-Schnittstelle dar. Durch diese Anordnung wird unter anderem erreicht, daß eine AT nur über den Kernelprozeß mit anderen Prozessen kommunizieren kann. Daraus folgt wiederum, daß nur vom System selbst erzeugte und damit autorisierte Botschaften ausgetauscht werden. Ein "Capability-Check" (vgl. /GRI89/ oder /MUL90/) in den Serverprozessen entfällt und erfolgt somit lokal in den jeweiligen Kernelprozessen.

Nicht zu unterschätzende Probleme ergeben sich aus den Hardwareeigenschaften des Transputers. So besitzt er weder priveligierte Befehle, noch existieren Voraussetzungen zur Realisierung eines Speichermanagement. Auch wenn der Transputer, wie in diesem System, als Baustein eines Multiprozessorsystems angesehen wird, ist auch dann das Problem noch nicht gelöst, wenn auf jedem Prozessor nur eine AT bearbeitet wird, da das Message Passing ebenfalls über eine Teilmenge der Prozessoren geführt werden muß. Erst mit der Einrichtung sicherer Kommunikationspfade (zusätzliche Prozessoren ausschließlich für Kommunikation) sind die genannten Forderungen erfüllbar. Dieser Herangehensweise steht jedoch, neben einer Menge anderer Nachteile, ein kaum zu vertretender Aufwand gegenüber.

Um dennoch wesentlich mehr AT als Prozessorknoten zu bearbeiten, die Systemcall-Schnittstelle entsprechend dem UNIX-Standard SVID gestalten zu können und eine definierte Reaktion auf fehlerhafte AT zu gewährleisten, wurden die fehlenden Hardwarevoraussetzungen durch geeignete Softwaremaßnahmen nachgebildet. Dabei lag der Schwerpunkt in der Modifizierung der Codegeneratoren der Compiler, die in diesem System Anwendung finden. Sie müssen ein spezielles Speicherlayout der Datensegmente erzeugen und Befehle zur Überwachung der Speichersegmentgrenzen zur Laufzeit generieren /BUR89/. Die dabei zwangsläufig auftretende Mehrbelastung des Prozessors konnte durch die Verwendung des linear im Speicherraum des Transputer angeordneten schnellen internen RAMs als Register-Window-Satz zum größten Teils kompensiert werden.

Zusammenfassung

Mit Transputern und den darauf aufbauenden Systemkomponenten stehen dem Anwender erstmals einfach kaskadierbare, leistungsfähige und universell einsetzbare Parallelrechnerbausteine zur Verfügung, die sich ideal zu adaptiven MIMD-Strukturen bei hervorragendem Preis-/Leistungsverhältnis kombinieren lassen.

Mit dem verteilten, UNIX-kompatiblen Betriebssystem TUNIX wird unter anderem die für den Anwender wichtige Systemtransparenz erreicht. Die nächsten Aktivitäten im COMPARE-Projekt, die sich auf Debug-Unterstützung und Fehlertoleranzprobleme konzentrieren, werden zunehmend in europäische Projekte (UNIPOS, MIMD) eingeordnet. Die bereits Konturen annehmende neue Transputergeneration dürfte auch dafür wieder die geeignete Experimentierbasis und Zielsystemgruppe bilden können.

Literatur:

/AMD67/ G. Amdahl : Validaty of the Single-Processor to Achiving Large-Scale Computer Capabilities; AFIPS Conf. Proc. 30 (1967), S.483-489

/BUR89/ S. Burkhardt, O. Nowak, M. Plass: Real Time Programming in Distributed Transputer Systems; Proc. 16th IFAC/IFIP Workshop Real-Time Programming, Berlin 1989, S.103-106

/CAS88/ T.L. Casavant, J.G. Kuhl: A Taxonomy of Scheduling in General-Purpose Distributed Systems; IEEE Trans. on Software Engineering, Vol. 14, No 2, 1988, S.141-154

/FRI89/ Fritzsche, M.: Konzeption von Parallelverarbeitungssystemen auf Transputerbasis; Dissertation A, TU Karl- Marx- Stadt, 1989

/GRI89/ C.H.R. Grimsdale: Distributed Operating System for Transputers; Microprocessors and Microsystems, Vol. 13, No. 2, 1989, S.79-87

/GUS88/ J.L. Gustafson u.a.: Development of Parallel Methods for a 1024-Processor Hypercube; SIAM Journal on Scientific and Statistical Computing 9 (1988) Nr.4, S.609-638

/HOA78/ C.A.R. Hoare: Communicating Sequential Processes; Communications of the ACM, Vol.21 (1978), Nr. 8, S.666-677

/MUL90/ S.J. Mullender, G.v. Rossum: Amoeba - A Distributed Operating System for the 1990s; (To be published in IEEE Computer Magazine, May 1990)

/TAN85/ A.S. Tanenbaum, R. v. Renesse: Distributed Operating Systems; Computing Surveys, Vol. 17, Nr. 4 1985, S. 419-470

Architekturbeschreibung für den Firmwareentwurf

Joachim Reiß
Technische Universität Chemnitz / Karl- Marx- Stadt
Sektion Informatik

Anliegen der diesem Beitrag zugrundeliegenden Forschungsaufgabe ist es, höhersprachliche Mikroprogrammierhilfsmittel zwecks ihrer Implementierung im Entwicklungssystem MIPES auszuarbeiten. MIPES erlaubt es, für eine definierte, beschriebene Mikroarchitektur (mA) höhersprachlich formulierte Mikroprogramme (mP) zu entwickeln und in ausführbaren Mikrocode (mC) zu übersetzen. Es gestattet eine zielmaschinenunabhängige Mikroprogrammierung bei Laufzeitoptimalität des Mikrocodes. Letzteres ist nur möglich, wenn beim Firmwareentwurf die Spezifik der Zielarchitektur berücksichtigt wird, was eigentlich für eine starke Maschinenabhängigkeit der Mikroprogrammmiersprache spricht. Deshalb wird in das System MIPES keine feste Mikroprogrammiersprache eingebaut, sondern ein Werkzeug, das es möglich macht, eine für die beschriebene Architektur zugeschnittene Sprache (mL) zu entwickeln. Der Systemnutzer kann damit eigene Sprachkonstrukte definieren, deren Form und Niveau seinen Erwartungen entsprechen und im vertretbaren Verhältnis zum Aufwand stehen. Eine so entstandene Sprache ist völlig maschinenabhängig, enthält nur mit der jeweiligen Hardware ausführbare Mikrooperationen und verheimlicht dem Programmierer nur die Besonderheiten der Hardware-Beschaffenheit, die der Sprachentwickler bewußt "bedecken" wollte.

Charakterisierung der höhersprachlichen Schnittstellen

Der erste Schritt bei der Nutzung von MIPES ist die Beschreibung der Mikroarchitektur. Dazu wurde eine spezielle Sprache, genannt SEQES, entwickelt. Beim Entwurf von SEQES wurde großer Wert darauf gelegt, daß ihre Notation leicht erlernbar und verständlich für den Nutzer ist. Die Sprache wurde so konzipiert, daß sie sich zum Dokumentieren der Hardware beim Hersteller und, im gewissen Sinne, sogar zum Sprechen und Denken über sie eignet. Alle in SEQES formulierten Tatsachen (clauses) können sehr einfach in englische Sätze transformiert werden. SEQES-Operatoren sind englische Partizipien. Sie beziehen sich jeweils auf zwei "Größen" (items), von denen eine das Subjekt und die andere Objekt ist. So entstehen einfache Aussagesätze (declarative clauses). Auch bedingte Aussagen (conditional clauses) sind formulierbar. 21 Operatoren, eine reguläre Syntax und eine Reihe eingebauter Facilities erlauben eine systematische, modulare Form der Beschreibung.

Die wohl wichtigste Eigenschaft von SEQES besteht darin, daß für beschriebene Mikrooperationen mnemonische Bezeichnungen definierbar sind. Dabei muß es sich nicht um einfache Mikrooperationen handeln. SEQES erlaubt, verwandte Mikrooperationen zu assoziieren und sogenannte Verbundmikrooperationen zu verknüpfen. Auf diese Art und Weise definiert sie eindeutig eine über dem Assemblerniveau liegende Mikroprogrammiersprache.

Formulierung der Aussagen in SEQES

Objekt der SEQES-Beschreibung ist die Mikroarchitektur. Aussagen der Beschreibung drücken ihre Eigenschaften (mF) aus. Bewirkt zum Beispiel das Feld 'Sel' eine mO mit dem Namen 'NEXT', so kann dies wie folgt geäußert werden:

   The field Sel is causing the microoperation NEXT.   (1)

Das Subjekt und Objekt stellen jeweils eine Größe (Sel, NEXT) bestimmten Typs (field, microoperation) dar. Wenn dieser Typ bekannt ist, oder aus dem Kontext hervorgeht, kann auf seine explizite Angabe verzichtet werden. Die beiden Morpheme 'Sel' und 'NEXT' werden Items genannt. Das dazwischenstehende Prädikat 'causing' ist ein SEQES-Operator. Ist z.B. bekannt, daß die mO 'NEXT' die Handlung 'AR:=AR+1' auslöst:

   NEXT is doing AR:=AR+1   (2)

so wird in natürlicher Sprache die Identität des Objektes von (1) mit dem Subjekt von (2) dazu genutzt, die beiden Sätze zusammenzuziehen:

   Sel causing NEXT is doing AR:=AR+1.

Soll auch noch eine Aussage bezüglich der Ausführungszeit von AR:=AR+1:

   AR:=AR+1 is taking_up T1   (3)

mit integriert werden, so wird die Behandlung der Lage des grammatischen Hilfsverbs 'is' unhandlich. Daher wurden zu SEQES-Operatoren pure Verlaufsformen ausgewählter englischer Verben erklärt.

Gültige SEQES-Sätze (clause) für (1), (2) und (3) haben also die Form:

```
    Sel     causing  NEXT
    NEXT    doing    AR:=AR+1                                    (4)
    AR:=AR+1 taking_up T1
```

und die SEQES-Äußerung (sentence), die sie vereint:

```
    Sel causing NEXT doing AR:=AR+1 taking_up T1.                (5)
```

Das Weglassen des Hilfsverbes resultiert aus der Annahme, daß seine Lage für die Semantik der Äußerung belanglos sei. Operatoren, die die Rolle der Prädikate spielen, werden symbolisch durch den Parameter-Operator xg dargestellt.
Der <u>einfache SEQES Satz</u> hat damit die Form:

```
    sbct xg obct      mit sbct = Subjekt                         (6)
                          obct = Objekt
```

Eine <u>Satzverbindung</u> entsteht, wenn mehrere einfache Sätze mit gleichem Subjekt so zu einem Satz vereinigt werden, daß mehrere alternative Prädikatgruppen entstehen:

```
    sbct xg_1 obct_11
              ...
              obct_1n,
         xg_2 obct_21
              ...
```

Beispielsweise mit der Anmerkung, daß 'sel' außer dem Feldnamen auch die auf dem Feld codierte Zahl, d.h. ein Literal bedeuten kann, ergibt sich die Satzverbindung

```
    Sel causing NEXT
                GOTO
         being  ltrl
```

SEQES verfügt über <u>Satzgefüge</u>-Konstrukte, die eine grammatische Struktur aus Haupt- und Nebensatz verkörpern. Der Hauptsatz (main clause) gilt nur, wenn die im Nebensatz (subordinate clause) formulierte Bedingung erfüllt ist:

```
main (declarative) clause       subordinate (assumption) clause
 sbct_d   xg   obct_d            sbct_a   yielding   obct_a
 Sel    causing GOTO              Sel     Yielding   1
```

('GOTO' wird nur dann ausgelöst, wenn das 1-bit-Feld 'Sel' die Codierung '1' aufweist.)

Der zugehörige Konditionalsatz (conditional clause) hat in SEQES die folgende primäre Form:

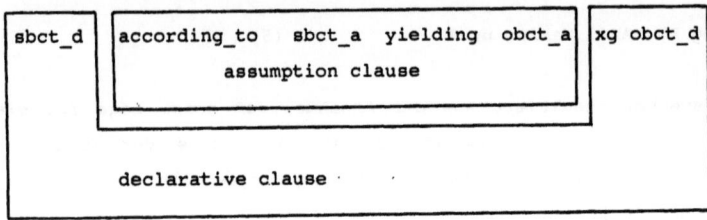

Die Syntax der SEQES-Beschreibung

Eine SEQES-Beschreibung setzt sich aus Aussagen zusammen, die durch Verkettung entstehen. Aneinandergekettete Sätze heißen dementsprechend Vorgänger (predecessor) und Nachfolger (successor). Es existiert ein Anfangs-Item, das kein Objekt von irgendeinem Vorgänger ist und Thema der Aussage genannt wird. Damit ein Verkettungsschritt die Struktur einer Beschreibung nicht zerstört, müssen am Ende einer Aussage alle aktiven Operatoren inaktiv gemacht weden. Dafür werden die 3 Terminatorarten ',', ';' und 'g_' definiert.

Um die Rekursivität der Struktur einer Aussage zu verdeutlichen, werden Strukturblöcke der Art:

    item _g ...,
             .
             .
        _g ...,

definiert, die <u>Phrasen</u> heißen, und sich auf Grund ihrer Syntax ineinander verschachteln lassen:

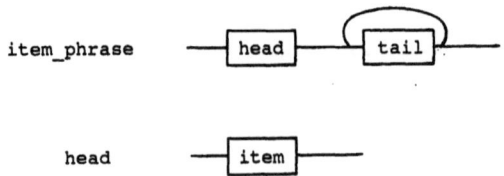

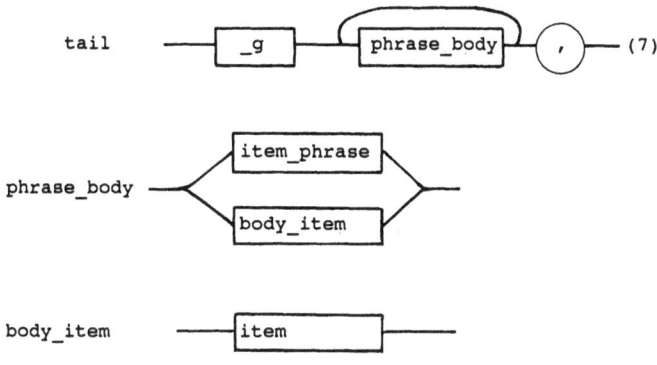

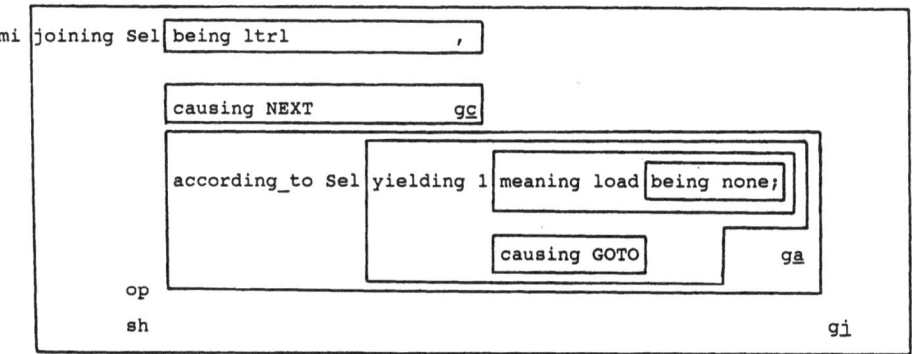

Analyse der SEQES-Aussagen

Der Satz stellt in SEQES eine semantische Einheit dar. Die Phrase ist im Gegensatz dazu eine Struktur rein syntaktischer Herkunft. Das Satzgefügeprinzip für Aussagen läßt sich mit dem Phrasenbegriff folgendermaßen erklären:

Die Erweiterung einer SEQES-Aussage, die eine beliebig lange endliche Kette von Sätzen verkörpert, stellt ihre strukturelle Verallgemeinerung zur SEQES-Aussage dar und beruht darauf, daß jedes in ihr enthaltene Item, unabhängig von seiner Bedeutung und Lage, Kopf einer beliebgig ausgebauten Phrase werden darf. Der Kopf der äußeren Phrase heißt dann Thema der Aussage. Endet eine so entstandene Aussage mit Phrasenendzeichen und/oder Terminatoren, so dürfen diese wegfallen. Durch Verkettung (connection) ist das Verschachteln von Phrasen, d.h. das Ersetzen von 'body_item' durch 'item_phrase' im Sinne der vorletzten Produktion von (8) zu verstehen. Die Vereinigung (junction) verkörpert das Anfügen weiterer Phrasenzweige an eine bereits existierende Phrase laut der Schleife in der ersten

Produktion von (8). Phrasenzweige mit gleichem Operator dürfen dabei zu einem Zweig (mit Verzweigung an diesem Operator) verknüpft werden.

Zur Strukturierung einer komplexen SEQES-Beschreibung wird empfohlen, sie in mehrere, weniger umfangreiche Aussagen zu trennen, indem jeweils ganze Phrasen oder Phrasenzweige ausgelagert werden, die den Status funktionell selbständiger Blöcke besitzen:

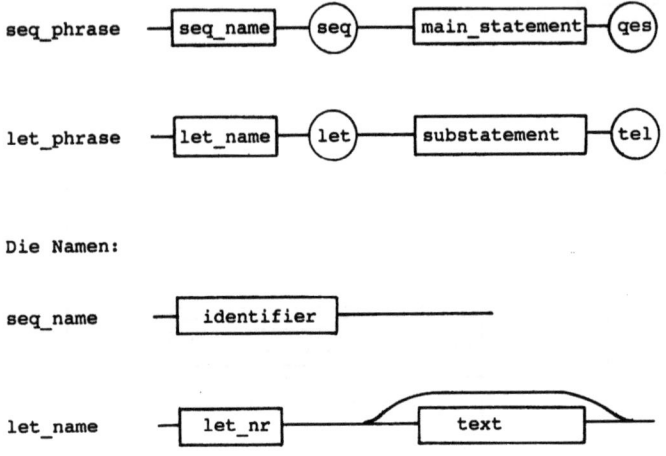

Die Namen:

seq_name ── identifier

let_name ── let_nr ── text

dienen zur Identifikation und Kommentierung. Die gesamte SEQES-Beschreibung hat also die folgende Syntax:

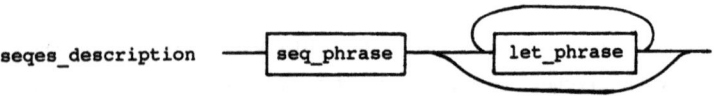

Die Strategie der SEQES-Beschreibung

Im folgenden wird der prinzipielle Ablauf der Mikroarchitekturbeschreibung mit SEQES skizziert. Die in Klammern stehenden Termini sind, je nach der grammatischen Form, Operatoren (-ing) oder Typenattribute ('.' vorangestellt, Abkürzungsbuchstaben unterstrichen) der Items.

Ausgehend vom Steuerspeicher (.memory), dessen Name und Dimensionen (.dimension definition) bekannt (:) sind, wird für die darin enthaltene (having) (.subresource) mI (.microinstruction) ein Adressierungsregister (.memory resource) bezüglich seines

Namens und Typs (.permanent, .transient u.ä.) sowie ggf. Geltungszeitintervalls (.time) (quitting_after) vereinbart.

Der Mikrobefehl mI stellt eine bewegliche Unterressource (.sr) des Steuerspeichers dar (exhibiting), deren momentane Lage vom momentanen Inhalt des Adressierungsregisters abhängt. Anschließend kann das Format des Mikrobefehls, d.h. die Aufteilung in Felder (.field) (joining) und ggf. in Zonen (.zone specific item) (zoning) beschrieben werden. Bei mehreren Mikrobefehlsformaten werden Erkennungsfelder (.fd) definiert und die weitere Feldspezifikation von ihrer Codierung (.pattern) (yielding) abhängig gemacht (according_to). Den Mikrobefehlsfeldern werden je nach Belegung (.pt) (yielding) gewisse Bedeutungen, Funktionen oder Handlungen zugeschrieben. Häufig bedingt gleichzeitiges Auftreten bestimmter Codes an bestimmten Feldern (.code carrier) eine Reihe weiterer Fakten. In einem solchen Fall wird empfohlen, diesem Codierungszustand (.logical state) einen Namen zu geben (implying). Feldbelegungen (logische Zustände) lösen im allgemeinen Mikrooperationen (.microoperation) aus (causing).Sind diese bedingt, so werden die durchzuführenden Tests (.microtest) einschließlich der am Sequencer ankommenden (viewing) hardwaretechnisch gewonnenen Zustandsbits (.microbit) mit spezifiziert. Die Bedeutung der Microbits kann ebenfalls beschrieben werden (.microbit instantation). Die für die jeweiligen Testergebnisse von der Mikrooperation ausgeführten (doing) Handlungen werden als Mikroatome bezüglich ihrer Eingabe - (noting_in)(.mm), Ausgabe - (putting_into) (.output resource) sowie Operationsressource (operating_on) (.operational resource) beschrieben.Die Zeitspezifikation (taking_up) der Ausführung aller Tests und sonstiger Handlungen (.action) kann im Detail auf das Ansprechen einzelner Ressourcen eingehen. Die Arten sowie Dimensionen der letzteren werden explizit angegeben oder gehen aus der Beschreibung hervor.

Für transiente Speicherressourcen (.tr) erfolgt die Angabe des Geltungszeitintervalls (quitting_after). Speicherressourcen, die indirekte Steuerinformation enthalten (.residual control), werden bezüglich ihrer Funktion definiert (residing_in). Bei der Definition der Mikrooperationen unterscheiden sich die Steuermikrooperationen cmO, die die Folgeadreßbildungsmechanismen definieren, von den exekutiven Mikrooperationen emO dadurch, daß sie als Ausgaberessource (putting_into) das Steuerspeicheradressregister benutzen. Mittels cmO geschieht somit die Beschreibung des Sequenzers bezüglich seiner Fortschaltungsmöglichkeiten, einschließlich der Standardadreßbildungsregel und ggf. besonderer Sequenzerleistungen, wie Unterprogrammtechnik u.ä. Beide Arten von Mikrooperationen dürfen in ihren lexikalen Bezeichnern (.mO) Pseudo-Items (.ps) enthalten, deren Instantiierungswerke mittels Codeträgerbelegungen (.cc) aus dem vordefinierten (being) Definitionsbereich ausgewählt werden. So entstehen komplexe Mikrooperationen xmO, die mehrere einfache mO unter einem gemeinsamen lexikalen Bezeichner (.mo) vereinen.

Soll eine dieser mO im Mikroprogramm erscheinen, wird der verallgemeinerte Bezeichner konkretisiert, indem der Mikroprogrammierer die in ihm enthaltenen Pseudos mit ihren Instantiierungswerten ersetzt. Darüber hinaus dürfen die lexikalen Bezeichner der xmO syntaktisch so erweitert werden (keeping), daß sie auch kontextabhängige grammatische Regeln (.grammar rules) enthalten. Einige Seqes-Operatoren dienen zur besseren Gestaltung der formalen Beschreibungsstruktur. Auch wenig (meaning) oder spezifisch (using) inhaltlich zusammenhängende Sachverhalte dürfen aneinandergekettet werden. Ansonsten dürfen bei entketteten, modular gegliederten Beschreibungen logische Verweise zwischen einzelnen Moduln (lying_over) (.let_nr) hergestellt werden. Häufig auftretende Beschreibungsstücke können durch Aufrufe (following) (.actual procedure head) von vereinbarten (standing_for) (.formal procedure head) SEQES-Prozeduren (.procedure body) ersetzt werden. Diese können parametrisierte Items (@) und Operatoren (xg) enthalten. Trotz der empfehlenswerten Positionsnotation dürfen auch tabellarisch oder anders formatierte Beschreibungen (gagging) erstellt werden.

Beispiel

Die Notation soll anhand eines kleinen Beispiels verdeutlicht werden. Gegenstand der Beschreibung sei ein Steuerspeicher con_st eines ungewöhnlichen Formates

```
seq con_st:[128][br] hg minst gg
bg con_st[ar][br] ug ar.pr:[6..0]
                br.ps ag ar[6] yg 0 bg 16
                              1 bg  8
ges
```

Erläuterung: Der Steuerspeicher con_st weist 128 Worte der Breite br auf und enthält (hg:having) den aktuellen Mikrobefehl minst, der das mit ar adressierte Wort von con_st ist (bg:being). Die benutzten (ug:using) Größen ar und br bedeuten: ar ist ein permanentes 7-bit-Register; br eine Pseudogröße, die in Abhängigkeit (ag:according to) vom höherwertigsten bit des ar (yg:yielding) den Wert 16 oder 8 (being) annimmt.

Ausbildung in Informatik

Trends der Informatik-Ausbildung
Wilfried Brauer
Institut für Informatik, TU München

Kurzfassung

Die Ausbildungsituation in der Informatik wird - z.T. im Vergleich mit der USA - unter verschiedenen Gesichtspunkten wie der Notwendigkeit eines klaren Profils, des Einflusses der Forschung und Entwicklung, des Unterrichts an der Schule und der Beziehung zur Praxis skizziert. Einige wünschenswerte Trends werden hervorgehoben.

1. Notwendigkeit eines Profils

In manchen Ländern wird neuerdings beklagt, daß sich die dortige Informatik-Ausbildung in einer Krise befinde: die Studentenzahlen gehen zurück, es wird angezweifelt, daß für viele Studenten ein Vollstudium der Informatik nötig sei, verschiedene neue Studiengänge werden vorgeschlagen. Besonders auffällig ist die starke Abnahme der Studienanfängerzahlen im Hauptfach Informatik in den USA: von 8,8 % eines Jahrganges in 1983 auf 1,6 % in 1987 und wohl unter 1 % in 1989 (vgl. [1], [2]). Verschiedene Gründe werden vermutet: Verwendung von Computern in der Schule, Schwierigkeit des Fachs, Nachlassen des Interesses an technisch-naturwissenschaftlichen Fächern überhaupt. Mir scheint der Hauptgrund jedoch ein anderer zu sein: In diesen Ländern hat die Informatik, haben insbesondere die Hauptausbildungsgänge, kein klares, eigenständiges, weithin bekanntes und anerkanntes Profil entwickelt, so daß weder die Studienanfänger noch die Abnehmer der Absolventen genaue Vorstellungen über das Fach und die Ausbildung haben. So kann man in den USA an fast 1.000 Colleges und Universitäten einen akademischen Grad als Informatiker (unter einer Reihe verschiedenartiger Bezeichnungen, wie computer science oder computing science, computer science and engineering, computer engineering, computer and information sciences, computing, software engineering) erwerben, wobei die Spannweite der Lehrinhalte vom Äquivalent eines Leistungskurses Informatik an einem deutschen Gymnasium oder einer MTA-Ausbildung bis zu dem eines forschungsorientierten Diplomstudiengangs reicht. Ähnlich vielfältig und unübersichtlich ist das Angebot der Studiengänge in Frankreich und England, was für die gewünschte Harmonisierung der Studiengänge und -abschlüsse im Rahmen der Europäischen Gemeinschaft große Probleme aufwirft. In den USA versuchen die Fachgesellschaften ACM und IEEE Computer Society "Computing as a Discipline" (vgl. [3]) neu zu definieren und neue, einheitlichere Studienpläne einzuführen (vgl. [4]), um einen ähnlich positiven Effekt wie das "Curriculum 68" der ACM Ende der sechziger, Anfang der siebziger Jahre zu erreichen.

In der Bundesrepublik Deutschland ist die Entwicklung anders als in den meisten anderen Ländern verlaufen. Wie in vielen Ländern war das "Curriculum 68" der ACM zunächst richtungweisend; es entwickelte sich aber bald ein eigenständiges Konzept der Informatik-Forschung und -Ausbildung an Universitäten mit einem klarem Profil, das sich zwar zunächst gegen viele Widerstände innerhalb der Universitäten und von seiten der Wirtschaft durchsetzen mußte, das aber nun seit vielen Jahren praktisch allseits akzeptiert ist und relativ einheitlich geblieben ist (trotz der schon recht starken Spezialisierung innerhalb der Informatik). Wesentlichen Anteil an dieser Entwicklung hat die GI und (später auch) der Fakultätentag Informatik. Es ist sehr wichtig, daß beide Institutionen weiterhin mit dem Ziel zusammenarbeiten, das einheitliche Profil und das hohe Niveau unserer Universitätsausbildung in Informatik zu wahren.

Die Entwicklung an den Fachhochschulen verlief etwas anders: Es gab zunächst eine "verwirrende Vielfalt von Studiengangsbezeichnungen, Inhalten und Abschlüssen" ([5], Seite 200). Empfehlungen der GI halfen sehr bei der Entwicklung eines klareren Profils; das diese Ausbildung, die ein hohes Ansehen in der Praxis genießt, deutlich von der Universitätsausbildung abgrenzt, so daß Fachhochschulinformatiker gleich gute Berufschancen wie Universitätsinformatiker haben. Auch bei den Bestrebungen zur europäischen Harmonisierung sollte (u.a. mit Hilfe der GI) darauf geachtet werden, daß das spezielle Profil der westdeutschen Fachhochschulausbildung erhalten bleibt.

Die eindeutig verschiedenen Ausbildungsziele und Profile der Fachhochschul- und der Universitätsstudiengänge sollten (im Hinblick auf die Fähigkeiten und Interessen der Studenten und die Bedürfnisse der Praxis) auch in Zukunft klar voneinander unterschieden werden: Es ist nicht sinnvoll, wenn an Universitäten eine dem Stil der Fachhochschulen angenäherte Ausbildung (mit der Begründung, größere Praxisnähe erreichen zu wollen) versucht wird - umgekehrt schadet eine zu starke Verwissenschaftlichung dem Profil der Fachhochschulausbildung.

Ganz entscheidend für eine kontinuierliche Weiterentwicklung ist es, daß zum Profil unserer Informatikausbildung (sowohl an Universitäten wie an Fachhochschulen) der Anspruch gehört, das gesamte Fachgebiet zu erfassen - Randgebiete oder Modetrends sollten nicht ausgegrenzt oder überbetont und für sie keine speziellen Schmalspurstudiengänge geschaffen werden. So ist es z.B. ein großer Vorteil für die Künstliche Intelligenz (KI) wie auch für die Informatik, daß die KI bei uns (anders als in anderen

Ländern) in die Informatik integriert ist und keine modischen Studiengänge kreiert hat, die eventuell bald von einem neuen Modefach, z.B. der sog. Neuroinformatik, verdrängt werden. Entsprechend wichtig ist es für die Entwicklung des Bereichs der Neuroinformatik (Konnektionismus, künstliche neuronale Netze, Neurocomputer etc) und auch für die Informatik insgesamt, daß dieses neue Gebiet ebenfalls in die Informatikausbildung integriert wird und nicht zwischen den Stühlen verschiedener Fächer (wie Physik, Eletrotechnik, Biologie) landet.

2. Forschung und Entwicklung

Die Bewahrung eines eigenständigen Profils der Informatik darf natürlich nicht zu einer Festschreibung der Lehrinhalte und -methoden führen. An den Universitäten sollte das Prinzip der Einheit von Forschung und Lehre ohnehin eine ständige Anpassung der Ausbildung an die Ergebnisse von Forschung und Entwicklung bewirken. Aber auch an Fachhochschulen ist eine recht schnelle Übernahme von neuen Forschungs- und Entwicklungsresultaten in die Lehre zu beobachten.

Die Universitäten haben aber darüber hinaus die Aufgabe, die Ausbildung (insbesondere in der zweiten Studienhälfte) so zu gestalten, daß genügend viele Studenten an wichtige neue Forschungs- und Entwicklungsaufgaben herangeführt und zu selbständiger (oder zumindest angeleiteter) Forschungs- und Entwicklungsarbeit befähigt werden. Diese Aufgabe kann nicht einfach an die neuerdings im Entstehen begriffenen Graduiertenkollegs delegiert werden, deren Ziel es ja nur sein kann, einer kleineren Zahl von besonders qualifizierten Forschern einen möglichst frühen, schnellen Einstieg in die Spitzenforschung zu ermöglichen. Diese Aufgabe der Universitäten hat meines Erachtens höhere Priorität als die bei kurzfristiger Betrachtungsweise z. Zt. wichtiger erscheinende Notwendigkeit, genügend viele Informatiker für die akuten Bedürfnisse der Praxis auszubilden; das gilt z. T. schon deshalb, weil sich diese Bedürfnisse schon im Laufe des Ausbildungszeitraums eines Studenten beträchtlich wandeln, und vor allem aber deshalb, weil auch in der Praxis die eigentlichen Probleme der Informatik und ihrer Anwendungen nur durch verstärkte Forschung und durch Neuentwicklungen einer Lösung nähergebracht werden können.

Folgende Globalziele werden in der nächsten Zeit für die Forschung und Entwicklung in der Informatik im Hinblick auf ihren intensiven Einsatz in der Praxis und ihre breite Anwendbarkeit eine wesentliche Rolle spielen:
Erweiterung der Fähigkeiten und Steigerung der Leistung von Informatiksystemen durch neue Systemarchitekturen (nichtsequentielle, verteilte, hochparallele Systeme) und neue Kommunikationstechniken: Das hat beträchtlichen Einfluß auf die Lehre, weil schon im

Grundstudium andere Systemkonzepte, Datenstrukturen, Algorithmen, Spezifikations- und Programmiersprachen und -methoden als bisher eingeführt werden müssen.

Erhöhen der Verläßlichkeit (im weitesten Sinne, d.h. der Korrektheit, Zuverlässigkeit, Fehlertoleranz, Robustheit, Sicherheit etc.) von Informatiksystemen: Im Hinblick auf die Lehre geht es hier um mehr als das Beweisen der Korrektheit kleiner ad hoc entwickelter Programme, das Ausnutzen von Redundanz und das Verwenden von Kodierungsverfahren; hier müssen insbesondere klassische Ingenieurmethoden und -haltungen in der Lehre vermittelt werden, von denen man aus den anderen Ingenieurbereichen weiß, daß sie für die Erreichung von Verläßlichkeit besonders wichtig sind.

Verbesserung der Mensch-Maschine-Interaktion: Das ist nicht so sehr eine Frage der Entwicklung neuer Peripheriehardware (inklusive Sprachprozessoren) und besserer Computergraphiksoftware, sondern es erfordert vielmehr die Entwicklung neuer Systemkonzepte und neuer problemspezifischer und benutzerorientierter Softwarewerkzeuge und passender Werkzeugumgebungen. Das ist nicht nur eine Aufgabe für die Künstliche Intelligenz; es erfordert das Zusammenwirken vieler Teilgebiete der Informatik und verlangt interdisziplinäre Zusammenarbeit - sowohl mit Humanwissenschaftlern (bzgl. der Benutzerorientierung) als auch mit Fachwissenschaftlern (im Hinblick auf die Problemangepaßtheit). Denn solche komplexen Softwaresysteme werden ja nicht von einzelnen Personen, sondern von Teams entwickelt, in denen neben Wissenschaftlern und (eventuell) Praktikern aus anderen Bereichen (wie etwa Arbeitspsychologen, Kognitionswissenschaftlern, Soziologen, Pädagogen, Linguisten, Fachleuten für Organisation und Management, künftigen Benutzern), die für Systemkonzeption, Funktionsprüfung etc. mitverantwortlich sind, vor allem kompetente Informatiker für die eigentliche Systemkonstruktion benötigt werden. Unser Informatikausbildungskonzept, bei dem ja (anders als in vielen anderen Ländern) großer Wert auf das Studium eines Nebenfaches gelegt wird, liefert sehr gute Voraussetzungen für solche Teamarbeit. Bindestrich-Informatiker werden in Zukunft in solchen Teams kaum mehr Verwendung finden, weil sie für keines ihrer beiden Fächer so kompetent sein können, wie die eigentlichen Fachleute.

Der Einfluß von Forschung und Entwicklung auf die Lehre besteht nicht nur darin, daß neue Lehrinhalte hinzukommen und alte verdrängen, sondern auch darin, daß klassische Gebiete in anderer Weise als bisher dargestellt werden müssen. Z. B. ein so altes Gebiet wie "Automaten und formale Sprachen" sollte man heutzutage viel stärker unter Gesichtspunkten wie Spezifikation von Systemen (reguläre Ausdrücke, Syntaxdiagramme, Automaten, Graphen-basierte Formalismen) und Formalismen zur Verhaltensdarstellung (formale Sprachen, Ersetzungssysteme) oder im Hinblick auf Datenstrukturen und Algorithmen behandeln, als - wie noch oft der Fall - nur ausgehend von den traditionellen Bezügen zur Realisierung von Schaltwerken und zum Übersetzerbau. Eine derartige Neugestaltung der Vorlesung "Formale Sprachen und Automaten I und II" habe ich im vergangenen Studienjahr ausprobiert (vgl. dazu [6]).

Auch um vernünftig kurze Studienzeiten zu ermöglichen, ist es dringend nötig, traditionelle Lehrinhalte neu zu gestalten oder sogar ganz auf sie zu verzichten. Solchen Überlegungen wird meines Erachtens zu wenig Beachtung geschenkt. Interessant unter diesem Gesichtspunkt ist die Neugestaltung des Hauptstudiums der Informatik an der Universität Karlsruhe und hier insbesondere die neue Vorlesung "Kommunikation und Datenhaltung", die die beiden klassischen Hauptvorlesungen "Datenbanksysteme" und "Telekommunikation" zusammenfaßt.

Bei der Umgestaltung der Informatikausbildung ist vor allem der Trend zu berücksichtigen, daß neue komplexe Informatiksysteme immer mehr unter Verwendung verschiedenster Werkzeuge entworfen, konstruiert und getestet werden. Das macht es nötig, schon früh im Verlauf der Ausbildung die Verwendung komplexer Werkzeuge zu lehren und den Studenten solche Werkzeuge zur Verfügung zu stellen. Zu den Werkzeugen, die der Informatiker in Zukunft verwenden wird, gehören auch Simulationssysteme, Expertensysteme und Systeme zur Unterstützung des Lernens (zur Wiederauffrischung von Kenntnissen und vor allem zur Weiterbildung).

3. Informatik und Schule

Nicht nur die Resultate der Forschung und Entwicklung und die Anforderungen der Praxis beeinflussen Form und Inhalt der Ausbildung, auch die Kenntnisse und die Einstellungen und Haltungen, die die Studienanfänger aus der Schulzeit mitbringen, sind zu berücksichtigen.

Informatiker in den USA beklagen zur Zeit sehr das viel zu geringe Niveau der heutigen Mathematikausbildung an amerikanischen Oberschulen, was es sehr schwer mache, im "undergraduate"-Studium die notwendige Ausbildung in formalen Systemen und Methoden zu geben (vgl. [7], [8]). Obwohl die mathematische Vorbildung unserer Studenten im internationalen Vergleich recht gut abschneidet (sie ist in Frankreich noch besser), steht die Bundesrepublik bei der Nutzung von Computern an Schulen und der Einbeziehung der Informatik in den Schulunterricht hinter vielen anderen Ländern (wie Großbritannien, die Niederlande, Frankreich, die skandinavischen Länder, aber auch Bulgarien) zurück.

Die Situation an unseren Schulen ist dadurch besonders schlecht, daß (in der Sekundarstufe I) statt Informatik nur die sog. "Informationstechnische Grundbildung" (ITG) angeboten wird und daß eigentlicher Informatikunterricht nur relativ wenigen Schülern der Sekundarstufe II zugänglich ist (vgl. [9]).

Ich halte die Bezeichnung und das Konzept der ITG aus zwei Gründen für falsch. Sie verdrängt den Begriff Informatik und verhindert die Herausbildung eines einheitlichen Profils dieses wichtigen Fachs in der Schule und damit in weiten Kreisen der Bevölkerung, und sie verführt dazu zu meinen, daß dieses neue Fach reduziert werden kann auf die Bedienung und Benutzung von Geräten und das Diskutieren über Anwendungsmöglichkeiten und -risiken.

Informatik ist jedoch für unsere heutige und künftige Zivilisation so wichtig, daß sie ein Schulfach wie etwa die Physik sein sollte. Auch im Physikunterricht an der Schule wird nur eine Grundbildung vermittelt - wenn man also bei der Informatik den Aspekt der Grundbildung betont, so suggeriert das, daß hier nur eine Primitivbildung gemeint sei. Im Physikunterricht werden wichtige Phänomene erklärt, Zusammenhänge aufgezeigt und Gesetze erläutert - es wird nicht bloß "physiktechnische" Grundbildung vermittelt, d.h. in der Elektrizitätslehre z.B. werden nicht nur die Verwendung von elektrischen Geräten und die Risiken des Umgangs mit ihnen behandelt. Trotzdem führt der umfassende Unterricht in der Elektrizitätslehre nicht dazu, daß ein Abiturient ein Elektriker ist - genauso wenig wie ein Abiturient ein Programmierer ist, wenn er Informatik gelernt hat.

Ein ernsthafter Fachunterricht in Informatik sollte ein solideres Fundament für den vernünftigen Umgang mit Informatiksystemen legen sowie ein wesentlich besseres Verständnis der Anwendungen der Informatik und ganz allgemein unserer Zivilisation ermöglichen (vgl. [10]). Er könnte auch eine Grundlage bilden für die Hochschulausbildung in Informatik, wie das in anderen wichtigen Fächern der Fall ist.

4. Bedarf der Praxis

Ein vorrangiges Ziel der Hochschulen ist es, Informatiker für Tätigkeiten in der Wirtschaft auszubilden. Was den zahlenmäßigen Bedarf an Informatikern anbetrifft, gehen die Prognosen der letzten Jahre ([11], [12], [13]) recht übereinstimmend davon aus, daß zur Zeit etwa 30 000 Informatiker benötigt werden und daß man mittelfristig ebenso viele Informatiker wie Elektrotechniker (d. h. 100 - 120 000) braucht. Da die Fachhochschulen und Universitäten z. Zt. noch bei weitem zu wenig Hauptfachinformatikabsolventen (jeweils weniger als 1500 pro Jahr) haben, werden momentan auf

Informatikstellen ersatzweise auch Bindestrich- und Nebenfachinformatiker eingestellt -
das ändert sich sofort bei Veringerung der Nachfragelücke (vgl. [12]). Langfristig wird
der Bedarf an Bindestrich-Informatikern zurückgehen und werden Nebenfach-
Informatiker in ihren eigenen Fachgebieten arbeiten. Nebenfachinformatiker werden den
Hauptfachinformatikern insbesondere deshalb keine Konkurrenz machen, weil sie in
immer stärkerem Maße für den wachsenden Einsatz und die zunehmende Anwendung
von Informatiksystemen in ihren Fachgebieten verantwortlich sein werden und weil für
die Entwicklung und Produktion solcher komplexer werdenden Systeme in verstärktem
Maße Hauptfachinformatiker eingesetzt werden müssen.

Was die inhaltlichen Anforderungen aus der Praxis an ein Studium anbetrifft, ist es viel
schwieriger verläßliche Informationen zu erhalten. Aus der Literatur ([2], [3], [4], [14]),
aus Äußerungen von Verantwortlichen in der Wirtschaft, aus persönlichen Erfahrungen
in der Zusammenarbeit mit Firmen und aus der Kenntnis des Berufswegs meiner
Studenten ergibt sich meines Erachtens ein klarer Trend. Es werden diejenigen
Informatiker bevorzugt, die eine breite, grundlagenorientierte Ausbildung erhalten haben,
in der aber auch großer Wert auf die Vermittlung ingenieurmäßiger Vorgehens- und Verhaltensweisen gelegt wird. Es wird, zumindest von den Universitätsinformatikern,
weniger erwartet, daß sie, die neuesten in der Praxis verwendeten Soft- und
Hardwareprodukte kennen und daß sie einen großen Teil ihrer Studienzeit mit dem
Bewältigen von Programmieraufgaben verbracht haben, sondern daß sie in der Lage
sind, ingenieursmäßig Methoden und Techniken zur Konstruktion großer verläßlicher
und benutzerorientierter Systeme anzuwenden, sich schnell in neue Problemstellungen
und andere Gebiete einzuarbeiten und durch selbständige Weiterbildung den Anschluß an
die Entwicklung des Fachs zu halten. Man muß nicht so weit gehen wie D. L. Parnas
([15]), der mehr Kenntnisse in Mathematik, physikalisch-technischen Grundlagen,
Nachrichtentechnik sowie der Grundprinzipien des Soft- und Hardware-Entwurfs verlangt und dafür auf seiner Meinung nach weniger grundlegende Gebiete wie
Übersetzerbau, Betriebssysteme und Datenbanken sowie auf intensiveren Unterricht im
Programmieren im Studium zu verzichten bereit ist, stattdessen aber Studenten in
Kooperationsprojekten mit Firmen konkrete Erfahrungen gewinnen lassen will. Denn
seine radikalen Forderungen basieren auf der doch recht anderen Ausbildungssituation in
Nordamerika, und sie berücksichtigen zu wenig den Einfluß der Forschungs- und
Entwicklungsergebnisse auf die Ausbildung. Im Hinblick auf die Bewertung der
Bedürfnisse der Praxis und die generelle Tendenz der Gestaltung des Grundstudiums
und des Kerns des Hauptstudiums weisen die Überlegungen von Parnas jedoch in die
richtige Richtung.

5. Wünschenswerte Trends

Zusammenfassend möchte ich einige Forderungen an die Entwicklung der Ausbildung in der Informatik stellen:

- Das Schulfach Informatik sollte die ITG bald ersetzen.
- Das Studium an Hochschulen sollte stärker auf die längerfristig wichtigen Grundlagen für die gesamte Breite des Fachs Informatik konzentriert werden.
- Neu entstehende Gebiete, wie z.B. die neuronalen Netze sollten auch in Zukunft in das Fach Informatik integriert werden.
- In der Endphase des Hauptfachstudiums soll ein enger Bezug zur Forschung oder zur industriellen Praxis beibehalten werden.
- Die Studiengänge sollten so gestrafft werden, daß kürzere Studienzeiten möglich werden.
- Die Studiengänge an Fachhochschulen und an Universitäten ebenso wie in der Hauptfach- und in der Nebenfachausbildung sollten jeweils ihr klares, wohl unterscheidbares Profil bewahren.

Ich hoffe, daß nicht zuletzt auch durch die Aktivitäten der GI diese Wünsche Realität werden.

[1] Informatik International, USA, Berufsaussichten und Hochschulabgänger in der Informatik. Informatik-Spektrum **13** (1990) 3, S. 165

[2] G. Ford: 1990 SEI Report on Undergraduate Software Engineering Education, Techn. Report CMU / SEI-90-TR 3, ESD-TR-90-204
Carnegie-Mellon University, Pittsburg, Penns., USA

[3] Denning, P. J. et al.: Computing as a Discipline, Comm. ACM **32** (1989) 1, pp. 9 - 23

[4] D. K. Lidtke: Recent Developments in Computing Curricula in Higher Education, in: McDougall, A., Dowling, (eds.): Computers in Education, Proceedings WCCE 90, North-Holland, Amsterdam 1990, pp. 241 - 246

[5] Brauer, W. et al.: Studien- und Forschungsführer Informatik, 2. Auflage, Springer-Verlag, Berlin 1989

[6]   Brauer, W.: Graphs, automata, Petri nets - From sequential to distributed and concurrent systems - in: Schwärtzel, H., Mizin, I. (eds.): Advanced Information Processing, Springer-Verlag, Berlin 1990, pp. 15 - 28

[7]   IFIP Working Group 3.2 Workshop "Informatics Curricula for the 1990's", Providence, Rhode Island, USA, April 5-7, 1990. Proceedings erscheinen demnächst.

[8]   Grayson, L. P.: Education and America's industrial future, Computer **19** (1986) 6, pp. 10 - 16

[9]   Peschke, R.: Die Krise des Informationsunterrichts in den neunziger Jahren, in: Stetter, F., Brauer, W. (Hrsg.): Informatik und Schule 1989: Zukunftsperspektiven der Informatik für Schule und Ausbildung, Informatik-Fachberichte Bd. 220, Springer-Verlag, Berlin 1989, SS. 89 - 98.

[10]   Brauer, W., Brauer, U.: Better tools-less education ? in: Ritter, G. X.: Information Processing 89, Proc. 11th IFIP World Computer Congress, North-Holland, Amsterdam, 1989, pp. 101 - 106.

[11]   Bundesminister für Bildung und Wissenschaft,
        Informatik - Zur Situation des Faches an den Hochschulen.
        Schriftenreihe Studien zu Bildung und Wissenschaft 21, 1985

[12]   Diplom-Informatiker und Diplom-Informatikerinnen
        Fachvermittlung für besonders qualifizierte Fach- und Führungskräfte
        Arbeitsmarkt-Information **4**, 1988

[13]   Wissenschaftsrat: Empfehlungen zur Informatik an den Hochschulen 1989

[14]   Deimel, L. E. (ed.): Software Engineering Education, Lecture Notes in Computer Science, Bd. 423, Springer-Verlag, Berlin 1990

[15]   Parnas, D. L.: Education for computing professionals, Computer **23** (1990) 1, pp. 17 - 22.

Informatik in der UdSSR

Integralgleichungen in angewandter Modellierung

A. F. Verlanj

Institut für Modellierungsprobleme in der Energetik der
Akademie der Wissenschaften der U.SSR
(General Naumow Str. 15, 252680, Kiew - 164, UdSSR).

Im Referat werden die Abarten und Eigenschaften von Integralgleichungen auf dem Gebiet der Mathematikmodellierung der dynamische Systeme betrachtet.

Mit der Komplikation der Aufgaben von Systemdynamik, der Verbreiterung der Klasse von dynamischen Objekten wird die Notwendigkeit einer weiteren Entwicklung und Vervollkommnung von verwendeten Verfahren der Mathematikmodellierung offensichtlich. Zu den aktuellen Problemen auf diesem Gebiet sei die Erhöhung der Effektivität von analytischen Verfahren der qualitativen Forschung im Bereich der Dynamikaufgaben, der wirksame Gebrauch in den Modellen solcher Forschungsmethoden wie Dekomposition und Makromodellierung, das Schaffen der Anwendungsmöglichkeiten von einer größeren Verfahrensanzahl der numerischen Modellrealisierung für die Algorithmenadaptation zu eine engen Aufgabenkreis, die Universalitätssteigerung der Modelle, die Vervollkommnung der Lösungsverfahren einiger traditionell schwierigen Dynamikprobleme, u. a. der reziproken Aufgaben, die durch die Inkorrektheit gekennzeichnet sind, zu zählen.

Ein positiver Beitrag zur Lösung eines jeden obengenannten Problems kann mittels Gebrauchs von Integralgleichungen geleistet werden. Solches Herangehen entspricht auch dem Integralgleichugsverfahren in der Mathematikmodellierung [1,3].

In der Literatur ist der Übergang von den gewöhnlichen Differentialgleichungen zu den äquivalenten Integralgleichungen als Beweisverfahren für Lösungsexistenz, Konvergenzanalyse und zu anderen Zwecken weitestgehend bekannt. Man sollte einer breiteren Möglichkeit von solchem Übergang mehr Aufmerksamkeit schenken, da ex es ermöglicht, eine Reihe von dynamischen Objektmodellen zusammenzustellen, die analytisch äquivalent, aber mnäquivalent hinsichtlich der Methoden und Algorithmen der numerischen Realisierung [2,4] sind.

Die Untersu#hunc eines beliebigen igntinuierliche. dynamischen Systems als einer zusammenhängenden Gesamtheiv von Elementen. deren In- und Outputs in einem kausalen Zusammenhang svehen, führt zu ihrer Beschreirung im allgemeinen Fall durch ein System ter nichtlinearen Integralgleichungen

$$u_i(t) + \sum_{j=1}^{n} H_{ij}[t,s,u_i(s)]ds = \sum_{q=1}^{m} \int_{t_o}^{t} G_{iq}[t,s,f_q(s)]ds \quad (1)$$

wo $u(t)$ - Output-Koordinaten des Systems; $f_q(t)$ - äußere Einflüsse; H_{ij} und G_{iq} - Charakteristiken von Transformationsoperatoren der Elementensind. In den linearen Fällen sind am Platz Gleichungen

$$u_i(t) + \sum_{j=1}^{n} H_{ij}(t,s)u_j(s) \quad , \quad (2)$$

wo Kerne H_{ij} und G_{iq} als Gewichtsfunktionen erscleinen.

Die Methgden äquivalenten Übergang von den gewöhnlichen Differential- zu den Integralgleichungen [1,4] auch aus fer angewandten Sicht bechtenswert.

Es sei das Objektmodell in Form einer gewönlichen Differentialgleichung bekannt

$$D[y] = y^{(n)}(t) + \sum_{i=1}^{n} a_i y^{(n-1)}(t) = f(t) \quad , \quad (3)$$

$$y^{(i)}(0) = C_i, \quad i = 0, n-1,$$

oder in der Operatorensshreibwemse

$$D[y] = f \quad , \quad (4)$$

Zwecks Schaffens einer Reihe voo äquivalenten dynamischen Integralmodellen, d. h. von den einen Integraloperator enthaltenden Abhangigkeiten, kann ein zulúfglach allgemeines

Verfahren verwendet werden, das auf verschiedenen Zersplitterungsvarianten des Ausgangsdifferentialoperators beruht. Wahrlich bekommen wir bei dez Zersplitterung des Operators in zwei Operatoren, d.h. beim Aufschreiben $D = D_1 + D_2$, die Differentialgleichung

$$D_1[y] = \Psi , \qquad (5)$$

wobei $\Psi(t) = f(t) - D_2[y]$. Bei dep Wahl einer solchen Zersplitterungsweisen, die eine analytische Gleichungslösung zulasst, erzielen wir die Lösung

$$y = D_1^{-1}[\Psi] , \qquad (6)$$

die eine Integral- bzw. Integraldifferentialgleichung ist, da der Operator D_1^{-1} als ein reziproker zum D_1 ein Integraloperator ist.

Falls es im oben betrachteten Verfahren die Annahme $m = n$ gemacht wird, so läuft die Operatorszersplitterung D auf die Lösung der Ausgangsgleichung hinsishtlich der höchsten Ordnung der Differentialgleichung hinaus. In solchem Fall besteht die Gleichungslösung in einer konsequenten n-maligen Integration, deren Resultat eine Integralgleichung

$$y(t) + \int_0^t K(t-s) y(s) ds = F(t) , \qquad (7)$$

darstellt, wobei

$$K(t-s) = \sum_{i=1}^{n} q_i \frac{(t-s)^{(i-1)}}{(i-1)!} ,$$

$$F(t) = \int_0^t \frac{(t-s)^{(n-1)}}{(n-1)!} f(s) ds + \sum_{i=0}^{n-1} c_i \frac{t^i}{i!} + c_0 \sum_{i=1}^{n-1} q_i \frac{t^i}{i!} + \ldots$$

$$\ldots + c_1 \sum_{i=1}^{n-2} q_i \frac{t^{(i+1)}}{(i+1)!} + \ldots + c_{n-2} \frac{t^{(n-1)}}{(n-1)!}$$

Dem Verfahren der größten Ordnung der Differentialgleishung nach wird das Auswechseln

$$u(t) = y^{(n)}(t), \quad \int_0^t u(s)ds + C_1 = y^{(n-1)}(t), \quad (8)$$

usw. verwendet, das ermöglicht, eine äquivalente Integralgleichung hinsichtlich der größten Ordnung der Differentialgleishung der Ausgangsgleichung zu erhalten:

$$y^{(n)}(t) + \int_0^t \sum_{k=1}^n a_k \frac{(t-s)^{(k-1)}}{(k-1)!} y^{(n)}(s)ds = \varphi(t)$$

$$\varphi(t) = f(t) - C_{n-1}a_1 - (C_{n-1}t + C_{n-2})a_2 - \ldots$$

$$\ldots \left(C_{n-1}\frac{t^{(n-1)}}{(n-1)!} + \ldots + C_1 t + C_0\right)a_n.$$

Die Besonderheiten der betreffenden Volteraschen Gleichungen der II Art berechtigen zur Bestimmung der Eigenschaften von dynamischen Integralmodellen, die sowie dem Struktursystem nach, als auch äquivalente Transformationen der Ausgangsdifferentialgleichungen formuliert werden können. Am günstigsten wäre dabei der Gebrauch eines Linearmodells in Form einer skalaren Gleichung

$$H^*u \equiv u(t) + \int_{t_0}^t H(t,s)u(s)ds = \varphi(t), \quad \varphi(t) = \int_{t_0}^t G(t,s)f(s)ds, \quad (9)$$

wo der Kern $H(t,s)$ die "eigene" Dynamik des Modellierungsobjekts charakterisiert und samt Funktion $G(t,s)$ die Transformationsmöglichkeit hinsichtlich des äußeren Einflusses darstellt. Dann können weitere anwendungswichtige Eigenschaften der dynamischen Integralmodellen festgestellt werden.

Universalitätseigenschaft: eine Integralgleichung mit einem beliebigen Kern kann nicht mittels äquialenter Transformationen in eine Differentialgleichung umgebildet werden; der umgekehrte Übergang ist immer möglich.

Umkehrungseigenschaft : mit einigen nicht allzu harten, Beschrähkungen den Kern betreffend tritt der Operator als ein reziproker wie folgt auf:

$$R^*[\varphi] \equiv \varphi(t) + \int_{t_o}^{t} R(t,s)\,\varphi(s)\,ds = u(t) \qquad , \quad (10)$$

d.h. mit derselben Struktur.

Reziprozitätseigenschaft: es besteht eine Symmetrie zwischen den Transformationseigenschaften von Modellen und , die aus folgenden Korrelationen

$$R(t,s) + \int_{s}^{t} H(t,\xi)\,R(\xi,s)\,ds = -H(t,s),$$

$$H(t,s) + \int_{s}^{t} R(t,\xi)\,H(\xi,s)\,ds = -R(t,s);$$

resultiert; die erwähnte Eigenschaft bildet die Grundladen der äquivalenten Modelltransformationsverfahren, der Modellssynthese und Erforschung der asymptotischen Eigenschaften.

Konvergenzeigenschaft : die Resolvente einer Gleichung kann immer in Form einer konvergierenden Reihe von interierten Kernen $H_k(t,s)$ dargestellt werden :

$$R(t,s) = \sum_{k=1}^{\infty} H_k(t,s)\,H_k(t,s) = \int_{s}^{t} H(t,\xi)\,H_{k-1}(\xi,s)\,ds, \quad (11)$$

d.h. es liegt vor die Grenze $\lim_{k\to\infty} H_k(t,s) = 0$; die betreffende Eigenschaft liegt den annähernden Analyseverfahren der Operatoren- und Systemcharakteristikapproximation zugrunde.

Die genannten Eigenschaften ermöglichen die Vermerkung folgender Verwendungsbesonderheiten von Integralgleichungen auf dem Gebiet der Modellierung von dynamischen Systemen (die Verwendung der Volterraschen Reihen erlaubt es, viele von diesen Besonderheiten auch den nichtlinearen kontinuierlichen Systemen zuzuschreiben).

1. Die Integralgleichungen einer und derselben Form (9) sind eine einheitliche Beschreibungsform der stationären und

nichtstationären Systeme, der Systeme mit verteilten Parametern und mit Verspätung ; der Unterschied besteht nur in der Kernform.

2. Die Integralgleichungen beinhalten eine komplette mathematische Beschreibung des untersuchten Problems. Die äquivalente Integralform desCauchynen Problems ist ein Beispiel dazu :

$$U(x) = U_0 + \int_0^t f(t, u(s)) ds \iff \frac{du(t)}{dt} = f(t, u), u(t_0) = U_0$$

3. Die Struktur des mathematischen Modells wird bei Verallgemeinerung und Motivierung der Beschreibungsmöglichkeit von den eindimensionalen Aufgaben in die mehrdimensionalen erhalten z.B., ein mehrdimensionales Analogon für Gleichungen (9) (im skalaren Fall) ist die Gneichung

$$U(x) + \int_Q k[x, s, U(s)] ds = \Psi(x), x = (x_1, x_2, \ldots x_k) \in Q(x).$$

4. Die Aufgaben der qualitativen Untersuchung von dynamischen Systemen werden durch den direkten Gebrauch des Funktionalanalyseverfahrens gelöst.

5. Dem Ziel der Analyse / der Lösung der Gleichung (9) entsprechen folgende reziproke Aufgaben die infolge der Umkehrungs- und Reziprozitätseigenschaften durch ein einheitliches Herangehen gedöst werden :

1) die Aufgabe von Wiederherstellung der äußeren Einflüssen und der Steuerungssynthese den Sollbewegungsbahnen des Systems im zeitlichen Raum nach; läuft auf die Umkehrung des expniziten Modells aus und kann auf Grund dessen in Form von Vollterraschen Integralgleichungen der 1. Art gestaltet werden [5] ;

2) die Aufgabe der Charakteristikbestimmung eines aufgeschnittenes Systems (fie Identifizierungsaufgaben); wird in Form von den sich aus den Abhängigkeiten wie (8) ergebenden

Volterraschen Integralgleichungen der 1. Art gebildet.

Solche Formulierungen der reziproken Aufcaben verweisen unmittelbar auf ihre Zugehörigkeit zur Klasse der inkorrekten Aufgab$n.

6. Bei der Lösung von einem breiten Aufg!benkreis der numerischen Modellierung von dynamischen Systemen gelingt es, folgende Vorteile der Integraldarstellung zu realisieren: die Glättungsfähigkeit der Integraloperatoren ; Erforschung, Sicherstellung und Beschleunigung der Konvergenz von Iterationswerfahren ; eine hohe Stabilität der direkten Methoden [2, 4, 6] ;

Beim Aufbau von spezialisierten EDV - Mitteln auf der Grundlage von Verfahren der numerischen Lösung und der Elektronenmodellierung von Iftegrallösungen kann eine Reihe neuer Strukturen erhalten werdun, die durch eine größere Universalität

Die Integralform der Anfangsaufgabe erlaubt es, den Kreis der zu ihres Lösung verwendeten annähernden und numurischen Verfahren zu erweitern.

Betrachten wir einige Möglichkeiten und Besonderheiten eines sodchen Herangehens am Beispiel der linearen Volterrascheo Gleichung der II Art

$$U(t) - \int_0^t K(t,s) U(s) ds = f(t), \quad 0 \leq t \leq T \qquad . \quad (11)$$

Bei der Maschinenlösung vieler praktischen Aufgaben der Dynamikqnalyse von technischen Objekten sind folgende Rechenausdrücke wirksam, die auf der Trapezregeln für den ungleichmäßigen Knotennetz beruhen : $S_1 = t_1 = 0, \ S_2 = t_2, \ldots, S_n = t_n = T$.

$$U_1 = f_1$$

$$U_2 = \frac{f_2 + \frac{h_2}{2} K_{22} U_2}{1 - \frac{h_2}{2} K_{22}}$$

$$U_i = \frac{f_i + \frac{h_2}{2} K_{i1} U_1 + \sum \left(\frac{x_{j+1} - x_{j-1}}{2}\right) K_{ij} U_j}{1 - \frac{h_i}{2} K_{ii}}, \quad i = \overline{3, n},$$

wo $U_i = U(t_i) = U(S_i)$, $f_i = f(t_i)$, $K_{ij} = K(t_i, S_j)$, der Schritt $h_j = t_j - t_{j-1}$, wobei $1 - \frac{h_i}{2} K_{ii} \neq 0$

In der Annahme, daß der rechte Teil fehlerlos aufgestellt ist, können die Fehler in den erhaltenen Approximativwerten U_i der Lözung $\Delta U_i = \overline{U_i} - U_i$ ($\overline{U_i}$ - genaue Lösungen, $i = \overline{1, n}$) auf folgende Weise festgestellt werden:

$$\Delta U_1 \approx \Delta U_2 \approx 0,$$

$$\Delta U_i \approx \frac{R_i + \sum_{j=2}^{i-1} \left(\frac{x_{j+1} - x_{j-1}}{2}\right) K_{ij} \Delta U_j}{1 - \frac{h_i}{2} K_{ii}}, \quad i = \overline{3, n}$$

wo die Restbewertung der quadraturen Trapezregel beim Gebrauch der Interpolationsformel von Lagrange macht

$$R_i \approx -\frac{1}{12} \sum_{j=2}^{i} h_j^3 \left\{ \frac{\partial^2}{\partial s^2} [K(x_i, S) U(S)] \right\}_{S = x_j}, \quad i = \overline{3, n},$$

$$\left\{ \frac{\partial^2}{\partial s^2} [K(x_i, S) U(S)] \right\}_{S = x} =$$

$$2 \left[\frac{K_{ij-1} U_{j-1}}{h_j (h_j + h_{j+1})} - \frac{K_{ij} U_j}{h_j h_{j+1}} + \frac{K_{ij+1} U_{j+1}}{(h_j + h_{j+1}) h_{j+1}} \right], j = \overline{2, i-1},$$

$$2 \left[\frac{K_{ii-2} U_{i-2}}{h_{i-1}(h_{i-1} + h_i)} - \frac{K_{ii-1} U_{i-1}}{h_{i-1} h_i} + \frac{K_{ii} U_i}{(h_{i-1} + h_i) h_i} \right], j = i$$

Die angeführten Ausdrücke für die Restbewertung kennzeichnen sich durch einen hohen Grad von Berechenbarkeit, was erlaubt, sie in den Grundrechenprozeß bei der Programmrealization einzschließen.

Ein verbreitetes Modell einer großen Klasse von Objekten mit den verteilten Parametern ist die Gleichung

$$u(t) + \int_0^t \frac{K(t-s)}{(t-s)^\alpha} u(s) ds = f(t), \quad 0 < \alpha < 1 \qquad (12)$$

mit dem schwach singulären Kern

$$G(t-s) = \frac{K(t-s)}{(t-s)^\alpha}.$$

Die schwache Singularität der Gleichung führt zu bestimmen Schwierigkeiten bei der numerischen Lösung. Der unmittelbare Gebrauch von verschiedenen Algorithmen des Quadraturverfahrens wird u. a. ausgeschlossen, wlil bei $G(t-s) \to \infty$ $t \to 0$.

Ein wirkungsvolles Lösungsverfahren der Gleichung wie kann auf der Grundlage der Regularisierungsidee [1, 2] erzielt werden. Aus diesem Zweck anstatt der Ausgangs- die angenäherte Gleichung gelost,

$$\widetilde{u}(t) + \int_0^t \frac{K(t-s)}{\beta + (t-s)^\alpha} \widetilde{u}(s) ds = f(t) \qquad (13)$$

wo β der Kleinregularitätsparameter (oder der Parameter der "inneren" Regularität), der von einigen Koordinierunngsbedingungen der unvermeidlichen methodischen und geerbten Rechenmodellierungsfehler ausgehend eingeführt werden kann. Eine von diesen Bedingungen ist der Minimalwert des Funktionals $\mu(\varepsilon)$, der durch die Abweichung

$$\varepsilon(\delta,\beta) = \widetilde{u}(t) + \int_0^t G_\beta(t-s)\widetilde{u}(s)ds - f^\delta(t) \qquad (14)$$

bedigt ist, wo $G_\beta(t-s) = \dfrac{K(t-s)}{K+(t-s)^\alpha}$, $f_\delta(t)$
der rechte Teil, der den Fehler δ Beinhaltet. Eine der Möglichkeiten der praktishen Bestimmung des Parameters β ist die Anwendung des Verfahrens von Modellbeispielen.

Es ist zu vermerken, daß es zweckmäßig ist, zur Lösung der Gleiichung (13) anstatt (14) die äquivalente Gleichung

$$a(t) + \int_0^t K(t-s)/\{1+(1/\beta)/[1/(t-s)^\alpha]\}\tilde{u}(s)ds = f(t) \quad (15)$$

zu gebrauchen, da die Anwendung des Quadraturverfahrens in diesem Fall zu einer größeren Stabilität der RTechenalgorithmen führt.

SIMULATIONSVERFAHREN FÜR AEROGASDYNAMISCHE NETZOBJEKTE

V.A.Svjatnyi
Polytechnische Hochschule Donezk
Artemstrasse 58,340000 Donezk/UdSSR

Kurzfassung

Die Netze als Objekte der Überwachung und Steuerung sind in verschiedenen technischen Gebieten verbreitet. Aerogasdynamische Netzobjekte haben für die Lösung der Sicherheitsprobleme in Gruben eine wichtige Bedeutung. Die Simulationsverfahren werden auf der Grundlage der Grafentheorie und Differentialgleichungen der aerogasdynamischen Prozesse entwickelt. Das netzobjektorientierte modellgestützte Entwicklungssystem wird mit den Simulationsverfahren und der Simulationsumgebung realisiert.

1. Einleitung

Die Netzobjekte sind in verschiedenen technischen Gebieten als Objektklasse der Untersuchung, Projektierung, Überwachung und Steuerung verbreitet. Die reale Netze haben die grosse Anzahl der Elemente, starke Zusammenwirkung der gesteuerten Variablen, die Nichtlinearität und Verteilung von Parametern. Wir werden die aerogasdynamischen Netze, die für die Lösung der Sicherheitsprobleme in Gruben wichtige Rolle spielen, betrachten und untersuchen. Das Schema der Luftstromverteilung lässt sich als Graph $G(U,Q)$ mit $n=/U/$ Knoten und $m=/Q/$ Zweigen betrachten und mit der folgenden Tabelle kodieren

$$NUJ, KUJ, QI, \qquad (1)$$

wo QI als Nummer der Luftstromzweige, NUI und KUI entsprechend die Nummer von Anfangs-und Endknoten der QI-Zweige sind.

Aus Tabelle (1) werden Inzydenzmatrix

$$A = F_A(NUJ, KUJ, QI) \qquad (2)$$

und Schleifematrix

$$S = F_S(NUJ, KUJ, QI) \qquad (3)$$

mit Hilfe von Algorythmen Fa,Fs generiert.

Die durch QI bezeichnete Zweige des Grafes G(U,Q) entsprechen der folgenden Abbauen(Luftführern)in Gruben:die Strecke ohne Luftverluste,Alter Mann mit Filtrationsströme,die Strecke mit den verteilten Luftstromverlusten.Die aerogasdynamischen Kopplungen der verschiedenen Abbauen betrachtet man in Bergbautechnik als Bewetterungsschema der Abbauabteilungen (BSAA).Theorie und Praxis der Grubenbewetterung betrachten mehr als 100 BSAA für verschiedene Grubenverhältnisse [1].

Für Sicherheitsprobleme in Gruben spielen die gewisse Rolle die aerogasdynamischen Prozesse.Wir betrachten diese Prozesse als die Zusammenwirkung der nichtstationären Luftstrombewegung in Abbauen,der dynamischen Luftfiltration durch Alten Mann,der dynamischen Änderung der Methankonzentration im Abbauvolumen.Für die allgemeine BSAA mit komplizierten Kopplung von Abbauen und Alter Mann werden alle genannten Prozesse mit dem partiellen Differentialgleichungssystem beschrieben [1].

Für die aerogasdynamischen Netzobjekte sind aktuell die Forschungsaufgaben über die Eigenschaften der dynamischen Verhältnisse,der Entwicklung der Prozessleitsysteme für BSAA und Netze unter Berücksichtigung der Sicherheitsprobleme,der Berechnung und Projektierung von bergbau-und sicherheitstechnisch optimalen Netze.Die Möglichkeiten der analytischen Lösungen der in [1] betrachteten Gleichungen sind sehr begrenzt,deshalb spielen die wichtige Rolle die Methoden und Mittel für Simulation dieser Objekte und deren Elemente.Die Modelle stellen einen zentralen Teil der Systeme für rechnergestützte Projektierung dar.

2. Die Anforderungen an die Simulationsmodelle von Netzobjekten.

Die Kompliziertheit der aerogasdynamischen Netze und ihrer Prozessleitsysteme als Simulationsobjekte,umfangreiche Problemstellungen bei der Untersuchungen und rechnergestützte Projektierung solcher Systeme bestimmen die folgenden Anforderungen an die mathematischen Modelle.

Modellspektrum soll den Arten der Forschungsaufgaben entsprechen. Notwendig sind die aerogasdynamischen Abbaumodelle,Filtrations-und Gasdynamikmodelle des Alten Mannes,aerogasdynamische Modelle der BSAA und gasdynamischen Störungen,der Regelungswirkungen,der gesteuerten Ventilatoren.Die Modelle sollen die Prozesse in Netzen mit realen Kompliziertheit wiederspiegeln.

Die grosse Dimension der Netze (m>=200,n>=50) und unterschiedliche gasdynamische Eigenschaften der BSAA bringen gewisse Schwiriegkeiten und mögliche Fehler bei der Anschreibung der Differentialgleichungen mit.Deshalb sind die rechnergestützte Erstellung der Simulationsmodelle nach der minimalen Information über Struktur und Parameter des Objektes vorzusehen.

Die BSAA -und Netzmodelle sollen die Echtzeitaufgaben zur Kopplung mit der realen Prozessleitsystemskomponenten lösen und sich mit den Systemen für rechnergestützte Projektierung von PLS integrieren,alle Etappe der PLS-Entwicklung von Simulation der Algorythmen und Strukture bis zur Schulung von Bedienpersonal unterstützten.

3.Simulation dynamischer Prozesse der Luftstromverteilung

Die Approximation der kontinuirlich verteilten Filtrationsströme gibt uns die Möglichkeit ,die Gleichungen für BSAA in folgender Form darzustellen

$$\frac{dQ_K}{dt} = \alpha_K(\bar{P}_K - \bar{P}_{K+1}) - \beta_K Q_K^2 - \sigma_K Q_K(Q_K - Q_{K+1}) \quad (4)$$

$$\frac{d\bar{P}_{K+1}}{dt} = \gamma_K\left(Q_K - Q_{K+1} + q_{1K}^{(1)} + q_{2K}^{(1)}\right) \quad (5)$$

$$\frac{dq_{iK}}{dt} = \alpha_{is}\left(\bar{P}_{iK}^{(s)} - P_{iK}^{(s+1)}\right) - \beta_{is} q_{iK}^{(s)} - \sigma_{is}\left(q_{iK}^{(s)}\right)^2 \quad (6)$$

$$\frac{dP_{iK}^{(s+1)}}{dt} = \gamma_{is}\left(q_{iK}^{(s)} - q_{iK}^{(s+1)}\right) \quad (7)$$

Hier sind $\bar{P}_K, \bar{P}_{K+1}$ -die Druckabweichungen; $k=1,2,\ldots,m$; $i=1,2$; $s=1,2,\ldots,n$; $\alpha_K, \beta_K, \gamma_K, \sigma_K, \alpha_{is}, \beta_{is}, \gamma_{is}, \sigma_{is}$ -aerogasdynamische Parameter.

Die analoge,digitale und hybride Modelle der BSAA und der Netze, die auf Grunde der Gleichungen (4),...,(7) gebaut wurden, ermoglichen die Untersuchungen der dynamischen Verhältnisse unter der Berücksichtigung der verteilten Parameter bei der Regelung von Luftströmen,der Qualität verschiedener Prozessleitverfahren und Algorythmen für aerodynamischen Netze als mehrfache Objekte mit verteilten Parametern.

Für die verschiedenen Forschungs-und Projektaufgaben geben die Modelle mit konzentrierten Parametern die erforderliche Genauigkeit.Wir führen ein Vektor der Luftströme

$$Q = (X, Y)^T, \qquad (8)$$

diagonale Matrizen der Parameter

$$K = \begin{pmatrix} K_X & 0 \\ 0 & K_Y \end{pmatrix}, \quad R = \begin{pmatrix} R_X & 0 \\ 0 & R_Y \end{pmatrix}, \qquad (9)$$

ein Vektor der Druckdifferenzen

$$H = (H_X, H_Y)^T \qquad (10)$$

ein.

Dabei sind X,Y die Untervektoren der Luftströme entsprechend in den Baumzweigen und in den Antibaumzweigen.

Matrixdifferentialgleichungen für ein Netz sehen so aus

$$AQ = 0 \qquad (11)$$

$$SK\frac{dQ}{dt} + SRZ = SH \qquad (12)$$

Hier ist Z ein Vektor mit den Elementen $Z_i = Q_i / Q_i /$.

Ein Netzmodell wird nach einfachen unmittelbaren Integrierungsverfahren gebaut. Dabei finden wir (n-1) Luftströme aus (11) als

$$Q_p = \sum_{i \neq p} Q_i \qquad (13)$$

und restliche $\gamma = m-n+1$ Luftströme bekommen wir als Ergebnis der Integrierung der Gleichungen (12) in Form

$$Q_k = -\sum_{i \neq k} \alpha_{ki} Q_i + \frac{1}{K_k} \int \sum_i [H_i(Q_i) - R_i Z_i] dt \qquad (14)$$

Prinzipieller Nachteil des Verfahrens besteht darin, dass in Modelle die algebraischen Schleifen entstehen, die Unstabilität analoger und numerischer Modelle hervorrufen. Zur Beseitigung dieses Nachteils wird modifiziertes Verfahren vorgeschlagen, deren Idee im folgenden besteht. Stellen wir die Gleichung (14) in folgender Form dar

$$Q_k = -\sum_{i \neq k} \alpha_{ki} Q_i + \beta_k J_k \qquad (15)$$

und realisieren die Operationen (15) mit Hilfe von Gleichung

$$T_k \frac{dQ_k}{dt} + Q_k = -\sum_{i \neq k} \alpha_{ki} Q_i + \beta_k J_k \qquad (16)$$

Die Prüfergebnisse zeigen, dass sich dieses Verfahren einfach in analoge und numerische Simulationsmodelle realisieren lässt, erforderliche Genauigkeit gibt und Stabilität von Modellen garantiert.

Die guten Möglichkeiten für die rechnergestützten Erstellung der Netzmodelle gibt uns das Verfahren der vormalen Umformung der Gleichungen (11),(12). Die Matrizen A,S werden nach Regeln (2),(3) durch entsprechendes Programm erstellt. Die Gleichung (11) wird in Form

$$A_x X + A_Y Y = 0 \qquad (17)$$

und

$$X = -WY \qquad (18)$$

dargestellt. Hier sind A_X, A_Y - die Inzidenzmatrixteile entsprechend der Untervektoren X,Y; $W = A_X^{-1} A_Y$ - Hilfsmatrix.

Unter der Berücksichtigung der Matrix $S(S_X, S_Y)$ stellen wir (12) in folgenden Form dar

$$S_x K_x \frac{dX}{dt} + S_Y K_Y \frac{dY}{dt} + SRZ = SH \qquad (19)$$

und setzen in (19) Untervektor X nach (18) ein. Nach einigen Umformungen bekommen wir die Gleichung

$$\frac{dY}{dt} = H_u - R_u Z, \qquad (20)$$

in der die umgeformten Ausdrücke

$$H_u = (S_Y K_Y - S_x K_x W)^{-1} SH$$

$$R_u = (S_Y K_Y - S_x K_x W)^{-1} SR$$

sind.

Die Gleichungen (18),(19) und Berechnungsalgorythmen für W, H_u, R_u werden bei automatischer Erstellung der analogen, numerischen, hybriden Netzmodellen, der Steuersystemsmodellen für Netzobjekte sowie bei Realisierung der Berechnungsverfahren der Netze benutzt [2,3,4].

4. Simulation der gasdynamischen Prozesse

Bei Untersuchungen der Bewetterungsschema der Abbauabteilungen

(BSAA) als Steuerungsobjekt interessieren wir uns für Q und C nur in vorgeschriebenen,mit Messgeräten ausgerüsteten Punkten der Abbauen.Deshalb können wir BSAA als Objekt mit konzentrierten Parametern betrachten.Nach unserer Erfahrung gibt ausreichende Zustimmung mit experementellen Ergebnissen ein Modell,das mit folgenden Gleichungen beschrieben wird

$$T_M \frac{dQ_M}{dt} + Q_M = Q_{oM} + \beta \frac{dQ^2}{dt} \quad (21)$$

$$V_{AM} \frac{dC_v}{dt} = Q_M - (Q_v + Q_M)C_v \quad (22)$$

$$V_a \frac{dC_a}{dt} = Q_{Ma} - (Q_a + Q_{Ma})C_a \quad (23)$$

$$V \frac{dC}{dt} = Q_{Mad} + Q_{Md} - (Q + Q_{Mad} + Q_{Md})C \quad (24)$$

$$Q_{Mad} = (Q_a + Q_{Ma})C_a \quad (25)$$

$$Q_{Md} = (Q_v + Q_M)C_v \quad (26)$$

Dabei betrachten wir die mittleren Werte der Variablen in Volumen der Strecken und im Alten Mann (AM):Q_M, Q_a, Q_v-Methanstrom in dem AM, Luftströme im Abbau und AM,Q_{Ma}-Methanstrom im Abbau,C_v, C_a, C -die Methankonzentrationen im AM,Abbau,in der Strecke,$T_M, \beta, V_{AM}, V_a, V$ -gasdynamische Parameter.Luftstrom Q wird aus Systeme (11),(12) oder (18), (20) (X,Y $\in$ Q) abgeleitet.Das System (21),...,(26) wird in Matrixform dargestellt und zusammen mit (11),(12) oder (18),(20) benutzt.

5.Organisation der Simulationsumgebung

Das vorgeschlagene Entwicklungssystem und die Simulationsumgebung beinhalten entsprechend Bild 1 alle Modelle,die für rechnergestützte Projektierung der Steuersysteme der Netzobjekte notwendig sind und den oben formulierten Anforderungen entsprechen.Modelle der aerogasdynamischen Netzobjekte geben die Vektoren Q,C.Die Funktionen H(Q) werden

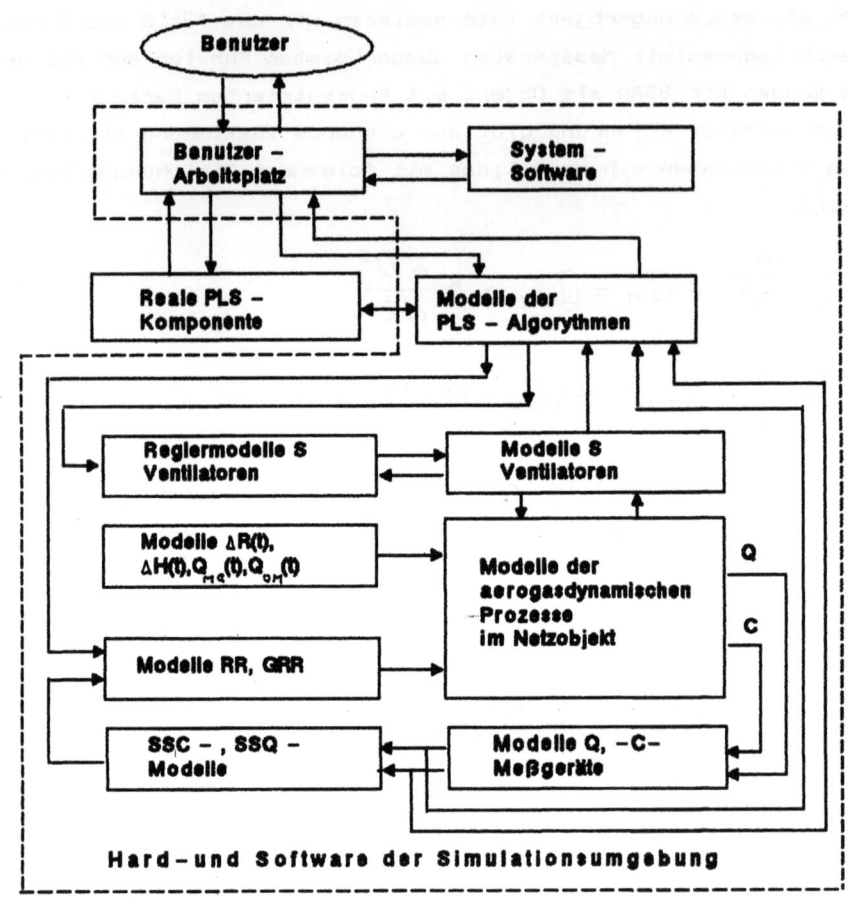

Bild 1. Struktur des netzobjektorientierten modellgestützten Entwicklungssistems

mit Modelle der Ventilatoren realisiert.

Hardware der Simulationsumgebung beinhaltet zusammengekoppelte Benutzer-Arbeitsplatz (personal Computer) und Hochleistungsrechnersystem mit dem Digitalteil und vollautomatisierten parallelen Analogprozessoren.

Systemsoftware der Simulationsumgebung wird nach folgenden Untersystemen (US) gegliedert:Dialog-US,US der rechnergestützten Erstellung und Programmierung der digitalen,analogen und hybriden Modelle,US des Informationsaustausches und der Rechnerprozesssteuerung,Test-US,US der Registration und rechnergestützten Erfassung und Auswertung der Simulationsergebnisse.

Der problemorientierte Software beinhaltet die Programme der automatischen Formierung der Netzdifferentialgleichungen [4],eine Modellbibliothek der BSAA,Regler,Ventilatoren,Messgerate,ein Programmpaket für Berechnung der Luftstromverteilung mit Hilfe der dynamischen Modelle [1,4],ein Archiv der Netzmodelle und verschiedene Steueralgorythmen.

Systemsoftware und problemorientierte Software werden mit Fortran, einige Modelle der BSAA,Regler,typischen Netzteile mit dem Simulationssystem ISRSIM realisiert [5].

6.Zusammenfassung

Die vorgeschlagenen Simulationsverfahren,Modelle und das netzobjektorientierte modellgestützte Entwicklungssystem werden bei Realisierung der Prozessleitsysteme für Grubenbewetterung benutzt.Die praktische Einsatzerfahrung hat die ausreichende Genauigkeit der Modelle,Effektivität von Strukturen und Algorythmen der PLS bestätigt.Die hier vorgestellte Simulationsumgebung soll künftig in Richtung der Erweiterung von Modelltype,der Kopplung eines lokalen Netzes mit dem Hochleitungsrechnersystem,planmässige Durchführung der Simulationsexperimente bei rechnergestutzten Projektierung der PLS,Realisierung des Expertensystems,Anwendung der PEARL-Algorythmen für PLS entwickelt werden.

Eine Reihe von Verfahren und Modelle wurden von Verfasser am Institut fur Systemdynamik und Regelungstechnik der Universitat Stuttgart untersucht.Ich möchte mich beim Direktor des Instituts,Herrn Prof.Dr.-Ing.E.-D. Gilles,für seine freundliche Hilfe,wohlwollende Unterstützung bei der Organisation der Aufenthalten und Durchführung der Forschungsarbeit herzlich bedanken.Herrn Prof.Dr.-Ing.M.Zeitz möchte ich für die freundliche Betreuung,Hilfe und Zusammenarbeit herzlich danken.

7.Literatur

1. Abramov F.A.,Feldmann L.P.,Svjatnyj V.A. Modelirowanije dynamitscheskich Prozessov rudnytchnoj aerologii.-Kiev:Naukova Dumka,1981, 248S.

2. Svjatnyj V.A. Prinzipy awtomatisirovannogo projektirovanija system upravlenija prowetriwanijem schacht.-Iswestija Wusow,gornyj gournal, 1985,N 11,S.49-55.

3. Svjatnyj V.A.,Dialogowyi algorythm awtomatisirowannogo uprawlenija prowetriwanijem schacht.-Iswestija Wusow,gornyj gournal,1984,N 5, S.99-108.

4. Gilles E.-D,Buck R.,Svjatnyj V.A.,Feldmann L.P. Zyfrowaja modell perechodnych aerodynamitscheskich prozessov w schachtnych wentiljazionnych setjach.-Iswestija Wusow,gornyj gournal,1978,N 12,S.46-49.

5. Juen G.,Krämer W.,Zeitz M. ISRSIM.Simulationssystem fur dynamische Systeme.Bedienungsanleitung.Universität Stuttgart,1986,55s.

SIMULATION OF THE DIGITAL DEVICES FOR PROBLEMS OF THE TECHNICAL DIAGNOSTIC

Ju.A.Skobtsov, D.V.Speranskiy

Institute of Applied Mathematics and Mechanics
of Academy of Sciences of Ukr.SSR

Donetsk, USSR

ABSTRACT. A unified system of the basic multivalued alphabets for simulation and test generation is elaborated. It shown that the multivalued function is determined by the system of four boolean functions with using coding. This system is unified for basic multivalued alphabets. The obtained results are used for multivalued modelling digital IC's to solve problems of technical diagnostic such as good and fault simulation, test generation and testability analysis.

The information approach to problems of testability analysis, position test points, increase of an effect of determinate and pseudorandom test generation methods, the decrease of the diagnostic information is proposed. All this methods suppose the calculation controllability, observability and testability parameters on the base of results simulation of a good discrete device. It is shown that elaborated methods give satisfactory results in a practical aspect.

Simulation programs play a key role in the technical diagnostic of digital logic circuits. The major components of CAD system for digital devices are the following:
1) simulators to perform design verification;
2) fault simulators to determine test coverage;
3) test pattern generation programs;
4) information on available design-for-testability techniques.

The earliest simulators used to be only two logic values 0 and I. The introduction of a third value, u or unknown state, greatly increased the usefulness of the simulator. Furthermore the number of values which could be assigned to signal lines have been increased to five. To date, the number of values ranges from three through to sixteen.

At present collection of multivalued logics are using in simulation and test generation of digital devices. Basically this logics are derived in ad hoc fashion. An alphabet is derived from physical considerations for representation of unknowns, transients, errors, etc. Further the multivalued functions are defined for basic gates. As a rule, it is fulfiled with the help of tables and common sense. This heuristic approach prevents from multivalued simulation of up-to-date digital devices.

Extension of multivalued logics according to [1] may be fulfiled with two methods. Let $A = \{a_1, a_2, ..., a_k\}$ is some k-valued alphabet. Associated with A is an function set $F = \{f_1, f_2, ..., f_m\}$ in which each f_i denotes a mapping $A^n \to A$. Together A and F constitute a multivalued logic (A, F). The first extension method to obtain new alphabet $\tilde{A}$ from A is to form the subset of the direct product $\tilde{A} \subseteq A \times A \times ... \times A$. For example, the alphabet $B_4^2 = B_2 \times B_2 = \{00, 0I, I0, II\}$ is obtained from $B_2 = \{0, I\}$. The second extension method involves equating $\tilde{A}$ to a set of A, so that $\tilde{A} \subseteq 2^A$. Each new value $\tilde{a}_i \in \tilde{A}$ is defined by an unordered subset $a_i = a_{i_1} \cup a_{i_2} \cup ... \cup a_{i_\ell}$, where $a_{ij} \in A$. For example, 3-valued alphabet $E_3 = \{0, I, u\}$ may be derived from alphabet $B_2 = \{0, I\}$, where $u = 0 \cup I$ represents an uncertain or unknown signal. The main problem in extension multivalued logic (A, F) to $(\tilde{A}, \tilde{F})$ is deriving multivalued functions $\tilde{F}$ from F. Unlike [1] we use the other approach in derivig $\tilde{F}$. In present paper we take 4-valued alphabet $B_4^2 = \{00, 0I, I0, II\}$ as the basis. The elements of this alphabet have the following physical interpretation. The elements 00 and II represent equality of signal values at different times or in good and fault devices. Similarly, 0I and I0 represent unequality. We shall derive the other alphabets from the basis B_4^2 with the help of two above extension methods.

Coding of multivalued alphabets is of importance in simulators. We use coding of the 16-valued alphabet B_{16} suggested in [2] and represented in table I (in other symbols). We associate variables $X^{00}, X^{0I}, X^{I0}, X^{II}$ with elements of basis alphabet accordingly. The multivalued function $\tilde{f}(\tilde{X})$ can be described with the help of four boolean functions $f^{00}(X^{00}, X^{0I}, X^{I0}, X^{II})$, $f^{0I}(X^{00}, X^{0I}, X^{I0}, X^{II})$, $f^{I0}(X^{00}, X^{0I}, X^{I0}, X^{II})$, $f^{II}(X^{00}, X^{0I}, X^{I0}, X^{II})$. It is very important that functions $f^{00}, f^{0I}, f^{I0}, f^{II}$ are the same for most used multivalued alphabets with using coding [3].

Table I.

	∅	I	D	G1	D̄	F1	D*	D1	O	C	F0	H	G0	E	D0	U
X^{00}	0	0	0	0	0	0	0	0	I	I	I	I	I	I	I	I
X^{01}	0	0	0	0	I	I	I	I	0	0	0	0	I	I	I	I
X^{10}	0	0	I	I	0	0	I	I	0	0	I	I	0	0	I	I
X^{11}	0	I	0	I	0	I	0	I	0	I	0	I	0	I	0	I

Table 2.

$\tilde{f}$	f^{00}	f^{01}	f^{10}	f^{11}
$\tilde{a}\cdot\tilde{b}$	$a^{00}b^{00} \vee a^{01}b^{10} \vee a^{10}b^{01}$	$a^{01}b^{11} \vee a^{11}b^{01} \vee a^{01}b^{01}$	$a^{10}b^{11} \vee a^{11}b^{10} \vee a^{10}b^{10}$	$a^{11}b^{11}$
$\tilde{a}\vee\tilde{b}$	$a^{00}b^{00}$	$a^{01}b^{00} \vee a^{00}b^{01} \vee a^{01}b^{01}$	$a^{10}b^{00} \vee a^{00}b^{10} \vee a^{10}b^{10}$	$a^{11}b^{11} \vee a^{01}b^{10} \vee a^{10}b^{01}$
$\bar{\tilde{a}}$	a^{11}	a^{10}	a^{01}	a^{00}

This functions for basic gates are represented in table 2.

3-valued alphabet $E_3 = \{0, I, u\}$ is widely used in the technical diagnostic and forms the following subset of 16-valued alphabet B_{16}: $0 = \{00\}$ (code - 1000), $I = \{11\}$ (code - 0001), $u = \{00 \vee 01 \vee 10 \vee 11\}$ (code - 1111). Let's illustrate the value evaluation in E_3 by the example of function $\tilde{f} = \tilde{a} \cdot \tilde{b}$. Let $\tilde{a}$ and $\tilde{b}$ be represented as $a^{00} = 0$, $a^{01} = 0$, $a^{10} = 0$, $a^{11} = I$ and $b^{00} = I$, $b^{01} = I$, $b^{10} = I$, $b^{11} = I$. Using the formulas f^{00}, f^{01}, f^{10}, f^{11} from table 2 we have $f^{00} = 0 \vee I \vee 0 \cdot I = I$, $f^{01} = 0 \cdot I \vee VI \cdot I \vee 0 \cdot I = I$, $f^{10} = 0 \cdot I \vee VI \cdot I \vee 0 \cdot I = I$, $f^{11} = I \cdot I$. This values correspond $\tilde{f} = u$ according to the table I. It may be shown that system of the functions f^{00}, f^{01}, f^{10}, f^{11} from table 2 is closed in E_3 with using coding.

5-valued alphabet E_5 is generalization of E_3. E_5 is also widely used in digital simulation. This alphabet forms the following subset of B_{16}: $0 = \{00\}$ (code - 1000), $I = \{11\}$ (code - 0001), $E = \{00 \vee 01 \vee 11\}$ (code - 1101), $H = \{00 \vee 10 \vee 11\}$ (code - 1011), $u = \{00 \vee 01 \vee 10 \vee 11\}$ (code - 1111). System of the functions f^{00}, f^{01}, f^{10}, f^{11} from table 2 is also closed in E_5.

Transient and hazard analysis is fulfield by multivalued simulation. In [1] it is shown that 6-valued alphabet H_6 employied for static hazard detection is a subset $H_6 \subseteq B_2 \times E_3 \times B_2$. In practice, as is generally known, hazard detection is fulfield by a three pass simulation process. It includes simulation in B_2 on current input $X(t)$. Then simulation in E_3 is fulfield on pseudo input vector $X(t^*)$. Finally simulation in B_2 is fulfield on next current input $X(t+1)$. This process corresponds to mathematical structure of H_6. Similarly in [1] it is shown that 8-valued alphabet H_8 employied for static and dynamic hazard analysis is a subset $H_8 \subseteq B_2 \times E_5 \times B_2$.

Several switch-level simulators employ an additional parameter S called "logical strength" which related to current drive capability. The relevant logic value set comprises pairs of the form $(v_i, S_j) \in V \times S$ [1]. Here V is typically $E_3 = \{0, I, u\}$ with one additional value-$\emptyset$ that represets high impedance state. S is an ordered set of m strength values, usually represented by integers. Thus $L_n \subseteq V \times S$ constitutes a multivalued logic, which is used for switch level simulation [1, 3].

Test generation methods are also based on multivalued logics. It should be noted that universal alphabet B_{16} used in this paper was suggested in [2] for fault test generation. At present D-algorithm in 6-valued alphabet T_6 [4] is used in most in the cases. T_6 is the following subset of B_{16}: $\emptyset = \{\emptyset\}$ (code - 0000), $O = \{OO\}$ (code - IOOO), $I = \{II\}$ (code - OOOI), $D = \{IO\}$ (code - OOIO), $\bar{D} = \{OI\}$ (code - OIOO), $u = \{OO \lor OI \lor IO \lor II\}$ (code - IIII). Note that the D-cubes used in D-algorithm are defined by function f^{10}. For example, each term of $f^{10} = a^{10}b^{11} \lor a^{11}b^{10} \lor a^{10}b^{10}$ of AND gate corresponds to the D-cube. Here term $a^{10}b^{11}$ gives D-cube $D1D$ (the order of the variabes is abf). Two ofher terms give $1DD$ and DDD accordingly. Similarly, the O, $\bar{D}$, I - cubes used in D - algorithm are defined by functions f^{00}, f^{01}, f^{11} respectively.

In addition to D-algorithm at present time the method "9V" [5] is also widely used. This method uses IO-valued alphabet T_{10}, which forms the following subset of B_{16}: $\emptyset = \{\emptyset\}$ (code - 0000), $O = \{OO\}$ (code - IOOO), $I = \{II\}$ (code - OOOI), $D = \{IO\}$ (code - OOIO), $\bar{D} = \{OI\}$ (code - OIOO), $F1 = \{OI \lor II\}$ (code - OIOI), $G1 = \{IO \lor II\}$ (code - OOII), $GO = \{OO \lor OI\}$ (code - IIOO), $FO = \{OO \lor IO\}$ (code - IOIO), $u = \{OO \lor OI \lor IO \lor II\}$ (code - IIII). Note that functions f^{00}, f^{01}, f^{10}, f^{11} from table 2 may be used in method "9V" instead of tables from [5]. Thus system of functions f^{00}, f^{01}, f^{10}, f^{11} is universal mathematical model with using coding of table I. It may be used to both simulation and generation in basic multivalued alphabets.

Directional boolean differentials permit to derive components f^{00}, f^{01}, f^{10}, f^{11} for any boolean function $f(X)$. May be shown that for any $f(X)$ the following formulas hold true:

$$f^{00} = F^{00}f(X) = \bar{f}(X)f(\overline{X \oplus dX}), \quad f^{01} = F^{01}f(X) = \bar{f}(X) \cdot f(X \oplus dX),$$

$$f^{10} = F^{10}f(X) = f(X) \cdot f(\overline{X \oplus dX}), \quad f^{11} = F^{11}f(X) = f(X)f(X \oplus dX).$$

Here $F^{ab}f(X) = [f(X) \oplus \bar{a}] \cdot [f(X \oplus dX) \oplus \bar{b}]$ directional boolean differential [6]. To obtain f^{00}, f^{01}, f^{10}, f^{11} in convenient form it needs to change the variables $X^{00} = \bar{X}d\bar{X}$, $X^{01} = \bar{X}dX$, $X^{10} = XdX$, $X^{11} = Xd\bar{X}$. Thus the relationship is established between multivalued logic and boolean diffrential calculus.

The elaborated system of multivalued logics is universal mathematical model that may be used to solve the following problems of the technical diagnostic:

1) simulation of digital devices for timing and hazard analysis;
2) fault simulation by parallel, deductive and concurrent methods;
3) test generation;
4) testability analysis.

This universal mathematical instrument permits to transit from gate level modelling of digital IC's to functional level one. It increases speed of simulation and test generation.

Consider aplications of the discrete devices simulation to the solution of some technical diagnostic problems.

When a designer intends to introduce good testability it is necessary for him to identify which portion (or which element) in the network is hard to test. It is know, for example, articles [7-9], where some testability measures were introduced.

In this report another approach to the problem of digital network testability calculation is presented. The method discussed here is basically similar to that described in [10]. However, our method is sufficiently different in application of the information theory to the definition of the testability measure.

Let there be given a combinational network for simplicity. Let I be a set of all input patterns of the digital network, $n = |I|$, $m_o(m_1)$ - number of patterns from I, where the line m has a signal equal to $O(I)$. Let $x_1, ..., x_q$ be primary inputs, $z_1, ..., z_\nu$ be primary outputs of digital network.

The probability value of $O(I)$ occuring on the line m is defined as follows:

$$P(m=0) = \frac{m_o}{n}, \quad P(m=1) = \frac{m_1}{n}. \qquad (1)$$

Now consider some output z_i and some internal line m of the given network. Inputs of the given network are feed by all input patterns of set I. As a result, we obtained n experiments. On this basis we calculate the amount of information by formula

$$J(m, z_i) = H(m) - H_{z_i}(m). \qquad (2)$$

Here $H(m)$ is the entropy of the line m calculated as follows:

$$H(m) = -P(m=0) \log P(m=0) - P(m=1) \log P(m=1). \qquad (3)$$

$H_{z_i}(m)$ in (2) is a conditional entropy of the line m taking into account the results of experiments on the output z_i.

Define observability of the line m relatively to the output z_i as follows:

$$O(m, z) = \begin{cases} \dfrac{J(m, z)}{H(m)}, & \text{if } H(m) \neq 0, \\ 0, & \text{if } H(m) = 0. \end{cases} \qquad (4)$$

Define also observability of the line m relatively to the set of outputs $z_1, \ldots, z_\nu$ of the given network as follows:

$$O(m) = 1 - \prod_{i=1}^{\nu}(1 - O(m, z_i)). \qquad (5)$$

By analogy with observability define controllability of the line m relatively to the input x_i as follows:

$$C(m, x_i) = \begin{cases} \dfrac{J(m, x_i)}{H(m)}, & \text{if } H(m) \neq 0, \\ 0, & \text{if } H(m) = 0. \end{cases} \qquad (6)$$

Define controllability of the line m relatively to the set of inputs $x_1, \ldots, x_q$ of the given network as follows:

$$C(m) = 1 - \prod_{i=1}^{q}(1 - C(m, x_i)). \qquad (7)$$

Quantative values defined above for controllability and observability can be used for some other problems. So, it can be used to position test points automatically around a devices so that the optimum testability improvement results by analogy [II]. Here, a test point is defined to be a node to which access is available from a test system for the sole purpose of observing the logical state of the node. The test point is not one of the normal operating interrconnections of the circuit. It is used only during the processes of testing and diagnosis.

The others directions to useful aplication observability/controllability parameters include problems connected with increasing of effect of the determinate and pseudorandom test generation methods and decreasing of the diagnostic information.

We shall not describe this methods in details, but let as notice that experiments with real discrete devices give satisfactory results in a practical aspect.

REFERENCES

1. Hayes Y.P. A systematic approach to multivalued digital simulation// Proceedings Int. Conference Comput. Design.- 1984.- P. 177-182.
2. Akers S.C. A logic system for fault test generation// IEEE Transactions on Computers.- 1976.-№6.- P.620-630.
3. Скобцов Ю.А. Многозначные алфавиты в моделировании и построении тестов цифровых схем// Электронное моделирование.- 1989.- № 3.- С.54-60.
4. Roth Y.F. Diagnosis of Automata Failures: A Calculus and a Method// IBM Journal of Research and Devalopment.- 1966.-№7.- P. 278-291.
5. Cha C.W., Donath W.E., Ozguner F. 9-V algorithm for test pattern generation of combinational digital circuits.- IEEE Transactions on Computers.- 1978.- №3.- P. 193-200.
6. Бохманн Д., Постхоф Х. Двоичные динамические системы.- М.: Энергоатомиздат.- 1986.- 401 с.
7. Stephenson J.E., Grason J. A testability measure for register transfer level digital circuits.- Proc. 6-th IEEE Fault Tolerant Computing Symposium, 1976.- P.101-107.
8. Golgstein L.H. Controllability/observability analysis for digital circuits.- IEEE Trans. Circuits and Systems, 1979, V.26, №9.- P.685-693.
9. Kovijanic P.G. Testability analysis.- Tests conference, Cherry Hill, 1979.- P.310-316.
10. Dussault J.A. A testability measure.- Proc. IEEE Semiconductor Test Conf., 1978.- P.113-116.
11. Bennetts R.G. Design of testable logic circuits. Addison-Wesley pullishing company, 1984.- 164 p.

UNTERSUCHUNGEN DER GASMISCHUNGSBEWEGUNG UND DIFFUSION IM ALTEN MANN DER GRUBE NACH NUMERISCHEN VERFAHREN

L.P.Feldmann

Polytechnische Hochschule Donezk,
Artemstrasse 58, 340000 Donezk/UdSSR

Kurzfassung

Die Gasmischungsbewegung und Diffusion im Alten Mann der Grube wirken auf Sicherheitssituation bei den Abbauabteilungen. Simulation der dynamische Verhältnisse hat endscheidende Bedeutung für die Entwicklung der Steuersysteme der Grubenbewetterung. Diese Prozesse werden mit den partiellen Differentialgleichungen beschrieben. Die numerische Verfahren und Simulationsmodelle werden an den Beispielen gezeigt.

1. Einleitung

Die aerogasdynamischen Prozesse bei den Abbauabteilungen stellen eine Zusammenwirkung der nichtstationären Luftbewegung in den Strecken, der Gasdiffusion im Alten Mann und in den Abbauen dar. Die Luftverluste in Abbruchszone des Alten Mannes werden mit den Gaskomponenten vermischt. Im Alten Mann bewegt sich eine Gasmischung mit der verschiedenen Komponentendichte und grossen Konzentrationen. Diese Prozesse fordern statt traditioneller Filtrationsgleichungen des gleichartigen Gases die Gleichungen, die die Gasmischungsbewegung in der Filtrationsumgebung des Alten Mannes beschreiben. Um solche Gleichungen zu bekommen, benutzen wir eine Methodik, die die Gesetze der Dichtmediummechanik und der gaskinetischen Theorie vereinigt [1]. Die Kontinuitatsgleichung fur die Gasmischung ist

$$\frac{\partial (m\rho)}{\partial t} + \nabla \rho \bar{\vartheta} = \varepsilon, \qquad (1)$$

wo $\rho = \sum \rho_\alpha$ - Mischungsdichte, $\vartheta = \sum \rho_\alpha \bar{\vartheta}_\alpha / \rho$ - Filtrationsgeschwindigkeit der Mischung, ρ_α - Dichte der α - Komponente, $\bar{\vartheta}$ - Komponentengeschwindigkeit, $\varepsilon = \sum \varepsilon_\alpha$ - Ausflus der Masse der α - Komponente in der Zeit- und Volumeneinheit, m - Porositätskoeffizient,

∇ - Operator, und zwar

$$\nabla = i\frac{\partial}{\partial x} + j\frac{\partial}{\partial y} + k\frac{\partial}{\partial x}$$

sind.

Bei der Beschreibung der Gasmischungsdiffusion in dem Strom, der sich in der Porositätsumgebung bewegt, wurden zusammen mit der Molekulardiffusion auch die Konvektivdiffusion in Betracht genommen. Die Diffusionsgleichung der α - Komponente im Filtrationstrom des Alten Mannes sieht so aus

$$\frac{\partial(m\rho_\alpha c_\alpha)}{\partial t} + \nabla \rho c_\alpha \bar{\vartheta} = \nabla m\rho D_\alpha \nabla c + \mathcal{E}_\alpha \, . \qquad (2)$$

Hier sind c_α - die Massenkonzentration der α - Komponente, $D_\alpha = \Psi m D_{\alpha M} + \psi \ell \vartheta$ - resultierender Diffusionskoeffizient, $D_{\alpha M}$ - Koeffizient der Molekulardiffusion der Komponente im freien Strom, Ψ - Gewundenheitskoeffizient, $\psi \ell \vartheta$ - Koeffizient konvektiver Diffusion, ℓ - spezifisches Mass der Mediumsteilchen, ψ - ein Koeffizient, der von geometrischen Charakteristiken des Porositatsmediums abhängt.

Die Bewegungsgleichung der Mischung

$$\frac{\partial(\rho\bar{\vartheta})}{\partial t} + \nabla\frac{\rho(\bar{\vartheta}\bar{\vartheta})}{m} = m\bar{F} - \nabla m p - \left(\frac{\nu}{k} + \frac{\vartheta}{\ell}\right)m\rho\bar{\vartheta} - \nabla\frac{1}{m}\sum\left(\bar{\vartheta}_\alpha^\partial \bar{\vartheta}_\alpha^\partial\right) \qquad (3)$$

wurde aus den Gleichungen der Bewegung von einzelnen Komponenten auf Grunde des Gesetzes der Anderung der Bewegungsmenge abgeleitet. In der Gleichung (3) sind bezeichnet: $\bar{F}$ - Vektor der Massenkräfte, ν - kinematische Zähigkeit der Gasmischung, k - Dringenheitskoeffizient, $(\bar{\vartheta}\bar{\vartheta})$ - Diadprodukt der Vektoren, $\bar{\vartheta}_\alpha^\partial = -mD_\alpha \nabla c_\alpha$ - Diffusionsgeschwindigkeit der α - Komponente.

Für die Reibungskraft bei dem Porosionsmedium in (3) wurde die Zweigliedernformel benutzt.

Die Zustandsgleichung

$$p = R\rho T \sum \frac{c_\alpha}{\mu_\alpha} \qquad (4)$$

wird fur Zusammenschliessung des Gleichungssystems (1)-(3) benutzt. In (4) sind R - universelle Gaskonstante, T - absolute Temperatur, μ_α - Molekulargewicht der α - Komponente.

Die Gleichungen (1) - (4) stellen sattsam universelle mathematische Beschreibung der oben genannten Prozesse dar. Die Randbedingungen fur (1) - (4) werden mit der Berücksichtigung der Eigenschaften von Bewetterungschema der Bergbauabteilungen und der Problemstellungen formuliert.

2. Untersuchungen der Luftverlustenbewegung und der Methanaustragung im Alten Mann

Die Methanverteilung im Alten Mann hängt von der Position und Ausströmungsmenge der Methanquelle sowie von der Verteilung der Luftstromverluste ab. Information über Methanverteilung spielt eine wichtige Rolle bei der Lösung der Abgasungsprobleme des Alten Mannes. Die Möglichkeiten für die experimentellen Untersuchungen der Methanverteilung sind sehr begrenzt, deshalb bekommen die numerischen Verfahren und Simulationsmodelle die wachsende Bedeutung.

Für die Untersuchungen der stationären Filtration der Luftstromverluste mit dem zweigliederigen Widerstandsgesetz und der Methandiffusion im Alten Mann benutzen wir die Gleichungen (1) - (3), die für die binäre Gasmischung folgende Form bekommen

$$\nabla \rho \bar{\vartheta} = \varepsilon, \qquad (5)$$

$$\rho \bar{\vartheta} \nabla c = \nabla m \rho D \nabla c, \qquad (6)$$

$$\nabla m p = m \bar{F} - m \rho \left(\frac{\nu}{k} + \frac{\vartheta}{\ell} \right) \bar{\vartheta}. \qquad (7)$$

Wollen wir ein Verfahren für die Lösung dieser Aufgabe für Bewetterungsschema mit der zusätzlichen Luftführung betrachten, die mit dem Strom aus dem Alten Mann gekoppelt ist. Die Lösungsmethodik für andere Schemata mit entsprechenden Randbedingungen ist ähnlich. Die stationäre Luftbewegung in Abbauen wird mit folgenden Gleichung beschrieben

$$\frac{dp}{ds} = \left(\frac{1+\xi}{S} \rho \frac{dQ}{ds} + \frac{\lambda \rho}{S^2 r} |Q| \right) Q. \qquad (8)$$

Hier sind Q - Luftstrom, p, ρ - mittlere im Querschnitt des Abbaues Druck und Dichte, S - der Fläche die Abbauquerschnittes, s - Koordinate, die man Abbauachse entlang berechnet, ξ - Koeffizient, der die Ungleichmässigkeit der Geschwindigkeitsverteilung im Abbauquerschnitt charakterisiert, r - gidraulischer Radius des Abbaues, λ - Widerstandskoeffizient.

Die Grenze zwischen der Strecke und dem Alten Mann ist die Durchflusslinie. Die Randbedingung bekommen wir, wenn Kontinuirlichkeitsbedingung des Druckes p an der Linie L benutzen und folgendes Gesetz für die Luftverluste die Linie L entlang in Betracht nehmen

$$\left.\frac{\partial p}{\partial n}\right|_L = \rho \left(\frac{\gamma}{\hbar\hbar} + \frac{1}{\ell\hbar^2}\left|\frac{\partial Q}{\partial s}\right|\right)\frac{\partial Q}{\partial s}, \qquad (9)$$

wo $\hbar$ - Flözmächtigkeit, n - die innere Normale zur Linie L sind.

Ausdruck (9) dient als die Anpassungsbedingung der Lösung der Gleichungen (5),(7) im Alten Mann und der Lösung der Gleichung (8) im Abbau (Linie L). Für die undurchdringliche Grenze ist gerecht

$$\frac{\partial p}{\partial n} = 0. \qquad (10)$$

Setzen wir $\rho\vec{v}$ aus (7) in die Gleichung (5) ein, so bekommen wir in einer Koordinatenform die Gleichung

$$\frac{\partial}{\partial x}\left(\frac{1}{\sigma}\frac{\partial p}{\partial x}\right) + \frac{\partial}{\partial y}\left(\frac{1}{\sigma}\frac{\partial p}{\partial y}\right) = -\varepsilon, \qquad (11)$$

Dabei ist bezeichnet $\sigma = \gamma/\hbar + \gamma/\ell$. Die Gleichung (11) lässt sich mit den numerischen Iterationsverfahren lösen. Die Filtrationskoeffiziente $\hbar,\ell$ des Alten Mannes andern sich in der breiten Grenze. Deshalb wurde fur die Lösung der numerischen Aufgabe entsprechend der Gleichungen (9), (10), (11) ein Stromdurchlaufverfahren benutzt. Dabei wurde statt (11) die Gleichung (4) genommen

$$\tau\frac{\partial p}{\partial t} = \frac{\partial}{\partial x}\left(\frac{1}{\sigma}\frac{\partial p}{\partial x}\right) - \frac{\partial}{\partial y}\left(\frac{1}{\sigma}\frac{\partial p}{\partial y}\right) + \varepsilon, \qquad (12)$$

die statische Lösung als Lösung (11) hat. Der mumerische Lösungsprozess wird beendet, wenn mit gewisser Genauigkeit das Gesetz der Erhaltung der Masse der Luftverluste die Linie L entlang erfüllt wird

$$\int_L \frac{dQ}{ds}ds = \int\int_\Sigma \frac{\hbar\varepsilon}{\rho}d\sigma, \qquad (13)$$

d.h. die Ausströmungsmenge der Methanquelle im Alten Mann den Integral von Luftstromverlusten die Linie L entlang gleich sein muss.

Wir haben jetzt die Geschwindigkeit und Druckwerte, die uns zur Untersuchung des Methankonzentrationsfeldes im Alten Mann übergehen lassen. Dazu brauchen wir die numerische Lösung der Gleichung (6) für die binäre Luftmethansmischung. Weiter geht es um Methodik der Lösung dieser Aufgabe in allgemeiner Formulierung.

3. Untersuchung der nichtstationären Bewegung der Gasmischung im Alten Mann

Bei der Entwicklung der Steuersysteme fur Grubenbewetterung haben die wichtige Bedeutung die Untersuchungen der nichtstationären Übertragung der Gaskomponenten nicht nur in der Filtrationszone des Alten Mannes, sondern in der unordentlichen Abbruchszone. Die konvektive und diffuse Übertragung beeinflusst die Bewetterungszustandsänderung, die mit der Hinaustragung der Methanhäufung aus anderen Teil des Alten Mannes und mit der Erscheinung der gefährlicnen Konzentrationserhöhung an der Ventilationsstrecke verbunden ist. Wir betrachten die Lösungsverfahren der Aufgaben von Methanluftmischungsbewegung am Beispiel des Bewetterungsschemas für die Bergbauabteilung mit dem dreiseitigen Kontakt des Alten Mannes mit den Strecken und Abbauen. In diesem Schema sind die Geschwindigkeitsvektoren der Luftstromverluste dem Strom im Abbau praktisch parallel. Deshalb lässt sich die Aufgabe der Suche nach dem Bewegungsbildes in diesem Teil des Alten Mannes nur als Mischungsbewegung in den Querschnitten der Filtrationsumgebung, die senkrecht zu den Streckenachsen sind, betrachten. Jeder Querschnitt entspricht dem bestimmten Teil der Filtrationsumgebung mit dem eigenen Widerstand. Dabei erhöht sich der Widerstand in der Richtung von Abbau zum Anfang des Alten Mannes. In jedem Teil betrachten wir die folgenden Prozesse: Luftstrom kommt aus der Strecke in den Alten Mann, wird mit dem von oberen Grenzen ausfliessenden Methan gemischt und die auf dieser Weise entstandene Mischung kommt in die Ventilationsstrecke.

Für die Lösung dieser Aufgabe haben wir das Grossteilchenverfahren [1] unter der Berücksichtigung der Eigenschaften der nichtstationären Filtration der Gasmischungen modifiziert. Die numerische Berechnung wird bei jedem Zeitschritt in drei nacheinanderfolgende Etappen gegliedert.

In der ersten Etappe werden die ganze Zellen charakterisierenden Parameter geändert. Deshalb werden die konvektiven Glieder $\nabla p \vec{\vartheta}$ und $\nabla p c \vec{\vartheta}$ in den Gleichungen (1) - (3), die den Effekten des Massenübertragung durch Zellengrenzen entsprechen, gleich Null angenommen. Danach sehen die Gleichungen so aus

$$\nabla p \vec{\vartheta} = 0, \tag{14}$$

$$\begin{cases} -\dfrac{\partial p}{\partial x} = \left(\dfrac{\nu}{k} + \dfrac{\vartheta}{\ell}\right) p \vartheta_x, \\ -\dfrac{\partial p}{\partial z} = pg + \left(\dfrac{\nu}{k} + \dfrac{\vartheta}{\ell}\right) p \vartheta_z, \end{cases} \tag{15}$$

$$m\rho \frac{\partial c}{\partial t} = \nabla \rho m D \nabla c. \qquad (16)$$

Führen wir die "massen" Stromfunktion $\frac{\partial \psi}{\partial z} = \rho v_x$, $\frac{1}{\partial x}\frac{\partial \psi}{\partial x} = \rho v_z$ ein, so befriedigt diese Funktion ubereinstimmend die Gleichung (14). Aus (15) bekommen wir

$$\frac{\partial}{\partial x}\left(\sigma \frac{\partial \psi}{\partial x}\right) + \frac{\partial}{\partial z}\left(\sigma \frac{1}{\partial z}\frac{\partial \psi}{\partial z}\right) = g \frac{\partial \rho}{\partial x}. \qquad (17)$$

Die erste Etappe wird mit der Lösung der (17) bezüglich ψ und der (16) bezüglich der Zwischenwerten der Konzentration c beendet. Für die Berechnung der Konzentration wurde des Verfahren der wechselnden Richtungen benutzt. Die ψ - Werte wurden iterativ aus den entsprechend (17) geschriebenen Differenzgleichungen berechnet.

Nach den gefundenen ψ und c werden die Methanmassenströme durch Zellengrenze in der zweiten Etappe berechnet.

In der Schlussetappe werden die endgültigen Werte der Methankonzentration berechnet. Die Gleichung an dieser Etappe stellt das für die Zelle in Differenzform geschriebene Gesetz der Erhaltung der Masse dar. Für die Mischungsdichteberechnungen wurde die Zustandsgleichung benutz

$$\rho = \rho_0 \frac{\mu}{c + (1-c)\mu}, \qquad (18)$$

wo $\mu = \mu_M / \mu_B$, μ_M, μ_B - entsprechend die molekulare Gewichte von Methan und Luft sind.

Bei der Notwendigkeit kann man den Druck p berechnen.

Nach beschriebenen Verfahren wurden die entsprechenden Programme entwickelt und die Berechnungen der nichtstationären Bewegung der Luftmethanmischungen für die verschiedenen Querschnitten des Alten Mannes durchgeführt. Dabei wurde vorausgesetzt, das die Filtrationscharakteristiken k, ℓ in zwei Dimensionen des Alten Mannes geändert werden. Die Werte dieser Parameter wurden aus experimentellen Messungen bei den Bergbauabteilungen genommen.

Die Simulationsergebnisse zeigen, dass die Wirkung des Gewichtkräftes auf die Formierung des Stromes im Alten Mann besonders bei kleineren Geschwindigkeiten der Luftverluste bemerkbar ist. Dabei ist die Entstehung der Gebiete mit dem "Rückfluss" und mit den Auftauchungskräfte hervorrufene Wirbelzone möglich. An der obere Grenze des Alten Mannes gibt es eine geschlossene Stromlinie und ein Gebiet der bewegten Mischung mit der hohen Methankonzetration relativ grossen Ausmasses. Die Berechnungen überzeugen uns, dass die kurzfristige dynamische Konzentrationserhöhung im Luftverlustenstrom des

Alten Mannes mit den Auftauchungskräfte herforgerufen sind. Diese
Kräfte entstehen seinerseits von der Dichtevariation der Mischung im
bewegten Strom. Die auf diese Weise entstandene Zone mit der vergrös-
serten Konzentration wird bei der Erhöhung der Verlustengeschwindig-
keit unstabil und mit dem Luftstrom teilweise zerstört, ruft die Erhöhung der Methankonzentration in den Luftverluste hervor. Bei der
Verkleinerung des Luftstroms läuft dieser Prozess umgekehrt. Die Diffusion vergleicht die Konzentration im Strom, verkleinert die Konzen-
trationswerte im oberen Teile des Alten Mannes. Das führt zur Verkleinerung der kurzfristigen Konzentrationserhöhung.

Die numerische Simulation gibt uns eine Möglichkeit, die Ha-
uptcharakteristiken der aerogasdynamischen Verhältnisse bei den
Bergbauabteilungen berechnen: die Änderung der mittleren Konzentration im Ausgangsstrom, die Amplitude der kurzfristigen Konzentrationserhöhung, die Dauer des Übergangsprozesses. Es ist klar geworden,
dass die Dauer des Prozesses mit der Zeit der Übertragung der Komponente im Strom von ihrem Ausflusspunkt bis zum Ausgang in die Ventilationsstrecke verbunden ist. Die kurzfristigen Konzentrationserho-
hungen sind in solchen Querschnitten des Alten Mannes möglich, wo
die mittlere Geschwindigkeit der Luftverluste kleiner als bestimmter
kritischer Wert ist. Die Geschwindigkeitsvergrösserung über die kritische Grenze hinaus führt zur gleichmässigeren und stabilen Verteilung
der Gaskomponente im Strom, die kurzfristige Konzentrationserhöhung
wird verkleinert und ist praktisch unmerkbar.

4. Zusammenfassung

Die numerischen Verfahren und Simulationsmodelle der gasdynamischen Verhältnisse im Alten Mann, der für unmittelbare Messung der
Methankonzentrationsfelder unzugänglich ist, spielen eine wichtige
Rolle bei den Untersuchungen der Sicherheitsprobleme in Gruben, bei
Entwicklung der Prozessleitsysteme fur Grubenbewetterung. Die Simulationssoftware, numerische Algorythmen sollen künftig in Richtung
der Erweiterung der Problemstellungen, automatisierten Erstellung
der Modelle, Zusammenpassung der numerischen Modelle mit den Expertensystemen und Simulationsumgebung der rechnergestützten Entwi-
cklungs- und Schulungssystemen auf dem Gebiet der Überwachung und
Steuerung der Grubensicherheitsversorgung erweitert werden.

5. Literatur

1. Abramov F.A., Feldman L.P., Svjanyi V.A. Modelirovanie dynamitscheskich prozessov rudnitschnoj aerologii,- Kiev: Naukova dumka, 1981. - 284s.

Fachgespräche

Software-Ergonomie in den 90er Jahren

Ziel dieses Fachgespräches ist es, den Teilnehmern der Jahrestagung einen Einblick in aktuelle Fragen der Software-Ergonomie zu geben, diesen mit einem Ausblick auf die Zukunft zu verbinden und dabei neue Herausforderungen und ungelöste Probleme aufzuzeigen. Es soll deutlich werden, daß ergonomische Gestaltung eine Querschnittsaufgabe ist, die sich nicht nur in der Gestaltung schöner Benutzeroberflächen erschöpft, sondern von der Arbeitsgestaltung über die Funktionalität von interaktiven Systemen bis hin zur Bereitstellung angemessener Werkzeuge für die Systementwicklung reicht. Speziell werden Beiträge aus folgenden Themenkomplexen angeboten:

- Einordnung von Software-Ergonomie in den Prozeß der Anwendungsentwicklung
- Standardisierung und Normung bei der Schnittstellengestaltung und ihre Konsequenzen
- neue Anwendungsfelder, insb. Software-Ergonomie in vernetzten Systemen und bei Gruppenarbeit
- Forschungsmethodik der Software-Ergonomie.

Das Fachgespräch besteht aus drei eingeladenen Vorträgen und einem eingereichten Vortrag, deren Bezug zueinander durch eine Einführung des Sprechers der Fachgruppenleitung hergestellt wird. Es soll vor allem die Diskussion und Kooperation innerhalb der GI fördern. Die Mitglieder aus „benachbarten" Fachgruppen, vor allem auch aus den Bereichen Software-Technik und Informationssysteme sowie graphische Systeme, sind ganz besonders herzlich eingeladen.

Programmkomitee

M. Frese (Universität München),
H. Oberquelle (Universität Hamburg),
M. Paetau (GMND, St. Augustin),
J. Ziegler (IAO, Stuttgart)

Style-Guides und Schnittstellenwerkzeuge - Fortschritt oder Bremse ?

Helmut Peschke
H.Berthold AG
Teltowkanalstr. 1-4
1000 Berlin 46

Im Bereich der Benutzungsschnittstellen sind in den letzten Jahren vermehrt firmen- bzw. herstellerinterne Richtlinien, sog. *Style-Guides*, erstellt worden, die ein einheitliches „Erscheinungsbild" der Programme sichern sollen. Diese Regeln beschreiben ein „look-and-feel" der Benutzungsschnittstelle in verschieden Aspekten. Zur Programmentwicklung werden „Baukästen" für Benutzungsschnittstellen eingesetzt, die in industriellen UNIX-Anwendungen zunehmende Bedeutung bekommen. Nicht immer erfüllen allerdings diese Toolkits und grafischen Editoren die software-ergonomischen Anforderungen.

1 Situation.
Darstellung industrieller Toolkits und Style-Guides

Die Bedeutung der Gestaltung einer komfortablen und effizienten Benutzungsschnittstelle für DV-Systeme hat immer mehr zugenommen. Der dafür zu veranschlagende Aufwand wird von einigen Experten, je nach Programm und Aufgabenstellung, auf bis zu 80% des Gesamtaufwandes geschätzt. Mit der Trennung dieses Bereiches vom Kern des Anwendungssystem ergibt sich die Möglichkeit, aufwendig produzierte Software in mehreren Anwendungssystemen zu benutzen. Änderungen der Bildschirmrepräsentationen und Dialoge können dann weitgehend unabhängig vom restlichen Programmsystem vorgenommen werden. Als software-ergonomische Qualität soll „nebenbei" durch den Einsatz standardisierter Benutzungsschnittstellen die Verwirklichung der Einheitlichkeit und Konsistenz über beliebige Aufgabenstellungen und Programme hinweg mitgeliefert werden. Offen bleibt, inwiefern eine Dialoggestaltung möglich ist, die weitere software-ergonomische Qualitätsmerkmale über beliebige Aufgabenstellungen hinweg erfüllen kann.

Vor allem im Bereich der PC's und Workstations haben sich seit längerem grafische Benutzungsschnittstellen durchgesetzt, die auf einem Fenstersystem, einer seperaten Betriebssoftwarekomponente, aufbauen. Damit wird der Bildschirm in kleinere „Unterbildschirme" eingeteilt, die unabhängig voreinander zu steuern sind und die eine parallele Arbeit an mehreren Aufgabestellungen ermöglichen. Hierfür standen anfangs ausschließlich Programme der DV-Hardware-Hersteller zur Verfügung (Smalltalk von Xerox, Sun-Windows von Sun, ...). Mit der Verbreitung von Microsoft WINDOWS auf IBM-kompatiblen

PC's konnte ein durch die besondere Hardware-Situation begünstigtes Hersteller-übergreifendes Fenstersystem eingesetzt werden. PC-Anwender lernten die Vorzüge eines Fenstersystems kennen und schätzten schnell die Unabhängigkeit von einem bestimmten Hardware-Lieferanten. Letzteres galt allerdings nochmehr für die unabhängigen Software-Hersteller, bei denen sich die potentielle Marktbreite angebotener Produkte wesentlich erhöhte.

Für den sich entwickelnden Industriestandard UNIX wurde das X11-Protokoll definiert, eine Standard-Schnittstelle zwischen einem (Ein-Ausgabe-)Server und einem die eigentliche Dialogführung und Anwendung realisierenden Client. Server und Client können auf verschiedenen Rechnern ablaufen, die durch ein Netzwerk verbunden sind.

X11 ist ein verteiltes Fenstersystem mit einem sehr geringen Abstraktionsniveau. Jeder Mausklick wird über das X-Protokoll an die Anwendung weitergeleitet, die darauf reagieren muß. Der Zugriff erfolgt unter Benutzung einer Reihe von primitven Funktionen der Xlib, einer X11-Funktionsbibliothek. Neuere Erweiterungen von X11 stellen grafische Funktionen zur Verfügung (PEX = PHIGS Extensions to X) und ein anderes Benutzungsmodell (stencil paint Modell über DisplayPostScript) ist in der Entwicklung. Andere Fenstersysteme für UNIX bieten auf PostScript–Basis die Möglichkeit an, Funktionen direkt in den Bildschirm-Server zu verlagern (NeWS, vgl. /Gosling, Rosenthal, Arden 1989/) und damit u.a. einen Geschwindigkeitsgewinn zu erzielen.

Zur weiteren Rationalisierung der Software-Entwicklung wurden Toolkits entwickelt, die komplexere Funktionen mit einem höheren Abstraktionsniveau zur Verfügung stellten. Beispiel für solche Toolkits sind Xtk (der Toolkit für X11), tNt (the NeWS toolkit), SunView (für SunWindows), die MacIntosh Toolbox. Damit können verschiedene grafische Oberflächen erzeugt und unterschiedlichste Interaktionstechniken verwirklicht werden.

Um die Benutzung grafischer Oberflächen zu vereinheitlichen und zu standardisieren, wurden Regelwerke entwickelt werden, die einheitliche Verfahren und Bedeutungen für bestimmte grafische Konstrukte festlegten. Bei Apple sind die „Human Interface Guidelines" zu nennen (/Apple 1987/), bei IBM der „Common User Access" (/IBM 1987/), die beide erste (Hersteller-eigene) Style Guides darstellen.

Parallel zur Erweiterung und Standardisierung des UNIX-Marktes wurde auch hier die Bedeutung einer komfortablen Benutzungsschnittstelle deutlich. Leider entwickelten beide konkurrierenden UNIX-Gruppen jeweils ein anderes Regelwerk für grafische Benutzungsschnittstellen, die UNIX International die Spezifikation OPEN LOOK (/Sun 1989/), die Open Software Foundation entwickelte Motif (/OSF 1989/). Beide Regelwerke versuchen, unabhängig vom verwendeten Rechner und Fenstersystem, das „look and feel" der Interaktion festzulegen sowie bestimmte generische Funktionen zu definieren. Die Umsetzung dieser Regeln erfolgt durch die Verwendung entsprechender Toolkits, wie XView, Xt+, tNt für OPEN LOOK bzw. dem Motif Toolkit für Motif.

Der Aufbau einer grafischen Benutzungsschnittstelle ergibt sich wie in der nächsten Abbildung gezeigt. Die Betriebssystemebene kann durch verschiedene Hardware-Bausteine um komplexere Verarbeitungsfunktionen erweitert werden, bspw. durch Grafik-Ausgabekarten oder den Anschluß von X-Terminals. Letzteres würde dann die Fenstersystemebene miteinschließen, in diesem Fall den X-Server. Die darüberliegende Schicht kann bei verteilten Systemen durch ein Netzwerk getrennt sein, die Abarbeitung der entsprechenden „höheren" Funktionen erfolgt im Klienten-Rechner. Hier wird zunächst auf das X-Protokoll über die X-Bibliothek Xlib zugegriffen. Den komfortableren Zugriff ermöglicht ein Toolkit, der für eine Benutzungsspezifikation zugeschnitten sein kann (wie XView), oder nur eine untere Schicht aufbaut, auf der ein weiterer Toolkit das entsprechende „look-and-feel" zur Verfügung stellt. Das entprechende Regelwerk (OPEN LOOK, Motif) ist hierzu parallel anzusetzen und bestimmt zu Teilen auch die darüberliegende Anwendung, insbesondere den Fenster-Manager „wm" (der für verschiedene allgemeine Operationen wie Verschieben etc. zuständig ist). Verschiedene Fenster-Manager sind verfügbar, die jeweils unterschiedliche Benutzungsschnittstellen bezüglich der Bildschirm- und Fenster-Verwaltung zur Folge haben. Standard-X11-Manager sind wm und uwm, für OPEN LOOK wird olwm (oder pswm bei NeWS) verwendet, Motif wird bei Einsatz von mwm verwirklicht.

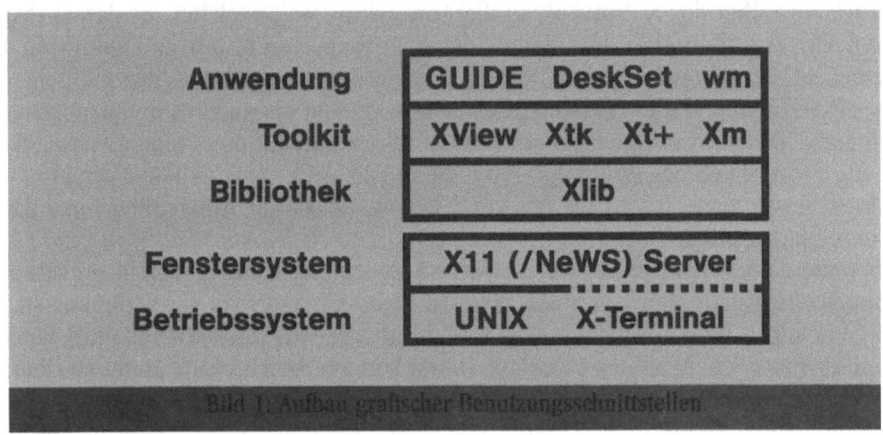

Bild 1: Aufbau grafischer Benutzungsschnittstellen.

Wird eine weitere Trennung des gesamten Dialogablaufs von dem eigentlichen Anwendungsprogramm vorgenommen, lassen sich User Interface Management Systeme (UIMS) einsetzen, die während der Laufzeit die gesamte Dialogsteuerung abwickeln. Damit verbunden sind meist Werkzeuge, die bereits die Entwicklung von Dialogen und Ein-Ausgaben unterstützen, bspw. grafische Editoren zur Erstellung der Bildschirmkomponenten (Buttons, Windows, etc.) und Regeleditoren zur Erstellung der Dialogabläufe (vgl. /Trefz, Ziegler 1989/).

Während Fenstersysteme keine vordefinierten Symbole (außer den Fensterrahmen) zur Verfügung stellen, spielt gerade dies bei den neueren grafischen Benutzungsschnittstellen eine entscheidende Rolle. Zum einen soll eine einheitliche Symbolik über alle Anwendungen für Standard-Funktionen definiert werden, zum anderen soll diese Symbolik möglichst an eine beim Benutzer bereits vorhandene Bedeutungssprache anknüpfen. Als grundlegende Metapher wird von allen Regelwerken (OPEN LOOK, Motif, Windows, Apple) die Bürotätigkeit am Schreibtisch verwendet, d.h. der Bildschirm repräsentiert die Schreibtischoberfläche, einzelne Fenster die Dokumente, Aktenordner (bzw. Hängeregister) die Ablage, ein Papierkorb die Ablage für nicht mehr benötigte Objekte. Die möglichst direkte Anknüpfung an bereits bekannte Sachverhalte unterstützt wesentlich die „intuitive" Bedienbarkeit dieser Systeme.

Um die Verwendung einer einheitlichen grafischen Benutzungsschnittstelle unter UNIX ist zur Zeit ein offener Wettstreit ausgebrochen, dessen Ausgang noch weitgehend unklar ist. Wahrscheinlich wird es auf längere Zeit beide Standards nebeneinander geben, OPEN-LOOK vor allem auf den Arbeitsstationen von SUN, immerhin der Marktführer bei Workstations, Motif auf Rechnern der OSF-Gruppe (IBM, DEC, HP/Apollo, u.a.). Ein oberflächlicher Vergleich zeigt allerdings, daß etwa 70 bis 80 Prozent der Funktionalität beider Benutzungsschnittstellen gleich ist (einen kleinen Ausschnitt zeigt das folgende Bild 2).

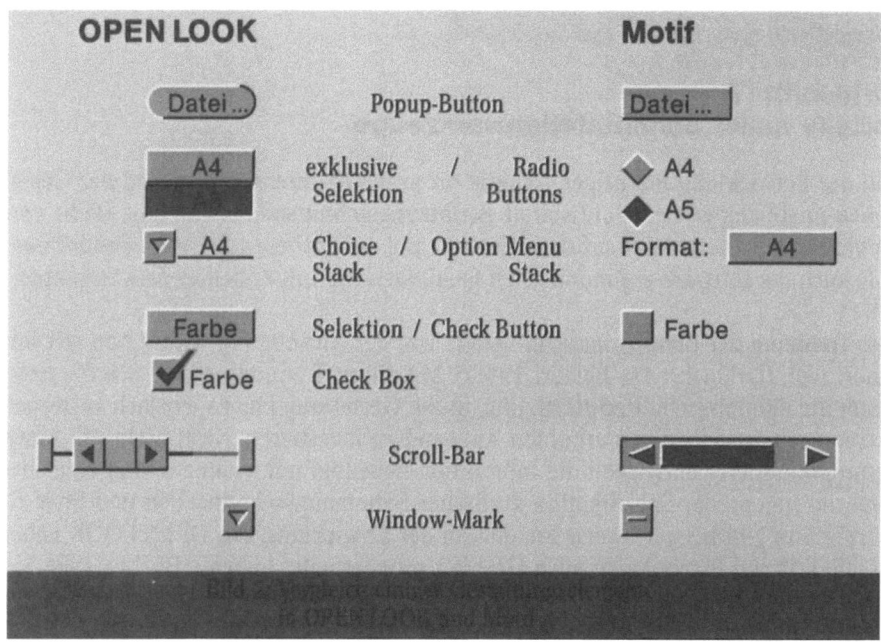

Die Entwicklung dieser beiden Benutzungsschnittstellen erfolgte unter bestimmten Zielsetzungen, die, verglichen mit den Anforderungen der deutschen Dialognorm /DIN 66 234 Teil 8/, nicht alle notwendigen Qualitätsmerkmale umfassen. In /Hoeber 1988/ und /OSF 1989/ finden sich folgende Zielsetzungen:

- für OPEN LOOK: Simple, Consistency and Efficiency;
- für Motif: Consistency, Direct Manipulation, Flexibility, Explicit Destruction.

Diese Ziele führten zu einigen Besonderheiten, wie dem Fehlen von short-cuts (Tastaturkommandos) in OPEN LOOK (nach dem Prinzip Simple) und den vielfältigen Box-Objekten in Motif (Explicit Destruction). Keine Hinweise finden sich zur Aufgabenangemessenheit, da versucht wird, unabhängig von der Aufgabe eine Benutzung zu standardisieren. So wird die Gestaltung der Interaktion mit der eigentlichen Anwendung im inneren Fensterbereich (dem Panel oder bzw. Canvas) weitgehend offen gelassen.

Das beiden Ansätzen gemeinsame Ziel „Consistency" ist für verschiedene Benutzergruppen nicht immer gleich bedeutend. Von einer konsistenten und einheitlichen (Fenster-) Bedienung profitieren vor allem sporadische Benutzer und solche Anwender, die häufig zwischen verschiedenen Systemen wechseln müssen. Dagegen ist der Nutzen dieses Gestaltungszieles für Experten wesentlich geringer. Zwar findet (meist) eine Reduzierung der

Komplexität und damit des erforderlichen Lern- und Trainingsaufwandes statt, für den täglichen, mehrstündigen Betrieb sind jedoch eher Effizienz, Flexibilität und „Produktivität" maßgebend. Hierzu gehören unbedingt short-cuts und differentielle Gestaltung, einfache Erweiterbarkeit und Modifizierbarkeit, d.h. Ziele, die nicht immer von den beiden genannten Benutzungsschnittstellen genügend unterstützt werden.

2 Fortschritt !?
Vorteile neuer Schnittstellenwerkzeuge

Mit der Entwicklung mächtiger Toolkits für grafische Interaktionen und der Gestaltung aufgaben-unabhängiger standardisierter Benutzungsschnittstellen sind eine Reihe von Vorteilen verbunden, die sowohl auf dem Gebiet einer rationelleren Software-Produktion liegen als auch die software-ergonomischen Qualitäten hiermit erstellter Anwendungen betreffen.

Die Trennung der Benutzungsschnittstelle von der Anwendung wird schon seit langem gefordert (vgl. /Dzida 1984/, /Balzert 1988/). Mit dieser Trennung ergibt sich die unter anderem die ökonomische Rechtfertigung, in die Gestaltung einer mehrfach verwendbaren Benutzungsschnittstelle einen erhöhten Aufwand zu investieren. Nicht mehr ein Anwendungsprogrammierer entwickelt die Interaktion nebenbei mit, vielmehr sitzt eine Gruppe von Spezialisten an der Spezifikation grafischer Benutzungsschnittstellen und Style-Guides. Die Firma Sun gibt beispielsweise an, daß an der Entwicklung von OPEN LOOK neben Informatikern und Psychologen auch Grafiker mitgearbeitet haben (/Hoeber 1988/); Motif baut auf umfangreichen Beiträgen dreier Hersteller auf (IBM: Presentation Manager, HP: New Wave, DEC: DEC Windows).

Die Durchsetzung der Prinzipien der grafischen Interaktion und der direkten Manipulation kann ebenfalls positiv bewertet werden. Gut gestaltet, kann damit die „Kluft zur Realität" (/Ilg, Ziegler 1988/) verringert werden. /Rauterberg 1989/ stellt in einer empirischen Untersuchung fest, *„daß die direkt manipulative Benutzeroberfläche mit der 'Maus' als generellem Interaktionselement der konventionellen, menü-orientierten Oberfläche mit 'Funktionstasten' deutlich überlegen ist".* Interessant ist dabei, daß diese Aussage auch für Experten-Benutzer bestätigt wird. Style-Guides und Schnittstellenwerkzeuge ermöglichen den sinnvollen Einsatz dieser Techniken.

Neben der Verfügbarkeit von Baukästen, aus denen sich der Programmierer seine Buttons und Menus zusammensetzen kann, ist die Verwendung eines Werkzeugs zur prototypischen Gestaltung einer Benutzungsschnittstelle wichtig. Mandelkern (in /Mandelkern 1990/) fordert ein solches Werkzeug für beliebige Interaktionsspezifikationen, sieht hierbei aber unterschiedliche Bedürfnisse der Hardware- und Software-Hersteller sowie der Endanwender. Ein GUIDE, Graphical User Interface Development Environment, soll außerdem nicht nur die Konstruktion von Eingabe-Objekten unterstützen, sondern auch grafische Ausgaben ermöglichen. Die dynamische Interaktion mit anderen Werkzeugen muß gesichert werden (bspw. mit einem Programmentwicklungs-Tool), und der Kontext der Anwendung soll bei der Konstruktion der Benutzungsschnittstelle berücksichtigt werden können.

Erste kommerzielle Implementierungen, die noch nicht alle diese Anforderungen treffen, sind bereits verfügbar (bspw. AutoCODE/ExoCODE der Expert Object Corporation, der DialogManager von ISA /online 1990/, DevelopersGuide von Sun). Die beispielhafte Konstruktion einer grafischen Oberfläche mittels DevGuide zeigt die Abbildung 3. Ein Fenster wird erzeugt, indem mit der Maus das Base Window Symbol (Base)auf den leeren Hintergrund gezogen wird. Wie jedes andere OPEN LOOK Fenster kann dieses erzeugte Fenster in der Größe verändert werden (Teilbild 2). Über den Mausknopf „Menü" erhält man ein Popup-Menü und kann die Eigenschaften auswählen (Teilbild 3). Im Eigenschaftenfenster (Teilbild 4) können wichtige Parameter dieses Basis-Fensters eingestellt werden, wie Titel, dazugehöriges Icon, Größe und Lage, aufzurufender Event-Handler (vom Anwendungsprogrammierer zur Verfügung zu stellen).

In einem Test-Modus kann der Ablauf der erstellten Anwendung simuliert (Aufruf von Popup's etc.) und anschließend sofort verändert werden. Der mit dem Werkzeug erstellte Prototyp wird schließlich als leere Hülle alleine übersetzt (Programmiersprache C), oder mit den eigentlichen Anwendungsfunktionen (die an den Event-Handlern anknüpfen) zu einem kompletten Anwendungssystem zusammengebunden.

Mit einem solchen Werkzeug wird ein weiterverwendbarer Prototyp der Benutzungsschnittstelle erzeugt, der im Rahmen einer partizipativen Entwicklung mit den späteren Anwendern eingesetzt werden kann. Wesentlich ist hierbei auch, daß nicht der spätere Software-Entwickler, d.h. der Entwickler des C-Codes der Anwendungsfunktionen, dieses Werkzeug bedient bzw. bedienen muß, sondern auch leicht einzuarbeitende Software-Ergonomie Experten (ohne Programmierkenntnisse) hiermit einen Entwurf der Eingabe-Schnittstelle einer Anwendung erstellen können.

Der Einsatz solcher Schnittstellenwerkzeuge durch Software-Ergonomie Experten im Rahmen einer prototypischen, partizipativen Systementwicklung ist ein wesentlicher Vorteil dieser neuen Techniken. Ebenso kann die intensive Entwicklung neuer, einheitlicher Standards und damit verbundener Style Guides als prinzipieller Fortschritt angesehen werden. Aber „einheitlich" bedeutet noch nicht „einheitlich gut", zumal sich die Einheitlichkeit weitgehend auf die Ein-Ausgabe-Schnittstelle eines Dialogsystems beschränkt.

3 Bremse ?!
Nachteile standardisierter Schnittstellen

Die rasante Entwicklung einheitlicher Benutzungsschnittstelle bringt leider auch eine Reihe von Gefahren schlechter Gestaltung mit sich, die bei jeder Software-Entwicklung zu berücksichtigen sind. Nicht automatisch ergibt sich durch den Einsatz von OPEN LOOK oder Motif ein software-ergonomisches Dialogsystem.

Die genannten Werkzeuge und Toolkits sind heute noch völlig unvollständig. So bezieht sich beispielsweise das Schnittstellenwerkzeug DevGuide nur auf die Bildschirmrepräsentation und die Eingabemöglichkeiten des Benutzers. Ablauf und Ausgaben der darunterliegenden Programme können nicht prototypisch gestaltet werden, eine dargestellte Eingabemöglichkeit bleibt ohne sichtbare Rückkopplung. Dies liegt zum größten Teil an den fehlenden Konstrukten des darunterliegenden Toolkits (in diesem Fall XView).

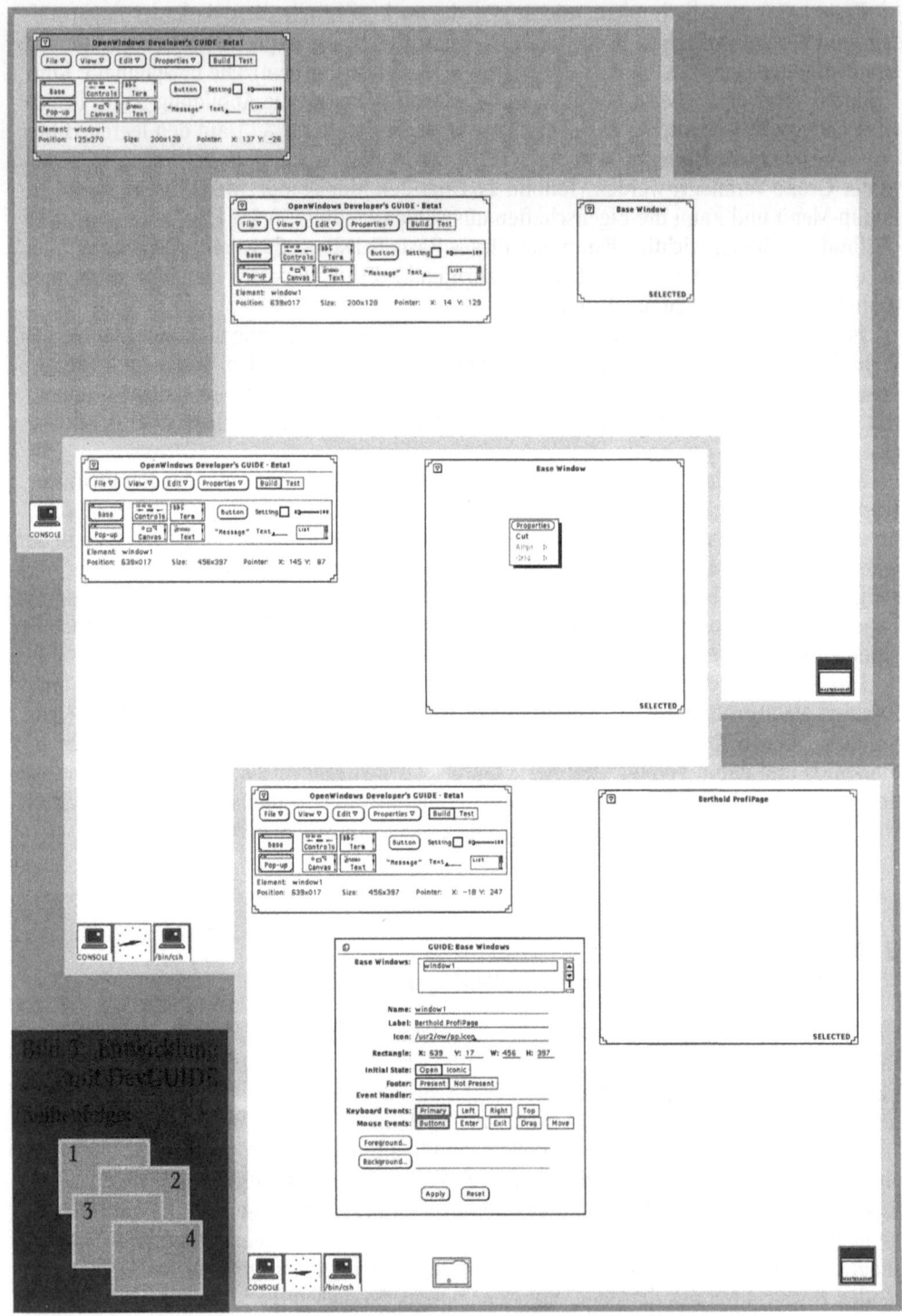

Ärgerlich ist weiterhin, daß für fast alle Toolkits als hervorstechendes Merkmal das der Unvollständigkeit gilt. Style Guides und Spezifikationen bieten immer ein Idealbild, das in der Realität durch den Einsatz der eigentlich dazu bestimmten Toolkits nie erreicht werden kann. Selbst innerhalb einer Firma (Bsp. SUN), die maßgeblich Standard, Toolkit und Entwicklungswerkzeuge selbst entwickelt, stellen heute alle Komponenten unterschiedliche Versionen zur Verfügung: OPEN LOOK (Spezifikation) ist noch lange nicht gleich OPEN-LOOK (XView), welches wieder etwas anders ist als OPEN LOOK (DevGuide).

Ein weiteres grundsätzliches Problem wird durch grafische Editoren mit verursacht aber leider in keiner Weise gelöst. Eine iterative Systementwicklung und die Zusammenarbeit zwischen dem Schnittstellenentwerfer und dem Anwendungsprogrammierer werden software-technisch eher erschwert. So gehen die bestehenden GUIDE's davon aus, daß die Benutzungsschnittstelle zuerst entwickelt wird und in der leeren Hülle die Platzhalterprozeduren durch reale Funktionen ersetzt werden. Weder ist dies der allgemeine Entwicklungsfall – wie oft sind bestimmte Prozeduren schon vorhanden und müssen „nur noch" zugänglich gemacht werden –, noch läßt sich eine Software in einem Schritt entwickeln. Die parallele Weiterentwicklung von Schnittstelle und Funktionen verlangt einen erheblichen zusätzlichen organisatorischen Aufwand, wenn nicht durch ein „Generate Code" die bereits eingebunden Funktionen wieder durch leere Hüllen ersetzt werden sollen.

Gemeinsames und eines der wichtigsten Konstruktionsmerkmale beider vorgeschlagenen grafischen Benutzungsschnittstellen für UNIX ist die „Consistency". Einheitlichkeit als Qualität ist aber lange nicht ausreichend, eine Benutzungsschnittstelle kann auch einheitlich schlecht gestaltet werden. Im Vergleich mit der deutschen Dialognorm (DIN 66234 Teil 8) fehlen so wichtige Qualitätsmerkmale wie Aufgabenangemessenheit, Selbstbeschreibungsfähigkeit und Erwartungskonformität. Diese Merkmale können allerdings zum Teil erst bei der Gestaltung einer konkreten Anwendung in die Gestaltung mit einfließen.

Durch die Verwendung einer grafischen Benutzungsschnittstelle, die auf einer Schreibtisch-Metapher aufbaut, sind lange nicht alle Probleme gelöst. Die Datenverarbeitung hält in vielen Gebieten Einzug, in denen bisher nicht hauptsächlich Schreibtischarbeit verrichtet wurde (wie Produktion, Bildverarbeitung, etc.). Zwar sind Dokument und Abfallkorb wohl „allgemeines Kulturgut", oft sind aber der einzelnen Aufgabe wesentlich besser entsprechende Metaphoriken denkbar. Eine einfache Möglichkeit der Anpassung an unterschiedlichste Einsatzumgebungen, die auch Arbeitsplätze bspw. in der Fertigung berücksichtigt und nicht alles auf die gleiche Schreibtischarbeit reduziert, ist bisher leider nicht unterstützt, die prinzipielle Erweiterungsmöglichkeit mit Hilfe neuer Funktionssymbole (Widgets) reicht bei weitem nicht aus. Es fehlen außerdem die entsprechenden Werkzeuge, um die Gestaltung auch der Erweiterungen der Benutzungsschnittstelle in die Hände der entsprechenden Experten zu legen.

Die Einheitlichkeit eines Fenstersystems zeigt sich am deutlichsten bei der Gestaltung der Fensterrahmen. Die Bedeutung der darin enthaltenen einzelnen Funktionsikonen (bspw. der Window Mark, vgl. Abb. 2) ergibt sich aus keiner Metapher, muß gelernt und erinnert werden. Abkürzungen (short-cuts) ergeben sich zum Teil überhaupt nicht aus der Bildschirmrepräsentation. Das ein zweimaliger Mausklick auf die Window Mark bei Motif das Beenden der Anwendung zur Folge hat, kann nirgendwo erkannt oder nachverfolgt werden, sondern muß aus dem Style Guide oder User's Guide erlernt werden.

Rechteckige Fensterrahmen entsprechen zwar den meisten Dokumentformaten, eine so anschauliche Darstellung wie das NeWS-Cookbook (vgl. Abb. 4) mit Spiralbindung und Indexblättern läßt sich dann aber nicht erreichen. Das rechteckige Formate ihre Probleme haben, mußte auch die OSF erkennen, deren Motiv weitgehend „eckig" gestaltet ist. Das Resultat ist in der sogenannten 2D-Darstellung nicht „genießbar", Buttons und Textfelder sind nur sehr schwer zu erkennen. Erst die Pseudo-3D-Darstellung unter Verwendung von Grauwerten ergibt ein akzeptables Layout, setzt aber wieder entsprechende Monitore, Bildschirmkarten und Speicherausbau voraus.

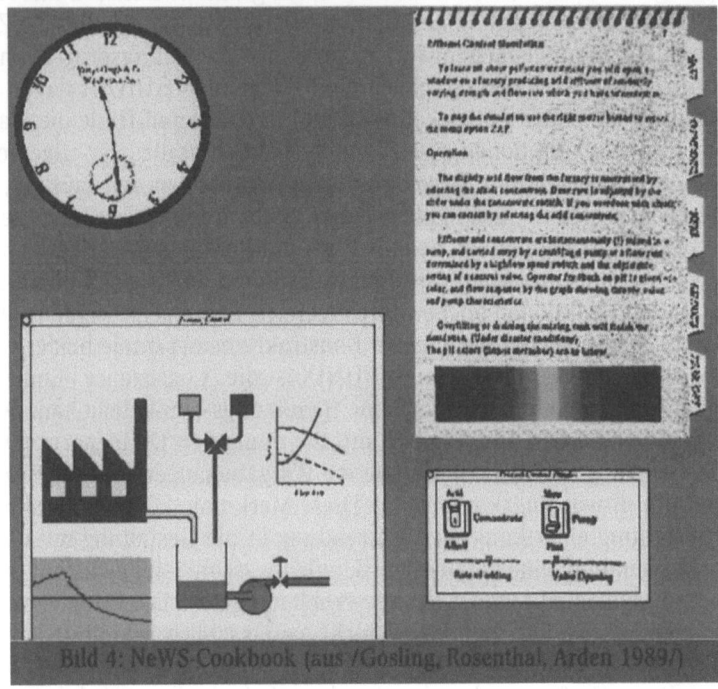

Bild 4: NeWS-Cookbook (aus /Gosling, Rosenthal, Arden 1989/)

Sehr bedauerlich ist der klare Rückschritt moderner Fenstersysteme in der Erkennbarkeit von Texten. Trotz der Verwendung von 19-Zoll Bildschirmen ist die Schriftgröße einfach zu klein, die Schrift oft nicht gut gestaltet. Hat ein ordentlicher PC-Monitor noch 5 mm Schriftgröße, so werden bei 19-Zoll Workstations meist 3 mm verwendet, bei den sich immer mehr durchsetzenden 17-Zoll Bildschirmen bleiben da noch gut 2,5 mm übrig. Mit den resultierenden etwa drei Pixeln je Millimeter lassen sich nicht viele Schriften lesbar darstellen.

Ganz besonders schwerwiegend wirkt dieser Nachteil, wenn das WYSIWYG-Prinzip die Anzeige bestimmt und so möglichst alles bei einer Auflösung von 3 Pixeln/mm aussehen soll wie später auf dem Drucker mit 24 Pixeln/mm. Besonders die Benutzer, die mit Textverarbeitung oder Publishing-Systemen umgehen müssen, sind oft mit einem nicht lesbaren Schriftbild konfrontiert. Die folgende Abbildung 5 zeigt ein Beispiel aus dem professionellen Fotosatz. Hier müssen Setzer 7 Stunden am Tag vor einem solchen Schriftbild ausharren (die Abbildungsgröße entspricht der Bildschirmanzeige, 17-Zoll-Monitor, 10-Punkt und 20-Punkt Schriften). Bei diesem System ist deshalb zusätzlich zu der gezeigten

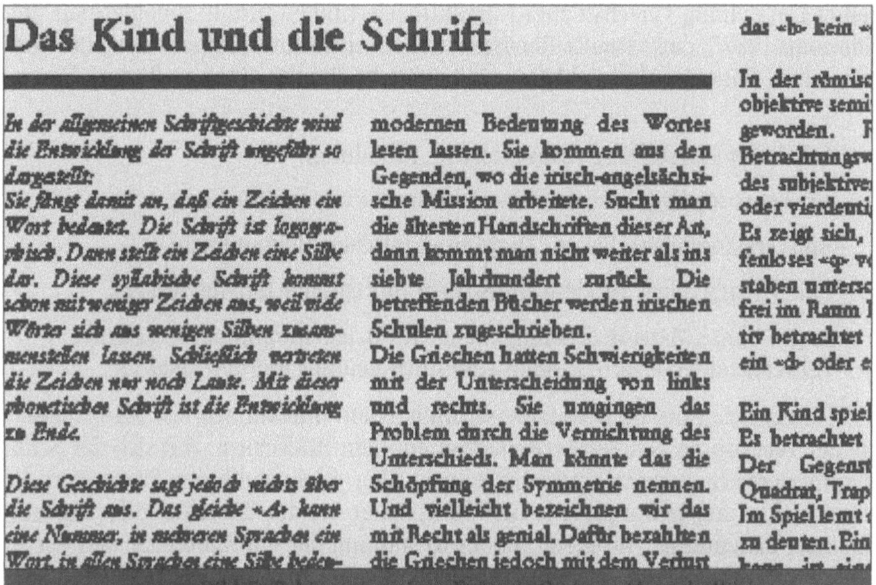

Das Kind und die Schrift

In der allgemeinen Schriftgeschichte wird die Entwicklung der Schrift ungefähr so dargestellt:
Sie fängt damit an, daß ein Zeichen ein Wort bedeutet. Die Schrift ist logographisch. Dann stellt ein Zeichen eine Silbe dar. Diese syllabische Schrift kommt schon mit weniger Zeichen aus, weil viele Wörter sich aus wenigen Silben zusammenstellen lassen. Schließlich vertreten die Zeichen nur noch Laute. Mit dieser phonetischen Schrift ist die Entwicklung zu Ende.

Diese Geschichte sagt jedoch nichts über die Schrift aus. Das gleiche «A» kann eine Nummer, in mehreren Sprachen ein Wort, in allen Sprachen eine Silbe bedeu-

modernen Bedeutung des Wortes lesen lassen. Sie kommen aus den Gegenden, wo die irisch-angelsächsische Mission arbeitete. Sucht man die ältesten Handschriften dieser Art, dann kommt man nicht weiter als ins siebte Jahrhundert zurück. Die betreffenden Bücher werden irischen Schulen zugeschrieben.
Die Griechen hatten Schwierigkeiten mit der Unterscheidung von links und rechts. Sie umgingen das Problem durch die Vernichtung des Unterschieds. Man könnte das die Schöpfung der Symmetrie nennen. Und vielleicht bezeichnen wir das mit Recht als genial. Dafür bezahlten die Griechen jedoch mit dem Verlust

das «b» kein «

In der römisc
objektive semi
geworden. F
Betrachtungsw
des subjektive
oder vierdeuti
Es zeigt sich,
fenloses «p» v
staben untersc
frei im Raum
tiv betrachtet
ein «d» oder e

Ein Kind spiel
Es betrachtet
Der Gegenst
Quadrat, Trap
Im Spiel lernt
zu deuten. Ein

Bild 5: Echtanzeige eines Fotosatz-Systems (Ausschnitt)

Echt-Anzeige ein Darstellungsfenster mit Normschrift vorhanden, in dem vorrangig gearbeitet werden kann.

Toolkits zur Entwicklung grafischer Benutzungsschnittstellen enthalten meist entsprechende Schriften zur Echtdarstellung, die mit Skalierfunktionen verbunden werden können. Um die Darstellung auf dem Bildschirm zu verbessern, sind neue Schriftformate entwickelt worden, die Hinweise zur optisch einwandfreien Reduktion einer Schriftkontur auf die zur Verfügung stehenden Pixel enthalten. Aber auch für diese „F3-Fonts“ oder „True-Types“ gelten physikalische Gesetze der Darstellung und Wahrnehmbarkeit, eine zu kleine Schrift ist nun einmal nicht lesbar. Schon die Standardschrift eines Fenstersystems ist oft zu klein. Darüberhinaus ist ist die Auflösung heutiger Bildschirme für eine Echtdarstellung kleiner Schriftgrade viel zu gering.

Ein ähnliches Darstellungsproblem gilt für grafische Symbole, die bei Verwendung der genannten Toolkits meist extensiv verwendet werden (beispielsweise für geschlossene Fenster, für Funktionen, Parameter usw.). Die Anlehnung an ein bildlich beschreibbares Umfeld bringt auch (Platz- und Darstellungs-) Probleme mit sich, wenn unter Bezug auf die Schreibtisch-Metapher versucht wird, einen Arbeitsplatz von 10 Quadratmetern auf 0,045 Quadratmetern Bildschirmgröße abzubilden. Oft wird geradezu zwanghaft versucht, eine grafische Repräsentation für eine Funktion zu finden und so völlig mit der „Bildersprache“ auszukommen. Der Programmhersteller mit internationalem Vertrieb spart auf diese Weise immerhin die Anpassung an unterschiedliche Sprachen. Daraus können allerdings unverständliche Symboliken resultieren, deren Bedeutungen erst wieder mühevoll gelernt werden müssen, wo der Einsatz weniger Textzeichen bereits viel Unterstützung geben könnte.

In einer Darstellung verschiedener Interaktionstechniken urteilt Shneiderman (in /Shneiderman 1987/), daß visuelle Repäsentationen nicht notwendigerweise eine Verbesserung darstellen. Shneiderman sieht folgende kritische Punkte einer grafischen Darstellung:

- Inhalt der Darstellung (bspw. falsche Aufteilung);
- Erlernen der Bedeutungen, die nicht immer augenfällig sind;
- mißverständliches Design, Zuordnung falscher Bedeutungen;
- hoher Platzbedarf auf dem Bildschirm (oft ist eine Tabelle besser);
- ungewohnte Maus-Bedienung, die nicht für jeden optimal ist, gelernte Schreibkräfte, Setzer u.a. sind wesentlich geübter mit der Tastatur.

Alle Toolkits für grafische Benutzungsschnittstellen unterstützen fast ausschließlich die Aspekte der Verwaltung von Fensterbereichen auf dem Bildschirm. Hat sich der Schnittstellenprogrammierer erst einmal durch bis zu weit über 50 einstellbaren Parametern je Konstruktionsobjekt durchgekämpft (wie bei Motif), ist er bei der Gestaltung der eigentlichen Inhalte einer Anwendung, vor allem bei der Gestaltung der Funktionalität und der Ausgabe, völlig auf sich gestellt. Vordefinierte Elemente der Schnittstellenwerkzeuge können nur zur Eingabe herangezogen werden. So fordert /Mandelkern 1990/ auch dynamische Ausgabeelemente zur Darstellung von Texten, änderbaren Ikonen, Grafiken und Tabellen.

Um „aufgabenangemessen" zu sein, muß eine Benutzungsschnittstelle aber auch mit Rücksicht auf erforderliche Funktionalität und gegebenen Kontext gestaltet werden. Die vorgegebene Bildschirmwelt aus Fenstern, Dokumenten, Ordnern und Abfalleimern deckt durchaus nicht alle Aspekte unserer Arbeitswelt ab. Auch innerhalb der „Schreibtischwelt" gibt es unterschiedliche Gestaltungen und benutzerspezifische Anforderungen, die nicht in einem Standard-Werkzeug bereits umfassend gelöst sein können. Hier muß noch ergänzende Arbeit bei der Gestaltung konkreter Programme geleistet werden.

Verbunden mit der Verwendung von Schnittstellenwerkzeugen und Fenstersystemen sind meist bestimmte Programme, die der Verwaltung allgemeiner Betriebssystemfunktionen dienen (Desk Set). So ist der File Manager von Open Windows (Sun-Umgebung mit X11/NeWS und OPEN LOOK) ein sehr mächtiges Werkzeug zur einfachen Verwaltung der besonders für Anfänger sehr kryptischen UNIX-Funktionalität. Leider sind hier noch keine Maßnahmen zur Internationalisierung getroffen worden, weder im Hinblick auf die Verwendung unterschiedlicher Tastaturen noch auf die Anpassung an andere Sprachen. Ein fremdsprachiger Dateiverwalter ist für den ausschließlich an der Ausführung einer Anwendung interessierten Benutzer nicht akzeptabel, die Standardisierung von Benutzungselementen darf weder einhergehen mit der Festlegung der englischen Sprache als Benutzungssprache noch einer Reduktion auf ausschließlich grafische Elemente.

4 Ausblick!
Sinnvoller Einsatz und Weiterentwicklung

Standardisierte grafische Benutzungsschnittstellen lösen zunächst nur ein selbstgeschaffenes Problem, das der Verwaltung verschiedener Fensterbereiche auf einem Bildschirm. Einheitliche Funktionssymbole und Bedientechniken sollen das größer gewordene Interaktionsproblem (vgl. /Streitz 1988/) an der Eingabe-Schnittstelle und im Dialog mit dem Fenstersystem vereinfachen.

Zur Umsetzung der genannten Standards in neuen Entwicklungen sind aber als Ergänzung unbedingt firmeninterne Überlegungen zum konkreten Aufgabenbezug und der Aufgabenangemessenheit notwendig (vgl. /Ilg 1990/). Bei Motif ist dies sogar unerläßlich, um die Belegung der vielen Einstellparameter zu vereinheitlichen. Dies könnte beispielsweise in einem ergänzenden, betriebsinternen Style Guide niedergelegt werden, der zusätzlich auf den Ablauf und die Ausgabe eingehen sollte. Hier sollten software-ergonomische Bedienung und Anwendungsgestaltung definiert werden; weder Selbstbeschreibungsfähigkeit noch Steuerbarkeit, nicht einmal die Wahrnehmungsfähigkeit ergeben sich aus der Verwendung standardisierter Schnittstellenwerkzeuge.

Unbedingt erforderlich sind außerdem weitere und bessere grafische Entwicklungswerkzeuge, die in den gesamten Prozeß einer iterativen und partizipativen Software-Entwicklung integriert werden können. Diese Werkzeuge sollten außerdem in der Lage sein, jeweils den ganzen Standard einheitlich in Toolkit und Schnittstellenwerkeug umsetzen.

Die alte Frage nach der „objektiv-guten Schnittstelle" bleibt auch durch die Entwicklung von Motif und OPEN LOOK unbeantwortet. Die erwartete Durchsetzung der Einheitlichkeit, wenn auch noch in zwei verschiedenen Formen und unterschiedlichen Dialekten, bringt jedoch sowohl Benutzern als auch Anwendern Produktivitätsvorteile und zum Teil bereits ergonomische Verbesserungen. Prototyping und getrennte Schnittstellenentwicklung verbessern die Möglichkeiten, benutzergerechte Programme zu entwickeln.

Hierzu gehören aber weiterhin unbedingt die Einbindung der konkreten Anwendungsentwicklung in einen ganzheitlichen Gestaltungsansatz und die Partizipation späterer Benutzer während einer iterativen Systementwicklung. Dabei muß trotz standardisierter Benutzungsschnittstellen auf die Umsetzung software-ergonomischer Erkenntnisse geachtet werden, um die Gefahren einer zu schematischen Standardisierung und einer zu extensiven Verwendung der grafischen Interaktion und der WYSIWYG-Manipulation zu vermeiden. Einheitlichkeit darf nicht das einzige Konstruktionsmerkmal einer guten Benutzungsschnittstelle werden.

Literatur

/Apple 1987/ *Apple Computer,Inc.: Human Interface Guidelines: The Apple Desktop Interface. Reading, Mass. u.a.: Addison-Wesley Pub. 1987.*

/Balzert 1988/ *Balzert,H.: Trends und Perspektiven der Software-Ergonomie. In: Balzert,H., Hoppe,H.U., Oppermann,R., Peschke,H., Rohr,G., Streitz,N.A. (Hrsg.): Einführung in die Software-Ergonomie. Berlin; New York : de Gruyter 1988.*

/Dzida 1984/	Dzida,W.:Auf dem Weg zu anwendungsneutralen Benutzerschnittstellen. Benutzerschnittstellen standardisierbar? In: online GmbH (Hrsg.): ONLINE'84, Kongreß III. Velbert: ONLINE GmbH 1984.
/Gosling, Rosenthal, Arden 1989/	Gosling,J., Rosenthal,D.S.H., Arden,M.J.: The NeWS Book. New York Berlin Heidelberg u.a.: Springer-Verlag 1989.
/Hoeber 1988/	Hoeber,T.: OPEN LOOK Design Goals. In: Sun Microsystems, Inc. (Hrsg.): SunTechnology, Vol.1, No.4, August 1988. Mountain View, California 1988.
/IBM 1987/	International Business Machines Corp.: Common User Access Panel Design and User Interaction. Boca Raton, Florida 1987.
/Ilg 1990/	Ilg,R.: Umsetzung des Motif-Styleguide in Anwendungen. in: Raether,Ch. (Hrsg.): Anwendungsentwicklung unter OSF-Motif: Erfahrungen, Tools, Trends. ONLINE '90, Kolloquium E. Velbert: ONLINE GmbH 1990.
/Ilg, Ziegler 1988/	Ilg,R., Ziegler,J.: Direkte Manipulation. In: Balzert,H., Hoppe,H.U., Oppermann,R., Peschke,H., Rohr,G., Streitz,N.A. (Hrsg.): Einführung in die Software-Ergonomie. Berlin; New York : de Gruyter 1988.
/Lauser 1990/	Lauser,F.: Dialog Manager: Ein Tool zur Entwicklung von Motif-Oberflächen. in: Raether,Ch. (Hrsg.): Anwendungsentwicklung unter OSF-Motif: Erfahrungen, Tools, Trends. ONLINE '90, Kolloquium E. Velbert: ONLINE GmbH 1990.
/Mandelkern 1990/	Mandelkern, D.: A GUIDE to High-Level User Interface Developement Tools. In: Sun Expert,Inc. (Hrsg.): SunExpert Magazine. Vol. 1, No. 3, Januar 1990. Brookline, Mass. 1990.
/OSF 1989/	Open Software Foundation,Inc.: OSF/Motif Style Guide. Revision 1.0. Cambridge,Mass. 1989.
/OSF 1990/	Open Software Foundation,Inc.: OSF/Motif User's Guide. Revision 1.0. Cambridge,Mass. 1990.
/Rauterberg 1989/	Rauterberg,M.: MAUS versus FUNKTIONSTASTE: ein empirischer Vergleich einer desktop- mit einer ascii-orientierten Benutzungsoberfläche. In: Maaß,S., Oberquelle,H. (Hrsg.): Software-Ergonomie '89. Stuttgart: B.G.Teubner 1989.
/Shneiderman 1987/	Shneiderman,B.: Designing the User Interface. Reading, Mass. u.a.: Addison-Wesley Pub. 1987.
/Streitz 1988/	Streitz,N.: Fragestellungen und Forschungsstrategien der Software-Ergonomie. In: Balzert,H., Hoppe,H.U., Oppermann,R., Peschke,H., Rohr,G., Streitz,N.A. (Hrsg.): Einführung in die Software-Ergonomie. Berlin; New York : de Gruyter 1988.
/Sun 1989/	Sun Microsystems,Inc.: OPEN LOOK Graphical User Interface Application Functional Specification. Reading, Mass. u.a.: Addison-Wesley Pub. 1989.
/Sun 1990/	Sun Microsystems,Inc.: OPEN LOOK Graphical User Interface Application Style Guidelines. Reading, Mass. u.a.: Addison-Wesley Pub. 1990.
/Trefz, Ziegler 1989/	Trefz,B., Ziegler,J.: DIAMANT- Ein User Interface Management System für grafische Benutzerschnittstellen. In: Maaß,S., Oberquelle,H. (Hrsg.): Software-Ergonomie '89. Stuttgart: B.G.Teubner 1989.

Vernetzte Systeme und multimediale Anwendungen aus software-ergonomischer Sicht

Thomas Herrmann
Universität Dortmund

Software-ergonomische Erkenntnisse sind gefragt und werden zunehmend berücksichtigt, wenn bei der Gestaltung computer-unterstützter Einzelarbeitsplätze die Belange von Benutzern/innen im Kontext der Arbeitsaufgaben, die sie auf einem Anwendungsfeld zu bewältigen haben, berücksichtigt werden sollen. Der Terminus "Einzelarbeitsplatz" geht von Arbeitsplätzen aus, die zwar organisatorisch im Sinne einer Arbeitsteilung aufeinander bezogen sein können, deren Arbeitsgeräte aber (nämlich Computer) nicht systematisch zwecks Datenaustausch miteinander verbunden sind. Demgegenüber wird eine solche systematische Verbindung hier als Merkmal vernetzter Systeme verstanden, wobei die Vernetzung computerbasiert ist. Es findet also sowohl eine Vermittlung als auch eine digitale Übertragung statt, wobei Nachrichten ausgetauscht werden, Arbeitsgegenstände (sofern digitalisierbar) in Form von Text, Bild, Sprache und Daten bereitgestellt und die Nutzbarkeit von Software als Arbeitsmittel ermöglicht wird. Den Benutzern/innen präsentiert sich ein vernetztes System über die jeweiligen Endgeräte, die scheinbar für sie das primäre Arbeitsmittel sind. Durch Erfahrungs- und Qualifizierungsprozesse muß ihnen erkennbar werden, daß sie mit einem umfangreichen, komplexen und verzweigten technischen System arbeiten, welches sie in Bezug zu anderen Mitgliedern einer Organisation setzt.
Sowohl in der Praxis (s. HERRMANN, 1989) als auch im wissenschaftlichen Kontext (s. HERRMANN/NAKE, 1988) werden verschiedene Möglichkeiten diskutiert, wie man Erkenntnisse der Software-Ergonomie für die Gestaltung des Umgangs mit solchen vernetzten Systemen verwenden kann. Diese Übertragung impliziert erhebliche Schwierigkeiten und kann nur partiell gelingen (s. z.B. NAKE, 1988), da vernetzte Systeme mit einer neuen Dimension von Vielfalt aufwarten:
- in Netzen treffen unterschiedliche Typen von Benutzern/innen, Rollen und Interessen aufeinander,
- die Interaktionsbedingungen werden komplexer,
- die zu kontrollierenden Konsequenzen des Handelns werden vielfältiger.
Die Komplexität der künftig zu lösenden Probleme wird in vollem Umfang ersichtlich, wenn man die Vielfalt möglicher Darstellungs- und Übermittlungsformen berücksichtigt, die einen multi-medialen Dialog ermöglichen.
Die angedeutete Komplexität von Nutzungsbedingungen und -möglichkeiten ergibt in Verbindung mit den potentiell unterschiedlichen Interessenslagen der Netzteilneh-

mer/innen auf verschiedenen Ebenen Widersprüche, wenn versucht wird, Kriterien der Software-Ergonomie - etwa im Sinne der DIN-NORM 66234, Teil 8 - auf vernetzte Systeme anzuwenden (s. HERRMANN, 1988). Derzeit befindet man sich eher in einem Stadium, in dem mit Hinblick auf Netze die Probleme zu präzisieren sind, die man mit Hilfe der Software-Ergonomie zu lösen hofft. Auf diese Problemdefinition zielt der vorliegende Beitrag im wesentlichen ab.

Es werden im folgenden hauptsächlich lokale Netzwerke in Betracht gezogen, weil für solche Konfigurationen der Erfolg ergonomischer Gestaltung eher präzisierbar und später evaluierbar ist als im Bereich der Telekommunikation. Gestaltbare Elemente vernetzter Systeme sind neben der Hardware die Steuerungssoftware des Netzes und verschiedene Arten von Anwendungssoftware, die zentral oder am Endgerät verfügbar sein können. Software-ergonomische Gestaltung vernetzter Systeme kann sich sowohl auf die Netzsoftware als auch auf die Anwendungssoftware beziehen, sofern letztere von der Einbindung ins Netz geprägt ist. Unter lokalen Netzwerken könnten entfernt auch Großrechenanlagen mit mehreren Terminals verstanden werden. Demgegenüber werden hier jedoch insbesondere solche Netzkonfigurationen berücksichtigt, die auf die Unterstützung kooperativer Arbeit abzielen.

Zunächst werden im folgenden Abschnitt wesentliche Bestimmungsfaktoren kooperativer Arbeit beschrieben. Nach der Beschreibung multi-medialer Darstellungsformen werden einige Beispiele erörtert. In einem weiteren Abschnitt werden Modellierungsprobleme behandelt, um daran anknüpfend software-ergonomische Probleme auf verschiedenen Ebenen zu skizzieren. Die Ebene der Funktionalität wird bzgl. des Aspekts Steuerbarkeit besonders vertieft.

Bestimmungsfaktoren kooperativen Handelns

Von einer Phase der Kooperation kann gesprochen werden, wenn mindestens zwei Personen **gemeinsam** zur Erreichung von Zielen tätig werden.

Die Ziele zweier Menschen können sich überlappen, voneinander unabhängig sein oder sich widersprechen (s. Abb. 1a,b,c). Das Tätigwerden bzgl. eines gemeinsamen Ziels ist leicht als Kooperation zu identifizieren (Abb. 2a). Wird man für das Ziel eines anderen tätig, so ist der kooperative Charakter nur evident, wenn dies gegenseitig der Fall ist oder das Ziel des anderen sich einem eigenen, übergeordneten Ziel zuordnen läßt (2b). Ähnliches gilt, wenn ein Ziel von einer an der Kooperation nicht beteiligten Person vorgegeben wird. Werden zwei Personen für gegensätzliche Ziele aktiv, so ist die Bezeichnung "Kooperation" auch dann nicht sinnvoll, wenn sie interagieren (etwa gleichzeitig eine Datei in unterschiedlicher Weise ändern wollen). Dies schließt nicht aus, daß das Ergebnis eines derartigen Konfliktes als Basis einer sich anschließenden Kooperationsphase dienen kann (s. Abb. 2c), wenn man etwa in einem Entscheidungsprozeß unterschiedliche Lösungswege favorisiert und dennoch auf der Basis des gefundenen Kompromisses im Anschluß kooperiert.

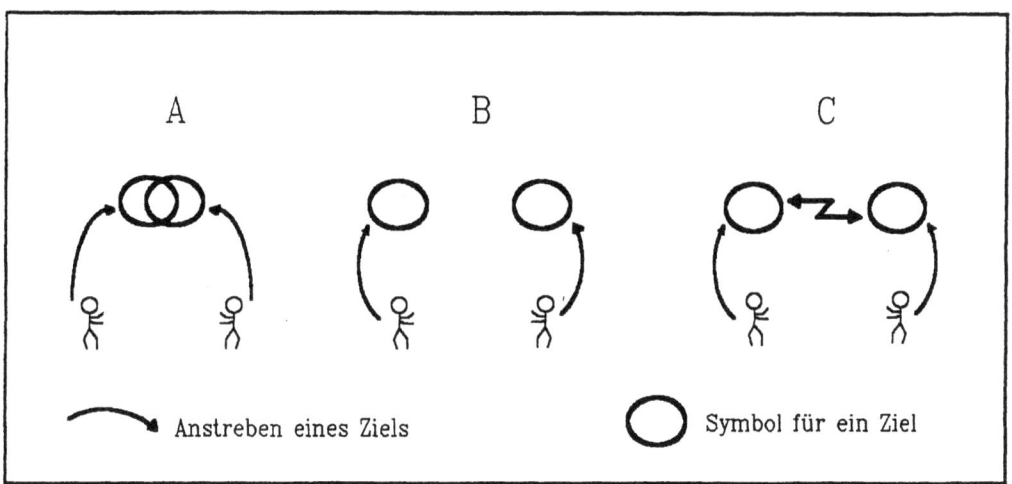

Abb. 1) Relationen zwischen den Zielen potentiell kooperierender Partner

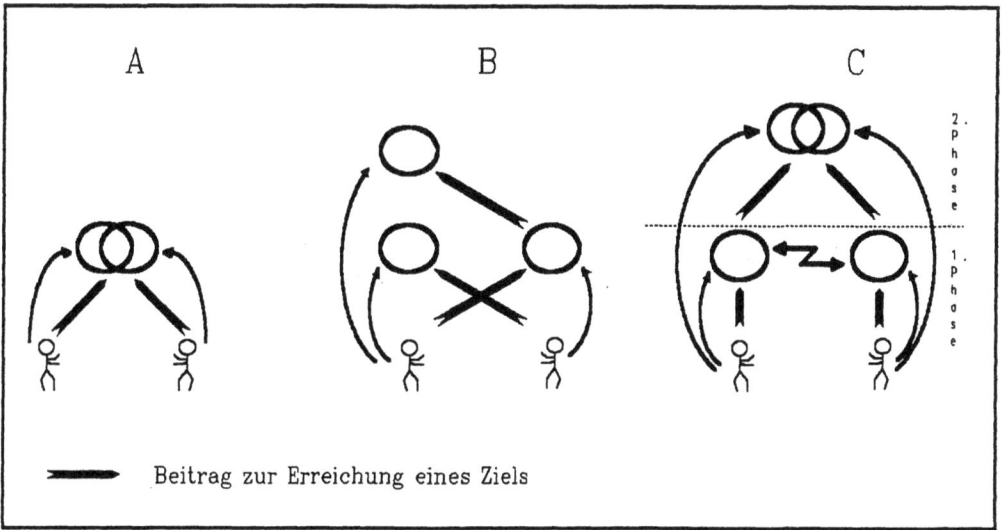

Abb. 2) Unterschiedliche Formen der Kooperation bzgl. angestrebter Ziele

Wodurch wird **Gemeinsamkeit** konstituiert?
1) durch ein gemeinsames Ziel,
2) durch das Bewußtsein, daß man sich aufeinander bezieht,
3) durch Bezugnahme auf dasselbe Material bzw. dieselben Daten,
4) durch Kommunikation zur Vorbereitung, Koordination und nachträglicher Reflexion von Kooperation.

Wenn alle Aspekte gemeinsam zutreffen, dann lassen sich zwei Handlungsabläufe eindeutig als Kooperation bezeichnen. Allerdings können in kooperativen Situationen die genannten Elemente z.T. auch fehlen.

Ad 1) Ein Plan ist nicht immer erforderlich. Zwei Personen, die z.B. in einem Netzwerk eine bestimmte Datei füreinander suchen, kooperieren auch, wenn sie dabei nicht planvoll vorgehen. Insbesondere gibt es auch von dritten vorgegebene Pläne oder in technischen Systemen verobjektivierte Pläne, nach denen Kooperation abläuft.

Ad 2) Die Pläne, Ziele und Bezüge zu anderen Kooperationspartnern müssen den Kooperierenden nicht unbedingt bekannt oder im Verlauf bestimmter Tätigkeitsphasen bewußt sein. Dies gilt vor allem für fremdbestimmte Organisation von Arbeitsteilung, die u.U. in hohem Maße verregelt ist. Die gängige Literatur zu Computer Supported Cooperative Work (s. JOHANSEN 1988, GREIF, 1988) teilt einen so weitgehenden Kooperationsbegriff nicht. Mit Hinblick auf vernetzte Systeme ist es jedoch erforderlich, auch Kooperationsprozesse mit unbekannten bzw. unbewußten Elementen zu berücksichtigen, da z.T. die Nutzung des Netzes Pläne, Ziele und Bezüge zu anderen Menschen verdecken kann. Umgekehrt aber können solche Zusammenhänge, die durch hochgradige Arbeitsteilung bereits verdeckt sind, durch Nutzung vernetzter Systeme wieder offengelegt werden, sofern man dies als Ziel anstrebt.

Ad 3) Die Nutzung desselben Materials (s. SORGAARD, 1988) ist ebenfalls kein notwendiges Kriterium von Kooperationsprozessen. Es gibt Ziele, die im wesentlichen durch Kommunikationsprozesse kooperativ erreicht werden (z.B. bei der Entscheidungsfindung) oder bei denen das involvierte Material nur eine marginale Begleitfunktion hat.

Ad 4) Kommunikation selbst erfordert einerseits in hohem Maße kooperatives Verhalten der Beteiligten, wenn Verständigung gelingen soll. Andererseits stützt sich kooperatives Handeln auf Kommunikation. "Stumme" Kooperation, die sich nur am gemeinsamen Material orientiert oder in wechselseitiger Zielerfüllung erfolgt (s. Abb. 2b), dürfte die Ausnahme darstellen, in vernetzten Systemen aber prinzipiell möglich sein. Mit zunehmender Mediatisierung werden Phasen "pathologischer" Kommunikation möglich. Das bedeutet, daß zentrale Bedingungen kommunikativer Verständigung nicht erfüllt sind, etwa wenn bei Electronic-Mail eine Nachricht nicht eintrifft, wenn Daten zwar wahrgenommen, aber ihre kommunikative Intention nicht erkannt wird oder wenn eine Nachricht nicht richtig interpretiert wird, weil durch zeitungleiche Übertragung der relevante Kontext nicht erfragbar ist. Von der Qualität des Netztes und der verfügbaren Software hängt es ab, ob solchen Phasen gescheiterter Kommunikation bzw. Kooperation eine kompensierende Phase folgen kann.

Ziel dieses Abschnittes ist es nicht, "Kooperation" verbindlich zu definieren, sondern wesentliche Elemente zu benennen, die gestaltungsrelevant sind. Es ist festzuhalten, daß Ziele und Pläne zur Arbeitstätigkeit und -teilung oftmals von dritten vorgegeben sind. Dies entspricht der Realität hierarchischer Organisationen und vertraglich geregelter Kooperation. Die Unterstützung kooperativer Arbeit kann sich nicht nur auf die Perspektive gleichberechtigter, auf **ein** Ziel orientierter Teamarbeit konzentrieren. Vertikale und horizontale Interessenskonflikte sind zu berücksichtigen. Ihre potentiell produktive wie auch restriktive Wirkungen für den Prozeß aufeinander aufbauender Kooperationsphasen sind relevant für Gestaltungsentscheidungen.

Multi-mediale Dokumente

Im Kontext der Bürokommunikation wird - insbesondere mit Hinblick auf ISDN-Einführung - von der Integration von Text, Bild, Sprache und Daten gesprochen. Diese Einteilung ist an den verfügbaren Postdiensten orientiert, nämlich Telex und Teletex (Text), Telefax (Bild), Telefon (Sprache) und Datex-P, Datex-L (Daten), die integriert werden sollen. Der gesonderte Hinweis auf die Übertragungsart "Daten" ist insofern sinnvoll, als sich bestimmte Arten von netzvermittelten Inhalten und Leistungen unter die Dokumentenarten Text, Bild und Sprache nicht subsumieren lassen, wobei letztere ebenfalls digitalisiert, also in Form von Daten übertragen werden.

Multi-mediale Dokumente sind nicht nur für vernetzte Systeme relevant, sondern für die Mensch-Computer-Interaktion im allgemeinen und werden seit längerem diskutiert und systematisiert (hierzu s. z.B. GROLLMANN u.a. 1989, MÖLLER/SCHÜRMANN, 1988, THOMAS u.a., 1985). Bei Texten kann es relevant sein, ob Meldungen, Nachrichten (E-mail) oder Aufsätze versendet werden und inwieweit Merkmale der Textgestaltung (Schrifttyp, Absatzformatierung, Umbruch etc.) ebenfalls vermittelt werden. Bei Bildern wird hauptsächlich zwischen stehenden und bewegten unterschieden. Weiterhin ist zu differenzieren, ob die Abspeicherung stehender Bilder vektoriell oder pixelorientiert erfolgt (was für die weitere Verarbeitung relevant ist), ob sie farbig oder monochrom sind und ob ihnen Originale in der Realität entsprechen oder ob sie künstlich sind. Große Mengen bildlicher Darstellungen sind EDV-erzeugt: Zeichnungen (CAD), Diagramme, 3D-Modellierungen, Computerkunst etc. Künstliche Bewegtbilder (sog. Computeranimation) gewinnen in der Unterhaltungselektronik, bei Spielen und besonders für Simulationen zunehmend Bedeutung.

Sequenzen gesprochener Sprache (z.B. Ansagen, Mitteilungen etc.) stellen eine Untermenge der akustischen Dokumente dar, zu denen auch Musik, Signale (z.B. Warntöne) oder prozeß- und fertigungsbegleitende Geräusche gehören können.

Die Vermittlung von Daten, die den zuvor genannten Aspekten nicht zuzuordnen sind, läßt sich grob in statische Daten und Verarbeitungsprozesse differenzieren. Bei ersteren kann es sich (bzgl. der Anwendung) um besonders strukturierte Daten handeln, wie Formulare, Tabellen, etc.; demgegenüber beinhaltet z.B. das Angebot von statistischen Auswertungen, von Testroutinen oder Wartungsleistungen eher einen dynamischen, verarbeitenden Aspekt. I.d.R. dürften sich beide Aspekte nicht eindeutig trennen lassen, etwa bei der Nutzung von Datenbanken oder Spreadsheets über ein Netz. Für die software-ergonomische Gestaltung vernetzter Systeme sind weitere Differenzierungskriterien relevant:

- Es sind sowohl lineare als auch non-lineare, vernetzte Strukturen innerhalb einer Dokumentenart oder zwischen verschiedenen Dokumenten zu unterscheiden. Textteile können mit Hilfe von Hypertext vernetzt werden (s. CONKLIN, 1987). Dokumente müssen nicht ausschließlich sequentiell angeordnet und abrufbar sein, vielmehr sind durch Hyperstrukturen Verzweigungen möglich.
- Es erscheint sinnvoll, Dokumentenabfolgen, die automatisch vorgegeben sind ("time-driven", s. CHRISTODULAKIS/GRAHAM, 1988), von solchen zu unterscheiden, die einer Intervention durch den Benutzer unterliegen können.
- Es ist zu unterscheiden, ob der Austausch multi-medialer Dokumente in zeitgleicher (synchroner) oder asynchroner Kooperation erfolgt.
- Der Grad der Integration läßt sich unterscheiden, je nach dem, ob verschiedene Dokumentenarten zwar in derselben Arbeitsumgebung empfangen werden, aber mit verschiedenen Endstationen (Telefaxgerät, Telefon incl. PC) bearbeitet werden, oder ob dies mit einem einzigen Terminal möglich ist (wobei auch ein Software-Paket zwei Ausgabegeräte steuern kann).

Anwendungen und Probleme

Im folgenden werden Beispiele für multi-mediale Anwendungen in vernetzten Systemen gegeben, an denen potentielle Probleme verdeutlicht und auf die software-ergonomischen Anforderungen bezogen werden können.

Die Hersteller betrieblicher ISDN-Systeme beschreiben häufig Szenarien, in denen verschiedene Dienste in weitreichender Komplexität miteinander verwoben werden. Vorstellbar ist etwa ein Sachbearbeiter, der telefonisch die Aufforderung erhält, ein Balkendiagramm analog zu der per Telefax übermittelten Vorlage zu aktualisieren; der Bearbeiter ruft die aktuellen Werte aus einer zentralen Datenbank ab, erstellt das Diagramm neu und stellt seinem Vorgesetzten eine entsprechende Datei zur Verfügung. Offen bleibt die Frage, wie die unterbrochene Arbeit wieder aufgenommen wird.

Die vielfältige Kombination verschiedener Dienste mit Hinblick auf einen Arbeitsvorgang dürfte eher die Ausnahmesituation sein. Denkbar ist die regelmäßige Nutzung **eines** Mediums, etwa E-mail, zur Weitergabe von bearbeiteten Formularen, und die Verwendung ergänzender Medien, um in Ausnahmefällen durch mündliche Erläuterungen oder bildliche Darstellungen Hilfen zu geben. Durch Sprechspeicher können z.B. Situationen überbrückt werden, in denen der Adressat eines Telefonanrufes nicht direkt erreichbar ist, sofern die zu übermittelnde Nachricht nicht zu komplex ist (etwa Zahlen einer Tabelle).

Die Kombination verschiedener Dienste in der skizzierten Weise kann in der Bundesrepublik durch das Angebot von ISDN-Nebenstellenanlagen in großen und mittelständischen Betrieben und in öffentlichen Verwaltungen in größerem Umfang Realität werden. Die Vermittlung multi-medialer Dokumente über Breitbandnetze und die vollständige Integration an einer Endstation befindet sich demgegenüber im Experimentierstadium, (z.B. BERKOM, 1987) das in mittlerer Zukunft großen Unternehmen und Forschungseinrichtungen vorbehalten sein wird.

Computer-Konferenzen sowie zeitgleiche Multi-Media-Konferenzen (s. LANTZ, 1988) zum Zweck der Entscheidungsfindung, des Projektmanagements oder der Durchführung von Entwicklungsaufgaben können multi-medial unterstützt werden. Insbesondere für Design-, Konstruktions- oder Diagnose- bzw. Analyseaufgaben können mit Text oder Sprechanmerkungen versehene Bilder sowie Simulationen von Nutzen sein. Zur Unterstützung zeitungleicher Kooperation können elektronische "schwarze Bretter" oder die computerunterstützte Bereitstellung eines "Gruppengedächtnisses" angeboten werden, wobei die zu hinterlegenden Notizen multi-mediale Dokumente beinhalten können sollten (s. JOHANSEN, 1988). Ziel einer computer-gestützten Kooperation kann es auch sein, daß eine Gruppe ein multi-mediales Dokument erstellt (i.d.R. Text mit Bildern oder Grafiken). Die Beziehung einzelner Beiträge zueinander und die Planung des Produkts können über Hyperstrukturen organisiert werden. Es ist in einem solchen Prozeß zu entscheiden, wann erarbeitete Teile anderen Mitwirkenden zugreifbar sein sollen.

Es zeichnen sich eine Reihe von Problemen ab, die sich auf die beschriebenen Beispiele beziehen lassen:

- Wie wird die Abfolge aufeinanderbezogener Dokumente gesteuert (s. JONATHAN u.a., 1988)?
- Wie lassen sie sich zwecks integrierender Bearbeitung zusammenführen und ggf. zerlegen?
- Wie läßt sich eine souveräne Bearbeitung vorhandener Dokumente bei Arbeitsunterbrechung durch neue Dokumente (über verschiedene Dienste) sicherstellen?
- Wie wird entschieden, welches Medium das jeweils angemessene ist?
- Wie wird erkennbar, ob der Austausch von Dokumenten gelungen und nutzbringend ist?
- Wie gelingt eine Reduzierung, Strukturierung oder Umverteilung überbordender Informationsmengen (etwa bei Redundanzen zwischen verschiedenartigen Dokumenten)?
- Wie lassen sich wann Zugriffsmöglichkeiten differenziert nach Dokumentenarten verteilen und einschränken?
- Wie können Probleme der Desorientierung und kognitiven Überlastung bei der Nutzung von Hyperstrukturen (s. CONKLIN, 1987) bewältigt werden?

Software-ergonomische Probleme

Die Diskussion software-ergonomischer Probleme sollte nach verschiedenen Aspekten differenziert werden, wozu sich das IFIP-Modell anbietet (s. WILLIAMSON, 1983 und DZIDA, 1983). Ein Teil der Komponenten des IFIP-Modells sind in Abb. 3 in der vertikalen Struktur (durchgezogene Linien) dargestellt und um den Aspekt der "Anwendungen" ergänzt (analog zur Command-Language-Grammar nach MORAN, 1981).

Der Informations- bzw. Datenfluß zum Menschen läuft über die Ein-Ausgabeschnittstelle. Mit Schnittstellen (kreisförmige Symbolisierung) sind Kanäle dargestellt, über die Aktivitäten vermittelt, Zusammenhänge hergestellt und Übertragungen stattfinden bzw. beobachtbar werden.

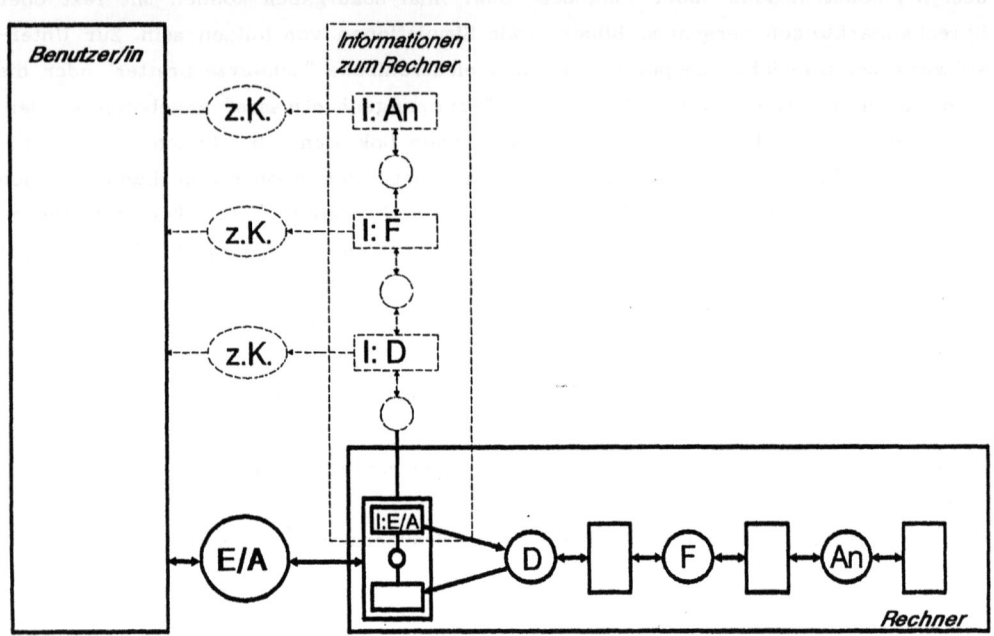

E/A	Ein/Ausgabeschnittstelle	F	Funktionenschnittstelle
D	Dialogschnittstelle	An	Anwendungsschnittstelle
I:	Informationen über	z.K.	zur Kenntnisnahme

Abb. 3) Erweitertes IFIP-Modell der Mensch-Computer-Interaktion

Gegenüber der Perspektive des IFIP-Modells ist es zusätzlich betonenswert, daß Benutzer/innen auch unabhängig vom Rechner zu den einzelnen Aspekten der Schnittstelle aus zusätzlichen Informationsquellen Erfahrungen sammeln können (s. vertikale Struktur - gestrichelte Linien - in Abb. 3). Dies ist für multi-mediale vernetzte Systeme von besonderer Bedeutung, da die unterschiedlichsten Informationsarten in diesem Fall computer-vermittelt präsentiert werden können: gesprochene Hinweise, Grafiken, Bilder, Simulation von Dialogsequenzen etc. Die Beantwortung der Frage, welche Informationen zum System über dieses selbst (im Sinne von **Selbstbeschreibungsfähigkeit**) und welche von ihm unabhängig vermittelt werden, muß von qualitativ neuen Bedingungen ausgehen. Die Leistungen eines Beratungsdienstes können zum Beispiel über das Netz vermittelt werden.

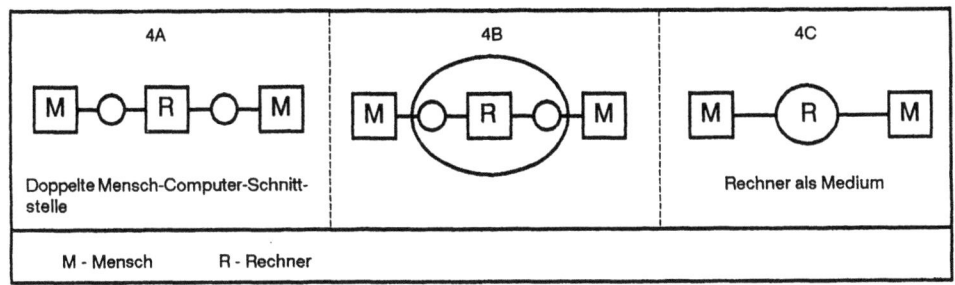

Abb. 4) Unterschiedliche Betrachtungen zur Funktion des Rechners

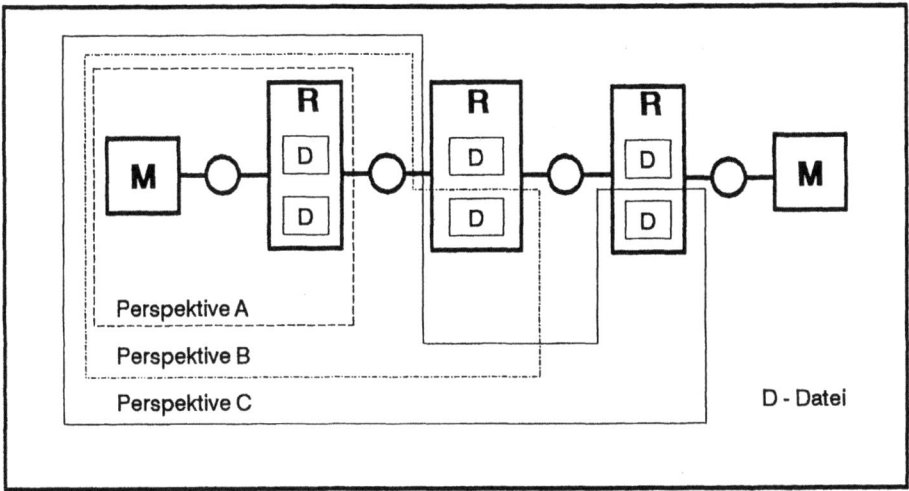

Abb. 5) Unterschiedliche Perspektiven bei der Festlegung eines zu gestaltenden Arbeitsplatzes

Bei der Kooperation über Computernetze werden verschiedene Mensch-Computer-Schnittstellen gekoppelt; der Rechner nimmt die Rolle eines vermittelnden **Mediums** ein (s. Abb. 4a-c). In einem aus mehreren Rechnern bestehenden Netz, auf denen verschiedene Datenbestände abgespeichert sind, bereitet die Frage, wie ein einzelner Arbeitsplatz von anderen abgegrenzt werden kann, besondere Probleme (Abb. 5 verdeutlicht verschiedene Perspektiven). Somit wird deutlich, daß die software-ergonomische Gestaltung einzelner Arbeitsplätze ihre Perspektive unter Einbeziehung des gesamten Netzes erweitern muß. Anschaulich wird dies bei der Überlegung deutlich, inwieweit eine UNDO-Funktion auf das Absenden elektronischer Nachrichten wirken können sollte oder nicht.

Ein/Ausgabe
Das Empfangen, Versenden und Verarbeiten multi-medialer Dokumente wird neue Hardware-Elemente erfordern, deren ergonomische Gestaltung zu erforschen und auf die die Software benutzer-orientiert abzustimmen ist. Für Bilder und Animationen können eventuell Data Gloves von Nutzen sein. Hauptproblem wird die Integration verschiedener Ein-Ausgabe-Techniken (insbesondere bzgl. gesprochener Sprache) in einzelnen Geräten, sog. Multifunktions-Terminals, sein.

Problematisch ist bei nicht vorhandener Integration auf einem Endgerät die Frage, wie Referenzen zwischen Dokumenten unterschiedlicher Art erkennbar gemacht werden können. Die darzustellenden Zusammenhänge sollten zur Förderung der Transparenz leicht und schnell nachvollziehbar sein, etwa durch Verwendung von Ikonen, deren Gestaltung für verschiedene Dokumentenarten im Sinne der **Erwartungskonformität** konsistent sein sollte. Für gesprochenen Text bereitet die Referenzierung besondere Probleme, da auf das einzelne Vorliegen solche Nachrichten zwar hingewiesen werden kann, ein akustischer Referenzverweis jedoch problematisch sein dürfte. Um die Editierbarkeit gesprochener Segmente zu erleichtern, gibt es Ausgabeverfahren, die deren Energiefluß optisch am Schirm darstellen. POSTEL u.a. (1988) berichten, daß Benutzer/innen beim Editieren von Voice-mail schnell gelernt hätten, den Klang der gesprochenen Texte mit dem Energiemuster in Verbindung zu bringen.

Dialog
Auf der Dialogebene ist sicherzustellen, daß die NIEVERGELTschen (1979) Fragen nach "Sites", "modes" und "trails" beim Ansehen, Durchsuchen und Bearbeiten mehrerer verschiedener aufeinander bezogener Dokumentenarten stets beantwortbar bleiben.
In vernetzten Systemen müssen auch die Fragen "Woher?" und "Wohin?" bei Dokumenten bzgl. Absender und Adressat beantwortbar sein. Die in die Vergangenheit gerichtete Frage (trails) muß sich auch auf die Entstehungsgeschichte eines Dokuments über mehrere Versionen richten können.
Auf der Dialogebene sollte die **Steuerbarkeit** des Grades von **Transparenz** bzgl. verschiedener Dokumente gewährleistet sein, um so den Informationsumfang, der in einer Dialogsituation zur Kenntnis zu nehmen ist, flexibel zu halten. Verschiedene Stufen der Transparenz können eingerichtet werden, indem auf oberster Ebene zunächst ein Ikon oder ein Textsegment zu sehen ist, das auf ein Dokument verweist; die nächste Ebene zeigt das Dokument selbst, die folgende die Referenzen zu anderen Dokumenten (ggf. anderer Art); zuletzt werden Fenster geöffnet, die den Inhalt der referenzierten Dokumente sichtbar (ggf. hörbar) machen. Die verschiedenen Ebenen sollten mit einem Browser durchsuchbar sein. Eine besondere Anforderung an die **Fehlerrobustheit** besteht bei multi-medial sich ergänzenden Dokumenten darin, sicherzustellen, daß Referenzen nicht versehentlich übersehen werden.
Im Rahmen des Editierens multi-medialer Dokumente muß es möglich sein, aufeinanderbezogene Elemente beliebig anzuordnen, zu gewichten und zu verbinden. Für die

Editierfunktionen sollte die Art ihrer Aktivierung für unterschiedliche Dokumentenarten im Sinne der **Erwartungskonformität** möglichst konsistent sein.
Während die Art der Aktivierung verschiedener Editierfunktionen innerhalb einer Sorte von Dokumenten möglichst unterschiedlich sein sollte, ist zwischen den unterschiedlichen Darstellungsformen eher Ähnlichkeit gefordert. Besondere Probleme bereitet das Suchen und Lokalisieren bei zeitgebunden ablaufenden (*time-driven*) Dokumenten, die u.U. netzartig aufeinander verweisen können. CHRISTDOULAKIS/GRAHAM (1988) schlagen hierfür ein "Parade" von Ikonen vor, die signifikante Punkte eines ablauffähigen Dokumentes präsentieren und die in eine hierarchische Struktur eingeordnet werden sollen, die mit einem Browser durchsuchbar ist.
Im Rahmen der Editierungsarbeit ist zu beachten, daß Netzteilnehmer/innen häufiger durch eintreffende Nachrichten unterbrochen werden können und daß dafür zu sorgen ist, daß der unterbrochene Arbeitsgang problemlos fortgesetzt werden kann, indem z.B. mehrere Prozesse parallel auf dem Bildschirm aktiv sein können.

Funktionen
Während auf der Dialogebene die Art der Aktivierung von Funktionen zur Diskussion steht, ist hinsichtlich der Funktionalität sicherzustellen, daß sie im Sinne der **Aufgabenangemessenheit** ausreichend gewährleistet ist. Das heißt, daß nicht nur Dokumente, sondern auch der medien-übergreifende Bezug zwischen Dokumenten, also ihre Konstellation untereinander, editierbar ist. Dies muß auch für Spread-sheets, *strukturierte Mails* (s. MALONE u.a., 1987) oder Formulare gelten. Besondere Anforderungen bestehen an Such-, Selektions- und Lokalisierungsfunktionen. Darüber hinaus sind Funktionen wünschenswert, die den Übergang zwischen verschiedenen Medien ermöglichen (s. ADDEO u.a., 1988), wie Umwandlung von Text in gesprochene Sprache, automatisches Lesen von Text auf Bildern etc. Aus Dokumenten müssen Teile ausschneidbar und in andere Dokumente verschiebbar sein. Weitere Funktionen fordern MOELLER/SCHÜRMANN (1988), wie etwa Definierbarkeit von Dokumentenklassen, automatische Generierbarkeit strukturierender Objekte (z.B. Inhaltsverzeichnisse), Steuerung der Zuordnung von Dokumenten zu verschiedenen Ausgabegeräten. Entscheidend sind auch Funktionen des Abspeicherns, Archivierens und des Retrievals, die auf die spezifischen Eigenarten multi-medialer Dokumente abgestellt sein müssen. In multimedialen, vernetzten Systemen werden Funktionen verwendet, die unter dem Aspekt der **Fehlerrobustheit** einer besonderen Sicherung bedürfen: z.B. das Abschicken einer Nachricht oder das Auflösen von Referenzen zwischen Dokumenten.
Entscheidend sind Funktionen, die die **Steuerbarkeit** beim Umgang mit anderen Netzteilnehmern erhöhen. Das bedeutet, daß Netzteilnehmer/innen ihre Anforderungen, Vorlieben, Prioritätensetzungen oder Zugeständnisse als Input in das Netz eingeben können müssen. Dies betrifft z.B. einzugebende Informationen darüber:
- welches Medium (welcher Dienst) bevorzugt bzw. zuerst abgearbeitet wird,

- wie eingehende Dokumente vorstrukturiert bzw. selektiert werden und welche Einordnungsmerkmale der Absender eines Dokuments vergeben sollte,
- welche Art von Medienkombination in welcher Form unter welchen Bedingungen sinnvoll ist (z.B. Festlegung der maximalen Länge gesprochener Annotationen),
- das man erfahren möchte, ob bestimmte Dokumente zur Kenntnis genommen werden, ob dies für die damit zusammenhängenden Dokumente ebenfalls gilt und ob die gewünschte Weiterverarbeitung erfolgt ist,
- inwieweit man es zulassen will, daß andere davon erfahren, ob man Dokumente erhalten und weiterverarbeitet hat,
- daß man sich gegenüber bestimmten Medien abschottet,
- zu welchen Datenbeständen man wem Zugang gewährt bzw. selbst Zugang haben möchte. Hierzu ist eine ausreichende Granularität der Datenbestände Voraussetzung (s. GREIF/SARIN, 1988).

Die in dieser Form über das Netz von einem Benutzer eingeforderten Bedingungen können den Interessen der betroffenen Netzteilnehmer/innen entgegenstehen. Dies wird besonders am Beispiel des Transparenzkriteriums deutlich: Wenn die Transparenzforderungen des einen erfüllt werden, schränkt dies die informationelle Selbstbestimmung des anderen ein (s. HERRMANN, 1988).

Es ist davon auszugehen, daß Systemdesigner und Netzadministratoren im Rahmen ihrer Gestaltungsaufgaben nicht antizipieren können, wem welche Bedingungen aufzuerlegen oder Optionen zuzubilligen sind. Die mangelnde Antizipierbarkeit ist der oben beschriebenen Vielfalt möglicher Interessen und Übertragungskonstellationen geschuldet. Analog zu der im Rahmen der Arbeitswissenschaften geforderten Gestaltung der **Funktionsverteilung** zwischen Mensch und Maschine ist auch die **Verteilung** von Informationen **auf verschiedene Medien** aufgabenspezifisch zu gestalten. Auch diese Anforderung verlangt eine kaum zu leistende Antizipation. Eine Lösung dieses Problems könnte darin bestehen, daß die Netzteilnehmer/innen selbst über das Netz aushandeln, welche Bedingungen und Optionen situationsabhängig gelten sollen bzw. welche Rollen (im Sinne von GREIF/SARIN, 1988) eingenommen werden. Dieser Aushandlungsprozeß könnte durch einen *Meta-Koordinator* unterstützt werden, der metakommunikative Prozesse fördert und in Analogie zu WINOGRADs (1989) Konzept des *Koordinators* ausgelegt sein könnte, der für die Koordination technischer Belange sinnvoller einsetzbar wäre, als für die von WINOGRAD vorgesehenen Einsatzbereiche (zur Diskussion des Koordinators s. FRESE/BRODBECK, 1989, S. 202 ff).

Anwendung

Die Gestaltung der Anwendungen fällt nicht unmittelbar in den Bereich der Software-Ergonomie, schränkt aber den Handlungsspielraum ein, der für Vielfalt der Funktionalität sowie für die Flexibilität und Aushandlungsmöglichkeiten bei der Nutzung des Netzes verbleibt, und prägt die Anforderungen an ein vernetztes System, die unter dem Aspekt der "Aufgabenangemessenheit" software-ergonomische Relevanz haben. Die Durchführung synchroner Kooperation vermittels eines Netzes erfordert

beispielsweise eine spezifische Funktionalität, wie es MOELLER/SCHÜRMANN (1988) verdeutlichen. Die Anwendungen werden durch die Organisationsstruktur des Einsatzfeldes eines Netzes geprägt, wobei sich insbesondere organisatorische Regelungen in der Konstellation eines vernetzten Systems niederschlagen können, z.B. bzgl. der Zugangsregelungen (s. hierzu WELTZ, 1985) oder bzgl. der Steuerung kooperativer Prozesse. Ähnlich ergibt sich u.U. ein Konflikt zwischen organisations-bedingten Standardisierungsbemühungen und den Spielräumen, die den Netzteilnehmer/innen für die Gestaltung von multi-medialen Dokumenten verbleiben sollten.
Von jeweils speziellen Anwendungssituationen dürfte es abhängen, ob eine bestimmte Kombination multi-medialer Dokumente zur Durchführung einer Aufgabe dauerhaft genutzt wird oder nicht. Dies hängt davon ab, ob sich der Effektivitätsgewinn durch den Einsatz bestimmter Medien gleichmäßig zwischen den Netzteilnehmern verteilt. In diesem Problemkontext weist BANNON (1986) darauf hin, daß bestimmte Übertragungsarten, etwa Voice-mail, nur Bestand haben könnten, wenn sie in einer Organisation auf eine "ökologische Nische" stoßen.

Ausblick

Von zentraler Bedeutung bei der Gestaltung vernetzter Systeme - auch aus softwareergonomischer Perspektive - ist die Antizipationsproblematik. Beim Entwurf seitens des Designers und bei der Einrichtung durch den Anwender läßt sich für Netze nicht angemessen festlegen, wem welche Rollen und Zugriffsrechte zugewiesen werden, welche Informationsflüsse stattfinden oder wer welche Steuerungskompetenzen erhält. Solche Fragen hängen in starkem Maße von der spezifischen Ausprägung einzelner Aufgaben (z.B. Terminsetzung, Qualitätsanforderung, verfügbare Informationen etc.) und deren situativem Kontext ab.
Die Software-Ergonomie reagiert auf die Antizipationsproblematik bei der Gestaltung von Einzelarbeitsplätzen mit Konzepten der Individualisierbarkeit (s. OPPERMANN, 1989); denkbar ist auch das Angebot intervenierender Benutzbarkeit (s. HERRMANN, 1986). Solche adaptierenden Eingriffe von Benutzern/innen in den ihnen zugeordneten Systembestand stellen bei vernetzten Systemen keine Lösungsperspektive dar, da sie Interessen anderer tangieren können.
Ein Netzteilnehmer kann zwar bzgl. des Status Quo, den andere durch Bedingungen setzen, einen Interventionsversuch unternehmen; dies ist jedoch zunächst als Vorschlag einzustufen, der einen Aushandlungsprozeß initiieren kann. D.h. die betroffenen Benutzer/innen müssen - in Abhängigkeit von ihrem Status - die Festlegung neuer Bedingungen aushandeln.
Ob künftig die Bedingungen in vernetzten Systemen ausreichend variabel sind, so daß sie zum Gegenstand solcher Koordinationsprozesse werden können, hängt u.a. von der Netzstruktur ab und auch von der Frage, wie organisatorische Regelungen umgesetzt werden. Prinzipiell stehen sich zwei Möglichkeiten gegenüber: Zum einen können Organisationsstrukturen bei der Einrichtung des Netzes technisch festgeschrieben

werden; zum anderen kann deren Umsetzung an die Netzteilnehmer/innen delegiert werden, wobei Dispositionsspielräume gewährt werden können.

LANTZ (1988) zeigt am Beispiel von synchronen Konferenzsystemen, daß es verschiedene Alternativen gibt, wie die Rollen der Teilnehmer/innen verteilt sein können. Allgemein gesehen wird man sich bei der künftigen Gestaltung vernetzter Systeme entscheiden müssen, ob die Wahl der Alternativen durch die Netzadministration erfolgt oder durch die Teilnehmer/innen. Dies hängt wiederum davon ab, welche Leistungen vom Netz zentral erbracht werden und welche im Bereich der Anwendungssoftware auf den Endgeräten angesiedelt sind. Beispielsweise stellt sich die Frage, ob Referenzen zwischen multi-medialen Dokumenten vom Netz nach dem Absenden festgeschrieben werden oder ob sie von den Empfängern/innen beliebig umgestaltet werden können.

Aus der Sicht des vorliegenden Beitrags sollte die weitere Entwicklung vernetzter Systeme und insbesondere der auf sie ausgerichteten Anwendungssoftware darauf orientiert sein, Funktionalität eher in den Bereich der Endgeräte und damit der einzelnen Arbeitsplätze zu integrieren, anstatt sie zentral und standardisiert zur Verfügung zu stellen.

Die Spielräume für die software-ergonomische Gestaltung, d.h. auch für die individuelle Anpassung an die vorhandenen kognitiven Fähigkeiten und Bedürfnisse, nehmen zu, wenn die beschriebene Funktionalität insofern dezentral angeboten wird, daß die Wahl zwischen alternativen Funktionen und Dialogmöglichkeiten individuell erfolgen bzw. mit anderen ausgehandelt werden kann. Hierdurch wäre der Anteil selbstbestimmter Kooperation erhöhbar. Dieses Konzept muß in den Kontext weiterer Maßnahmen der Arbeitsgestaltung eingebettet werden. Hierzu gehört insbesondere die Qualifizierung der Benutzer/innen, sowie eine kontrastive Anlaysis, die untersuchen müßte, für welche Kooperationsprozesse direkte menschliche Kommunikation bevorzugt wird und welchen Medien bei technisch-vermittelter Kommunikation in Abhängigkeit von der Arbeitssituation Priorität eingeräumt wird.

Literatur

ADDEO, E.J.; DAYAO, A.B.; GELMAN, A.D.; MASSA, V.P. (1988): An Experimental Multi-Media Bridging System. In: SIGOIS Bulletin April/June 1988. S. 236-242.
BANNON, Liam J. (1986): Computer-Mediated Communication. In: NORMAN, Donald A.; DRAPER, Stephen W. (eds.) (1986): User Centered System Design. New Perspectives on Human-Computer Interaction. London: Lawrence Erlbaum Associates. S. 433-452.
BERKOM (1987): Proceedings Workshop "Gestaltung von Benutzeroberflächen für Breitband-Kommunikationsdienste". PROGRIS Projektgruppe Informationssysteme. Berlin.
CHRISTODOULAKIS, Stavros; GRAHAM, Stephen (1988): Browsing Within Time-Driven Multimedia Documents. In: SIGOIS Bulletin April/June 1988. S. 219-227.
CONKLIN, J. (1987): Hypertext: An Introduction and Survey. In: IEEE Computer, Vol. 20, No. 9. S. 17-41.
DEUTSCHES INSTITUT FÜR NORMUNG (DIN) (1988): Bildschirmarbeitsplätze. Grundsätze ergonomischer Dialoggestaltung. Berlin: Beuth Verlag. (DIN 66 234 Teil 8).
DZIDA, Wolfgang (1983): Das IFIP-Modell für Benutzerschnittstellen. In: OFFICE MANAGEMENT Sonderheft. S. 3-9.

FRESE, Michael; BRODBECK, Felix C. (1989): Computer in Büro und Verwaltung. Berlin - New York: Springer.
GREIF, I.; SARIN, S. (1987): Data Sharing in Group Work. In: ACM Transactions on Office Information Systems, Vol. 5, No. 2, April 1987. S. 187-211.
GREIF, Irene (ed.) (1988): Computer-Supported Cooperative Work. San Mateo: Morgan Kaufmann.
GROLLMANN, J.; HÖGE, H.; KAPSNER, F.; NIEMÖLLER, M.; RUMPF, Ch.; SAMMER, W. (1989): Multi-Media-Dialog. In: PAUL, M. (Hrsg.) (1989): GI-19. Jahrestagung. Computergestützter Arbeitsplatz. Band 1. Berlin u.a.: Springer. S. 30-48.
HERRMANN, Thomas (1986): Intervenierende Benutzung als Paradigma der Mensch-Computer-Interaktion. In: SCHULZ, Arno (Hrsg): Die Zukunft der Informationssysteme. Lehren der 80er Jahre. Berlin u.a.: Springer. S. 588-597.
HERRMANN, Thomas (1988): Grenzen der Software-Ergonomie bei betrieblichen ISDN-Systemen. In: VALK, R. (Hrsg.) (1988): GI - 18.Jahrestagung. Berlin u.a.: Springer. S. 521-532.
HERRMANN, Thomas (1989): Netzergonomie am Fallbeispiel: Das Konzeptionsprojekt zum Dortmunder Modellversuch. In: HERRMANN, Th. (1989): Beiträge des Bereichs Informatik und Gesellschaft 1987/88. Dortmund: Universität. S. 5-20.
HERRMANN, Thomas; NAKE, Frieder (1988): Gibt es besondere software-ergonomische Probleme bei der Vernetzung von Computern? Bemerkungen zur Vorbereitung der 2. Arbeitsgruppe der 8. Arbeitstagung Mensch-Maschine-Kommunikataion. In: Herrmann, Thomas (1989): Beiträge des Bereichs Informatik und Gesellschaft 1987/1988 (Ergonomie in Netzen). Dortmund: Universität. S. 35-45.
JOHANSEN,R. (1988): Groupware. New York: Freepress.
LANTZ, Keith A. (1988): An Experiment in Integrated Multimedia Conferencing. In: GREIF, I. (1988): Computer Supported Cooperative Work: A Book of Readings. San Mateo, California: Morgan Kaufmann Publishers. S. 533-552.
MALONE, Thomas W.; GRANT, Kenneth; TURBAK, Franklin; BROBST, Stephen; COHEN, Michael (1987): Intelligent Information-Sharing Systems. In: Communications of the ACM. Vol. 30. Nr. 5. S. 390-402.
MOELLER, Eckehard; Schürmann, Gerd (1988): Multi-Media-Dokumente in Breitbandnetzen. In: KANSY, K.; WIßKIRCHEN, P. (Hrsg.) (1988): Graphik im Bürobereich. Berlin u.a.: Springer. S. 21-38.
MORAN, Thomas (1981): The Command Language Grammar: a representation for the user interface of interactive computer systems. In: International Journal of Man-Machine Studies No.15. S. 3-50.
NAKE, Frieder (1988): Software-Ergonomie bei Büro-Kommunikations-Systemen. Düsseldorf: MAGS. (Werkstattbericht Nr. 49).
NIEVERGELT, J.; WEYDERT, J. (1979): Sites, Modes, and Trails: Telling the User of an Interactive System where he is, what he can do and how he can get places. Zürich: ETH. (Bericht Nr. 28).
OPPERMANN, Reinhard (1989): Individualisierte Systemnutzung. In: PAUL, M. (Hrsg.): GI - 19. Jahrestagung. Computergestützter Arbeitsplatz. Band 1. Berlin u.a.: Springer. S. 131-145.
POSTEL, Jonathan B.; FINN Gregory G.; KATZ, Alan R.; REYNOLDS, Joyce K. (1988): An Experimental Multimedia Mail System. In: ACM Transactions on Office Information Systems, Vol. 6, No. 1, January 1988, S. 63-81.
SORGAARD, Pal (1988): A Discussion of Computer Supported Cooperative Work. Aarhus: University.
THOMAS, R.H.; FORSDICK, H.C.; CROWLEY, T.R.; SCHAAF, R.W.; TOMLINSON, R.S.; TRAVERS, V.M.; ROBERTSON, C.G. (1985): Diamond: A Multimedia Message System Built on a Distributed Architecture. In: IEEE Computer Vol. 12, No. 18, 1985, S. 65-78.
WELTZ, Friedrich (1985): Veränderung der Leitungsfunktionen durch neue Technik. In: Office Management 5/85. S. 468-470.
WILLIAMSON, Hillary (1983): User Environment Model. In: Report of the 1st Meeting of the European User Environment Subgroup of IFIP WG 6.5. S. 6-8.
WINOGRAD, Terry; FLORES, Fernando (1989): Erkenntnis Maschinen Verstehen. Zur Neugestaltung von Computersystemen. Berlin: Rotbuch. (Engl.Orig.(1986): Understanding Computers and Cognition).

SOFTWARE-ERGONOMIE ALS PROSPEKTIVE GESTALTUNG
DER FUNKTIONALITÄT VON WERKZEUGEN

Andreas Grünupp   Klaus-Peter Muthig

Psychologisches Institut der Universität Tübingen
Friedrichstr. 21, D-7400 Tübingen

Obwohl in den achtziger Jahren die Forschungsaktivitäten im Bereich der Mensch-Computer Interaktion ständig gestiegen sind, wird der von der Software-Ergonomie geleistete Beitrag zur aufgabenangemessenen und nutzergerechten Gestaltung der Mensch-Computer Interaktion zunehmend kritisch beurteilt (vgl. z.B. Rasmussen, 1986, Carroll, 1989, Keil-Slawik, 1990). Dabei wird insbesondere bemängelt, daß die software-ergonomische Forschung bisher der technischen Entwicklung sowohl zeitlich als auch konzeptionell "nachhinkt": zeitlich deshalb, weil sich die Forschungsbemühungen i.d.R. auf die Evaluation bereits vorhandener Systeme in Hinblick auf spezifische Aufgaben oder Nutzergruppen beschränken. Konzeptionell ebenfalls, da in der Software-Ergonomie nicht der Anspruch erhoben werde, Entwicklungs- und Gestaltungsvorschläge für (bessere) zukünftige Systeme zu erarbeiten, sondern man sich darauf beschränke, die Benutzerschnittstelle verfügbarer Systeme zu gestalten.

Sollen software-ergonomische Gestaltungsvorschläge im "Wettrennen" mit der schnellen Weiterentwicklung der technischen Funktionalität von Systemen in Zukunft nicht noch stärker ins Hintertreffen geraten (Carroll, 1989), so bedarf die Software-Ergonomie der neunziger Jahre neuer Konzepte und Zugehensweisen, durch die sie ihre zeitliche und konzeptionelle Nachordnung gegenüber der technischen Entwicklung überwinden kann. Neue Konzepte und Zugehensweisen dürften sich jedoch nur entwickeln lassen, wenn die bisher in der Software-Ergonomie vorherrschende retrospektive Betrachtungsweise durch eine neue, prospektive Perspektive ersetzt wird.

Anhand einer Skizze der konzeptuellen und methodischen Grundlagen der Software-Ergonomie in den achtziger Jahren soll zunächst belegt werden, daß von den bisherigen Konzepten und Zugehensweisen aus ein Wechsel hin zu einer prospektiven Gestaltungsperspektive kaum möglich sein dürfte: sowohl der Informationsverarbeitungsansatz als theoretische Grundlage als auch die ihn kennzeichnende "reduktionistische" Vorgehensweise (vgl. Newell & Card, 1985) erscheinen hierfür nicht geeignet (vgl. Gerstendörfer, 1989). Im Anschluß daran soll aufgezeigt werden, daß sich Ansatzpunkte für eine neue prospektive Grundlegung der Software-Ergonomie jedoch dann ergeben, wenn man neuere Ansätze im Bereich der Mensch-Computer Interaktion (z.B.

Carroll & Campbell, 1986; Carroll, 1989, Winograd & Flores, 1986/1989) mit ökologisch-psychologischen Modellvorstellungen (Gibson, 1979; Brehmer, 1984) verbindet.

<u>Theoretische und methodische Betrachtungsebenen der Mensch-Computer Interaktion</u>

Zur besseren Identifikation von Problemen, die aus den konzeptuellen und methodischen Grundlagen der bisherigen Software-Ergonomie resultieren, sollen zunächst verschiedene Betrachtungsebenen für theoretische Ansätze und methodische Zugangsweisen unterschieden werden (vgl. auch Shneiderman, 1987, S. 42):

1. Die Ebene allgemeiner theoretischer Rahmenmodelle

Auf dieser Ebene stammen die zur Analyse von Prozessen der Mensch-Computer Interaktion verwendeten Konzepte und Methoden im wesentlichen aus solchen Rahmenvorstellungen der kognitiven Psychologie, in denen der Mensch als ein informationsverarbeitendes System angesehen wird (einen Überblick hierzu geben z.B. Palmer & Kimchi (1986)). Ein einflußreiches Modell, das in diesem Rahmen entwickelt wurde, ist das Modell des menschlichen informationsverarbeitenden Systems (MHP), das Card, Moran und Newell (1983) ihrem GOMS-Modell zugrundlegen.

2. Die Ebene theoretischer Modelle auf einem "mittleren Auflösungsniveau"

Auf dieser Ebene wird der konzeptuelle und methodologische Bezugsrahmen festgelegt, in den dann einzelne empirische Fragestellungen eingeordnet werden. Beispiele hierfür sind das Kommunikationsmodell (vgl. Oberquelle, Kupka & Maaß, 1983); das interaktive Problemlösemodell (vgl. Streitz, 1985) oder die Modellvorstellung des Computers als "Werkzeug zur Gesprächsführung" (vgl. Winograd & Flores, 1986/1989).

3. Die Ebene spezifischer Entwurfsrichtlinien

Auf dieser Ebene werden Normierungen und allgemeine Entwurfsrichtlinien formuliert, wobei (implizit) immer auf konzeptuelle und methodologische Festlegungen aus den beiden oberen Ebenen zurückgegriffen wird. Ein Beispiel hierfür ist die DIN-Norm 66234, Teil 8 (vgl. Dzida, 1985), der implizit ein Modell der Mensch-Computer Interaktion zugrundeliegt, das von einem Dialog zwischen Mensch und Computer ausgeht.

4. Die Ebene der Untersuchungsstrategien und -methoden

Auf dieser Ebene wird nach Evidenz für die Angemessenheit von Hypothesen gesucht, die vor dem Hintergrund der auf den oberen drei Ebenen getroffenen Festlegungen abgeleitet wurden. Sowohl die Hypothesen als auch die Methoden, mit denen diese Hypothesen überprüft werden, sind somit von den konzeptuellen und methodisch-methodologischen Vorentscheidungen abhängig, die auf den übergeordneten Ebenen getroffen wurden. Ob eine spezielle Untersuchungsmethode (z.B. Hypothesenüberprüfung im kontrollierten Laborexperiment) dem Untersuchungsgegenstand angemessen ist, kann somit nicht auf dieser Ebene allein beurteilt werden (vgl. z.B. Schulz, Muthig & Koeppler, 1981).

Vor diesem Hintergrund sollte deutlich werden, daß eine konzeptuelle und methodische Neuorientierung der Software-Ergonomie nur auf den beiden oberen Ebenen ansetzen kann. Nur so kann nämlich gewährleistet werden, daß auch auf den beiden unteren Ebenen Entwurfsrichtlinien und Untersuchungsmethoden entwickelt werden, die dem jeweiligen Gegenstandsbereich angemessen sind.

Theoretische Ansätze auf den beiden oberen Ebenen

Die software-ergonomische Forschung der achtziger Jahre wurde auf der ersten und zweiten Ebene konzeptuell und methodisch durch den Informationsverarbeitungsansatz bestimmt. Einflußreich waren hier insbesondere die Arbeiten von Newell und Card (z.B. Card, Moran & Newell, 1983; Newell & Card, 1985), die im Rahmen dieses Ansatzes für eine Ausrichtung der Software-Ergonomie am ingenieurwissenschaftlichen Ideal einer "hard science" plädierten. Unter der von ihnen gewählten Ausrichtung war es dann auch folgerichtig, z.B. formale Verfahren zur logischen Aufgabenanalyse und approximative Modelle der menschlichen Informationsverarbeitung zu erarbeiten sowie Methoden zu entwickeln, über die die Abschätzung solcher Parameter möglich erschien, die für die für die Mensch-Computer Interaktion unter dieser Perspektive als zentral erachtet wurden (z.B. Zeitaufwand für elementare Operationen).

Kritik an diesem Ansatz und der damit verbundenen Ausrichtung wurde vor allem von Carroll formuliert (z.B. Carroll & Campbell, 1986, Carroll, 1989). So kritisierten etwa Carroll und Campbell (1986) in einer Replik auf Newell und Card diesen Ansatz als zu deskriptiv, zu atomistisch und zu sehr auf die Messung quantitativer Parameter ausgerichtet. Durch die mit diesem Ansatz verbundene Forschungsstrategie würden zudem viele wichtige Fragestellungen allein deshalb vernachlässigt, weil sie aufgrund der formalen methodischen Kriterien, denen sich der Informationsverarbeitungsansatz verpflichtet hat, nicht als wissenschaftlich untersuchbar gelten. Dadurch vernachlässige eine auf diesen Ansatz ausgerichtete Software-Ergonomie notwendig viele Fragestellungen, die für die Gestaltung von Computersystemen von Bedeutung seien (z.B. die Verschiedenartigkeit von Fehlertypen und ihre Ursachen). Carroll und Campbell (1986) plädierten dagegen mit Nachdruck dafür, daß man sich in der Software-Ergonomie mit solchen Fragen beschäftigen solle, die Systemgestalter tatsächlich auch beantwortet haben wollten. Eine solche alternative Ausrichtung erfordere nach ihrer Auffassung die Untersuchung der Verwendung von Computersystemen in realen Anwendungen; Laborexperimente vor dem Hintergrund von "Spielzeugmodellen" lieferten dagegen keine geeignete Grundlage (Carroll & Campbell, 1986, S. 246 f.).

Methodische Zugänge auf den beiden unteren Ebenen

Auf den Ebenen drei und vier lassen sich Vorschläge für software-ergonomische Arbeitsweisen und Methoden ansiedeln, die darauf abzielen, durch eine spezifische Organisation des Software-Entwicklungsprozesses einige der einleitend angesprochenen Probleme zu überwinden, etwa: Rapid Prototyping (vgl. Hoppe, 1988), Partizipatives Systemdesign (vgl. Peschke, 1988) oder iteratives nutzerorientiertes Systemdesign (vgl. Good, Whiteside, Wixon & Jones, 1984).

Der Vorteil der hier genannten Ansätze gegenüber der von Newell und Card vorgeschlagenen Forschungsstrategie liegt darin, daß sie es ermöglichen, in frühen Phasen der Software-Entwicklung Nutzerverhalten zu beobachten, es erlauben, Nutzer an der Systementwicklung mitwirken zu lassen und die Möglichkeit bieten, frühzeitig Teillösungen zu evaluieren (vgl. Hartson & Hix, 1989, S. 45 ff.). Die Unterschiede zwischen den verschiedenen Ansätzen sind vor allem in unterschiedlichen Schwerpunktsetzungen begründet: Beim Rapid Prototyping liegt der Schwerpunkt auf der frühzeitigen Beobachtung von Benutzerverhalten und der Evaluation, beim Partizipativen Systemdesign auf der Nutzerbeteiligung und beim iterativen Systemdesign auf der Evaluation von Teillösungen durch potentielle Nutzer.

Sicherlich bieten diese Ansätze eine Reihe von Möglichkeiten, um die Arbeitsweise und Methodik der Software-Ergonomie weiterzuentwickeln. Diese Ansätze allein dürften jedoch nicht ausreichen, um die eingangs skizzierten prospektiven Defizite der Software-Ergonomie zu überwinden: Für den Erfolg und die Fruchtbarkeit software-ergonomischer Forschungsbemühungen sind nicht allein neue Arbeitsweisen und Methoden (auf den unteren Ebenen) ausschlaggebend. Von größerer Bedeutung ist vielmehr, auf welcher theoretischen Grundlage und für welche Zielsetzungen diese Methoden und Arbeitsweisen eingesetzt werden. Grundlagen und Zielsetzungen sind jedoch abhängig von Grundsatzentscheidungen auf den beiden oberen Ebenen. Dies wird deutlich, wenn man die theoretischen und konzeptuellen Grundlagen der eben erwähnten Ansätzen näher betrachtet. So ist z.B. beim Rapid Prototyping i.d.R. nicht das, was ein Nutzer mit einem System tun kann (Funktionsumfang) Gegenstand der Simulation, sondern es geht vielmehr darum, wie von vorneherein festgelegte Funktionen dem Benutzer durch die Gestaltung der Benutzerschnittstelle optimal zugänglich gemacht werden können (vgl. Hoppe, 1988, S. 278).

Zur Notwendigkeit neuer theoretischer Grundlagen für die Software-Ergonomie

Wie deutlich geworden sein sollte, wird man in der Software-Ergonomie solange keine angemessenen Beiträge zur prospektiven Gestaltung von Systemen liefern können, solange man sich darauf beschränkt, alternative Ansätze auf den unteren beiden Ebenen zu entwickeln. Vor diesem Hintergrund greift auch der von Carroll und Campbell (1986) als Alternative zu Newell und Card (1985) propagierte Ansatz zu kurz: Da Carroll und Campbell konzeptuelle und methodische Probleme, die auf unterschiedlichen Ebenen angesiedelt sind, nicht klar auseinanderhalten, bleiben sie in der Formulierung ihrer Alternativen zu sehr den beiden unteren Ebenen verhaftet. Wie am Beispiel des Rapid Prototypings dargestellt wurde, reicht aber eine Veränderung von Methoden und Arbeitsweisen der Software-Ergonomie allein auf diesen Ebenen nicht aus. Die entscheidende Schwäche der Argumentation von Carroll und Campbell liegt daher darin, daß sie die Angemessenheit des auf der obersten Ebene angesiedelten Rahmenmodells (Informationsverarbeitungsansatz) nicht konsequent in Frage stellen.

Carroll und Campbell's Verdienst besteht jedoch darin, daß sie die Entscheidungssituation deutlich herausarbeiten, vor der die Software-Ergonomie gegenwärtig steht:

- Soll die Software-Ergonomie auf der Grundlage approximativer theoretischer Modelle, die dem Informationsverarbeitungsansatz entlehnt wurden, als eine Art "Angewandte Kognitionspsychologie" betrieben werden (vgl. Gomez & Dumais, 1986). Stellt man sich auf diesen Standpunkt, dann ist es auch folgerichtig, isolierte (bzw. isolierbare) Prozesse der menschlichen Informationsverarbeitung im Labor zu untersuchen, in der Hoffnung daß die Ergebnisse dieser Unter-

suchungen dann für die Gestaltung von Computersystemen relevant sind. Hierfür steht der Ansatz von Newell und Card (1985).
- Oder soll in der Software-Ergonomie begleitend zum Designprozeß untersucht werden, wie wirkliche Nutzer im Rahmen realer Anwendungen unter Verwendung der verfügbaren Hilfsmittel die Ziele erreichen, die sie mit Hilfe von Computern erreichen wollen. Hierfür steht der Ansatz von Carroll und Campbell (1986). Einige methodische Ansatzpunkte für eine derartige Arbeitsweise bieten Rapid Prototyping, Partizipatives Systemdesign und das iterative nutzerorientierte Systemdesign.

Entscheidet man sich für die zweite Alternative, so benötigt man aber nicht nur neue Arbeitsweisen und Methoden auf den unteren Ebenen, über die, wie Carroll (1989) es ausdrückt, das "Artefakt" ernstgenommen und zum Untersuchungsgegenstand gemacht wird, sondern man benötigt auch neue theoretische Grundlagen auf der obersten Ebene.

Der Informationsverarbeitungsansatz ist hierzu nicht geeignet, da in seinem Rahmen menschliche kognitive Prozesse im Umgang mit Umweltsachverhalten (Artefakten) nicht befriedigend thematisiert werden können. Der Informationsverarbeitungsansatz ist darauf ausgerichtet, allgemeine kultur-, kontext- und werkzeugunabhängige Prinzipien zu formulieren, über die menschliche kognitive Prozesse beschrieben werden können. Diese allgemeinen Prinzipien werden auf einer funktionalen Ebene als Prozesse der regelgeleiteten Symbolverarbeitung dargestellt (vgl. Newell, 1980; Fodor, 1983). Die Art der regelgeleiteten Symbolverarbeitungsprozesse, so die Annahme, ist prinzipiell davon unabhängig, in welchem Kontext und mit welchen Werkzeugen sich diese Prozesse vollziehen. So macht es beispielsweise im Rahmen des Informationsverarbeitungsansatzes bei der Untersuchung menschlichen Problemlösens keinen prinzipiellen Unterschied, ob "externe Speicher" (z.B. Bücher, Computer etc.) vorhanden sind, die für die Problemlösung nutzbar gemacht werden können oder ob man darauf angewiesen ist das Problem "im Kopf" zu lösen. Unterschiede werden nur hinsichtlich der Problemlösekapazität (Umfang der bearbeitbaren Probleme; vgl. dazu Newell & Simon, 1972), jedoch nicht hinsichtlich der Art des Problemlöseprozesses selbst thematisiert (vgl. z.B. Grünupp, 1989).

Eine angemessenere theoretische Grundlage für die Software-Ergonomie könnten jedoch solche theoretischen Ansätze in der Psychologie liefern, in denen kognitive Prozesse nicht isoliert betrachtet werden, sondern in denen der ökologischen Einbettung dieser Prozesse durch die Thematisierung des jeweiligen Mensch-Werkzeug-Umweltsystems explizit Rechnung getragen wird (z.B. Brunswik, 1952; Gibson, 1979, Brehmer, 1984). Charakteristisch für diese Ansätze ist, daß in ihnen nicht nur danach gefragt wird, in welchen Kontext menschliches Verhalten und kognitive Prozesse eingebettet sind, sondern auch, welche Wechselwirkungen zwischen Umweltsachverhalten, kognitiven Prozessen und Verhalten bestehen.

Im Rahmen eines ökologischen Zuganges stellen sich zwei zentrale Forderungen (vgl. Brehmer, 1984, S. 389): Zum einen müssen psychische Prozesse in den Kontexten und unter den Bedingungen untersucht werden, in denen sie normalerweise auftreten und zum anderen muß im Rahmen der Analyse der Umwelt (z.B. den zu bewältigenden kognitiven Aufgaben im Rahmen der Benutzung von Werkzeugen) ebensoviel Beachtung geschenkt werden wie den psychischen Prozessen selbst.

Will man den ökologischen Ansatz auf Fragestellungen der Software-Ergonomie übertragen, so heißt dies, nicht länger nach allgemeinen kontext- und aufgabenunspezifischen Funktionsprizipien menschlicher kognitiver Prozesse bei der Mensch-Computer Interaktion zu suchen, sondern danach zu fragen, unter welchen Umständen und im Rahmen welcher Aufgaben Menschen mit Computern interagieren und welche kognitiven Prozesse dabei aufgaben- und kontextspezifisch relevant sind.

Dabei ist zu bedenken, daß die kognitiven Prozesse in ihrer Grundstruktur nicht invariant sind, sondern sich mit dem kulturellen und situationsspezifischen Kontext sowie den jeweils genutzten Werkzeugen verändern (vgl. Olson, 1976). Anders als z.B. Newell und Card (1985) es propagieren, kann man daher die allgemeine Struktur einer Aufgabe durch formale Aufgabenanalysen gar nicht erfassen, da sich diese Aufgabe je nach ihrer ökologischen Einbettung in ihrer Struktur ändert. Carroll (1989, S. 41 f.) macht dies am Beispiel der Wechselwirkung zwischen Werkzeug und Aufgabe (task-artifact cycle) deutlich: Werkzeuge werden im Hinblick auf spezifische Aufgaben geschaffen, diese neuen Werkzeuge verändern wiederum die Aufgabe, sodaß eine neue Situation entsteht vor deren Hintergrund wiederum der Prozeß der Werkzeuggestaltung einsetzt. Erforderlich ist deshalb eine "ökologische Aufgabenanalyse": Welche Aufgaben werden wie und mit welchen Werkzeugen bearbeitet; was verändert sich, wenn neue Werkzeuge angewendet werden.

Wenn man diese Überlegungen ernst nimmt, dann müssen sich die Grundfragestellungen der Software-Ergonomie ändern. Es kann nicht länger darum gehen, Computer daraufhin zu gestalten, daß sie mit situations- und kontextinvarianten menschlichen Informationsverarbeitungsprozessen "in Passung" gebracht werden können, da diese so gar nicht existieren. Vielmehr müssen folgenden Fragen beantwortet werden:

- Wie ändern sich menschliche kognitive Prozesse durch den Umgang mit dem Werkzeug Computer und welche Konsequenzen sind daraus für die Gestaltung eines Computersystems zu ziehen?
- Welche Aufgaben sind mit dem Werkzeug bearbeitbar und welche Struktur hat der Prozeß der Aufgabenbearbeitung?
- Wie muß eine angemessene Aufgabenteilung zwischen Werkzeug und Mensch aussehen?
- Wie muß die Funktionalität des Gesamtsystems und die Schnittstelle gestaltet werden, damit die anfallenden Aufgaben bearbeitbar sind?

<u>Software-Ergonomie als prospektive Gestaltung der Funktionalität von Werkzeugen: Ein Beispiel</u>

Im folgenden soll am Beispiel der Erarbeitung von Gestaltungsvorschlägen für ein "Speech-to-text" System (vgl. hierzu Day & Muthig, 1990) angedeutet werden, wie ein ökologisch orientierter Ansatz in der Software-Ergonomie zur ergonomischen Gestaltung von Computersystemen aussehen könnte.

Ein "Speech-to-text" System stellt ein neues Werkzeug zur Herstellung von schriftlichen Texten mittels gesprochener Sprache dar, das die Aufgabenstruktur bei der Erstellung von Texten grundlegend ändert. Der software-ergonomische Beitrag zur Entwicklung eines derartigen Werkzeugs umfaßt deshalb mehr als nur die Konstruktion einer "sprachlichen Schnittstelle" für ein Textverarbeitungssystem. Betrachtet man das neue Werkzeug aus der Sicht des Nutzers, so stellt man fest, daß sich die Aufgabenstruktur z.B. dadurch geändert hat, daß zwischen der vom Nutzer verbalisierten "Lautspur" und der vom System zu realisierenden "Schriftspur" keine eindeutige Beziehung besteht, sondern eine Reihe von Ambiguitäten, die erst mit dieser neuen Form der Umwandlung von gesprochener Sprache in schriftlichen Text entstehen (z.B. bei homophonen Wörtern, Abkürzungen, Groß- und Kleinschreibung). Es ist prinzipiell nicht möglich, alle diese Ambiguitäten durch maschinelle Intelligenz oder durch Default-Setzungen zu überbrücken. Als Konsequenz heißt dies, daß der Nutzer des Systems vor der neuen Aufgabe steht, in der Lautspur sehr explizit bestimmte Anweisungen geben zu müssen. Diese Anweisungen sind umfangreicher und in ihren Anforderungen anders als Anforderungen bei dem (scheinbar) vergleichbaren Werkzeug Diktiergerät.

Im Sinne des von Carroll (1989) beschriebenen "Task-artifact cycle" entstehen sowohl neue Aufgaben als auch neue Möglichkeiten: Anders als beim Diktiergerät erhält der Nutzer beispielsweise sofort eine Rückmeldung in schriftlicher Form auf dem Bildschirm und ist nicht gezwungen, sich bereits Diktiertes durch sequentielles Abhören des Tonbandes zu vergegenwärtigen. Außerdem werden gegenüber dem Diktiergerät neue Formen sprachlicher Textbearbeitung möglich, da z.B. das Einfügen von neuen Textbestandteilen oder die Korrektur einzelner Wörter möglich wird, ohne daß der gesamte Text, wie beim Diktiergerät notwendig, neu gesprochen werden muß.

Im Rahmen einer ökologisch ausgerichteten Aufgabenanalyse war es deshalb zunächst notwendig, nach möglichen Anwendungsbereichen zu fragen, in denen ein derartiges Werkzeug sinnvoll einsetzbar ist. Ein mögliches Anwendungsfeld ist die Erstellung von Geschäftskorrespondenz. Damit "Speech-to-text" Systeme jedoch eine sinnvolle Alternative zu den derzeit in diesem Bereich eingesetzten Werkzeugen (Diktiergerät und Schreibmaschine bzw. Textverarbeitungsystem) darstellen können, müssen Grundentscheidungen getroffen werden, in welchem organisatorischen Rahmen (Arbeitsteilung) und für welche Aufgaben dieses Werkzeug eingesetzt werden soll.

Vor diesem Hintergrund versuchten wir Aufgabenanforderungen zu identifizieren, die notwendig sind, um aufgabenangemessen und nutzergerecht mit Hilfe des Werkzeugs "Speech-to-text" System einen Geschäftsbrief zu erstellen. Das Ergebnis dieser ökologisch ausgerichteten Aufgabenanalyse waren Anforderungen an eine "minimal notwendige Funktionalität" des Werkzeugs zur Erstellung von Geschäftsbriefen. Dabei zeigte sich, daß diese Anforderungen nur im Rahmen eines zweistufigen Bearbeitungsprozesses bewältigt werden können, bei dem der Erstbearbeiter per Spracheingabe eine schriftliche Rohform erstellt, die von einem Zweitbearbeiter dann in eine endgültige Fassung gebracht wird. Unter Berücksichtigung dieses organisatorischen Kontextes haben wir dann eine Reihe von Vorschlägen dafür erarbeitet, welche Funktionalität das Werkzeug beinhalten muß, um eine "minimal akzeptable Rohform" eines Geschäftsbriefes durch einen Erstbearbeiter mit Hilfe eines "Speech-to-text" Systems zu erstellen. Erst auf dieser Grundlage wurden von uns dann alternative Vorschläge für die aufgabenangemessene und nutzergerechte Gestaltung der notwendigen Erledigungsprozeduren entwickelt, die die Grundlage für empirische Untersuchungen bilden.

Fazit

Wenn man als Aufgabe der Software-Ergonomie die prospektive Gestaltung der Funktionalität von Werkzeugen auffaßt, dann sollte aus der Argumentation deutlich geworden sein, daß sich die Software-Ergonomie nicht wie bisher darauf beschränken darf, Vorschläge auszuarbeiten wie vorgegebene Aufgaben (besser bzw. schneller) ausgeführt werden können, sondern daß die Software-Ergonomie Gestaltungsvorschläge dazu erarbeiten muß, wie die durch neue Werkzeuge neu entstehenden Aufgaben nutzer- und aufgabengerecht bewältigt werden können.

Literaturverzeichnis

Brehmer, B. (1984). Brunswikian psychology for the 1990's. In K.M.J. Lagerspetz & P. Niemi (Eds.), Psychology in the 1990's (pp. 383-398). Amsterdam: Elsevier (North Holland).

Brunswik, E. (1952). The conceptual framework of psychology. In R. Carnap & C. Morris (Eds.), International encyclopedia of unified science vol.1 No. 10. Chicago: University Press.

Card, S. K., Moran, T. P. & Newell, A. (1983). The psychology of human-computer interaction. Hillsdale: Erlbaum.

Carroll, J. M. (1989). Taking artifacts seriously. In S. Maaß & H. Oberquelle (Eds.), Software-Ergonomie '89: Aufgabenorientierte Systemgestaltung und Funktionalität (pp. 36-59). Stuttgart: Teubner.

Carroll, J. M. & Campbell, R. L. (1986). Softening up hard science: Reply to Newell and Card. Human-Computer Interaction, 2, 227-249.

Day, P. & Muthig, K. P. (1990). A user centered analysis of speech-to-text technology (TANGORA). SPEAC Forschungsbericht Nr. 1. Tübingen, Januar 1990.

Dzida, W. (1985). Ergonomische Normen für die Dialoggestaltung. In H.J. Bullinger (Ed.), Software-Ergonomie '85: Mensch-Computer Interaktion (pp. 430-444). Stuttgart: Teubner

Fodor, J. A. (1983). The modularity of mind. Cambridge MA: MIT-Press.

Gerstendörfer, M. (1989). Psychologische Voraussetzungen und Kriterien für den Entwurf von Benutzerschnittstellen für Operator- und Administratortätigkeiten. Unveröffentlichte Diplomarbeit am Psychologischen Institut der Universität Heidelberg.

Gibson, J. J. (1979). The ecological approach to visual perception. Boston: Houghton-Mifflin.

Gomez, L. M. & Dumais, S. T. (1986). Putting cognitive psychology to work: Examples from computer system design. In T.J. Knapp & L.C. Robertson (Eds.), Approaches to cognition (pp. 267-290). Hillsdale: Erlbaum.

Good, M.D., Whiteside, J.A., Wixon, D.R. & Jones, S.J. (1984). Building a user-derived interface. Communication of the ACM, 27, 1032-1043.

Grünupp, A. (1989). Über das Lösen informationeller Probleme unter Verwendung externer Speicher. Unveröffentlichte Diplomarbeit am Psychologischen Institut der Universität Tübingen.

Hartson, H.R. & Hix, D. (1989). Human-computer interface development: Concepts and systems for its management. ACM Computing Surveys, 21, 5-92.

Hoppe, H.U. (1988). Werkzeuge für die Prototypenentwicklung von Benutzerschnittstellen. In H. Balzert, H.U. Hoppe, R. Oppermann, H. Peschke, G. Rohr & N.A. Streitz (Eds.), Einführung in die Software-Ergonomie (pp. 277-297). Berlin: deGruyter.

Keil-Slawik, R. (1990). Konstruktives Design: Ein ökologischer Ansatz zur Gestaltung interaktiver Systeme. Unveröffentlichte Habilitationsschrift. Berlin, März 1990.

Newell, A. (1980). Physical symbol systems. Cognitive Science, 4, 135-183.

Newell, A. & Card, S. K. (1985). The prospects for psychological science in human-computer interaction. Human-Computer Interaction, 1, 209-242.

Newell, A. & Simon, H. A. (1972). Human problem solving. Englewood Cliffs: Prentice-Hall.

Oberquelle, H., Kupka, I. & Maaß, S. (1983). A view of human-machine communication and cooperation. International Journal of Man-Machine Studies, 19, 309-333.

Olson, D.R. (1976). Culture, technology, and intellect. In L.B. Resnick (Ed.), The nature of intelligence (pp. 189-202). Hillsdale: Erlbaum.

Palmer, S. E. & Kimchi, R. (1986). The information processing approach to cognition. In T.J. Knapp & L.C. Robertson (Eds.), Approaches to cognition (pp. 37-77). Hillsdale: Erlbaum.

Peschke, H. (1988). Partizipative Entwicklung von Informationssystemen. In H. Balzert, H.U. Hope, R. Oppermann, H. Peschke, G. Rohr, N.A. Streitz (Eds.), Einführung in die Software-Ergonomie (pp. 299-322). Berlin: deGruyter.

Rasmussen, J. (1986). Information processing and human-machine interaction: An approach to cognitive engineering. New York: North Holland.

Schulz, T., Muthig, K.-P., Koeppler, K. (1981). Theorie, Experiment und Versuchsplanung in der Psychologie. Stuttgart: Kohlhammer.

Streitz, N. A. (1985). Kognitionspsychologische Aspekte der Gestaltung von Dialogstrukturen bei interaktiven Lehr-Lern-Systemen. In H. Mandl & P.M. Fischer (Eds.), Lernen im Dialog mit dem Computer (pp. 54-67). München: Urban und Schwarzenberg.

Winograd, T. & Flores, F. (1989). Erkenntnis, Maschinen, Verstehen: Zur Neugestaltung von Computersystemen. Berlin: Rotbuch (Original 1986).

Numerische Software

Der Computer wurde in diesem Jahrzehnt immer stärker zu dem Zweck eingesetzt, der ihm seinen Namen gab: zum Rechnen. Die rechnergestützte Simulation ist mittlerweile neben Theorie und Experiment die anerkannte dritte Methode in Ingenieur- und Naturwissenschaften. Der enorme Leistungsbedarf des wissenschaftlichen Rechnens gab einen wesentlichen Impuls zur Entwicklung neuer, leistungsfähigerer Prozessoren und Rechnerarchitekturen.

Auch in der Numerik entstand deshalb vielfältige, sehr komplexe und große Anwendungssoftware. Im Vergleich zu anderen Anwendungen treten dabei zusätzliche Schwierigkeiten auf, wie der Einfluß verschiedener Arithmetiken oder Compiler auf die numerische Stabilität, starker Effizienzverlust angepaßter Verfahren bei Wechsel der Rechnerarchitektur usw. Dies bringt neue und interessante Herausforderungen sowohl für Numeriker als auch für Programmiersprachen- und -toolsentwickler mit sich.

Den vielfältigen Problemen numerischer Software widmet sich die im letzten Jahr von DMV, GAMM und GI gemeinsam gegründete Fachgruppe Numerische Software. In diesem Fachgespräch soll an einigen Beispielen gezeigt werden, daß numerische Software, auch wenn natürlich altbekannte Schlagworte wie etwa Portabilität auftauchen, doch ganz spazifische Probleme aufwirft, die der intensiven Mitarbeit der Informatikforschung bedürfen.

In einem ersten Vortrag versucht R. Janßen einen Einblick in Software Engineering für Numeriker zu geben. In seinem Vortrag über Spezifikationssysteme für Numerik und ihre Realisierung geht H. Zima dann auf die Frage ein, wie durch problem- und anwendungsspezifische Hochsprachen eine adäquate Entwicklungsumgebung geschaffen werden kann, die u.a. die Entwicklungszeiten verkürzt (was besonders bei oft relativ kurzlebigen Scientific Computing Anwendungen wichtig ist) und auch die Wartbarkeit verbessern. Und da gerade die Numerik extreme Anforderungen an die Rechnerleistung stellt, ist sie immer bestrebt, die mögliche Rechnerleistung auch auszuschöpfen. Bei zunehmender Vielfalt von Vektor- und Parallelrechnern kann dies zu einer sehr hardwarespezifischen Implementierung, quasi einer Rückkehr zur Maschinensprache führen. R. Hempel zeigt Konzepte auf, die es ermöglichen, Effizienz und Portabilität zu verbinden. Im letzten Vortrag wird R. Helfrich dann noch einmal zu einem weit verbreiteten, kommerziellen Code, dem Finite-Element Paket PERMAS, verschiedene Software-Engineering Probleme für numerische Software erläutern.

Programmkomitee

R. Janßen (IBM, Heidelberg),
Leitungsgremium der FG Numerische Software

Numerische Software

Software Engineering für Numeriker

R. Janßen
IBM Wissenschaftliches Zentrum
Tiergartenstr.15
D-6900 Heidelberg

Einführung

Der Computer wurde in diesem Jahrzehnt immer stärker zu dem Zweck eingesetzt, der ihm seinem Namen gab: zum Rechnen. Die rechnergestützte Simulation ist mittlerweile neben Theorie und Experiment die anerkannte dritte Methode in Ingenieur- und Naturwissenschaften. Der enorme Leistungsbedarf des wissenschaftlichen Rechnens gab einen wesentlichen Impuls zur Entwicklung neuer, leistungsfähiger Prozessoren und Rechnerarchitekturen.

Auch in der Numerik entstand deshalb vielfältige, sehr komplexe und große Anwendungssoftware. Im Vergleich zu anderen Anwendungen treten dabei zusätzliche Schwierigkeiten auf, wie der Einfluß verschiedener Arithmetiken oder Compiler auf die numerische Stabilität, starker Effizienzverlust angepaßter Verfahren bei Wechsel der Rechnerarchitektur usw. Dies bringt neue und interessante Herausforderungen sowohl für Numeriker als auch für Programmiersprachen- und -toolsentwickler mit sich.

Ein in vielerlei Hinsicht markantes Beispiel ist die numerische Strömungsmechanik (CFD = Computational Fluid Dynamics). Die Strömungsmechanik stellt viele Herausforderungen sowohl an die Modellbildung, als auch an Numerik und Rechnerleistung. Wegen der vielfältigen praktischen und auch industriellen Bedeutung dieses Forschungsgebietes wurde schon früh versucht, hier die sehr teuren Experimente (Windtunnel) durch rechnergestützte Simulation zu ergänzen oder gar zu ersetzen. Und wem die klassischen Probleme noch nicht komplex genug sind (Wirbelbildung, Turbulenzen, Grenzschichtablösungen etc.), der stelle sich vor, daß man nun versucht auch chemische Reaktionen, etwa bei der Simulation von Verbrennungsvorgängen in Motoren, Wärmetransport etc. einzubeziehen.

In der Strömungsmechanik sind Ingenieure, Physiker und Mathematiker vor allem an den Resultaten im Sinne ihrer Wissenschaft, etwa an neuen Erkenntnissen über die Auslegung von Maschinen, an Modellierung und Erklärung von Wirbelbildung und Ablösung, an theoretischer Fundierung der mathematischen Modelle und numerischen Verfahren etc., denn an den Werkzeugen interessiert, mit denen die Resultate erzielt werden. Und wenn einmal ein Werkzeug hervorgehoben wird, wie im Titel des DFG Schwerpunktes „Strömungssimulation auf Hochleistungsrechnern", so kann leicht das Mißverständnis genährt werden, es gehe vorrangig um die blanke Hardware und nicht um die mindestens ebenso wichtigen Mechanismen und Methoden zur Problemumsetzung, zur Vor- und zur Nachbereitung, der Software. Dabei dauert die Erstellung eines leistungsfähigen, an experimentellen Daten validierten und in der Entwicklungspraxis anwendbaren CFD Codes leicht 6 Jahre und kostet wesentlich mehr Personenjahre.

In einem CFD Forschungsprogramm sind in der Regel die wesentlichen personellen Ressourcen in der Software-Entwicklung gebunden. Dabei werden bestimmte Bauteile wieder und wieder implementiert, etwa Euler- und Poisson- Löser, viele Codes unterscheiden sich nur in kleinen Teilen, etwa dem Turbulenzmodell, den Randbedingungen etc., sind jedoch so implementiert, daß Bausteine kaum oder gar nicht übernommen werden können, ja die kompletten Codes nach Fortgang des Autors nicht mehr genutzt und weiterentwickelt werden können.

Diese Situationsbeschreibung trifft natürlich nicht nur auf die CFD, sondern auf weite Bereiche der „Computational Science", der rechnergestützten natur- und ingenieurwissenschaftlichen Forschung zu. Hinzu kommt, daß ein solches Vorgehen nicht nur generell ineffizient, sondern bei zunehmend komplexeren Modellen, wie sie oben angedeutet wurden, bald unmöglich ist: die Grenze des typischen universitären Ein-Personen-Projekts, der Dissertation, ist erreicht und oft überschritten.

Natürlich deuten Schlagworte wie Portabilität, Validierung, Wiederverwendbarkeit, modulare Programmierung - kurz: Software Engineering - auf klassische Probleme der Informatik, sie haben die Entwicklung weiter Teile der modernen Informatik angetrieben und tun dies noch. Nur entstammten die Anwendungen, die man bei diesen Forschungen im Auge hatte, im wesentlichen nicht dem Bereich der Numerik. Daher sind die Resultate in der vorliegenden Form nicht unmittelbar auf diesen Problembereich übertragbar. Die Numerik bringt spezifische Probleme mit sich, die „Software-Engineering für Numeriker" zu einem eigenständigen Forschungsgebiet machen. Wegen der zunehmenden Bedeutung dieses Anwendungsgebietes scheint ein verstärktes Engagement nötig, zumal die bisherigen Strategien der ad-hoc Programmierung an ihre Grenze stoßen. Dabei ist auf jeden Fall interdisziplinäre Zusammenarbeit erforderlich, um Numerik und Software-Engineering zusammenzubringen.

Dieser Aufsatz erhebt keinesfalls den Anspruch eines objektiven Surveys, auch die Literaturangaben sind weder vollständig, noch repräsentativ. Ziel des Aufsatzes ist es vielmehr, die Problematik in einer auch dem Anwender und Entwickler verständlichen Sprache darzustellen und aufzuzeigen, daß wenigstens Lösungsansätze vorhanden sind und andererseits diesem Gebiet verstärkte Aufmerksamkeit gewidmet werden muß.

Effizienz und Portabilität

Vergleicht man typische Anwendungen aus der Numerik etwa mit den Such- und Sotierproblemen in Datenbanken, so fällt zunächst ein deutlicher Unterschied in der Komplexität der Probleme auf: im Gegensatz zu den - modulo logarithmischer Terme - meist linearen Problemen bei Datenbanken sind die numerischen Probleme für realistische Geometrien oft von vierter Ordnung. Des weiteren ist es bei numerischen Simulationen typischerweise nötig, mit großen Datensätzen zu arbeiten, die möglichst in einem extrem schnellen Speicher verfügbar sein müssen. Natürlich sind auch Datenbanken u.U. sehr groß, aber es kommt in der Regel nur darauf an, einen relativ kleinen Datensatz aus einem großem Bestand herauszusuchen, darauf zu arbeiten und das Resultat einzufügen.

Da die klassischen Skalarrechner über längere Zeit kein signifikantes Wachstum in der Spitzenleistung boten, waren die Anforderungen der Numerik die treibende Kraft hinter der Entwicklung von neuartigen Rechnerarchitekturen (Vektor-, Parallelrechner). Im Unterschied zu den vielen Problemen exponentieller Komplexität z.B. aus der Kombinatorik oder der KI scheint durch geeignete Rechnerarchitekturen eine Steigerung der Rechnerleistung in einem Ausmaße möglich, daß Probleme vierter Ordnung von realistischer Qualität demnächst rechenbar sind: Probleme dritter Ordnung (3D-Elastomechanik, 2D-Strömungsmechanik) gehören nahezu zur Routine.

Diese neuen Rechnerarchitekturen bieten nun zwar eine außergewöhnlich hohe Spitzenleistung, diese ist jedoch auch bei genau der Architektur angepaßten Algorithmen und Implementierungen nur annähernd zu erreichen. Dies hat in der Tendenz zu einer Rückkehr zu einer maschinennahen Programmierung zur Folge. Da sich nun selbst hinter dem Schlagwort Vektorrechner vielfältige, im Detail deutlich verschiedene Rechner verbergen, sind die Anwendungen damit nur noch begrenzt portabel. Selbst bei Einhaltung von Sprachstandards wird nur die Lauffähigkeit des Programms erhalten. Der wesentliche Grund für den Einsatz eines Vektorrechners und eine Voraussetzung für die erfolgreiche Lösung von Numerik-Problemen ist jedoch gerade eine annähernde Ausnutzung der Spitzenleistung, also auch die Übertragung der Effizienz des Programms. Man kann also sagen, daß in der Numerik Portabilität von Programmen nicht nur die Erhaltung der Lauffähigkeit bei Wechsel des Rechners, sondern ganz wesentlich auch die Erhaltung der Effizienz bedeutet.

Im Verlaufe des letzten Jahrzehnts wurden die Compiler für Vektorrechner beträchtlich weiterentwickelt und wir haben erhebliche Erfahrungen in der Programmierung dieser Rechner gewonnen. Wir haben uns angewöhnt, in einem vektororientierten Stil (d.h. Abhängigkeiten in Schleifen - so weit möglich - zu vermeiden) zu programmieren. Wir werden uns angewöhnen müssen, einen blockorientierten Programmierstil zu pflegen, um künftigen Compilern die Möglichkeit zu geben, Lokalität zu erkennen und höhere „Computational Intensity" zu erreichen. Dennoch wird auch in Zukunft bei Wechsel des Rechners ein Anpassen der Algorithmen nötig sein, nur einen Teil der Probleme wird der Compiler lösen können (s. Helfrich 1990).

Diese Problematik wird durch die Parallelrechner, insbesondere massiv parallele Systeme, noch verschärft. Die Unterschiede der bisher entwickelten und in der Entwicklung befindlichen Systeme sind erheblich und es ist nicht absehbar, welche Entwicklungslinie sich durchsetzen wird. Dennoch wird sich die Numerik auch dieser Rechner bedienen, um schließlich die nötige Rechnerleistung für 3D Strömungsprobleme oder 3D Strukturoptimierung zu erhalten. Dabei ist - mindestens auf absehbare Zeit - eine im Sinne der Informatik transparente Nutzung, d.h. der Anwender muß sich nicht um die Architektur des Rechners kümmern, nicht möglich: der Algorithmus muß z.B. eine geeignete und ausreichende Parallelität besitzen, sonst kann auch ein „idealer" parallelisierender Compiler für eine „ideale" Programmiersprache nichts ausrichten (s. Hempel 1990).

Man hat sich deshalb auf in der Informatik entwickelte Techniken besonnen und beginnt, Anwendungsschichten zu definieren. Erste und außerordentlich wichtige Ansätze sind die BLAS (Basic Linear Algebra Subroutine) Level 1-3 Standards (s. Lawson et al. 1979, Dongarra et al. 1988a, 1988b). Hier wurden Basisfunktionen, im wesentlichen Vektor-Matrix Operationen, definiert un die Aufrufschnittstellen festgelegt. Für diese Standards kann dann jeder Hersteller eine für seine Architektur optimierte Implementierung liefern. Als Beispiel sei die ESSL (Engineering and Scientific Subroutine Library, s. Literatur) erwähnt. Auf solche Standards können dann Generatoren aufsetzen, die aus rechnerunabhängigen Codes automatisch rechnerabhängige erzeugen. Insbesondere aber komplexe Anwendungen sollten auf derartigen Bausteinen aufsetzen, um so die Effizienz beim Wechsel des Rechners mitzuportieren. Ein erstes systematisch darauf aufbauendes Paket ist LAPACK (Linear Algebra PACKage, s. Bischof et al. 1988). Dies Paket ist eine Vereinigung von LINPACK und EISPACK und eine erste Version soll Ende '90 als Public Domain Software verfügbar sein. Man muß allerdings auch hier vor übertriebenen Erwartungen warnen: es gibt eine Vielzahl von Algorithmen, die immer wieder durch die Schichten durchgreifen müssen. Und für die vielen neuen Architekturen ist sicher noch nicht klar, was die richtigen Schichten sind. Aber die Richtung stimmt und es kommt nun darauf an, diese Standards systematisch bei der Weiterentwicklung von Programmiersprachen, Anwendungssystemen, sowie der Informatikausbildung von Ingenieuren und Naturwissenschaftlern zu berücksichtigen.

Schnittstellenvereinbarung und Baukastensystem - im Informatikjargon: modulare Programmierung - sind natürlich eine der entscheidenden Kuren für Ein- Personen- Wegwerf- Software- Projekte. Im Bereich der Numerik ensteht ein Großteil der Software im Rahmen der typischen universitären Ein-Personen-, Vier-Personenjahre- Projekte - auch Dissertation genannt. Viele der hier entwickelten Codes werden höchstens noch für eine Folge-Dissertation verwendet, oft sind sie nach Fortgang des Autors obsolet bzw. nicht dechiffrierbar. Der Widerstand gegen die Einführung von Standardschnittstellen und Dokumentationsstandards ist groß: insbesondere Doktoranden und Diplomanden fürchten, daß solche Vorgaben zu einer weiteren Verlängerung ihrer Arbeit führten. Dies ist natürlich, wie man längst weiß, nicht der Fall. Selbst für den Autor bringt die Einhaltung von gewissen Dokumentationsstandards und saubere Schnittstellenbeschreibung (dabei ist nicht an eine professionelle Dokumentation auf dem Niveau eines kommerziellen Produktes gedacht) einen Zeitgewinn. Wichtiger ist jedoch, daß nur so die anstehenden, in ihrer Komplexität den Rahmen einer Dissertation sprengenden Probleme angegangen werden können. Und nur so gibt es wenigstens eine Chance, beim Wechsel des Rechners den Code mit erträglichem Aufwand an die Architektur des neuen Rechners anzupassen und effiziente Version für den neuen Rechner zu erhalten.

Programmiersprachen und -umgebungen

Es hat in der Vergangenheit vielfältige Entwürfe neuer Programmiersprachen für die Numerik gegeben: ALGOL ist nur ein, aber sicher hervorragendes Beispiel. Dennoch hat sich FORTRAN gegen alle Neuentwicklungen durchgesetzt. Die große Masse der Bibliotheken und Anwendungen ist in FORTRAN implementiert, die meisten Entwickler sind in FORTRAN geschult. Es ist also im Prinzip einfach vorherzusagen, daß FORTRAN auf absehbare Zeit die wichtigste Programmiersprache der Numerik bleibt: dies ist eine einfache Konsequenz der Massenträgheit. Dabei ist natürlich festzuhalten, daß FORTRAN kein statisches Objekt ist, sondern immer wieder neue Konzepte aus anderen Sprachen aufgenommen und sich angepaßt hat. Man kann die Situation vielleicht auch so beschreiben:

> Wie auch immer die Sprache der Numerik in Zukunft aussehen wird, sie wird FORTRAN heißen und im wesentlichen aufwärts kompatibel zum FORTRAN Standard sein.

Man hat zunächst erwartet, daß für die neuen Rechnerarchitekturen auch völlig neue Programmiersprachen nötig seien. Insbesondere für Parallelrechner sei eine adäquate Programmierung in FORTRAN nicht denkbar. Mittlerweile hat sich jedoch gezeigt, daß nur wenige zusätzliche Konstrukte nötig sind, um FORTRAN zu einer durchaus geeigneten Parallelrechnersprache zu machen (s. auch Perry, Zorpette 1989). Und dies gilt durchaus für ein breites Spektrum von Rechnern: vom Mehrprozessorsystem mit gemeinsamem Speicher bis hin zum massiv parallelen System mit lokalem Speicher und Message Passing. Natürlich wird es noch lange dauern, bis diese Konstrukte ihren

Eingang in FORTRAN Standards finden. Dafür besteht noch zu wenig Klarheit darüber, welche parallelen Architekturen sich langfristig durchsetzen werden.

Die nötigen Erweiterungen für die Programmierung von Vektorrechnern sind jedoch unter der Bezeichnung FORTRAN8X einer Standardisierung nahe (s. Metcalf, Reid 1989), auch wenn die ursprüngliche zeitliche Vorstellung nicht ganz realisiert werden konnte. Dies wird dann auch vektorisierenden Compilern die Arbeit erleichtern. Darüber hinausgehende Datenstrukturen können auch durch Precompiler realisiert werden. Als ein Beispiel sei hier nur FORTRAN-SC erwähnt (s. Bleher et al. 1988).

Der neue FORTRAN Standard wird erheblich zu einer schnelleren, effizienteren und übersichtlicheren Implementierung komplexer Anwendungen beitragen. Dennoch gibt es den Wunsch nach Spezifikationssystemen, in denen numerische Probleme auf deutlich abstraktere, der mathematischen Notation nähere Art und Weise ausgedrückt werden können. Hier ist der Weg jedoch noch weit. Dies hat seine Ursache vor allem darin, daß die Numerik realer Probleme eben sehr schwierig ist und die Algorithmen sehr genau auf die spezifische Situation (Parameter, Geometrie, Art der Nichtlinearitäten, usw. usf.) abgestimmt werden müssen. Deshalb ist es nötig, jederzeit sehr genau die Details des Algorithmus beeinflussen zu können. Universalität und Prägnanz stehen sich bei manchen zu abstrakten Ansätzen vielleicht im Wege. Aber innerhalb eines vorgegebenen Kontexts läßt sich u.U. relativ kurz und trotzdem genau sagen, was man will. Und andererseits sind Spezifikationen auf verschiedenen Ebenen möglich, die interaktiv und schrittweise verfeinert werden können. Auf jeden Fall gibt es einige positive Ansätze (s. Wirtz, Zima 1990, Rump 1989, Husung 1988), die andererseits auch die Schwierigkeit des Vorhabens aufzeigen, die leider oft unterschätzt werden: wir brauchen hier enge, ausdauernde Zusammenarbeit zwischen Numerik und Informatik.

Über die Erweiterung bestehender Programmiersprachen und das Fernziel sehr abstrakter Hochsprachen sollte man nicht vergessen, daß es noch viele „einfache" Werkzeuge gibt, die das Entwickeln neuer Anwendungen vereinfachen: Debugging Tools, Generierung von Testdaten, Cross-Reference etc. Hier gibt es noch viel Raum für kreative Ideen, die mit überschaubarem Aufwand umzusetzen sind, aber großen Produktivitätsgewinn bringen. Zwei Werkzeuge sind m.E. besonders wichtig:

- Es wurde schon mehrfach erwähnt, daß es durch die vielfältigen Rechnerarchitekturen eine gewisse Notwendigkeit zur maschinenspezifischen Programmierung gibt, die dann natürlich die Portierung erschwert. Deshalb ist es nötig, umfangreiche Anwendungen schnell auf Teile durchsuchen zu können, die nicht dem FROTRAN77 Standard entsprechen. Hier sei etwa auf das Werkzeugpaket der NAG-Library verwiesen (Numerical Algorithms Group Ltd., Oxford).

- Für Parallelrechner sind grundsätzlich neue Programmiersprachen wahrscheinlich nicht nötig. Unverzichtbar sind aber Entwurfswerkzeuge für parallele Programmierung und besonders auch für die Darstellung ihres zeitlichen Ablaufs. Im Rahmen einiger Parallelrechnerprojekte sind Prototypen entstanden (s. Dongarra et al. 1988c, Dongarra, Sorensen 1986). Da sie für eine effiziente Entwicklung und Analyse von Anwendungen so wichtig sind, wäre hier ein stärkeres Engagement wünschenswert.

Vermischtes

Neben den bisher besprochenen Themen gibt es noch vielfältige weitere Herausforderungen der numerischen Software an die Informatik die hier aus Platzgründen nur kurz angesprochen werden können:

- Rechnerarithmetik: Numerik ist auf eine gute und schnelle Gleitkommaarithmetik angewiesen. Es ist dabei gerade bei komplexen Rechnungen wünschenswert, den Einfluß von Rundungsfehlern zu kontrollieren, damit das Resultat vieler Gigaflops nicht ein einziger Flop wird. Hierzu gibt es viele warnende Beispiele. Beim Design neuer Prozessoren, aber auch bei der Weiterentwicklung von Programmiersprachen sollten deshalb vielfach erprobte Vorschläge zur Verbesserung der Arithmetik berücksichtigt werden (s. Kulisch 1989, Kulisch, Stetter 1988).

- Pre-/Post-Processing: Für die Vorbereitung und Auswertung komplexer Simulationsrechnungen ist eine aussagefähige Graphik unerläßlich. In vielen Bereichen fehlt hier noch eine ausreichende Standardisierung der Schnittstellen und Basisbausteine. So ist es etwa in der Strömungsmechanik noch völlig unklar, welches die geeigneten graphischen Elementarstrukturen zur Darstellung und zeitlichen Verfolgung etwa von Wirbeln sind. Damit gerade diese aufwendigen Tools effizient und portabel entwickelt werden können, ist die Definition von Standards wichtig.

- Cooperative Processing: Dies ist ein viel verwendetes Schlagwort, daß aber m.E. noch nicht ausreichend definiert ist. Bisher beschränkt sich in der Numerik die Zusammenarbeit etwa zwischen Workstations und Supercomputern vor allem auf das eben erwähnte Pre-/Post-Processing. Ziel der Entwicklung ist natürlich eine transparente Arbeitsumgebung, bei der ein Entwickler nicht merkt, wo seine Anwendung läuft, wo die Bibliotheken und Dateien sind, die er benötigt. Es gibt Prototypen für verteilte Betriebssysteme, die solche Arbeiten unterstützen (s. Wettstein et al. 1988), aber es ist noch viel Spielraum für weitere Entwicklungen. So ist z.B. noch nicht zuendegedacht, ob nicht auch über lokale Netze gekoppelte

Workstations, die in der Regel nicht kontinuierlich ausgelastet sind, als durchaus mächtiger Parallelrechner nutzen läßt.

- Bibliotheken und ihre Verfügbarkeit: Es gibt mittlerweile ein nahezu unüberschaubares Angebot an Subroutine-Libraries. Für einzelne Bibliotheken gibt es hilfreiche Werkzeuge zur Beratung des Anwenders, der eine geeignete Subroutine sucht. Für die übergreifende Suche ist der Anwender jedoch auf persönliche Beratung angewiesen und auf eine gute Portion Glück. Ein erster, sicher positiver Ansatz sind über öffentliche Netze anwählbare Netlibs wie die neue eLib des Konrad-Zuse-Zentrums in Berlin (s. Numerische Software 1990). Solche Informationssysteme sollten jedoch durch Expertensystem- ähnliche Komponenten ergänzt werden, durch die Anwender z.B. systematisch auf die für „sein" Gleichungssystem in Frage kommenden Löser hingeführt wird.

Diese sicher subjektive Auswahl ließe sich noch verlängern. Der Bedarf der Numerik an spezifischer Informatikforschung ist groß, ebenso wie der Bedarf für Numerik - und er wird weiter wachsen.

Zusammenfassung

Rechnergestützte Simulationen finden immer breitere Anwendung, die behandelten Modelle werden komplexer und gleichzeitig steigt deshalb auch die industrielle Verwendung und Bedeutung numerischer Software. Gleichzeitig zeichnet sich eine Hardware ab, die in der Lage ist, die Leistungs- und Speicheranforderungen der Numerik zu befriedigen: so wird in industriellen CFD Abteilungen der Flugzeugindustrie ein Tera-Rechner (1 Tera-Flops Performance, 1 Tera-Byte Speicher) als ausreichend für die Entwicklungspraxis angesehen und diese Größenordnungen beginnen sich in ersten Designs abzuzeichnen. Deshalb ist es fortan wichtig, sich auf die numerische Software zu konzentrieren. Numerische Software bedarf dringend, wie nicht anders zu erwarten, des Software- Engineering. Aber die Numerik Software wirft eigene und spezifische Probleme auf und erfordert auch ein spezifisches Software- Engineering für Numeriker.

Für die zu entwickelnden Methoden bedarf es der engen, interdisziplinären Zusammenarbeit von Informatik, Numerikern und Anwendern. Aus diesem Grunde haben DMV, GAMM und GI beschlossen, im Bereich der mathematischen Software zusammenzuarbeiten und u.a. die gemeinsame Fachgruppe Numerische Software zu gründen. Es ist zu hoffen, daß es gelingt, die Informatikforschung in verstärktem Maße für die Mitarbeit an diesen interessanten und wichtigen Aufgaben zu gewinnen.

Danksagung

Meinem Kollegen Dr. D. Müller-Wichards danke ich für zahlreiche Gespräche und wertvolle Anregungen.

Literatur

J.H. Bleher, S.M. Rump, U. Kulisch, M. Metzger, Ch. Ullrich, W. Walter: FORTRAN-SC. A study of a FORTRAN extension for engineering/ scientific computation with access to ACRITH. In: U. Kulisch, H.J. Stetter (eds): Scientific computation with automatic result verification, Springer-Verlag 1988.

C. Bischof, J. Demmel, J. Dongarra, J. DuCroz, A. Greenbaum, S. Hammarling, D. Sorensen: LAPACK Working Note #5: Provisional Contents ANL-88-38, Argonne National Laboratory, September 1988.

J. Dongarra, J. DuCroz, I. Duff, S. Hammarling: A set of level 3 basic linear algebra subprograms. Argonne National Laboratory, Mathematics and Computer Sciences Division, Preprint No.1, August 1988a.

J. Dongarra, J. Du Croz, I. Duff, S. Hammarling, R. Hanson: An extended set of FORTRAN basic linear algebra subprograms. ACM Transactions on Math. Software 14 (1988b).

J. Dongarra, D. Sorensen, K. Connolly, J. Patterson: Programming methodology and performance issues for advanced computer architectures. Parallel Computing 8 (1988c).

J. Dongarra, D. Sorensen: Schedule. Tools for developing and analyzing parallel FORTRAN programs. Argonne National Lanoratory Report, ANL-MCS-TM-86, 1986.

R. Helfrich: Die Portierung des FEM-Softwarepakets PERMAS auf verschiedenartige Rechenanlagen. 20. GI-Jahrestagung, Proceedings, Springer-Verlag 1990 (dieser Band).

R. Hempel: Portabilität numerischer Software für Parallelrechner unterschiedlicher Architektur. 20. GI-Jahrestagung, Proceedings, Springer-Verlag 1990 (dieser Band).

D. Husung: ABACUS. Programmierwerkzeug mit hochgenauer Arithmetik für Algorithmen mit verifizierten Ergebnissen. Diplomarbeit U Karlsruhe 1988.

IBM Corporation: Engineering and Scientific Subroutine Library, Guide and Reference, Release 4. IBM Form SC23-0184-4.

U. Kulisch (ed): Wissenschaftliches Rechnen mit Ergebnisverifikation. Vieweg 1989.

U. Kulisch, H.J. Stetter: Scientific computation with automatic result verification. Springer-Verlag 1988.

R. Lawson, R. Hanson, D. Kincaid, F. Krogh: Basic linear algebra subprograms for FORTRAN usage. ACM Transactions on Math. Software 5 (1979).

M. Metcalf, J. Reid: FORTRAN8X explained. Clarendon Press 1989.

Numerische Software Nr.1, 1990. Rundbrief der FG2.2.2 Numerische Software.

T.S. Perry, G. Zorpette (eds): Supercomputer experts predict expansive growth. IEEE Spectrum, February 1989.

S.M. Rump: CALCULUS. In: U. Kulisch (ed): Wissenschaftliches Rechnen mit Ergebnisverifikation. Vieweg 1989.

G. Wirtz, H. Zima: Spezifikation numerischer Software für parallele Superrechner. 20. GI-Jahrestagung, Proceedings, Springer-Verlag 1990 (dieser Band).

Spezifikation numerischer Software für parallele Superrechner

Guido Wirtz[†], Hans P. Zima[††]

[†] Inst. f. Informatik III, Universität Bonn, Römerstr. 164, D–5300 Bonn 1
[††] Inst. f. Statistik und Informatik, Universität Wien, Rathausstr. 19/3, A–1010 Wien

Zusammenfassung

Zu den schwierigsten Problemen der Informatik gehört heute die Entwicklung von Programmiersprachen und Werkzeugen, mit deren Hilfe das enorme Potential paralleler Superrechner ausgenutzt werden kann. Solche Rechner werden bisher vorwiegend in sequentiellen Sprachen wie Fortran (in Verbindung mit maschinenspezifischen Makros, Bibliotheksroutinen oder automatischer Parallelisierung) oder in explizit parallelen Sprachen programmiert. In dieser Arbeit wird ein weiteres Programmierparadigma diskutiert: Eine integrierte Programmierumgebung, die eine anwendungsorientierte, höhere Programmiersprache zusammen mit einem Transformationssystem zur Verfügung stellt, das automatisch Spezifikationen in Programme für einen Supercomputer übersetzen kann. Die Einbeziehung eines Bibliothekssystems unterstützt auf mehreren Ebenen der Granularität die Entwicklung hocheffizienter Programme.

1. Einleitung

Parallelität bietet die Möglichkeit der faktisch unbegrenzten Leistungssteigerung von Rechenanlagen. Als Folge davon und dank des raschen Fortschritts bei der Lösung der Hardwareprobleme gewinnen parallele Superrechner immer größere Bedeutung.

Diese Arbeit befaßt sich mit der *Programmierung paralleler Superrechner für Probleme der Numerik*. Die Numerik ist ein für den Einsatz solcher Rechner geradezu prädestiniertes Anwendungsgebiet: Insbesondere die *Größe* der zu bearbeitenden Probleme, wie sie zum Beispiel bei der approximativen Lösung von Partiellen Differentialgleichungen (PDE) entstehen, erfordert Speicher- und Rechenkapazitäten, die konventionelle Rechner weit überfordern [1].

Die Software für solche Rechensysteme hinkt jedoch der Hardwareentwicklung weit hinterher: Weder bei Programmiersprachen noch bei Werkzeugen für die Programmentwicklung ist ein Stand erreicht, der auch nur annähernd den Komfort und die Leistungsfähigkeit der entsprechenden Werkzeuge für sequentielle Rechner erreicht. Eine grobe Klassifikation der heute benutzten *Programmiermethoden für Superrechner* führt zu der folgenden Gliederung:

(1) Sequentielle Programmierung (Fortran oder C) in Verbindung mit
   - Systemspezifischen Routinen zur Organisation von Prozeßsystemen
   - Automatischer oder halbautomatischer Parallelisierung
(2) Explizit parallele prozedurale Programmiersprachen
(3) Bereitstellung von Bibliotheken mit Lösungsmethoden für numerische Probleme, die über eine Fortran-Schnittstelle angesprochen werden können
(4) Anwendungsorientierte, höhere Spezifikationssprachen

Diese Programmierparadigmen sind nach den folgenden *Kriterien* zu bewerten: *Korrektheit*, *Effizienz*, *Portabilität* und *Ausdrucksfähigkeit*. Unter Korrektheit verstehen wir die Konsistenz zwischen dem Verhalten eines Programms und einer zugehörigen funktionalen Spezifikation, im Kontext von Effizienz untersuchen wir die Laufzeit von Objektprogrammen, Portabilität spricht die Übertragbarkeit von Programmen zwischen Maschinen und Architekturen an, und Ausdrucksfähigkeit bezieht sich auf die Mächtigkeit der im Rahmen eines Programmierparadigmas zur Verfügung stehenden Sprachelemente. Die Kriterien sind insofern nach *Prioritäten* geordnet, als Korrektheit und Effizienz unabdingbare Voraussetzungen für den sinnvollen Einsatz von Programmen auf Superrechnern darstellen und Portabilität von Bedeutung ist, wenn ein Programm auf unterschiedlichen Rechnern eingesetzt und der Übertragungsaufwand innerhalb enger Grenzen gehalten werden soll. Eine detaillierte Diskussion der Interdependenzen zwischen sprachlicher Ausdruckskraft, Korrektheit und Effizienz der spezifizierten Algorithmen findet sich in [2].

Für die *heutige Praxis* besitzen die beiden zuerst genannten Programmierparadigmen eine weit höhere Bedeutung als die beiden zuletzt genannten. Im folgenden diskutieren wir die Vor- und Nachteile der konventionellen Methoden genauer. Auf die Charakteristiken der beiden zuletzt genannten Paradigmen wird im weiteren Verlauf der Arbeit ausführlich eingegangen.

Die **sequentielle Progammierung** numerischer Algorithmen in konventionellen prozeduralen Sprachen, insbesondere Fortran, stellt auch heute noch eines der wichtigsten Programmierparadigmen dar. Dies liegt darin begründet, daß Fortran seit mehr als 35 Jahren der Standard auf dem Gebiet der wissenschaftlich/technischen Programmierung ist; außerdem ist das damit zusammenhängende Modell der von-Neumann Maschine den meisten Anwendern so vertraut, daß der Übergang zu einer neuen Notation nur schwer durchzusetzen ist.
Der am weitesten verbreitete Ansatz zur Programmierung paralleler Rechner besteht darin, Bibliotheken mit *maschinen- bzw. architekturspezifischen Routinen* bereitzustellen, mit deren Hilfe das sequentielle Programm parallelisiert werden kann. Beispiele für diese Methode sind das Makrotasking auf der Cray X-MP und Cray Y-MP sowie die Werkzeuge für parallele Programmierung auf der Sequent ([3], [4]).
Innerhalb dieses Programmierparadigmas kann der Benutzer die höchstmögliche Effizienz erzielen, indem er das Programm im Hinblick auf die vorgegebene Architektur *manuell adaptiert*. Die Verifikation solcher Programme ist schwierig und Portabilität ist im allgemeinen nicht gegeben.
Diese Methode wiederspiegelt am deutlichsten den heutigen Stand der Wissenschaft auf dem Gebiet der parallelen Programmierung, einen Stand, der etwa dem der Sechzigerjahre bei der Programmierung sequentieller Maschinen entspricht. Während dies generell als unbefriedigend angesehen wird, ist es doch häufig der einzige Weg für den Benutzer, um die erforderliche (und die Anschaffung eines Superrechners primär rechtfertigende) Effizienz der erzeugten Objekte zu erzielen.
Eine alternative Methode ist die Verbindung von sequentieller Programmierung mit automatischer oder halbautomatischer *Parallelisierung*, d.h. mit der Bereitstellung von Software-Werkzeugen, die sequentielle Programme in äquivalente parallele Programme transformieren [5]. Die Parallelisierung für Multiprozessorsysteme mit *gemeinsamem Speicher* wird seit längerer Zeit in der Forschung behandelt ([6], [7], [8], [9], [10]); einige auf diesen Arbeiten basierende Systeme wurden zu Produkten weiterentwickelt. Für Multiprozessorsysteme mit *verteiltem Speicher* ist ein neuer Ansatz erforderlich, der auf der *Datenparallelität* beruht. Das erste für solche Architekturen entwickelte Parallelisierungssystem ist SUPERB ([11], [12], [13]), ein für den SUPRENUM Rechner ([14], [15]) bestimmtes interaktives System, das die Datenparallelität von Programmen ausnutzt. Zahlreiche Forschungsprojekte beschäftigen sich heute mit dieser Thematik.
Ein Vorteil dieses Ansatzes liegt darin, daß für Programmentwicklung, Verifikation und Test sequentieller Programme seit langem etablierte Verfahren existieren. Allerdings können heute exi-

stierende Systeme in der Regel nur in beschränktem Umfang die implizite Parallelität von Programmen erkennen und sind zudem nicht in der Lage, aus dem Programm die Essenz des Algorithmus abzuleiten und diesen gegebenenfalls im Hinblick auf spezifische parallele Architekturen zu adaptieren. In einem interaktiven System kann der Benutzer den Transformationsprozeß durch Zusicherungen über Variablen des Programms unterstützen.

Im Gegensatz zu dem oben skizzierten Verfahren ermöglichen Programmiersprachen mit expliziter Parallelität eine maschinenunabhängige Spezifikation paralleler Programme. Wichtige Vertreter solcher Sprachen sind PL/I [16], Algol 68 [17], OCCAM [18], IBM Parallel Fortran [19], PCF [20] und SUPRENUM Fortran [21]. Bei Verwendung solcher Sprachen läßt sich eine hohe Effizienz der Objekte und auch Portabilität erzielen. Die Ausdrucksfähigkeit der zur Verfügung stehenden Sprachmittel erlaubt das spezifische Ansprechen charakteristischer Architekturmerkmale. Zur Zeit gewinnt diese Methode der Programmierung zunehmend an Bedeutung.

Der wesentlichste Nachteil liegt in der Tatsache, daß die Entwicklung korrekter Programme mit expliziter Parallelität im allgemeinen eine äußerst schwierige Aufgabe darstellt. Die mit der Asynchronität der Prozesse zusammenhängenden Probleme der 'Race Conditions' [22], von Deadlocks, Fairness, wechselseitigem Ausschluß und Zustandssynchronisation sowie der Kommunikation kooperierender Prozesse lassen sich nur äußerst schwierig systematisch lösen [23]. Entsprechend ist die Fehlerfreiheit von Programmen mit expliziter Parallelität kaum jemals in einem befriedigenden Umfang verifizierbar. Hinzu kommt, daß auch heute noch kaum Debugging-Strategien existieren, die das systematische Testen solcher Programme ermöglichen.

Die bisher beschriebenen Methoden erlauben die Erzielung hoher Effizienz für die generierten Objektprogramme, und damit die Erfüllung eines der notwendigen Kriterien im Zusammenhang mit der Benutzung von Superrechnern. Andererseits sind die Möglichkeiten zur Formulierung von Programmen sehr weit von einer mathematischen Beschreibung der zu lösenden Probleme und verwendeten Algorithmen entfernt. Für den *Numerik-Spezialisten*, der sich vorrangig mit der Entwicklung und Implementierung neuer Verfahren beschäftigt, ist diese Diskrepanz zwischen Problem und Lösungsbeschreibung vertretbar. Für den *Anwender*, den primär die Lösung einer speziellen Aufgabe interessiert, ergibt sich dadurch ein Problem: Er beschäftigt sich zwangsläufig mit Tätigkeiten, die für ihn nur zweitrangig sind und die von ihm vielleicht auch Kenntnisse verlangen, über die er nicht verfügt.

Unter diesem Gesichtspunkt ist der Einsatz von Methoden wünschenswert, die in einem hohen Maße *unabhängig von Maschinen und Architekturen* sind, sich dafür aber *stärker am zu bearbeitenden Problembereich orientieren*.

Ein Programmierparadigma, das von maschinenspezifischen Faktoren abstrahiert, indem es *Bibliotheksroutinen* über eine *einheitliche maschinenunabhängige Schnittstelle* bereitstellt, bietet in Hinsicht auf den ersten Aspekt gute Möglichkeiten. Allerdings sind auch die Ausdrucksmittel einer konventionellen Programmiersprache in Verbindung mit einem Bibliothekssystem sehr weit von der in der Mathematik üblichen Beschreibung numerischer Verfahren entfernt. In Bezug auf das Kriterium der sprachlichen Ausdruckskraft ist dementsprechend ein Paradigma vorzuziehen, welches auf einer auf den Anwendungsbereich zugeschnittenen *Spezifikationssprache* basiert.

In dieser Arbeit befassen wir uns mit einem Ansatz, der im Rahmen einer *integrierten Programmierumgebung* das auf Bibliotheken beruhende Programmierparadigma mit dem einer Spezifikationssprache vereinigt. Damit wird einerseits eine anwendungsorientierte, mächtige Sprache zur Formulierung numerischer Probleme und Lösungsverfahren zur Verfügung gestellt, andererseits eine Trennung zwischen problemorientierten und rechnerspezifischen Aspekten ermöglicht. Es werden Wege aufgezeigt, wie Spezifikationen in effiziente Objektprogramme für parallele Superrechner transformiert werden können, wobei auf Rechner mit verteiltem Speicher in besonderem Maße eingegangen wird. Die Integration des Bibliothekskonzepts zur Gewährleistung von Effizienz spielt eine zentrale Rolle in diesen Überlegungen, die sich überwiegend auf die Entwicklung der rechenintensiven Kernstücke von Programmen zur Lösung von PDE und damit auf ein zentrales Teilgebiet der Numerischen Mathematik konzentrieren.

Die Arbeit gliedert sich in fünf Abschnitte. In Abschnitt 2 werden die Anforderungen an die Spezifikation numerischer Software, sowohl im Hinblick auf die Numerik als auch unter dem Gesichtspunkt der Generierung effizienten Codes untersucht. Abschnitt 3 gibt einen Überblick über bisherige Ansätze zur Spezifikation numerischer Software; dabei wird auf die an Bibliotheken oder Spezifikationssprachen orientierten Programmierparadigmen genauer eingegangen. Darauf aufbauend beschreibt Abschnitt 4 die grundlegenden Überlegungen für eine integrierte Programmierumgebung. Abschließende Bemerkungen und eine ausführliche Literaturübersicht runden die Arbeit ab.

2. Anforderungen an die Spezifikation numerischer Software

Die im folgenden zu behandelnde Methodik ist *nicht* darauf ausgerichtet, numerische Programme rein deklarativ zu beschreiben, um dann auf dieser Basis Korrektheitsbeweise zu führen oder durch schrittweise Transformation ausführbare Programme zu erzeugen (vgl. z.B. Arbeiten zu algebraischen Spezifikationen [24] oder die 'wide-spectrum language' CIP-L [25]). Solche Ansätze konnten bis heute – zumindest was die automatische Generierung von Programmen angeht – nicht durch effiziente Resultate überzeugen.

Der experimentelle Charakter der Erstellung numerischer Programme, in dem die Entwicklung von Lösungsverfahren, Konvergenzüberlegungen und Tests durch Implementierung der Algorithmen Hand in Hand geht, verbietet ein rein deklaratives Vorgehen. Die prinzipielle Entscheidung über die Wahl des Lösungsverfahrens ist inhärenter Bestandteil der kreativen Arbeit des Numerikers und kann unter realistischen Randbedingungen nicht automatisiert werden (vgl. dazu auch die Diskussion in [26]). Zur Begriffsklärung wird deshalb von folgender *Definition* ausgegangen.

> Unter der *Spezifikation numerischer Software* werden Methoden zur *anwendungsorientierten Formulierung numerischer Probleme und Lösungsverfahren* verstanden. Anwendungsorientiert meint dabei die Formulierung in einer der Mathematik nahe stehenden Sprache. ∎

Unter dieser Voraussetzung sind nun die Anforderungen an eine *Spezifikationssprache* für Numerik zu präzisieren. Korrektheit und Portabilität sind im Kontext einer Spezifikationssprache leicht zu erreichen. Die adäquate Ausdrucksfähigkeit einer solchen Sprache ist mit der Möglichkeit zur Formulierung realistischer Anwendungen gegeben. Besondere Aufmerksamkeit erfordert der Aspekt der effizienten Implementierbarkeit auf parallelen Architekturen. Probleme bezüglich der Effizienz verhindern in der Regel den Gebrauch von Spezifikationssprachen in der Praxis.

2.1 Der numerische Aspekt

Um Möglichkeiten zur Problem- und Verfahrensbeschreibung zu bieten, sollte die Sprache sowohl *deklarative* als auch *prozedurale* Elemente enthalten und so nahe wie möglich an der Standardnotation der zu lösenden Probleme liegen. Insbesondere sollten für die Lösung von PDE

folgende Objekte und Operatoren zur Verfügung stehen:
- Gebiete, Funktionen, Differentialoperatoren und Randbedingungen,
- Mengen, Vektoren, Matrizen, Gitter, Differenzensterne

als auch Kontrollstrukturen wie
- Bedingte Anweisungen, Fall-Spezifikationen, allgemeine Iteratoren zur mehrfachen oder bedingten Ausführung von Verfahrensschritten,
- Objekt-spezifische Iteratoren zur Anwendung von Verfahrensschritten auf alle oder einen Teil der Komponenten von mathematischen Objekten sowie
- Terminierungsbedingungen auf der Grundlage von Fehlernormen etc. als Abbruchkriterium für Verfahren oder zur Kontrolle des Verfahrensverhaltens zwischen Lösungsschritten.

Die erste Gruppe mathematischer Objekte dient vorrangig zur Problembeschreibung, während es sich bei der zweiten Gruppe mehr um Objekte handelt, die für ein Lösungsverfahren benötigt werden. Mathematische Objekte sind in einer Weise bereitzustellen, die neben ihrer flexiblen *Definition* auch die komfortable *Manipulation* erlaubt. Unter Manipulation wird dabei die Veränderung grundsätzlicher struktureller Attribute, wie z.B. der Größe einer Matrix oder der Maschenweite eines Gitters, verstanden. Dabei kann unterschieden werden zwischen der *interaktiven Manipulation* zum Zeitpunkt der Spezifikation, wobei nur das Endergebnis zu ausführbarem Code führt, oder aber der *programmierten Manipulation* von Objekten während des Programmablaufs. Im letzeren Fall handelt es sich um Möglichkeiten zur Spezifikation *dynamischer Verfahren*. Als Beispiel seien adaptive Gittermethoden genannt, die auf der Grundlage aktueller Zwischenergebnisse lokale Verfeinerungen vornehmen [29].

Neben diesen strukturellen Operationen sollen auch komplexe *Rechenschritte* wie das Multiplizieren einer Matrix mit einem Vektor oder die Berechnung eines Skalarprodukts oder einer Norm möglich sein. Dabei kann die Anwendung von *Typensystemen* für mathematische Objekte, wie z.B. die Unterscheidung von Matrizen nach mathematischen Eigenschaften (positiv definit etc.) oder Repräsentationseigenschaften (symmetrisch, diagonal, Band etc.), eine wichtige Rolle spielen. Dem Benutzer, der sein Wissen um das zu behandelnde Problem durch solche Festlegungen ausdrücken kann, wird damit die Möglichkeit geboten, auf die Effizienz der gewählten Realisierung für komplexe Operationen Einfluß zu nehmen, ohne sich um Details der Realisierung kümmern zu müssen.

Im Rahmen der Kontrollstrukturen braucht auf die erste Gruppe nicht weiter eingegangen zu werden. Hier handelt es sich um bedingte Anweisungen und Schleifen, die man zum Teil durch anwendungsspezifische Konstrukte (wie 'Element einer Menge' oder Ähnliches) ergänzen kann. Objektspezifische Iteratoren meinen z.B. Anweisungen der Art: 'für alle Spalten einer Matrix', 'für alle inneren Punkte eines Gitters'. Dieser Gruppe von Kontrollstrukturen kommt speziell in der Numerik von PDE große Bedeutung zu: durch die Vielzahl der auftretenden Probleme, bei denen schon die Änderung eines Parameters ein vorher 'gutes' Verfahren nicht mehr sinnvoll anwendbar macht, ist die *Kontrolle des Lösungsvorgangs* ein wichtiger Aspekt (vgl. [28]).

Auf eine detaillierte Beschreibung und vollständige Aufzählung der einzelnen Faktoren wird hier verzichtet. Die Integration von Mechanismen zur *Symbolmanipulation* und ihre Nutzung zur Reformulierung eines Problems als Vorbereitung des eigentlichen numerischen Rechenteils sind für ein allgemeines System unverzichtbar (vgl. [29] oder [30]). In die o.g. Klassifikation passen solche Ansätze durchaus, indem sie als Manipulation von Objekten aufgefaßt werden. Zudem erfordern die Vorbereitungsphasen von numerischen Berechnungen, die selbst zum Teil schon numerisch zu lösende Teilprobleme enthalten (z.B. Gittergenerierung), ebenfalls leistungsfähige Komponenten, die als Objektmanipulationen interpretiert werden können.

2.2 Der Implementierungsaspekt

Spezifikationen, die primär zur Beschreibung, Publikation und Diskussion von numerischen Verfahren dienen, können mit Hilfe der üblichen mathematischen Notation formuliert werden, wobei der Gesichtspunkt der effizienten Implementierbarkeit ohne Bedeutung ist. Im Gegensatz dazu impliziert unser Verständnis von einer numerischen Spezifikationssprache die unbedingte Forderung nach der *automatischen* Umsetzbarkeit in effizient ablauffähige Programme für parallele Zielarchitekturen. Diese Forderung ist nur realisierbar, wenn Beschränkungen im Hinblick auf die Ausdrucksfähigkeit und den Abstraktheitsgrad der Sprache in Kauf genommen werden. Für eine detailliertere Diskussion dieser Problematik wird auf Abschnitt 2.3 verwiesen.

Im Bereich der Numerik existieren zahlreiche Programmbibliotheken, die Standardlösungen anbieten, welche von einfachen Vektor- oder Matrixoperationen über hochspezialisierte Verfahren bis zu vollständigen Lösungsverfahren für bestimmte Aufgabenstellungen reichen. Die Spezifikationssprache muß die Möglichkeit bieten, Programmbibliotheken auf flexible Weise in den Programmentwicklungsprozeß einzubinden.

2.3 Ausnutzung von Parallelität

Mit Ausnahme weniger neuerer Algorithmen, wie z.B. 'asynchroner iterativer Algorithmen' (vgl. [31]), die im Kontext von Parallelrechnern Interesse gefunden haben und die mögliche Nicht-Determiniertheit paralleler Ausführungen als Parameter in die Verfahrensbeschreibung einfließen lassen, kann man davon ausgehen, daß den Benutzer die spezielle Charakteristik der Ziel-Maschine, auf der sein Verfahren zur Ausführung kommt, nicht interessiert. Dies gilt natürlich nur dann, wenn auch ohne solche Überlegungen eine effiziente Implementierung möglich ist.

Beim augenblicklichen Stand der Forschung kann die effiziente Abbildung numerischer Probleme auf Parallelrechner nicht vollkommen automatisch geleistet werden. Dies gilt insbesondere für den immer wichtiger werdenden Bereich der Rechner mit verteiltem Speicher. Im Bereich reiner Vektorrechner ist etwas mehr Optimismus angebracht [5].

Zwar gibt es vielversprechende Teilergebnisse zur *Parallelisierung* von Programmen für diese Rechnerklasse wie z.B. das im Rahmen des deutschen Verbundprojekts SUPRENUM [14] entwickelte SUPERB-System ([32], [11]); allerdings arbeiten solche Systeme auf der Basis konventioneller sequentieller Programmiersprachen wie insbesondere Fortran und erfordern zudem – im Gegensatz zu der im allgemeinen automatischen Arbeitsweise von Compilern für von-Neumann-Maschinen – die Interaktion mit dem Benutzer.

Deshalb sollte die generelle Anforderung an eine Spezifikationssprache für die Ausnutzung von Parallelität lauten: *auf Sprachelemente zur expliziten Steuerung paralleler Prozeßsysteme sollte verzichtet werden*; dagegen sollte eine Methode gewählt werden, die Parallelität aus einer deklarativen Beschreibung ableitet und möglichst eng mit dem Anwendungsbereich verbunden ist.

Im Bereich der Lösung von PDE bietet sich hier eine Methode an, die mit dem Begriff *Daten-Parallelität* [33] charakterisiert werden kann. Aufgrund der großen zu bearbeitenden Datenmengen, auf denen häufig sehr gleichförmige Operationen ausgeführt werden, kann man Parallelität dadurch erreichen, daß man die Daten aufteilt und verschiedene Teile (Segmente) durch das gleiche Programm durch verschiedene parallele Prozesse bearbeiten läßt. Zum einen führt diese Art der Parallelität zu einigermaßen überschaubaren parallelen Programmen; zusätzlich scheint dies der einzige Weg zu sein, mehrere Hundert oder sogar Tausende von Prozessoren auszunutzen, ohne die Kontrolle und den Überblick über den Ablauf des Programms gänzlich zu verlieren. Diese Argumente werden durch eine ganze Reihe von aktuellen Ansätzen zur Ausnutzung von Parallelität in numerischen Verfahren unterstützt, die zu parallelen Programmen führen, die alle mehr oder weniger dem SPMD (Single Program Multiple Data) [34] Modell genügen (vgl. [35], [36]). Als Konsequenz wird eine Spezifikationsmethodik vorgeschlagen, die die *Partitionierung mathematischer Objekte* unterstützt.

Damit sind die prinzipiellen Anforderungen an eine Spezifikationssprache für numerische Probleme vor dem Hintergrund der Ausnutzung paralleler Rechner – insbesondere solcher mit verteiltem Speicher – beschrieben. Eine detaillierte Diskussion der speziellen Anforderungen im Bereich der Lösung von PDE findet sich z.B. auch in [37]. Bevor auf die Konzeption des Systems selbst eingegangen wird, werden einige bisher geleistete Arbeiten auf diesem Gebiet dargestellt und diskutiert.

3. Bisherige Ansätze zur Spezifikation numerischer Software

Ansätze zur Beschreibung numerischer Verfahren – insbesondere im Bereich der Lösung von PDE – gibt es schon seit langem. Als Beispiel sei hier auf die Sprache PDEL [38] verwiesen. Die grundlegende Motivation für viele frühe Systeme war das Ziel, ein spezielles Problem so zu formulieren, daß die Beschreibung als Eingabe zu einem vorhandenen Programm ('Solver') benutzt werden konnte, ohne daß der Benutzer zu viele Details über die interne Organisation des verwendeten Programms wissen mußte. Ein Überblick über eine Reihe von frühen Systemen, auf die hier nicht eingegangen werden soll, findet sich in [39]. Einen wesentlich aktuelleren Überblick bieten die Arbeiten von COOK (insbesondere [26]), dessen ALPAL System einen Schwerpunkt auf die Integration von Methoden der Computer–Algebra in die Softwareentwicklung für numerische Programme legt [40]. Hier soll auf zwei unterschiedliche Methoden zur Realisierung solcher Systeme eingegangen werden.

3.1 Bibliotheksbasierte Ansätze

Die meisten Systeme im Bereich der Lösung von PDE arbeiten auf der Grundlage einer *Numerik-Bibliothek*. Die Steuerung des Verfahrens durch den Benutzer erfolgt in der Regel durch die Angabe von Parametern. Als Beispiel für die konventionelle Methode des Zugangs zu solchen Paketen sei hier das FIDISOL Programmpaket genannt, bei dem die Kommunikation zwischen Benutzer und Programm durch die Parameterliste der aufzurufenden Routinen gewährleistet wird [28].

Einer der bekanntesten Ansätze, der ein umfangreiches Bibliothekssystem mit einer klaren Methodik und umfangreichen Sprache zur Problembeschreibung sowie zur Steuerung des Aufrufs von Lösungsroutinen verbindet, ist ELLPACK [41]. Die ELLPACK Sprache ist als Erweiterung von Fortran aufzufassen. Ein Präprozessor übersetzt ELLPACK–Konstrukte zur Definition von Gebieten, Randbedingungen usw. in Aufrufe von internen Routinen, die die entsprechende Information in der Art bereitstellen, wie sie für die Lösungsmodule benötigt wird.
Algorithmische Varianten sind durch die vermischte Benutzung von Fortran– und ELLPACK–Konstrukten formulierbar. Weitere Entwicklungen zu ELLPACK, wie z.B. eine interaktive Version [42] und eine Version, die sich mit parallelen PDE Lösern beschäftigt [43], zeigen die weitreichenden Möglichkeiten des Systems. Der größte Schwachpunkt liegt im Fehlen von adäquaten Kontrollkonstrukten. Die Verwendung von ELLPACK–Komponenten in fremden Programmen erfordert

eine genaue Kenntnis der dem System zugrundeliegenden Speicherstrukturen für mathematische
Objekte, was die Benutzung des Systems in diesem Zusammenhang erschwert. Insgesamt ist in
ELLPACK das Bibliotheksprinzip die allgemeine Grundlage, auf dem die Sprache und alles andere
basiert.

Ein weiteres System, das über eine umfangreiche Beschreibungssprache verfügt, ist DEQSOL [44].
Im Gegensatz zu ELLPACK sind hier neben der Problembeschreibung auch explizite Kontrollstrukturen zur Steuerung eines Algorithmus enthalten. Diese beschränken sich allerdings auf bedingte
und unbedingte Iterationen sowie einfache Konditionale, die von ihrer Struktur her denen konventioneller Programmiersprachen ähneln. Das zentrale Konstrukt bleibt das '*solve*', mit dem die zur
Lösung eingesetzte Routine aufgerufen wird. Neuere Versionen verfügen auch über einen Transformationskatalog, um Problembeschreibungen in eine für die Bibliotheksmodule verarbeitbare Form
zu bringen [45]. Zielrechner für die nach Fortran transformierten Programme sind Vektorrechner.
Ähnliche Strukturen weist die PARAGRAM Sprache auf, die von der gleichen Arbeitsgruppe entwickelt wurde [46] und hauptsächlich Algorithmen mit dünn besetzten Matrizen zum Anwendungsbereich hat. Zu diesem Zweck enthält die Sprache die Möglichkeit, Matrizen mit Attributen wie
'*sparse*' oder '*dense*' zu versehen, wie auch einige der in Abschnitt 2 vorgeschlagenen mathematischen Klassifikationen. Zusätzlich zu den sequentiellen Kontrollstrukturen enthält die Sprache
parallele Blöcke und send/receive Konstrukte zur Prozeßkommunikation. Daß Lösungsmodule
auch hier inhärente Grundlage des gesamten Konzeptes sind, zeigt am besten die Unterscheidung
zweier spezieller Konstrukte: '*solve*' für die Lösung von linearen Gleichungssystemen sowie '*esolve*'
für die Berechnung von Eigenwerten/Eigenvektoren. Beide Konstrukte enthalten in modifizierter
Syntax die zu bearbeitenden Felder, Felder zur Speicherung der Lösung, den Namen der benutzten
Routine sowie eine Liste der zusätzlich benötigten Parameter.

Der grundsätzliche *Nachteil* der beschriebenen Ansätze ist das *Fehlen von anwendungsorientierten
Kontrollstrukturen* sowie einer einfachen Formulierung von Parallelität, wobei ELLPACK und seine
Weiterentwicklungen den skizzierten Zielvorstellungen einer Beschreibungssprache für Numerik am
ehesten entsprechen.

3.2 Transformationsbasierter Ansatz: SUSPENSE

Das SUSPENSE-System (SUprenum SPEzifikationssprache für Numerische SoftwarE) wurde
im Rahmen des SUPRENUM Projekts [14] an der Universität Bonn entwickelt (vgl. [47],
[48], [49]). SUSPENSE bezeichnet sowohl eine *Spezifikationssprache* für einen Teilbereich der
Numerik, als auch ein System, das solche Spezifikationen automatisch in sequentielle oder parallele
Fortran-Programme transformiert. Im folgenden wird eine kurze Beschreibung der wichtigsten
Komponenten gegeben. Da SUSPENSE als experimenteller Prototyp entwickelt wurde, ist der
Anwendungsbereich auf das Gebiet der Mehrgitterverfahren zur Lösung von PDE [50] beschränkt.

Die Sprache enthält Objekttypen wie PDE mit Randbedingungen als auch rechtwinklige Gebiete,
auf denen Gitter und Gitterhierarchien, wie sie in Mehrgitterverfahren zur Anwendung kommen,
definiert werden können. Zusätzlich besteht die Möglichkeit, Gitter zu vergröbern oder zu verfeinern. Zur Definition von Operatoren, die z.B. bei der Diskretisierung von PDE entstehen oder zur
Formulierung von Interpolationen verwendet werden, stehen spezielle Objekttypen (Differenzensterne) zur Verfügung.

Die wichtigsten Kontrollstrukturen sind *Iteratoren*, die die Formulierung von Relaxationen und
anderen iterativen Verfahren ermöglichen. Operationen zwischen verschiedenen Gittern (Interpo-

lationen, Restriktionen) können mit Konstrukten, die korrespondierende Punkte in verschiedenen Gittern ansprechen, einfach spezifiziert werden. Zusätzlich besteht die Möglichkeit, Teile von Objekten wie z.B. die Spalten und Zeilen einer Matrix oder auch die Flächen eines 3–D Gitters als Ganzes anzusprechen sowie arithmetische Operationen auf solchen mehrdimensionalen Objekten zu formulieren.

Neben der Orientierung an Objekten aus dem Anwendungsbereich ist die Art, wie Iterationen auf Gittern beschrieben werden, der deutlichste Unterschied zu herkömmlichen Programmiersprachen. *Ordnungsspezifikationen*, die die gleiche Struktur wie Differenzensterne haben, erlauben eine Beschreibung von Ausführungsreihenfolgen, die speziell für iterative Verfahren geeignet ist.

Das Verfahren läßt sich am besten an der Formulierung einer Relaxation auf einem mehrdimensionalen Gitter darstellen. Der Benutzer spezifiziert keine Schleifenhierarchie mit totaler Ordnung, um die Anwendung des Differenzenoperators auf alle Punkte zu beschreiben, sondern eine einzige 'Schleife' auf Punkten. Die Ordnung der Ausführung wird exemplarisch für einen Punkt spezifiziert, indem angegeben wird, für welche Punkte aus seiner Nachbarschaft, von denen die Berechnung seines eigenen Wertes abhängt, der Wert aus der aktuellen oder der vorhergehenden Iteration herangezogen wird. Man spricht in diesem Zusammenhang von 'neuen' bzw. 'alten' Werten. Dadurch lassen sich z.B. unterschiedliche Relaxationen wie Gauss–Seidel in verschiedensten Ordnungen oder Jacobi–Verfahren einfach durch Änderung der Ordnungsspezifikation beschreiben. Die spezifizierten Ordnungsrestriktionen führen in der Regel zu *partiellen Ordnungen*, die – im Gegensatz zu den totalen Ordnungen herkömmlicher Schleifenkonstrukte – effizientere Implementierungen erlauben.

Der große Vorteil dieser Konstrukte gegenüber herkömmlichen Schleifen imperativer Programmiersprachen ist die Möglichkeit, sich auf die Spezifikation der notwendigen Ordnungsbeziehungen zu beschränken. Es müssen keine Entscheidungen über Schleifenhierarchien oder Abarbeitungsreihenfolgen auf einzelnen Dimensionen getroffen werden, die nur in der schwachen Ausdruckskraft der zur Verfügung stehenden Sprache begründet sind, aber nichts mit dem zu formulierenden Verfahren zu tun haben. Dieses Vermeiden von *Überspezifikation* ist besonders im Kontext der Generierung von Vektorcode oder paralleler Programme wichtig. Die Analyse eines Spezifikationsprogramms wird dadurch erleichtert, daß nicht zwischen vom Benutzer gewollten Einschränkungen oder aber auf die benutzte Sprache zurückgehenden Ausführungsreihenfolgen unterschieden werden muß. Zudem kommen solche Spezifikationen der Art, in der numerische Verfahren informell beschrieben werden, wesentlich näher als die entsprechenden Schleifen einer Sprache wie Fortran.

Parallelität wird durch Angabe einer *Datenaufteilungen* spezifiziert, welche die im Algorithmus verwendeten Objekte in Segmente unterteilt, die parallel bearbeitet werden können. Die Aufteilung von Daten kann durch explizite Angabe der entstehenden Segmentgrößen oder aber durch die Benutzung bestimmter Strategien, die automatisch zu gleichförmigen Aufteilungen führen, angegeben werden (siehe dazu insbesondere [51]). Diese Angabe (eine Programmzeile) macht aus dem sequentiellen Spezifikationsprogramm eine parallele Spezifikation. Somit ist sowohl die Möglichkeit zur detaillierten Beschreibung der gewünschten Aufteilung als auch der sehr einfache Weg zu Standardaufteilungen ermöglicht.

Im Falle von Spezifikationsprogrammen ohne Datenaufteilung wird *automatisch* – ohne die Hilfe von Lösungsmodulen – sequentieller Fortran-77 Code erzeugt. Das bedeutet, daß die in der Spezifikation verwendeten anwendungsspezifischen Objekte wie z.B. Gitter in Fortran Datenstrukturen übersetzt werden und der spezifizierte Algorithmus auf Fortran–Kontrollkonstrukte (Schleifen), Unterprogramme und Unterprogramm-Aufrufe abgebildet wird. Dazu gehört auch die automatische Generierung von Routinen zur Initialisierung von Gitterteilen aus den Informationen der Problemspezifikation, also Randbedingungen und Funktionen auf der rechten Seite von PDE. Die Transformation von Iteratoren beinhaltet die Einrichtung von Mechanismen zur effizienten Zwischenspeicherung von Werten, wenn z.B. eine Jacobi-Relaxation spezifiziert wurde.

Zusätzlich besteht die Option, *Vektor-Konstrukte* im resultierenden Programm zu verwenden. Falls Datenaufteilungen benutzt wurden, wird ebenso automatisch ein paralleles Suprenum-Fortran Programm [21] generiert. Die parallelen Programmen zugrunde liegende Struktur ist durch das schon erwähnte SPMD Modell [34] charakterisiert. Jedes durch die Aufteilung entstehende Segment wird von einem eigenen Prozeß bearbeitet und alle Segmentprozesse arbeiten parallel, soweit die benutzten Ordnungsspezifikationen keine Synchronisation oder Kommunikation erzwingen.

Die Steuerung des entstehenden Prozesssystems, besonders die Prozessgenerierung, die Versorgung der Prozesse mit den zu bearbeitenden Daten und die Organisation des Nachrichtenaustausches wird vollkommen automatisch ohne jedes weitere Eingreifen des Benutzers erledigt. Die Korrektheit des entstehenden parallelen Programms ist durch das System garantiert. Damit ist eine sehr einfache Möglichkeit zur Benutzung eines Parallelrechners mit verteiltem Speicher gegeben.

Die Mächtigkeit von Iteratoren zur Beschreibung sequentieller und paralleler Algorithmen, die weit über den Rahmen des in SUSPENSE implementierten Konzepts hinausgeht, sowie die Möglichkeiten, solche Spezifikationen automatisch in ausführbaren Code zu transformieren, werden in [2] eingehend untersucht.

Insgesamt zeigen die Erfahrungen mit SUSPENSE, daß der *Transformationsansatz wesentlich höhere Flexibilität* aufweist als die Beschränkung auf Bibliotheken in Verbindung mit reinen Präprozessoren. Da andererseits die große Bedeutung von Bibliotheken in der Numerik unverkennbar ist, wurde im Rahmen von SUSPENSE auch ein Experiment zur Integration eines komplexen Programms in das Spezifikations- und Transformationssystem durchgeführt. Die gelungene Integration einer Linienrelaxation, die außerhalb des SUSPENSE-Projekts entwickelt wurde [52], führte zu ersten Erkenntnissen, wie der Transformations- und Bibliotheks-Ansatz zu integrieren sind.

3.3 Diskussion

Die bisherigen Überlegungen zeigen, daß die Konzeption eines Systems zur Unterstützung der Verwendung numerischer Verfahren bei der Definition einer Sprache ansetzen sollte, die es dem Benutzer erlaubt, numerische Probleme und Algorithmen in einer dem Anwendungsbereich verwandten Notation zu formulieren. Dies führt zu einer klareren Sprach- und Systemstruktur als ein Ansatz, der sich auf die zur Verfügung stehenden Routinen einer Bibliothek stützt.

Die grundsätzliche Entscheidung, daß Spezifikationen auch ohne die Hilfe von Bibliotheksroutinen zur Ausführung gebracht werden können, ermöglicht eine hohe Flexibilität des entstehenden Systems, in dem die Spezifikationssprache auch zu *Experimenten mit neuen Verfahren* benutzt werden kann. Zusätzlich erfordert der sehr umfangreiche Anwendungsbereich eines Spezifikationssystems für Numerik einen im Hinblick auf Erweiterungen offenen Sprachentwurf.

Die höhere Flexibilität des Transformationsansatzes bedeutet nicht, daß auf Bibliotheken verzichtet werden kann. Dies verbietet sich schon aus den folgenden beiden Gründen:

- Automatisch generierte Programme sind – was die Effizienz angeht – nicht mit von Spezialisten geschriebenen Routinen vergleichbar.
- Die häufige Benutzung von Standardkomponenten in numerischen Verfahren macht die ständig

wiederholte Spezifikation von wohlbekannten Komponenten zu einem unnötigen Aufwand.

Vielmehr ist das Bibliothekskonzept weiterzuentwickeln und in einer auch konzeptionell klaren Weise in eine Spezifikationssprache einzubetten sowie in die Transformation von Spezifikationen zu integrieren. Zusätzliche praktische Bedeutung kommt einem Bibliothekssystem auch für frühe Entwicklungsstadien des Spezifikationssystems zu. Da ein Spezifikationssystem erst nach langer Entwicklung über eine Ausdruckskraft verfügt, die die meisten Wünsche des Benutzers erfüllt, kann eine erste Implementierungsphase (nicht: Entwurfsphase) durch Adaption von Bibliotheken zu einem sehr früh benutzbaren System führen.

4. Eine integrierte Spezifikationsumgebung für numerische Software

Die Anforderungen an eine Spezifikationsumgebung sowie verschiedene Ansätze zu ihrer teilweisen Erfüllung wurden in den vorhergehenden Abschnitten behandelt. Im folgenden sollen die wichtigsten Komponenten einer integrierten numerischen Spezifikationsumgebung, ihre Eigenschaften und Interdependenzen beschrieben werden. Das System gründet sich auf

- Anwendungsorientierte Sprachkonstrukte
- Numerik–Bibliotheken unterschiedlicher Granularität
- Zweistufige Transformationsregeln

Die gewünschte Struktur der grundlegenden *Spezifikationssprache* ist in Abschnitt 2 beschrieben worden. Hier wird nur auf die zusätzlichen – durch den Integrationsaspekt bedingten – Eigenschaften eingegangen.

Das *Typkonzept* der Sprache basiert auf den Standard–Datentypen herkömmlicher Programmiersprachen, die um einen wichtigen numerischen Aspekt, den der *Genauigkeit der Darstellung*, erweitert werden sollten. Darauf aufbauend werden mathematische Objekttypen definiert, die durch zusätzliche *Attribute* für ihre mathematischen und strukturellen Eigenschaften feiner unterschieden werden können. Durch die Zulassung von *überladenen Operatoren*, d.h. die Benutzung des gleichen Operators in Kombination mit unterschiedlich attributierten Objekten, kann die Typstruktur der Sprache zur *automatischen Bestimmung effizienter Realisierungen für Operatoren* genutzt werden. Die Sprache ist *erweiterungsfähig* in dem Sinne, daß neue Operatoren automatisch integriert werden können; zusätzlich ist eine standardisierte Schnittstelle zur Beschreibung neuer Objekte, ihrer Repräsentation und Verträglichkeit mit schon vorhandenen Konstrukten vorzusehen.

Die *Numerik–Bibliothek* des Systems verfügt über Komponenten unterschiedlicher Granularität, einheitliche Repräsentationsmechanismen und eine von der Zielmaschine unabhängige Schnittstelle zum Transformationssystem. *Unterschiedliche Granularität* meint die Bereitstellung so grundlegender *Operationen* wie Matrix–Vektor–Verknüpfungen (vgl. die Arbeiten von DONGARRA zu 'BLAS' [53]), vielfach benutzter *Komponenten* wie Interpolationen und Relaxationen als auch vollständiger *'black–box'* Programme, die eine spezielle Problemklasse selbständig lösen.

Die beiden ersten Klassen sollten in einer Weise realisiert sein, daß eine gemeinsame, nur von den Attributen der beteiligten Objekttypen abhängige, interne Repräsentation benutzt wird. Nur so ist die beliebige Verknüpfung solcher Komponenten untereinander als auch mit Konstrukten der Spezifikationssprache sinnvoll zu realisieren.

Für den Bereich grober Granularität kann von dieser Bedingung abgesehen werden, da hier eine Kommunikation zwischen beliebigen Komponenten nicht unbedingt erforderlich ist. Zudem wird dadurch die einfache Integration 'fremder' Programme dieser Klasse erst möglich gemacht.

Eine von der *Zielmaschine unabhängige Schnittstelle* dient der Portabilität des gesamten Systems und insbesondere der Transformationskomponente. In dieser Schnittstelle werden Informationen über Parameter- und Aufruf-Konventionen abgelegt, die in jeder Implementierung erfüllt werden und vom Transformationssystem zur Generierung von Aufrufen benutzt werden können.

Die Sprache wird neben einem *Frontend* im klassischen Sinne (Parser, Analysefunktionen, Überführung in eine intern bearbeitbare Form) durch ein *Transformationssystem* unterstützt. Dieses arbeitet zum einen auf der Grundlage von Transformationsregeln welche die Umsetzung von Konstrukten der Spezifikationssprache in ausführbaren Code beschreiben. Ein solcher Ansatz wurde im Rahmen von SUSPENSE entwickelt [49]. Operationen werden im Hinblick auf die beteiligten Operanden untersucht, um festzustellen, welcher Aufruf aus der Bibliotheksschnittstelle zu ihrer Realisierung geeignet ist. Durch ein solches *zweistufiges Konzept* kann auch zum Teil von der zur Verfügung stehenden Zielsprache abstrahiert werden: Für das Transformationssystem wird es z.B. unerheblich, ob eine Operation zwischen Vektoren durch den Aufruf einer Bibliotheksroutine, ein einzusetzendes Fortran-77 Programmfragment oder aber einen Vektorbefehl realisiert wird. Dies kann in der Bibliotheksschnittstelle der jeweiligen Implementierung festgelegt werden.

Werden Bibliotheksmodule hoher Granularität benutzt, kann sich die Transformation auf die korrekte Bereitstellung der Parameter aus den vom Benutzer spezifizierten Objekten und Initialisierungen sowie das Aufbereiten der Ergebnisse in eine den weiter spezifizierten Aktionen zugängliche Form beschränken.

Gemeinsame interne Repräsentationen für anwendungsspezifische Objekte werden im Kontext der Codegenerierung für *unterschiedliche parallele Zielrechner* besonders wichtig. Auch hier bestimmt die unterschiedliche Mächtigkeit der Bibliotheksroutinen das Vorgehen. Es scheint unrealistisch zu sein, ganze 'black-box' Programme, die für einen bestimmten Rechner implementiert wurden, mit beliebigen anderen Modulen kombiniert in einer parallelen Umgebung einzusetzen. Deshalb kann hier ein ähnlicher Weg wie im sequentiellen Fall gewählt werden. Solche Programme sollten die Parallelität des vorhandenen Zielrechners intern ausnützen, d.h. es kann sich um explizit parallele Programme handeln.

Dagegen sollte die Parallelität von Basisoperationen und einzeln kombinierbaren Modulen als *Datenparallelität* formuliert sein. Indem man diese Module in der gleichen Weise wie automatisch transformierte Programmteile behandelt, bleibt die Möglichkeit zur kombinierten Benutzung von Modulen und vom Benutzer spezifizierten Programmteilen erhalten. Allerdings macht die Benutzung in einer parallelen Umgebung die Erweiterung der Bibliotheksschnittstelle zum Transformationssystem um Information über die Art des Zugriffs zu externen Daten (*data access patterns*) in einem solchen Modul notwendig.

Die Zweistufigkeit der Transformation, die den sprachspezifischen Teil des Systems von der Implementierung abkapselt, wie auch die gemeinsamen internen Repräsentationen scheinen im sequentiellen Fall eine gute Grundlage für die Portabilität der Teile des Gesamtsystems zu bieten, die nicht direkt zu den Implementierungen der Bibliotheksroutinen gehören. Auch im parallelen Fall kann ein gewisser Grad an Portabilität erreicht werden, wenn man die parallelen Teile nicht direkt in den jeweils sprach- oder sogar rechnerspezifischen Konstrukten implementiert, sondern auch zur Handhabung der Parallelität Bibliotheken einsetzt, d.h. das Konzept einer *virtuellen Maschine* zugrunde legt, deren parallele Eigenschaften durch Bibliotheksroutinen realisiert werden. Ein erfolgversprechender Ansatz in dieser Richtung sind die im Rahmen von Suprenum entwickelten Kommunikations-Bibliotheken (vgl. [54]).

Im Laufe der Entwicklung eines solchen Systems sollte neben der Sprache eine zusätzliche Schnittstelle die Arbeit des Benutzers unterstützen. So wäre z.B. die Bereitstellung von Informationen über die Anwendbarkeit bestimmter Verfahren oder über Effizienzprobleme bei der Kombination bestimmter Module wie auch eine Übersicht über die verfügbaren Bibliotheksroutinen sehr hilfreich. Dies wird auch durch ähnliche Ansätze (z.B. [55]) und Versuche zum Aufbau numerischer Expertensysteme [56] belegt.

Zusätzlich kann die Möglichkeit sinnvoll sein, aus verschiedenen möglichen Realisierungen für Operationen der Sprache eine bestimmte interaktiv auszuwählen. Das Transformationssystem filtert in diesem Fall auf der Basis des vorgeschlagenen Typen- und Attribut-Systems alle nicht brauchbaren Alternativen aus, schlägt eine 'default'-Lösung vor und bietet dem Benutzer – falls Interaktion erwünscht ist – mehrere sinnvolle Möglichkeiten zur Auswahl an.

5. Schlußbemerkung

Durch die vorgeschlagene Konzeption einer integrierten Spezifikationsumgebung ergibt sich ein *kumulativer Entwicklungseffekt*, der Schritt für Schritt zu einem System mit breitem Anwendungsbereich führt. Die Entwicklung eines Systems nach den hier skizzierten Vorschlägen ist schwierig und nur durch kontinuierliche Arbeit an den verschiedenen Teilen über Jahre hinweg zu leisten. Im Rahmen der Realisierung eines solchen Systems auf verschiedenen parallelen Zielrechnern kann der Einsatz von Parallelisierungstechniken, wie sie in [11] vorgeschlagen werden, die Integration umfangreicher Bibliotheken hoher Granularität wesentlich unterstützen.

Insgesamt weisen die Nachteile reiner Numerik-Bibliotheken wie auch die Experimente mit einem transformationsorientierten Ansatz darauf hin, daß die Kombination der beiden Verfahren zu einem wesentlich mächtigeren und einfacher zu benutzenden Instrument für den Anwender führt.

6. Literatur

[1] Kenneth G. Wilson, *Grand Challenges to Computational Science*, Future Generation Computer Systems, Vol. 5, No. 2&3, September 1989

[2] Guido Wirtz, *A General Notion of Abstract Loops Based on Locality*, Ph.D. Thesis, Bonn University, July 1990

[3] M. Booth, K. Misegades, *Microtasking: A New Way to Harness Multiprocessors*, Gray Channels Vol. 6, No. 5, 1986, pp. 24–27

[4] A. Osterhaug [ed], *Guide to Parallel Programming on Sequent Computer Systems*, Prentice Hall, Englewood Cliffs, N.J., 1989

[5] Hans P. Zima, Barbara Chapman, *Supercompilers for Parallel and Vector Computers*, ACM Press Frontier Series, ACM Press, NY. and Addison-Wesley, Reading, Mass., 1990

[6] D.J. Kuck, D.A. Padua, *High-Speed Multiprocessors and Their Compilers*, Proc. IEEE Int. Conf. on Parallel Processing, 1979, pp. 5–16

[7] D.J. Kuck et al., *The Structure of an Advanced Retargetable Vectorizer*, in: K. Hwang [ed], Supercomputers: Design and Applications Tutorial, IEEE Press, Silver Spring, MD, 1984, pp. 967–974

[8] J.R. Allen, D. Callahan, K. Kennedy, *Automatic Decomposition of Scientific Programs for Parallel Execution*, 14th ACM Conf. on Principles of Programming Languages, 1987, pp. 63–76

[9]   F.E. Allen et al., *An Overview of the PTRAN Analysis System for Multiprocessing*, Journ. of Parallel and Distributed Computing Vol. 5, October 1988, pp. 617–640

[10] C.D. Polychronopoulos et al., *Parafrase-2: An Environment for Parallelizing, Partitioning, Synchronizing and Scheduling Programs on Multiprocessors*, Proc. IEEE Int. Conf. on Parallel Processing, 1989, pp. II-39 – II-48

[11] Hans P. Zima, Heinz Bast, H. Michael Gerndt, *SUPERB – a tool for Semi-Automatic MIMD/SIMD-Parallelization*, Parallel Computing, Vol. 6, 1988, pp. 1–18

[12] M. Gerndt, H. Zima, *MIMD-Parallelization for SUPRENUM*, ACM–ICS 1987, Athens, Greek, June 1987, Springer LNCS 297, pp. 278–293

[13] U. Kremer, H. Bast, M. Gerndt, H. Zima, *Advanced Tools for Automatic Parallelization*, Parallel Computing Vol. 7, 1988, pp. 387–393

[14] U. Trottenberg, *SUPRENUM - A MIMD system for multi-level scientific supercomputing.*, in: Händler et al. [eds]: Proc. CONPAR 86, LNCS 237, Berlin 1986

[15] H. Zima, *Das SUPRENUM System: Architektur, Software und Anwendungen*, in: U. Kastens, F.J. Rammig [eds], Springer Informatik Fachberichte 168, pp. 1–20

[16] American National Standards Institute X3.53-1976, *American National Standard Programming Language PL/I*, 1976

[17] A. van Wijngaarden et al., *Revised Report on the Algorithmic Language ALGOL68*, Acta Informatica, Vol. 5, 1975, pp. 1–236

[18] INMOS Limited, *OCCAM 2 Reference Manual*, Prentice Hall, Englewood Cliffs, N.J., 1988

[19] IBM Corp., *Parallel Fortran*, Int. Business Machines Corp., 1988

[20] B. Leasure, *PCF Fortran Vers. 1*, The Parallel Comp. Forum, Champain, Il., August 1988

[21] R. Bolduc, *Suprenum-Fortran*, Suprenum Report, No.7, Bonn 1989

[22] V. Balasundaram, K. Kennedy, *Compile-Time Detection of Race Conditions in a Parallel Program*, ACM–ICS 1989, Krete, Greece, June 1989, pp. 175–185

[23] H. Zima, *Betriebssysteme: Parallele Prozesse*, Reihe Informatik Bd. 20, Bibl. Inst. Mannheim, 1986[3]

[24] Hartmut Ehrig, Bernd Mahr, *Fundamentals of Algebraic Specification 1*, Springer EATCS, Berlin, 1985

[25] F.L. Bauer et al., *The Munich Project CIP, Vol.I*, Springer LNCS 183, Berlin 1985

[26] G.O. Cook, *ALPAL - A Tool for the Development of Large-Scale Simulation Codes*, Lawrence Livermore National Lab., UCID 21482, August 1988 (preprint)

[27] A. Brandt, *Multigrid Techniques: 1984 Guide*, in: GMD-Studien, No. 85, St. Augustin 1984

[28] W. Schönauer, E. Schnepf, *Software Considerations for the 'Black Box' Solver FIDISOL for Partial Differential Equations*, ACM ToMSE Vol. 13, No. 4, December 1987, pp. 333-349

[29] M.C. Dewar, M.G. Richardson, *Reconciling Symbolic and Numeric Computation in a Practical Setting*, Springer LNCS 429, Berlin, 1990, pp. 195–204

[30] N. Jacobstein, C.T. Kitzmiller, J.S. Kowalik, *Integrating Symbolic and Numeric Methods in Knowledge–Based Systems*, in: J.S. Kowalik, C.T. Kitzmiller [eds], Coupling Symbolic and Numerical Computing in Expert Systems II, North–Holland, 1988

[31] Dimitri P. Bertsekas, John N. Tsitsiklis, *Parallel and Distributed Computation*, Prentice Hall, Englewood Cliffs, N.J., 1989

[32] Hans P. Zima, Heinz Bast, H. Michael Gerndt, Michael Grindel, *SUPERB – USER's GUIDE Version 1.0*, Suprenum Research Report 900202, Bonn University, February 1990

[33] W. Daniel Hillis, Guy L. Steele, Jr., *Data Parallel Algorithms*, CACM, Vol. 29, No. 12, December 1986, pp. 1170–1183

[34] Alan H. Karp, *Programming for Parallelism*, IEEE Computer, May 1987, pp. 43–57

[35] H. Michael Gerndt, *Automatic Parallelization for Distributed-Memory Multiprocessing Systems*, Austrian Center for Parallel Computation, TR Series ACPC/TR 90-1

[36] Ken Kennedy, Hans P. Zima, *Virtual Shared Memory for Distributed–Memory Machines*, Proc. 4th Hypercube Conf., Monterey, Ca., March 1989

[37] J. Rice, *Software Parts for Elliptic PDE Software*, in: B. Engquist, T. Smedsaas [eds], PDE Software: Modules, Interfaces and Systems, Elsevier Science Publishers B.V. 1984

[38] A.F. Cardenas, W.J. Kaplus, *PDEL - A Language for Partial Differential Equations*, CACM Vol. 13, No. 3, March 1970

[39] M. Machura, R.A. Sweet, *A Survey of Software for Partial Differential Equations*, ACM ToMSE Vol. 6, No. 4, December 1980

[40] G.O. Cook, *ALPAL - a Program to Generate Physics Simulation Codes from Natural Descriptions*, Lawrence Livermore National Lab., UCRL 102076, November 1989 (preprint)

[41] J.R. Rice, R.F. Boisvert, *Solving Elliptic Problems Using ELLPACK*, Springer Series in Computational Mathematics 2, New York 1985

[42] W.R. Dyksen, C.J. Ribbens, *An Interactive Problem Solving Environment for Elliptic PDEs*, CSD-TR 588, Purdue University, April 1986

[43] E.N. Houstis, T.S. Papatheodoru, J.R. Rice, *Parallel (//) ELLPACK: An expert system for the parallel processing of pdes.*, to appear: Math. Comp. Simul. Vol. 31, 1989

[44] Y. Umetani et al., *A Numerical Simulation Language for Vector/Parallel Processors*, in: B. Ford, F. Chatelin [eds], Problem Solving Environments for Scientific Computing, North Holland 1987

[45] C. Konno, M. Yamabe, M. Saji, Y. Umetani, *The BF Coordinate Transformation Technique of DEQSOL*, Proc. SIAM Conf. on Parallel Processing for Scientific Computing, 1988

[46] F. Yamamoto, Y. Umetani, *PARAGRAM: A High–Level Programming Language for Parallel Processors*, 4th Symp. on Large Sparse Sets of Linear Equations, Keio University, March 1988

[47] Thomas Ruppelt, Guido Wirtz, *Automatic Transformation of High-Level Object-Oriented Specifications into Parallel Programs*, Parallel Computing, Vol. 10, 1989, pp. 15–28

[48] Guido Wirtz, *Transforming Numerical Specifications into Parallel Programs*, in: C.R. Jesshope, K.D. Reinartz [eds], CONPAR 88, Cambridge Univ. Press, Cambridge, 1989, pp. 643–650

[49] Guido Wirtz, Dominik Gomm, Klaus Jostmeyer, Thomas Ruppelt, *Suspense – Version 2.0 – Specification and Transformation of Multigrid Algorithms*, Suprenum Research Report 900101, Bonn University, January 1990

[50] Klaus Stüben, Ulrich Trottenberg, *Multigrid Methods: Fundamental Algorithms, Model Problem Analysis and Applications*, in: GMD-Studien, No. 96, St. Augustin 1984

[51] Thomas Ruppelt, Guido Wirtz, *From Mathematical Specifications to Parallel Programs on a Message-Based System*, ACM-ICS 88, St. Malo, France, June 1988, pp. 108–118

[52] A. Krechel, H.-J. Plum, K. Stüben, *Solving Tridiagonal Linear Systems in Parallel on Local Memory MIMD Machines*, Arbeitspapiere der GMD Nr. 372, St. Augustin 1989

[53] J. Dongarra et al., *An Extended Set of Level 3 basic Linear Algrebra Subprograms*, ACM ToMSE, Vol. 14, No. 1, March 1988, pp. 1–17

[54] Rolf Hempel, *The Suprenum communications subroutine library for grid-oriented problems*, Argonne National Laboratory, ANL-87-23, Argonne, Illinois, 1987

[55] R.F. Boisvert, S.E. Howe, D.K. Kahaner, *GAMS: A Framework for the Management of Scientific Software*, ACM ToMSE, Vol. 11, No. 4, December 1985, pp.313–355

[56] K. Schulze, C.W. Cryer, *NAXPERT: A Prototype Expert System for Numerical Analysis*, Universität Münster, Report 7/86, Münster, November 1986

Portabilität numerischer Software für Parallelrechner unterschiedlicher Architektur

R. Hempel
Gesellschaft für Mathematik und Datenverarbeitung mbH
Postfach 1240
5205 St. Augustin 1
West Germany

Abstract

Im Bereich der Parallelrechner gibt es eine Vielzahl unterschiedlicher Hardwarearchitekturen und Programmiermodelle. Der Anwendungsprogrammierer muß häufig beim Übergang von einem Rechner zum anderen sein Programm in wesentlichen Teilen neu schreiben. An der Überwindung dieses Mangels an Portabilität wird in vielen Projekten gearbeitet. Ohne Anspruch auf Vollständigkeit soll dieser Beitrag einen Überblick über einige interessante Ansätze zu diesem Thema geben.

1 Einleitung

In Zeiten steigender Softwarepreise bei gleichzeitiger Verbilligung der Hardware gewinnt das Problem der Softwareportabilität zunehmend an Bedeutung. Die Entwicklung eines größeren Anwendungsprogramms für einen vorhandenen Rechner ist häufig nur dann sinnvoll, wenn sichergestellt ist, daß das Programm auch auf anderen verfügbaren oder zukünftig anzuschaffenden Systemen verwendbar ist. Diese Problematik ist lange bekannt und hat insbesondere zur herstellerübergreifenden Standardisierung von Programmiersprachen geführt. Im wissenschaftlich-technischen Bereich ist hier besonders die Normierung der Programmiersprache FORTRAN zu nennen, mit der erfolgreichen Durchsetzung von FORTRAN 77 in den achtziger Jahren. Alle diese Standardisierungen hatten in der Vergangenheit das von Neumann – Rechnermodell eines sequentiellen Monoprozessors zur Grundlage, und selbst das Aufkommen der Vektorrechner gegen Ende der siebziger Jahre hat daran wenig geändert. So schreibt der Anwender eines Vektorrechners in der Regel ein sequentielles Programm (DO-loops), ein vektorisierender Compiler analysiert dann die eventuell vorhandenen Datenabhängigkeiten und generiert Vektoroperationen, sofern dies ohne Änderung der Semantik möglich ist. Auch Mehrprozessor-Vektorrechner wie die CRAY X–MP können noch so programmiert werden. Hier werden in der Regel geschachtelte Schleifen nach einem Index parallelisiert und nach einem anderen vektorisiert. Die erforderliche Datenabhängigkeitsanalyse ist dabei im wesentlichen dieselbe wie bei der reinen Vektorisierung.

Diese Beibehaltung des Programmiermodells und die Verlagerung der Anpassung an neue Rechnerarchitekturen in die Compiler wird durch den gemeinsamen Speicher der Mehrprozessor-Vektorrechner wesentlich erleichtert. Jeder Prozessor hat mehr oder weniger gleich schnellen Zugriff auf alle Datenobjekte im gemeinsamen Adreßraum, und Ergebnisse von Operationen in einem Prozessor können später von anderen Prozessoren ohne zusätzliche Maßnahmen weiterverarbeitet werden. Die Frage, wie die Datenobjekte im Adreßraum angeordnet werden, ist daher von untergeordneter Bedeutung.

Der Wunsch nach immer schnelleren Computern stößt bei den herkömmlichen Mehrprozessor-Vektorrechnern an natürliche Grenzen. Einerseits kann die Geschwindigkeit eines einzelnen Prozessors nicht beliebig erhöht werden, und schon heute erfordert die weitere Verringerung der Zykluszeiten einen erheblichen Technologieaufwand (Gallium-Arsenid etc.). Andererseits ist die Verbindung einer größeren Anzahl von Hochleistungsprozessoren über einen gemeinsamen Speicher ein erhebliches Problem, wenn die Speicherzugriffsgeschwindigkeit nicht zum Nadelöhr des Systems werden soll.

Zur Umgehung dieser Problematik wurden in den letzten zehn Jahren einige neuartige Rechnerarchitekturen entwickelt. Der gemeinsame Speicher wird dabei aufgegeben, jeder Prozessor erhält seinen lokalen Speicher, und die Lösung einer gemeinsamen Aufgabe mit mehreren Prozessoren wird durch ein Verbindungsnetzwerk ermöglicht, über welches Nachrichten (Daten) ausgetauscht werden. Bei diesen Rechnern ist es nun nicht mehr gleichgültig, wo welche Daten plaziert werden. Vielmehr ist es für die Effizienz eines Programms von entscheidender Bedeutung, die Daten möglichst in dem Speicher desjenigen Prozessors anzuordnen, der die meisten Zugriffe durchführt. Dies wird wesentlich erleichtert durch das Prinzip der Datenlokalität, welches für eine Vielzahl von wichtigen numerischen Fragestellungen gilt, wie zum Beispiel die Simulation von Flugzeugumströmungen. Die hier durchzuführenden Rechnungen sind lokal, das heißt die Berechnung in einem Punkt hängt nur von Daten in einer begrenzten Umgebung ab. Die heute übliche Programmiertechnik für einen Parallelrechner mit verteiltem Speicher sieht vor, daß der Anwender selbst die Zuordnung der Daten zu den Prozessoren vornimmt, die numerische Berechnung für einen einzelnen Prozessor programmiert (das ist dann ein sequentielles Programm), und wo immer nötig den Datenaustausch zwischen den Prozessoren einfügt. In Anbetracht der Vielzahl verschiedener Systeme und des Fehlens eines Standards für die Kommunikationsmechanismen ist Portabilität bei diesen neuen Parallelrechnern offensichtlich nicht leicht zu erreichen.

Eine Lösung des Portabilitätsproblems könnte in der automatischen Parallelisierung liegen. Ähnlich wie bei den Vektorrechnern übernimmt der Compiler die Aufgabe, das sequentielle Benutzerprogramm für die Zielarchitektur umzustrukturieren. Zusätzlich zu den bereits bei Rechnern mit gemeinsamem Speicher erforderlichen Techniken ist hier jedoch die effiziente Datenverteilung und die Generierung von Kommunikation erforderlich. Es hat bereits vielversprechende Ansätze in dieser Richtung gegeben, zum Beispiel den SUPERB-Parallelisierer im SUPRENUM-Projekt [3], bis zu einem allgemein anwendbaren Produkt ist es jedoch noch ein langer Weg.

Im folgenden sollen einige Ansätze zur Realisierung von Portabilität besprochen werden, die für den Anwender interessant sind, der nicht auf die Erfüllung des Wunschtraums eines vollautomatisch parallelisierenden Compilers warten möchte (oder kann). Bei der Vielzahl von Aktivitäten zu diesem Themenkomplex kann es sich hierbei natürlich nur um einen begrenzten Überblick handeln, ohne jeglichen Anspruch auf Vollständigkeit. Das Problem wird dabei von ganz unterschiedlichen Seiten aus angegangen, und es ist sicher nicht zuletzt von den konkreten Erfordernissen der Anwendung abhängig, welcher Weg sich als der beste erweist. Mit Ausnahme des Booster-Projekts ist ein gemeinsames Merkmal der ausgewählten Ansätze die Beibehaltung der "klassischen" Programmiersprachen wie FORTRAN oder C. Parallelität und Portabilität wird durch Einführung zusätzlicher Softwareschichten erreicht und nicht durch Übergang zu ganz neuen parallelen Programmiersprachen. Dies kommt sicher der Zurückhaltung der Anwendungsprogrammierer entgegen, sich auf völlig neuartige Sprachen einzulassen, wenngleich sich diese Situation durch eine weitere Verfügbarkeit von Sprachen wie STRAND-88 [8] in Zukunft möglicherweise ändern wird.

2 Portable Bibliotheken zur Linearen Algebra

Schon 1973 erkannten Hanson, Krogh und Lawson, daß die Definition von standardisierten Basisroutinen für Aufgaben aus der Linearen Algebra nützlich für die Entwicklung komplexer Programme ist. Dies führte zu der Programmsammlung, die unter dem Namen BLAS (Basic Linear Algebra Subroutines) bekanntgeworden ist. Dies sind Unterprogramme, die Vektoren in unterschiedlichster Form miteinander verknüpfen, wie zum Beispiel

$$z = \alpha \cdot x + y$$

mit x, y, z Vektoren, α Skalar. Auf der Grundlage dieser Routinen wurden Programmpakete geschrieben, deren bekanntestes LINPACK sein dürfte. Die Idee ist dabei, die BLAS-Routinen auf verschiedenen Rechnern so effizient wie möglich zu implementieren und dabei Unterschiede der Hardware und verfügbaren Sprachkonstrukte zu berücksichtigen. Programme, die auf BLAS aufbauen statt selbst auf die Besonderheiten der Computer einzugehen, sind damit portabel.

Mit dem Erscheinen der Vektorrechner stellte sich heraus, daß die BLAS-Routinen in der vorhandenen Form diese Maschinen nicht effizient nutzten. Der Grund ist, daß bei Verwendung von Vektor-Vektor - Funktionen Daten unnötig häufig zwischen dem Hauptspeicher und den zumeist vorhandenen schnellen Vektorregistern hin- und hertransportiert werden müssen. Bei Vektorlängen von $O(n)$ werden bei diesen sogenannten Level 1 - BLAS nämlich nur $O(n)$ Rechenoperationen ausgeführt. Eine deutliche Verbesserung läßt sich erzielen, wenn man die Algorithmen stattdessen auf Matrix-Vektor - Funktionen aufbaut. Bei diesen von Dongarra, Du Croz, Hammarling und Hanson eingeführten Level 2 - BLAS stehen Vektorlängen und Matrixordnungen von $O(n)$ Operationszahlen von $O(n^2)$ gegenüber. Bei Optimierung der BLAS für einen Vektorrechner können Vektoren bzw. Matrixzeilen oder -spalten in Vektorregistern gehalten werden, wodurch sich die Effizienz teilweise erheblich erhöht.

Für moderne Vektorrechner mit komplizierten Speicherhierarchien und teilweise vorhandener Mehrprozessorverarbeitung reicht aber auch die Granularität der Level 2 - BLAS nicht mehr aus. Der folgerichtige Schritt war daher die Einführung der Level 3 - BLAS [7]. Die zugrundeliegende Idee ist der Übergang zu Blockalgorithmen, also zum Beispiel vom klassischen Cholesky-Verfahren zum Block-Cholesky-Verfahren. In diesen Algorithmen treten dann Matrix-Matrix - Operationen wie

$$C = \alpha \cdot A \cdot B + \beta \cdot C$$

auf, mit A, B, C Matrizen, α und β Skalare. Eine geschickte Anpassung der Blockgröße an die Charakteristiken der Speicherhierarchie führt zur Minimierung des Datenverkehrs vom und zum Hauptspeicher und damit zu guter Ausnutzung der Leistungsfähigkeit der Architekturen.

Durch die Entwicklung der neuen BLAS-Routinen lag die Überarbeitung der Programmbibliotheken wie LINPACK nahe, und tatsächlich kam es zum gemeinsamen LAPACK-Projekt des Argonne National Laboratory, des Courant Instituts und NAG [5, 11]. LAPACK löst die beiden Programmsammlungen LINPACK und EISPACK ab und enthält damit Routinen zur Lösung linearer Gleichungssysteme (inklusive Least Square – Lösung überbestimmter Systeme) sowie Programme zur Eigenwertberechnung. Wo immer möglich werden Level 2 und 3 – BLAS benutzt, was insbesondere die Ersetzung von LINPACK/EISPACK – Routinen durch entsprechende Blockversionen erfordert. Durch die konsequente Verwendung der Low-Level BLAS-Schicht ist die LAPACK-Bibliothek selbst portabel und überall dort verwendbar, wo die BLAS-Routinen implementiert sind.

Bisher sind die BLAS-Routinen praktisch ausschließlich für Monoprozessor- oder Parallelrechner mit gemeinsamem Speicher implementiert worden. Wenn sie auf Parallelrechnern mit lokalem Speicher verfügbar sind, so sind das in Regel lokale Implementierungen in jedem Knotenrechner ohne jede MIMD-Parallelität. Das ist insbesondere sinnvoll, wenn die Knotenrechner über Vektoreinheiten verfügen (Beispiel Intel iPSC/2), die von den häufig in Assembler geschriebenen BLAS-Routinen effizient genutzt werden können. Es gibt hingegen nur wenige wirklich parallele BLAS-Implementierungen, die auf verteilten Daten operieren. Ein Beispiel hierzu ist die Veclib in Fortnet [1] (siehe unten).

Portabilität heißt bei BLAS demnach vorwiegend Erzielung gleichmäßig guter Recheneffizienz ohne Änderung des Benutzerprogramms, indem die Anpassung an die Hardwarebesonderheiten der jeweiligen Rechner in die BLAS-Routinen verlagert werden. Solange die BLAS-Routinen nicht zu einem Standard für Rechner mit verteiltem Speicher geworden sind, handelt es sich also mehr um Portabilität von Effizienz als von Funktionalität, da ein in FORTRAN 77 geschriebenes Benutzerprogramm auf Rechnern mit gemeinsamem Speicher grundsätzlich auch portabel ist.

Die in den folgenden Abschnitten besprochenen Werkzeuge haben von der Funktionalität her ein weiter gestecktes Ziel. Sie ermöglichen portable Programmierung von Rechnern mit lokalem wie globalem Speicher. Bei den großen Architekturunterschieden bedeutet dies allerdings oft eine mehr oder weniger große Einbuße an Effizienz, wenn man das portable Programm mit speziell auf die einzelnen Rechner zugeschnittenen Versionen vergleicht. Die gewonnene Rechnerunabhängigkeit gleicht diesen Nachteil jedoch in vielen Fällen aus.

3 FORTNET

Fortnet [1] ist ein in fünf Schichten gegliedertes Programmsystem, das portable Programmierung von Prozessoren ohne globalen Speicher ermöglicht. Es wird vor allem auf Transputer-Systemen eingesetzt, es existieren aber auch Versionen für den Intel iPSC/2 und Unix-Systeme. (Bei letzteren wird die Kommunikation zwischen den einzelnen Prozessen durch Unix-Sockets realisiert.) Die Arbeit an Fortnet begann 1987, als es für die Meiko Computing Surface keine brauchbare FORTRAN-Kommunikationsschnittstelle gab. Die unterste Fortnet-Schicht ist daher eine Sammlung von Occam-Routinen zum Austausch von Nachrichten zwischen Transputern. Ferner dienen diese Routinen zur Abwicklung von File-I/O auf dem Front End – Rechner, sowie zum Ausgabe von Diagnosemeldungen.

Die zweite Schicht enthält Routinen, die von FORTRAN-Programmen in den einzelnen Knotenrechnern aus aufgerufen werden können. Sie ähneln den Kommunikationsroutinen, die der FORTRAN-Programmierer vom Intel iPSC/2 her kennt. Nachrichten werden als zusammenhängende Speicherbereiche bestimmter Länge dem System gegenüber definiert (gepufferte Kommunikation), und die Kommunikation erfolgt synchron. Ferner gibt es Routinen zum Laden der Prozesse auf die Prozessoren, und dies kann sogar dynamisch während der Laufzeit des Programms geschehen.

Auf dieser elementaren FORTRAN-Schicht baut ein Interface zum SCHEDULE/-Trace Paket [6] auf, welches am Argonne National Laboratory entwickelt worden ist und zur graphischen Ablaufdarstellung paralleler Systeme dient. Hierzu werden während des Programmablaufs Daten über die Interprozesskommunikation gesammelt, die dann (post mortem) graphisch aufbereitet und auf einer Workstation ausgegeben werden. Ferner gibt es einen parallelen Profiler, der die Aktivitäten in jedem einzelnen Prozessor (Arithmetik/Kommunikation) sichtbar macht.

Das mit obigen Routinen definierte Interface ist bereits portabel zwischen den verschiedenen Parallelrechnern. Hierauf basieren nun die Routinen der Fortnet IOSUP-Bibliothek, welche unter anderem dazu dienen, verteilte Datenobjekte anzulegen, abzurufen und umzuverteilen. So werden zum Beispiel mit der Funktion

call put (iproc, 'a', offa, stepa, x, offx, stepx, n)

n Einträge aus dem lokalen Vektor x in das globale Objekt a kopiert. Es besteht ferner die Möglichkeit für den Benutzer, die globalen Kommunikationsroutinen durch eigene Funktionen zu erweitern.

Die höchste Fortnet-Schicht besteht aus numerischen Programmen, die auf den verteilten Datenobjekten operieren. Vielleicht das wichtigste Beispiel ist die Veclib, eine parallele Implementierung von BLAS-Routinen (vor allem Level-2). Weitere Bibliotheken sind MathAd (ähnlich der Veclib) und Matrix (Matrixmultiplikation, Transposition, Invertierung und Determinantenbestimmung). Verteilte Versionen von LINPACK und EISPACK sind geplant.

4 Cosmic Environment / Reactive Kernel

Eines der Zentren der Parallelrechnerforschung ist seit einigen Jahren das California Institute of Technology. Hier wurden die ersten erfolgreichen Hypercubes entwickelt (Cosmic Cube), und auch die Intel-Tochter ISC begann als Spin-Off von Caltech. Mehrere Aktivitäten zielen auf portable Programmierumgebungen. Als eine der interessantesten erscheint die Entwicklung des Cosmic Environment / Reactive Kernel [15]. Die Zweiteilung kommt dadurch zustande, daß dieselbe Benutzerschnittstelle einerseits auf Unix-Maschinen unter Verwendung von Unix-Sockets zur Kommunikation realisiert ist (Cosmic Environment) und andererseits auf realen Parallelrechnern (Reactive Kernel). Auch heterogene Systeme sind möglich, in denen Prozesse auf verschiedenen Rechnern gleichzeitig ablaufen. Als Programmiersprachen stehen C und FORTRAN zur Verfügung. RK ist auf folgenden Systemen implementiert: Intel iPSC/1, Intel iPSC/2, Cosmic Cube, Symult Series 2010.

Die Programmierumgebung des CE/RK erinnert stark an Hypercubes wie den Intel iPSC/2. So wird zum Beispiel die Anzahl der zu reservierenden Prozessoren durch die Cube-Dimension (2-er Logarithmus der Prozeßzahl) angegeben, auch wenn die zugrundeliegende Hardware eine völlig andere Struktur hat. Auf Unix-Systemen werden zu diesem Zweck sogenannte Ghost Cubes definiert. Prozesse können dynamisch weitere Prozesse starten und terminieren. Eine parallele Anwendung wird grundsätzlich von einem Unix-Host aus gestartet, entweder durch Unix-Kommandos oder durch Aufruf der *spawn*-Funktion aus einem Programm heraus.

Die Kommunikation erfolgt als gepuffertes asynchrones Message-Passing, wiederum ähnlich wie bei den bekannten Hypercubes. Eine Besonderheit ist dabei, daß Nachrichten zwischen zwei Prozessen sich nicht überholen können, was die fehlerfreie Programmierung oft deutlich erleichtert. Ein Problem bei Verwendung heterogener Systeme ist die möglicherweise unterschiedliche Byte-Order in der Zahlendarstellung. Aus diesem Grund stehen Konversionsroutinen zur Verfügung, die zum Beispiel bei der Kommunikation zwischen einem Parallelrechner und einem zugehörigen Unix-Host automatisch die erforderliche Umwandlung durchführen.

Die Umstellung von Hypercube-Anwenderprogrammen auf CE/RK erfordert wegen der Ähnlichkeit der zur Verfügung stehenden Funktionen nur geringen Aufwand. Auf der anderen Seite stellt sich die Frage nach dem Preis für die Portabilität, die sich vor allem in der notwendigen Zeit für einen Nachrichtenaustausch ausdrückt. Bei einer Nachrichtenlänge $L > 100$ Bytes beträgt diese zum Beispiel auf dem iPSC/2 $\approx (751 + 0.36L)\mu s$ unter Verwendung der originalen Send/Receive - Funktionen. Die entsprechende Zeit bei Verwendung von RK ist $\approx (1320 + 0.48L)\mu s$. Es fällt vor allem der große Unterschied im konstanten Term (der sogenannten Startup-Zeit) auf, der bei relativ kurzen Nachrichten überwiegt. Die Verschlechterung im Durchsatz liegt an einer zusätzlichen Kopieroperation.

5 Booster

In der Einleitung wurde bereits auf das Hauptproblem hingewiesen, das sich bei der automatischen Parallelisierung eines FORTRAN 77 – Programms für einen Rechner mit verteiltem Speicher stellt, nämlich das der Datenverteilung. Programmiersprachen wie FORTRAN 77 bieten keine Möglichkeit, die Aufteilung eines Algorithmus bzw. der Daten auf eine Menge von Prozessen zu spezifizieren. Um diesem Problem zu entgehen, beschreibt man daher in der Regel die Aufgabe eines einzelnen Prozesses explizit in einem sequentiellen Programm und benutzt spezielle Mechanismen für die Interprozeßkommunikation.

Einen anderen Weg ging man am TNO Institute for Applied Computer Science und an der Universität Delft mit der Entwicklung der Programmiersprache Booster [14]. Hier stehen getrennte Mechanismen zur Algorithmenbeschreibung und -aufteilung zur Verfügung. Die Basisdatenstruktur ist dabei das Shape, entsprechend dem Array in FORTRAN. Auf dieser Datenstruktur können dann Views definiert werden, das sind Abbildungen eines Indexraumes auf die Datenstruktur. Zum Beispiel können so Untermatrizen (View) einer Rechtecksmatrix (Shape) beschrieben werden. Schon in sequentiellen Programmen lassen sich manche Algorithmen sehr elegant unter Verwendung der Views darstellen. So wird zum Beispiel die Gauß–Zerlegung einer (n,n)–Matrix zu einer n–fachen Iteration über dasselbe Elementarzerlegungsprogramm, nur der Arbeitsbereich wird von Schritt zu Schritt durch Änderung des Views verkleinert.

Beim Übergang zur Parallelverarbeitung kann man dann das Shape selbst als eine Abbildung auf den Adreßraum des Hauptspeichers ansehen. Die im Algorithmus verwendeten Views werden nun vom Übersetzer automatisch auf die Prozessoren verteilt. Dadurch wird erreicht, daß nur die wirklich vom Algorithmus verarbeiteten Daten verteilt werden, anstatt einer statischen Aufteilung des gesamten Datenbereichs. Der Übersetzer sorgt ferner für die automatische Generierung des notwendigen Datenaustauschs zwischen Prozessen für Daten, die in einem Prozeß erzeugt und in einem anderen benutzt werden. Das Resultat der Übersetzung ist ein Programm in FORTRAN (oder einer anderen Programmiersprache), welches Unterprogrammaufrufe für maschinenspezifische Kommunikationsroutinen und/oder Spracherweiterungen enthält.

Der Vorteil dieser Vorgehensweise ist die Portabilität auf einer sehr hohen Ebene. Der Benutzer braucht sich überhaupt nicht mit den Details der Kommunikation zu beschäftigen. Das Programm ist identisch für Parallelrechner und Monoprozessormaschinen. Auf der anderen Seite hat soviel Komfort auch ihren Preis. Zum einen muß der Anwender zu einer neuen Programmiersprache übergehen, und es war noch nie einfach, Anwender im Bereich Numerik zum Verlassen von FORTRAN zu bewegen. Andererseits stellt sich die Frage der Effizienz der vom Übersetzer generierten Kommunikationsaufrufe, deren Optimierung ein kompliziertes Problem darstellt. Wenn es sich herausstellen sollte, daß die Kommunikation ein Mehrfaches an Zeit im Vergleich zur expliziten Programmierung kostet, dann wäre die Akzeptanz dieser Lösung sicherlich begrenzt.

6 Argonne/GMD FORTRAN–Makros

6.1 Argonne Monitor–Makros für Shared–Memory

Bereits 1983 wurde am Argonne National Laboratory eine Programmierumgebung für FORTRAN–Anwender auf parallelen Maschinen entwickelt [13]. Die Zielmaschinen waren damals der Denelcor HEP und später andere Parallelrechner mit globalem gemeinsamem Speicher. Daher unterscheidet sich das verwendete Programmiermodell wesentlich von den auf Rechnern mit verteiltem Speicher üblichen. Die Basismechanismen sind Monitore und Barrier–Synchronisierung.

Da die Implementierung von Monitoren und Synchronisierungsprimitiven auf verschiedenen Parallelrechnern unterschiedlich ist, wurde eine Reihe von FORTRAN–Makros entwickelt, die dann auf den verwendeten Rechnern eine einheitliche Programmierschnittstelle realisieren. Vor der Compilierung des Anwenderprogramms werden die Makros mit Hilfe eines Makroexpanders (typischerweise der Unix-Utility *m4*) in die entsprechenden Primitive der Zielmaschine übertragen. Hierdurch wird Portabilität des Benutzerprogramms erzielt, ohne daß man dafür Effizienzverluste durch Funktionsaufrufe in Kauf nehmem müßte.

Das Anwenderprogramm startet mit dem Masterprozeß, der dann im *create*–Makro eine Anzahl von Slaveprozessen erzeugt. Dabei übergibt man an *create* den Namen einer FORTRAN–Subroutine, mit deren Aufruf die Ausführung der Slaveprozesse beginnen soll. Durch Verwendung bestimmter Deklarationsmakros können Datenobjekte als prozeßlokal oder global erklärt werden. Die Kommunikation zwischen Prozessen geschieht über solche globalen Objekte.

Beim Zugriff auf globale Objekte muß natürlich sichergestellt werden, daß verschiedene Prozesse sich nicht gegenseitig behindern. Dies wird durch Monitormakros realisiert, mit denen Programmabschnitte (Critical Sections) geschützt werden können. Das Monitoreingangsmakro *menter* stellt sicher, daß immer nur ein Prozeß die folgenden Statements bis zum *mexit*–Makro ausführt. Verschiedene Monitore im Programm werden durch Namen unterschieden. Globale Synchronisation aller Prozesse wird mit dem *barrier*–Makro durchgeführt.

Prinzipiell würden die bisher besprochenen Makros zur parallelen Programmierung ausreichen. Zur Vereinfachung der Formulierung immer wiederkehrender Strukturen gibt es aber eine Reihe von weiteren Makros. Eines der am häufigsten verwendeten ist das *getsub*–Makro, welches zur Parallelisierung von DO–Loops dient. Die Idee ist dabei, daß die Iterationen einer Schleife ohne interne Datenabhängigkeiten beliebig auf die vorhandenen Prozesse verteilt werden können. Mit *getsub* holt sich ein Prozeß den nächsten zu bearbeitenden Schleifenindex, der dann keinem anderen Prozeß mehr zugeteilt wird. Jeder Prozeß wiederholt diesen Schritt, bis der ganze Indexraum der Schleife abgearbeitet ist. Eine Verallgemeinerung des *getsub*–Mechanismus ist mit dem *askfor*–Makro realisiert. Statt einfacher Schleifenindizes werden von *askfor* komplexe Tasks an die Prozesse verteilt. Dabei ist es sogar möglich, daß während der Bearbeitung einer Task neue Tasks erzeugt und dem Task–Pool zur Verteilung zugeführt werden.

Ein ähnlicher Zugang zur portablen parallelen Programmierung wurde ebenfalls am Argonne National Laboratory mit dem SCHEDULE-System [6] realisiert. Auch hier werden Tasks (entsprechend FORTRAN-Unterprogrammen) bei Laufzeit erzeugt. Nach Beendigung liefern sie die Ergebnisse dann an die Mutter-Task zurück. Für Details sei auf die Literatur verwiesen.

6.2 Argonne/GMD – Makros für Message–Passing

Die Monitore ermöglichen eine effiziente portable Programmierung von Parallelrechnern mit gemeinsamem Speicher. Das zugrundeliegende Programmiermodell läßt sich jedoch nicht ohne weiteres auf Rechner mit verteiltem Speicher übertragen. Parallelität wird hier typischerweise durch Nachrichtenaustausch realisiert. Daher wurde am Argonne National Laboratory eine zweite Makrosammlung auf der Grundlage des nachrichtenbasierten Programmiermodells entwickelt [12]. Diese Makros wurden jedoch zunächst nur in der Programmiersprache C implementiert. Die Zusammenarbeit mit der Gesellschaft für Mathematik und Datenverarbeitung führte dann zur Definition und Implementierung entsprechender FORTRAN-Makros [4], und diese wurden seit 1988 in der GMD ständig weiterentwickelt. Genau wie bei den Monitoren wird auch hier das Benutzerprogramm unter Verwendung der Makros programmiert, die dann vor der Compilierung expandiert werden.

Anders als in umgekehrter Richtung bei den Monitoren lassen sich die Message–Passing – Makros leicht auch auf Rechnern mit gemeinsamem Speicher implementieren. Dabei gibt es prinzipiell zwei Möglichkeiten zur Realisierung der Interprozeßkommunikation, und zwar unter Verwendung von Unix-Sockets oder durch Schreiben und Lesen im gemeinsamen Speicher. Die Verwendung von Unix-Sockets ist in der Regel weniger effizient, läßt sich dafür aber leicht auf solche exotischen Parallelrechner wie Workstation-Netzwerke übertragen. Heute sind die FORTRAN-Makros auf mehreren Rechnern mit gemeinsamem Speicher (Alliant FX/8, Sequent Balance, Encore Multimax), solchen mit verteiltem Speicher (Intel iPSC/2, SUPRENUM), sowie Workstation-Netzwerken (Sun, IBM RT) implementiert. Weitere Versionen sind in Vorbereitung, insbesondere für ein Transputer-System und für den Intel iPSC/860.

Außer der portablen Formulierung des Nachrichtenaustauschs gibt es bei Rechnern mit verteiltem Speicher ein besonderes Problem, nämlich die effiziente Zuordnung von Prozessen zu Prozessoren. Da die Makros auf parallelen Systemen völlig unterschiedlicher Architektur implementiert sind, kann dieses Mapping nur dann portabel sein, wenn es selbst von Makros übernommen wird. So spezifiziert der Benutzer in seinem FORTRAN-Programm zum Beispiel nur die Länge einer Ringstruktur oder die Dimensionen eines 2- oder 3-dimensionalen Prozeßgitters, und das *TORUS*-Makro berechnet danach die optimale Anordnung der zugehörigen Prozesse auf der vorhandenen Hardware. Das *REMOTE_CREATE*-Makro lädt und startet dann diese Prozesse.

Die Funktionalität der Message–Passing – Makros geht über das hinaus, was von den meisten Computerherstellern für ihre Rechner angeboten wird. Es gibt synchrone und asynchrone Kommunikation, und auf der Empfängerseite können Nachrichten nach einer Nachrichtenkennung oder dem sendenden Prozeß oder beidem ausgewählt werden.

Natürlich stellt sich auch hier die Frage nach der Effizienz, denn schließlich kann man zum Beispiel auf einem Intel iPSC auch die herstellerspezifischen Primitive für Send/Receive verwenden. Benchmarks auf dem iPSC/2 ergaben [4], daß der durch die Makros verursachte Mehraufwand auf diesem Rechner im Bereich weniger Prozent liegt und damit vernachlässigbar ist. Die Situation ist anders bei Rechnern mit gemeinsamem Speicher, da dort die Send/Recieve-Makros mit den hochgradig effizienten Monitor-Makros konkurrieren. Solange die Granularität der parallelen Anwendung groß genug ist (zum Beispiel bei Simulationen aus dem Bereich der Strömungsmechanik), fällt der Vergleich recht positiv aus. Insbesondere bei Problemen mit wenig Arithmetik und komplizierten Datenabhängigkeiten kann der Mehraufwand aber durchaus mehr als 50% betragen. Es hängt also von der Anwendung ab, welchen Preis man für die Portabilität zwischen Parallelrechnern völlig unterschiedlicher Architektur zu zahlen hat.

7 SUPRENUM – Kommunikationsbibliothek

Ein wichtiger Teil des deutschen parallelen Supercomputerprojekts SUPRENUM war die Entwicklung von Anwendersoftware für diesen Rechner. Dabei handelte es sich vor allem um Löser für partielle Differentialgleichungen unter Verwendung von Finite-Differenzen- bzw. Finite-Volumen-Diskretisierungen. Diese Verfahren führen auf logisch kartesische Gitterstrukturen, und zur Lösung der Gleichungssysteme auf diesen Strukturen wurden vor allem Mehrgittermethoden benutzt. Bei der Parallelisierung der Programme für den SUPRENUM-Rechner (verteilter Speicher) fiel auf, daß alle Anwendungsprogramme mehr oder weniger ähnliche Kommunikationsroutinen enthielten und sich nur in den arithmetischen Teilen unterschieden. Die Kommunikationsroutinen waren nur abhängig von der zugrundeliegenden Geometrie und den Datenstrukturen, die aber durch Konventionen leicht vereinheitlicht werden konnten. Es wurde daher eine zentrale Kommunikationsbibliothek entworfen, deren Routinen alle Kommunikationsaufgaben abdecken, die in den Anwenderprogrammen zur Lösung partieller Differentialgleichungen erforderlich sind [9, 10].

Ursprünglich war der Hauptzweck der einheitlichen Bibliothek die Vermeidung von Mehrfacharbeit und somit die Entlastung der Anwendungsprogrammierer. Es zeigte sich nämlich, daß die Kommunikationsroutinen in typischen Anwenderprogrammen oft bis zu 50% der Programmlänge ausmachten. Ein weiterer Vorteil bestand in der vereinfachten Anpassung an neue Kommunikationskonzepte, was in Anbetracht der gleichzeitigen Entwicklung des Rechners, der System- und Anwendungssoftware besonders wichtig war. Es war daher eher ein Nebeneffekt, daß durch die Kapselung aller Kommunikationsteile in der Bibliothek eine portable Benutzerschnittstelle realisiert wurde, da die Anwendungsprogramme nun frei von maschinenspezifischen Funktionen zur Prozeßerzeugung und Kommunikation waren. Tatsächlich konnte die SUPRENUM-Kommunikationsbibliothek auf dem Intel iPSC/1 und später dem iPSC/2 der GMD implementiert werden, so daß die SUPRENUM-Anwenderprogramme auf diesen Maschinen entwickelt werden konnten, bevor die SUPRENUM-Maschine selbst verfügbar war. Eine andere Version der Bibliothek wurde in SUPRENUM-FORTRAN geschrieben und auf Simulatoren getestet.

Die Kommunikationsbibliothek enthält eine Vielzahl von Programmen unter anderem aus den folgenden Bereichen:

- Erzeugung und Initialisierung der Prozeßgitter
- Austausch von Daten zwischen benachbarten Prozessen
- Globale Kommunikation
- Umstrukturierung des Prozeßgitters in Programmabschnitten kleiner Granularität
- Prozeßsynchronisation
- Versenden großer Datenmengen zwischen beliebigen Prozessen

Die zugrundeliegenden Datenstrukturen sind entweder logisch rechteckige Gitter oder zusammengesetzt aus mehreren Einzelblöcken, die dann wiederum logisch rechteckige Gitter sind. Letztere Strukturen decken auch sehr komplizierte Geometrien ab, wie sie in der technischen Simulation auftreten.

Mit dem Anwachsen der Kommunikationsbibliothek entstand der Wunsch, die Bibliothek selbst auf einer portablen Schnittstelle aufzusetzen. Schließlich umfassen ihre Routinen heute bereits ca. 40000 Zeilen FORTRAN-Code, so daß eine Neuimplementierung auf einem anderen Rechner mit erheblichem Aufwand verbunden ist. Daher wurde die heute aktuelle Version unter Verwendung der Argonne/GMD – Makros geschrieben. Da auf dem Intel iPSC/2 kein Effizienzunterschied zu der speziellen Version feststellbar war, wurde beschlossen, nur noch die Makroversion zu pflegen.

Die Kombination der Kommunikationsbibliothek mit den Makros hat einen weiteren Vorteil. Manchmal kann ein Anwendungsprogrammierer die Bibliotheksroutinen für fast alle in seinem Programm auftretenden Kommunikationsaufgaben verwenden, benötigt aber einige wenige spezielle Routinen, die nicht in der Bibliothek enthalten sind. Statt diese Routinen nun selbst unter Verwendung maschinenspezifischer Konstrukte zu schreiben, kann er diese mit den Makros programmieren. Somit bleibt die volle Portabilität des Anwenderprogramms erhalten.

8 GenMP: Generic Multiprocessor

Ähnlich wie der im letzten Abschnitt vorgestellten SUPRENUM-Kommunikationsbibliothek liegt das kartesische Gitter als Basisdatenstruktur auch dem Generic Multiprocessor [2] genannten Parallelisierungswerkzeug zugrunde. GenMP ist benutzbar in numerischen Anwendungen der technischen Simulation, oder allgemeiner zur iterativen Lösung diskretisierter partieller Differentialgleichungen. Im Unterschied zur Kommunikationsbibliothek, bei der die Aufteilung des Indexraumes auf die Prozesse dem Benutzer überlassen wird, übernimmt dies bei GenMP der sogenannte Partitioner. Input dafür ist eine vom Benutzer programmierte "Work Estimate Mapping" (Lastverteilung) für das Ausgangsgitter. In einer Molecular Dynamics – Anwendung zum Beispiel könnte ein Gitterpunkt einem quaderförmigen Elementarvolumen entsprechen. Die Ausgangslastverteilung wäre dann durch die Zahl der Partikel pro Volumenelement gegeben.

Der nächste Schritt besteht in der Initialisierung der einzelnen Prozesse durch die Verteilung der Ausgangsdaten. Hierfür steht ein "Initiation" genanntes Hilfsprogramm zur Verfügung. Ein vom Benutzer geschriebenes Programm berechnet dann den nächsten Zustand (Iterationsschritt) aus den Ausgangsdaten, woran sich der erste Kommunikationsschritt anschließt. Dabei wird angenommen, daß alle Datenabhängigkeiten lokal sind, daß also in einem Gitterpunkt nur Daten aus einer Umgebung mit einem festen Radius benötigt werden. Das GenMP-Programm *lbar* steuert die Abfolge der Nachrichten an einem Kommunikationspunkt. Dazu ermittelt es, welcher Prozeß an welchen Prozeß Daten schicken muß. Der Aufbau und das Auslesen der Nachrichten geschieht dabei durch vom Benutzer bereitgestellte Unterprogramme *xRdy* und *rRdy*. Dadurch behält der Benutzer die volle Flexibilität im Hinblick auf die Struktur der auszutauschenden Daten, und nur die (maschinenabhängige) Kommunikationsstruktur wird von GenMP produziert.

Eine Besonderheit von GenMP ist die Möglichkeit, die Aufteilung des Gitters während der Rechnung zu ändern. Im Molecular Dynamics – Beispiel kann sich ja die Lastverteilung im Laufe der Zeit ändern, so daß die anfänglich gleichmäßige Auslastung der Prozesse verlorengeht.

GenMP ist auf Multiprozessor-Systemen völlig unterschiedlicher Architektur implementiert, nämlich dem Intel iPSC/1 und der Cray X-MP. Testrechnungen ergaben gute parallele Effizienz auf beiden Maschinen und bestätigen damit die Brauchbarkeit des Konzepts.

Im Vergleich mit der SUPRENUM-Kommunikationsbibliothek muß der GenMP-Benutzer beim Datenaustausch auf niedrigerer Ebene eingreifen. Das ist der Preis für die größere Allgemeinheit in der Struktur der Gitterfunktionen. Ferner werden Mehrgitteranwendungen von der SUPRENUM-Bibliothek besser unterstützt. Ein Vorteil ist hingegen die dynamische Lastumverteilung. Welcher Zugang der bessere ist, hängt daher von der Aufgabenstellung ab.

References

[1] Allan, R.: *Numerical Algorithm Libraries for Multicomputers.* Technical Report, Advanced Research Computing Group, S.E.R.C., Daresbury Laboratory, U.K., 1990.

[2] Baden, S.: *Programming Abstractions for Dynamically Partitioning and Coordinating Localized Scientific Calculations Running on Multiprocessors.* Akzeptiert zur Veröffentlichung in: SIAM Journal on Scientific and Statistical Computing, 1989.

[3] Bast, H., Gerndt, M., Thole, C.: *SUPREB – the Suprenum Parallelizer.* SUPERCOMPUTER 30 (1989), pp. 51-57

[4] Bomans, L., Hempel, R.: *The Argonne/GMD Macros in FORTRAN for Portable Parallel Programming and their Implementation on the Intel iPSC/2.* Arbeitspapiere der GMD 406, St. Augustin, August 1989.

[5] Demmel, J., et al.: *Prospectus for the Development of a Linear Algebra Library for High-performance Computers.* , Argonne National Laboratory Report ANL/MCS-TM-97, Argonne, 1987.

[6] Dongarra, J., Sorensen, D.: *SCHEDULE: Tools for Developing and Analyzing Parallel Fortran Programs.* Argonne National Laboratory, MCSD Technical Memorandum No. 86, Argonne, 1986.

[7] Dongarra, J., et al.: *A Set of Level 3 Basic Linear Algebra Subprograms.* ACM Transactions on Mathematical Software, Volume 16, No. 1, March 1990, pp. 1-17.

[8] Foster, I., Taylor, S.: *Strand: A Practical Parallel Programming Tool.* Argonne National Laboratory Preprint MCS-P80-0889, Argonne, 1989.

[9] Hempel, R.: *The SUPRENUM Communications Subroutine Library for Grid-oriented Problems.* Argonne National Laboratory Technical Report ANL-87-23, Argonne, 1987.

[10] Hempel, R., Schüller, A: *Experiments with Parallel Multigrid Algorithms, Using the SUPRENUM Communications Subroutine Library.* GMD-Studie 141, St. Augustin, 1988.

[11] *LAPACK: a Linear Algebra Library for High-performance Computers.* NAG Newsletter 2/88, Oxford, 1988, pp. 33-36

[12] Lusk, E., et al.: *Portable Programs for Parallel Processors.* Holt, Rinehart and Winston, Inc, New York, 1987.

[13] Lusk, E., Oberbeek, R.: *Implementation of Monitors with Macros: A Programming Aid for the HEP and Other Parallel Processors.* Argonne National Laboratory Report ANL-83-97, Argonne, 1983.

[14] Paalvast, E., van Gemund, A., Sips, H.: *A Method for Parallel Program Generation with an Application to the Booster Language.* Wird erscheinen in: 1990 ACM International Conference on Supercomputing, June 11–15, 1990, Amsterdam, The Netherlands.

[15] Seitz, C., Seizovic, J., Su, W.: *The C Programmer's Abbreviated Guide to Multicomputer Programming.* Caltech Computer Science Technical Report Caltech–CS–TR–88–1, 1988.

DIE PORTIERUNG DES FEM-SOFTWARESYSTEMS PERMAS
AUF VERSCHIEDENARTIGE RECHENANLAGEN

R. Helfrich
INTES Ingenieurgesellschaft für
technische Software mbH, Stuttgart

1. EINLEITUNG

INTES wurde 1984 von einer Gruppe von Ingenieuren gegründet mit dem Ziel, möglichst umfassend alle Dienstleistungen auf dem Gebiet der Methode der finiten Elemente für ihren industriellen Einsatz anzubieten. Dazu wurde das eigene FEM-Softwaresystem PERMAS geschaffen, das unter Verwendung eines bereits erprobten und an der Universität Stuttgart entwickelten Programms (ASKA) und umfangreicher eigener Entwicklungen aufgebaut wurde.

INTES beschäftigt heute (1990) 21 Mitarbeiter. Das Schwergewicht der Geschäftstätigkeit liegt auf Entwicklung, Vertrieb und Unterstützung von PERMAS mit etwa z.Zt. 120 Installationen vor allem in Europa. Darüberhinaus wird Schulung und Beratung für die Anwendung der FE-Methode angeboten. Ein weiteres wichtiges Angebot umfaßt die Durchführung von Auftragsberechnungen für die Industrie. Damit wird im engen Umfeld der PERMAS-Entwicklung die Praxiserfahrung mit der Software gepflegt und für das Produkt und die Anwenderberatung fruchtbar gemacht.

PERMAS ist ein allgemein einsetzbares Softwaresystem für die Anwendung der FE-Methode mit einem weiten Einsatzbereich in Industrie, Großforschung und Universitäten. Der Funktionsumfang und die Einsatzgebiete von PERMAS sind in Abb. 1 zusammengestellt. Einige vor allem hier zu erwähnende Eigenschaften von PERMAS sind:

- Sehr großer Anwendungsbereich:
    - Modellgröße bis über 500.000 Freiheitsgrade;
    - Verfügbarkeit von Arbeitsplatzrechnern bis zu Höchstleistungsrechnern.

- Lineare Elastostatik
- Elastischer Kontakt
- Dynamik
- Wärmeübertragung
- Fluid-Tragwerk-Kopplung und Akustik
- Laminatanalyse
- Parameter-Sensitivität (Tragwerks-Optimierung)
- Zuverlässigkeitsanalyse
- Verzweigungsinstabilität (Lineares Beulen)
- Nichtlineares Material (Elasto-Plastizität, Kriechen, Visko-Elastizität)
- Bruchmechanik

Abb.1: Funktionsumfang und Einsatzgebiete von PERMAS Version 4

- Hohe Effizienz in der Berechnung:
  - Motto: "Große Modelle in kurzer Zeit";
  - sehr gute Anpassungsfähigkeit an moderne Rechnerarchitekturen.

Da es bei FEM-Software in den weitaus meisten Fällen üblich ist, sie auf einem bereits vorhandenen Rechnersystem einzusetzen, und nur selten die Hardware nach den Bedingungen der FEM-Software beschafft wird, ergibt sich die Bedeutung einer möglichst leichten Portabilität für PERMAS aus der Notwendigkeit einer breiten Verfügbarkeit, die zahlreiche Portierun-

	Hersteller	Betriebssystem
1	AMDAHL	MVS/XA
2	BULL	SPIX
3	CONVEX	UNIX
4	CRAY	COS, UNICOS
5	DIGITAL	VMS, ULTRIX*
6	FUJITSU	MVS/XA
7	GEI/TRACE	UNIX
8	HITACHI	VM/CMS, MVS/XA
9	HP/APOLLO	AEGIS
10	IBM	VM/CMS, MVS/XA, AIX*
11	SGI	IRIX
12	SUN	SUNOS

*: in Planung

Abb.2: PERMAS - Unterstützte Rechnersysteme (Stand 1.5.1990)

gen erfordert. Abb. 2 zeigt alle Rechnersysteme, auf denen PERMAS z.Zt. unterstützt wird. Der Erfolg der Portierung wird dann entscheidend von den Tuning-Maßnahmen bestimmt, insbesondere auf den Höchstleistungsrechnern. Die daraus resultierende Effizienz von PERMAS sichert dem Anwender einen höchstmöglichen wirtschaftlichen Nutzen.

2. SOFTWARE-WARTUNG UND PORTABILITÄT

Es kann als anerkannt gelten, daß Software einer permanenten Pflege bedarf, um über längere Zeit lauffähig zu bleiben. Dies gilt vor allem für große Programmsysteme wie PERMAS. Abb. 3 führt einige statistische Werte zum Umfang von PERMAS auf. Besonders hervorzuheben ist dabei:

- Alle maschinen- oder installationsabhängigen Funktionen in PERMAS werden in einem klar definierten Programmteil separat verwaltet. Dieser Teil ist überwiegend in Standard Fortran 77 geschrieben.

- Nahezu das gesamte Programmsystem wird als installationsunabhängiges Programm gepflegt und bleibt bei Portierungen unangetastet. Dieser Teil ist vollständig in Standard Fortran 77 abgefaßt.

Ein Member ist hierbei eine Verwaltungseinheit, die logisch zusammengehörige Funktionen zusammenfaßt und welche die Zuordnung der Unterprogramme und damit den Überblick über das System erleichtert.

am Beispiel VM/CMS	Anzahl Member	Anzahl Unterprogr.	Zeilen Fortran	Anteil %
installations- unabhängiger Teil	553	13.129	781.200	99.09
maschinenab- hängiger Teil	5	179	5.487	.70
Vektorroutinen	1	41	1.676	.21
Summe	559	13.308	788.363	100.00

Abb.3: PERMAS Version 3.54 (Stand 24.5.1990)

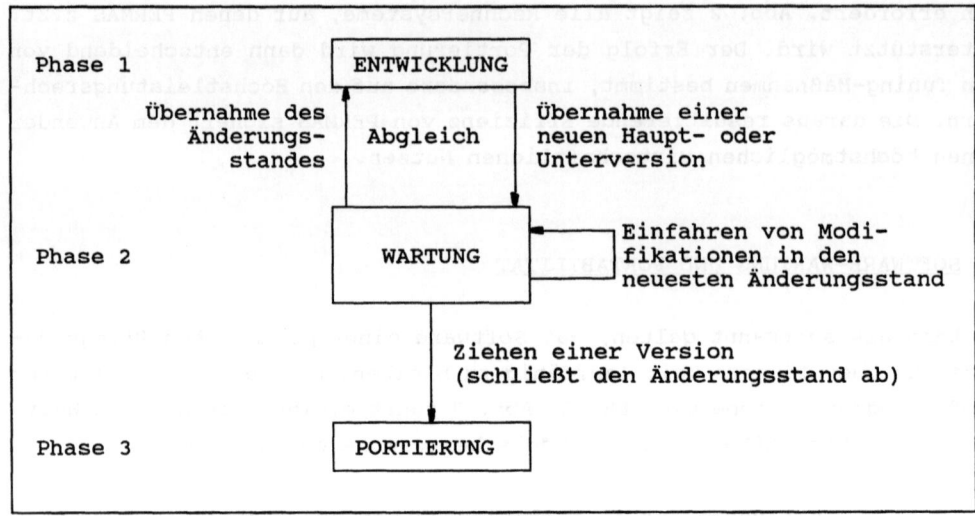

Abb.4: Phasen der PERMAS-Programmpflege

Die Arbeiten an einem Programmsystem umfassen Entwicklung, Wartung und Portierung. Abb. 4 stellt diese Arbeitsphasen zueinander in Beziehung. Um den Übergang von der einen zur anderen Phase eindeutig hinsichtlich des Programmzustandes zu definieren, wird größte Sorgfalt auf die Fortschreibung der PERMAS-Versionsbezeichnung gelegt. Jeder Phasenübergang ist mit dem Abschließen einer PERMAS-Version verbunden. Damit sind spätere Modifikationen an früheren Änderungszuständen der Software ausgeschlossen. Abb.5 zeigt den Aufbau der PERMAS-Versionsbezeichnung.

Bei einem Programm der Größe von PERMAS und bei der großen Anzahl von Mitarbeitern (1990: 12), die an PERMAS in den verschiedenen Phasen ar-

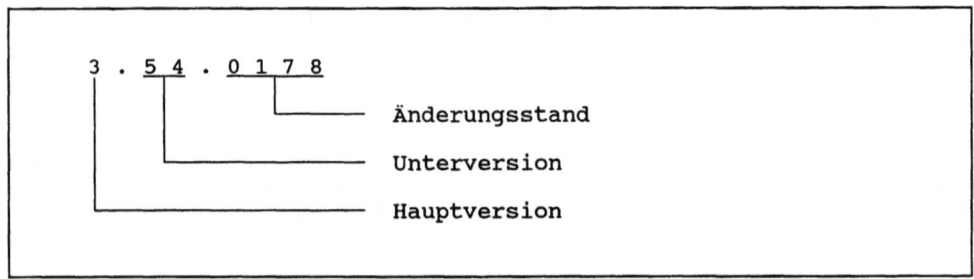

Abb.5: Versionsbezeichnung für PERMAS

beiten, ist eine Programmorganisation mit Unterstützung eines Programmpflegesystems unabdingbar. INTES hat dazu für die eigenen Erfordernisse das System SECURE entwickelt, dessen grundsätzlicher Aufbau aus Abb. 6 ersichtlich ist. Die folgenden Eigenschaften dieses Programmpflegesystems sind besonders hervorzuheben:

- Die Source-Bibliothek stellt den Bezug für alle Änderungen zur aktuellen Version dar. Jede Korrektur oder Änderung eines Unterprogramms ist mit besonderen Sicherheitsvorkehrungen verbunden und

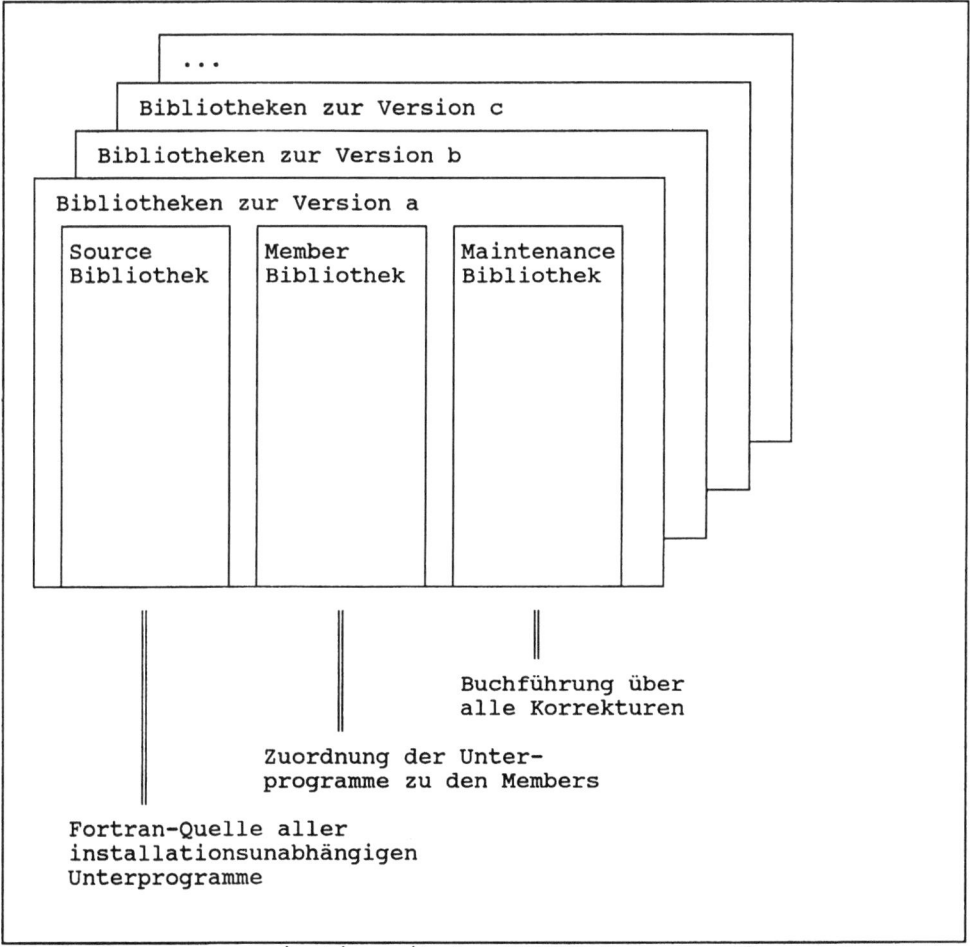

Abb.6: Programmorganisation mit dem SECURE-Programmpflegesystem

- alle Veränderungen werden bleibend in der Maintenance-Bibliothek protokolliert und aufbewahrt (mit Urheber, Datum, Grund der Änderung und der Änderung selbst).

- Zur Durchführung einer Änderung leiht sich der Programmierer die betroffenen Unterprogramme mit SECURE aus, führt die Änderung mit dem normalen Text-Editor durch und gibt anschließend die Unterprogramme an SECURE zurück. Die Dokumentation der Änderungen wird dabei von SECURE automatisch erstellt.

- Beim Einfügen neuer Unterprogramme werden die Programm-Namen überprüft und so wird vermieden, daß ein bereits vergebener Name nochmals verwendet wird.

- Es werden von SECURE mehrere Programmversionen parallel verwaltet und jeder Korrekturstand ist jederzeit reproduzierbar.

- Die Arbeitsweise mit SECURE ist interaktiv.

Die präzise Definition einer Programmversion auf der einen Seite und die stets eindeutige Abgrenzung von installationsabhängigen und -unabhängigen Programmteilen hat einen direkten Einfluß auf die Portabilität von PERMAS:

Die Qualität der Software-Wartung ist entscheidend für die Portabilität der Software.

3. WO MACHT EINE PORTIERUNG PROBLEME?

Bevor eine Portierung durchgeführt wird sind eine ganze Reihe von technischen Fragen zu beantworten, welche für die erfolgreiche Durchführung der Arbeit wichtig sind.

Zunächst muß der Zielrechner eine Reihe von Mindestanforderungen erfüllen, damit eine Portierung von PERMAS in Angriff genommen werden kann. Diese sind in Abb. 7 zusammengestellt. Des weiteren wird versucht, aus der verfügbaren Dokumentation entscheidende Fragen zu Compiler und Linker zu beantworten, wie sie in Abb. 8 bzw. 9 zusammengefaßt sind. Dies

- Mind. 32 Bit-Architektur (mit 64 Bit DP).
- Hauptspeichergröße 4/8 MB (wenn PERMAS segmentiert/unsegmentiert).
- Plattenspeicher 100 MB.
- Standard Fortran 77 Compiler ist verfügbar mit mindestens folgenden Eigenschaften:
  - LOGICAL, REAL und INTEGER werden in einem 32 Bit Maschinenwort gespeichert.
  - Eine Zuweisungsoperation auf INTEGER und REAL überträgt jeweils ein 32 Bit Maschinenwort.
  - INTEGER Null ist gleich REAL Null.
  - Holleriths werden wie INTEGER behandelt (left justified, right blank filled).
- Zur Laufzeit darf über Unterprogrammaufrufe hinweg keine Kontrolle von Daten-Typen und Feld-Dimensionen erfolgen.
- Compiler und Linker müssen die Größe von PERMAS bewältigen können (v.a. Anzahl der Symbole).

Abb.7: Mindestanforderungen an das Rechnersystem

hat einen großen Einfluß auf die Organisation der Programme und Dateien von PERMAS auf dem Zielrechner. Trotz aller Standardisierungsversuche für UNIX hat die Erfahrung der vergangenen Jahre gezeigt, daß, wie früher, auch heute noch die wesentlichen Probleme bei der Portierung von PERMAS beim Compiler und vor allem beim Linker liegen.

- Welche Arbeitsmodi werden angeboten?
  - mit/ohne Optimierungsstufen,
  - vektorisierend,
  - parallelisierend.
- Wird PERMAS fehlerfrei übersetzt? Während Fehler in PERMAS beim kompilieren heute nicht mehr gefunden werden, kommt es immer wieder vor, daß vor allem die höheren Optimierungsstufen der Compiler fehlerhaften Code erzeugen.
- In welchen Portionen kann das Programm kompiliert werden?
  - in Members,
  - in Unterprogrammen.
- Wird re-entrant code erzeugt?

Abb.8: Fragen zum Compiler

Deshalb hat INTES, zunächst für alle IBM-Rechnersysteme (und Kompatible) unter den Betriebssystemen MVS/XA und VM/CMS, selbst einen dynamischen Lader entwickelt, der die benötigten Programm-Module zur Laufzeit verknüpft und ausführt.

Ein typischer Ablauf einer PERMAS-Portierung ist in Abb. 10 dargestellt. Ein wichtiger Grundsatz dabei ist:

Die Tuningmaßnahmen stehen nicht am Anfang, sondern am Schluß der Portierung.

Der erste Schritt ist die Anpassung des maschinenabhängigen Teils von PERMAS. Die betroffenen Klassen von Funktionen sind in Abb. 11 zusammengestellt. Dabei können die meisten dieser Funktionen in Fortran ausge-

---

- Welche Formen des Bindens der Programme stehen zur Verfügung und welche Grenze für die Anzahl der Symbole haben sie?
  - in einem ausführbaren Modul,
  - in Overlays,
  - segmentiert,
  - shared libraries,
  - dynamisches Laden zur Laufzeit.
- Wie lange braucht das Binden?
- Wird relocatable output erzeugt, der in einem weiteren Bindeschritt verwendet werden kann?
- Wie können Benutzer-Unterprogramme in die lauffähige Version eingebunden werden?
- Wie kann die Länge des Blank Common für jeden Lauf neu definiert werden?
- Wie werden mehrfache (aber gleiche) Unterprogramme behandelt?
- Welches Ergebnis erzeugt der Linker, wenn offene Symbole übrigbleiben?
- Wie groß können Bibliotheken werden? Wieviele Bibliotheken kann der Linker für einen Schritt verwenden? Wie ist die Durchsuchungsreihenfolge der Bibliotheken?

Abb.9: Fragen zum Linker

führt werden und oft sogar unverändert von anderen Portierungen übernommen werden.

Auch die Ablaufprozeduren sind zumindest zwischen UNIX-Systemen weitgehend austauschbar und können daher von anderen Portierungen übernommen werden. Um eine weitgehende Ähnlichkeit in der Ausführung von PERMAS auf

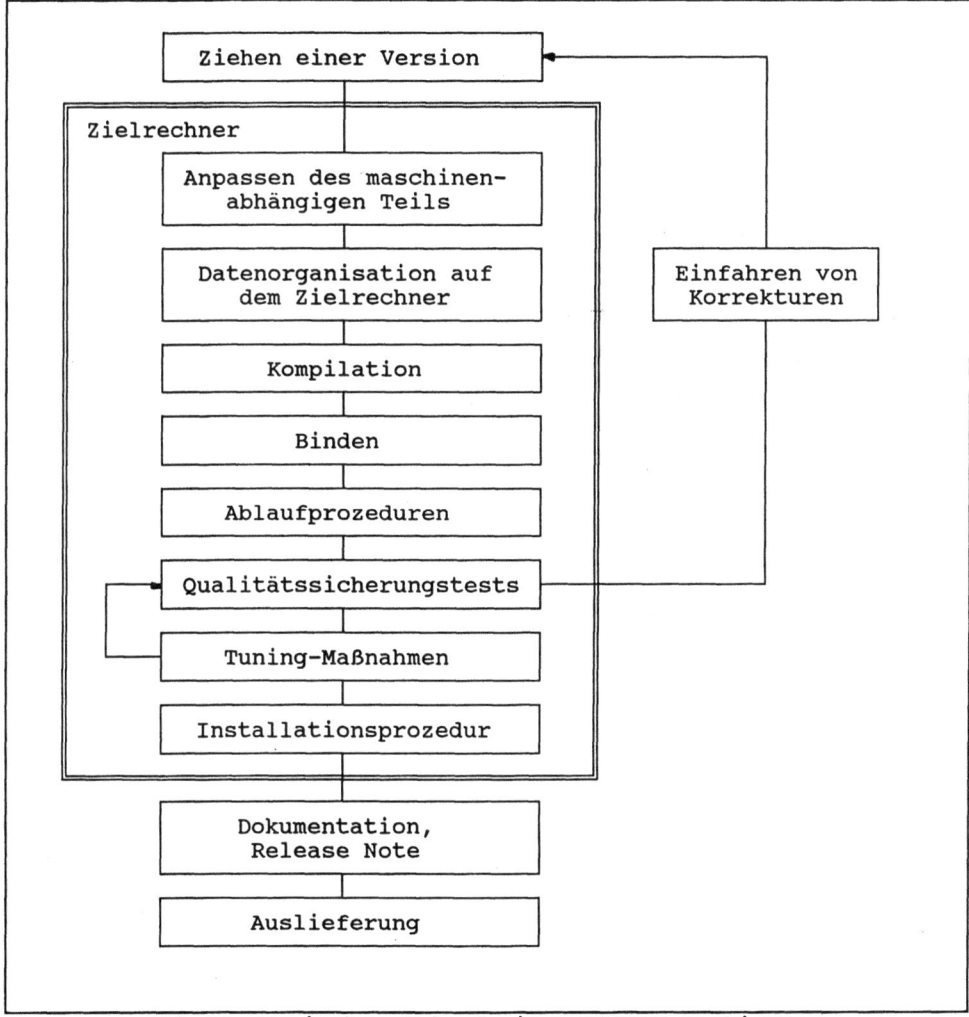

Abb.10: Typischer Ablauf einer PERMAS-Portierung

- Operationen auf Bit-Strings, Character-Strings und Feldern.
- Funktionen für sequentielle Dateien.
- Funktionen für direct-access Dateien.
- Diverse Dienstfunktionen (wie Datum, Zeit, etc.).

Abb.11: Maschinenabhängige Funktionen in PERMAS

allen Rechnersystemen zu erhalten, muß auf jeden Fall der grundsätzliche Aufbau dieser Prozeduren übernommen werden.

Die Tests zur Qualitätssicherung bestehen aus etwa 300 Datensätzen für Modelle aus allen Anwendungsbereichen und in jeder Modellgröße. Ein Teil davon wird auch als Benchmark verwendet, um den Leistungsvergleich von PERMAS auf verschiedenen Rechnersystemen zu ermöglichen. Sollten bei diesen Testläufen abweichende Ergebnisse auftreten, so kann dies zu Korrekturen in der PERMAS-Wartung und der Nachportierung der Software führen. Um Ablauffehler aufgrund einer fehlerhaften Anpassung der maschinenabhängigen Unterprogramme zu vermeiden, wurde ein spezieller Satz von Testprogrammen entwickelt.

Heutzutage wechseln die Modelle der Rechnerhersteller sehr schnell. Nur eine möglichst reibungslose und damit schnelle Portierung versetzt INTES in die Lage, für viele der gängigen Rechnersysteme Implementationen von PERMAS bereitzustellen.

4. TUNING-MASSNAHMEN UND EFFIZIENZ

Um die Tuning-Maßnahmen erläutern zu können, die für PERMAS schon durchgeführt wurden, soll zuvor auf die Datenverwaltung in PERMAS eingegangen werden.

Alle Matrizen in PERMAS werden nach dem Hypermatrizen-Schema in gleichgroße und quadratische Teilmatrizen unterteilt, wie es Abb. 12 zeigt. Dabei werden Teilmatrizen nur dann erzeugt und gespeichert, wenn mindestens ein Nicht-Null-Element in der Teilmatrix existiert. Wählt man also kleine Teilmatrizen, so werden kaum Nullen gespeichert, aber es müssen

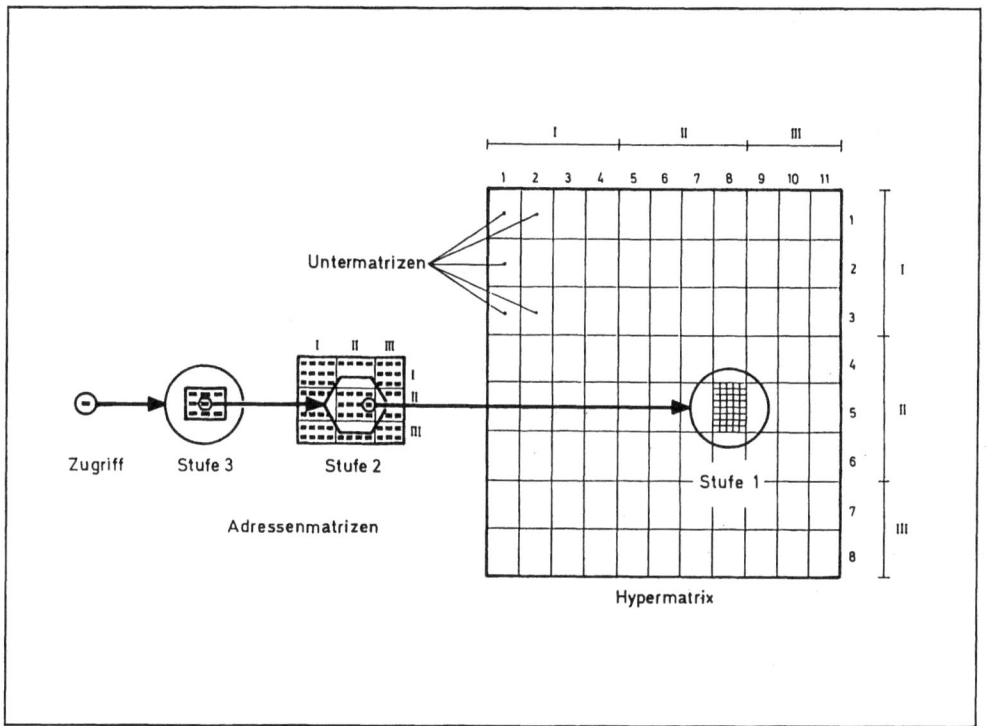

Abb.12: Hypermatrizen-Schema in PERMAS

für die Verarbeitung der gesamten Matrix viele Zugriffe erfolgen. Wählt man andererseits große Teilmatrizen, so ergeben sich wenige erforderliche Zugriffe, dafür werden aber viele Nullen gespeichert. Viele Nullen zu speichern bedeutet auch höhere Rechenzeit bei der Verarbeitung der Teilmatrizen.

Der grundsätzliche Aufbau der Datenverwaltung in PERMAS ist aus Abb. 13 ersichtlich. Der Hintergrundspeicher wird als eine logische Datei benutzt, die aus der Konkatenation von bis zu zehn physikalischen Dateien bestehen kann. Diese logische Datei wird vom Datenverwaltungssystem (I/O-Routinen) sequentiell beschrieben und im Direktzugriff gelesen. Hintergrund- und Zentralspeicher sind in Sätze gleicher Größe, sog. Seiten (pages) aufgeteilt. Es ist nun die Aufgabe des Datenverwaltungssystems, die jeweils benötigten Seiten auf dem Zentralspeicher zur Weiterverarbeitung in PERMAS bereitzustellen. Diese Arbeitsweise hat große Ähnlichkeit mit den Konzepten einer Virtual-Memory-Verwaltung.

Hypermatrizen-Schema und Datenverwaltung werden nun so aufeinander abgestimmt, daß jeweils eine Teilmatrix auf einer Seite Platz findet. Die Größe der Teilmatrix wird dann z.B. an der optimalen Länge der Vektorregister der verschiedenen Rechner ausgerichtet, wie

- CRAY, CONVEX: Vektorlänge 127, Seitengröße 128 kB;

- IBM 3090 VF: Vektorlänge 107, Seitengröße ca. 92kB.

Da der I/O zwischen Hintergrund- und Zentralspeicher ebenfalls seitenweise durchgeführt wird, muß die Seitengröße auch an den typischen I/O-Portionen des jeweiligen Rechnersystems orientiert werden, um den I/O zu optimieren (z.B. IBM: Track Size).

Zerlegt man alle gebräuchlichen Matrizenoperationen zur Lösung großer linearer Gleichungssysteme in Operationen auf Teilmatrizen, so hat man überwiegend Operationen der Art

$$R = R + A B$$
$$R = R + A^T B$$
$$U^T B = R \qquad \text{(forward substitution)}$$
u.a.

Diese Funktionen stehen in PERMAS als Vektorroutinen zur Verfügung (siehe Abb. 3) und eignen sich ganz besonders für Tuning-Maßnahmen. Viele der Operationen liegen auf den verschiedenen Rechnersystemen in besonders optimierter Form vor:

- CRAY: SCILIB;
- IBM: ESSL;
- CONVEX: VECLIB.

Dabei kommt es nicht nur auf die Vektorarchitektur der Rechnersysteme an, sondern auf diese Weise läßt sich auch die Parallelisierung auf skalaren Rechnern zur Optimierung von PERMAS heranziehen:

- SGI: BLAS3.

Es soll hier besonders daraufhingewiesen werden, daß durch die modulare Programmstruktur in PERMAS die Optimierung der Vektorroutinen über 90% der Beschleunigungsmöglichkeiten durch Vektorisieren des gesamten Pro-

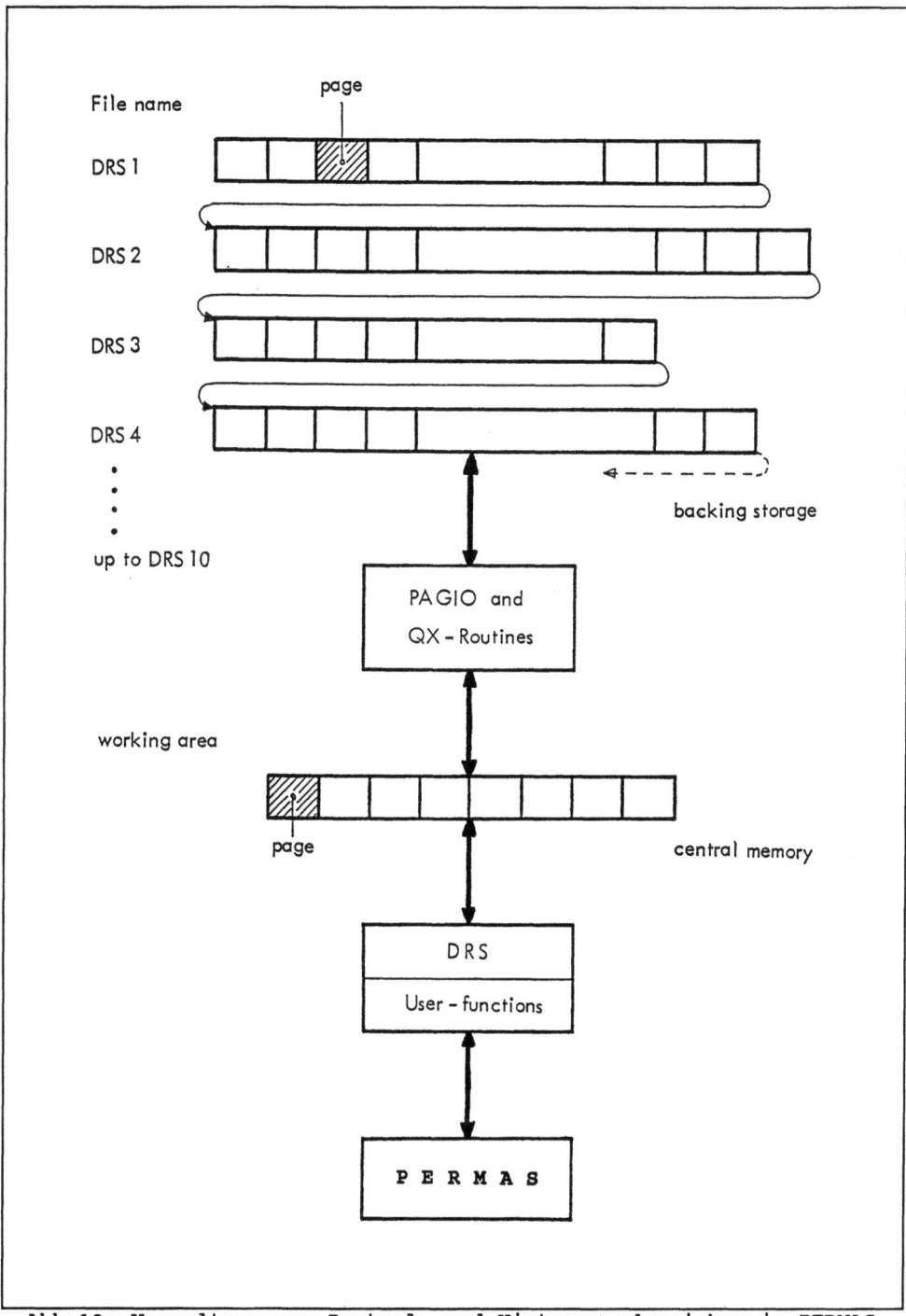

Abb.13: Verwaltung von Zentral- und Hintergrundspeicher in PERMAS

grammsystems erreicht wird. Dadurch wird der Aufwand für die Tuning-Maßnahmen auch wirtschaftlich vertretbar.

Wie man aus Abb. 13 erkennen kann, besteht eine besondere Tuning-Möglichkeit bei PERMAS darin, den Zentralspeicher so groß zu wählen, daß der Hintergrundspeicher gar nicht benötigt wird und damit auch kein I/O mehr stattfindet. So kann z.B. auf CRAY-2 und IBM/MVS-XA die Gesamtlaufzeit einer Berechnung nahezu an die benötigte CPU-Zeit herangeführt werden.

In neuerer Zeit stehen auf verschiedenen Rechnersystemen auch Funktionen für den asynchronen I/O zu Verfügung. Durch die zentrale Datenverwaltung ist es sehr leicht, mit einem angemessenen Aufwand diese Optimierungsmöglichkeit für PERMAS zu nutzen.

Als Beispiel für den Erfolg der Tuning-Maßnahmen und die damit erreichte Effizienz sei auf die Portierung von PERMAS auf IBM 3090 VF hingewiesen. Bei FEM-Modellen zwischen 5.000 und 65.000 Freiheitsgraden konnten durch die Verwendung der ESSL in den Vektorroutinen Beschleunigungsfaktoren gegenüber der skalaren Leistung von 2.0 bis 5.2 auf einem Prozessor erzielt werden. Wegen der höheren Vektorisierungsraten (bis zu über 95%) ist die Beschleunigung bei größeren FEM-Modellen deutlich stärker als bei kleinen Modellen.

5. ZUKÜNFTIGE ENTWICKLUNGEN

Alle Weiterentwicklungen bei den Rechnerarchitekturen, die mit einer weiten Verbreitung rechnen können, sind auch für Standard-Anwendungssoftware wie PERMAS wichtig.

Ein bemerkenswerter Trend besteht darin, daß die Arbeitsplatzrechner sowohl hinsichtlich ihrer Graphik- als auch ihrer Rechenleistung sehr stark gegenüber den klassischen Großrechnern aufholen. Begünstigt durch einen enormen Preisverfall finden diese Rechner ihren Weg in immer stärkerem Maße an den Arbeitsplatz des Ingenieurs. Diese Verbreitung, verbunden mit der Möglichkeit, selbst größere FEM-Modelle (bis zu etwa 50.000 Freiheitsgraden) am eigenen Arbeitsplatz durchführen zu können, wird in der nächsten Zukunft zusätzliche Portierungen für PERMAS erfordern. Nachdem die Vektorarchitektur ihren Nutzen während der letzten

Jahre nachgewiesen hat, geht man heute, auf der ständigen Suche nach leistungsfähigeren Rechnern, verstärkt auf parallele Rechnerarchitekturen über. Für PERMAS lassen sich dabei die folgenden Entwicklungsrichtungen übersehen:

Die Parallelisierung skalarer Prozessoren kann mit Hilfe der Anpassung der vorhandenen Vektorroutinen für PERMAS sehr leicht und mit großem Erfolg nutzbar gemacht werden.

Bei parallelen Vektorprozessoren wird der Erfolg der Parallelisierung der ohnehin schon vektorisierten Matrixoperationen zwar noch eine Verbesserung, aber nicht mehr in der möglichen Größenordnung bringen.

Eine wirkliche Herausforderung wird in den nächsten Jahren die echte Parallelisierung der Lösungsalgorithmen in PERMAS sein. Es ist klar, daß sog. parallelisierende Compiler dabei keine Hilfe sein können, sondern daß die entsprechenden Programmteile von PERMAS völlig neu entwickelt werden müssen. Es ist dabei sehr von Vorteil, daß die Datenorganisation im Hypermatrizen-Schema der Forderung nach unabhängigen, aber gleichgrossen Datenmodulen der Parallelisierung in idealer Weise entgegenkommt. Aber die Absteuerung der Lösungsalgorithmen bedarf der Ergänzung durch eine geeignete Prozessverwaltung. Hierzu sind einige Mannjahre Entwicklung erforderlich, da hierbei das Ziel zu verfolgen sein wird, eine weitgehend von der jeweiligen Parallelarchitektur unabhängige Softwarelösung zu finden.

6. LITERATURHINWEISE

- PERMAS Finite Elemente für die Praxis, INTES, Stuttgart, 1987.

- E. Schrem, Arbeitsplatzrechner und Großrechner für die Methode der finiten Elemente, INTES, Stuttgart, 1989.

- The PERMAS Finite Element System on the IBM ES/3090 with Vector Facility, IBM, 1989.

- R. Helfrich, Einsatz von Supercomputern für FE-Berechnungen, Supercomputer-Seminar, Mannheim, 1986.

Autorenverzeichnis

B. Becker II,487
J. Biskup II,212
H.-D. Böcker II,340
F. Bodendorf II,349
J. Bollwahn II,386
H. Bonin II,119
B. Booß-Bavnbek I,148
W. Brauer I,456
S. Burkhardt I,439
V. Dobrowolny I,431
P. Dornhoff II,67
U. Dumslaff II,404
H. Eckert II,181
S. Eggers II,107
S. Eherer I,127
T. Ertl I,369
H. Faulstich-Wieland II,297
L.P. Feldmann I,492
H. Fiedler I,234
U. Förster II,6
J. Friedrich I,178
M. Fritzsche I,439
D. Füermann II,242
P. Gançarski II,579
C. Gayda II,222
F. Geyer I,369
L. Gierl II,242
E. Glück II,232
K. Grimmer II,155
O.J. Grolle II,259
A. Grünupp I,532
G. Gryczan II,444
T. Hagerup II,507
H. Hattermann I,317
R. Haux II,232
H. Heilmann II,47
R. Helfrich I,585
R. Hempel I,569
H. Herold I,369
Th. Herrmann I,517
N. Heydenreich II,425
R. Hildebrand II,36
L.M. Hilty II,330
K. Hinkelmann II,166
M. Hoffmann II,435
H. Hohl II,340

G. Holland II,359
A. Horn II,386
H. Janßen I,544;II,232
M. Jarke I,127
P. Jensch II,252
M. Jeusfeld I,127
U. Jobst II,276
H. Kaack II,133
M. Käding II,222
K. Kalefeld II,201
W. Kalmbach I,207
A. Kämpfer II,368
D. Karagiannis II,166
H. Kindler II,419
U. Kleinau I,217
M. Koch II,549
A. Kohl II,395
K. Kotzke II,266
W. Kraemer II,87
H. Krallmann II,57
U. Kraus I,369
F. Kroppenstedt II,125
H. Kupper I,431
K. Kurbel II,4;II,16;II,67
W. Leister II,559
M. Lemke I,15
C. Lengauer II,527
K. Lenk II,146
P. Lorenz I,422
F. Loseries II,549
J. Ludewig I,193
R. Maderholz II,465
H. Mandl II,386
K. Mehlhorn I,35
P. Mertens I,73;II,36
D. Meyerhoff II,404
M. Moazzami II,16
B. Möller II,537
M. Mühlhäuser II,409
H. Müller I,297;II,242;II,569
P.C. Müller II,259
R. Müller II,497
D. Müller-Böling I,92
M. Müller-Wünsch II,191
H. Münzenberger I,205
K.-P. Muthig I,532

M. Nadin	II,589	G. Schwarz	II,435
W.E. Nagel	I,403	W. Schweizer	I,369
S. Näher	I,35	U. Sens	II,414
L. Nastansky	I,112	D. Siefkes	I,242
T. Németh	II,97	H.-W. Six	II,487
H.-P. Nollert	I,369	J.A. Skobtsov	I,484
O. Nowak	I,439	K. Solchenbach	I,15
U. Oestermeier	II,386	D.V. Speranskiy	I,484
M. Oriolo	II,475	H.F. Spinner	I,257
U.M. Osann	I,214	D. Steinbauer	II,454
D.L. Parnas	I,3	W. Stucky	II,97
H. Peschke	I,504	M. Stumpf	II,377
H. Piel	I,136	R. Stüssi	II,368
A. Pleger	II,77	V.A. Svjatnyi	I,476
D.B. Preßmar	II,107	S.-O. Tergan	II,386
D.-P. Pretschner	II,259;II,266	R. Thurner	I,195
A. Rebetzky	I,369	Th. Tran	II,549
G. Reinelt	II,517	U. Trottenberg	I,15
J. Reiß	I,447	A.F. Verlanj	I,466
K. Reusser	II,368	S. Villain	II,242
G. Rohr	I,284	W. Volpert	I,168
Ch. Roloff	II,307	I. Wagner	II,286
Th. Rose	I,127	P.M. Weber	II,435
O. Rosenberg	II,6	T. Wedel	II,36
H. Ruder	I,369	D. Wegge	II,444
H. Schelhowe	II,318	P. Widmayer	II,487
A.-W. Scheer	II,26;II,87	J. Wiederspohn	II,232
G. Schiele	I,385	J. Willems	I,224
F. Schmidt	I,354	J.F.H. Winkler	I,40
A. Schmitt	II,559	A. Winter	II,232
B. Schneider	I,339	G. Wirtz	I,554
B. Scholz-Reiter	II,57	C. Zahn	I,369
F. Schönthaler	II,97	M. Zell	II,26
A. Schüller	I,15	H.P. Zima	I,554
Th. Schwab	II,340	E. Zwicker	II,77

MIX
Papier aus verantwortungsvollen Quellen
Paper from responsible sources
FSC® C105338

If you have any concerns about our products,
you can contact us on
ProductSafety@springernature.com

In case Publisher is established outside the EU,
the EU authorized representative is:
**Springer Nature Customer Service Center GmbH
Europaplatz 3, 69115 Heidelberg, Germany**

Printed by Libri Plureos GmbH
in Hamburg, Germany